西南大学
历史文化学院 民族学院
学术文丛

唐史论集

何汝泉 / 著

科学出版社
北京

内 容 简 介

《唐史论集》选录作者近40年以来关于唐史的研究论文37篇，内容涉及唐代的政治、经济、思想文化和史籍考释诸多方面，重点探讨唐代政治、经济制度，尤其是对唐代使职及其财政三司使、唐前期地方监察制度、贞观时期法律思想、唐河南道漕运路线、唐代乡和乡官等问题，有深入的发掘和论证。论文资料翔实，论证严密，文字简练。集末附9篇非唐史文章和按时序列出的作者论著目录。

图书在版编目（CIP）数据

唐史论集/何汝泉著. —北京：科学出版社，2018.11
ISBN 978-7-03-059701-4

Ⅰ. ①唐⋯ Ⅱ. ①何⋯ Ⅲ. ①中国历史-唐代-文集
Ⅳ. ①K242.07-53

中国版本图书馆 CIP 数据核字（2018）第 263174 号

责任编辑：任晓刚 / 责任校对：贾娜娜
责任印制：张 伟 / 封面设计：黄华斌

科 学 出 版 社 出版
北京东黄城根北街 16 号
邮政编码：100717
http://www.sciencep.com

北京中石油彩色印刷有限责任公司 印刷
科学出版社发行 各地新华书店经销

*

2018 年 11 月第 一 版　开本：720×1000　B5
2019 年 2 月第二次印刷　印张：33
字数：570 000
定价：128.00 元
（如有印装质量问题，我社负责调换）

前　言

　　这本集子，选录了笔者 20 世纪 70 年代末以来，关于唐代历史的 37 篇文章。其内容涉及唐代的政治、经济、思想文化和史籍考释等诸多方面，重点探讨唐代的政治经济制度，尤其是对唐代使职及其财政三司使、唐前期地方监察制度、贞观时期法律思想、唐河南道漕运路线、唐代乡和乡官等问题，多所用心。另有 9 篇非唐史文章作为附录，其中孔子一篇发表于 1962 年，因为是笔者第一篇习作，收入附录，聊供不时之回味。另有几篇未经刊发而纳入《唐财政三司使研究》（中华书局，2013 年）的专题考论文章，不在此集收录。

　　编此集子的初衷，在于厘清自己走过的治学之路，想从留下的足迹来看看自己是如何在导师指引和学友提携下，在亲人关怀，尤其是在我 60 年亲密伴侣钟大群的辛勤奉献和儿子劲耘手把手教我使用电脑整理书稿的情况下，怎样一步一步地走过来的。从而以此反躬自省，报答师友，告慰亲人。

　　笔者将文章写作的缘起归结为三个要素，即应命而作、应时而作、应心而作。凡是为承接任务、响应号召、接受委托、回应争辩而写的，都属应命而作，"武则天"一文可作为代表。呼应时代脉搏的作品谓之应时之作。20 世纪八九十年代，人心思治，社会热议新旧变革，"治"和"变"成为我国社会跳动的脉搏。处境不同的人们，根据自己特定的条件，思索着、行动着。为此，笔者选择唐代政治经济制度史作主攻课题，写过唐太宗时期的法律思想、唐前期地方监察制度和唐代政治制度变革之类的应时之作，希望历史研究能在现实中发挥一点作用。应心之作，是为实现自己心愿的写作。自从踏上史学之路，选择唐史作主攻方向，笔者就有一个愿望，做点前人未做过或未做完的东西。经过摸索，涉足唐代使职，主要是财政三司使职这个学术领域，写过一些文章。此类文章，可算应心之作。缘起因素虽然区别为三种，但是有时也很难截然分开，往往是相互交织地起作用。

　　笔者的本职是教师，数十年讲授中国古代史，也曾半路出家讲过"史学概论"。刊发的几十篇文章，从时间上说，是教学之余的产品；从内容上说，是教学和科研相互促进的结果。没有教学的历练、启发和积累，便不会有笔者学术研究的根基；没有学术研究的提升，笔者只能是一个转述现成知识的教书人。

集子里的文章，大体上按原刊发面貌转录，而注释则按出版要求做了规范与增补。文末载有原发报刊日期。尽管个别文章中的某些问题，后来看法有所修正或改变，但为了尊重历史，保持其旧。

这个集子的出版，承蒙西南大学历史文化学院（民族学院）的大力支持和资助，特此表示衷心感谢！

此外，按出版规范的要求，笔者对引用文献所做脚注问题，作几点说明：第一，书中引用的历史文献，在第一次出现时，其脚注都按规定注明朝代、责任者、责任方式、书名、卷次、卷次名、出版地、出版社、出版年、册次、页码等信息，之后重复出现时则省其出版信息（出版地、社、年）。第二，按学界通例，《资治通鉴》的脚注只在卷次之后注出朝代、帝名、年号、年次和某月条而不注页码，这样更便利于使用该书不同版本者的查阅。第三，书中所载文章多数是作者20世纪八九十年代撰写发表的，现在结集成书时，其校勘注释工作使用的文献资料，不少是近年新出的版本。这里有其必要性的一面，也有因时变故而不得已为之的缘故。因此，出现有些注释使用文献的版本，其出版时间在该文发表时间之后。于此，请察觉者鉴谅。第四，有少数不常见的引用文献，又是多年前使用的，当时按习惯注释；如今有的书刊在有限条件下寻找困难，因此，不能完全做到规范注释，只好聊仍其旧。

何汝泉

2017年8月

目 录

略论唐太宗统治时期的法律思想……………………………………… 1

"贞观之治"述略……………………………………………………… 12

关于武则天的几个问题………………………………………………… 18

韦庄与前蜀政权………………………………………………………… 35

儒道佛并存与发展……………………………………………………… 45

唐代使职的产生………………………………………………………… 65

武则天时期的使职与唐代官制的变化………………………………… 88

唐代前期的地方监察制度……………………………………………… 97

汉唐财政职官体制三次变革…………………………………………… 113

唐代转运使的设置与裴耀卿…………………………………………… 128

唐代转运使成为固定职官考…………………………………………… 140

关于唐代转运使的治所问题…………………………………………… 156

唐代地方运使述略……………………………………………………… 166

唐代河南漕路述论……………………………………………………… 183

唐代河南漕路续论……………………………………………………… 194

唐代度支使出现问题的探讨* ································· 215

再论唐代度支使的产生 ····································· 222

唐代度支职事由简变繁论略 ································· 235

从会昌元年《中书门下奏》看唐后期户部的使职差遣 ··········· 246

唐代度支、盐铁转运二使关系试析 ··························· 253

刘晏"分理"东路诸道考辨 ································· 265

唐代户部使的产生 ··· 271

唐户部司职事由繁变简述略 ································· 279

贞元四年以前户部钱考 ····································· 291

唐代户部别贮钱的设置 ····································· 298

唐代户部别贮钱的来源 ····································· 308

唐代户部别贮钱的用途 ····································· 325

关于唐代"乡"的两点商榷 ································· 339

唐代的"宽乡"与"狭乡" ································· 344

《通典》唐乡官耆老考释 ··································· 347

唐代成都的经济地位试探 ··································· 364

"扬一益二"的由来 ······································· 375

唐代岷江、沱江和嘉陵江流域的水利开发 ····················· 379

跋《龙山公墓志》 ··· 394

《新唐书·食货志》辨误二则 …………………………………… 407

《资治通鉴》中华书局标点本第 15 册正文识误 ……………… 414

精心之作　贡献诸多——评《〈全唐文〉职官丛考》………… 428

附录1　孔子是怎样一个人？………………………………… 430

附录2　文翁治蜀考论 ………………………………………… 437

附录3　略谈"以经决狱"……………………………………… 450

附录4　东汉永平二年养老礼述评 …………………………… 454

附录5　陈亮的变通思想 ……………………………………… 461

附录6　陈亮的经济思想 ……………………………………… 468

附录7　读王十朋两论《马纲状》书后 ……………………… 483

附录8　怎样看待传统文化 …………………………………… 490

附录9　《四川古代交通路线史》序 ………………………… 505

附录10　何汝泉论著目录 …………………………………… 508

后记 ……………………………………………………………… 515

略论唐太宗统治时期的法律思想

唐太宗统治时期（627—649 年），是我国封建社会著名的"治世"之一，也是封建法制比较健全的时期。我国封建社会成熟的法典、也是现存最早最完整的一部法典——"唐律"，就是那时制定的。①那时，司法制度比较完备，执法也颇为严格。这固然应该从当时封建经济和政治的高度发展来作解释，但是也不可忽略法律思想所起的作用。在一定意义上说，统治阶级的意志和利益，统治阶级总结历代法制实践的经验，都要通过法律思想而体现在法律制度中。

唐太宗时期的法律思想是一个尚待研究的问题。这里，仅就个人接触到的材料，从法律的产生、本质、作用和立法、理狱、量刑的原则等方面，作一个初步的探索。

一、关于法律的产生和本质

恩格斯指出："在社会发展某个很早的阶段，产生了这样一种需要：把每天重复着的产品生产、分配和交换用一个共同规则约束起来，借以使个人服从生产和交换的共同条件。这个规则首先表现为习惯，不久便成了法律。随着法律的产生，就必然产生出以维护法律为职责的机关——公共权力，即国家。"②列宁说："法律就是取得胜利并掌握国家政权的阶级的意志的表现。"③这就说明了，法律不是从来就有的，而是在社会分裂为阶级以后，伴随着国

---

① 《唐律疏议》为之"疏议"的这部"唐律"，前人多认为是《永徽律》，笔者以为应该是《贞观律》。
② 恩格斯：《论住宅问题》，中共中央马克思恩格斯列宁斯大林著作编译局编译：《马克思恩格斯文集》第 3 卷，北京：人民出版社，2009 年，第 322 页。
③ 列宁：《社会民主党在 1905—1907 年俄国第一次革命中的土地纲领》，中共中央马克思恩格斯列宁斯大林著作编译局编译：《列宁全集》第 16 卷，北京：人民出版社，1988 年，第 292 页。

家而产生的；是掌握国家政权的统治阶级，为了赋予他们凭暴力得到的原始权利以某种社会稳定性，而通过国家，把自己的意志变为国家的意志，这就是法律。这是马克思主义关于法律产生和本质的基本观点。尽管世界历史上，法学的历史是比较悠久的，但是，只有马克思主义问世以后，才第一次揭示出这个真理。

历史上的一切剥削阶级，由于阶级立场和世界观的局限，不可能认识法律产生的根本原因，无法理解法律的本质。他们当中，即使是那些杰出的政治家和思想家，至多也只能"积累了零星收集来的未加分析的事实，描述了历史过程的个别方面"[1]。唐太宗和他的大臣们对法律产生和本质的看法就是如此。

《晋书》是唐太宗下诏，由宰相房玄龄、中书侍郎褚遂良等人撰修的。从该书《刑法志》中，可以看到唐太宗君臣们的一些法律观点。这篇《刑法志》载："若夫穹圆肇判，宵貌攸分，流形播其喜怒，禀气彰其善恶，则有自然之理焉。"[2]意思是说，天地开辟，人类出现的时候，上天就赋予人以喜怒之情，善恶之性，就需要加以管教，于是就产生了刑法。这就是所谓自然之理。

《隋书》也是唐太宗任命魏徵、颜师古、孔颖达、于志宁等大臣和名儒撰修的。该书《刑法志》载："圣王仰视法星，旁观习坎，弥缝五气，取则四时。莫不先春风以播恩，后秋霜以动宪。是以宣慈惠爱，导其萌芽，刑罚威怒，随其肃杀。"[3]这是说，圣王根据天上的法星，参考《易经》的坎卦以制定刑法，用来补救各种阙失。圣王按照四时的启示，总是在春天播施仁恩，到秋天动用刑宪；以慈爱来引导人们生长，以刑威来惩罚那些罪犯。

唐太宗时，历次参与修订律令的长孙无忌，在他所写的《进律疏议表》和《律疏议序》[4]中，也说："三才既分，法星著于元象；六位斯列，习坎彰于易经。故知出震乘时，开物成务，莫不作训以临函夏，垂教以牧黎元。"[5]意思是说，天地开辟，人类出现的时候，在天上的法星和《易经》的坎卦昭示下，帝王为了通天下之志，成天下之务，总是要作训诰向全国宣布刑法，要

---

[1] 列宁：《卡尔·马克思》，中共中央马克思恩格斯列宁斯大林著作编译局编译：《列宁全集》第26卷，北京：人民出版社，1988年，第59页。
[2] 《晋书》卷30《刑法志》，北京：中华书局，1974年，第915页。
[3] 《隋书》卷25《刑法志》，北京：中华书局，1973年，第695页。
[4] 长孙无忌的《进律疏议表》和《律疏议序》写于永徽四年（653年），但该文所表达的观点则是贞观以来就存在的。
[5] （清）董诰等编：《全唐文》卷136长孙无忌：《进律疏议表》，北京：中华书局，1983年影印本，第1375—1376页。

垂世立教以统治百姓。又说:"夫三才肇位,万象斯分,禀气含灵,人为称首。莫不凭黎元而树司宰,因政教而施刑法。其有情恣庸愚,识沉愆戾,大则乱其区宇,小则睽其品式。不立制度,则未之前闻。"①这是说,天地人开始定位,万物从混沌中分明起来的时候,人的天资是最机灵的,总是经过百姓的推戴而建立起政府和官吏,官吏为了施政垂教而设置了刑法。其所以要设置刑法,是因为有的人性情庸愚,思想中充满了恶念,大则扰乱天下,小则违背等级秩序,要是不定出条例法度来加以制裁,那是绝对不行的。

魏徵在一个奏疏中曾说:"为理之有刑罚,犹执御之有鞭策也。"②这是把法律实施的刑罚比作驾车人手中的鞭子。还说:"法,国之权衡也,时之准绳也。权衡所以定轻重,准绳所以正曲直。"③这是把法律比作量定轻重的权衡,校正曲直的准绳。

从以上言论中,可以看出唐太宗时统治阶级对法律产生和本质的观点,归纳起来有以下几点:

第一,他们把阶级产生以后才有的法律,说成是人类出现的时候就存在。这种关于法律起源的观点,无非是要说明法律是永恒的,统治阶级对人民的法律统治是不可移易的。

第二,他们宣扬法律是君王制定的,是君王根据上天的法星和圣人的易卦制定的,企图以此为统治阶级的法律披上一层神圣的外衣,来显示其法律的尊严,增强其法律的不可侵犯性。

第三,他们认为法律是政府和官吏为了进行统治的需要而制定和推行的。这种对法律产生动因的观点,倒还接近于实际。但是,他们在说明其必要性时,把统治阶级的法律统治和压迫描绘成正义行动,而把被统治的人民置于非正义的地位。在他们看来,由于人民本性平庸愚蠢和心存恶念而要起来作乱,统治者才不得不施之以刑法。他们隐瞒了这样的真相,正是统治阶级的残酷剥削和压迫,人民才被迫起来反抗。所以,他们歪曲了事情的性质。

第四,魏徵把刑罚比做鞭策,这是很有眼光的。恩格斯在《英国工人阶级状况》中曾说:"对资产者说来,法律当然是神圣的,因为法律是资产者本身的创造物,是经过他的同意并且是为了保护他和他的利益而颁布的",而法律对无产阶级说来,却"是资产者给他准备的鞭子"。④魏徵当然不会也不可

---

① (清)董诰等编:《全唐文》卷136 长孙无忌:《律疏议序》,第1382页。
② (清)董诰等编:《全唐文》卷140 魏徵:《理狱听谏疏》,第1423页。
③ (唐)吴兢编著:《贞观政要》卷5《公平》,上海:上海古籍出版社,1978年,第175页。
④ 恩格斯:《英国工人阶级状况》,中共中央马克思恩格斯列宁斯大林著作编译局编译:《马克思恩格斯文集》第1卷,2009年,第462页。

能像恩格斯那样，认识到法律是统治阶级手中的鞭子。可是，他作这个比喻说明，他已不自觉地触及法律的本质。魏徵把刑罚比做鞭子的话后面，又接着说了这样两句话："人皆从化而刑罚无所施焉，马尽其力则有鞭策无所用。"他的意思是说，统治者并非存心对人民动用刑罚，只要你像马尽力拉车一样服从管教，刑罚也就无法施展了。很显然，这是他在为统治阶级法律的本质进行掩饰和辩解。

唐太宗时期统治阶级这些关于法律产生和本质的观点，并不都是他们发明的，很多可以在先秦和两汉的典籍上找到相同或相近的内容。前引《晋书·刑法志》《隋书·刑法志》和长孙无忌文中的话，很多是脱胎于《汉书·刑法志》和汉代其他有关著作。但是他们也不是简单地继承前人的观点。由于阶级斗争形势的发展，统治者法制经验日益积累，他们对前人的观点也有所发展。比如《汉书·刑法志》载："圣人取类以正名，而谓君为父母。明仁爱德让，王道之本也。爱待敬而不败，德须威而久立，故制礼以崇敬，作刑以明威也。"①这是认为礼和刑都是统治者为了维持自己的地位"不败"和权威"久立"而制定的，并不隐晦其制定刑法的意图。首先，唐太宗时法律论著者则不一样，他们总是诡称，统治者对人民很仁爱，本来是不愿意制定和动用刑法的。由于本性庸愚、心存恶念的人要作乱，才不得不这样做。这说明唐朝统治者确实有比前辈高明的麻痹人民的本领，他们的法律思想更富于欺骗性。其次，唐太宗时法律论著者，在论及立法设刑的根据时，不像班固那样津津乐道"则天象地"，大谈天杀、天讨、天罚，而是突出"动缘民情"，强调人民的性情和意识不免于作乱。这说明他们已经更加明确，法律主要是针对人民的。再次，唐太宗时的法律论著者，对法律本质的认识无疑是前进了一步。东汉人虞诩、崔寔等曾经把刑罚比作衔勒或衔辔。②这种比喻，虽然对法律的本质有所触及，但是没有魏徵把刑罚比作鞭子那样贴切。衔勒只能控制烈马，使之暂时驯服；而鞭子则不但是驱使工具，而且是惩罚手段。这就更接近于法律的本质了。前人也不是没有把刑罚和鞭策比拟过，但魏徵不仅把法律比作鞭策，而且比作权衡和准绳，从各个方面对法律的本质有所论述。

---

① 《汉书》卷23《刑法志》，北京：中华书局，1962年，第1079页。
② 《后汉书》卷58《虞诩传》，北京：中华书局，1965年，载虞诩上疏中说："刑罚者人之衔辔。"（第1870页）崔寔《政论》也说："驭委其辔，马骄其衔。"（《后汉书》卷52《崔寔传》，第1728页）说法类似。衔勒，是放在马口中，用来控制马的铁具。衔辔，衔即衔勒，辔是马笼头。

二、关于法律的作用

马克思主义指出：建筑在经济基础之上的上层建筑，包括政治、法律、道德、哲学、艺术、宗教等观点，以及适应这些观点的政治、法律等制度；上层建筑的每一个组成部分，都有自己客观的特定的地位和作用，都同其他部分发生联系，并为经济基础服务。①这是马克思主义关于社会结构的基本观点。在马克思主义产生以前，没有人能够全面符合客观实际地认识社会的上层建筑。

我国先秦时期的儒家，实际上是把伦理道德置于上层建筑其他部分之上，将其看成是上层建筑的核心，特别轻视法律，因此，提倡礼治、德教，蔑视法治。孔子说："道之以政，齐之以刑，民免而无耻；道之以德，齐之以礼，有耻且格。"②这就是儒家对刑法和德礼的基本态度。所以，儒家的法律思想是比较贫乏的。法家，则把法律看成是高于上层建筑的其他部分，作为上层建筑的核心，而轻视道德，因此，主张法治，反对礼治。韩非说："为治者用众而舍寡，故不务德而务法。"③这就是法家对德礼和刑法的基本态度。无论儒家、法家，他们对上层建筑各个部分，特别是对道德和法律的地位和作用的认识，都不符合客观实际。

以法家思想治国的秦朝灭亡后，儒家思想在汉朝逐渐抬头。汉武帝接受董仲舒建议，"罢黜百家，独尊儒术"。从此以后，儒家思想开始成为封建统治阶级治国的主要指导思想。儒家学者越来越多地进入各级国家政权。儒家在思想上本来是轻视法律的，然而法律却是为统治阶级利益服务的必不可少的工具。所以，进入政权的儒生，在实践上不能不从事法律活动。这样，在有国家颁布的《九章律》存在的汉代，出现了"以经决狱"的现象。就是那个"罢黜百家，独尊儒术"的倡导者——董仲舒，开了恶劣的先例。《汉书·艺文志》载："公羊董仲舒治狱十六篇"，就是董仲舒以《春秋》折狱断事的记录。《汉书·五行志》载："武帝使仲舒弟子吕步舒持斧钺治淮南狱，以《春秋》义专断。"可见谬种流传，董仲舒的弟子也学老师"以经决狱"。所谓"以

---

① 马克思：《〈政治经济学批判〉序言》，中共中央马克思恩格斯列宁斯大林著作编译局编译：《马克思恩格斯文集》第 2 卷，第 591—592 页。
② 《论语》卷 2《为政》，（清）阮元校刻：《十三经注疏·论语注疏》，北京：中华书局，1980 年影印本，第 2461 页。
③ 《韩非子》卷 19《显学》，（清）王先慎撰，锺哲点校：《韩非子集解》，《新编诸子集成》（第一辑），北京：中华书局，1998 年，第 461 页。

经决狱"，就是把儒家经典作为判案的根据，把充斥于儒家经典中的道德规范变成法律规范，把圣人的话当作法律。这样，势必出现因违反圣人言论致罪的"思想犯"。这就把只能依靠社会实践来检验其正确与否的思想，一律付诸刑法。结果，必然造成社会混乱，阻碍社会生活的正常发展。

儒学"独尊"以后，儒家思想对法律领域的影响越来越大；法家的合法地位虽然被取缔了，但它留下了十分丰富的法学遗产，对法律领域的思想影响仍然相当强烈。因此，在长时间里，封建统治阶级对法律作用的认识，还留有法家思想的痕迹。那时，虽然有不少人宣扬礼治、德化，否定刑法的作用，把刑法看作很坏的东西，要求排除在治道之外[①]，但是，肯定刑法的作用，反对独任德化，也大有人在。[②]可是，这两种不同主张的人，却有一个共同之点，就是把法律的作用和道德的作用对立起来，或割裂开来，不能如实地认识法律和道德在社会生活中的作用是相互补充的。到了唐太宗统治时期，统治阶级才在认识上把法律的作用和道德的作用，在儒家思想原则上统一起来，儒家思想才在法律领域里完全取代了法家思想。

现在让我们来具体地看看，唐太宗时期统治阶级代表人物是怎样论述法律的作用及其和礼治、德化的关系。

长孙无忌说："德礼为政教之本，刑罚为政教之用，犹昏晓阳秋相须而成者也。"[③]这是说，德礼是行政教化的本体，刑罚是行政教化的施行；德礼和刑罚对行政教化之不可缺少，犹如昏晓相须而成一昼夜，春阳秋阴相须而成岁一样。在这里，法律的作用和道德教化的作用既不是对立，又不是割裂的，而是相须一体，它们之间的关系是本用关系。

唐太宗说："失礼之禁，著在刑书。"[④]这里，刑书的作用，在于禁止失礼行为。又说："为臣贵于尽忠，亏之者有罪；为子在于行孝，违之者必诛。大

[①] 西汉后期的路温舒是一个代表，他在上宣帝书中主张"尊文武之德，省法制，宽刑罚，以废治狱，则天平之风可兴于世。"见《汉书》卷51《路温舒传》，第2371页。

[②] 东汉的王符、晋代的葛洪都是这种主张的代表。王符《潜夫论》卷5《衰制》说："议者必将以为刑杀当不用，而德化可独任。此非变通者之论也，非叔世者之言也。"见《新编诸子集成》（第一辑），（汉）王符著，（清）汪继培笺、彭铎校正：《潜夫论笺校正》，北京：中华书局，1985年，第242页。葛洪《抱朴子》卷14《用刑》说："仁之为政，非为不美也。然黎庶巧伪，趋利忘义。若不齐之以威，纠之以刑，远羲农之风，则乱不可振，其祸深大。""然而为政莫能错刑，杀人者原其死，伤人者赦其罪，所谓土柈瓦甑，无救朝饥者也。"见《新编诸子集成》（第一辑），杨明照撰：《抱朴子外篇校笺》，北京：中华书局，1991年，第331、361页。

[③] （清）董诰等编：《全唐文》卷136长孙无忌：《律疏议序》，第1383页。

[④] （清）董诰等编：《全唐文》卷7太宗：《薄葬诏》，第83页。

则肆诸市朝，小则终贻黜辱。"①这是说，为臣不尽忠，为子不尽孝，都是失礼，都会有罪，都要受到刑法的惩处。这就是礼和刑的本用关系的一种具体表现。

唐太宗还说："刑典仍用，盖风化未洽之咎。"②长孙无忌也说："律增甲乙之科以正浇俗，礼崇升降之制以拯颓风。"③他又引申《史记·律书》的话说："刑罚不可弛于国，笞棰不得废于家。时遇浇淳，用有众寡。"④唐太宗君臣们也讲刑法的"正浇俗"作用，但是他们和前人的说法有所不同：第一，西汉时大戴《礼记》认为，礼被破坏了，世俗才浇薄，才有动用刑法的必要。⑤唐太宗君臣们则并不认为时俗浇薄或淳厚是由于失礼与否而在时间上是截然分开的，而认为一个国家任何时候都有浇薄的风俗存在，因此，不可以须臾废弛刑罚，只不过有时情况严重，刑罚用得多些，有时情况较好，刑罚用得少些。第二，不是只有刑律才有"正浇俗"的作用，礼也有这个作用，只不过所用手段不一样。刑律用科罚来体现，礼则用升降其规格表示出来。

唐太宗君臣们说过大量的关于赏罚对治理国家具有重要作用的言论。唐太宗说："为国之要，在于进贤退不肖，赏善罚恶，至公无私。"⑥又说："国家纲纪，唯赏与罚。"⑦"国家大事，唯赏与罚。赏当其劳，无功者自退；罚当其罪，为恶者咸惧。"⑧魏徵在《论御臣之术》一文中指出："设礼以待之，执法以御之。为善者蒙赏，为恶者受罚。安敢不企及乎，安敢不尽力乎！"⑨还说："若赏不遗疏远，罚不阿亲贵；以公平为规矩，以仁义为准绳；考事以正其名，循名以求其实，则邪正莫隐，善恶自分。然后取其实，不尚其华；处其厚，不居其薄，则不言而化，期月而可知矣。"⑩执赏罚之柄以御天下，这是先秦法家的主张。唐太宗把这条接过来，并且提到国家纲纪、国家大事、

---

① （清）董诰等编：《全唐文》卷 7 太宗：《黜魏王泰诏》，第 84 页。
② （唐）杜佑撰：《通典》卷 170《刑八·宽恕》，上海：商务印书馆，1935 年，万有文库本，第 900 页。
③ （清）董诰等编：《全唐文》卷 136 长孙无忌：《进律疏表》，第 1376 页。
④ （清）董诰等编：《全唐文》卷 136 长孙无忌：《律疏议序》，第 1383 页。
⑤ （清）孔广森撰：《大戴礼记补注》卷 2《礼察第 46》云："夫礼之塞，乱之所从生也"，"礼者，禁将然之前，而法者，禁于已然之后"。见《丛书集成初编》，北京：中华书局，1985 年，第 13 页。
⑥ （宋）司马光编著，（元）胡三省音注：《资治通鉴》卷 197，唐太宗贞观十九年三月条，北京：中华书局，1956 年。
⑦ （宋）司马光编著，（元）胡三省音注：《资治通鉴》卷 194，唐太宗贞观六年九月条。
⑧ （唐）吴兢编著：《贞观政要》卷 3《封建》，第 89 页。
⑨ （清）董诰等编：《全唐文》卷 139 魏徵：《论御臣之术》，第 1417 页。
⑩ （清）董诰等编：《全唐文》卷 139 魏徵：《论御臣之术》，第 1417 页。

治国要诀的高度。这在儒术独尊以后的帝王中不可多见的。是不是可以据此断定唐太宗就是法家呢？不可以。因为唐太宗和他的大臣们讲的赏罚和先秦法家是不同的。唐太宗君臣们是把赏罚和礼治、德化联系在一起的。在他们看来，"为善者蒙赏"就是"设礼以待之"的具体表现；"为恶者受罚"就是"执法以御之"的具体实施。不仅如此，他们还提出，无论是赏和罚都要"以公平为规矩，以仁义为准绳"。就是说，都要在儒家思想原则的指导下进行。唐太宗还指出了赏罚所要达到的境界，不是别的，就是儒家追求的王道政治。他说："故赏者不德君，功之所致也；罚者不怨上，罪之所当也。故《书》曰：'无偏无党，王道荡荡'，此赏罚之权也。"[1]

从唐太宗及其大臣们关于法律作用的观点中，我们可以看出，这个以前儒法两家争论最大，意见最为分歧的问题，现在已经按儒家思想原则统一起来了；过去法家的一些关于法律的语言，虽然保存下来，并且在继续使用，但是灌注了儒家精神，因而实质已经发生了变化。这就说明，现在统治阶级的法律思想，已经完全以儒家思想为指导，完全成为儒家思想体系的一个组成部分。这是我国法律思想发展史上，一次重要变化。这个变化，对我国封建法典的内容和性质都发生了重大影响。这个变化表明，儒家思想中原来比较贫乏的法律思想，现在已经得到了补充。

三、关于立法、理狱和量刑的原则

唐太宗时，统治阶级在总结历史经验的基础上，对立法、理狱和量刑的原则有一定的认识。这是当时封建法制臻于健全的重要思想条件。

关于立法方面，魏徵曾指出："凡立法者，非以司民短而诛过误也。乃以防奸恶而救祸患，检淫邪而内正道。"[2]这里涉及立法的界限和方针问题。魏徵是说，法律所要惩罚的不是一般的缺点和错误（民短、过误），而是犯罪行为（奸恶、淫邪），这就是要区分罪与非罪的界限。进行立法工作时划清这个界限，是完全必要的。魏徵所谓立法是为了"防奸恶而救祸患，检淫邪而内正道"，体现了着眼于教育的方针。法律是有一个教育问题，但它不是教育大纲。法律是通过对犯罪行为进行惩罚而收到教育的效果，回避惩罚而侈谈"救祸患""内正道"，那就失去了法律的质的规定性。魏徵把立法的基点放在教

---

[1] （唐）李世民撰：《帝范》卷 3《赏罚》，《景印文渊阁四库全书》，台北：商务印书馆，1986年影印本，第 696 册，第 611 页。

[2] （清）董诰等编：《全唐文》卷 10 魏徵：《理狱听谏疏》，第 1423 页。

育上，显然是不正确的。这个观点，是把法律纳入德化的表现，是儒家法律思想的一个重要特征。这个观点，对唐太宗时法制建设有着严重的影响。这个影响，简单地说，就是在制定法律时唯恐有阙，而执行时缺乏严格遵守的观念，因此，不能做到有法必依。这也是封建法制的一个通病。

唐太宗指出："国家法令，惟须简约，不可一罪作数种条。格式既多，官人不能尽记，更生奸诈。若欲出罪，即引轻条；若欲入罪，即引重条。"[1]这是立法中值得注意的一个技术问题。特别是"不可一罪作数种条"，是制定任何法律都必须遵守的一条规则。

唐太宗还对法律的稳定性有相当精到的见解。他说："法令不可数变。数变则烦，官长不能尽记；又前后差违，吏得以为奸。自今变法，皆宜详慎而行之。"[2]他曾以殿屋作比喻说："治天下如建此屋，营构既成，勿数改移。苟易一榱，正一瓦，践履动摇，必有所损。若慕奇功，变法度，不恒其德，劳扰实多。"[3]又说："诏令格式若不常定，则人心多惑，奸诈益生。"[4]这里他指出了法令不稳定的害处：第一，使"人心多惑。"法令失掉人们信任，不但不能起到禁止奸诈的作用，而且还会使"奸诈益生"。第二，"数变则烦，官长不能尽记。"法令越变越多，官长记不清了，必然影响法令的执行。第三，数变则"前后差违，吏得以为奸"。这是说，法令数变会产生前后矛盾，官吏便可以利用这点来干坏事。唐太宗也不是说法令不可以改变，而只是认为不可数变，不可朝令夕改。就是说要相对稳定，变法要慎重，"宜详慎而行之"。

唐太宗能提出这些关于立法的合理意见，说明他对法律的制定和执行有相当的了解。这对一个封建帝王来说，应该是难能可贵的。

关于理狱。理狱就是我们现在说的诉讼。魏徵对此有不少精辟的论述。

魏徵指出："后之理狱者则不然，未讯罪人，则先为之意。及其讯之，则驱而致之意，谓之能。不探狱之所由，生为之分，而上求人主之微旨以为制，谓之忠。"[5]这是说，一些办案的封建官吏，在没有审讯罪人（封建社会一般通行"有罪推论"原则，故把未经审判判决的被告叫作罪人）之前，就做了一个主观臆断；审问时，迫使罪人去达到他的主观臆断。这种人还被称为办事能人。不侦查案件产生的原因，不研究案件本身应该用什么法律规定来判

---

[1] （唐）吴兢编著：《贞观政要》卷8《赦令》，第251页。
[2] （宋）司马光编著，（元）胡三省音注：《资治通鉴》卷194，唐太宗贞观十年十二月条。
[3] （宋）司马光编著，（元）胡三省音注：《资治通鉴》卷196，唐太宗贞观十五年七月条。
[4] （唐）吴兢编著：《贞观政要》卷8《赦令》，第251页。
[5] （清）董诰等编：《全唐文》卷140魏徵：《理狱听谏疏》，第1424页。

处才恰当，而是向上面探求最高统治者皇帝的意图，根据皇帝的意图进行判决。这种人还被叫作忠臣。这里，魏徵痛快淋漓地揭露了封建官吏的主观主义的审判态度和希旨断狱的恶劣作风。这种封建主义的遗毒，影响极其深远。

魏徵又指出："凡理狱之情，必本所犯之事以为主。不严讯，不旁求，不贵多端以见聪明，故律正。"①这里提出了刑事诉讼的一个重要原则："必本所犯之事以为主"，即必须以犯罪事实为根据。这个原则至今仍然适用。魏徵还认为：根据事实，就不必严刑取供，不必多求旁证，不要以为线索发展得越多越好。这样，法律才能正确贯彻执行。

魏徵还指出："凡听讼理狱……疑则与众共之。疑则从轻者，所以重之也"，"众所善然后断之"。②所谓"疑则与众共之""众所善然后断之"，这个"众"，当然不会是我们今天说的人民群众，不能说他已提出要走群众路线。但是，他说的"众"也不是一个人。可以说，他认为遇到疑难案件应该多几个人一起商量处理，几个人都认为妥当了才判决。这对减少独断专行而产生的错误，无疑是有好处的。他还提出"疑则从轻"的原则，即是对没有完全查清或者暂时无法查清的案件，应该从轻判处。这对保护好人是很有意义的。

我国封建社会的刑事审判，常常是坐大堂，动用刑具，取供画押，主观下判。一般封建统治者都把这套作法视为常规，视为合法手段。然而魏徵却能够不苟常态，提出上述一些合乎审判原则的意见。这在古代法制遗产中是值得我们珍视的。

关于量刑问题，魏徵也有些论述。他反对以君王个人的情趣来量刑定罪。他指斥这种情况："取舍枉于爱憎，轻重由乎喜怒。爱之者，罪虽重而强为之辞；恶之者，过虽小而深探其意。法无定科，任情以轻重。人有执论，疑之以阿伪。故受罚者无所控告，当官者莫敢正言。"③这里，魏徵揭露了君王任情量刑的恶果：第一，任情量刑与法无定科互为影响。任情量刑必然造成法无定科，法无定科又使任情量刑滥不可止。第二，君王任情以量刑定罪，人有执法论理表示异议的，便被怀疑与罪犯阿党为非，因此，造成受罚的人控告无门，当官的人不敢说公道话。这些确是合乎逻辑的。

---

① （清）董诰等编：《全唐文》卷 140 魏徵：《理狱听谏疏》，第 1425 页。
② （清）董诰等编：《全唐文》卷 140 魏徵：《理狱听谏疏》，第 1424—1425 页。
③ （清）董诰等编：《全唐文》卷 140 魏徵：《理狱听谏疏》，第 1424 页。

魏徵一方面反对以君王的爱憎来量刑定罪；另一方面也赞赏以"百姓"的爱憎来量刑定罪。他引《体论》之言："我之所重，百姓之所憎也；我之所轻，百姓之所怜也。是故，赏轻而劝善，刑省而禁奸。"①前者无疑是正确的，后者却是一句毫无实际意义的空话。在封建社会包括被压迫群众在内的"百姓"，那里有他们表达爱憎来决定刑罚轻重的条件呢？到了人民掌握国家政权之后，人民的意志还要通过国家，作为国家意志而反映到法律里去，人民的意志才可能在量刑定罪上起作用。离开法律而侈谈由人民的爱憎来量刑定罪，任何时候都只能是一句空话。

唐太宗君臣们还注意到了另一个重要问题，那就是量刑定罪是否允当与执法官吏的关系。唐太宗曾对侍臣说："死者不可再生，用法务在宽简。古人云：鬻棺者欲岁之疫，非疾于人，利于棺售故耳。今法司核理一狱，必求深刻，欲成其考课。今作何法得使平允？"谏议大夫王珪回答说："但选公直良善人，断狱允当者，增秩赐金，即奸伪自息。" 唐太宗接受了王珪的意见。②执法官吏要选择公平、正直的好人，这不仅对量刑允当，而且对法制健全都有重要意义。

原载《西南师范学院学报（哲学社会科学版）》1980年第1期

---

① （唐）吴兢编著：《贞观政要》卷5《公平》，第173页。
② （唐）吴兢编著：《贞观政要》卷8《刑法》，第238—239页。

"贞观之治"述略

唐太宗统治时期（627—649年），年号贞观，是我国封建社会著名的"治世"，过去的史家称为"贞观之治"。

历史上考察"贞观之治"的人可谓多矣。但是，不少人是从唐太宗的嘉言善行、良法美政入手，结果，把贞观时的一切成就，都记在唐太宗的功劳簿上。这样使人感到，似乎并不是时势造就唐太宗，而是唐太宗个人造就了贞观的历史。我认为可以改换一下视角，从社会效果入手，首先，考察贞观时期给中国历史留下了些什么东西，取得了那些成就。也就是说，先看看"贞观之治"到底"治"到了何等地步。其次，再分析这些成就是怎么取得的。这样是否会有所裨益呢？现在对"贞观之治"试作一个简略的评述。

贞观时期的成就，可以说主要有三项：

第一，社会经济得到恢复和一定程度的发展。

由于隋炀帝的暴虐统治，社会经济遭到了严重的破坏。在籍人口从八百多万户，下降到二百多万户，大量土地无人耕种而荒芜了。唐高祖统治时期（618—626年）社会还没有安定下来，经济没有什么起色。唐太宗即位，又连年遭受自然灾害。正如魏徵指出的："贞观之初，频年霜旱。畿内户口，并就关外。携负老幼，来往数千。"[①]那时，粮食昂贵，一匹绢只能买到一斗粟，人民生活十分痛苦。

贞观三年（629年），经济开始好转。此后七八年间，农业连年丰收，粮食价格下降。到贞观十一年（637年）时，一匹绢可以买到十余石粟。甚至人口集中的长安城，一斗粟才值三四钱。粮食确实是增多了。贞观时人口也增加到三百八十万户。兴修的较大型水利灌溉工程有二十多处。如益州在都江

---

① （清）董诰等编：《全唐文》卷140魏徵：《十渐疏》，第1420页。

堰的旧渠外"别更疏决"，使蜀地大获利益；扬州引雷陂水，又筑勾城堰，使八百多顷田地得到灌溉；河中府（治所在今山西永济市）开凿渠道，引水灌田，亩收十石，人们称之为"十石垆渠"；泉州莆田修筑了诸泉塘、沥浔塘、永丰塘、横塘、颉洋塘和国清塘等，灌溉农田达一千二百多顷等。

人口增加，水利灌溉发展，粮食价格下降，表明农业生产确实已经恢复，并且有一定程度的发展。

第二，政治修明，社会比较安定。

据记载："太宗自即位之始，霜旱为灾，米谷踊贵，突厥侵扰，州县骚然。"[1]这就是说，贞观之初，不仅经济上很困难，而北方有突厥贵族的威胁，国内的统治也还不稳定。[2]可是，经过一段时间之后，情况发生了很大变化。出现了这样的局面："官吏多自清谨。制驭王公、妃主之家，大姓豪猾之伍，皆畏威屏迹，无敢侵欺细人。商旅野次，无复盗贼。囹圄常空，马牛布野，外户不闭。"[3]我们摈除夸大溢美之词，可以看到贞观时期政治方面的大概状况：(1)官吏一般还能谨身自守，贪赃枉法的较少。(2)王公贵戚和豪绅地主侵凌欺压百姓的行为有所收敛。(3)社会比较有秩序，人民触犯法网的较少，阶级矛盾比较缓和。总起来说，就是政治较为修明，社会还属安定。

第三，解除了突厥贵族的威胁，密切了唐朝和边疆少数民族的关系。

自五世纪中叶以来，北方兴起的突厥汗国，至六世纪中叶取代柔然汗国以后，严重地威胁着中原政权。隋末唐初，突厥贵族频繁南下侵扰，唐高祖时突厥骑兵深入到长安附近，首都戒严，人心惶恐。唐太宗刚即位，突厥颉利可汗率兵到达长安近郊的渭水北岸，情况十分危急。唐太宗果敢地带领六骑驰往便桥，和颉利隔河对话，经过谈判，突厥骑兵才暂时北撤。但是，突厥仍然连年侵扰，掳掠人口，抢劫财物，破坏生产，给北方人民带来极大痛苦，成为唐朝社会不能安定的重要因素。

到贞观三年（629年），唐朝的社会经济有了一定恢复，政治基本稳定，军事力量得到加强。同时，又当突厥内部经济衰落，阶级矛盾、民族矛盾和统治阶级内部矛盾都非常尖锐之时，唐王朝派出了李靖为首的几路大军[4]，共

---

[1] （唐）吴兢编著：《贞观政要》卷1《政体》，第24页。
[2] 唐太宗即位后，有庐江王李瑗和燕州刺史王诜举兵反对，燕郡王李艺"勒兵入朝"，凉州都督长乐王李幼良又企图反叛，利州都督李孝常阴谋作乱。除宗室诸王反对外，幽州都督王君廓谋反，岭南少数民族反抗，青州地方有"谋反"事件发生。
[3] （唐）吴兢编著：《贞观政要》卷1《政体》，第24页。
[4] 李靖、李勣、柴绍、李道宗、薛万彻、卫孝节各率一路大军，皆受李靖节度。

十多万人，向突厥贵族展开全线反击。第二年初，大破颉利可汗于阴山，并乘胜追击，生擒颉利，俘虏十余万人。东突厥政权至此灭亡，阴山至大漠之地重归唐中央政府控制。近一个世纪以来的突厥威胁和危害，至此解除。

打败突厥以后，唐在突厥故地设置府州，作为统一国家的地方政权，将突厥民众按照原来的部落组织，安置在黄河南边，保持本民族的生产、生活方式，并帮助他们发展生产，对突厥酋长，更是倍加优待，授将军、中郎将等五品以上高级官职的有一百人。突厥人入居长安的近万家。唐朝对突厥降人这样妥善处理，不仅有利于突厥族的进步和发展，而且加深了中原民族与北方少数民族的关系。北方各族把唐王朝奉为"天朝"，尊称唐太宗为"天可汗"。这表明唐王朝是各族的最高朝廷，唐太宗成为各族的最高皇帝。

贞观时期，唐还和青藏高原的吐蕃以及西南、东北、西域等边疆各少数民族增进了友好关系。那时，首都长安居住着许多来自各方的少数民族，有些是派来的政治使节，有些是进行经济文化交流的商人和艺术家，有些是前来求学的，有些是在中央政府作官的。每当节庆大典，各族的音乐、舞蹈，在长安竞相献艺。总之，贞观时期出现了我国历史上民族和睦的空前盛况。

贞观时期取得的成就，如果以现在的眼光来看，都算不得什么，不是什么了不起的事情。可是，那是公元七世纪初期的历史，是发生在封建专制时代的事情。要知道，在那个时代，能够出现这样的局面，应该说，是不简单、不容易的。实际上，在中国封建社会两千多年的历史中，这样的"治世"也是不多见的。

为什么在唐太宗统治时期出现了这样的"治世"呢？这里仅就两个方面说一说它的原因。

首先，是隋末农民战争所起的伟大作用。隋末起义农民以暴风骤雨之势、雷震万钧之力，为隋炀帝的暴虐统治敲响了丧钟，把貌似强大的隋王朝砸得粉碎。它使后来的封建统治者，特别是唐初那些亲身经历过这场怒潮的统治者，不仅心怀恐惧，甚至在十数年后犹有谈虎色变之感。因此，他们虽然重建了封建王朝，但是，殷鉴不远。同时，在这长达十多年农民革命风暴中，整个地主阶级都受到沉重的打击。农民军"得隋官及士族子弟皆杀之"[①]。那些十分腐朽的门阀士族地主所受打击，更是致命的。因此，不少农民夺得一些土地和财产，部曲、徒附、杂户多变为小自耕农或租佃农民，封建依附程

---

① （宋）司马光编著，（元）胡三省音注：《资治通鉴》卷183，隋炀帝大业十二年十二月条。

度有所减弱，社会地位得到稍许改善。隋末农民战争的作用，表现在经济上，成为唐代前期社会生产恢复和发展的主要推动力；反映在政治上，则为阶级矛盾转臻缓和创造条件。总而言之，贞观"治世"的出现，归根结底，是农民的阶级斗争推动历史前进的表现。

其次，在于封建统治经验的积累和统治制度趋于完善。中国的封建制度，如果从战国算起，到唐初已经有上千年的历史。在这长时期中，封建统治有许多成功的和失败的经验教训。正是这些经验教训，使封建统治制度逐步趋于完善。但是，有意识地总结历史经验教训，用来完善其统治的封建皇帝，在中国历史上，恐怕少有超过唐太宗的。

唐太宗亲眼看见隋王朝是怎样灭亡的，又经过了十年激烈斗争才登上皇帝宝座。这十年斗争，有的是镇压农民起义，有的是削平封建割据势力，也有抵抗突厥贵族的侵扰，还有和本阶级内部的政敌作斗争。斗争形式主要是战争，但也有政治斗争和思想斗争。因此，这些斗争不仅使他增长了知识和才能，得到了一批重要人才，而且使他上台后，深切感到这个统治地位来之不易。为了君臣"长守富贵"①，他自己带头，并且发动大臣们研究历史，总结统治经验。其用心之深，在古代帝王中是少见的。唐太宗和大臣们讨论历史经验的时候，常常是由他首先提出问题，让大家发表看法，允许不同意见的人相互辩论，然后由他得出结论。有些讨论意见，便立即作为政策、命令，加以贯彻执行。唐太宗和大臣们广泛地研究了古代的、近代的和他们自己的经验，特别重视总结隋朝覆亡的教训。从《贞观政要》记载的他们讨论历史经验的情况来看，有一个可怕的魔影，始终没有离开过脑际，那就是隋末农民大起义。从他们的思想和言论中，可以清楚地证明，农民起义给统治阶级的教训是何等深刻！

唐太宗正是通过总结历史经验教训，认识到要作一个明君而不是昏君，要把国家治理好，必须善于用人和纳谏。因此，他罗致了当时最有见识和才干的人，组成了一个相当干练而有工作效能的最高统治集团。贞观时期先后担任宰相的二十九人中，大多数是某个方面具有特长的优秀人才。并且，唐太宗能用其所长，认真听取他们的意见，和他们一起研究和制定国策。下述几条对促成"贞观之治"有重要意义的措施，便是唐太宗吸取历史经验、倾

---

① 唐太宗曾对大臣们说："朕终日孜孜，非但爱怜百姓，亦欲使卿等长守富贵。"（《贞观政要》卷6《贪鄙》，第211页）

听大臣意见而采取的：

（1）不夺农时，不兴大役。这是贞观时期农业生产能够迅速恢复和发展的一个重要条件。如果推行均田制而没有这一条作生产的保证，像隋炀帝时候那样，生产哪里谈得上恢复和发展呢？

（2）重视吏治，特别是对地方官吏的选择、督察相当认真。唐太宗常常把都督、刺史的名字写在屏风上，并把他们的善恶事迹记在名字下面，以备晋升或降黜时参考。那时有一套按照详细标准分为九等的官吏考课制度，还多次派出使臣巡行各地，对地方官吏进行检察。贞观时期，州县官吏中出现了一批循吏。如邓州刺史陈君宾，巴通二州刺史李桐客，沧州刺史贾敦颐，饶阳县令贾敦实等。他们多具有这样一些特点：积极赈济灾民，安置流民复业，组织百姓兴修水利；办事、理狱公道，对百姓态度和平，受到百姓尊敬；为官清廉，不贪赃枉法，并能束约豪强，不让他们过分欺压百姓。贞观时政治、经济上的成就，州县官吏起的作用不可低估。

（3）健全法制。太宗时，制定了以《贞观律》为主体，包括令、格、式的一整套封建法规。《贞观律》是我国封建法律达到成熟、定型和比较完备的标志。这样，各种制度，各级官吏和百姓能够有法可依。那时执法比较严格，而量刑定罪则较为宽平；包括唐太宗在内的各级统治者，尚有一定的守法观念，一般还能按照法规进行断狱；出现了如戴胄、张蕴古、孙伏伽等一些敢于犯颜执法而又得到唐太宗鼓励的法官。

（4）采取"偃武修文，中国既安，四夷自服"的方针。唐太宗即位时，面临突厥贵族的严重威胁，而国内经济又十分困难，政治上也不安定。如何处理内外关系，是当时关系重大的决策。唐太宗摒弃了封德彝关于立即向突厥大规模用兵的意见，而采取了魏徵提出的"偃武修文，中国既安，四夷自服"方针。先安定内部，恢复经济，巩固统治，积蓄力量，到条件具备和时机成熟时，再稳操胜算地解决突厥等四夷的问题。后来的历史事实证明，这个方针是完全正确的。这个方针的采取，也是后来一举打败突厥的关键。

当然，贞观时期绝不是一切都是值得肯定的。在少数剥削者统治广大劳动人民的封建社会里，一个时期的统治者，尽管可以吸取前者的统治经验，用来改善自己的统治，在一定阶段内可以取得某些成就，出现"治世"。但是，他们不可避免地也会重犯错误，唐太宗也不例外。这里仅举一个例子。贞观四年（630年），唐太宗曾经说："自古以来，穷兵极武，未有不亡者也。……

隋主亦必欲取高丽，频年劳役，人不胜怨，遂死于匹夫之手。"①这不能说他对隋炀帝征高丽的历史教训没有一点认识。但是，贞观十八年（644年），唐太宗却不顾褚遂良、李大亮等一再进谏而坚持征伐高丽。第一次没有达到目的，又第二次出兵，还准备第三次更大规模地兴师动众。为征高丽，派人到剑南伐木造船，"州县督迫严急，民至卖田宅、鬻子女不能供。谷价踊贵，剑外骚然"②，激起了雅州（今四川雅安县）、眉州（今四川眉山市）一带少数民族的反抗。这难道这不是重蹈隋炀帝的覆辙吗？只不过后果不致那么严重吧。

原载《史学通讯》1982年第1期

---

① （唐）吴兢编著：《贞观政要》卷9《征伐》，第261页。
② （宋）司马光编著，（元）胡三省音注：《资治通鉴》卷199，唐太宗贞观二十二年九月条。

关于武则天的几个问题

武则天是唐朝一个由后妃爬上皇帝宝座的历史人物，我们应当对武则天作一些认真的分析研究。

一、关于武则天立为皇后和当时统治集团内部的矛盾问题

武则天之父武士彟，以经营木材"致大富"[①]。后随李渊起兵，到唐朝官至工部尚书，兼检校并越将军，先后赐田三百顷、奴婢三百人，彩物二万段，食邑二千五百户。[②]武则天就出生在这样一个以商人地主起家的新贵之门。

武则天十四岁被唐太宗选入后宫作才人。唐太宗死后，武则人随宫人出家为尼。李治（唐高宗）即位后，又把武则天召入宫内，拜为昭仪。唐高宗的王皇后没有生育，而武则天在第二次入宫前，就为唐高宗生了儿子。因此，武昭仪在和王皇后进行争宠斗争中，处于有利地位。加上武则天善于迎合唐高宗、笼络宫人和不择手段地打击对方，最后成了宫闱角逐的胜利者。唐高宗以"皇后无子，武昭仪有子"[③]作为堂皇的理由，力排异议，于永徽六年（655年）废王皇后，立武则天为皇后。

在封建社会，废立皇后和废立太子一样，往往牵涉统治集团的内部矛盾，构成复杂的政治事件。唐高宗废立皇后的问题正是如此。

唐太宗统治时期任命的中央官吏，基本上来自两个方面：一是开国元老，二是科举晋身。前者居高官要职，有些还和皇族结成姻亲，是唐太宗的主要依靠对象。唐太宗也比较注意通过科举和推荐选拔人才。但这部分人是后进者，他们的仕途不免受到开国元老们的一定限制。因此，在唐太宗统治的中

---

① （宋）李昉等编撰：《太平广记》卷137《武士彟》，北京：中华书局，1961年，第986页。
② （清）董诰等编：《全唐文》卷249李峤：《攀龙台碑》，第2518—2519页。
③ （宋）司马光编著，（元）胡三省音注：《资治通鉴》卷199，唐高宗永徽六年九月条。

后期，这两部分官僚之间已经出现了矛盾，进行着明争暗斗。

唐太宗临死时，要长孙无忌和褚遂良好好辅佐他的"好儿好妇"。唐高宗即位后，妃子王氏为皇后，长孙无忌和褚遂良以顾命大臣执掌朝政。王皇后的舅舅柳奭和长孙无忌又共同策划，立了陈王忠为太子。唐高宗提出要废王皇后立武则天为皇后，这对长孙无忌、褚遂良、柳奭等一批宰臣来说，无疑要影响到既得的权力和地位。所以，他们虽然说了种种反对废立的理由，骨子里还是为了维护自己的政治地位。

可是，废立皇后问题，对于仕途受到限制的官僚来说，却是一个大好机会。以文辞擢进的中书舍人李义府，早和褚遂良就有矛盾，又"为长孙无忌所恶"，要被贬作壁州司马。他从同僚那里得到一个"转祸为福"的消息，那就是在废立皇后问题上押下赌注，第一个叩阁上表请废王立武。果然，一掷即中，不仅留居旧职，而且很快就朝拜中书侍郎。由涟州别驾召补学士的许敬宗，在长孙无忌、褚遂良当政时，受到弹劾而左迁郑州刺史。唐朝一贯重内官轻外职，许敬宗当然不满。永徽三年（652年），许敬宗又入朝任职，碰上皇后废立问题。许敬宗为了自己的地位，站在长孙无忌、褚遂良的对立面，支持废立，并和李义府一起，对长孙无忌、褚遂良"潜加诬构"。

由此可见，唐高宗即位后，唐朝统治集团内部的矛盾和斗争，乃是唐太宗后期元老官僚和新进官僚之间矛盾斗争的继续。皇后废立问题，只是加剧了矛盾而已。

笔者认为，在东汉到南北朝期间，封建地主阶级内部确实存在过士族和庶族两个等级。在经济上，佃客是他们共同的主要的剥削对象。但是，士族地主广占土地，经营广大庄园，又养尊处优，纵情声色，因而更多地拥有部曲和奴婢。剥削部曲和奴婢，是当时封建生产关系中最落后、最腐朽的环节，是比剥削佃客更为阻碍社会生产力发展的因素。所以，士族地主便成为地主阶级中最反动的势力，成为农民起义最突出的打击目标。在政治上，士族地主通过九品中正控制清要官职，又武断乡曲，称霸一方，形成世代相承的门阀特权势力。后来，在士族地主愈来愈腐朽无能的情况下，庶族地主逐渐渗入政府的重要机构，甚至某些机要之职也掌握在庶族寒门之手。即使如此，士庶之间的社会政治地位仍然很悬殊。在思想意识、生活作风，特别是婚姻关系上，士庶之间是泾渭分明、壁垒森严的。

士族地主受到农民起义多次的沉重打击，从梁朝以后，势力便急剧衰落。特别是隋末农民起义，对地主庄园"所至摧残""意存诛荡"，以致"通庄并溃"①；农民军"得隋官及士族子弟皆杀之"②，在经济和政治上对地主阶级尤其是对士族地主给予了最严重的打击。从此，士族地主作为一个特殊阶层，便退出了历史舞台。到了唐代，无论是山东的崔、卢、李、郑诸族，关东的魏齐旧姓，还是燕赵的右姓，都已"名虽著于州闾，而身未免于贫贱"③，经济上没落了；"累叶陵夷"，"多失衣冠之绪"，"世代衰微，全无冠盖"④，政治上失去了特权地位。唐代的部曲已不大用于生产，均田令规定奴婢不受田。科举制代替九品中正制而成为选拔官吏的主要途径。这些都反映出士族和庶族在经济和政治上的差异已经基本消失，地主阶级中也就不复存在这两个等级的区别了。唐朝掌握政权的官僚地主，尽管有的出身于原来的庶族寒门，有的是高门士族的后裔，但他们已不同于南北朝的庶族和士族，他们之间出现的矛盾和斗争，也就不能依旧用士庶之间的斗争来解释。

　　反对唐高宗废立皇后的官僚中，长孙无忌、褚遂良、于志宁是士族后裔，而韩瑗、来济却并非出自世代高门。韩瑗的祖父韩绍只做了隋朝的太仆少卿，韩绍以上则没有什么仕宦人物了。来济的父亲来护儿，是隋朝一个不愿"久事垅亩"而以军功起家的暴发户，隋末又为宇文化及所杀。来济幼年过着流离生活，后来才举进士晋身。那些支持唐高宗废立的官僚中，李义府、崔义玄、李勣出身于庶族之家。许敬宗却不一样，他的祖先"世仕江左"，父亲在隋朝仍居礼部侍郎之职，应该算作士族后裔。总之，这些官僚无论是反对或者赞同唐高宗废立皇后，都是基于地位和权力的争夺，而不在于各自的出身，这点应该是很清楚的。

　　在门阀士族已经退出历史舞台的唐代，门阀观念的影响自然还继续存在。那些士族后裔，往往自矜门第，社会上也还有着"族望为时所尚"的风气，比较显著的表现是在婚姻关系上。这时，虽然不像原来士庶禁止通婚，可是门第不相当之家议婚，却要索取"陪门财"——"纳资以陪门望"⑤。很显然，这是一种门阀观念的表现。在唐高宗废立皇后问题上，在反对者所坚持的理由中，确可看出一点门阀观念的痕迹。然而，支持者们的门阀观念同样很重。

---

　　① （唐）僧道宣撰：《续高僧传》卷23《唐京师普光寺释慧䟦传》，续修四库全书编纂委员会编：《续修四库全书》，上海：上海古籍出版社，2002年，第1282册，第183—184页。
　　② （宋）司马光编著，（元）胡三省音注：《资治通鉴》卷183，隋炀帝大业十二年十二月条。
　　③ （宋）王溥撰：《唐会要》卷83《嫁娶》，北京：中华书局，1955年，第1528页。
　　④ （宋）司马光编著，（元）胡三省音注：《资治通鉴》卷195，唐太宗贞观十二年正月条。（宋）王溥撰：《唐会要》卷83《嫁娶》第1528页。《旧唐书》卷65《高士廉传》，北京：中华书局，1975年，第2443页。
　　⑤ （宋）司马光编著，（元）胡三省音注：《资治通鉴》卷200，唐高宗显庆四年十月条。

支持最力的李义府"既贵之后,又自言本出赵郡,始与诸李叙昭穆",还向士族后裔为儿子求婚①。武则天本人也不例外。她的女儿太平公主嫁给薛绍时,认为薛绍哥哥的妻子不是高门贵族,"欲出之,曰:我女岂可使与田舍女为妯娌邪"②。可见,如果仅以婚姻关系上门阀观念的表现,来论证唐代士族和庶族的存在,许多事实是难以解释的。

还可以进一步分析一下,长孙无忌、褚遂良等反对唐高宗废立,究竟是不是要"维护和复辟士族大地主垄断政治?"李义府、许敬宗等支持唐高宗废立,是不是要"建立和维护庶族地主统治?"

长孙无忌、褚遂良是士族后裔,但不能仅就这一点来推断他们反对唐高宗废立皇后,就是为了维护和复辟士族大地主的垄断政治。他们奉行的是什么政治路线,应该从其一贯的政治活动中求得答案。

长孙无忌早年和李世民友善,太原起兵后就随军任职,唐太宗即位,以"佐命元勋"而位居宰相。在整个"贞观"时期,一直受到唐太宗信任,是军国大政的主要决策人之一,居凌烟阁二十四功臣之首。人所共知,把唐太宗的统治看作士族大地主垄断政治是荒谬的,那么,把长孙无忌在贞观时期的表现,说成是维护士族大地主垄断政治,不是同样难以说得通吗?唐太宗死后,长孙无忌辅助唐高宗执政期间,是否改变了唐太宗的政治路线呢?从649年长孙无忌受顾命辅政,到659年被杀。这十年中,至少在655年武则天立为皇后以前这六年,唐朝的军国大政,可以说是长孙无忌亲手经理的。在这段时间内,没有事实可以说明唐太宗的方针政策有什么更改。史称"无忌与褚遂良同心辅政,上亦尊礼二人,恭己以听之,故永徽之政,百姓阜安,有贞观之遗风"③。

褚遂良在贞观时,长期任谏议大夫兼知起居记录事,"前后谏奏及陈便宜书数十上,多见采纳"④。贞观十八年(644年)拜黄门侍郎,参与朝政,得到太宗赞誉。贞观二十二年(648年)委以中书令的重任。唐太宗死后,褚遂良和长孙无忌一起辅政,"区处众事,咸无废阙",堪称"贤佐"⑤。

像长孙无忌、褚遂良这样一贯忠诚于唐太宗,又能保持"贞观遗风"的老臣,能够说他们是在"维护和复辟"早已不存在的"士族大地主垄断政治"

---

① 《旧唐书》卷82《李义府传》,北京:中华书局,1975年,第2769页。
② (宋)司马光编著,(元)胡三省音注:《资治通鉴》卷202,唐高宗开耀元年七月条。
③ (宋)司马光编著,(元)胡三省音注:《资治通鉴》卷199,唐高宗永徽元年正月条。
④ 《旧唐书》卷80《褚遂良传》,第2738页。
⑤ (宋)司马光编著,(元)胡三省音注:《资治通鉴》卷200,唐高宗显庆元年十二月条。

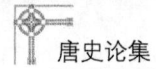

吗？显然是不能的。

支持唐高宗废立皇后的李义府、许敬宗等人，其所作所为，是不是在"建立和巩固庶族地主统治"而值得加以肯定呢？

李义府是一个以笑里藏刀著称的阴险狡诈之徒，因为他是第一个上表支持废立皇后，受到唐高宗信任的人。从655年以中书侍郎参知政事，到663年被流放而死，其政治表现较重要的不过三件事：一是和许敬宗一起，诬陷长孙无忌、韩瑗、来济和褚遂良。二是典选举事。三是奏改《氏族志》为《姓氏录》和禁陇西七宗不得相为婚姻。许敬宗也因支持废立皇后，得到唐高宗重任。从656年拜侍中参政，到670年致仕，其政治作为较重要的也不外乎：和李义府一起诬陷长孙无忌等，监修国史，奏请改《氏族志》为《姓氏录》等事。李义府、许敬宗这些行径，根本谈不上什么"建立和巩固庶族地主统治"，只不过是表现了后进的官僚，为了取得更大的权力和地位，不择手段地打击限制了自己仕途的老官僚，并利用手中掌握的部分权力，扩大自己的势力而已。

二、关于武则天执政的时间问题

史学界过去流行武则天执政四十多年的说法。武则天当政究竟有多长时间，有必要加以辨明。

《资治通鉴》在高宗显庆五年（660年）十月条称："上初苦风眩头重，目不能视，百司奏事，上或使皇后决之。……由是，始委以政事，权与人主侔矣。"所谓武则天执政四十多年，就是从这时算起的。直到神龙元年（705年）武则天退位，共四十六年。

《资治通鉴》这段文字的根据是《旧唐书·则天皇后本纪》（简称《本纪》）和《新唐书·后妃传》。《本纪》载："帝自显庆（656—660年）已后，多苦风疾，百司奏事，皆委天后详决。自此内辅国政数十年，威势与帝无异，当时称为亚圣。"《后妃传》载："麟德初……仪见诛（麟德元年十二月上官仪下狱死），则政归房帏，天子拱手矣。群臣朝，四方奏章，皆曰二圣。每视朝，殿中垂帘，帝与后偶坐，生杀赏罚惟所命。"

本来，《本纪》所谓"百司奏事，皆委天后详决"，和《后妃传》的"政归房帏"，是一个意思，但所系时间已相差四年。《资治通鉴》编者似乎已感到矛盾，所以在显庆五年（660年）十月条下采《本纪》之说，但又作了两点改动：把"皆委"改作"或使"；把"自此内辅国政数十年"改为"始委以政事"。《资治通鉴》处理史料是堪称谨慎的。它摒弃"皆委"而用"或使""始委"，可见编者已经不相信武则天从显庆五年（660年）就开始完全掌握政权了。所以，又采《后妃传》之说，在麟德元年十二月条末写上："自是，上每视事，则后垂帘于后，政无大小，皆与闻之。天下大权，悉归中宫，黜陟杀生决于其口，天子拱手而已，中外谓之二圣。"但是，编者又不相信帝与后"偶坐"决事，故略而不记。尽管《资治通鉴》编者如此审慎，然而关于武则天参政的记载，也不是没有漏洞的。早在显庆四年（659年）八月条末已经说："自是政归中宫矣"；第二年十月条内又说："始委以政事"；四年后又说："天下大权，悉归中宫"。到底是哪年武则天开始完全执政，恐怕连编者们也说不清楚。为什么会这样呢？笔者认为根本在于武则天并没有在这时开始完全执政。

弘道元年（683年），唐高宗去世，武则天以太后身份"临朝称制"，完全掌握了政权，这是不成问题的。问题在于，唐高宗尚在之时，武则天还是皇后的这段时间，到底武则天只是参与了一些政事，还是已经掌握了全部军政大权呢？或者说，武则天是不是从660年就开始完全执政了呢？笔者认为，不能只凭旧史编者一些空泛的议论，就贸然作肯定回答，更重要的是看事实。查检《资治通鉴》显庆五年（660年）十月到唐高宗死（683年）这段时间的政事处理情况，从废立太子、拜封官吏、命将出征到纂修书史、修治宫室等政事共计306件。高宗处理的279件，占91%左右，武则天参与处理的27件，占9%左右。以此看来，这23年间的政事，绝大部分是由唐高宗处理的。因此，不能把这段时间算作武则天执政时期。

根据这个统计数字作出结论，虽然不算最完善、最令人满意的办法，数字也不能说绝对准确，但是，基本趋势是可以肯定的，结论大体是可以相信的。

《资治通鉴》的《唐纪》，是在《旧唐书》《新唐书》基础上写的。编者还搜集和采纳了当时尚存的诸多资料，而且经过审慎的考订。其所载政事及其处理情况，一般说来还是比较全面和可靠的。《资治通鉴》编者对武则天是持贬责态度的。按照他们的取材原则："专取关国家兴衰，系生民休戚，善可为法，恶可为戒者"[①]，对皇后参政这种"僭越"行为，是所见必书的。从该书

[①] （宋）司马光：《进〈资治通鉴〉表》，《司马温公文集》卷1，上海：商务印书馆，1937年，第14页。

记载武则天参政的情况来看,确是无所不包:凡是武则天通过唐高宗做的事情,或书"天后请",或书"皇后奏",或书"天后劝上";凡是武则天指使官吏干的事情,或书"后令……",或书"后使……";凡是官吏体会武则天意图而做的事情,或书"希皇后旨",或书"有司希旨",等等。可见,那种认为是否因作编者的正统观念,而把武则天处理的政事记在唐高宗名下的怀疑,是可以排除的。

唐高宗病重后,确实有时委托武则天参议一些政事。但是,还有唐高宗令太子受诸司启事,令太子监国的记载。可见并不是"皆委天后详决",也不是"悉归中宫"。从武则天参与处理的事情来看,多是废立和诛杀太子、诸王,赏罚和诛杀臣民,措置制度,更置礼仪之类。而有关军事、民族和经济方面,几乎完全没有涉及。因此,这段时期武则天所能起到的影响也是有一定限度的。

根据以上事实,笔者认为683年以前,唐高宗仍然掌握着最高权力,武则天只是参与了一些政事的处理,没有完全执掌军国大政。因此,660—683年间,不能算作武则天执政时期。

三、关于武则天的政绩及其评价问题

武则天的执政时期,从唐高宗死时算起,共二十一年。对武则天的政绩及其评价问题,史学界素有分歧。因此,有必要全面考察武则天的所作所为,作出适当的评价。

1. 武则天统治时期的社会经济

根据现在见到的资料,笔者认为,武则天统治时期的社会经济,是沿着贞观以来的趋势向前发展的。但是,发展速度稍逊于之前的贞观,也不如稍后的开元。

户口数量的发展,在一定程度上可以反映社会经济的状况,在生产水平提高迟缓的古代,尤其是如此。据《唐会要》《通典》等书的记载,武德末年(626年)有二百万户,永徽三年(652年)有三百八十万户,神龙元年(705年)有六百一十万户,天宝元年(742年)有八百五十三万户。从这几个数字来看,唐代前期户口是逐步上升的。其中,从武德末年到永徽三年(652年),主要是唐太宗统治时期,每年平均增加四点七万户;从永徽三年(652年)到神龙元年(705年),包括武则天统治时期,每年平均增加四点三万户;从神

龙元年（705年）到天宝元年（742年），主要是唐玄宗统治时期，每年平均增加六点五万户。这就是说，从户口上升的速度上看，武则天统治时期虽比贞观少得不多，但却大不如开元。

封建政府的物资储备，特别是粮食储备，可以在一定程度上反映社会生产量的增长。

1971年在洛阳发现的隋唐时期的粮仓，有约五十万斤左右炭化了的谷子。含嘉仓窖中发现了交纳粮食的铭砖，年代可考的有调露、天授、长寿、[万岁]通天和圣历等。除调露属唐高宗年号外，其余都是武则天的年号。①洛阳，武则天称为神都，长安四年（704年）杨齐哲曾说："神都帑藏储粟，积年充实，淮海漕运，日夕流衍。"②此也可证实当时洛阳储备着大量的粮食。

有的边疆地区也储备着大量的军粮。天授初年，娄师德在丰州率士兵屯田，"积谷数百万，兵以饶给，无转饷和籴之费。武后降书劳之"③。《资治通鉴》长安元年（701年）记载：郭元振在凉州"令甘州刺史李汉通开置屯田，尽水陆之利……积军粮支数十年"。

兴修水利是发展生产的重要表现。武则天统治时期，修建了不少水利工程。如光宅元年（684年），在朗州武陵开凿永泰渠。垂拱四年（688年），在巴西因故渠开凿广济陂，溉田百余顷；又在今江苏涟水县开新湾渠通海州、沂州、密州。证圣中，在宝应开凿白水塘、羡塘。圣历初，武陵开发津石陂，后经扩充，溉田五百顷；湖州安吉置石鼓堰，引天目山水溉田。长安中，北海穿成窦公渠，引白浪水溉田等④。

均田制是唐初统治者沿袭前代而实行的一项重要的土地政策，对社会经济的恢复和发展起过一定的积极作用。从发现的敦煌户籍残卷中，属于武则天统治时期的资料来看，还记载着应受田数、已受田数、未受田数和已受田中永业、口分、园宅的亩数。这说明武则天统治时期，均田制还在继续推行。但是，这时的均田农民不仅和以前一样得不足应受田数，而且由于官僚地主的兼并，实际拥有的土地已愈来愈少了。狄仁杰在彭泽县见到的情况，是"百姓所营之田，一户不过十亩五亩"⑤。所以，这时均田制的积极作用又是已经

---

① 河南省博物馆、洛阳市博物馆：《洛阳隋唐含嘉仓的发掘》，《文物》1972年第3期，第49—62页。
② （宋）王溥撰：《唐会要》卷27《行幸》，第518页。
③ 《新唐书》卷108《娄师德传》，北京：中华书局，1975年，第4092页。
④ 兴修水利，见《新唐书·地理志》《行水金鉴》[（清）傅泽洪主编，南京：凤凰出版社，2011年。]、《续行水金鉴》[（清）黎世序等主编，南京：凤凰出版社，2011年。]
⑤ （清）董诰等编：《全唐文》卷169狄仁杰：《乞免民租疏》，第1728页。

相当有限了。

　　武则天对发展农业生产和维持封建政权的关系有一定的认识。《臣轨》是武则天为了训教官吏而令人编写的一部书，并亲自为之作序。此书可以反映武则天的看法。该书中指出："然俱王天下者，必国富而粟多。粟生于农，故先王贵之。劝农之急，必先禁末作。末作禁则人无游食，人无游食则务农，务农则田垦，田垦则粟多，粟多则人富。""故建国之本，必在于农；忠臣之思利人者，务在劝导。家足人足，则国自安焉。"①武则天要求官吏注意垦辟农田的思想，还表现在她的诏令中。文明元年（684年）的一道诏令中提出：凡是官吏所在治理地区，"田畴垦辟，家有余粮"者，即可升官；反之，"为政苛滥，户口流移"的，要受到降职处分②。垂拱二年（686年）武则天还曾经叫人编辑了一本农书《兆人本业》，颁发给朝集使，要求地方官吏注意农时。这些，对农业生产是有一定积极作用的。

　　武则天统治时期社会经济发展速度相对迟缓，又是和武则天的种种倒行逆施分不开的。

　　武则天为了满足穷奢极欲、炫耀威德和迷信佛教的需要，曾经作兴泰等宫，"功费甚广，百姓苦之"；作明堂，"凡役数万人"；又作天堂，"日役万人，采木江岭，数年之间，所费以万亿计，府藏为之耗竭"；作天枢，"买铜铁不足，赋民间农器以足之"③。

　　武则天豢养的一批贵戚幸臣，都是一些兼并土地，贪得无厌，残害人民的家伙。武则天的女儿太平公主食封达三千户，她家掠夺来的"财货山积，珍奇宝物，侔于御府，马牧、羊牧、田园、质库，数年征敛不尽"④。幸臣张昌宗"强市人田"⑤。武则天提倡佛教，下令各州兴建庙宇，而寺院僧侣也仗势掠夺土地，以致"所在公私田宅，多为僧有"⑥。

　　武则天统治二十一年间，据不完全统计，有十二年发生过约十五起大的自然灾害。其中水灾七次，淹没的居民，仅三次有记载的即达一万六千多家。垂拱元年（685年）和万岁登封元年（696年）发生两次全国性的大旱灾。垂

---

　　① （唐）武曌撰：《臣轨》卷下《利人章》，续修四库全书编纂委员会编：《续修四库全书》，上海：上海古籍出版社，2002年，第753册，第134—136页。
　　② （宋）宋敏求编：《唐大诏令集》卷110《诫励风俗敕》，《景印文渊阁四库全书》，台北：商务印书馆，1986年影印本，第426册，第767页。
　　③ 武则天兴役劳民事《资治通鉴》卷204、205有记载。
　　④ 《旧唐书》卷183《武承嗣附太平公主传》，第4740页。
　　⑤ （宋）司马光编著，（元）胡三省音注：《资治通鉴》卷207，武则天长安四年七月条。
　　⑥ （宋）司马光编著，（元）胡三省音注：《资治通鉴》卷205，武则天天册万岁元年正月条。

拱三年（687年）发生了全国性的大饥荒。其他局部性的水旱灾害，遍及温州、括州、江淮、宁州、山东、河南、棣州、关陇和京师等地。以武则天为首的统治者，没有也不可能采取有力的救灾措施。武则天由于迷信佛教，在长寿元年（692年）饥荒盛行，有些人民仅靠捕捉鱼虾为生的时候，还下令"禁天下屠杀及捕鱼虾"①，致使人民的一线生路也被断绝了，结果"饿死者甚众"。这样的天灾人祸，无疑是会影响社会经济发展速度的。

2. 武则天统治时期的阶级斗争

武则天执政以后，阶级斗争有进一步的发展。那时，广泛出现的阶级斗争形式是逃亡。逃亡成为严重的社会问题，就是从武则天统治时开始的。一种是逃兵役，即所谓"违背军镇"；一种是逃赋役，即所谓"偷避徭役"；一种是逃荒，即所谓"因缘逐粮"。实际上，这都是农民阶级对政治压迫和经济剥削的反抗行动。发生逃亡最严重的地区：一是蜀川，据陈子昂说，蜀的各州，逃户有三万多。对吐蕃用兵的繁重军役和官吏贪暴，是引起此地逃亡的主要原因：一是河西诸州，因为和吐蕃连年战争多集中于此。二是河北地区，和突厥、契丹的战争，此地人民受害最深。三是山东，特别是青、徐、曹、汴等州。此外，三辅之间、江淮以南，也因征求不息，顷遭荒馑，农民大量逃亡。离乡背井的农民，有的逃到州县鞭长莫及的深山老林，以垦殖自救；有的被"土豪大姓，阿隐相容"②；有的"逃丁避罪，并集沙门"；有的"出入关防"，游移于城镇③。

农民阶级广泛开展逃亡斗争，使统治阶级感到十分忧虑和恐惧。韦嗣立说："今天下户口，亡逃过半，租调既减，国用不足。理人之急，尤切于兹。"④这当然是武则天不能等闲视之的。因此，她曾经派遣使臣"括天下亡户"⑤，规定："其有诸州人，或先缘饥岁，流宕忘归"的，"并限百日内首尽，任于神都及畿内怀汴许汝等州附贯"⑥。为了招诱逃户归业，还规定可以免除一年或两年的租赋。甘凉瓜肃等州的地方官吏，对逃户的土地，还采取令现在户"出子营种"，收入"将充租赋"。或者官贷种子，由现在户"助营"，如果逃人归来，"苗稼见在，课役俱免，复得田苗"⑦的办法。无论派使检括，

---

① （宋）司马光编著，（元）胡三省音注：《资治通鉴》卷205，武则天长寿元年五月条。
② （清）董诰等编：《全唐文》卷211 陈子昂：《上蜀川安危事三条》，第2133页。
③ 《旧唐书》卷89《狄仁杰传》，第2893页。
④ 《旧唐书》卷88《韦思谦附嗣立传》，第2867页。
⑤ 《新唐书》卷125《苏瑰传》，第4397页。
⑥ （清）董诰等编：《全唐文》卷95 高宗武皇后：《置鸿宜鼎稷等州制》，第982页。
⑦ 唐长孺：《关于武则天统治末年的浮逃户》，《历史研究》1961年第6期，第93页。

强迫自首,还是引诱归业,其效果之希微,是可以想见的。

逃亡愈来愈严重,必然形成更高的斗争形式——武装起义。狄仁杰指出:"方今关东饥馑,蜀、汉逃亡,江、淮以南,征求不息。人不复业,则相率为盗。"①正是这些连逃亡也无以为生的农民,在官府逼迫下,走上了武装起义的道路。

武则天统治时期,记载可数的武装起义,多是边远地区少数民族人民的起义。这些起义往往是地方官吏进行残酷剥削和压迫引起的。所以,虽然带有民族斗争的色彩,归根到底,却是阶级斗争。

封建社会中,一般情况是:当阶级矛盾比较缓和,阶级斗争处于低潮的时候,地主阶级内部常常进行权力争夺;当阶级矛盾逐渐尖锐起来,封建统治受到严重威胁的时候,地主阶级则往往暂时抑止其内部斗争,一致对付农民阶级。有时,封建统治阶级中也会出现如何维护封建统治问题的分歧,这种分歧有的可能带有改良与保守的矛盾性质。但是,在镇压农民反抗这点上,他们却是共同的、一致的。

武则天统治时期,阶级矛盾有所发展。但是,从总的情况来看,并不是斗争的高潮。所以,地主阶级内部争夺权利的斗争十分激烈。

武则天执政后,武承嗣做了宰相,和右卫将军武三思等人一起,控制了朝廷的军政大权,徐敬业等一批被贬黜的官吏,"各自以失职怨望"②。于是,684年以徐敬业为首,发动了扬州兵变,企图用武力夺取最高统治权力,结果没有成功。四年之后,唐宗室诸王又密谋举兵。由于准备尚未成熟,李冲、李贞就迫不及待地仓促而起,结果势孤力弱,很快失败了。两次兵变,给武则天和诸武敲起了警钟,也为他们提供了借口,于是,一大批官吏和唐宗室被诛杀或废黜。反对势力受到狠狠打击之后,武则天于690年改唐为周,正式称帝,大封诸武为王。武懿宗等还通过处理刘思礼、綦连耀谋反事件,"令思礼广引朝士,许其免死,凡小忤意皆引之",又杀了包括两个宰相在内的三十六家"海内名士","亲党连坐窜者千余人"③。武则天和诸武贵戚又大开告密之门,设置制狱,利用周兴、来俊臣、索元礼等一批酷吏,罗织罪名,以严刑酷法,诛杀唐宗室贵戚数百人、大臣数百家、刺史郎将以下不可胜数。反对势力遭到了进一步打击。

---

① 《旧唐书》卷89《狄仁杰传》,第2890页。
② (宋)司马光编著,(元)胡三省音注:《资治通鉴》卷203,武则天光宅元年九月条。
③ (宋)司马光编著,(元)胡三省音注:《资治通鉴》卷206,武则天神功元年正月条。

统治阶级中一些比较敏感的官吏，如陈子昂、狄仁杰、李嗣真、朱敬则、周矩、苏安恒等，先后向武则天陈述大兴刑狱的危害，提出"缓刑""息狱"的建议。这实际上就是要求停息内部斗争，一致对付农民阶级。他们反复以"秦用刑而亡"的例子，说明要停息内部斗争，改变"主猜于上，人骇于下，父不能保之于子，君不能得之于臣"的局面，不要再做"借贼兵而资盗粮"的事情①。武则天也逐渐重视了这些意见。在长寿年间（692—693年）以后，起用持法平直的徐有功、杜景俭、严善思等人，昭雪了不少冤狱。并先后杀周兴、索元礼、侯思止、王弘义、来俊臣等"以慰人望"②。于是"罗织之党为之不振"，"制狱稍衰"③。很显然，这是统治阶级迫于阶级斗争形势而协调内部关系的举措。

但是，统治阶级内部矛盾并没有也不可能因此而真正解决，它只是变化了表现形式而已。武则天统治的最后几年，张易之、张昌宗受到特别宠信，"政事多委张易之兄弟"④。武承嗣、武三思、宗楚客等贵戚近臣"皆之门庭，争执鞭辔"⑤。诸张"势倾朝野"⑥，不仅引起朝廷官吏的不满，连有的武氏贵戚也窃窃私议。因此，705年张柬之、崔玄暐、桓彦范、袁恕己、薛思行等人，乘武则天病重，率羽林军杀张易之、张昌宗，迫使武则天传位于唐中宗。武则天的统治也就此结束。

事实表明，长期控制重要权力的诸武、诸张和酷吏等，是一些贪婪腐朽的势力，而被打击和反对他们的人，也很难说有什么革新或保守的政治主张。他们之间的斗争，纯属：争权夺利的斗争。武则天则是根据政治形势的需要，既支持诸武，又不愿让他们作继承人；既豢养酷吏，又先后把他们杀掉；既宠信诸张，又优容惩治诸张的官吏。尽管武则天在一定时期内有明显的倾向性，但总的来看，她却是以地主阶级最高代表、维护整个地主阶级统治利益的身份出现的，并不完全是某一种势力的代表。

3. 武则天的用人

有人曾宣扬：武则天放手招官，赏罚十分严明，"凡是不称职的，马上罢官"。武则天用人真是这样值得全盘肯定吗？

---

① 《旧唐书》卷90《朱敬则传》，第2916页。
② （宋）司马光编著，（元）胡三省音注：《资治通鉴》卷204，武则天天授二年二月条。
③ （宋）司马光编著，（元）胡三省音注：《资治通鉴》卷205，武则天长寿元年七月条。
④ （宋）司马光编著，（元）胡三省音注：《资治通鉴》卷207，武则天长安元年八月条。
⑤ （宋）司马光编著，（元）胡三省音注：《资治通鉴》卷206，武则天神功元年正月条。
⑥ （宋）司马光编著，（元）胡三省音注：《资治通鉴》卷207，武则天长安二年七月条。

武则天统治时期，科举制度有所发展。曾一度实行"自糊其名，暗考以定等第"的办法，开创了"殿前试人"的程序，又开创武举科，选拔将官，并把高宗时实行的"南选"定为经常制度①。武则天还曾经专门派出"十道使人"，搜扬"天下选残明经进士及下村教童蒙博士"，"不曾试练，并与美职"②。因此，未经考试而"起家至御史、评事、拾遗、补阙者，不可胜数"③。武则天时科举考试已经相当紊乱，作弊的情况层出不穷，"有伪立符告者，有接承他名者，有远人无亲而买保者，有试判之日求人代作者。如此假滥，不可胜数"④。这时，虽然通过科举选拔到一些有才干的人，但取人多滥，使官僚群大为膨胀，"职员不足，乃令吏部置试官以处之，故当时有车载斗量之谣"⑤。庞大的食禄寄生群，无疑加重了劳动人民的负担。

　　武则天任用过政治上有作为的狄仁杰、姚元崇，军事上有才干的娄师德、唐休璟、郭元振等人，也任用过执法平直的徐有功、杜景俭等人。对这些人，由于政治、军事上的需要，也曾给予相当信赖。但是，也应当看到，武则天还重用了如武承嗣、武三思、武懿宗、薛怀义、张易之、张昌宗一类的仗势凌人、作恶多端的坏人；也还重用过傅游艺、郭霸、杨再思、宗秦客等专事阿谀取媚的丑类；并且豢养了如周兴、来俊臣、索元礼、王弘义、侯思止等一批以诬陷罗织、残害臣民为能事的酷吏。无论如何不能说，武则天重用的人，都是可以肯定的。

　　武承嗣专权用事十三年，就是在统军进军契丹，畏敌弃城南逃，大量丢失军器物资的情况下，也没有受到惩罚；武三思则始终受到信任；薛怀义在长达十一年的时间内，不少大臣揭发过他的罪行，仍然信宠不减，甚至命这个无赖之徒多次担任出征军队的最高统帅。这也能说是武则天"赏罚严明""不称职的马上罢官吗？"

　　武则天有过一些赏之当赏、罚之当罚的决定，也有过该赏不赏、不该罚而罚的事情。一般说来，对于同边疆少数民族统治者的战争中，将帅功过的处理，得当的居多；而对内政，特别是涉及她统治地位、权威尊严事件的处理，有时甚至是非颠倒。如宰相魏元忠曾因杖杀暴乱于都市的张昌宗家奴和反对张昌宗弟弟作雍州长史，和诸张结怨。张昌宗使人诬告魏元忠，说他和

---

① （唐）杜佑撰：《通典》卷15《选举三·历代制下》，第83—85页。
② （唐）张鷟撰：《朝野佥载》卷1，《丛书集成初编》，北京：中华书局，1985年，第5页。
③ （唐）张鷟撰：《朝野佥载》卷4，第47页。
④ （唐）杜佑撰：《通典》卷15《选举三·历代制下》，第85页。
⑤ （唐）杜佑撰：《通典》卷15《选举三·历代制下》，第85页。

别人私议："太后老矣，不若挟太子为久长。"这是武则天最担心、最敏感的问题，于是把魏元忠下狱。张昌宗又以美官为贿赂，叫张说作证。当武则天召张说对证时，张说如实说："臣实不闻元忠有是言，但昌宗逼臣使诬证之耳。"①张昌宗见阴谋戳穿，恼羞成怒，立即诬告张说，说他和魏元忠同反。张说据理力辩。但是，武则天却指责张说是反复无常的小人。结果，把魏元忠贬官，张说流放。这也能说武则天是非分明，赏罚得当吗？

4. 武则天和少数民族的关系

武则天统治时期，和中央政权发生重大军事政治关系的边疆少数民族，主要有突厥、吐蕃和契丹。

突厥和汉族有密切关系。唐太宗时打败东突厥贵族，唐高宗时打败西突厥贵族。突厥族所在地区成为唐朝直接统治的疆域。武则天统治时，先是和再建地方割据政权的东突厥可汗骨笃禄，在684—687年间，发生了三次战争，武则天的军队两败一胜。694年默啜可汗继位，为了巩固内部统治，乘武则天和契丹发生战争之机，企图通过和亲等政治手段，索取大片土地和人民。武则天派田归道和阎知微出使。二人回来后，在武则天面前进行辩论。田归道说，突厥"必负约"，并提出"不可恃和亲，宜为之备"的正确意见。武则天没有采纳，却接受了阎知微提出的"和亲必可保"②的错误意见，屈从了默啜的政治讹诈。结果，不久默啜就大举进攻，使北方地区遭受突厥贵族的蹂躏。武则天又仓促派出大军进行抵抗，也没有取得制止突厥贵族割据的成效，却使广大的劳动人民又蒙受了巨大的兵役痛苦。与突厥关系的历史，并未给武则天留下什么光彩的记录。

吐蕃于7世纪前期强大起来。670年吐蕃打败唐军，夺取了安西四镇。武则天执政后，垂拱元年（685年）命韦待价率军击吐蕃，打了一个大败仗。长寿元年（692年），武则天接受唐休璟的建议，派王孝杰率军打败吐蕃，收复了安西四镇。当时朝臣中出现了两种不同的主张，宰相狄仁杰等人主张放弃安西四镇，右史崔融主张固守，反对放弃。武则天采纳了崔融的正确主张，设安西都护府于龟兹，并发兵戍守。这对加强和当地少数民族的关系，保持和中亚的交通，是有积极意义的。万岁通天元年（696年），吐蕃贵族乘武则天和契丹用兵之机，也遣使以和亲为名，企图诱使武则天放弃安西四镇，并要求分给突厥十姓的土地。武则天派深有军政见识的郭元振出使吐蕃。当时，

---

① （宋）司马光编著，（元）胡三省音注：《资治通鉴》卷207，武则天长安三年九月条。
② （宋）司马光编著，（元）胡三省音注：《资治通鉴》卷206，武则天神功元年三月条。

朝廷中对吐蕃的无理要求犹疑不决。郭元振回来后，向武则天说吐蕃"求罢兵割地，此乃利害之机，诚不可轻举措置也"①，并建议采取针锋相对的斗争策略。武则天接受了郭元振的意见。结果，使吐蕃贵族在战场上没有得到的东西，在谈判中也无法得到。终武则天之世，安西四镇皆在掌握之中，加以郭元振在甘州大兴屯田，因而在和吐蕃贵族的斗争中，能够处于主动地位。在处理和吐蕃的关系方面，武则天是可以肯定的。

契丹所在地区是当时中央政权管辖的一部分。武则天统治时，因为地方官吏对契丹人民欺凌压迫，万岁通天元年（696 年）契丹人民被迫起义反抗。这本来是正义的斗争，但契丹首领李尽忠，长期怀有割据的野心，利用人民的反抗情绪，自称无上可汗。李尽忠死后，孙万荣代领其众。他们把这次正义斗争引上了歧途。契丹贵族纵兵屠杀人民，掠夺财货，使河北一带人民大受其害。武则天先后派武三思、武攸宜、武懿宗等毫无军事知识和才能的腐朽贵族，担任抗击契丹的统帅。他们畏敌不前，多次打败仗，大量丢失军资器仗，使很多州县的人民，遭到剽掠残害。神功元年（697 年）六月，契丹军因受到突厥的袭击，又遭奚人进攻，孙万荣才溃败被杀。契丹平定后，武则天又派武懿宗"安抚河北"。武懿宗在契丹贵族面前胆小如鼠，而对河北人民却胜过虎狼。武则天在对契丹的关系方面，纵容地方官吏压迫少数民族，是应当批判的；至于制止了契丹贵族的割据、掠夺活动，也不完全是武则天的功绩。

5. 武则天的思想

武则天其人，史称"兼涉文史"②，或说"涉猎文史"③。意思是说她读过一些文史之类的书籍。武则天对宇宙人生的哲学问题，见不到有什么系统的论著，不算是一个思想家。然而，她的思想倾向，还是有蛛丝马迹可寻的。

《全唐文》刊载武则天六十六篇文件中，关于佛教的八篇，道教的两篇，佛道并及的两篇，关于丧葬祭祀礼仪的四篇，关于历法的一篇，关于灾异的一篇，共十八篇，其余大都属于政治的。综观武则天，大抵在政治上和丧葬祭祀礼仪上，本之儒家（这时的儒家理论已逐渐摄取先秦法家和其他流派的观点）。在宗教迷信方面，她更多的虔信佛教和阴阳家那套谶纬祝咒之术。武

---

① （宋）司马光编著，（元）胡三省音注：《资治通鉴》卷 205，武则天万岁通天元年九月条。
② 《旧唐书》卷 6《则天皇后本纪》，第 115 页。
③ （宋）司马光编著，（元）胡三省音注：《资治通鉴》卷 200，唐高宗显庆五年十月条。

则天自己说过："朕爱幼令，归心彼岸"，"朕幼崇释教，夙慕归依"①。武则天改唐为周，自己称帝，就曾利用佛教制造舆论，把伪造的《大云经》颁布天下。她执政期间，曾下令"释教在道法上""禁僧道毁谤"。佛教的唯心主义神学，既是武则天的重要精神依托，又是愚弄人民的工具。武则天曾召方士明崇严入禁中行厌胜之术；迷信瑞石，因之自号"圣母神皇"；山因地震突出，她以为美祥；设铜匦，其北叫"通玄"，以接受"谶步秘策"。这些都是武则天信阴阳迷信的证明。

武则天"反儒"吗？不对。《新唐书·后妃传》载："后乃更为太平文治事，大集诸儒内禁殿，撰定《列女传》、《臣轨》、《百寮新诫》、《乐书》，大抵千余篇。"武则天还亲自为《臣轨》作序，其文称："君亲既立，忠孝形焉。奉国奉家，率由之道宁二；事君事父，资敬之途斯一。臣主之义，其至矣乎。"还在《许姚元之解职制》中说："忠为令德，孝乃天经，义著君亲，道存爱敬。其或兼者，可不美欤！"②这难道不是宣扬地地道道的儒家教条吗！武则天认为王元感"是儒宗不可多得"的人，因而"授太子司仪郎兼崇贤馆学士"之官。在《求访贤良诏》中，列举八科，要五品以上官吏各举所知，其中有："资道德之方，可以奖励风俗；践孝友之行，可以劝率生灵；抱儒孝之业，可以师范国胄"③等。这是武则天重用儒士，收罗儒生，奖励儒学的证明。

有人把《旧唐书·儒学传》上一段话，作为武则天打击儒学、革新教育，用来加以大肆宣扬。这段文字是："则天称制，以权道临下，不惜官爵，取悦当时。其国子祭酒，多授诸王及驸马都尉。……至于博士助教，唯有学官之名，多非儒雅之实。是时，复将祠明堂及南郊，又拜洛封嵩岳，将取弘文国子生充斋郎行事，皆令出身放选，前后不可胜数。因是，生徒不复以经学为意，唯苟希侥幸。二十年间，学校顿时堕废矣。"这是说，武则天时，学校由一些不学无术的贵戚亲信把持，学校生员通过扮演祭典的"斋郎"，就可以放选当官。这样，生员不把学习放在心上，只是寻求侥幸做官的途径，学校形同虚设。试问这能说是革新教育吗？

综上所述，武则天这一历史人物的所作所为，有可以肯定的地方，同时也有应该否定的地方。这是因为武则天生活的唐代，还是封建社会的中期。

---

① （清）董诰等编：《全唐文》卷97 高宗武皇后：《方广大庄严经序》、《三藏圣教序》，第1001、1003页。
② （清）董诰等编：《全唐文》卷95 高宗武皇后：《许姚元之解职制》，第986页。
③ （清）董诰等编：《全唐文》卷96 高宗武皇后：《求访贤良诏》，第990页。

这时，封建制度虽然已经暴露它固有的不可克服的矛盾，但是，还没有走到生命的尽头，还有它存在的条件。马克思指出："无论哪一个社会形态，在它所能容纳的全部生产力发挥出来以前，是决不会灭亡的；而新的更高的生产关系，在它的物质存在条件在旧社会的胎胞里成熟以前，是决不会出现的。"①武则天所处的时代，正是封建社会所能容纳的全部生产力尚未完全发挥出来，新的更高的资本主义生产关系出现的物质条件还不具备的时候。因此，作为当时封建地主阶级总代表的武则天，还可以表现出一些适应历史发展的东西。然而，当时的封建社会由于基本矛盾发展，农民阶级通过阶级斗争，其力量已经越来越强大，作为这时地主阶级总代表的武则天，必然存在着落后的反动的东西。两种相反的因素，同时存在于武则天身上，似乎很矛盾，其实是合乎规律的。由此可见，对武则天采取形而上学的态度，肯定一切，或者否定一切，都是不正确的。我们应当肯定其该肯定的东西，否定其应否定的东西，才符合历史的辩证法。

原载《历史研究》1978 年第 8 期

---

① 马克思：《〈政治经济学批判〉序言》，中共中央马克思恩格斯列宁斯大林著作编译局编译：《马克思恩格斯文集》第 2 卷，北京：人民出版社，2009 年，第 592 页。

韦庄与前蜀政权

韦庄（836？—910年）著称于我国古代文坛，是一个与前蜀政权有密切关系的历史人物。韦庄在古代文学史上的作用和地位，已有学者论述。本文拟从社会历史方面，对韦庄入蜀及其对前蜀政权的贡献，以及韦庄的评价问题略陈浅见。

一、韦庄入蜀

韦庄是唐朝宰相的后裔，昭宗乾宁元年（894年）进士。在唐朝作过秘书省校书郎，后为门下省左补阙。可是，他于昭宗天复元年（901年）已经年过花甲，却要去依靠王建这个地方军阀。这是什么缘故呢？当然得从他所生活的时代去探求。

大中十三年（859年），唐宣宗去世，李漼即位为唐懿宗。这时韦庄约二十三岁，正是奋发向上的青年时期。可是，唐王朝的历史已进入了最后一个里程。唐朝宦官专权、藩镇割据和朋党之争虽然不始于唐懿宗，然而作为唐朝衰亡的两个标志，即皇帝昏庸荒诞，反映统治阶级腐朽糜烂至极；爆发浙东裘甫起义、桂林戍兵起义，反映社会矛盾极端尖锐，确实是从唐懿宗开始的。此后，僖宗皇帝"昏庸相继"[1]，以致酿成黄巢大起义，京城也被起义军攻破。后来，黄巢起义军队虽被镇压下去，而唐王朝却像一个已经腐烂的鸡蛋，外壳一旦被敲破，便再也无法收拾了。据史籍记载，镇压黄巢后的光启年间（885—888年），全国大部分地区都为新旧军阀占据。[2]他们"皆自擅兵

---

[1] 《新唐书》卷9《懿宗僖宗本纪赞》，第281页。
[2] 光启年间，占据各地的军阀如：李昌符据凤翔，王重恭据蒲陕，诸葛爽据河阳、洛阳，孟方立据邢洺，李克用据太原、上党，朱全忠据汴滑，秦宗权据许蔡，时溥据徐泗，朱瑄据郓齐曹濮，王敬武据淄青，高骈据淮南八州，秦彦据宣歙，刘汉宏据浙东等。

赋,迭相吞噬,朝廷不能制。江淮转运路绝,两河、江淮赋不上供,但岁时献奉而已。国命所能制者,河西、山南、剑南、岭南西道数十州。大约郡将自擅,常赋殆绝,藩侯废置,不自朝廷,王业于是荡然"①。韦庄的青壮年时期就是在这种政治局面下度过的。

唐昭宗即位(889年)时,韦庄已年过半百。随着新皇帝而来的,却是关中和中原士庶的厄运。据载,"时王室多故,南北司争权,咸树朋党,外结藩帅"②,各有挟天子令诸侯之意。于是,唐昭宗先被宦官韩全诲挟持到凤翔,依靠节度使李茂贞。接着,崔胤引宣武节度使朱全忠入关,进攻凤翔,李茂贞战败,宦官数百人被杀,唐昭宗转而为朱全忠所控制。朱全忠将唐昭宗带回长安,不久强迫迁都洛阳。在这持续不断的战乱中,关中士庶的遭遇极为悲惨。一次唐昭宗逃奔终南山时,"士民追从车驾者数十万人,比至谷口,喝死者三分之一"③。迁都洛阳后,朝臣们仍然结党相争,裴枢、崔远、独孤损等人仗恃自己门望高,与佞媚骤进宰相柳璨相互水火。柳璨依附朱全忠,欲置裴枢等人于死地。而朱全忠的谋士李振是一个"深疾缙绅之士"的家伙。他乘机鼓动杀害士人,说:"朝廷所以不理,良由衣冠浮薄之徒紊乱纲纪。且王欲图大事,此曹皆朝廷之难制者也,不若尽去之。"④于是,朱全忠把裴枢等朝廷士人三十余人杀死。李振又说:"此辈常自谓清流,宜投之黄河,使为浊流。"⑤朱全忠立即命人把尸体投入黄河。中原士人遭到野蛮屠杀,迫使幸存者不得不向别处投奔,谋求活路。

唐末,关中、中原士人避乱投奔的去处中,比较富庶安定的蜀川是一个有吸引力的地方,成为士人比较集中的投奔地。韦庄就是唐末入蜀洪流中的一员。

韦庄是因被西川节度使王建辟为书记而入蜀,这是众所周知的。可是,王建为什么会辟举韦庄掌书记,韦庄为什么又愿意去接受王建的召辟呢?这既有偶然性,又有必然性。所谓偶然性,就是王建与韦庄有过一次偶然的接触。乾宁四年(897年)四月,王建领兵进攻东川顾彦晖,唐昭宗命谏议大夫李询为两川宣慰使,和解两川的争端,要王建罢兵。韦庄被李询辟为判官,随同到梓州,会见王建。在这次接触中,可能是王建对韦庄的才华很欣赏,

---

① 《旧唐书》卷19下《僖宗纪》,第720页。
② 《旧唐书》卷177《崔慎由附子胤传》,第4582页。
③ (宋)司马光编著,(元)胡三省音注:《资治通鉴》卷260,唐昭宗乾宁二年七月条。
④ (宋)司马光编著,(元)胡三省音注:《资治通鉴》卷266,唐昭宗天祐二年五月条。
⑤ (宋)司马光编著,(元)胡三省音注:《资治通鉴》卷266,唐昭宗天祐二年六月条。

所以才有辟召韦庄之举。而韦庄也因此对蜀川和王建有所了解，才"潜欲依王建"，萌发入蜀的念头。所以，天复元年（901年）王建辟韦庄为西川掌书记时，韦庄便欣然而往。韦庄"潜欲依王建"，接受召辟，应该说又与关中、中原士人遭受那里统治者的野蛮屠杀，而王建能够"善待"士人有关系。史称："建虽起盗贼，而为人多智诈，善待士。故其僭号，所用皆唐名臣世族。……建谓左右曰：'吾为神策军将时，宿卫禁中，见天子夜召学士，出入无间，恩礼亲厚如寮友，非将相可比也。'"①王建待士态度确实是比较好的。史载王建"多忌好杀"，主要是忌杀军事将领，诸将有功名者，多因事诛之，但他并没有以这种态度对待士人。王建这种待士态度，对那些在关内、中原深受战乱之苦，深受朱梁之辱的士人，必然具有不小的吸引力，加上蜀川优越的社会、地理条件，士人无疑是十分向往的。由此而论，韦庄入蜀又有社会历史的必然性。

韦庄入蜀，终身事建，除客观条件促成之外，还有其主观原因，那就是韦庄的思想倾向。

韦庄出身于已经衰落的世家大族，青少年时"孤贫力学，才敏过人"②。虽然有些放肆，不拘礼节，但是，他有宏大的追求，"平生志业匡尧舜"③，"有心重筑太平基"④。这个抱负，哪怕多次应举不中，累遭兵火，家人失散，颠沛流离，贫病交加，处境十分艰难的时候，也没有放弃。年近花甲时，也还从婺州到长安应考，还想取得官职，施展才能，匡扶社稷，便是他素有宏志的最好证明。进士终于考上了，可是只得到一个九品小官。后迁左补阙，也不过是七品闲职。更为重要的是，当时南衙北司，内外勾结，争权夺利，朝政黑暗已极，使他一身才能根本无法施展。所以韦庄依附王建，和他漠视礼法，不以王建出身卑贱为意，而一心想施展宏图，无疑是有着内在联系的。

二、韦庄对前蜀的贡献

韦庄天复元年（901年）应辟入蜀，至武成三年（910年）卒，是一生的最后十年，也是他久经颠沛流离后的"晚达"时期。韦庄这十年生活所在的蜀川，正经历着王建扩大、巩固地盘（前七年）到建立前蜀政权（后三年）

---

① 《新五代史》卷63《前蜀世家》，北京：中华书局，1974年，第787页。
② （元）辛文房撰，周本淳校正：《唐才子传校正》卷10，南京：江苏古籍出版社，1987年，第301页。
③ （唐）韦庄：《关河道中》，韦庄撰，李谊校注：《韦庄集校注》卷1，成都：四川省社会科学院出版社，1986年，第25页。
④ （唐）韦庄：《长年》，韦庄撰，李谊校注：《韦庄集校注》卷2，第112页。

的风云变幻。韦庄的"晚达"是和前蜀政权紧密相连的,也是韦庄对建立前蜀政权的贡献所获得的报赏。那么,韦庄对王建建立前蜀政权作过些什么贡献呢?

第一,韦庄支持王建对歧梁的策略,并积极为之谋划奔走。

大顺二年(891年)王建击溃陈敬瑄而占据成都之后,至乾宁四年(897年)攻破梓州,兼有东西两川的中心地带。但是,北面的大门还没有控制在手。当时北方有歧王李茂贞和梁王朱全忠两股最大的武装势力,正在逐鹿关中,他们都想利用王建。如何对付这两大势力,不仅是王建能否向北扩展地盘,控制北方大门的关键,而且还是能否在两川站稳脚跟的前提。天复元年(901年),正是韦庄应王建的召辟到成都掌书记这年,朱全忠领兵入关,进攻把昭宗挟持到凤翔的李茂贞。

李茂贞向王建征兵,朱全忠也向王建乞师。王建在这种左右为难的情况下,采取了非常巧妙的对策。他一面与朱全忠修好,列数李茂贞的"罪状",表示支持朱全忠的行动;另一面暗地派人劝李茂贞坚守勿和,答应出兵援助,并派五万军队北上,声称迎接昭宗,实际上是乘李茂贞之危,夺取山南之地。王建这一招获得成功。天复二年(902年)二月兵进利州,八月攻下兴元,十月进据兴州。于是,把李茂贞手中的山南西道十四州全部抢过来,并达到了控制蜀川北大门的目的。初到西川的韦庄,对王建的策略和行动完全支持,并以"贡使"的名义为之奔走。

天复三年(903年)四月,韦庄被王建派到洛阳,名义上是向被朱全忠强迫迁到那里的唐昭宗进贡,实际上是"修好于朱全忠",让朱全忠不干涉他进一步夺取李茂贞秦陇之地的行动。韦庄"言谈微中,颇得朱全忠心,随即派押兵王殷报聘"。韦庄圆满地完成了这次使命。不久,王建进封蜀王,并夺得东边的江峡之地[①],不仅巩固了统治,而且扩大了地盘。

当歧梁力量对比有所变化之后,王建的对策也随之改变。朱全忠破凤翔,尽杀宦官,劫唐昭宗东迁洛阳以后,李茂贞力量大大削弱,而朱全忠成为雄据中原最强大的势力。天祐二年(905年)六月,朱全忠又引兵西讨李茂贞。这时,西川的将领劝王建乘机攻取李茂贞老巢凤翔。王建没有采纳诸将建议,而是接受判官冯涓的意见,改变原来乘梁侵歧的策略,制定了利用李茂贞作

---

① (清)吴任臣撰,徐敏霞、周莹点校:《十国春秋》卷 40《韦庄传》,北京:中华书局,1983年,第 592—593 页。

屏障的方针。他说："茂贞虽庸才，然有强悍之名，远近畏之，与全忠力争则不足，自守则有余。使之为吾藩蔽，所利多矣。"①于是他和李茂贞修好，结为婚姻，资助货物甲兵。使李茂贞去抵抗朱全忠，自己则致力于进一步巩固三川的统治。王建对歧梁策略的这种改变，表现了他相当高明的政治洞察和应付能力。韦庄对于策略的转变不仅是积极支持的，而且还能对实施过程中出现的情况提出具体处理办法。朱全忠杀唐昭宗后，积极准备自己登基做皇帝，以朝廷的名义遣告哀使司马卿来西川"宣谕"，企图争取王建的支持。来使刚到蜀境，王建便得到在洋州的武定节度使王宗绾的报告。这时王建正打算以"兴复"之名，对朱全忠大兴讨伐。如果梁蜀矛盾加剧，直接开战，便不是以凤翔为屏障，而是会被李茂贞所利用，蜀的力量自然会受到重大削弱。不仅巩固内部的工作要受到干扰，而且李茂贞会乘机南下，使王建陷入两面受敌的困境。这时，韦庄积极为王建出谋划策，不赞成讨梁，说"兵者大事，不可仓卒而行"。王建采纳韦庄的建议，由韦庄写一道《答宗绾教》，由王宗绾转给梁使观看，让他自行决定进退。这是一种用间接迂回的方式，既表明反对朱全忠弑君的态度，拒绝来使，又避免立即与梁发生战争。结果，梁使遂还。②梁蜀关系没有恶化，王建又在道义上赢得了声誉。

第二，韦庄为王建招揽人才，安息民众。

王建是比较注意招纳人才和使用人才的。史称："建既得西川，留心政事，容纳直言，好施乐士，用人各尽其才，谦恭俭素。"③"其僭号，所用皆唐名臣世族：庄，见素之孙；格，浚之子也。……建待格等恩礼尤异。其余宋玭等百余人，并见信用。"④韦庄入蜀本身，便是王建重视人才的一个表现。韦庄来蜀以后，又注意为王建招揽人才。《北梦琐言》卷7《郑准讽陈咏》条载："唐前朝进士陈咏，眉州青神人，有诗名，善弈棋。昭宗劫迁，驻跸陕部。是岁策名归蜀，韦书记庄以诗贺之。"陈咏中进士后回西蜀，韦庄写诗祝贺。诗已佚失，无法知道韦庄贺诗内容。但是，写诗祝贺这个事实的本身，无论如何都包含着对陈咏归蜀肯定、表彰的意义。在文坛上已负盛名的韦庄，本人入蜀，并对入蜀士人大加赞许，无疑会对王建招纳人才大有裨益的。《十国春秋》卷42《张道古传》载：仓州（一作青州）人张道古，少有文辞，举进士

---

① （宋）司马光编著，（元）胡三省音注：《资治通鉴》卷265，唐昭宗天祐元年七月条。
② （宋）张唐英撰，王文才、王炎校笺：《蜀梼杌校笺》，成都：巴蜀书社，1999年。
③ （宋）司马光编著，（元）胡三省音注：《资治通鉴》卷258，唐昭宗大顺二年十月条。
④ 《新五代史》卷63《前蜀世家》，第787页。

后，官至右拾遗。因为上疏事被贬作施州司户参军。后因军乱，变易姓名，在导江青城中卖卜为生。"韦庄习其名，荐为节度判官"，后为武部郎中。①这仅是明确记载韦庄向王建推荐人才的一例。《唐才子传》卷10《韦庄》载：王建开国，"其郊庙之礼，册书赦令，皆出庄手"②。今留下的武成元年正月壬午大赦改元的赦文，应当是韦庄所草。赦文中很强调人才的选拔，说："自唐朝兵革之后，逾滥尤多。附势者未必有材，抱孤直者或闻无位。自今以后，委省司博求干济，慎择端良。谙熟吏途，详明法律，先能洁己，方可理人。就中令录之尤难，切在铨衡之精选。或有节度刺史上表论荐，皆须审诸行事。显著才能，保无苛虐之心，方允奏陈之命。如闻失举，必罪所知。诸州府或有贤良方正，能直极谏，达于教化，明于吏才，政术精详，军谋宏远，韬光待用，藏器俟时。或智辩过人，或辞华出格，或隐山林之迹，或闻乡里之称。仰所在州府奏闻，当与量材叙用。"③这应当看作韦庄为前蜀政权制定的人才政策。韦庄曾任吏部侍郎、平章事，经管过铨选，必然在人才选拔方面做过种种工作。只是史文有阙，没留下更多的资料而已。

选拔人才是为了治理国家，安辑民心。韦庄一直很关心民众的疾苦，对于给民众造成深重灾难的战乱非常痛恨。他以诗篇无情揭露那些掠夺村民的官军："自从洛下屯师旅，日夜巡兵入村坞。……入门下马若旋风，罄室倾囊如卷土。"他同情被洗劫的人民："一身苦兮何足嗟，山中更有千万家；朝饥山草寻蓬子，夜宿霜中卧荻花。"④可是在那漂泊天涯的年月，其空有一番忧国忧民的心肠。本来，一个人的意愿和才能的实现，必须有适合的社会环境和条件。在封建专制时代，一个高级官员，能否与所在国君合拍，应是一个最重要的条件。王建初起时，和别的军阀没有两样，纵兵暴掠，残民以逞，致使西川"十一州皆罹其毒，民不聊生"⑤。但是，当他占领此地之后，尚能保境息民，对部下有所约束。⑥韦庄正是在这种情况下来到西川的。《唐诗纪事》有这样的记载："韦庄为王建管记时，一县宰乘时扰民。庄为建草牒云：

---

① （清）吴任臣撰，徐敏霞、周莹点校：《十国春秋》卷42《张道古传》，北京：中华书局，1983年，第616—617页。
② （元）辛文房撰，周本淳校正：《唐才子传校正》，第302页。
③ （清）吴任臣撰，徐敏霞、周莹点校：《十国春秋》卷36《前蜀二·高祖本纪下》，第506—507页。
④ （唐）韦庄：《秦妇吟》，韦庄撰，李谊校注：《韦庄集校注·补遗》，第470—474页。
⑤ 《旧五代史》卷136《王建传》，北京：中华书局，1976年，第1817页。
⑥ 陶懋炳：《五代史略》，北京：人民出版社，1985年，第145—155页。

'正当凋瘵之秋，好安凋瘵；勿使疮痍之后，复为疮痍。'时以为口实。"①这应当是韦庄入蜀不久的事。"时以为口实"，可见这道禁县宰扰民牒产生了广泛的社会影响，对安息民众起了不小的作用。天祐三年（906年）十月王建借口天子东迁，制命不通，在蜀建立行台，承制封拜，作为自己称帝的前奏。为了把这事告诉所部藩镇州县，除了榜帖告谕外，还任韦庄为安抚副使，让韦庄到各地去做一番工作。这样，韦庄很可能名正言顺地做了不少除暴安民的事，可惜史籍没有留下记录。

第三，韦庄在王建称帝建政中起了重要作用。

天祐四年（907年，即后梁开平元年）四月甲子，朱晃（朱全忠更名）代唐即皇帝位，国号梁。王建闻风而动，马上集会讨论称帝。将佐们说："大王虽忠于唐，唐已亡矣。此所谓'天与不取'者也！"都拥护王建称帝。独有冯涓不赞成称帝，主张以蜀王称制。他以为这样可以"义存故主"，一旦唐室复兴，也不至有乖臣节。结果，"王用安抚副使、掌书记韦庄之谋，帅吏民哭三日，（九月）己亥，即皇帝位，国号大蜀"②。可见，韦庄是坚决主张称帝者。王建正是采纳韦庄的意见，抵消了冯涓的异议，而作出称帝决断的。这就是说，韦庄对于王建称帝，在节骨眼上起了非常重要的作用。那么，韦庄的什么意见起了这种作用呢？看来就是"帅吏民哭三日"。称帝、称王实质上并没有区别，冯涓意见的关键在于道义。他只不过想在君臣的纲常名教上留下一点余地而已。韦庄的意见是在折中，用帅吏民为唐祚的丧亡举三日之哀，以表示尽君臣之义。这样，既可以敷衍别人耳目，又能够平衡自己的心理，大家都过得去。于是，山呼万岁，王建登基，便大告成功。

韦庄还在前蜀政权的建设方面起过重要作用。《蜀梼杌》卷上说："建之开国制度、号令、刑政、礼乐，皆庄所定。"《唐才子传》亦说："及建开伪蜀，庄托在心腹，首预谋划。其郊庙之礼，册书赦令，皆出庄手。"③据此对照前蜀建国初期的事迹，大体可以看出韦庄对前蜀政权建设的贡献。

王建即皇帝位第三天，任命韦庄为左散骑常侍、判中书门下事；同时任命的其他最高职事官，一个是王宗佶为中书令，一个是唐道袭为内枢密使。王宗佶是王建作军卒时掠来的养子，在行伍中长大的武人，而唐道袭是以舞

---

① （宋）计有功撰：《唐诗纪事》卷68《韦庄》，《景印文渊阁四库全书》，台北：商务印书馆，1986年影印本，第1479册，第949页。
② （宋）司马光编著，（元）胡三省音注：《资治通鉴》卷266，后梁开平元年九月条。
③ （元）辛文房撰，周本淳校正：《唐才子传校正》，第302页

童得幸的嬖臣，他们根本不知朝政典章故实为何物。所以一切国家制度的规划，自然落到这个满腹经纶的名门贵胄韦庄的肩上。前蜀建国初期的制度规划，现在还能据以窥见踪迹的有：天复七年（907年，即天祐四年，后梁开平元年。唐昭宗改元天祐，蜀因关河相隔而未闻，继续使用天复年号。）十月《改衙厅为宫殿诏》[①]、武成元年（908年）正月《郊天改元赦文》[②]、武成元年《赠信武军节度使张琳太尉诏》[③]、武成二年（909年）八月《置东宫官属诏》[④]。这几道诏书虽不能贸然断定都是韦庄的手笔，但作为中书门下的长官，重大政事由他经手办理，所发诏文由他授意和审定，应该是不成问题的。这些诏文涉及设官分职、改置宫殿官厅以及礼乐刑政、士农工商等各方面的制置。尤其是《郊天改元赦文诏》，汇集了所有的开国政令，也为整个前蜀王朝的各种政策措施奠定了基础。总之，在前蜀政权建设方面，韦庄是出了大力的，其作用是应得到充分肯定的。

三、对韦庄的评价

对韦庄应该怎样评价呢？作为诗人词家，他为中华民族留下了相当丰富而有价值的文化遗产，这方面已有不少学者谈到。这里只想从社会历史角度，特别是对韦庄后十年的历史，说说我们的看法。

韦庄一生大部分时间是在流离漂泊、贫疾交困中度过的。近花甲之年才考中进士，得到一个九品小官。可是，当他已是六十六岁老人而应聘到西川幕府，度过他人生最后十年的时候，居然还能在前蜀小朝廷做上一个综理万机、一人之下万人之上的宰相，恐怕是他在这之前从来不曾想到过的事情。韦庄晚年诗写得少，恐怕是和兴趣转移到政治方面去了有关系。对韦庄最后十年历史的评价，我们认为可以从三个方面着眼：

第一，从韦庄所依附的对象来看。韦庄应召到西川后，他的社会政治活动和王建军事集团以及前蜀政权联系在一起。因此，王建集团和前蜀政权的

---

① （清）吴任臣撰，徐敏霞、周莹点校：《十国春秋》卷35《前蜀一·高祖本纪上》，第501—502页，《全唐文》卷129所载为节文。
② （清）吴任臣撰，徐敏霞、周莹点校：《十国春秋》卷36《前蜀·高祖本纪下》，第505—508页，《全唐文》卷129，同。
③ （清）吴任臣撰，徐敏霞、周莹点校：《十国春秋》卷40《张琳传》，第597页。
④ （清）董诰等编：《全唐文》卷129第1288页载诏文。其年月，但见《十国春秋》卷36《前蜀·高祖本纪下》武成二年载："八月，命皇太子宗懿判六军，创天武神机营，开永和府，妙选朝士为僚属。"（第510页）

社会历史价值，应是我们看待韦庄的前提。王建从光启二年（886年）任利州刺史后，开始成为一支独立的军事力量。经过五年战争，占据西川首府成都。又过六年，至乾宁四年（897年）攻破梓州，便兼有两川之地。从此以后，他保境息民，大力进行安辑民众、巩固统治的工作，同时伺机向山南和江峡进展。韦庄就是在这种情况下来蜀的。王建的保境息民政策，是应该给予肯定评价的。因为他使两川成为遍地烽火中一块比较安定的地方，使两川人民从战祸中稍得喘息，使两川社会经济有了一点复苏的机会。尽管以后还在北边和东边进行过战争，但和以前相比无疑是减少了，而川西平原和川中盆地这些经济发达的广大地区，能够相安无事。所以，唐末两川破坏不如中原之甚，恢复也较为迅速，王建集团的力量日益增强，地位日益提高，至天复七年（907年）便正式建立了前蜀王朝。前蜀的出现固然和整个中华大地的风云变故不无关系，但也毋庸否认，它是王建保境安民、力量积累的直接结果。前蜀政权建立前后，进一步实行"安民为先，丰财为本"①，减轻赋税的政策，以致剑南三川社会安定，经济获得一定的发展。这种情况，不仅北方没有出现过，就是在南方诸国中也是不多见的。由此可见，王建集团及其前蜀政权的社会历史价值应是正数而不是负数。韦庄当年选择王建集团作为依附目标，并且来则安之，终生于此，说明韦庄的眼光是敏锐的，选择人生道路是朝向美好、朝向光明的。历史事实证明，他的选择是正确的。

第二，从韦庄在蜀的活动来看。韦庄入蜀后，便加入了王建势力集团。从上节所举韦庄的社会政治活动来看，他和这个集团处得相当和谐，始终保持一致；从韦庄社会政治活动的作用来看，他不仅执行这个集团的既定方针，而且还能发挥主动精神，积极奔走，随机应变，并且善于排除干扰，调和矛盾，推动和促进其方针的实现。因此，韦庄是王建势力集团、前蜀政权中一个起积极作用的重要成员。由于王建集团、前蜀政权的社会历史价值是肯定的，因此，韦庄的社会政治活动也应该具有相同价值。

第三，从与同代人的比较来看。与韦庄同时代的人，情况相似的人，甚至一样依附于王建集团、置身前蜀政权的人，并不是都能像韦庄那样，始终和该集团保持一致，在其中起积极作用。试举冯涓和张格为例：

冯涓，婺州东阳人。唐吏部尚书冯宿之孙，大中四年（850年）进士。此人有文采，工章奏，政治见解卓越。昭宗时官至祠部郎中。因官至成都，后

---

① （清）吴任臣撰，徐敏霞、周莹点校：《十国春秋》卷40《冯涓传》，第590页。

为王建表为判官。韦庄来蜀，和冯涓同掌书记。前蜀政权建立前，冯涓在对李茂贞的策略和减轻赋税方面出过重要主张，均为王建所接受，起了重要作用。但是，王建与将佐议论称帝时，他建议称王，不赞成称帝。王建没有采纳他的意见，"涓由是杜门不出"[①]。建蜀以前，冯涓与韦庄的情况十分相似，可就是一次意见未被采纳，便有不合作想法。这种为政处事态度未必可取，至少缺乏政治家应具的大度风格。和韦庄善于折中分歧意见，谨守初衷，始终不渝相比较，优劣不言而喻。

张格，河间人，唐左仆射张浚之子。朱全忠使人杀其父时，逃命入成都。王建擢为蜀翰林学士，待之恩礼尤异。武成元年拜中书侍郎、同平章事，与韦庄同时做宰相。起初，张格在对梁关系上曾出过正确主张。可是到永平三年（913年），太子王元膺与枢密使唐道袭冲突，太子被杀。徐贤妃贿金张格，请立郑王衍（王建最幼子）为太子，"格心动，以为是术可取也。乃夜为表，示功臣王宗侃等，诈言受密旨，众皆署名，而后主遂得立。是时（唐）文扆居中用事，格比附于外，与司徒毛文锡等争权，势若水火"[②]。后主即位，格被贬。后复相，在位无所短长，至前蜀亡国。张格的来历和韦庄也有相似之处，但政绩和品质却有天壤之别。

总而言之，在我国社会历史上，韦庄其人算不上伟大人物、杰出人物，但他的一生，除了在《秦妇吟》中亵渎、诅咒农民起义军之外，难得找到可指责的地方。他最后十年的历史更是如此。一部人类社会史，伟大人物、英雄豪杰，毕竟是凤毛麟角，他们的丰功伟绩固然光耀汗青，不可磨灭，然而，历史车轮的前进，主要还是那些一步一个脚印、推动车轮滚动的众人，也包括像韦庄这样的人。虽然他们看起来不那么"伟大""杰出"，甚至是无名之辈，但是，历史是不应该忘记他们的。

原载《西南师范大学学报（哲学社会科学版）》1990年第2期

---

① （清）吴任臣撰，徐敏霞、周莹点校：《十国春秋》卷40《冯涓传》，第590页。
② （清）吴任臣撰，徐敏霞 周莹点校：《十国春秋》卷41《张格传》，第603页。

儒道佛并存与发展

唐代思想领域的一个显著特点，是儒学、道教和佛教的并存与竞相发展。这既是唐朝统治者实行儒道佛并用政策的结果，又是儒道佛适应封建统治阶级的需要，自身按照批判继承规律发展的结果。本文着重阐明唐代儒道佛是怎样按自身规律批判继承而发展的。

一、"三教"并用

我国已故马克思主义史学家范文澜曾经指出，盛唐三位有代表性诗人李白、王维和杜甫，他们的诗正好是道教、佛教和儒家三种思想的结晶品。①这是从诗歌思想来源说的，是相当精辟的独到见解。为什么唐诗中会出现这种现象呢？这是唐代思想领域里儒道佛同时并存、竞相发展的反映。这在儒家思想独居正统以来，中国封建社会不多见的。这种现象的出现，和唐朝的思想政策有密切关系，可以说是唐朝统治者实行儒道佛"三教"并用政策的直接产物。

唐朝建立后，以李渊为首的统治者忙于军事统一和政权建树，还没有一个稳定的思想政策。李渊本来崇信佛教，称帝后也注意发展儒学，并且为了增加李氏皇族的神圣性，又尊奉道教教主李耳为自己的先祖，宣布道教居第一位。可是，武德九年（626年）却颁布了一道打击佛道二教的诏令。到唐太宗统治时，儒道佛并用的政策才奠定下来。

李世民在玄武门诛杀其兄太子李建成的当天，迫使其父李渊颁发"军国事皆受秦王（李世民）处分"②的诏令中，便申明废除刚宣布的淘汰佛道的命

---

① 范文澜：《中国通史简编》（修订本）第3编第2册，北京：人民出版社，1965年，第670页。
② （清）董诰等编：《全唐文》卷3高祖：《诛建成元吉大赦诏》，第39页。

· 45 ·

令。这实际上是唐太宗为了政治需要而对佛道的第一次表态。从此,利用佛道二教为统治服务,就成为唐太宗对待佛道的一个基本出发点。

为了政治需要,唐太宗既崇信道教,又推重佛教。他不仅强调李氏"本系"起源于作过周天子藏书室小官的李耳,而且认为,国家昌盛,天下安定,都是凭借祖上的积德,有赖无为的功用。因此,他建道观,度道士,敕道士祈祷,进一步抬高道教的地位。同时,唐太宗又下诏立寺度僧,开馆译经,设斋行道,并亲自为佛经撰写序文,竭力颂扬佛法,说:佛教崇高莫测,法力无边,可以救助万民百姓,治理天下十方。又说:佛的微言大义广泛传播,可以拯救众生出苦海地狱;佛的遗教训则远近宣扬,可以引导群生修成正果[①],简直把佛教吹嘘成天下人民的救星。

唐太宗如此对待佛道还有另一个出发点,那就是利用佛道作为思想统治的工具。这一点,他思想上是相当明确的。在他看来,佛道本是神道设教,用来对人民进行思想教训是很有效的。他认为,佛教的至理名言,可以对人民"随机摄诱",犹如用"智舟"帮助他们"济苦海",用"慧日"开朗他们的"重昏",其功用不可思议[②]。他特别注意到佛教的一条妙用,即使人们淡忘物质欲望,因而就可以剪除"烦恼之林"[③],对封建统治的不满情绪、反抗念头,自然就会消失。所以唐太宗称佛教思想"理叶至仁"[④]。唐太宗又认为,道教讲"清虚",与佛教宣扬"因果",虽然"汲引之迹殊途",可是,"穷其宗也,宏益之风齐致"[⑤]。这就是说,它们殊途同归,都从根本上有益于教化,都是思想统治的绝好手段。所以,唐太宗虽然由于佛道有时和某种政治利益不协调,而说过一些对佛道不满意的话,但他对佛道在思想统治方面的功用是坚信不疑的。

唐太宗注意利用佛道,同时也重视儒学。贞观二年(628年)六月,他明确宣布:"朕所好者,唯尧舜周孔之道,以为如鸟有翼,如鱼有水,失之则死,不可暂无耳。"[⑥]唐太宗始终以儒家思想作为治国的根本指导思想,以儒学作为教育培养人才的主要内容,以儒家的伦理道德作为思想统治的基本手段。他即位之后,便制定"偃武修文"的治国总方针。所谓修文,其主要内容便

---

① (清)董诰等编:《全唐文》卷10太宗:《大唐三藏圣教序》,第119—120页。
② (清)董诰等编:《全唐文》卷10太宗:《宏福寺施斋愿文》,第124页。
③ (清)董诰等编:《全唐文》卷5太宗:《度僧于天下诏》,第66—67页。
④ (清)董诰等编:《全唐文》卷5太宗:《度僧于天下诏》,第66—67页。
⑤ (清)董诰等编:《全唐文》卷6太宗:《令道士在僧前诏》,第73页。
⑥ (宋)司马光编著,(元)胡三省音注:《资治通鉴》卷192,唐太宗贞观二年六月条。

是发展儒学，按照儒家思想整饬礼乐政刑。他在位期间，大力购募遗书，收集儒学典籍；编撰《五经定本》和《五经正义》，统一南北儒学；兴办和扩大学校，发展儒学教育。所以，吴兢在《贞观政要》中指出：唐太宗时"儒学之兴，古昔未有也"①。正因为这样，有唐一代，佛道虽然盛行，可是儒学仍不失其正统地位。唐代在思想领域实行儒道佛并用政策，在唐太宗统治时期奠定下来以后，随着经济政治势态的变化，历朝统治者对儒道佛的态度尽管有过畸轻畸重，或兴或抑的不同，可是从总体上看，三者并用的基本格局始终不变。

唐代统治者实行儒道佛并用，最直接的原因，应是长期分裂后复归统一的政治需要。要把有着各种思想信仰的不同地区、不同民族，维持在一个统一政权之内，采取因势利导，同时并用各种思想，当然就成为统治者最明智的选择。所以，唐太宗"每示存异方之教"②，不仅并用在中国流传已久的儒道佛，就是对新近从西方传入的景教（基督教的一派）也表示欢迎，让其在首都长安等地传播。诸家并用政策的出现，也是新兴的庶族地主在取代门阀士族地主而当政之后，具有充分自信心，优容大度，能兼收并蓄的表现。我们还应该看到，这也和魏晋南北朝以来思想领域里的发展变化分不开。东汉末年以后，黄巾起义，统治阶级纷争，社会大动荡，儒学难于维持"独尊"的地位，思想领域中出现玄学、佛教、道教、儒学同时并存局面。后来，玄学随着门阀士族的式微而衰落，佛教乘机迅速广泛传播；道教也由于经过改造，成为适合封建统治需要的宗教而日益发展；儒学虽然失去昔日的尊荣，但仍被统治者奉为行为准则，一直是国子学学生的主修科目。到唐朝，儒学地位有所提高，道教在统治者特别垂青之下发展很大，佛教走向兴盛的顶峰，三者鼎立的形势已经成为既定事实，统治者已不可能在它们之间作绝对的弃取。加之三者本来都可以为封建统治各效其劳，统治者为何不乐于都加利用呢？所以，唐朝实行儒道佛并用政策，也是儒道佛本身历史发展的必然。

考察唐太宗制定儒道佛并用的思想政策，当然应该明确那是当时封建经济和政治的产物，是魏晋以来儒道佛发展的必然，可是仅止于此还不够，还应当看到它也是唐太宗为首的统治者对前代思想政策的批判继承。

自从佛道厕身于儒学"独尊"的思想意识领域，历代统治者对它们的态度各有不同，采取的政策也相应而异。有的佞信佛教，如南朝梁武帝肖衍，

---

① （唐）吴兢编著：《贞观政要》卷7《崇儒学》，第216页。
② （唐）吴兢编著：《贞观政要》卷8《赦令》，第252页。

大力鼓吹灵魂不灭，迷信因果报应，曾四次舍身佛寺为奴。他在位期间，南朝佛教发展到登峰造极的地步。有的尊崇道教，如北朝魏太武帝拓跋焘及其宰相崔浩，尊道士寇谦之为师，改年号为太平真君，为寇谦之起天师道场于京城，太武帝亲自到坛受符箓。此后，北魏诸帝即位，都要去道坛受符箓。一般来说，崇佛的要废道，崇道的也要废佛，北魏太武帝和北齐文宣帝便是两个最突出的例子。太武帝崇道，他在太平真君七年（446年）下令把全国的沙门一概坑杀，烧毁所有佛经佛像。文宣帝高洋及其大臣都崇奉佛教，天保六年（555年）下令废除道教，道士都必须剃发为沙门，以至齐国境内道士绝迹。只有北周武帝宇文邕，建德三年（574年）下令废除佛教，同时又废除道教。这些统治者，无论采取哪种偏激态度，都没有因此而把国家治理好。至于对待儒学，历代统治者则只有重视程度之分，而没有哪个明令废弃过。这些历史事实，在善于总结历史经验的唐太宗制定思想政策时，无疑是起了作用的。唐太宗曾经向大臣说：梁武帝君臣整天谈论佛教的苦行空寂，到侯景叛乱时，百官连马也不能乘骑；他的儿子梁元帝萧绎，在西魏军队南下围攻都城时，仍然在殿廷讲论《老子》，百官穿着军服听讲，应该以此为鉴戒。[①]又说：梁武帝、简文帝都穷心于释氏，锐意于沙门，结果子孙覆亡，社稷顷墟。此是前车之覆，不应当践袭。[②]所以，唐太宗根据古代神道设教的宗旨，严格地把佛道控制在一定限度内，既推重它，又使它不致妄自尊崇而破坏儒家礼教，使三者都能各得其所，共同为巩固其统治服务。

唐太宗为了加强封建统治，批判继承前代皇帝对待儒道佛的态度，为唐代奠定了儒道佛并用的思想政策。这个政策成为唐代儒道佛竞相发展的保证。从另一个角度说，唐代的儒道佛的发展是在国家政策允许的条件下实现的，所以，尽管佛教和道教的势力发展得那样巨大，终究不曾出现宗教凌驾于国家之上或者政教合一的情况。

二、"道济天下之溺"

苏轼在《潮州韩文公庙碑》中，用"文起八代之衰，而道济天下之溺"[③]，对韩愈的贡献作了恰当的概括和中肯的评价。"文起八代之衰"是就韩愈倡导

---

① （宋）司马光编著，（元）胡三省音注：《资治通鉴》卷192，唐太宗贞观二年六月条。
② 唐太宗：《贬萧瑀手诏》，载《旧唐书》卷63《萧瑀传》，第2403—2404页。
③ 孙凡礼点校：《苏轼文集》，《中国古典文学基本丛书》，北京：中华书局，1986年，第2册，第509页。

古文运动而言;"道济天下之溺"指的是他在儒学方面的作用。为什么说韩愈在儒学方面起了拯衰救溺的作用呢?得从儒学的发展状况进行考察。

唐代思想领域里虽然是儒道佛并行发展,可是儒家思想仍然是主体,儒学仍然不失其正统地位。这从许多方面都可以得到说明。

唐代人们的人生追求和人生价值观念,抱儒家入世态度的无疑占绝大多数,而抱佛道出世态度的人毕竟为数甚少。在思想领域内起主导作用的士大夫,一般都自认是儒生,把从儒仕进,扬名显亲,忠君报国,作为自己的追求目标。"感时思报国,拔剑起蒿莱"[①],"古来青史谁不见,今见功名胜古人"[②],正是当时社会精英追求的人生价值。像萧瑀、张亮、贺知章之流,把自己看作佛子道徒,追求成佛升仙的是极少数。人们观察事物,发表议论,一般不敢违背儒学,即使实际上有所背离,但也往往声称自己是依据儒家经典的。

唐代人们的行为准则,绝大多数人是遵循儒家伦理道德观念,把孝亲和忠君视为天经地义,矢志不移。真正弃亲去国,皈依佛门,栖身道观的人,仍然是少数。佛教徒与道教徒之间,可以互相攻击,诋毁对方的各种行为,但却没有哪个敢非议儒家主张的忠孝行为。

唐代的各级学校,都以儒家经典作为主要教材。《老子》只开元以后列为学习科目。科举考试,明经主要考默写和解释儒家经典;进士主考的诗赋和时务策,也总是以儒家思想为依据,同时也要默写儒经。学校教材和科试内容是儒学在思想文化领域里占主导地位的重要证明。

从唐朝统治者治国施政的指导思想来看,儒家无疑是独占鳌头的。尽管有的佛道教徒参与政治斗争,也有在各种不同场合发表某些政治言论,然而佛道总是以出世为本,其经典多谈及修身养性,一般不涉及政治,或者说不直接谈论政治。唐朝典章制度的建立,经济政策和政治措施的制定,无不以儒家的礼乐政刑理论为依据。儒家的政治伦理思想,成为唐朝统治者治国为政的根本指导思想。

总之,唐朝在政治法律思想、伦理思想以及道德规范、教育和科举考试的内容等思想文化的各个方面,儒学并不因为佛道广泛流行而丧失主导地位。儒家思想在中国封建社会的深厚根基和一千多年的流传历史,不是佛道所能轻易动摇的。

---

① (唐)陈子昂:《感遇诗》,(清)沈德潜选注:《唐诗别裁集》卷1,上海:上海古籍出版社,1979年,第4页。
② (唐)岑参:《轮台歌奉送封大夫出师西征》,(清)沈德潜选注:《唐诗别裁集》卷5,第166页。

唐代儒学虽然仍居正统地位，但并不是和从前一模一样，没有区别，毫无变化。儒学发展到唐代这个阶段，它当然要根据这时的社会经济政治的情况，适应这时统治阶级的需要，变动自己的内容和形式，从而显示自己的时代特点。同时，也必然要按照自身发展的规律，对以前的儒学和当代其他文化思想进行批判继承，从而使自己带上传统的特色。唐代儒学的状况正是如此。

唐代儒学可以分为两个阶段，初唐至唐代宗时期是一个阶段，唐德宗时期至唐末又是一个阶段。两个阶段的内容有联系，又有区别。前一阶段主要是儒学统一，后一阶段侧重在儒学复兴。

儒学统一是从贞观（627—649年）初年开始，到永徽（650—655年）时完成的。贞观四年（630年），唐太宗鉴于儒家经籍流传时间久远，文字错讹谬误很多，诏命前中书侍郎颜师古考定五经。实际上，五经文字的问题，除了流传时间久远这个因素之外，还由于南北朝对峙时期，南北经学各有所本，不免各是其是，各非所非，遂致以讹传讹。这种情况，当然是不符合已经建立统一国家的唐朝统治阶级的要求，所以，唐太宗要下令进行整理，统一五经文字。经过两年多时间，颜师古完成了《周易》《尚书》《毛诗》《礼记》《左传》等五书的文字考订，撰成《五经定本》。贞观七年（633年）颁行，令学者肄习。从此，五经文字统一起来，不会再发生因文字不同而解释各异的弊病。

统一了儒学经典的文字，儒学还没有达到完全统一。因为，南北朝时，南北解经各有师承，以致形成"南人约简，得其英华；北学深芜，穷其枝叶"①。这种南北经学的歧义状态，只统一文字，还不能消除南北儒学的分歧。所以，唐太宗又命令国子祭酒孔颖达主编五经的义疏。孔颖达精通南北经学，并有颜师古等二十多位名儒参加，经过两年努力，撰成一百八十卷的《五经正义》。经过试行和修订，至永徽四年（653年）正式颁布，作为钦定的儒学教科书。此后，科举取士的试题和经义的评判，都以《五经正义》为标准。所以，应举士人诵习儒经，必须依据此书通晓其义理。

唐朝政府颁布《五经定本》和《五经正义》，使儒经从文字到解释都有了标准。这样，就结束了东汉以来诸儒异说，宗派林立，相互斗争的局面，完成了儒学的统一。这次儒学的统一，由于制定了标准疏文，比汉代儒学独尊时仅立博士更有成效。因此，很好地适应了全国政治统一的需要，有助于统

---

① 《北史》卷81《儒林传序》，北京：中华书局，1974年，第2709页。

治阶级思想的统一,其意义是重大而深远的。

唐初的儒学统一,不仅是儒学适应南北统一后新的经济政治需要而发生的重要变化,而且也是儒学按照自身发展规律进行的批判继承。孔颖达撰定《五经正义》,在今文经学与古文经学、郑学与王学等学派之间,他选择古文经学,摒弃今文经学,选择郑学摒弃王学。因此,他严格按照"疏不破注"的原则,《周易》用王弼《注》,《尚书》用孔安国《传》,《诗》用毛《传》、郑《笺》,《礼记》用郑玄《注》,《春秋左传》用杜预《注》。孔颖达作的疏(正义),也多根据南北朝儒生的义疏。如《尚书正义》《毛诗正义》根据刘焯、刘炫的义疏,《春秋左氏传正义》根据刘炫的义疏,《礼记正义》根据皇侃的义疏。只有《周易正义》不言所本,是采录诸家旧说,按文句推演,编缀而成。所以,孔颖达的义疏只在于摒弃与选取,少有自己的新说,内容缺乏创新。在历史文化发展的长河中,像孔颖达所作《正义》这样,旨在根据一定标准对原有学术成就作出判断,抛弃不符合自己观点的东西,采取适合自己需要的东西,这也是一种批判继承,只不过层次较低而已。

唐初这次儒学的统一,是按唐太宗的命令短时期完成的。虽然,皇帝的命令并未具体规定弃取某种学派,而且在统一过程中也还组织过一定范围的讨论,征求过意见,统一后也容许不同学术观点存在[①],还算是统而不死。但是,这次统一毕竟是官府行为,《五经定本》和《五经正义》作为官书颁布的。自从《五经定本》和《五经正义》颁布之后,儒学界在相当长的时期内,没有出现有创见的儒学著作。

儒学统一后出现墨守成规的沉闷局面,直到中唐时期才有所变化,那就是儒学复兴运动。

安史之乱以后,藩镇跋扈,宦官擅权,皇权衰落,朝廷威信下降,社会矛盾加深。有远见卓识的士大夫都在思考如何挽救王朝的颓势,恢复强有力的中央集权。同时,在思想文化领域里,佛教、道教势力大为增长,儒学地位低落。那时,统治者们为了寄托空虚的灵魂,广建寺观,大度僧道,施赠财物,封赐教首,大肆倡导宗教活动。道教在唐玄宗时发展到极盛,肃宗以后诸帝也尊奉道教,公卿大臣和文人学士中崇道风气甚为浓厚。唐宪宗既崇道教,又佞佛教。元和十四年(819年)从法门寺迎佛骨入皇宫供奉,掀起崇佛狂热。中唐时密宗、天台宗、华严宗复兴,佛教势力增长极大。本来,东

---

① 当时,有陆德明所撰《经典释文》,详列各经本文字异同,和《五经定本》旨趣不同。(唐)陆德明撰,黄焯断句:《经典释文》,北京:中华书局,1983年影印本。

汉末年以后，儒学已失去昔日的独自尊荣，至唐代，尤其是武则天以后的历朝皇帝，或尊奉佛教，或崇敬道教，儒学备受冷落，儒学地位步步下降。以儒学为业的士人，失落感大为加重。于是，便有不甘寂寞的士人起来倡导振兴儒学。中唐时期的儒学复兴运动，正是在这种皇权衰落，社会矛盾加深，佛道势力发展，儒学地位下降的情况下发生的。

复兴儒学的代表人物是著名的思想家、文学家韩愈（768—824年）。永贞元年（805年），正是王叔文、王伾和柳宗元、刘禹锡等进行"永贞革新"这一年，韩愈写出《原道》《原性》《原毁》《原人》《原鬼》五篇论文。这是他鉴于佛道蔓延、儒学衰落和唐王朝的危机，挺身而出，提出一个与佛统对抗的儒家道统，并且，以继承儒家道统为己任，发出尊孔孟、排异端的号召，开始举起复兴儒学的大旗。以后，他又写过一些文章，毕生为复兴儒学而奋斗。

韩愈复兴儒学，主要是通过重新阐释儒家思想，企图恢复儒学的独尊地位。所以，重新阐释儒家思想，便是韩愈毕生努力的事业。重新阐释儒家思想，实际上也就是对儒家思想的批判继承，儒学也正是在批判继承中获得发展。现在，让我们来考察一下，韩愈是怎样重新阐释儒家思想，是怎样在重新阐释中对以往儒家思想进行批判继承发展的。

第一，韩愈在孔孟言论和儒学经典所讲的众多范畴中，选取仁、义、道、德这四个范畴，作为儒学的总纲，并作出自己的解释。在《原道》中，开头就把仁、义、道、德作为儒学总纲而加以界说，他写道：博爱称为仁，行仁适宜叫作义，遵循仁义去做才能叫道，自己完满履行仁义，不期待外赐才能叫德。仁与义犹如既定的名号，道与德好比空虚的位置，仁义与道德应对号入位，两相符合。在韩愈看来，道德的内容是仁义，而仁义则是主张和实行博爱。韩愈又指出，仁、义、道、德表现在文（《诗》《书》《易》《春秋》）、法（礼、乐、刑、政）、民（士、农、工、贾）、位（君臣、父子、师友、宾主、昆弟、夫妇）、服（麻、丝）、居（室、宫）、食（粟米、果蔬、鱼肉）七个方面。这就是说，仁、义、道、德的内容，既包括社会思想、政治统治、阶级关系、等级制度，又包括日常生活的吃、穿、住事项。这样，不仅把仁、义、道、德具体化了，而且与佛教、道教的出世哲学区别开来。所以，韩愈把仁、义、道、德作为儒学的总纲和对它的解释，既有对儒学的批判继承，又有对佛道的批判。换句话说，他是针对佛道思想，重新阐述传统儒家的仁、义、道、德，并赋予它总揽儒学的新意。

第二，在伦理道德观上，韩愈提出博爱而有差等的主张。韩愈认为，博爱并不是没有远近亲疏的区别。"圣人一视而同仁，笃近而举远。"①也就是说，圣人对天下黎民，尽管是一视同仁（博爱），但有远近的区别。远方的夷狄，虽然也在博爱之列，但是不如对中国之民爱之厚笃。博爱还要"亲亲而尊尊"②，即有亲疏尊卑的区别，要由亲到疏，由尊到卑，并不是不分亲疏尊卑的"兼爱"。韩愈这个观点，一方面是对孟子"亲亲而仁民，仁民而爱物"③观点的继承与发挥；另一方面又是对墨子兼爱无差等主张的批判。

第三，弘扬"修齐治平"思想，把身心修养与国家天下的治理联系起来。《礼记》的《大学》篇里，有这样的话：在古代，想使德政普照于天下的人，首先治理好自己的国家；想要治理好国家的人，首先整治好自己的家庭；想要整治家庭的人，首先要做好自身的修养；想要修养自身的人，首先要正自己的心；想要正心的人，首先要诚自己的意。过去，这些话并没有引起儒家学者的特别注意，而自从韩愈摘引在他写的《原道》里，并加以阐发，《大学》的地位一下子被抬高起来，以致宋代把它和《论语》《孟子》《中庸》一起称为"四书"，与五经并列，被指定为儒生必读教科书。韩愈为什么特别重视《大学》这段话呢？因为这里表达了一种把天下国家的治理和个人修养联系起来的思想，和韩愈的想法非常吻合。换句话说，韩愈从《大学》里找到了自己认为修身养性是治国平天下之本的理论根据。并且，有了这段话，就可以使他本来是从佛教那里受到启发而重视的修身养性，披上儒家思想的外衣，而不败露破绽。不仅如此，这里说的诚意正心的目的在于齐家治国平天下，是入世而不是出世。这又可以显示出，儒家的修身养性与佛道的修身养性的区别。所以，韩愈弘扬"修齐治平"思想，强调身心修养与社会改造、国家治理联系的必然性、不可移易性，对传统儒学和当代佛道思想都有批判继承关系，不过这不是简单取舍式的批判继承，而是从自己批判的对象受到启发，因而对过去处于曚昽状态的东西，有了新体会，于是加以阐述发挥，使它成为构筑新思想体系的组成部分。这无疑是一种较高层次的批判继承。

第四，发展人性论。韩愈写了一篇《原性》④的文章，集中论述人性问题。他认为，人性是先天生就的，可以分为三等，上等性善，下等性恶，中等可

---

① （唐）韩愈：《原人》，《韩昌黎全集》卷11，上海：世界书局，1935年，第178页。
② （唐）韩愈：《送浮屠文畅师序》，《韩昌黎全集》卷20，第286页。
③ 《孟子》卷13下《尽心上》，（清）阮元校刻：《十三经注疏十三·孟子注疏》，北京：中华书局，1980年影印本，第2771页。
④ （唐）韩愈：《原性》，《韩昌黎全集》卷11，第175—176页。

上为善，下为恶。人性体现为仁、礼、信、义、智五种品德。上性的人，有一种（仁）表现突出，其余四种也都能实行；下性的人，有一种（仁）是相反的表现，其余四种都是悖逆离乱；中性的人，有一种（仁）或过分，或不及，其余四种都混杂不纯。韩愈还将情同时提出来，认为情是人后天接触事物而产生的。情有喜、怒、哀、惧、爱、恶、欲七种表现，也分为三品，上品是七情变化都适中，没有过与不及的情况；中品是有的不及，有的超过，但还有回到适中的愿望；下品则对不及的与超过的都放肆发泄而不知节制。韩愈的人性论，无疑是一种唯心主义的抽象人性论，是他政治、伦理道德、教育理论的一种立论根据。韩愈写《原性》，有意对唐以前各家人性论作总结，实际上是对以往人性论的批判继承。他指出，孟子的性善说，荀子的性恶说，杨雄的性善恶相混说，各有得失，都不全面。韩愈的人性说，实际上是渊源于孔子的"惟上智与下愚不移"[①]，而较直接的关系，便是董仲舒的"圣人之性"、"中民之性"、"斗筲之性"[②]的分类。可是，同时提出"情"来，对性与情的关系加以论证，则是韩愈的发展。

从韩愈的伦理道德观和人性论中，已经看得出佛教哲学对他的启发，看得见佛教思想的影子，但他主观上并没有意识到这一点，还不是有意识地寻找以佛入儒、以儒融佛的门径，而韩愈的学生李翱（752—841年），在这一点上却走到老师前面去了。所以，考察韩愈的人性论，不能不涉及李翱的复性论。

李翱写《复性书》上中下三篇，讨论人性论问题。他继承韩愈人性天赋的观点，但不同意把人性分为三品，主张"人之性皆善"；情也不能分为三品，认为七情都是恶的。世上之所以有善人与恶人、圣人与凡人的区别，就是因为凡人、恶人的性受情的迷惑，使善性不能表现出来，如像清流被泥沙搅浑、明光被烟雾笼罩一样。在他看来，圣人之性，人人有之，只是一般人暂时为七情遮蔽。那么，要想成为圣人，不必向他处寻求，只要去情复性就行了。而去情复性不是一蹴而就的，要有一个"循而不息"的过程。复性的方法，一要遵循礼教，二要去掉嗜欲，三要扩充本性，四要停止思虑，这样就能达到圣人的精神境界。[③]由此可见，李翱复性论的批判继承关系是十分清楚的。

---

① 《论语》卷17《阳货》，（清）阮元校刻：《十三经注疏十·论语注疏》，北京：中华书局，1980年影印本，第2624页。

② （汉）董仲舒撰，凌曙注：《春秋繁露》卷10《实性》，《丛书集成初编》，北京：中华书局，1991年，第170页。

③ （唐）李翱：《复性书上、中、下》，《李文公集》卷2，《景印文渊阁四库全书》，台北：商务印书馆，1986年影印本，第1078册，第106—111页。

除了他对韩愈思想的批判继承之外，他一方面是发挥孟轲的"尽心""知性""知天"的观点，并把《中庸》里"诚"的概念进一步神秘化；另一方面则是从佛教禅宗那里吸取了相当多的思想营养。例如：禅宗讲人人都有佛性，人人都可以成佛，李翱认为，人人都有善性，人人都可以成圣；禅宗宣称，无明之惑掩盖了人的佛性，成佛的途径，只在断执去惑，恢复本心；李翱则说，人的情欲掩盖本性，成圣的途径，只在于灭情复性，如此等等。李翱的复性说，佛教神学气味已经相当浓厚，为宋儒进一步吸收佛学开辟了道路。

在韩愈、李翱重新阐释儒家思想的前后，有啖助（724—770年）、赵匡（啖助学生）、陆淳（？—805年）等人，倡导儒学研究的新学风、新方法。这与韩愈对儒家思想内容进行新的阐释，是相互呼应、趋向一致的，应是儒学复兴运动的组成部分。啖助提倡《春秋》学，著《春秋统例》，对《左传》据事说经不加重视，旨在借《春秋》发抒自己的政治见解，企图借尊王室、正名分思想，来挽救唐王朝的颓势。啖助弃传求经的研究方法，被弟子赵匡、陆淳加以发展，开宋儒凭己意解经的新风气。啖助开创的新学风，曾受到柳宗元、韩愈的肯定。至于宋儒的赞美，那是不言而喻的。

三、道教的鼎盛

道教在唐代达到空前兴盛的地步。自从唐高祖李渊尊奉教主李耳为李氏皇族的先祖，道教实际上成为皇教。以后，历朝皇帝遵从遗训，道教一直受到特别青睐。尤其是开元天宝时期，唐玄宗礼谒老子三十年，刻意真经，虔诚奉道，崇重祠醮，日夜斋心，对道教笃信不渝。他除了建道观，度道士，赐供养户，设醮行斋之外，还设立专门讲习道教的学校崇玄馆，由宰相兼领大学士，生徒诵习《道德》等经，准明经例参加道举，使道教涉足儒家世袭的科举领地。唐玄宗还遣使搜求道经，首次纂成道藏的《三洞琼纲》三千七百多卷，并命令缮写流布。在他的倡导下，达官贵人舍宅为观，公主妃嫔度为道士，大臣弃官入道，诗人为太上老君吟赞，画工写玄元皇帝真容，优伶亦为之轻歌曼舞。当时，社会上刮起一股崇道风，遵礼道教达到狂热的程度。安史乱后，随着统治阶级把空虚的精神寄托于宗教迷信倾向的增长，道教势力更是日益发展。据唐末道士杜光庭《历代崇道记》说，唐代的宫观有一千九百余所，道士一万五千余人。[①]

道教为什么在唐代特别兴盛呢？在第一节里已经涉及政治因素，那就是

---

① （清）董诰等编：《全唐文》卷933 杜光庭：《历代崇道记》，第9721页。

唐朝统治者为了提高李氏皇族的地位，为了在政治斗争中争取道教势力的支持，为了利用道教作思想统治的工具，他们大力提倡道教。唐代道教确实是在统治者支持下发达兴旺起来的。可是，只说到这里还不够。宗教是一个精神团体，一般都有由神话形成的宗教观念，有属于情感领域的宗教情绪，有由宗教观念和情绪构成的宗教信仰，还有宗教仪式所规定的宗教活动规则。既然道教作为一种成熟的宗教，它的宗教信仰能不能打动人们的心灵，吸引人们去追求，那是它能不能获得发展的重要因素。还应该看到，即使同一种宗教，在不同的地区，或者在一个地区的不同时期，其发展情况也不完全一样。这就告诉我们，人们信仰宗教，追随宗教，还和人们所处的以经济、政治为主要内容的社会条件有关系，并且和这些社会条件形成的人们的社会心理分不开。从这方面来看，道教在唐代获得广泛的尊崇信奉，又是它的宗教信仰与当时人们的社会心理在特有条件下合拍的结果。

唐代的儒道佛，为人们提供了三种不同的人生选择，它们各自宣扬一套人生理想、处世态度和行为方式。道教的宗旨，却有儒学和佛教不可代替的吸引力。儒家教人做圣贤，重现实，既要有高尚完美的道德情操，又须有流芳千古的丰功伟绩，并且要以服从封建伦理、社会规范为前提，要有不惜皓首穷经，不避官场角逐的意念。佛家教人成佛，追求来世的幸福，但否定现世，提倡苦行、禁欲，违背人的自然本性。佛教不符合希望现世享乐人的愿望，儒家没有对来世的保证，不符合想来世继续享乐人的愿望，而道教则吸取二家之长，避免二家之短。道教教人炼服金丹，长生不死；点石成金，尽情挥霍；房中之术，助你淫乐；斋醮符咒，免除疾病。现世玩腻了，还可羽化登仙，到仙境继续享乐。所以，道教对于那些既不愿放弃现世享乐，而且希望永远享乐的地主、官僚、士大夫，有着巨大的诱惑力，这种诱惑力是道教独家所有的，这是道教与儒佛竞争中立于不败之地的诀窍。还应看到，既要现世享乐，又想来世乐、永远享乐的人，任何时候都是存在的，可是唯有唐代最多。因为，唐代是从几百年分裂、战争、混乱、危机中摆脱出来，重新建立起来的一个统一的宏伟大国，政治开明，文物丰阜，人民安定，四夷拱手。社会的变化必然引起社会心理的变化。过去那种迷惘、颓丧、彷徨的社会心理已经烟消云散，眼前社会的美好景象，使人感到兴奋，充满信心。这种心理变化，在代替门阀士族而掌握国家权力的新兴庶族地主身上，反映得尤其强烈。他们为现世欢乐陶醉之余，正担心人生短促，好景不长的时候，而道教恰好投合了他们的愿望。这就是唐代社会及其社会心理给道教提供的机遇。

儒道佛并存与发展

探讨道教在唐代特别兴盛的原因，还应该注意到道教自身的发展规律。道教在东汉产生后，带着相当多的原始性，在不同地区、不同阶层、不同目的的人们中间，起着各不相同的作用。经过北朝寇谦之（365—448年）、南朝葛洪（283—363年）、陆修静（406—477年）、陶弘景（456—536年）等人的改造，才成为一个有教义、神谱、仪式、戒律的为封建统治阶级服务的成熟的宗教，才成为一个与儒学、佛教鼎足而立的势力。南北朝时期道教势力的逐渐壮大，为唐代道教的兴盛创造了自身的条件。这就是道教自身的继承性。

南北朝道教为唐朝道教发展准备的条件中，道教思想是核心。道教在南北朝成为成熟的宗教，首先表现在道教思想上。道教在唐代获得很大发展，正如前面所说的，道教思想的诱惑力是一个不可忽视的因素。因此，有必要对道教思想作进一步的考察。

道教思想从渊源来看，主要是由商周以来巫师的神术、方士的仙术和阴阳五行、谶纬之学结合而成，同时利用了《老子》《庄子》书中一些神秘思想。在发展过程中，还模仿佛教，采取一些佛教经义来编造自己的教义。这种众多来源的道教思想，开始很不协调，是完全可以想象得到的。直到南北朝时，葛洪著《抱朴子》，陆修静整理"三洞"（洞真、洞神、洞玄）经典，陶弘景著《真诰》《真灵位业图》《养性延命录》，寇谦之撰《老君音诵戒经》《云中音诵新科诫》，才把各种思想糅合起来，构成自己的教义、神谱、仪式系统和组织形式、行为规范，道教思想才达到成熟的地步。到唐代，道教思想获得进一步发展。

唐代道教思想的发展，可以从著名道士王玄览、司马承祯和吴筠的著作中看到一个大概。

王玄览（626—697年）在《玄珠录》中提出"无生无知见，是故得解脱"的观点，他说：一切众生，要想求道，就应当灭绝所知所见。知见绝灭干净，才能得道。因为知见随着肉身的器官产生，有了知见，肉身受到束缚，就不能得道。如果使肉身在未消灭时，就自己灭绝知见，到肉身消灭时，知见先已不存在，这样，一切都没有了，人自然就不再受生（即无生）。这就是"无生无知见，是故得解脱"。从这里我们看到，王玄览把老庄的"绝圣弃知""离形去智"，和佛教的涅槃思想进一步糅合起来的情况。佛教认为，人生下来后，由于感观与外界事物接触，从而产生各种欲望，便有追求，因此堕入苦恼的深渊，要从苦海中解脱出来，就必须通过修行，断绝欲望和追求，达到寂灭，入涅槃境界。王玄览在糅合佛老思想时，显然有所取舍。他不讲老庄的贵生养形，专取"离形去智"；他说的解脱，无疑就是"涅槃"，但只说绝灭知见，不提绝灭欲望。这当然是由于道教的宗旨并不教人灭欲，相反，它是要满足人长生不死、飞升成仙而永远享乐的欲望。

司马承祯（646—735年）是茅山道士陶弘景的四代传人。武则天、睿宗、玄宗都曾引他入宫问事，甚受赞赏。司马承祯与士大夫交游颇广，从京都还山时，凤阁舍人李峤也到洛阳桥东为他饯行。其著作有《天隐子》和《坐忘论》。《天隐子》有神仙、易简、渐门、斋戒、安处、存想、坐忘、神解等八篇。司马承祯继续宣扬王玄览的"无知见"的说教，当睿宗问他以阴阳数术之事时，他说：道经的要旨在于损弃而无为。损弃就是去掉心目中的知见。怎么能以阴阳数术这些异端来增加智识思虑？[①]司马承祯侧重道教理论的阐发，不甚重视神仙方术。在《天隐子》序文中，开宗明义就写道："神仙之道，以长生为本。长生之要，以养气为根。"[②]这就表明，他把"养气"作为长生的根本途径，而把炼丹服药、禁咒符箓抛到一边。他所谓"养气"，就是：修我灵气，勿为世俗所沦污；遂我自然，勿为邪见所凝滞，这样就能成功。在他看来，人生下来就禀赋灵气，神仙与常人不同，在于他能保持自身的灵气，而常人要成神仙就要修道。修道主要是向内修心，修出自己的灵气，把世俗沦污的东西去掉。修灵气，也就是使自然的本性不为世俗邪见所阻碍。这样就能达到长生的目的。在《坐忘论》中也指出，长生之法，不过是"安心忘法之法"。此法是要在相信道、敬重道的前提下，闭目静坐，达到"弃事"和"收心"。"弃事"就是与俗事断绝，只有断绝俗事，形体才不烦劳，什么事都不作（无力），心自然就安息了。"收心"就是不作妄想（真观），使"形如槁木，心如死灰，无感无求，寂泊之至"。如此便能得"道"而长生不死[③]。由此可见，司马承祯把老庄的遂自然与佛教止观、禅定巧妙地糅合在一起，构成他的养生坐忘理论。

吴筠（？—778年）本是一个能通经属文的儒士，考进士不第才入嵩山，跟潘师正作了道士，算是司马承祯的师弟。吴筠和文人学士交游很广，李白、孔巢父等都有诗篇与他酬和，名气很大。唐玄宗曾征他为翰林待诏。著有《玄纲》三篇和《神仙可学论》等。唐玄宗曾以道法相问，他说：道法的精华，

---

① 《旧唐书》卷192《司马承祯传》，第5127—5128页。
② （清）董诰等编：《全唐文》卷924 司马承祯：《天隐子序》，第9633页。
③ （清）董诰等编：《全唐文》卷924 司马承祯：《天隐子序》，第9633页。

没有什么可以超过五千言（即《道德经》）的，其他那些枝词蔓说，只是白费纸墨了吧。①吴筠十分强调老子《道德经》的重要性，把《道德经》中没有的那些丹鼎符箓、斋醮祈禳的说教，贬斥为枝词蔓说。在《玄纲》中主张"不悲不乐，恬淡无为"的"元和"精神，斥责"意燥而欲"。"恬淡无为"就是"静"。所以他力主"守静去燥"，反对设斋行道，祈祷鬼神②。从表面看来，吴筠企图使道教返璞归真，回到老庄那里去，实际上却是汲取佛教禅宗的思想，丰富道教理论。

从王玄览、司马承祯和吴筠所阐述的观点可以看出，唐代道教思想的发展是为了适应两种需要而进行的。一是道教被认作皇教，受到特别青睐之后，自己感到应该更好地为唐朝统治者效力，除了使用炼丹斋醮等法术满足其长生、祈乐心愿之外，还需要设法使道教赢得更多的信奉者，特别是如何赢得有广泛影响的士大夫、文人学士的信奉，这就有一个如何使自己脱离粗俗状态，变得高雅一些，以适合他们的口味的问题。二是在儒道佛的激烈斗争中，道教如何使自己立于不败之地，这是面临的一个迫切问题。这除了取得政治权力的保护支持之外，还需要弥补自己缺乏深刻哲理的弱点。这两种需要都归结到如何建立道教的理论体系。王玄览的无生无知见才能得解脱的思想、司马承祯的养生坐忘思想和吴筠守静去燥思想，都是为建立道教理论体系所做的努力和贡献。

同时，也可以看出，唐代道教建立理论体系的途径，无非是两条，一是对魏晋南北朝道教思想的批判继承。二是对佛教理论的汲取。从道教思想发展史来看，葛洪《抱朴子》的《内篇》，初步奠定道教理论，但主要是讲炼丹等外修理论。虽然他也讲内修，但不过是保精行气之术而已。陆修静和陶弘景的贡献，在于道经的搜集整理和道教斋戒仪范的建立。使葛洪以来的道教理论进一步提高是在唐代。王玄览、司马承祯和吴筠的思想说明，道教理论的提高，并不是从荒原上提高，而是通过对魏晋南北朝以来道教思想的批判继承而提高。他们虽然承袭道教长生、成仙的宗旨，可是对葛洪着重阐述的外修理论以及陆修静、陶弘景建立的斋戒仪范，却放到不足轻重的地位，而对道教徒淡忘了的《道德经》，却被重视起来。唐代道教内修理论变化的实质，便是对佛教哲理的汲取。王玄览、司马承祯和吴筠的思想，都显然融入了佛教止观、禅定的修养理论。

---

① 《旧唐书》卷192《吴筠传》，第5129页。
② （清）董诰等编：《全唐文》卷926 吴筠：《玄纲论》，第9656—9657页。

总之，道教思想一开始带着杂糅的特点，到南北朝时才把汲取来的各种思想糅合成一个体系，但也仅是初步的，尚带着相当浓厚的神仙方术的粗俗特性。到唐代，道教为争取更多的信奉者，特别是为了适合士大夫、文人学士的口味，争取他们的支持，也是为了弥补自身的缺陷，应付儒道佛斗争的形势，因而道教出现向高雅发展的趋势，从认识论上建立唯心主义理论体系，便成为重要任务。唐代王玄览、司马承祯、吴筠等道士在这方面作了努力。唐代建立道教理论体系，是根据封建统治阶级的需要，通过对魏晋南北朝道教思想和当代佛教禅宗思想的批判继承而进行的。批判继承是道教思想发展的内在规律。

四、中国化的佛教——禅宗

唐代是中国佛教空前发展兴盛的时期。

唐朝统治者竭力利用佛教来维护其政治统治和思想统治，甚至把度僧尼、修功德作为聚敛财富的手段，而不少佛教僧侣也积极从事政治投机活动，争取统治者的政治和经济的支持，用以发展其势力，扩大其影响。所以，政治条件是唐代佛教发展的重要因素。唐代佛教已经形成世袭的寺院经济，僧侣可以按均田令享受口分田，得到皇帝的赐田和官僚地主的布施田宅，同时，他们还利用高利贷等各种手段聚积财物，购买土地。寺院除了奴役下层僧侣之外，还控制大量的奴婢和良人，经营农业、手工业和其他产业。雄厚的寺院经济，成为唐代佛教赖以发展的基础。佛教宣扬的因果报应，生死轮回，布施得福等说教，有极大的思想欺骗性。对于一些仍然过着贫困苦难生活的劳动人民，佛教可以勾起他们对死后过幸福生活的憧憬；过惯荣华富贵生活的剥削阶级人物，可以从佛教那里廉价购得享受天国幸福的门票；作恶多端的人，也能从佛教那里得到念佛免罪的许诺。所以，佛教思想的麻醉作用，也是唐代佛教影响广泛、势力蔓延的不可忽视的原因。

唐代佛教特盛的表现，除了它已经作为一个重要的社会势力存在于唐代的政治、经济和思想领域之外，还因为它本身有着前所少见的几个特点。首先，唐代西行天竺朝佛求经的僧侣大为增加。唐建立后的半个多世纪里，从唐朝境内出发，前往天竺的如玄奘、义净一类僧人，达数十人之多。这些僧侣带回大量佛经、佛像，并撰写出《大唐西域记》《大唐西域求法高僧传》《南海寄归内法传》等反映南亚、中亚社会和佛教情况的著作。这些在国内外获崇高声望的西行返国僧侣及其带回的圣物、经书，产生了巨大的影响，推动了佛教在中国和东亚的发展。以前虽然也有法显等人的西行求法，但其规模和影响都不能和唐代相比。其次，唐代的佛经翻译达到古代的最高水平。当时，由官府开办译经场，遴选众多的各有专长的名僧，提供优厚的物质条件；译场有明确的分工，有合理的工作程序，制度完备，井井有条。从唐初到元和（806—820年）的一百多年间，译经连续不断，译出大量高水平、高质量的作品，是其他时候不能企及的。同时，还撰写了佛经的注疏和工具书。这使中国佛学水平提高到一个新的阶段。再次，长安成为佛教的东方圣地。唐代长安，有慈恩、兴善、崇福等许多著名的寺庙，中外僧侣云集，高僧荟萃。这里既是译经中心，又是佛学研讨、宣讲中心。有许多中国高僧在这里著述讲学，有不少印度、中亚的僧侣在这里讲经说法，还有许多日本、朝鲜的僧侣来这里寻师求法，瞻礼圣庭，再回去向本国传播。许多名僧在这里崭露头角，一些佛教宗派在这里孕育发展。长安确实是东方佛教思想文化的交流中心，佛教的东方圣地。最后，中国佛教宗派的产生和发展。隋朝以前，佛教只有学派的区分。隋唐开始出现的佛教宗派，是随着寺院经济和佛教学派的发展而逐渐形成的。唐代产生的宗派主要有：太宗时玄奘建立的唯识宗，高宗武则天时法藏建立的华严宗、慧能建立的禅宗、道宣建立的律宗和善导建立的净土宗，以及玄宗时善无畏、金刚智、不空建立的密宗。这些宗派所具有的共同趋势是使佛教这个外来宗教中国化。中国化程度的深浅大小也就成为各个宗派兴衰荣萎的决定性因素。唯识宗中国化的程度不深，很快就衰微了，而禅宗则是完全中国化的宗派，在中国长期延续。

  禅宗的学理渊源，传说是十分悠久的，菩提达摩据说已是天竺禅宗二十八祖。达摩在梁武帝时来到中国，在北方传播禅学，称为"东土始祖"。达摩传慧可，慧可传僧粲，僧粲传道信，道信传弘忍，是为东土五祖，都是以达摩带来的一件棉布袈裟作为传法凭证。弘忍住黄梅县双峰山佛寺，一日宣称要挑选法嗣，叫门徒各人写一个偈，以供选择。已是寺院上座和教授师的神秀，在墙壁上写了一首偈："身是菩提树，心如明镜台，时时勤拂拭，莫使有尘埃。"弘忍看了说，只到了门前，还没有升堂入室，叫他再作一个。神秀冥思苦想，作不出新偈。一个带发修行、在寺内做舂米工役的行者慧能，不识字，请人代笔写了一个偈，说："菩提本无树，明镜亦无台，佛性常清静，何处有尘埃？"又作一首说："心是菩提树，身为明镜台，明镜本清静，何处染尘埃？"慧能的空无观点，比神秀更为彻底，弘忍见了大悦，便选中他作继承人。为了避免争夺，慧能带着袈裟回到岭南去传教。从此，禅宗分为南北二宗。神秀在北方继续传播禅宗传统的渐教，而慧能在南方传播禅宗顿教，后来南宗成为公认的正宗。

慧能以前的禅宗，实际上只是主张"渐修"的禅学流派，或称"祖师禅"，和以后的禅宗有根本区别。作为"教外别传"的中国禅宗，应是以慧能为创始人，主张"顿悟"的禅宗。慧能开创的禅宗，最初仅在南方传播，后来逐渐遍及全国，并且远播海外。唐代后期，禅宗几乎代替了其他宗派而独主中国佛坛，并且又分为许多宗派，长期流布下来。

为什么禅宗能够教门兴旺、长期传播呢？最重要的一条原因，就是它具有批判继承创新精神。首先，禅宗敢于对天竺佛教进行大胆的批判。传统的佛教，一切都要服从天竺的释迦牟尼，中国佛徒实际上是天竺佛教的奴仆，而禅宗则破除这种奴仆像，自立宗旨，不依傍他人。天竺佛教，把佛虚构成为高不可攀的偶像，而禅宗却以顿门自负，使人人可以自称为佛，佛成了举目可见的平常人，把自己看作同佛平等的人。一切外在的佛都被推倒，代之以内在的佛，我即是佛。天竺佛教神圣供奉的佛和祖，被禅宗的一些和尚任意呵斥责骂，更有甚者喊出"逢佛杀佛，逢祖杀祖"，取木佛像焚烧取暖。佛教徒模仿儒学作的佛经义疏，禅宗则不受其束缚，凭己意解经，用"一切诸法皆由心造，但学无心，诸缘顿息"来否定读经的必要。禅宗认为，佛在心内，不在心外，心外的佛都是假佛，所以，凡是造寺、布施、供养、念佛，都不算功德，都不会因此成佛，天竺佛教的戒定慧都被看作无用之物。按天竺佛法，僧侣死后应实行火葬，取碎骨为舍利，而慧能死后却用全身葬法，用漆仨涂体，安放龛中，以后的禅师也多不用火葬之法。舍利被佛教徒说成神奇的宝物，而禅宗的一些和尚则不加重视，遗嘱门徒不淘舍利。对天竺的戒律，禅宗也加以改造，怀海禅师创《百丈清规》代替烦琐的大小乘律。总之，禅宗对于天竺传来的佛教教义、修行方法和教规教律，从佛学理论到教徒的行为规范，一切都加以批判，一切都进行改造。

那么，禅宗用什么思想来改造天竺佛教呢？按照什么样子改造佛教呢？禅宗是用中国道家思想和儒家思想改造佛教，按照中国世俗封建关系来改造佛教的内部关系。首先，禅宗冲决天竺佛教的束缚，与魏晋玄学冲决汉儒礼教束缚相同，都是一种物极必反，一个极端导致另一个极端的社会现象。玄学是汉代经学的反动，禅宗是传统佛教的反动。玄学家的放浪形骸，蔑视礼法，同禅宗和尚呵佛骂祖，不读经，不坐禅的情况如出一辙。禅宗的佛，其性质相同于庄周书中的真人、至人。禅宗谈公案，和玄学家谈玄没有两样。所以，范文澜同志指出：禅宗是披天竺式袈裟的魏晋玄学，释迦其表，老庄（主要是庄周的思想）其实禅宗思想，是魏晋玄学的再现，至少是受玄学的影响甚深。[①] 其次，关于禅宗汲取儒家思想和按照中国世俗封建关系来改建佛教内部关系，可从怀海禅师的《百丈清规》这一斑而窥全豹。怀海（与慧能四世法孙天然和尚同辈）采大小乘戒律制定《百丈清规》，改天竺戒律为中国戒律的具体表现，是以忠孝为思想内容，以封建家族为组织形式。天竺佛教，根本不存在忠孝观念，可是《百丈清规》的前四章的标题，祝厘、报恩、报本、尊祖。前两个标题体现"忠"的思想，后两个标题体现"孝"的思想，完全仿效儒家的口吻。因此，出现以孝取得声誉的"孝僧"。如希运禅师的弟子道纵，编织蒲鞋，卖以养母；道丕和尚乞食养母，与母藏在岩穴中避乱，还到战场去认亡父遗骸，因此声誉大振。按《百丈清规》及其补充条例规定，寺院有院主，有法律（戒律），有百官（寮司），有臣民（僧众），有土地，有嗣子（法嗣）。院主俨然是一个封建主，只有他才有权收徒弟，立法嗣；寺院财产归院主支配，僧众不得私置钱谷，生活完全依赖院主和寮司；僧众只能绝对服从院主，僧侣之间的关系，有如父子兄弟叔侄关系。一个寺院同世俗封建地主庄园并无本质差别。

禅宗汲取道家思想和儒家思想，按世俗封建关系改造天竺佛教，使佛教同当时社会实际相结合，成为同中国传统文化相一致的一面。因此，会昌毁佛以后，其他宗派大体归于消灭，只有禅宗反而兴旺发达。可是，唐五代以后，禅宗本身也发生了变化，攻击天竺佛教的勇气收敛起来，禅院恢复佛像、菩萨的陈设，还采取密宗的一些方术，替人念咒超度。所以，"口虽说空，行在有中"，陷入自相矛盾。比起其他宗派来，禅宗虽还保持较大影响，但也难免窘于自振。

唐代的儒学从统一到复兴，为过渡到理学阶段架起了稳固的桥梁；道教经历了最惬意的黄金时期，理论体系充实起来，改变着自己粗俗的形象；佛教完成了中国化的历程，其思想从天竺教条下解放出来，成为适合中国士大夫聊以自醉的精神饮料。儒道佛"三教"思想竞相发展，给唐代的文学、艺术、政治思想、道德、哲学都带来活跃的气氛，文化领域大体呈现出一种兼收并蓄、自由竞放、活力沛然的良性状态。这种情况的出现，固然有赖于封

---

① 范文澜：《中国通史简编》（修订本）第3编第2册，北京：人民出版社，1965年，第601—640页。

建经济政治发达兴旺这块肥沃土壤,但不能忘记思想文化自身批判继承而发展的规律,没有魏晋南北朝时儒学独尊局面的打破,玄学的兴起,佛教和道教的迅速发展,便不可能有唐代这种文化繁荣的局面。从唐朝的思想政策和儒道佛发展的具体情况中,都使我们看到了批判继承作用的客观存在,进而感到不能割断历史这条平凡真理在看待文化问题时的分量。当然,不割断文化的历史联系,并不是说只能固守历史文化,不能曲解为赞成文化保守主义。文化的继承是以当代社会发展要求为标准的批判继承,这本身既包含着反对割断历史的民族文化虚无主义,又包含着反对全盘照搬照抄的民族文化保守主义。批判继承的结果必然是创造出一种既有民族特色又适合当代需要的新文化。

原载《中外文化俯瞰》,西南师范大学出版社,1993 年

唐代使职的产生

唐代的使职，是职官本制以外的差遣官。研究唐代官制的变革，使职应该是一个主要方向。唐代出现过哪些使职，各个使职是何时产生的，使职的产生有何特点，为什么唐代会大量出现使职，使职产生特点又是怎样形成的，对于这些问题本文将作一个初步的考察。

一

唐代二百九十年间，作为非本制职官的使职，其变异性是很大的。它随着时间的推移，不断地产生，又不断地停罢。有的一旦出现，便终世长存；有的时置时停，停而复置；有的随置随罢，转瞬即逝。它宛如夜空闪烁的星光，使人眼花缭乱，莫知所是。但是，经过细心的搜索和清理，像天文学家绘制群星图那样，也可以弄出一点眉目来。下面就将初步整理出来的一百四十二个使职，按产生时间列表（表1），作为进一步研究的基础。

表1 唐代使职产生时间表

使职名称	产生时间	资料出处
安抚使	武德元年（618年）	《资治通鉴》卷186武德元年十月条、《玉海》卷132《官制·使》、《事物纪原》卷6《节钺帅漕部》
教坊使	武德（618—626年）	《旧唐书》卷43《职官志·中书省·内教坊》、《新唐书》卷48《百官志·太常寺·太乐署》
中外官考使	贞观（627—649年）初	《新唐书》卷46《百官志·考功郎中》
简点使	贞观元年（627年）	《唐会要》卷78《诸使杂录上》
经略使	贞观二年（628年）	《玉海》卷132《官志·使》、《文献通考》卷62《经略使》
观风俗使	贞观八年（634年）	《唐会要》卷77《观风俗使》
黜陟使	贞观八年（634年）	《唐会要》卷78《黜陟使》、《玉海》卷132《官制·使》

续表

使职名称	产生时间	资料出处
巡察使	贞观二十年（646年）	《旧唐书》卷3《太宗纪》、《唐会要》卷77《巡察按察巡抚等使》
山陵使	**贞观（627—649年）中	《唐会要》卷20《陵议》注
按察使	*龙朔三年（663年）	《新唐书》卷3《高宗纪》
封禅使	麟德二年（665年）	《旧唐书》卷4《高宗纪》上、卷67《李𪟝传》、《唐会要》卷7《封禅》
选补使	上元二年（675年）	《通典》卷15《选举·历代制》下、《新唐书》卷45《选举志》
巡抚使	*上元三年（676年）	《新唐书》卷3《高宗纪》
群牧使	仪凤三年（678年）①	《唐会要》卷66《群牧使》
军使	仪凤（676—679年）	《旧唐书》卷109《黑齿常之传》、《通鉴》卷202仪凤三年九月条
知匦使	垂拱二年（686年）	《唐会要》卷55《匦》
理匦使	垂拱二年（686年）	《唐会要》卷55《匦》
存抚使	天授二年（691年）	《唐会要》卷77《巡察按察巡抚等使》
营田使	△△延载元年（694年）②	《资治通鉴》卷205延载元年一月条、《册府元龟》卷503《邦计部·屯田》
督作使	延载元年（694年）	《资治通鉴》卷205延载元年八月条
内飞龙使	△万岁通天元年（696年）	《新唐书》卷47《百官志·殿中监》、《册府元龟》卷503《邦计部·屯田》
防御使	△圣历元年（698年）	《事物纪原》卷6《节钺帅漕部》、《文献通考》卷59《防御使》
闲厩使	圣历三年（700年）	《唐会要》卷65《闲厩使》、《新唐书》卷47《百官志·殿中监》
采访使	△△长安二年（702年）	《资治通鉴》卷207长安二年十二月条、卷211开元四年二月及胡注、《唐会要》卷78《采访处置使》
招讨使	△△长安三年（703年）	《资治通鉴》卷209长安三年十一月条
园苑使	武则天（684—705年）	《事物纪原》卷6引《百司举要》
庄宅使	武则天（684—705年）	《事物纪原》卷6引《百司举要》
礼仪使	△△景云元年（710年）	《资治通鉴》卷223景云元年胡注、《唐会要》卷19《孝敬皇帝庙》
节度使	△景云元年（710年）	《唐会要》卷78《诸使中·节度使》、《资治通鉴》卷210景云元年十月及其胡注、《通鉴考异》

① 宁志新据《唐会要》卷72《马》认定夏州群牧使始置不晚开耀元年（681年）。陇右群牧使为陇右诸牧监使之简称，武后起改称群牧大使或群牧使，陇右诸牧监使始于仪凤三年（678年）。参阅宁志新：《隋唐使职研究（农牧工商编）》，北京：中华书局，2005年，下同。

② 宁志新据《大唐故岷州刺史张府君（仁楚）墓志铭并序》认为营田使产生时间最迟不会晚于武则天如意元年（692年）。

续表

使职名称	产生时间	资料出处
支度使	*景云元年（710年）	《资治通鉴》卷210景云元年十二月条、《唐会要》卷78《节度使》
军器使	开元（713—741年）初	《通典》卷27《职官·军器监》、《旧唐书》卷8《玄宗纪》
盐池使	开元元年（713年）	《唐会要》卷88《盐池使》、《册府元龟》卷493《邦计部·山泽》、《旧唐书》卷185下《姜师度传》
宣抚使	开元元年（713年）	《资治通鉴》卷210开元元年七月条
市舶使	*开元二年（714年）	《旧唐书》卷8《玄宗纪》上、《新唐书》卷112《柳泽传》、《文献通考》卷62《提举市舶》
巡边使	*开元四年（716年）	《资治通鉴》卷211开元四年十月条
押蕃使	*开元四年（716年）	《唐会要》卷78《节度使》、《新唐书》卷64《方镇表》
修书使	**开元七年（719年）	《通典》卷21《职官·中书省》、《唐六典》卷9《中书省·集贤殿书院》、《旧唐书》卷23《职官志·中书省·集贤殿书院》
长春宫使	开元八年（720年）	《唐会要》卷59《长春宫使》
覆囚使	开元十年（722年）	《唐会要》卷78《诸使杂录》上
租庸使	开元十一年（723年）	《唐会要》卷84《租庸使》、《册府元龟》卷483《邦计部·总序》、《旧唐书》卷49《食货志》下
劝农使	开元十二年（724年）	《通鉴》卷212开元十二年六月条、《全唐文》卷25《置十道劝农判官制》、《全唐文》卷29《置劝农使诏》
户口使	开元十二年（724年）	《唐会要》卷85《户口使》、《册府元龟》卷483《邦计部·总序》、《资治通鉴》卷211开元十二年六月条
守捉使	*开元十六年（728年）	《唐会要》卷78《节度使》
渠堰使①	*开元十六年（728年）	《册府元龟》卷497《邦计部·河渠》、《资治通鉴》卷213开元十六年正月条
监军使	开元二十年（732年）	《通典》卷29《职官·武官下·监军》
寻胜使	开元二十一年（733年）	《唐会要》卷78《诸使录录》上
转运使	△开元二十一年（733年）	《通典》卷10《食货·漕运》；《唐会要》卷87《转运使》、何汝泉：《唐代转运使的设置与裴耀卿》，《西南师范大学学报（哲学社会科学版）》1986年1期
开稻田使	开元二十二年（734年）②	《旧唐书》卷3《玄宗纪》上
铸钱使	开元二十五年（737年）	《唐会要》卷59《铸钱使》、《册府元龟》卷483《邦计部·总序》
祠祭使	△△开元二十五年（737年）	《旧唐书》卷130《王玙传》、《新唐书》卷109《王玙传》、《资治通鉴》卷214开元二十五年十月条
出纳使	△开元二十六年（738年）	《唐会要》卷59《出纳使》

① 宁志新指出：渠堰使与沟渠使名称稍异职能相同，沟渠使产生时间最迟不会晚于开元六年（718年）。
② 宁志新据《全唐文》卷371李翛《泗州刺史李君（孟犨）神道碑》认为稻田使产生时间不会晚于开元十年（722年）。

续表

使职名称	产生时间	资料出处
中尚使	开元（713—741年）中	《唐会要》卷66《少府监》
梨园使	**开元（713—741年）中	《通鉴》卷211开元二年正月条、《资治通鉴》卷225大历十四年五月条
河北海运使	天宝元年（742年）	《唐会要》卷73《节度使》
太清宫使	**天宝（742—756年）初	《唐会要》卷50《尊崇道教》
太微宫使	**天宝（742—756年）初	《唐会要》卷50《尊崇道教》
色役使	*天宝四载（745年）	《唐会要》卷85《户口使》
木炭使	天宝五载（746年）	《唐会要》卷66《木炭使》、《册府元龟》卷483《邦计部·总序》
兵马使	*天宝六载（747年）	《资治通鉴》卷215天宝六载十月条
九成宫使	天宝七载（748年）	《唐会要》卷78《诸使杂录》上
进食使	天宝九载（750年）	《资治通鉴》卷216天宝九载二月条
处置使	*天宝九载（750年）	《资治通鉴》卷216天宝九载八月条
图书使	天宝十二载（753年）	《唐会要》卷78《诸使杂录》上
置顿使①	天宝十五载（756年）	《旧唐书》卷9《玄宗纪》下
巡阁道使	天宝十五载（756年）	《旧唐书》卷9《玄宗纪》下
营幕使	*天宝十五载（756年）	《全唐文》卷22《亲谒太庙推恩制》、《事物纪原》卷6《东西班使部》
宫市使	天宝（742—756年）中	《容斋续笔·杨国忠诸使》、《唐会要》卷86《市》、《资治通鉴》卷235贞元十三年十二月条
内作使	玄宗朝②	《新唐书》卷48《百官志·少府监》
弓箭库使	玄宗朝	《事物纪原》卷6引《续事始》
十王宅使	**玄宗朝	《新唐书》卷82《十一宗诸子传》、《资治通鉴》卷213开元十五年五月条
左右街使	玄宗朝	《续事始》
左右巡使	玄宗朝	《续事始》
皇城使	玄宗朝	《资治通鉴》卷228建中四年十月条及胡注
册立使	玄宗朝	《续事始》
吊祭使	玄宗朝	《续事始》
会盟使	玄宗朝	《续事始》
阁门使	玄宗朝	《资治通鉴》卷250咸通四年八月条及胡注
监太仓使	**玄宗朝	《新唐书》卷48《百官志·监察御史》、《唐会要》卷60《殿中侍御史》

---

① 知顿使，高宗时狄仁杰任，见《旧唐书》卷89《狄仁杰传》，第2887页。
② 宁志新据《全唐文》卷358柳贲《故唐左金吾将军范阳张公（嘉祐）墓志铭并序》认定内作使始置不晚于开元十七年（729年）或稍后。

续表

使职名称	产生时间	资料出处
监左藏使	**玄宗朝	《新唐书》卷48《百官志·监察御史》、《唐会要》卷60《殿中侍御史》
详理使	至德二载（757年）	《资治通鉴》卷220至德二载十二月条
团练使	△△至德乾元（756—760年）中	《新唐书·方镇表》、《旧唐书》卷38《地理志》、《文献通考》卷59《团练使》、《资治通鉴》卷214开元二十七年胡注
观察使	△乾元元年（758年）	《事物纪原》卷6、《新唐书》卷64《方镇表》、《唐会要》卷78《采访处置使》、《新唐书》卷49下《百官志·外官》
盐铁使	乾元元年（758年）	《唐会要》卷88《盐铁使》、《新唐书》卷149《第五琦传》、《旧唐书》卷49《食货志》下、《册府元龟》卷483《邦计部·总序》
观军容使	*乾元元年（758年）	《旧唐书》卷10《肃宗纪》、《旧唐书》卷11《代宗纪》、《资治通鉴》卷220乾元元年九月条、《新唐书》卷207《鱼朝恩传》
馆驿使	*乾元元年（758年）	《唐会要》卷61《馆释》、《新唐书》卷48《百官志·监察御史》
镇守使	*乾元二年（759年）	《新唐书》卷64《方镇表》、《新唐书》卷152《张镒传》
度支使	△△乾元二年（759年）①	《唐会要》卷59《度支使》、《新唐书》卷62《宰相表》、《册府元龟》卷483《邦计部·总序》
彍骑使	乾元二年（759年）	《唐会要》卷78《诸使中·诸使杂录》上
内园总监栽接使	*肃宗朝	《旧唐书》卷184《李辅国传》、《新唐书》卷208《李辅国传》
粮料使	广德元年（763年）	《资治通鉴》卷223广德元年十月条
和吐蕃使	*永泰元年（765年）	《旧唐书》卷11《代宗纪》
税钱使	*永泰元年（765年）	《资治通鉴》卷223永泰元年四月条
青苗地钱使	*永泰二年（766年）	《册府元龟》卷487《邦计部·赋税》、《旧唐书》卷108《崔涣传》、《旧唐书》卷11《代宗纪》
常平使	*永泰二年（766年）	《旧唐书》卷11《代宗纪》
鸿胪礼宾使	*永泰二年（766年）	《旧唐书》卷11《代宗纪》
客省使	**永泰（765—766年）中	《唐会要》卷66《鸿胪寺》
三司使（治狱）	*大历十四年（779年）	《唐会要》卷78《诸使杂录》上
删定格式使	建中元年（780年）	《唐会要》卷78《诸使杂录》上
奉迎使	建中元年（780年）	《资治通鉴》卷226建中元年十月条
两税使	建中三年（782年）	《唐会要》卷84《两税使》、《册府元龟》卷483《邦计部·总序》、《旧唐书》卷12《德宗纪》上、《文献通考》卷61《两税使》

① 度支使始置时间，后改定为乾元元年十月。见何汝泉：《再论唐代度支使的产生》，《西南师范大学学报（哲学社会科学版）》1998年第4期。

续表

使职名称	产生时间	资料出处
召募使	建中四年（783年）	《资治通鉴》卷228建中四年四月条
中军鼓角使	建中四年（783年）	《资治通鉴》卷228建中四年十月条
防城使	建中四年（783年）	《资治通鉴》卷228建中四年十月条
和籴使	*贞元三年（787年）①	《册府元龟》卷502《邦计部·平籴》
功德使	贞元四年（788年）	《资治通鉴》卷237元和四年六月条及胡注
榷盐使	贞元十六年（800年）	《册府元龟》卷483《邦计部·总序》
少阳院使	**德宗朝	《资治通鉴》卷233 贞元三年八月条、唐长孺《唐代的内诸司使》(《魏晋南北朝隋唐史资料》第6期)
翰林（医官）使	*元和（806—820年）中	《事物纪原》卷6《东西班使部》、《册府元龟》卷669《内臣部·谴责》、唐长孺《唐代的内诸司使》
枢密使	元和（806—820年）中	《册府元龟》卷665《内臣部·总序》、《文献通考》卷58《枢密院》
宣徽使	**元和（806—820年）中	《文献通考》卷58《宣徽院》、唐长孺《唐代的内诸司使》
辟仗使	元和（806—820年）中	《唐会要》卷72《京城诸军》、《资治通鉴》卷240元和十三年四月条
染坊使	*长庆四年（824年）	《事物纪原》卷6《东西班使部》、《旧唐书》卷17上《敬宗纪》
告哀使	长庆四年（824年）	《旧唐书》卷17上《敬宗纪》
疏决囚徒使	大和四年（830年）	《唐会要》卷79《诸使杂录》下
榷茶使	大和九年（835年）	《新唐书》卷54《食货志》、《旧唐书》卷49《食货志》下、《旧唐书》卷17下《文宗纪》下
如京使	*开成三年（838年）	《旧唐书》卷175《庄恪太子传》、《资治通鉴》卷246开成三年九月条
卤簿使	*武宗朝	《旧唐书》卷18上《武宗纪》
大盈库使	*大中五年（851年）	《隋唐石刻拾遗》卷下《刘遵礼墓志》
教练使	大中六年（852年）	《全唐文》卷81《简勘官健等敕》、《唐会要》卷26《讲武》、《旧唐书》卷18下《宣宗纪》、《资治通鉴》卷251咸通九年六月条胡注
招召乡兵使	咸通九年（868年）	《唐会要》卷79《诸使杂录》下
延资库使	*咸通（860—874年）中	《唐会要》卷59《延资库使》、《旧唐书》卷19上《懿宗纪》
小马坊使	*咸通（860—874年）中②	《新唐书》卷208《宦者·田令孜传》
度支分巡院使	*乾符三年（876年）	《旧唐书》卷19下《僖宗纪》

---

① 宁志新据《金石续编》卷4《和籴粟窑砖文四种》之二认定，始置不晚于贞观二十三年（641年）。

② 宁志新据《陶斋藏石记》卷24《大唐故左清道率忠武将军敦煌公（思礼）墓志》认定马坊使（陇右三使、三马坊，掌歧陇七马坊）始置不晚于天宝三载（744年）。歧陇马坊始置于开元，至德后罢废。咸通时田令孜任"小马坊使"，其小马坊疑为禁苑内的"官马坊"。

续表

使职名称	产生时间	资料出处
排阵使	乾符（874—879年）中	《旧唐书》卷184《杨复光传》
发运使	广明元年（880年）	《资治通鉴》卷253 广明元年二月条
指挥使	*广明元年（880年）	《资治通鉴》卷254 广明元年十一月条
寨栅使	广明元年（880年）	《资治通鉴》卷254 广明元年十一月条
催阵使	中和元年（881年）	《旧唐书》卷19下《僖宗纪》
捕盗使	中和二年（882年）	《资治通鉴》卷254 中和二年三月条
官告使	中和四年（884年）	《资治通鉴》卷255 和中四年二月条
清道斩斫使	光启二年（886年）	《资治通鉴》卷256 光启二年正月条
催运使	乾宁三年（896年）	《资治通鉴》卷260 乾宁三年七月条
修宫阙使	光化元年（898年）	《资治通鉴》卷261 光化元年正月条
游弈使	光化元年（898年）	《资治通鉴》卷261 光化元年正月条
三司使（财政）[①]	天复元年（901年）	《资治通鉴》卷262 天复元年闰六月条
御食使	天复三年（903年）	《资治通鉴》卷263 天复三年正月条
御营使	天祐元年（904年）	《资治通鉴》卷264 天祐元年正月条
丰德库使	*天祐元年（904年）	《旧唐书》卷20上《昭宗纪》
学士使	*昭宗朝	《文苑英华》卷418 薛廷珪：《授学士使郄文晏将军金禄大夫制》
毡坊毯坊使	不详	《事物纪原》卷6《东西班使部》引《宋朝会要》
酒坊使	不详	《事物纪原》卷6《东西班使部》引《宋朝会要》
尚食使	不详	《事物纪原》卷6《东西班使部》

二

在对"表1"显示的唐代使职产生情况进行分析之前，有必要就表中两项内容作一些说明。第一，这142个使职名单是怎样开列出来的？第二，这些使职的产生时间是如何确定的？如果没有对这两个问题作出明确回答，就贸然进行分析，那么．会像尚未考察地质状况便要建造高楼大厦一样，大厦能否立得起来，使人感到不踏实。

现在，先说第一个问题。

在唐代的史书中，只有《唐会要》有三卷十个子目比较集中地记载使职。宋人的著述，也只有王应麟《玉海·官制》有一个子目专门抄集使职资料。这当然是要依靠的，但记载都很不完全。为了比较全面掌握使职的情况，不得不从其他分散记载的史籍中，做星星点点的搜集工作。我们首先普查了《旧

[①] 此所谓"三司使"，系指户部、度支、盐铁三财司之三个使职。

唐书》的本纪、《唐会要》的诸篇和《资治通鉴·唐纪》，把得到的资料，连同《玉海》、《文献通考》、《续事始》和《事物纪原》的记载作为基本线索，再扩展到《旧唐书》和《新唐书》的志、表、传、《册府元龟》的有关篇目、《全唐文》的有关卷目以及其他有关诸籍。然后，把得到的全部资料进行整理。整理工作有：（1）同职异名的，只取其有代表性的一个名称，作一个使职，如宣抚使、宣慰使、抚慰使、抚谕使等，只作宣抚使；招讨使、招慰讨击使、招抚使、招谕使、讨击使等，只作招讨使；税青苗地钱使、税地钱使、青苗使、青苗钱物使、税地青苗钱物使等，只作青苗地钱使；两税使、勾勘两税钱帛使等，只作两税使；镇守使、镇遏使、镇抚使等，只作镇守使；山陵使、山陵仪仗使、山陵礼仪使、修奉八陵使、山陵桥道使，只作山陵使；御食使、御厨使等，只作御食使；转运使、水陆运使等，只作转运使；粮料使、供军使，只作粮料使；知籴使、和籴使，只作和籴使。（2）使名有所不同，职务相近，或缺乏分辨资料的，并作一使，如太府出纳使、司农出纳使、含嘉仓出纳使等，并作出纳使；内园、总监、裁接使，仅作一使。（3）有些使职有都使、大使、副使或支使，如都团练使、安抚大使、节度大使、转运副使、观察支使等，属于一个使职的不同级别，不单列一使。（4）有的虽有使名而毫无实际意义的，则弃而不录，如朱全忠逼哀帝让位时，有所谓押传国宝使、押金宝使等。因此，这里开列的142个使职，并不是史籍记载的全部使名，但从职官的实际情况来看，基本上包罗了唐代的重要使职。①

---

① 唐代使职的数量，20世纪90年代宁志新同志有大量发现。他在《唐朝使职若干问题研究》（《历史研究》1999年2期，第56—57页）说："本世纪80年代以来，何汝泉先生率先进行了这项工作，列表整理出142个使职，其中将一些同职异名或职务相近者并作一使，所以实际统计168个使职。"此外他又发现许多使职，"共170个"，"这样笔者与何汝泉先生共统计338个使职"。现将宁志新发现的170个使职转录如下：户部使、捕蝗使（驱蝗使）、沟渠使、造茶使、监牧使、马牧使、牛羊使、羊牧使、草马使、野牧使、榷税使、盐务使、盐铁法使、催勘使、铜冶使、铁冶使（监铁冶使）、作坊使、作坊修造使、绫锦坊使、造船使（造船大使）、造弩使、监和籴使、和籴贮备使、和市使、市马使、印纳使、市珠玉使、监舶使、押蕃舶使、修造羽仪使、征马使、水运使、陆运使、回造使、琼林库使、含嘉仓使、押仓使、监秦凉州仓库使、常平仓库使、大云仓使、东渭桥给纳使、两京出纳使、运粮使、军粮使、押运粮使、粮料应接使、供运使、春衣使、冬衣使、衣资使、悲田使、赈给使、赈恤使、宫苑使、洛苑使、山泽使、田宅使、修筑使、修葺使、筑城使、修陵使、宁朔大使、安置大使、十将使、覆屯交兵使、讨逆大使、讨伐使、行军使、征讨使、监讨蛮使、勾兵使、招召团练使、先锋使、讲武使、巡简使、催军使、行营使、简募飞骑使、威远营使、马军使（马军都使）、知队使、射生使、押千骑使、督察大使、押万骑使、步军使、弩营使、屯营使、长行使、简募宣劳使、应接使、应援使、三卫使、押云南八国使、处置降户使、宣告使、制置使、置州县使、宣慰问疾使、察访使、宣慰计会使、分察使、外察使、贺正使、贺赦使、潭漕使、武德使、通表使、守莹使、仙韶院使、乐营使、南仗使、瓜果使、采花使、会仙院使、口腊使、知营使、花鸟使、采药使、起居使、临碧院使、理甄申冤使、祭岳使（祭地岳使）、端午使、五礼使、礼会使、大礼使、宴设使、礼命使、监护使、修仪注使、婚礼使、吊赠使、监察使、册赠使、送诰身使、送旨符使、和协使、监顿使、里行使、加恩使、南选使、监选使、通和使、南内留后使、进奉使、邮驿使、理选使、勘当使、详覆使、详定使、斩决使、镌勒使、模勒使、括访异书使、检校大像使、道门使、威仪使、袈裟使、采经使、入鹘拓使、答吐蕃谢会盟礼半使、答请和好使、答蕃使、和戎大使、莫徭使、大税使、城使、涡口使。

· 72 ·

其次，表中所定使职产生的时间，大体有五种情况：

（1）有明确记载作为依据的，共八十二个，凡栏目内无符号的都属此类。

（2）有几种不同记载，经过查考，认定一种为正确的，共六个，在栏目内作"△"的都属此类，如：

内飞龙使　《续事始》载："玄宗朝以后置闲厩使，更置飞龙使。"《新唐书》载："武后万岁通天元年置仗内六闲……以殿中丞检校仗内闲厩，以中官为内飞龙使。"①以《新唐书》为是。

防御使　《唐会要》载："天宝十四载十一月，安禄山叛命，诸州当贼冲者，始置防御使。"②《续事始》亦作天宝十四载"玄宗始置防御使"。《旧唐书·地理志》载："至德之后，中原用兵，刺史皆治军戎，遂有防御、团练、制置之名。"《事物纪原》载："武后圣历元年以夏州领防御使；禄山犯顺，当冲诸郡皆置之，则是防御使自则天始也。"③《文献通考》同。按安史之乱起，当冲诸州普遍设置，其始置当以圣历元年为是。

节度使　始置时间有景云元年（710年）说④、景云二年（711年）说⑤。按《通鉴考异》，景云元年之说本之《太上皇实录》，当以此为据。⑥

转运使　始置时间有开元十八年（730年）、二十一年（733年）、二十二年（734年）三种不同记载，当以二十一年为是。⑦

出纳使　《通鉴》胡三省注引宋白曰："天宝二年始命张瑄充太府出纳使。"⑧《唐会要》则载："开元二十六年九月侍御史杨慎矜充太府出纳使。"⑨当以《唐会要》为是。

观察使　《通典》载："至德之后，改采访使为观察（使）。"⑩《新唐书·方

---

① 《新唐书》卷47《百官志二·殿中省》，第1217页。
② （宋）王溥撰：《唐会要》卷78《诸使中·诸使杂录上》，第1439页。
③ （宋）高承撰，（明）李果订：《事物纪原》卷6《节钺帅漕部》，《丛书集成初编》，北京：中华书局，1985年，第217页。
④ （宋）司马光编著，（元）胡三省音注：《资治通鉴》卷210，睿宗景云元年十月："以幽州镇守经略节度大使薛讷为左武卫大将军兼幽州都督。节度使之名自讷始。"《新唐书》卷67《方镇表四》载：景云元年置河西诸军州节度、支度、营田等大使。
⑤ （唐）杜佑撰：《通典》卷32《职官·都督》载："自景云二年四月始以贺拔廷（延）嗣为凉州都督充河西节度使，其后诸郡因同此号。"（第186页）《唐会要》卷78《诸使中·节度使》载："景云二年四月，贺拔延嗣除凉州都督，充河西节度使。自此始有节度之号。"（第1428页）《新唐书》卷50《兵志》《续事始》《事物纪原》《文献通考》同。
⑥ 唐长孺：《唐书兵志笺证》卷2，北京：中华书局，1962年。
⑦ 何汝泉：《唐代转运使的设置与裴耀卿》，《西南师范大学学报（哲学社会科学版）》1986年第1期，第74—75页。
⑧ （宋）司马光编著，（元）胡三省音注：《资治通鉴》卷216，唐玄宗天宝十一载注。
⑨ （宋）王溥撰：《唐会要》卷59《出纳使》，第1024页。
⑩ （唐）杜佑撰：《通典》卷32《职官十四·州郡上·州牧刺史注》，第184页。

镇表》始载于至德元载（756年）。《新唐书·百官志》载：采访处置使"乾元元年改曰观察处置使"，胡三省亦认为始于乾元元年。①《唐会要》载乾元元年四月十一日停采访使、黜陟使诏，其注云："其年改为观察处置使。"②当以此为是。

（3）记载有误，重新加以考定的，有七个，栏目内作"△△"的皆属此类，如：

营田使　《续事始》云："玄宗朝因之（指因汉朝以来的屯田），始置营田使也。"按营田使并非始置于玄宗朝，据《资治通鉴》载："延载元年一月：以娄师德为河源等军检校营田大使。"③当以此为是。

采访使　始置时间有开元二十一年（733年）、开元二十二年（734年）的不同记载。④而胡三省排除上说，他认为，"开元四年先置采访使，二十二年始置采访处置使。"⑤然而采访使也非首见于开元四年（716年）。据《资治通鉴》载："长安二年十二月已有侍御史张循宪为河东采访使。"⑥故始置宜依此。

招讨使　始置时间有开元十七年（729年）、天宝末、建中年、贞元末等多种不同记载⑦，皆非始置时间。据《资治通鉴》载：开元十二年（724年）七月已有监门卫大将军杨思勖为黔中道招讨使；在此之前，还有长安三年（703年）十一月制，以司封郎中裴怀古为桂州都督充招慰讨击使⑧，故以长安三年（703年）为始。

礼仪使　胡三省云："天宝九载始置礼仪使"，误。据《唐会要》载：景云元年（710年）十二月二十六日中书令姚元之已具礼仪使衔⑨，上元二年（761年）太常卿刘晏带礼仪使衔、太常卿杜鸿渐也带礼仪使衔⑩，故始置时间作景

---

① （宋）司马光编著，（元）胡三省音注：《资治通鉴》卷220，唐肃宗乾元元年五月注。
② （宋）王溥撰：《唐会要》卷78《诸使中·采访处置使》，第1421页。
③ （宋）司马光编著，（元）胡三省音注：《资治通鉴》卷205，武则天延载元年一月条。
④ 记载采访使始置于开元二十一年（733年）的有：《通典》卷172《州郡序目下》、《旧唐书》卷38《地理志序》、《资治通鉴》卷213、《玉海》卷18《地理·郡国下·唐十五道》；始置于开元二十二年（734年）的记载有：《通典》卷32《职官·郡州上》、《唐会要》卷78《诸使中·采访处置使》、《玉海》卷132《官制·使》、《文献通考》卷61《职官十五·采访使》。
⑤ （宋）司马光编著，（元）胡三省音注：《资治通鉴》卷211，唐玄宗开元四年注。
⑥ （宋）司马光编著，（元）胡三省音注：《资治通鉴》卷207，武则天长安二年十二月条。
⑦ （宋）高承撰，（明）李果订：《事物纪原》卷6《节钺帅漕部》，第218—219页。
⑧ （宋）司马光编著，（元）胡三省音注：《资治通鉴》卷212，唐玄宗开元十二年七月条；（宋）司马光编著，（元）胡三省音注：《资治通鉴》卷207，武则天长安三年十一月条。
⑨ （宋）司马光编著，（元）胡三省音注：《资治通鉴》卷223，唐代宗广德二年正月注。
⑩ （宋）王溥撰：《唐会要》卷19《让皇帝庙》，第379页；（宋）王溥撰：《唐会要》卷19《诸太子庙》，第383页。

云元年（710年）。

祠祭使　《唐会要·祠祭使》条首列天宝六载（747年）十一月度支郎中杨钊充使。①但《资治通鉴》开元二十五年（737年）十月已载王珙以侍御史领祠祭使②；《旧唐书·王珙传》《新唐书·王珙传》亦载开元末领此使③，故作开元二十五年（737年）始置。

度支使　《资治通鉴》至德元载（756年）十月载：第五琦加山南等五道度支使，胡三省注云："度支使始于此。"④万斯同《唐将相大臣年表》采此说。但是，唐朝诸道所置都不是度支使，凡史籍所载道的"度支使"，均系支度使之误，这已是定论。⑤故以第五琦至德元载为度支使之始不能成立。又《册府元龟》载：开元二十三年（735年）"以太府少卿李元祐知度支使"⑥，为诸史最早见的度支使。但是，对照《唐会要》乃知，李元祐是"知度支事"⑦，其"使"系"事"之误。度支使首见是乾元二年（759年），"吕𧫹除兵部侍郎、同中书门下平章事，充句当度支使"。⑧

团练使　有两种始置时间的记载是不确实的：（1）胡三省据《资治通鉴》载章仇兼琼在剑南任团练副使，以为始置在开元二十七年（739年）。⑨但是，据《旧唐书·吐蕃传》，当时张宥为益州长史、剑南防御使，章仇兼琼为益州司马、防御副使，而且《唐会要·节度使》和《新唐书·方镇表》皆不载剑南节度使兼领过团练使，故知《资治通鉴》所载章仇兼琼领衔"团练副使"，为"防御副使"之误，则胡三省之说难于成立。（2）《旧唐书》载："上元后，改防御使为团练守捉使。"⑩但是，据《新唐书·方镇表》，乾元元年（758年）

---

① （宋）王溥撰：《唐会要》卷59《尚书省诸司下·祭祠使》，第1929页。
② （宋）司马光编著，（元）胡三省音注：《资治通鉴》卷214，唐玄宗开元二十五年十月条。
③ 《旧唐书》卷130《王珙传》第3617页；《新唐书》卷109《王珙传》，第4107页。
④ （宋）司马光编著，（元）胡三省音注：《资治通鉴》卷219，唐肃宗至德元载十月注。
⑤ 卞孝萱：《唐代的度支使与支度使》，《中国社会经济史研究》1983年第1期，第59—65页。
⑥ （宋）王钦若等编：《册府元龟》卷483《邦计部·总序》，北京：中华书局，1960年影印本，第5768页。
⑦ （宋）王溥撰：《唐会要》卷59《尚书省诸司下·别官判度支》，第1018页。
⑧ （宋）王溥撰：《唐会要》卷59《尚书省诸司下·度支使》，第1015页。按：度支使始置时间的认识后有改定，认为应是乾元元年（758年）十月。见何汝泉：《再论度支使的产生》，《西南师范大学学报（哲学社会科学版）》1998年4期，第104—105页。
⑨ （宋）司马光编著，（元）胡三省音注：《资治通鉴》卷214，唐玄宗开元二十七年及其注。
⑩ 《旧唐书》卷44《职官志三》，第1923页。

已经有吉洪和韶连郴两地设置都团练使。《文献通考》也载："肃宗乾元初，置团练使"。①可见，团练使的始置，不仅不在上元之后，而且还在乾元之前。又《旧唐书·地理志》说："至德之后，中原用兵，刺史皆治军戎，遂有……团练、制置之名。"《续事始》亦采此说。据此，作至德、乾元中始置团练使。

（4）无始置记载，以首见权当始置的，共三十三个，在栏目内作"*"。其出处已经注明，无须逐一赘述。

（5）记载不详而推考其始置时间的，共十一个，在栏目内作"**"。如：

山陵使 最早见到的山陵使，是唐太宗在世营建陵寝完毕，议论是否保留栈道时，提到"山陵使阎立德"。②唐太宗营建山陵在贞观十八年（644年）至贞观二十三年（649年）间，故此使始置时间作贞观（627—649年）中。

修书使 《通典》云："开元五年十一月，于乾元殿东廊下写四部书，仍令秘书监马怀素、右散骑常侍褚无量总其事，于丽正殿安置，为修书使。"③置修书使是否就在开元五年（717年），不详。按《唐六典·集贤殿书院注》载，开元六年玄宗驾幸东都，七年于丽正殿安置写者，为修书使。④《旧唐书》亦云："七年，驾在东都，于丽正殿置修书使。"⑤故此使始置在开元七年（719年）。

梨园使 《旧唐书·德宗纪》载：大历十四（779年）闰五月"停梨园使及伶官之冗食者三百人，留者皆隶太常"。其梨园使始置不详。按《资治通鉴》开元二年（714年）正月条载，唐玄宗"以太常礼乐之司，不应典倡优杂伎，乃更置左右教坊以教俗乐，命右骁卫将军范及为之使。又选乐工数百人，自教法曲于梨园，谓之'皇帝梨园子弟'，又教宫中使习之"⑥。梨园子弟既置于开元二年（714年），其使亦应在开元中置。

太清宫使和太微宫使 《旧唐书·代宗纪》载：大历三年（768年）杜鸿渐已具衔太清宫使，王缙已具衔太微宫使。但此使始置不详。按《唐会要》载，天宝元年（742年）两京元（玄）元宫委崇元（玄）馆大学士都检校，天

---

① （元）马端临撰：《文献通考》卷59《职官十三·团练使》，北京：中华书局，1986年，第539页。
② （宋）王溥撰：《唐会要》卷20《陵议》，第395页。
③ （唐）杜佑撰：《通典》卷21《职官三·中书省·集贤学士》，第207页。
④ （唐）李隆基撰，李林甫注，〔日〕广池千九郎训点，内田智雄补订：《大唐六典》卷9《中书省·集贤殿书院》，〔日〕广池学园事业部1973年刊行本，西北大学历史资料室和图书馆复印室1984年复印本，第206页。
⑤ 《旧唐书》卷43《职官志二·中书省·集贤殿书院》，第1851页。
⑥ （宋）司马光编著，（元）胡三省音注：《资治通鉴》卷211，唐玄宗开元二年正月条。

宝二年（743年）京都元（玄）元宫改为太清宫，东都元（玄）元宫改为太微宫，诸郡元（玄）元宫改为紫极宫。①疑改宫名时，崇玄馆大学士亦改称使，故此二使作天宝初始置。

十王宅使 《唐会要》云："先天之后，皇子幼则居内，东封后，以年渐长成，乃于安国寺东附苑城为大宅，分院居之，名为十王宅。令中官押之，于夹城中起居。"②唐长孺先生指出，所云"中人押之"，当即十王宅使。故此使作玄宗朝始置。③

监太仓使和监左藏使 《新唐书》载："开元十九年，以监察御史二人莅太仓、左藏库。三院御史，皆初领繁剧外府推事。其后，以殿中侍御史（第）一人为监太仓使，第二人为监左藏库使。"④不详置二使在开元十九年后之何年。按《唐会要》云："文明元年……监仓库本是察院职务，近移入院（殿院），第一人监仓，第二人监库。"⑤盖玄宗朝始有使名。故此二使作玄宗朝始置。

客省使 《资治通鉴》天复三年（903年），有"命客省使宣旨"。⑥此使不当如此晚出。《事物纪原》以为"疑自代宗以来始命其官"⑦。按《唐会要》云："永泰已后，益以多事，四方奏计，或连岁不遣，仍于银台门置客省以居之。上书言事者常百余人，蕃戎将吏又数十百人。"由于客省廪食之给成为沉重负担，大历四年（769年），"诏罢给客省之廪"⑧。故疑客省使自永泰银台门置客省始。

少阳院使 《旧唐书·庄恪太子传》云："开成三年……其日一更，太子归少阳院，以中人张克己、柏常心充少阳院使。"唐长孺先生指出，德、顺、文三朝，以及直到昭宗朝，太子皆居少阳院，置使以主管院事。⑨《资治通鉴》贞元三年（787）八月载，李泌曾对德宗说："太子自贞元以来常居少阳院，未尚接外人，预外事，安有异谋乎！"⑩此可证实唐先生论断。故少阳院使作

---

① （宋）王溥撰：《唐会要》卷50《尊崇道教》，第865—867页。
② （宋）王溥撰：《唐会要》卷5《诸王》，第52页。
③ 唐长孺：《唐代的内诸司使（上）》，武汉大学历史系魏晋南北朝隋唐史研究室编：《魏晋南北朝隋唐史资料》第5期，1983年，第9页。
④ 《新唐书》卷48《百官志三·御史台·监察御史》，第1240页。
⑤ （宋）王溥撰：《唐会要》卷60《御史台上·殿中侍御史》，第1054页。
⑥ （宋）司马光编著，（元）胡三省音注：《资治通鉴》卷263，唐昭宗天复三年。
⑦ （宋）高承编撰，（明）李果订：《事物纪原》卷6《横行武列部》，《丛书集成初编》，北京：中华书局，1985年，第205页。
⑧ （宋）王溥编：《唐会要》卷66《鸿胪寺》，第1151—1152页。
⑨ 唐长孺：《唐代的内诸司使（上）》，武汉大学历史系魏晋南北朝隋唐史研究室编：《魏晋南北朝隋唐史资料》第5期，1983年，第9页。
⑩ （宋）司马光编著，（元）胡三省音注：《资治通鉴》卷233，唐德宗贞元三年八月条。

自德宗始置。

宣徽院使 《金石续编·宫闱令西门珍墓志铭》称："大历末，擢居宣徽。"但不详此时是否已经称使。《旧唐书·杨复恭传》云："庞勋之乱（咸通九年至十年），监阵有功，自河阳监军入为宣徽使。"[1]咸通以前不见宣徽使的记载，诚如马端临所说："唐之《职官志》及《会要》略不言建置本末，盖……其初亦无甚司存职业，故史所不载。"[2]唐长孺先生指出，宣徽使的设置，与枢密使年代略同，即元和时期。[3]今从之。

此外，有毡坊毯坊使、酒坊使和尚食使仅见于《事物纪原·东西使班部》，始置时间无从考知。

从上述对两个问题的说明中，是否可以得出这样三点认识：

第一，这一百四十二个使职，虽然不能说包罗无遗，但唐代重要使职已大体在列。因为，这个数目，是通过对唐代基本史籍的普查、整理得来的，而不是信手拈来、随意凑合而成的，方法上是慎重其事的。不仅如此，还可以用三个比较集中记载使职名称的材料进行验证。

第一个验证材料，是天宝时杨国忠兼任的诸使职。洪迈《容斋续笔》的《杨国忠诸使》条载："杨国忠为度支郎，领十五余使。至宰相，凡领四十余使。……新旧唐史皆不详载其职。按其拜相制前衔云：御史大夫判度支，权知太府卿事，兼蜀郡长史、剑南节度、支度、营田等副大使，本道兼山南西道采访处置使，两京太府、司农出纳、监仓、祠祭、木炭、宫市、长春、九成宫等使，关内道及京畿采访处置使；拜右相兼吏部尚书、集贤殿、崇元馆学士、修国史、太清、太微宫使。自余所领，又有管当租庸、铸钱等使。以是观之，概可见矣。"[4]洪迈所举，凡属使职的，皆在表1所列之内。

第二个验证材料，是李肇所记元和、长庆年间的使职。其《唐国史补》载："今在朝有太清宫使、太微宫使、度支使、盐铁使、转运使、知匦使、宫苑使、闲厩使、左右巡使、分察使、监察使、馆驿使、监仓使、左右街使，外任则有节度使、观察使、诸军使、押蕃使、防御使、经略使、镇遏使、招讨使、榷盐使、水陆运使、营田使、给纳使、监牧使、长春宫使、团练司使、

---

[1] 《旧唐书》卷184《杨复恭传》第4774页，《新唐书》卷208《杨复恭传》同。
[2] （元）马端临撰：《文献通考》卷58《职官十二·宣徽院按语》，北京：中华书局，1986年，第526页。
[3] 唐长孺：《唐代的内诸司使（上）》，武汉大学历史系魏晋南北朝隋唐史研究室编：《魏晋南北朝隋唐史资料》第5期，1983年，第2页。
[4] （宋）洪迈撰：《容斋续笔》卷11《杨国忠诸使》，《四部丛刊续编》，上海：上海书店，1984年影印本，第51册，第9—10页。

黜陟使、抚巡使、宣慰使、推覆使、选补使、会盟使、册立使、吊祭使、供军使、粮料使、知籴使。此是大略，经置而废者不录。"①这些使职也大体包括在"表1"开列的范围内，只有分察使和监察使，在查检所及诸书中不见记载，疑系他使的异名。李肇还说："宦官内外悉属之使"，但他未列举其名，而下一个验证材料则可以补足其阙。

第三个验证材料，是《册府元龟》所举宦官使职。该书《内臣部·总序》载："唐室中叶之后，诸司诸使多以中人主之。原注云：如宣徽使、阁门使、飞龙使、内坊使、内弓箭使、鸿胪礼宾等使、内教坊使、五方（坊）使、学士使、粮料、馆驿等使之比。"②这些也无不在表1所列之中。

总之，这三个材料证明，表1所列的142个使职，是可以反映唐代使职基本情况的。

第二，表1确认的诸使职产生时间，是根据笔者个人在一定时期接触的资料，经过审订而确定的。这142个使职中，有82个已找出始置的明确记载，占总数57.7%；有33个，虽无始置记载，但也查出首见时间，占总数23.2%。当然，首见时间并不一定等于产生时间，但是，历史常识告诉人们，历史事物的首见记载和实际产生时间，有时是吻合的，有时虽然存在距离，但也不会太远，何况使职并非一般历史事物，而是从事国务活动的官员，官方文书和以官方文书为基本资料的官修史书就是为记载他们的活动而写的，距离可能会更近一些，所以，在找不到确切产生时间的情况下，以首见时间当作产生时间，并不是不可以的。以上两类已占总数的80.9%，这就是说，表1所列的产生时间绝大多数是可以肯定的。

在142个使职中，始置时间有不同记载的有六个，占总数的4.2%，表1所中采用的时间是经过查证比较而择定的；还有七个使职，占总数的4.9%，其始置时间前人记载失实，表1所中所列时间，都是根据确凿资料予以订正的。这两类约占总数的9.1%，其产生时间，应该说也是可以信赖的。只有11个使职，占总数的7.7%，其产生时间，由于史籍记载不详，资料不足，只能推测出一个大概，虽然不甚精确，但也不是毫无根据的。总起来说，表1所列时间大体上是可以反映唐代使职产生序列的。

---

① （唐）李肇撰：《唐国史补》卷下，上海：上海古籍出版社，1979年，第53页。
② （宋）王钦若等编：《册府元龟》卷665《内臣部·总序》，北京：中华书局，1960年影印本，第7956页。"院"，疑其前后有夺字。

第三，基于上述两点，可以根据这 142 个使职的产生序列，对唐代使职的产生特点和原因进行探讨。

三

现在，我们再来看一看，唐代使职的产生具有什么样的特点。

为了捕捉使职产生的特点，我们根据表 1 提供的产生序列，按 21 帝的统治时期对剩余 139 个使职作如下一个统计表（表 2）：

表 2　唐朝诸帝统治时期使职产生统计表

帝名	时期	产生使职数	年平均数	占总数的百分率
高祖	618—626 年	2	0.22	1.4%
太宗	627—649 年	7	0.3	5%
高宗	650—683 年	6	0.17	4.3%
武则天	684—704 年	12	0.57	8.6%
中宗	705—709 年	0	0	0
睿宗	710—711 年	3	1.5	2.2%
玄宗	712—755 年	49	1.1	35.3%
肃宗	756—762 年	10	1.42	7.2%
代宗	763—779 年	8	0.47	5.8%
德宗	780—804 年	10	0.4	7.2%
顺宗	805 年	0	0	0
宪宗	806—820 年	4	0.26	2.9%
穆宗	821—823 年	0	0	0
敬宗	824—826 年	2	0.66	1.4%
文宗	827—840 年	3	0.21	2.2%
武宗	841—846 年	1	0.16	0.7%
宣宗	847—859 年	2	0.15	1.4%
懿宗	860—873 年	3	0.21	2.2%
僖宗	874—888 年	9	0.6	6.4%
昭宗	889—904 年	8	0.5	5.8%
哀宗	905—907 年	0	0	0

除了个别帝王时期为 0 外，我们把表 2 中各朝出现使职的年平均数和百分率对照一下，便可清楚地看出，唐代使职的产生呈现几个不同的阶段：唐

高祖至唐高宗时，年平均数都在 0.3 以下，百分率都未超过 5%，可作第一个阶段。武则天至唐玄宗时，年平均数在 0.5 至 1.5 之间，比前一阶段高；百分率的和也比前一阶段大，可作第二阶段。唐肃宗至唐德宗时，年平均数在 0.4 至 1.42 之间，稍低于第二阶段，但比第一阶段高；百分率都在 5% 以上，可作第三阶段。唐顺宗至唐宣宗时，除了唐敬宗时期，年平均数都在 0.3 以下，百分率都未达到 5%，可作第四阶段。唐懿宗至唐哀宗时，年平均数和百分率都有回升，可作第五阶段。

现将各阶段产生的使职作成如下统计表（表3）：

表 3　唐朝各阶段产生使职统计表

阶段	时期	年数	使职数	产生一个使职所需平均年数	各阶段使职数占总数的百分率	备注
第一阶段	高祖至高宗（618—683 年）	66	15	4.4	11%	
第二阶段	武则天至玄宗（684—755 年）	53	64	0.83	46%	
第三阶段	肃宗至德宗（756—804 年）	49	28	1.75	20%	
第四阶段	顺宗至宣宗（805—859 年）	55	12	4.58	9%	
第五阶段	懿宗至哀宗（860—907 年）	48	20	2.4	14%	

由表 3 可以看出唐代使职产生的特点：第一，各个阶段普遍都有使职出现，所以使职不是某个时期有计划地统筹设置的。第二，使职的出现又是不均衡的，无论从使职产生的绝对数，或是从产生一个使职所需平均年数，或是占总数的百分率来看，第二阶段都居于首位，其次是第三阶段，第一、第四阶段最低，各项数字都不及第五阶段。这就是说，唐代的使职多数出现在武则天至唐德宗这个时期，而唐高祖至高宗和唐顺宗至唐宣宗时期出现最少，唐朝末年则又有回升。

四

唐代为什么会大量产生使职呢？使职的产生又为什么呈现不均衡状态呢？

武德七年（624 年），唐朝在隋朝官制的基础上建立起一整套官僚机构，"以太尉、司徒、司空为三公；尚书、门下、中书、秘书、殿中、内侍为六省；次御史台；次太常、光禄、卫尉、宗正、太仆、大理、鸿胪、司农、太府为九寺；次将作监；次少府监；次国子学；次天策上将府；次左右卫、左右骁卫、左右领军、左右武候、左右监门、左右屯、左右领为十四卫府。……（东宫官略）并为京职事官。州县、镇戍、岳渎、关津为外职事官。"①简单说，唐朝中央以三省（尚书、门下、中书）、六部（吏、户、礼、兵、刑、工）、一台（御史台）、二十四司（每部辖四司）和九寺、三监（国子、少府、将作）为骨干，地方以州、县为主体，行使着整个国家的职权，而且以法典的形式固定下来。一般都知道，唐代的职官制度是汉代以来政治制度演变的总结，达到了前所未有的完善程度。那么，为什么又在职事官之外出现大量使职呢？第一，社会运动的速度加快，社会生活日益复杂多变，要求政治制度与之相适应。隋朝末年天下大乱，大量的人民被迫离乡背井，游离在社会上；唐朝建立后，进一步推行均田制和户籍管理制度，使广大人民迅速地安顿下来，恢复生产，重建家园。但是，经过一段时间后，人民流亡的现象又有所发生，武则天统治时，有的统治者便惊呼："今天下户口，亡逃过半。"②这个现象的产生，当然有很多原因，而社会生产力的迅速发展，使某些生产关系不相适应，应该是最基本的原因。

唐太宗时，为了巩固统治秩序，改进府兵制，建立起一套戍卫中央、屯防边地、军府布局周密的军事制度，当时"百姓人人应募，争欲从军"③。但是，经过一段时间，便发生百姓"有熨手足以避府兵者"④，以至卫士"耗散"，军府无兵可交，"宿卫不能给。"⑤府兵制的破坏当然也有多种原因，而基本的原因不能不说是社会生产力发展引起的均田制和租庸调制破坏的连锁反应。唐太宗时平定东突厥、高宗时征服高丽和西突厥，周边首领拱手唐朝，山呼万岁，贩易的商人，文化的使者，络绎不绝。可是，后来东突厥以新的面貌崛起于北方，特别是当时长期默默无闻的青藏高原，吐蕃人异军突起，云南地区，南诏颇兴，这些因素毫无疑问都大大地增加了唐朝军事、政治、经济生活的复杂程度。仔细考察周边民族兴起的原因，难道不也可以看到水平较高的社会生产力迅速向四周推进的影响吗？唐太宗时，力戒奢纵，务从俭约，对为皇帝服侍的宦官严加限制。到武后时便"稍增其人"，玄宗时宫嫔增至四万人，宦官黄衣以上三千人，衣朱紫者达千余人，"其称旨者，

---

① 《旧唐书》卷42《职官志一》，第1783页。
② 《旧唐书》卷88《韦思谦附嗣立传》，第2867页。
③ （宋）司马光编著，（元）胡三省音注：《资治通鉴》卷201，唐高宗麟德元年十月条。
④ （宋）王应麟辑：《玉海》卷138《唐府兵》条引《邺侯家传》语，上海：上海书店、南京：江苏古籍出版社，1987年影印本，第2570页。
⑤ （宋）王应麟辑：《玉海》卷138，第2581页。

辄拜三品将军"。其原因正如《新唐书》作者指出的："玄宗承平，财用富足，志大事奢，不爱惜赏赐爵位。"①从中也可以隐约地看到，统治者生活态度的变化，与社会财富的增长、社会生活内容日益丰富的联系。社会运行的步伐加快了，社会生活自然也就越来越复杂多变，承担着调节社会生活职能的国家，面临的形势和任务，自然也与往常不大一样。这就要求有适应新形势的国家机关，执掌新任务的国家官员，足以应付复杂事态的政治制度。唐朝的使职，就是在这种情况下产生的。当然，任何时候，一个国家面临的社会生活总是在不断变化，总是有预想不到的事情发生，所以临时置使并不是唐朝特有的现象，唐朝以前已经有过使职或类似使职的官员。不过，唐朝社会生活变化的速度和规模比以往更快些，更广大些，因而使职的设置也大不相同。

第二，唐代使职的大量产生又是唐朝职官制度缺乏应变能力的结果。一个国家的政务，有基本的、比较固定的，也有突发的、临时的。因此，职官制度应该是既有经常性、稳定性，又有机动性、应变能力。可是唐朝的国家机构"其官司之别曰省、曰台、曰寺、曰监、曰卫、曰府，各统其属，以分职定位。……由职有常守，而位有定员也。"②各种机构中行使职权的官吏，各级官吏的组成和职掌，各项事务的办理规程，都已形成固定的模式，并著之格令，成为不可移易的常规国法。也不是说唐朝官制没有一点变化，其"名号禄秩"，也曾"因时增损"③，但变化的仅是皮毛，很少涉及其内容和实质。总的看来，唐朝的职官制度稳定有余而应变不足。可是，随着社会生活复杂程度的增长，越来越多地出现了各种官员既定职责范围以外的事务，或者虽属职掌之内而实际上是应付不了的事务。如转运，仅是户部度支司职掌的各方面任务中一个环节，开始每年转运一二十万石，至玄宗时每年要转运一二百万石，而且不仅从陕州、洛阳转运，还要远自江南、淮南转运，但是，度支司的官员却依旧不变，这怎么能够适应转运任务的变化呢？经济、政治、军事形势变化了，任务大大地增加了，客观形势迫使国家不能一概依然故我，因此，便有在职事官之外增设使职的举措。

第三，唐代使职的大量产生又是统治者因循守旧、昧于改革的产物。国家作为一个社会体系的上层建筑，其政治制度应该随着经济基础的变化、形势任务的变化而进行适时的改革。这就要求统治者，特别是掌握着国家大权

---

① 《新唐书》卷207《宦者传序》，第5856页。
② 《新唐书》卷46《百官志一》，第1181页。
③ 《新唐书》卷46《百官志一》，第1181页。

的最高统治者，具有明察全局、洞观事变的能力，具有锐意进取、勇于革新的精神。可是唐朝的统治者，在政权巩固之后，绝大多数都缺乏这种能力和精神。他们总是把已形成的一套政治制度视为"其为法则精而密，其施于事则简而易行"①，以为只要确守祖宗成法，便可以"有万世之安"②。苏冕有一段话具有代表性，他说："九寺三监、东宫三寺、十二卫及京兆、河南府，是王者之有司，各勤所守，以奉职事。尚书准旧章、立程度以颁之；御史台按格令、采奸滥以绳之；中书门下立百司之体要，察群吏之能否，善绩著而必进，败德闻而且贬。政有恒而易为守，事归本而难以失。夫经远之理，舍此奚据。"③既然认为守恒才能经远，当然就摒弃改革，把有所改革的人斥之为"奸人"。但是，社会生活越来越复杂多变，原有职官无能为力的事情不断发生，怎么办呢？随事补苴，临时置使，消极应付。大量的使职便这样出现了。

以上所说唐代使职产生的三点原因，是从总体上来考察的，并不是说唐朝二百九十年间它们都平均地起作用，因此，使职也不会是均衡地产生。

唐朝统治者削平群雄，建立全国政权之后，直到高宗统治时期，国内外的形势大体是相同的，恢复凋残的社会经济，安置疲惫的流移人民，解除强邻的威胁，百废待举，众务待兴。唐朝统治者总结历史经验，针对当时的状况，建立起国家的经济、政治、军事、法律等一整套制度，这些制度在当时是适合的，是能够应付时局的。在建立这些制度时，并不是原封不动地搬用隋制，而是有因有革、随时损益的，无论高祖、太宗，还是高宗，以及他们周围的将相大臣，多数都具有一定进取、革新的精神，特别是唐太宗较为突出，他对宰相制的革新就是一个重要的例证。"唐因隋旧，以三省长官为宰相，已而又以他官参议。"④所谓他官参议，就是唐太宗一即位就启用三品以下，较为年青又有才干的官员，以参预政事、参知政事、同中书门下三品等名义，参加为宿臣元老控制的宰相行列。这是要有相当勇气才办得到的。这个措施，对开创贞观之治的局面，显然是起着重要作用的。由于唐初的政治制度是适应当时形势的，现有职官不能处理的事情很少，因此，使职出现不多。即使

---

① 《新唐书》卷46《百官志一》，第1181页。
② （宋）范祖禹撰：《唐鉴》卷5《玄宗纪下》，上海：上海古籍出版社，1984年影印本，第5卷之第12页。
③ （宋）王溥撰：《唐会要》卷78《诸使中·诸使杂录上》，第1438—1439页。
④ 《新唐书》卷61《表第一·宰相上》，第1627页。

如此，也还设置过十多个使职，说明仍然有一些现成官职无能为力的事务发生着，不过数量较少而已。

唐朝社会生产力的发展，使生产关系不相适应，进而引起经济、政治、军事制度的变化，开始于武则天统治时期，到唐玄宗时达到了十分剧烈的程度。其变化是从普遍出现人口逃亡开始反映出来。证圣元年（695年）凤阁舍人李峤上表说到了这个情况。他指出："今天下之人，流散非一。或违背军镇，或因缘逐粮，苟免岁时，偷避徭役。此等浮衣寓食，积岁淹年，王役不供，簿籍不挂，或出入关防，或往来山泽。"[1] 当时，蜀川各州，河西诸州，河北地区，山东地区，乃至三辅之间，江淮以南，都有大量农民在逃亡。[2]以至韦嗣立惊呼："今天下户口，亡逃过半。"[3]李峤警告："逃户堪为患祸，不可不深虑也！"逃避赋税徭役，是均田制开始破坏和租庸调制难于推行的征兆；逃避兵役，是府兵制开始破坏的信号。农民无力负担兵役，又和均田制破坏有直接的联系。同时，边疆少数民族的势力发展起来，契丹、东突厥、吐蕃、南诏，积极向内地伸展，边关吃紧，急需兵力财力的支持，可是军府无兵可发，"时当番卫士，浸以贫弱，逃亡略尽"[4]。长途转输，耗费巨大，供犹不给。各种矛盾暴露出来。唐朝统治者的情况又怎样呢？唐睿宗在《劳毕构玺书》中说："咸亨、垂拱之后，淳风渐替……省、阁、台、寺，罕有公直，苟贪禄秩，以度岁时，中外因循，纪纲弛紊，且无惩革，弊乃滋深。"[5]唐中宗是一个"志昏近习，心无远图，不知创业之难，唯取当年之乐"[6]的人。唐睿宗"因其子之功，而在位不久，固无可称者"[7]。唐玄宗即位之初，还有一点"励精求治"的气象，可是，开元后期，便"渐肆奢欲，怠于政事"。[8]尤其是天宝时期，"宴安骄佚，倦求贤俊，委政群下"[9]。把天下安危寄托给口蜜腹剑的李林甫和缘椒房至相位的杨国忠之流。朝廷的公卿大夫、百执事之人，也都"宴安宠禄，谀佞成风"[10]。如范祖禹指出的，"明皇享国四十余年，自

---

[1]（宋）王钦若等编：《册府元龟》卷486《邦计部·户籍》，第5809页。
[2]（清）董诰等编：《全唐文》卷211陈子昂：《上蜀川安危事三条》第2133页、《旧唐书》卷89《狄仁杰传》，第2890页。
[3]《旧唐书》卷88《韦思谦附嗣立传》，第2867页。
[4]《旧唐书》卷97《张说传》，第3053页。
[5]（清）董诰等编：《全唐文》卷19睿宗：《劳毕构玺书》，第230页。
[6]《旧唐书》卷7《中宗纪史臣赞语》，第151页。
[7]《新唐书》卷5《睿宗玄宗纪赞语》，第154页。
[8]（宋）司马光编著，（元）胡三省音注：《资治通鉴》卷214，唐玄宗开元二十四年十一月条。
[9]（宋）范祖禹撰：《唐鉴》卷4《玄宗上》，第4卷之第14页。
[10]（宋）范祖禹撰：《唐鉴》卷5《玄宗下》，第5卷之第12页。

以为太平，有万世之安，而不知祸乱将发生于朝暮"①。这批中外因循，苟贪利禄，心无远图，谀佞成风的人掌握着国家权力，他们不但不考虑如何改革政治以适应日益复杂、危机四伏的局面，而且相反，却企图进一步巩固已失去应变能力的政治制度。在唐玄宗直接倡导下，由宰相主持，编纂《唐六典》就是这种企图的具体表现。既然因循旧章，昧于改革，那么，与日俱增的国家事务，就只好权设使职，随事补苴，应付了之。所以，大量使职便在此时出现。

安史之乱爆发后，两京陷落，百官鸟散。唐肃宗在灵武组织流亡政府时，文武官员不满三十人。唐肃宗"道屈知几，志微远略"②。这是说，他是一个胸无远略，不知治道的皇帝。继承者代宗，也仅是"平乱守成"的"中材之主"。③德宗又是"志大而才小，心褊而意忌，不能推诚御物，尊贤使能"④。安史之乱虽然平定，但王朝元气大伤，河陇大片土地既非国有，接踵而来的又是藩镇叛乱，征战连年，财政濒临绝境，天子也几乎弄到断炊的地步。在国事如麻，正规官僚机构运转失灵，而又不思改弦更辙的情况下，只好依靠大设使职以支撑危局。

唐宪宗至唐宣宗时期，新出现的使职最少，并不是统治者对僵化的职官制度进行过重大改革，使它恢复了生机，增强了活力，不需要使职出场了。新设使职甚少的原因，一方面是中央和地方的许多部门已经有大量使职任事，在表1所列的142个使职，在这之前已出现107个，遍布政府各个部门。另一方面是强藩叛将在元和、会昌时先后受到打击，藩镇割据虽然存在，但被视作既成事实，双方多取现实态度。因此，中央和地方的矛盾趋于缓和；宦官专权，朋党倾轧，虽然相当严重，但主要是中央政权内部的问题，所以，国家大局则相对稳定，没有出现更多需要新设使职的事务。懿宗以后使职有所增加，主要在于人民的反抗斗争逐渐发展起来，原有官僚机构已经腐朽，因此，企图靠增设使职来镇压起义人民，挽救其覆亡的命运。

总之，唐代使职的产生以及使职产生序列显示出来的各阶段的特点，都是由客观和主观两个方面的因素促成的。经济、政治和军事的发展变化，向职官制度提出新的要求，是客观因素；统治者因循苟且，昧于革新，是主观因素；而职官制度则是使职能否产生的契机。并不是只有客观因素使职就能

---

① (宋)范祖禹撰：《唐鉴》卷5《玄宗下》，第5卷之第12页。
② 《旧唐书》卷10《肃宗纪史臣赞语》，第264页。
③ 《新唐书》卷6《肃宗代宗纪赞语》，第181页。
④ (宋)范祖禹撰：《唐鉴》卷8《德宗下》，第8卷之第15页。

产生，如果唐朝的统治不流于因循苟且，而能积极改革职官制度，满足客观要求，使职便不会产生，至少不会大量产生。也不是只有主观因素使职就能产生，比如说唐朝统治者为了加强统治就大量设立使职。这就是只看重主观因素，而且把主观因素视为积极性质的。如果确是这样，那为什么不通过既有的职官去加强统治，何必要设立使职呢？显然是难于自圆其说的。分析使职的产生，不考虑既有的职官制度也是不行的，因为这是联结主客观因素的关键。如果职官制度还有应变能力，即使唐朝统治者仅循旧章，不是也能满足客观要求，无须设立使职吗？至于使职产生的不均衡状态，基本上也是主客观因素在不同时期表现的差异决定的。唐朝使职的产生，再一次证明：政治制度总是要随着经济政治的变化而变化的，而政治制度是掌握政权的统治者设置的，政治制度的变化既不以统治者的意志为转移，又不能不通过统治者而实行。如果统治者因循守旧，不能自觉加以变革，那就只能自发地变革，自发变革也不能不通过统治者，只不过不是统治者有计划有目的的变革，而是消极应付而已。自觉的变革，可以给社会带来生机，消极应付必然带来不良后果。唐代使职的产生，就整个社会来说，是一种自发的变革，从统治者来说，则是消极应付时变的产物，其后果是可想而知的。

原载《西南师范大学学报（哲学社会科学版）》1987年第1期

武则天时期的使职与唐代官制的变化

　　武则天统治时期（684—704 年）是唐朝，尤其是唐代前期历史的一个重要阶段。郭沫若称之为"政启开元，治宏贞观"①，言简意赅，从正面说明了这个时期的历史地位。从另一方面看，这个时期又是唐朝历史发生重要变化的阶段，官制的变化就是一个不可忽视的表现。

　　武则天时期官制的变化，在唐中宗、唐睿宗发布的文告中，已经有所反映。中宗对武则天无疑是尊崇备至的，但是，在他的《即位赦文》中说：

> 比来委任，稍亦乖方。遂使鞫狱推囚，不专法守；撰文修史，岂任秘书；营造无取于将作，勾勘罕从于比部。多差别使，又著判官；在于本司，便是旷位。并须循名责实，不得越守侵官。②

这里指出差遣别使、本司旷位的所谓越守侵官问题，实际上就是官制变化的表现。唐睿宗也是肯定武则天的，但是在颁发的《劳毕构玺书》中，却指出她统治时开始出现官风败坏问题：

> 我国家……置州立郡，分职设官。贞观永徽之前，皇猷惟穆；咸亨垂拱之后，淳风渐替。征赋将急，调役颇繁；选吏举人，涉于浮滥；省阁台寺，罕有公直；苟贪禄秩，以度岁时。中外因循，纪纲弛紊，且无惩革，弊乃滋深。③

官吏风纪与官制有密切关系。官风败坏，一定程度上反映了官制存在的问题。

---

　　① 郭沫若 1962 年于广元皇泽寺撰联，可参见胡戟《武则天本传》（三秦出版社，1986 年）一书中《郭沫若为皇泽寺撰联》。
　　② （清）董诰等编：《全唐文》卷 17 中宗：《即位赦文》，第 207 页。
　　③ （清）董诰等编：《全唐文》卷 19 睿宗：《劳毕构玺书》，第 230 页。

武则天时期的使职与唐代官制的变化

武则天时期官制的变化有两个方面：一方面是内外职事官系统本身的变化，变易官名，改御史台为左肃政台，增设右肃政台，新置左右补阙和拾遗，增加一些侍郎和左右司员外郎的人数，还大置试官以处举人等。这些都是职事官制度本身的损益，多属于形式的变化，对于武德年间奠定的职官制度，并没有实质性的触动。另一方面是职事官制之外的使职的发展，也就是唐中宗《即位赦文》指责为委任乖方的"多差别使"。这应是官制变化的主要表现。

武则天统治二十一年间，大约有过三十一次命使的记载，现列表1如下：

表1　武则天统治时期命使表

任命时间	使名	资料出处
光宅元年（684年）	单于道安抚大使	《新唐书》卷4《武后本纪》
垂拱二年（686年）	巡察使	《旧唐书》卷94《李峤传》
垂拱二年（686年）	知匦使	《唐会要》卷55《匦》
垂拱二年（686年）	理匦使	《唐会要》卷55《匦》
垂拱四年（688年）	巡抚赈给使	《旧唐书》卷90《王及善传》
垂拱中	江南巡抚使	《资治通鉴》卷206
天授二年（691年）	存抚使	《唐会要》卷77《巡察按察巡抚等使》
延载元年（694年）	河源、积石、怀远等军及河、兰、鄯、廓等州营田大使	《册府元龟》卷503《邦计部·屯田》
延载元年（694年）	督作使	《资治通鉴》卷205
延载元年（694年）	桂、永等州经略大使	《新唐书》卷4《武后本纪》
万岁通天元年（696年）	封禅副使	《旧唐书》卷89《姚璹传》
万岁通天元年（696年）	榆关道安抚大使、副使	《旧唐书》卷6《则天皇后》
万岁通天元年（696年）	飞龙使	《新唐书》卷47《百官志·殿中监》
万岁通天元年（696年）	讨击副使	《资治通鉴》卷205
万岁通天元年（696年）	河北道检察使	《旧唐书》卷185《良吏·薛季昶传》
神功元年（697年）	平狄军副使	《新唐书》卷4《武后本纪》
圣历元年（698年）	陇右诸军大使	《新唐书》卷4《武后本纪》
圣历元年（698年）	防御使	《新唐书》卷49《百官志·外官·都督府》注
圣历元年（698年）	静难军使	《资治通鉴》卷206
圣历元年（698年）	河北道安抚大使	《新唐书》卷4《武后本纪》
圣历二年（699年）	河源军大使	《资治通鉴》卷206
圣历二年（699年）	陇右诸军大使	《新唐书》卷4《武后本纪》
久视元年（700年）	闲厩使	《唐会要》卷64《闲厩使》
久视元年（700年）	陇右诸军大使	《新唐书》卷4《武后本纪》

续表

任命时间	使名	资料出处
长安二年（702年）	山东防御大使	《新唐书》卷4《武后本纪》
长安二年（702年）	安东道安抚大使	《新唐书》卷4《武后本纪》
长安二年（702年）	河东采访使	《资治通鉴》卷207
长安二年（702年）	招慰讨击使	《资治通鉴》卷207
长安四年（704年）	灵武道安抚大使	《资治通鉴》卷207
武则天时	园苑使	《事物纪原》卷6引《百司举要》
武则天时	庄宅使	《事物纪原》卷6引《百司举要》

这三十一次任命的使职，除十二次名称重复外，有不同名称的使职十九个，其中七个为以前所设，十二个是武则天新置的。

原有七个使职是：（1）安抚使，武德元年（618年）置。[1]武则天为了防备东突厥、契丹，或抚慰战后百姓，曾五次委任安抚大使。（2）巡察使，贞观二十年（646年）置。[2]武则天为了"察吏人善恶，观风俗得失"，曾派遣诸道巡察使，三月出发，十一月终奏事，所奏科目凡四十四件。[3]（3）巡抚使，高宗仪凤元年（676年）置。[4]武则天曾两次派出巡抚使。（4）经略使，贞观二年（628年）置。[5]武则天因岭南僚人掠边而置桂、永等州经略大使。（5）封禅使，高宗麟德二年（665年）置。[6]武则天将封嵩岳，以姚璹为封禅副使。（6）按察使，高宗龙朔三年（663年）置。[7]武则天以薛季昶为河北道按察使，按验侯味虚讨契丹兵败情状。（7）军使，首见于高宗仪凤（676—679年）年间。[8]武则天置有平狄军使、静难军使、河源军大使、陇右诸军大使。这七个使职，虽然始置在前，但武则天时都有所扩展。

武则天新置知甄使、理甄使、存抚使、营田使、督作使、飞龙使、防御使、闲厩使、采访使、招讨使、园苑使、庄宅使十二个使职。这些使职的设置，主要有如下两种情况：

---

[1] （宋）司马光编著，（元）胡三省音注：《资治通鉴》卷186，唐高祖武德元年十月条。
[2] 《旧唐书》卷3《太宗纪》，第58页。
[3] 《旧唐书》卷94《李峤传》，第2993页。
[4] 《旧唐书》卷5《高宗纪下》，第102页。
[5] （宋）王应麟辑：《玉海》卷132《官制·使》，上海：上海书店、南京：江苏古籍出版社，1987年影印本，第2438页。
[6] 《旧唐书》卷4《高宗纪上》，第89页。
[7] 《新唐书》卷3《高宗纪》，第63页。
[8] 《旧唐书》卷109《黑齿常之传》，第3295页。

武则天时期的使职与唐代官制的变化

第一，由于政治形势的变化，出现一些原有职官管辖范围以外的事务，需要新设官员执掌。知匦使、理匦使和督作使就是这样产生的。武则天改唐为周，在当时无疑是一件重大的政治变故。武则天即位后，如何巩固其统治地位，成为她思虑的中心。巩固统治，治理国家，只靠一个人或少数几个人是不行的，所以，她在《改元光宅赦文》中规定："令在京五品以上清官，每日章善、显福等门各一人待诏，朕当亲访政道，详求得失。"[1] 希望能听到有益于治理国家、维护自己统治地位的意见。可以想象得到，那些前朝遗老们的见解，是不会尽如其意的。置匦的措施，可能就在这种情况下提出来的。垂拱二年（686年）六月，在庙堂置匦四枚，东方叫延恩匦，接纳"养人""劝农"的意见；南方叫招谏匦，接纳"谏论时政之得失"的意见；西方叫申冤匦，接纳"屈抑"者的申诉；北方叫通元匦，接纳智者的"谋虑"。并规定"每日所有投书，至暮并进"[2]。其用心可谓良苦之至！可是，原来的职事官，没有任何人有经理匦事的职掌，于是设置知匦使，由正谏大夫或补阙、拾遗一人充任，并设更高一层次的理匦使，以御史中丞或侍御史一人充任。知匦使和理匦使设置后，历朝相沿，终唐之世不废。再有，以周代唐，需要广造舆论，转换人们的意识，于是便有铸铜铁为天枢，"铭记功德，黜唐颂周"[3]的举措。可是，原来的职事官中，将作监官员只管土木建筑，没有经管铜铁铸构的职官，于是，专门委派姚璹为督作使。后重建明堂，姚璹又继任督作使。[4]

第二，随着时间的推移和社会生活的发展，原来那套法典化的职官制度逐渐不适应现实政务的要求，于是，权立使职以应时急。这可区别为四种情况：（1）原官职任弛废，设使职以代替之。如夏州（治今内蒙古乌审旗南白城子）已在贞观二年（628年）置中都督府。都督，武德七年（624年）以来已是管理军戎的职事官，掌所管诸州城隍、兵马、甲仗、食粮、镇戍等事。可是，圣历元年（689年）武则天又在夏州设置防御使，其职责也是"治军事"，"以无虞为上考"。[5]既然已经有都督，为什么还要设防御使呢？还有，长安三年（703年）十一月，始安（治今广西桂林市）僚族欧阳倩造反，武则天以司封郎中裴怀古为桂州都督，充招慰讨击使，前去镇压。既然委以都督，镇压反者应当是分内的事，为什么还要加一个招讨使的头衔呢？在夏州都督府地

---

[1] （清）董诰等编：《全唐文》卷96，第995页。
[2] （宋）王溥撰：《唐会要》卷55《省号下·匦》，第956页。
[3] （宋）司马光编著，（元）胡三省音注：《资治通鉴》卷205，武则天延载元年八月条。
[4] 《旧唐书》卷89《姚璹传》，第2903页。
[5] 《旧唐书》卷44《职官志三》，第1923页；《新唐书》卷49《百官志四下·外官》，第1310页。

· 91 ·

区设立防御使和以桂州都督充招讨使,从官制上来解释,只能是都督的职能已经弛废,难以完成军事职官的使命,所以才有必要增加防御使、招讨使的职称。(2)原官地位低下,设使职以提高之。御马本来是由尚乘局管理,武则天别置飞龙使,"以中官为之";又置闲厩使,"以殿中承恩遇者为之"。① 既有尚乘局,为什么要另设飞龙使、闲厩使呢?尚乘局属殿中监,其长官尚乘奉御。尚乘奉御领六闲,飞龙闲是其中之一。飞龙闲拥有大量马匹及其调养人员,是宫廷角逐的一支潜在军事力量。武则天可能是意识到这一点,将飞龙闲改由宦官充当的飞龙使专领,这样,飞龙闲与天子更为亲近,地位也就显著提高。不久,武则天又设置闲厩使,"专掌舆辇牛马",以秩居三品且"承恩遇"的殿中监,接管从五品上的尚乘奉御的全部职事,并兼领部分少府监的职事。这不仅使尚乘局提高了地位,权力也有很大扩张。这就表明,飞龙使和闲厩使的设置,是与提高御马掌管官员的地位和权力相联系的。(3)原官人员有限,设使职以补充之。"巡按州县"本是监察御史的任务。唐制监察御史十五人,职掌分察百僚,巡按州县以及狱讼、军戎、祭祀、营作、太庙、出纳的监察任务。监察州县,只是其众多任务中的一项。天下之大,州县之多,任务之繁重,不是十五名监察御史所能周及的。因此,随着社会生活日趋复杂,监察州县的任务日益加重,贞观八年(634年)已开始设置观风俗使、黜陟使,贞观二十年(646年)开始设置巡察使,龙朔三年(663年)开始设置按察使,这些使职都有监察州县的职责,任使者除了御史,还任命其他官员充当。武则天开始设置的采访使,与上述使职的作用基本相同,也具有补充监察御史人员不足的性质。(4)原官职任错杂,设使职以调整之。唐代的苑囿园池,不仅有园林花圃、池台亭榭,还包括部分生产经营,有一定经济收入。司农寺的上林署、京都苑总监、京都苑四面监都负有管理苑囿园池的职责,而且相互交错。武则天时,"司农则别置园苑(使)、庄宅(使)"②,就是把司农寺所属事务分出一部分,设园苑使和庄宅使进行管理。园苑使可能是专管宫内园苑,庄宅使则专掌皇家所有的庄宅、店铺、车场、碾硙和零星地等不动产。故园苑、庄宅二使的设置,从制度上看,可以说具有调整职任、加强宫廷园苑和皇族财产管理的性质。

　　武则天时期使职的设立也还有些其他的因素,如水旱自然灾害和战争动乱之后,为了安抚百姓,稳定统治秩序,派出的使职有时兼有抚恤赈济的任

---

① 《新唐书》卷47《百官志二·殿中监》第1217页,《唐会要》卷65《闲厩使》同。
② (五代)冯鉴编:《续事始》引《百司举要》。按:(唐)刘孝孙编《事始》三卷,刘睿编《续事始》三卷,(五代)冯鉴编《续事始》五卷。刘睿之书不存而冯鉴之书收入《涵芬楼》本《说郛》流传下来。参见王雪玲:《我国古代事始类类书的编辑与出版》(2015年)。

务，天授二年（691年）的十道存抚使便是这样。但是，这不是武则天大量设立使职的主要原因。

武则天时期新设使职的情况，正是唐代官制变化的缩影。唐朝武德年间建立的职事官制，是两汉以来政治制度演变的总结，其官制达到了前所未有的完善程度。唐朝国家的各种官僚机构，各种机构中行使职权的官吏，各级官吏的组成和职掌，各种政务的办理规程，都已形成固定的模式，并且著于令式。可是，唐代社会生活的运动速度显然是空前加快了，经济、政治、军事和民族关系等各个方面，其形势与任务也比较迅速地发生变化，因此，国家面临原有职官无能为力的事务越来越多；同时，由于职事官法典化以后，很难随着社会生活的发展而改变，加上官吏腐败因素的滋长，致使故有的职事官制度与日益复杂多变的国家行政事务形成尖锐的矛盾。如果唐朝统治者能够洞察事变，积极改革旧制度以适应新情况，那么，这个矛盾便可以解决，至少可以缓和。然而，唐朝多数最高统治者却缺乏改革旧制度的眼光和魄力，一切因循旧章。苏冕有一段话反映了这种情况，他说："九寺、三监、东宫三寺、十二卫及京兆、河南府，是王者之有司，各勤所守，以奉职事。尚书准旧章、立程度以颁之；御史台按格令、采奸滥以绳之；中书门下立百司之体要，察群吏之能否，善绩著而必进，败德闻而且贬。政有恒而易为守，事归本而难以失。夫经远之理，舍此奚据。"[①]既然认为守恒才能经远，当然就把改革摒弃在大门之外了。可是，面临的现实问题又是不能回避的，这样，唐朝官制的变化就主要表现为使职差遣制的发展。[②]

武则天时的使职，还可以帮助我们认识唐代官制变化的另一个问题，那是把该时期的使职放到唐代使职发展序列进行考察而得到的。笔者从各种史籍中搜集整理而见到的唐代使职，共有142个，除了3个始置时间无从考知的之外，剩余139个。把这些使职依照出现年代，按21朝时间统计出来，并将其年平均数和占总数的百分率列表2如下：

表2　唐朝诸帝使职产生平均数和百分率统计表

历朝诸帝	在位年数	产生使职数	年平均数	百分率
高祖	9	2	0.22	1.4%
太宗	23	7	0.3	5%
高宗	34	6	0.17	4.3%

---

① （宋）王溥撰：《唐会要》卷78《诸使中·诸使杂录上》，第1438—1439页。
② 陈仲安：《唐代的使职差遣制》，《武汉大学学报（人文科学版）》1963年第1期。

续表

历朝诸帝	在位年数	产生使职数	年平均数	百分率
武则天	21	12	0.57	8.6%
中宗	5	0	0	0
睿宗	2	3	1.5	2.2%
玄宗	44	49	1.1	35.3%
肃宗	7	10	1.42	7.2%
代宗	17	8	0.47	5.8%
德宗	25	10	0.4	7.2%
顺宗	1	0	0	0
宪宗	15	4	0.26	2.9%
穆宗	3	0	0	0
敬记	3	2	0.66	1.4%
文宗	14	3	0.21	2.2%
武宗	6	1	0.16	0.7%
宣宗	13	2	0.15	1.4%
懿宗	14	3	0.21	2.2%
僖宗	15	9	0.6	6.4%
昭宗	16	8	0.5	5.8%
哀宗	3	0	0	0

从这个统计表中，可以得出三点认识：（1）从各朝产生使职的数目及其在总数中所占百分率来看，武则天朝仅次于玄宗朝，居第二位；如果把各朝统治年数这个因素考虑在内，武则天朝21年出现12个使职，年平均数为0.57，仅次于睿宗朝（1.5）、玄宗朝（1.1）、肃宗朝（1.42）、敬宗朝（0.66）、僖宗朝（0.6），高于其他各朝。这就表明，武则天时的使职在唐朝占有相当重要的地位。（2）把武则天朝和以前的唐高祖、唐太宗、唐高宗三朝相比较，从产生使职的绝对数来看，武则天朝是高祖朝的六倍，是太宗朝的一倍多，是高宗朝的2倍；从使职占总数的百分率来看，武则天朝比太宗、高宗朝约高1倍，比高祖朝高5倍；从使职出现的年平均数来看，武则天朝比上述三朝大约各高1—2倍。这就表明，武则天朝使职发展的速度大大超过前三朝，进入了一个新的发展阶段。（3）从各朝各种数字的综合情况来看，玄宗、肃宗朝无疑是唐代使职出现的高峰。可是这个高峰并不是突然出现的，而是从武则天时开始的。正是武则天时出现的比前三朝成倍增长的势头，导致了玄宗、肃宗朝高峰的形成。总起来说，武则天朝是唐朝开始大量出现使职的时期。

武则天时期的使职与唐代官制的变化

既然使职是唐朝官制变化的主要表现，那么，武则天朝就是唐代官制发生重大变化的开端。

为什么武则天时期使职开始大量出现呢？或者说，为什么唐代的官制从武则天时开始发生重大变化呢？

第一，均田制破坏带来的影响。武则天时，出现大量流亡人口，是均田制开始破坏的标志。证圣元年（695年）凤阁舍人李峤上表说：

> 今天下之人，流散非一，或违背军镇，或因缘逐粮，苟免岁时，偷避徭役。此等浮衣寓食，积岁淹年，王役不供，簿籍不挂，或出入关防，或往来山泽。①

当时，蜀川各地，河西诸州，河北、山东乃至三辅之间、江淮以南，都有大量人口逃亡。②农民逃避租税徭役，逃避军役，逃荒逐粮，归根到底，是由于失掉土地，经济破产，都是均田制破坏造成的。均田制破坏，在唐代社会历史中引起连锁反应。政治制度从两个方面受到冲击：一是均田制破坏使租庸调的征收发生困难，财政来源成了问题，财政制度受到影响，不能不随之发生变化。二是均田制破坏，农民无力负担兵役，府兵兵源发生困难，府兵制成了问题，军事制度受到影响，也不能不随之发生变化。可是，当时以武则天为首的统治者，对于开始发生的这些重要变化，并没有明确的认识，更说不上积极采取改革措施和有效对策。武则天曾经标榜"革命"，但是她所变更的，不过是国号、服色、官名、正朔等皮毛的东西，真正需要变革的地方，却被视为祖宗之积德，天经地义之治道，"恒久而不易者"③。但是，客观形势的逼迫，又不能不有所应付。这样，使职便成为在政治制度方面消极应付时变的产物，营田使的设置便是一例。营田本是封建政府一项传统措施。唐朝"开军府以扞要冲，因隙地置营田"④，就地解决军粮问题。营田的行政管理属于尚书省工部的屯田司。自从突厥、吐蕃侵边，屯兵数量增加，军粮问题更为迫切。天授初年，娄师德以简较丰州都督知营田事，成效很大，武则天曾下诏书劳慰。武则天看到了营田的实际作用，要娄师德扩大其规模，管理跨越几个军州的营田，这样，就不能以某一个州的刺史、都督兼知其事。于是，载初元年（694年）便以娄师德为河源、积石、怀远等军及河、兰、鄯、

---

① （宋）王钦若等编：《册府元龟》卷486《邦计部·户籍》，第5809页。
② （清）董诰等编：《全唐文》卷211陈子昂：《上蜀川安危事三条》，第2133页。《旧唐书》卷89《狄仁杰传》，第2890页。
③ （清）董诰等编：《全唐文》卷96高宗武皇后：《改元载初赦文》，第998—999页。
④ 《新唐书》卷53《食货志三》，第1372页。

廓等州简较营田大使。①这样就可以应付屯防军的粮食问题了。

第二，边境形势变化带来的影响。史称："自永徽以后，殆三十年，北鄙无事。"②可是，从调露（676—679 年）开始，东突厥余部相继叛唐，尤其在骨咄禄、默啜时，对唐朝造成很大威胁；原来和睦相处的吐蕃，也积极伸张势力，大非川一役击败唐军，控制了原吐谷浑全境，上元（674—676 年）以后，不断进掠鄯、廓等州；其他少数民族也时有反叛发生。武则天掌握政权时，在北面、西面和西南面三边国境，常常处于紧张状态。可是，就在这个急需用兵的时候，府兵制开始破坏。《邺侯家传》载：

> 时承平既久，诸卫将军，自武太后之代，多以外戚无能者及降房处之。而卫佐之官，以为番上府兵有权，朝要子弟解褐及次任之美官，又多不旋踵而据要津，将军畏其父兄之势，恣其所为。自置府，以其番上宿卫，礼之谓之侍官，言侍卫天子也。至是，卫佐悉以借姻戚之家为僮仆执役，京师人相诋訾者，即呼为"侍官"。时关东富实，人尤上气，乃耻之，至熨手足以避府兵者。番上者贫羸，受雇而来。由是，府兵始弱矣。③

府兵制开始破坏，边地屯防制度以及都督、镇将、戍主的职事，都必然随着兵源缺乏而弛废。在这种情况下，以武则天为首的统治者，并没有积极改革原有军事制度以适应形势的需要，而是随事补苴，消极应付，除了增设安抚使、经略使、军使之外，又新置防御使、招讨使等。大量的使职就是在这种内外形势逼迫下出现的。

总之，在唐朝历史上，武则天统治时期，不仅是贞观和开元两个治世之间的桥梁，而且还是唐朝政治制度尤其是官制发生显著变化的时期。在职事官制本身的变化和本制以外出现的新制——使职这两个方面的变化中，后者是主要的。武则天时期使职的情况，既可反映唐代官制变化的特点，又可说明此时期在唐代官制演变中的地位。武则天时期之所以成为唐代使职大发展、官制发生显著变化的开端，与均田制开始破坏、边疆民族关系发生变化以及原有制度弊端丛生、统治阶级因循苟且都有直接或间接的关系。

原收入《中国唐史学会论文集》，三秦出版社，1989 年

---

① （宋）王钦若等编：《册府元龟》卷 503《邦计部·屯田》，第 6036 页；（宋）司马光编，（元）胡三省音注：《资治通鉴》卷 205，武则天延载元年一月条。
② 《旧唐书》卷 194 上《突厥传上》，第 5166 页。
③ （宋）王应麟辑：《玉海》卷 138 引《邺侯家传》，第 2570 页。

唐代前期的地方监察制度

唐代前期的地方监察制度，是秦汉以来监察制度的继承和发展，也是我国古代地方监察比较完备的时期。本文拟对唐代前期地方监察制度的由来和发展作一初步考察。

一、地方监察的由来

我国先秦时代，天子要了解、检查、督促地方诸侯，大体通过四种途径：一是天子巡狩，"天子适诸侯曰巡狩。巡狩者，巡所守也"①。这就是天子一定时期亲自到地方巡行视察。二是诸侯述职，"诸侯朝于天子曰述职。述职者，述所职也"②。这就是地方官员到中央，向天子汇报施政情况。三是大夫监临，《礼记·王制》载："天子使其大夫为三监，监于方伯之国，国三人。"这就是派大夫驻在诸侯国进行监督。四是行人顺省。行人是《周礼》秋官的属官，职掌出使宣达天子命令，同时也可顺便了解诸侯情况，向天子报告。这些都可不同程度地起到监察地方的作用，但还不称其为完整的地方监察制度。

地方监察成为一种专门的政治制度，是秦汉建立中央集权国家之后，适应封建专制主义中央集权政治而形成的。

秦朝以御史监理诸郡，谓之监察史。汉惠帝三年（前192年），遣御史监察京兆、冯翊、扶风三辅郡，两年更换一次。以后，诸州设置监察御史。文帝十三年（前16年），以诸州监察御史不能奉法守职，于是遣丞相史出刺诸州，并对监察御史进行监督，但无常官。汉武帝停止御史监州，于元封五年（前106年）置交趾、朔方等州，凡十三部，设刺史十三人，班宣诏书，周行

---

① 《孟子》卷2上《梁惠王下》，（清）阮元校刻：《十三经注疏·孟子注疏》，北京：中华书局，1980年影印本，第2675页

② 《孟子》卷2上《梁惠王下》，（清）阮元校刻：《十三经注疏·孟子注疏》，第2675页。

郡国，省察治状，黜陟能否，断治冤狱，以六条问事①，常以八月出巡，岁终诣京都奏事。这时，地方监察才成为一种具有一定体制和规程的政治制度。至东汉后期，特别是镇压黄巾起义过程中，州牧（刺史改名）权力逐渐增大。灵帝中平五年（188年），朝廷采纳刘焉的建议，选派列卿、尚书任州牧，扩大职权，成为地方行政长官。这样，同一施政范围内，监察官兼任行政长官。这样，势必导致监察主体与监察客体合而为一，自己监察自己，实际上等于取消监察，因此，刺史监州制度遭到破坏，以致出现州牧割据和混战。

刺史监州制破坏以后，随着分裂割据政治的发展，中央对地方的监督虽然有所削弱但也并未完全废止。其监察任务除偶尔派遣御史执行外，多由不时派出的使者兼理。

天子向地方派遣使者，很早就已存在。两汉时，因为有固定的地方监察官，派出的使者大多是执行存问、宣恩、致赐等事宜。如汉武帝元狩六年（前117年）遣博士六人分循天下，存问鳏寡废疾之人；东汉顺帝建康元年（114年）因地震，遣光禄大夫案行，宣赐恩泽。②这类记载是很多的。这些使者常常代表天子对地方百姓表示关怀，很少涉及对地方官吏的监督，只是到了州牧逐渐失去监察作用，变为地方行政长官的时候，他们才被赋予监察地方的职责。

使者所掌监察地方的权力，也有一个由小到大的发展过程。先是使者只有察访举奏之权，在遣使诏书中，要求使者对违法、掊克、暴虐的官吏"举其罪"，察访吏治得失"还具奏闻"。使者举奏之后，由天子"亲览察黜陟之"③。后来，使者逐渐有了直接处理地方官吏的权力，如北魏太安元年（455年）六月派出巡行州郡的三十名使者，诏书列举种种巡察内容之后，责令使者"诸如此比，黜而戮之；善于政者，褒而赏之"④。这就给了使者直接黜戮褒赏地方官吏的权力。往后，这种记载逐渐增多，要求更加明确，权力也进一步增大。如北魏宣武帝景明二年（501年）正月令"分遣大使，黜陟幽明"时，并明确规定使者可以"先决后闻"。正始二年（505年）六月派出大使纠断外州、畿内守令时，更明确规定："其守令之徒，咎失彰露者，即使施决。"七月又下诏书说："今分遣大使，省方巡简，随其愆负。与风响相符者，即加纠黜。

---

① 《汉书》卷19上《百官公卿表》，第741页，颜师古注引《汉官典职仪》载有刺史"问事"之六条内容（第742页）。
② （宋）王钦若等编：《册府元龟》卷161《帝王部·命使》，第1939、1941页。
③ （宋）王钦若等编：《册府元龟》卷161《帝王部·命使》，第1940—1941页。
④ （宋）王钦若等编：《册府元龟》卷161《帝王部·命使》，第1943页。

以明雷霆之威，以申旌轩之举。"①

总的来说，魏晋南北朝是地方监察较弱时期，没有固定地方监察官的设置，不时派出执行监察任务的使者，南北各朝的情况也不平衡，大体北朝多于南朝，北朝中北魏多于北齐、北周，这无疑是和各个王朝对地方的控制程度有一定关系。至隋朝统一南北以后，地方监察才有所加强。

唐代前期，不仅继承秦汉的御史、刺史监州，魏晋南北朝的使者巡按，而且设置了更具权威的地方监察使职，把地方监察制度推进到一个新的阶段。

二、唐代前期的地方监察官

唐朝统治者十分重视州县官吏。唐太宗曾对侍臣说："文武百僚，各有所司，然治人之本，莫如刺史最重也"，"县令甚是亲民要职"。②他还把刺史的姓名写在屏风上，如有善恶事迹，具列在名下，作为黜陟的依据。又令内外五品以上官员推荐堪为县令的人才。以后的皇帝也注意效法唐太宗，继承贞观传统。在臣僚中，经常有人议论州县治理问题。侍御史马周曾经上疏指出："欲令百姓安乐，唯在刺史县令。今县令既众，不能皆贤，若每州得良刺史，则境内苏息；天下刺史悉称圣意，则陛下可端拱岩廊之上，百姓不虑不安。"陈子昂也曾对武则天说："臣窃唯刺史县令之职，实陛下政教之首也。……国家兴衰，莫不在此职也。"③此外，刘知几、李峤、韦嗣立、赵冬曦等都强调过刺史县令的重要性，对刺史县令的选用、考课、黜陟、赏罚都提出过建议。唐朝统治者不仅认识到州县官吏与百姓安危有密切关系，而且对州县吏治是国家兴衰、政教好坏的重要条件有所理解。这无疑是唐代加强地方监察，完善地方监察制度的思想因素。

唐初设置的职事官中，明确规定有监察地方职责的是监察御史。《唐六典》载监察御史职掌有"分察百寮，巡按州县"④。监察御史初为四员，贞观中加二员，显庆中又加二员，开元中再加二员，共十员，另有里行五员。唐代前期不仅一再增加监察御史的人数，而且提高了包括监察御史在内的整个御史的地位。杜佑指出："大唐自贞观初，以法理天下，尤重宪官，故御史复为雄

---

① （宋）王钦若等编：《册府元龟》卷161《帝王部·命使》，第1943—1944页。
② （宋）王溥撰：《唐会要》卷68《刺史上》，第1197页。
③ （宋）王溥撰：《唐会要》卷68《刺史上》，第1197页。
④ 《大唐六典》卷13《御史台》，第273页；《新唐书》卷48《百官志·御史台》同；《旧唐书》卷44《职官志·御史台》疑脱"百僚"二字。

要"①。监察御史秩居八品，按规定六品以下官皆由吏部注拟，但是，监察御史从高宗永徽开始则不受此限。杜易简《御史台杂注》云："监察御史自永徽以后多是敕授，虽有吏部注拟，门下过覆，大半不成。至龙朔中，李义府掌选，宠任既崇，始注得御史。李义府败，无吏部注者。"②这是高宗时监察御史任命的实际情况。至开元四年（716年）则明文规定御史由皇帝敕授，吏部注拟完全废止。这表明监察御史的地位非一般八品官可以比拟。

唐朝监察御史怎样"巡按州县"，史无明文。隋朝已有监察御史掌出使检校的记载，但情况不详。隋炀帝大业初年，曾在司隶台置刺史十四员，巡察畿外诸郡，每年二月乘轺车巡郡县，十月入奏。③唐初的监察御史是不是也像隋炀帝时的刺史那样，每年定期出巡州县呢？高宗以前，史籍中见不到迹象。《旧唐书》的高祖、太宗、高宗三个本纪没有记载；《资治通鉴》的高祖、太宗、高宗三朝纪事中也没有记载；《册府元龟·宪官部》各篇也不见高宗以前监察御史定期出巡事迹。御史每年定期巡按州县的事实，只在武则天光宅元年（684年）改置左右肃政台后一段时期内出现过。《旧唐书·职官志》载："光宅元年九月……御史台改为左肃政台，专知京官及监诸军旅，并承诏出使。更置右肃政台，专知诸州案察。"又《通典·职官·御史台》自注云："初置两台，每年春秋发使，春曰风俗，秋曰廉察。令地官尚书韦方质为条例，删定为四十八条，以察州县。延载以后，奉敕乃巡，不每年出使也。"每年春秋例行遣发御史按察州县，只在光宅至延载（694年）这十年间实行过。如果按《唐会要》"载初以后，奉敕乃巡"④的说法，实行时间更短，只有五六年。从《旧唐书》《通典》《唐会要》的记载来看，似每年例行发使，乃武后执政后短期内的非常措施，而"承诏出使""奉敕乃巡，不每年出使"才是常规。要是这样理解不错，那么，监察御史"奉敕乃巡"不独行于延载以后，光宅以前也应如此。

唐代前期除了监察御史这种常设的地方监察官之外，还有一种地方监察官，那就是天子不时派出的监察使臣。

---

① （唐）杜佑撰：《通典》卷24《职官六·御史台·侍御史》，第143页。
② （宋）王溥撰：《唐会要》卷60《御史台上·监察御史》第1055页引杜易简《御史台杂注》。苏冕以为：御史等供奉官，进名敕授，是开元四年（716年）六月十九日敕以后的事，不同意杜易简《御史台杂注》的看法，并说："杜易简《杂注》以后，犹四十年为吏曹注拟"。（第1055页）然而，杜易简所记不当轻易否定，疑敕虽在开元，实际上永徽已开始有敕授。
③ （唐）杜佑撰：《通典》卷32《职官十四·州郡上·州牧刺史》，第184页。
④ （宋）王溥撰：《唐会要》卷60《御史台》，第1041页。

这里，首先需要把监察使臣从一般地方使臣中区别出来，然后才好进行论述。

唐代天子曾经以安抚、巡抚、抚慰、宣谕、巡察、巡省、存问、按察、宣抚、宣慰、黜陟、观风、招抚、巡行等多种相近的名义向地方派遣使臣。但是，这些使臣并非都是执行监察任务的，不能一概称之为地方监察官。笔者曾将搜罗到的唐代地方使臣资料进行分析，发现其众多使臣，大体有三种类型：

（1）以安抚、镇抚、招抚等名义派遣的使臣。

（2）以宣抚、宣慰、宣谕、存抚、存问、巡问、巡抚、巡行、抚慰等名义派遣的使臣。

（3）以巡察、巡按、巡省、按察、观风、黜陟等名义派遣的使臣。

第一类地方使臣，主要是为加强少数民族地区统治而派出的，常常带有军事性质。如唐朝先后任命过安抚使三十多次，除唐初和唐末几次是针对国内割据势力之外，其余都和边疆少数民族有密切关系。武德五年（622年）任命李靖为岭南道安抚大使，目的在于巩固对岭南蛮族的统治。贞观四年（630年）李大亮任西北道安抚大使，是为"绥集"东突厥政权败亡的流散部落。高宗乾封、总章年间李勣、契苾何力、刘仁轨等为辽东道安抚大使，目的在于征伐高丽。仪凤时李敬玄为洮河道安抚大使、长寿时张玄遇为安抚使，都是为了对付日益威胁西南边境的吐蕃。东突厥复兴后，武则天任命狄仁杰为河北道安抚大使，以安抚遭受侵扰的河北民众，任命程务挺为单于道安抚大使以防御突厥。"契丹犯塞"，武三思、姚璹被任命为河西安抚使。为了对付南诏，韦皋兼任云南安抚使等。这类使臣，虽然偶尔也赋予督察地方官吏的任务，但他们的本职是军事行政官，对下级行使一般的行政监督，而不是专任地方监察官。

第二类地方使臣，主要是天子对地方百姓存问致赐以示关怀而派出的，执行宣恩、慰问、抚恤、赈济任务，一般不承担监察地方官吏的使命。贞观十八年（644年）十一月，遣使赍玺书诣郑、汝、怀、泽四州，巡问年高，宴赐各有差。贞观二十三年（649年）以晋州地震，令尚书郎中一人充使存问，舍宅损坏者给复一年。高宗永徽四年（653年）十月，遣使存问鳏寡茕独不能自存者。仪凤二年十二月，遣黄门侍郎、同中书门下三品来尝等为河南等道大使，分道巡抚，申理冤屈，赈贷乏绝。先天二年（713年）七月，命益州长史毕构等宣抚诸道，制书说："所至之处，申谕朕心，并令屏绝浮华，敦崇仁厚，务修孝悌，勤事农桑。耆老鳏茕，征人家口，不有存者，咸加恤问。……

若有良材异行，藏器下僚，哲人奇士，隐沦屠钓，审知才行灼然者，各以名闻。"①开元九年（721年）八月，令中书舍人何鸾等为使，"所到之处，宣慰百姓，令悉朕怀。其有水旱之州，或须贷给，不可远更奏闻，宜便量事处置"②。开元十五年（727年）八月，河北水旱，令魏州刺史宇文融充宣抚使，对遭受水灾损失的人进行忧恤和折免。如此等等，记载甚多。有时，个别使臣也涉及地方官吏，带有某些监察使命，但属次要的、有限制的。如贞观三年（629年）天旱，六月任命中书舍人杜正伦等人，往关内诸州分道抚慰，主要是"问人疾苦"，对困穷之徒进行赈给，同时要求对"见禁囚徒，量事断决"，"官人贪残为患者，具状还日以闻"③。决囚是天子施恩的一种表示。对贪残官吏具状奏闻，属于监察，但也仅在于反映情况。开元二年（714年）任命给事中杨虚受往江东道安抚存问，主要是观察疾苦，详理冤滞，求瘼恤隐，虽然也要求注意"官人内有贪冒苟得，背公徇私，或修己自守，养望充位者。"但也仅限于"还日各以名闻"④，没有直接处理权力。总的说来，这一类使臣也不属于地方监察官。

第三类使臣，主要使命是对地方官吏进行纠察、推勘和黜陟，是实在的地方监察使臣。如贞观八年（634年）派遣萧瑀等十三人分行四方，其诏书虽有"申谕朕心，延问疾苦"，但提出的主要任务却是"观风俗之得失，察政刑之苛弊"⑤。龙朔三年（663年）八月分遣大使巡察，"问人疾苦，黜陟官吏"⑥。神龙二年（706年）二月，命十道巡使以廉按州部。开元八年（720年）八月，以御史大夫王晙等充诸道按察使，制书说："宜分遣巡按，以时纠察。巡内有长吏贪扰，狱讼冤滞，暗懦尸禄，苛虐在官，即宜随事按举所犯状，并推勘准格断覆讫奏闻"⑦。天宝五载（746年）正月，命礼部尚书席豫等人，分道巡按天下风俗及黜陟官吏，制书说："其百姓之间及官吏之辈，如事或未该，须有厘革者，仍委量事处理，回日奏闻。"⑧像这样给使臣以处分地方官吏的权力，并可以处理之后回朝奏闻，在第一、二类使臣中是难以见到的。由此可见，三类地方使臣中，只有这一类才应该称为地方监察官。

① （宋）王钦若等编：《册府元龟》卷161《帝王部·命使》第1951页。
② （宋）王钦若等编：《册府元龟》卷161《帝王部·命使》，第1953页。
③ （宋）王钦若等编：《册府元龟》卷161《帝王部·命使》，第1947页。
④ （宋）王钦若等编：《册府元龟》卷161《帝王部·命使》，第1951页。
⑤ （宋）王溥撰：《唐会要》卷77《诸使上·观风俗使》，第1411—1412页。
⑥ （宋）王钦若等编：《册府元龟》卷161《帝王部·命使》，第1948页。
⑦ （宋）王钦若等编：《册府元龟》卷161《帝王部·命使》，第1952页。
⑧ （宋）王钦若等编：《册府元龟》卷161《帝王部·命使》，第1956页。

现将唐代前期重要的地方监察使臣列表 1 如下：

表 1　唐前朝重地方监察使臣统计表

时间	地方监察使臣	资料出处
贞观八年（634 年）正月	遣萧瑀等十三人为大使巡行天下，观风俗之得失，察政刑之苛弊	《唐会要》卷 77《观风俗使》、《唐会要》卷 78《黜陟使》、《册府元龟》卷 161《帝王部·命使》、《旧唐书·太宗纪》、《新唐书·高宗纪》、《通鉴》卷 194 及其《考异》
贞观二十年（646 年）正月	遣孙伏伽等二十二人，以六条①巡察四方，黜陟官吏	《旧唐书》卷 3《太宗纪》、《唐会要》卷 77 和卷 78、《册府元龟》卷 161、《资治通鉴》卷 198
贞观二十年（646 年）九月	遣段宝玄等三人巡察岭南诸州	《册府元龟》卷 161、《新唐书》卷 2《太宗纪》
龙朔三年（663 年）八月	遣窦德玄等分诣天下黜陟官吏	《资治通鉴》卷 201、《册府元龟》卷 161、《旧唐书·高宗纪》、《新唐书·高宗纪》
光宅元年（684 年）九月	改置左右肃政台，以右台按察诸州，每年春秋发风俗廉察使，以四十八条察州县。延载后奉敕乃巡，不每年发使	《旧唐书》卷 42《职官志》、《通典》卷 24《职官·御史台》、《唐会要》卷 60《御史台上》
长安三年（703 年）	命使以六条察州县	《资治通鉴》卷 207
神龙二年（706 年）二月	置十道巡察使二十人，以左右台及内外五品以上官识治道通明无屈者为之，二周年一替，以廉按州郡	《册府元龟》卷 161、《唐会要》卷 77《诸使上》、《通典》卷 33《职官·州郡》、《资治通鉴》卷 208、《旧唐书·中宗纪》、《新唐书·中宗纪》
景龙三年（709 年）八月	遣十使巡察天下	《旧唐书》卷 7《中宗纪》、《册府元龟》卷 162、《唐会要》卷 77
景云二年（711 年）	改置十道按察使，道各一人，廉按州郡，不限年月，开元元年罢	《通典》卷 32《职官·州郡》、《资治通鉴》卷 201、《唐会要》卷 77《诸使上》、《旧唐书》卷 7《睿宗纪》、《册府元龟》卷 162
开元二年（714 年）二月	复置十道按察使，以陆象先等为之，开元四年十二月罢	《资治通鉴》卷 211、《旧唐书》卷 8《玄宗纪上》
开元八年（720 年）年五月	复置十道按察使，以王晙等十人为之，开元十二年五月罢	《册府元龟》卷 162、《资治通鉴》卷 212
开元十七年（729 年）五月	复置十道及京都两畿按察使	《资治通鉴》卷 213、《旧唐书》卷 8《玄宗纪上》
开元二十二年（734 年）	改置十五道采访使，以卢绚等为之，以六条检查非法，非官有迁免，则使无废更	《通典》32《职官·州郡上》、《唐会要》卷 78《诸使中》、《资治通鉴》卷 213、《旧唐书》卷 38《地理志》、《通典》卷 172《州郡·序目》皆作二十一年

---

①　此年遣使人数《文献通考》卷 61《巡察按察巡抚等使》（第 555 页）作二十一人，误。六条，胡三省《通鉴音注》云："用汉六条也。"其实唐六条与汉六条有所不同，见《新唐书》卷 48《百官志·御史台·监察御史》，第 1240 页。

续表

时间	地方监察使臣	资料出处
开元二十九年（741）五月	命崔翘等分行巡按，其官吏有贪冒赃私及无政理者，刺史以下停务奏闻；守职公清，为政尤异者，具以名闻	《册府元龟》卷162、《唐会要》卷78《诸使中》作十月二十一日
天宝五载（746年）正月	命席豫等七人分道巡按风俗，黜陟官吏	《册府元龟》卷162、《唐会要》卷78《诸使中》、《旧唐书》卷8《玄宗纪下》
乾元元年（758年）	停采访使，改为观察使	《唐会要》卷78《诸使中》、《旧唐书》卷10《肃宗纪》、《资治通鉴》卷220

在分别考察唐代前期监察御史和监察使臣这两种地方监察官之后，还需要进一步探讨一下这两种地方监察官行使职能中的关系问题。通观唐代前期地方监察的实际情况，有以下几点是令人注目的：

第一，监察御史确实行使着巡察州县，按处地方官吏违法犯罪等事宜，但监察御史按处的是已经暴露而需要由中央直接干预的案件。如高宗时，桂、广、交、黔等都督府在注拟土人为官方面简择不精，仪凤元年（676年）八月决定派遣南选使臣去经办此事，同时令监察御史同往监临。长寿二年（693年），有人告发岭南流人谋反，武则天派司刑评事万国俊摄监察御史前往按处。万国俊还奏诸道流人亦必有怨望谋反者，因此又令司刑评事王德寿等人摄监察御史，往诸道按处流人。开元八年（720年），江淮恶钱特盛，以监察御史萧隐之充使括恶钱。天宝五载（746年），左骁卫兵曹柳勋等以交构东宫、指斥乘舆罪杖死，牵连北海太守李邕，乃遣监察御史罗希前往按处。[①]可是，监察使臣巡行州县，则没有预定的具体目标。常常是责成使臣发现违法犯罪官吏，然后加以按处。如贞观八年（634年），唐太宗分遣萧瑀、李靖等十三人巡行天下，是责成去观察风俗的得失和政刑的苛弊。贞观二十年（646年），孙伏伽、褚遂良等二十二人，以六条巡察四方，"各以澄清为务，多所贬黜举奏"。后因很多被处分的人"诣阙称冤"，太宗又亲自临决，结果"牧宰已下，以能官进擢者二十人，以罪死者七人，其流罪以下及免黜者数百人"[②]。这些被处分的人，显然是使臣出去发现的。神龙二年（706年）派出二十人为十道巡察使，其制书说："……以廉按州部，俾其董政郡吏，观抚兆人，议狱缓刑，扶危拯滞。若能抗词直笔，不惮权豪，仁恕为怀，黜陟咸当，别加奖擢，优以

[①] （宋）司马光编著，（元）胡三省音注：《资治通鉴》卷202，唐高宗仪凤元年八月条；卷205，武则天长寿二年二月条；卷212，唐玄宗开元八年二月条。

[②] （宋）王钦若等编：《册府元龟》卷161《帝王部·命使》，第1947—1948页。

名器。如脂韦苟全，邅除戚施，高下在心，顾望依附者，将迁削平弃，肃以宪章"[1]。制书对这次派遣巡察使的目的和要求虽然已相当明确，但毕竟还是一个原则，并非遣使时已经知道有哪些具体的人和事需要处理。开元八年（720年）派按察使王晙等十人，也是提出在巡按范围内，有长吏贪扰，狱讼冤滞，暗懦尸禄，苛虐在官等情况的，"即宜随事按举所犯状，并推勘准格，断覆讫奏闻"[2]。这都是要求使臣去发现问题，并加以处理，和监察御史奉敕出使去按处已经暴露的案件，显然是有区别的。

第二，《资治通鉴》长安四年（704年）十二月条载，武则天命御史中丞宋璟去扬州、幽州推案，不肯行。又命宋璟作李峤副职去安抚陇蜀，也不肯行。宋璟申明他不敢奉命的理由说："故事，州县有罪，品高则侍御史，卑则监察御史按之，中丞非军国大事，不当出使。今陇蜀无变，不识陛下遣臣出何也？臣皆不敢奉制。"这说明御史按处州县已经发生的犯罪案件，要区分犯罪官吏的级别和事情的性质，并不是一切案件都派监察御史，只有犯罪人官秩低下，事情又非军国大事，才由监察御史按处；若犯罪人官品高，又事关军国大事，则派侍御史以至中丞、大夫按处。这已成为故实，天子也不能不受制约。然而，监察使臣的派遣却没有这种规定。开元八年（720年）八月遣十道按察使的制书说，凡是"巡内有长吏"违法犯罪，都要按举推勘。其监察对象包括牧守在内的所有"在外官僚"，没有品秩和事情性质的区分。开元二十九年（741年）派遣监察使臣的诏书规定："官吏中有贪冒赃私，其犯名教，或衰老疾病无政理者，刺史以下，宜停务奏闻。"[3]上州刺史为从三品，属于高秩官，可见无论地方官吏的品秩高卑，都在使臣按处之列。这和御史有显著区别。

第三，唐代前期，从总体上看，两种地方监察官是并存的。但是，由于监察使臣不像监察御史那样受故实陈规的限制，机动性大，能够更有效地行使监察职能，特别是有利于把违法犯罪消除在萌芽状态，因此，越来越受重视，逐渐成为主要的地方监察官。武则天光宅元年（684年）以右台御史专管地方监察，每年春秋两季由他们以风俗使、廉察使的名义监察州县。这时，监察州县的使臣也就是监察州县的御史，两种地方监察官合而为一。这种状

---

[1] （宋）王钦若等编：《册府元龟》卷162《帝王部·命使》，第1950页；《资治通鉴》卷208、212略同。
[2] （宋）王钦若等编：《册府元龟》卷162《帝王部·命使》，第1952页
[3] （宋）王钦若等编：《册府元龟》卷162《帝王部·命使》，第1956页。《唐会要》卷60《御史台》同。

况持续时间不长。延载以后，御史便不定期出使，回到"奉敕乃巡"状态，地方监察任务，多由监察使臣承担。景云三年（712年）至开元元年（713年）这两年间，两种地方监察官又曾交替行使职能：景云三年（713年）二月二日废右御史台，由按察使监察州县；开元元年（713年）九月一日又置左右御史台，停诸道按察使，复由右台御史巡按州县；同年十月二十五日，又置诸道按察使，废右御史台。①此后，虽然仍存在御史奉敕按处地方官吏违法犯罪案件的事实，但是，地方监察任务主要由监察使臣来执行。

第四，地方监察使臣的人选，历来都是相当慎重的。贞观八年（634年）选派诸道监察使臣时，"畿内未有其人，上问房玄龄：'此道事最重，谁可充使？'尚书右仆射李靖曰：'畿内事大，非魏徵莫可。'……乃命李靖充使"②。从这次太宗和大臣讨论使臣人选，便可窥见一斑。那么，唐代前期按照什么标准选任地方监察使臣呢？神龙二年（706年）任命使臣的诏书提出了选任标准："宜于左右台及内外五品以上官，识理通明，立性坚白，无所讪挠，志在澄清者二十人……以廉按州郡。"③从这个选任标准来看，无论是选择范围，还是品秩要求，应该说都不失为高规格的。这次实际选任的二十名使臣，仅《资治通鉴》保存了五人的姓名，即易州刺史（从三品）姜师度、礼部员外郎（从六品上）马怀素、殿中侍御史（从七品下）源乾曜、监察御史（正八品上）卢怀慎、卫尉少卿（从四品上）李杰。从这五人来看，基本上是体现了上述标准，因为：（1）诏书定了选择的范围，似把左右台官作为首先选择的对象，而五人中有二人就是御史；诏书提出在内外官五品以上中选择，而五人中外官一人是符合的，只是内官有六品、七品、八品当选，超出了原定的范围。（2）这五人中，有二人（源、卢）在玄宗朝官至宰相，其他三人都是一代名臣，说明在品秩方面也是符合标准的。

唐代前期任命的各次地方监察使臣中，至今尚有姓名可考的，神龙以前有贞观八年（634年）和贞观二十年（646年）两次，共35人，其中台官2人，选自二品官的3人，三品官的11人，四品官的9人，五品官的12人；神龙之后有开元八年（720年）、开元二十九年（741年）和天宝五载（746年）三次，共25人，其中台官4人，选自三品官的11人，四品官的9人，五品官的5人。这些使臣大多是当时甚负名望的官员。事实表明，神龙二年（706年）

---

① （宋）王溥撰：《唐会要》卷60《御史台》，第1941页。
② （宋）王溥撰：《唐会要》卷78《诸使中·黜陟使》，第1419页。
③ （宋）王钦若等编：《册府元龟》卷162《帝王部·命使》，第1950页。

的选任标准，不仅行之在前，而且坚持于后。这就是说，整个唐代前期，对地方监察使臣的选任都是高规格的，都是精审的。

由此可见，在唐代前期，察监使臣之所以逐渐成为主要的地方监察官，这种地方监察官之所以有生命力，关键就在选任精审。

同时也可看到，在唐代前期的地方监察官中，御史的地位虽然相对有所下降，但仍在发挥作用，除了奉敕直接出使按处外，还通过充当地方监察使臣而行使监察职能。

总之，御史和监察使臣是唐代前期两种既有分工、又有交叉、大体并存的地方监察官，由他们执行着相当严格的监察州县官吏的使命。那时，地方官吏"多自清谨"，与地方监察制度比较健全无疑是有一定关系的。

三、监察使职的发展

唐代前期地方监察官的情况表明，大量派遣地方监察使臣是地方监察制度发展的重要表现，然而，最能反映唐代地方监察制度发展特点的，还是从使臣中演变出来的地方监察使职。监察使职不同于一般监察使臣之处，在于它已不是没有固定名称和设置时间的临时差遣，而是逐渐制度化、经常化的地方监察专职官。

地方监察使职是什么时候开始出现的呢？《唐会要·诸使上》把贞观八年（634年）唐太宗派遣萧瑀等十三人为地方监察使臣称为观风俗使，似乎地方监察使职是这时开始设置。其实是不对的。此次遣使诏书，无论是《唐会要》所载节文，还是《册府元龟》所载全文，都没有"观风俗"的称谓。诏文所说"观风俗之得失，察政刑之苛弊"，讲的显然是使臣的任务，而不是名称。如果因为诏文有"观风俗之得失"这句话，便可称为"观风俗使"，那么，诏文也有'察政刑之苛弊'，为什么不称之为"察政刑使"呢？应该说，作为使职制度的诸使，不能是后人的定名。《唐会要》还在《黜陟使》条称："贞观八年将发十六道黜陟大使"，好像同年还派遣过另一种监察地方的使职。这也是不对的。《通鉴考异》指出："《实录》、《旧纪》但云'遣萧瑀等巡省天下'。按：时止有十道，而《会要》、《统纪》皆云'发十六道黜陟大使'，据姓名止十三人。皆所未详，故但云诸道。"[①]在这里，司马光已指出《唐会要》这条记载的错误。如果我们把《旧唐书·太宗纪》、《资治通鉴》及其《考异》的

---

① （宋）司马光编著，（元）胡三省音注：《资治通鉴》卷194，唐太宗贞观八年正月条注。

载文和《唐会要》的《观风俗使》条、《黜陟使》条互相对照，便可一目了然；"十三人"姓名，就是以萧瑀为首的使臣，二者说的完全是一件事，《唐会要》所载确实有错误。因此，既不存在贞观八年（634年）派遣两次使臣，又不能把这次使臣称为使职，应该说仅仅是监察地方的一般差遣官。龙朔三年（663年）高宗派遣的使臣，《新唐书·高宗纪》称为"遣按察大使于十道"，似乎这时已有地方监察使职。然而，其他史籍的记载却不是这样。如《旧唐书·高宗纪》称之为"持节大使，分行天下"；《册府元龟·帝王部·命使》称为"分遣大使巡察，问人疾苦，黜陟官吏"；《通鉴》亦称"分诣十道，问人疾苦，黜陟官吏"，都无"按察使"的称谓。所以，龙朔三年（663年）的使臣仍然只是监察地方的一般差遣官。

地方监察使职既非始于贞观八年（634年），也非肇自龙朔三年（663年）。一些晚出的史籍有时把这些一般使臣冠以使职的称谓，可能出于撰者处在使职制度形成之后，以后来的观念臆度以前的史实，未能严格其区别的缘故。

凤阁舍人李峤于万岁通天元年（696年）上疏说："窃见垂拱二年诸道巡察使科目，凡四十四件。"①这是当时人确切证实地方监察使职存在的最早时间。垂拱二年（686年）已存在诸道巡察使，还可以从垂拱元年（685年）陈子昂上疏得到旁证。陈子昂说："臣伏见陛下……将降九道大使巡察天下诸州，兼申黜陟，以求民瘼。"②但是，从李峤、陈子昂的上疏中也难于肯定巡察使之类的使职是垂拱年间开始有的。如果说还有比垂拱更早的地方监察使职，那就应该是光宅元年的（684年）的风俗使和廉察使。这年，武则天以右御史台专门按察州县，每年春秋发使，春曰风俗使，秋曰廉察使，以韦方质删定的四十八条科目监察州县官吏。这是最早的地方监察使职。

光宅时出现地方监察使职并不是偶然的。武则天这年"临朝称制"，全部掌握最高统治权。为了强化其统治，一个重要措施，便是改置作为天子耳目的御史台，增加御史人数，扩大御史职权。每年春秋两次遣发右台御史为监察州县的专门使职，就是利用御史以加强对地方的统治。地方监察使职就是适应武则天统治需要而出现的。以往，监察使臣望高权重，但遣发不时；监察御史负任虽重，事发随遣，但秩卑望轻。现在，以右台御史为定期出巡的使职，既兼有前两种监察官的长处，又可避免二者的缺点，一举而两得。直到武则天改唐为周正式称帝，达到目的以后，便停止每年定期发使，改为奉

---

① （宋）王溥撰：《唐会要》卷77《诸使上·巡察按察巡抚等使》，第1414页。
② （宋）王溥撰：《唐会要》卷77《诸使上·巡察按察巡抚等使》，第1413页。

敕而巡。

地方监察使职出现后，其发展演变情况怎样呢？杜佑有一段记载，使我们得以从扑朔迷离的困惑中理出一条线索来，那就是《通典·职官·州牧刺史》条最末一段文字：

> 神龙二年二月，分天下为十道，置巡察使二十人（原注：一道二人），以左右台及内外官五品以下（据《册府元龟》"下"应作"上"），坚明清劲者为之，兼（据《唐会要》"兼"应作"廉"）按郡县，再期而代。至景云二年，改置按察使，道各一人。开元十年省。十七年复置。二十二年改置采访处置使，理于所部之大郡［原注：至德之后，改采访使为观察（使），观察（使）皆并领都团练使……。使名沿革不一，举其职例，则皆古之刺史云］。①

这段记载说明，光宅元年地方监察使职出现以后，巡察使——按察使——采访使——观察使乃是一脉相承、相互更替的地方监察使职。

巡察使，据上引李峤、陈子昂奏疏，垂拱二年（686年）武则天已经设置。不过那时可能还只是作为风俗使、廉察使的异名（开始名称不稳定）或补充（吸收非御史官员参加），和神龙二年（706年）的巡察使有所不同。神龙二年（706年）置使，《资治通鉴》记载尤详："选左右台及内外五品以上官二十人，为十道巡察使，委之察吏抚人，荐贤直狱，二年一代，考其功罪而进退之。"《册府元龟》卷161还载有这次命使诏书，对选什么人任职，提出了明确的要求。若把这次与光宅元年（684年）命使比较，有三点明显的变化：（1）选择使者的范围扩大。光宅元年（684年）只由右台御史充使，这次不仅扩大到左台御史，而且吸收非御史的内外五品以上官员参加。（2）这次对选任者的品质提出了明确要求，是光宅元年（684年）所没有的。（3）使者任期相对稳定，既不是光宅元年（684年）的每年春秋两次频繁更换，也不是延载后不定期的奉敕乃巡，而是每两周年更换一次。因此，如果把光宅元年（684年）作为地方监察使职发展第一阶段的开始，那么，神龙二年（706年）置巡察使则标志其进入第二个发展阶段。

景云二年（711年）六月二十八日，唐睿宗曾下令天下分置二十四都督府，以"都督纠察所管州刺史以下官人善恶"。由于有人提出反对意见，睿宗提交

---

① （唐）杜佑撰：《通典》卷32《职官十四·州郡上·州牧刺史》，第184页。

九品以上官员讨论。侍御史宋务光赞成其事，他阐明了当时甚有加强地方监察的必要，说："今长史贪冒，百姓流亡。近时之要，在兴汉代刺史之制"，希望"率而行之，以俟成绩"。太子右庶子李景伯、中书舍人卢补（《资治通鉴》作"仆"）、吏部员外郎崔莅等人，并未否认其必要性，只是认为，都督专生杀之柄，权任太重，或用非其人，形成尾大不掉，恐弊从此起。睿宗当然最害怕出现尾大不掉局面，采纳了后一种意见，但也不愿完全放弃加强地方监察的企图，于是，"罢都督，但置十道按察使而已"①。这样，巡察使改置成为按察使。按察使虽然不如都督权任之重，但比神龙二年（706 年）以来的巡察使则有所加强。三年后礼部侍郎张庭珪上疏指出：以前"发使廉察，暂往速来，假申今冤，却招后患，各思钳口，无故率心。臣见国家比置十道按察使，不限年月，惩恶劝善，激浊扬清，孤穷获安，风俗一变"②。可见，按察使已是不限任期的固定使职，并且可避免定期替换巡察使所存在的某些弊病，大大提高了监察效果。景云二年（711 年）置按察使应是地方监察使职发展的第三阶段。

按察使改置为采访使是地方监察使职发展的第四阶段。其改置时间，记载甚为分歧：有开元二十年说、开元二十一年说，开元二十二年说③，尚难确考。今采《通典·职官·州郡》、《唐会要》的《采访处置使》条、《御史中丞》条和《旧唐书·玄宗纪》所载，作开元二十二年（734 年）。关于此次置采访使，《资治通鉴》卷 213 载："以六条检察非法，两畿以中丞领之，馀皆择贤刺史领之，非官有迁免，则使无废更。唯变革旧章，乃须报可，自馀听便宜从事，先行后闻。"《通典》云："理于所部之大郡。"《唐会要》又载：因李尚隐的奏请，许诸道采访使置印。由此可知，采访使已是有印信、治所、常驻地方，是权力极大的地方监察使。这些都是以前巡察使、按察使不可比拟的。此后，采访使的权力还有进一步增长。如开元二十五年十二月二十四日下令诸道采访使考课官人善恶，三年一奏，永为常式。④开元二十九年（741 年）

---

① （宋）王溥撰：《唐会要》卷 68《都督府》，第 1192—1196 页；（宋）司马光编著，（元）胡三省音注：《资治通鉴》卷 210，唐睿宗景云二年六月条。

② （宋）王溥撰：《唐会要》卷 77《诸使上·巡察按察巡抚等使》，第 1415 页。

③ 唐按察使改为采访使的时间，《通典》卷 172《州郡·序目》载："开元二十一年分为十五道，置采访使"（第 911 页），而《通典》卷 32《职官·州郡》作二十二年（第 184 页）；《唐会要》卷 78《采访处置使》载于二十二年；《旧唐书》卷 38《地理志》作二十一年，而《旧唐书》卷 8《玄宗纪》载于二十二年；《资治通鉴》卷 213 载于二十一年，而胡三省注则云二十二年置；《新唐书》卷 49《百官志注》作二十年置。

④ （宋）王溥撰：《唐会要》卷 78《诸使中·采访处置使》，第 1420 页。

七月，又在敕令中责成采访使克尽职责，"事须周细，不可忽遽"，并规定按刺史成例进京"入奏"（述职）。①开元末年，又允许采访使"专停刺史务，废置由己"②。天宝四载（745年）剑南道采访使开始设置采访支使。③天宝十二载（753年），敕准诸道采访使沿河南道例，支使增加为二员。④大概因为采访使权力增长过大，特别是干预州郡行政事务过多，故天宝九载（750年）三月曾有敕曰："本置采访使，令举大纲，若大小必由一人，岂能兼理数郡。自今以后，采访使但访察善恶，举其大纲，自馀郡务，所有奏请，并委郡守，不须干及。"⑤"大小必由一人"，"兼理数郡"的状况，不可能由这道敕书而不复存在。天宝末年，采访使又兼黜陟使⑥，实际上是采访使所增权力的合法化。

上述四个阶段，是就唐代前期地方监察使职发展的基本状况而说的。从地方监察的全局来看，无论哪个阶段，都还不时派遣过一般地方监察使臣，御史也仍发挥着监察州县的职能，只不过前者以其临时性质和制度化的监察使职相区别，后者以职事官名义和监察使职的差遣性质相区别，如此而已。

乾元元年（758年）四月，采访使停罢，其诏书说："近缘狂寇乱常，每道分置节度，其管内缘征发及文牒兼使命来往，州县非不艰辛，仍加采访，转益烦损。其采访使置来日久，并诸道黜陟使便宜且停，待后当有处分（原注：其年改为观察处置使）"⑦。这道诏书隐晦曲折地反映出采访使停罢的原因：（1）所谓"狂寇乱常"，是说安史叛军打扰了唐王朝的统治秩序，百年来形成的政治制度不能照常运转了，采访使也因此无法行使监察地方官吏的职权。（2）所谓"每道分置节度"，是说原来在边镇设置的节度使，至德以后，因为中原用兵，各大镇都像边镇那样设置节度使。节度使总掌军政，专擅诛杀，外任之重，无与伦比，因此，采访使已不可能对节度使进行监督。（3）安史之乱爆发后，当务之急，在于让州县积极行动起来抗击叛军。为了争取地方官吏支持朝廷，监察已成为无关紧要的事情。所谓不增加对州县的"烦扰"，实际上意味着有意放松对州县的监督。

---

① （宋）王溥撰：《唐会要》卷78《诸使中·采访处置使》，第1420页。
② （宋）王溥撰：《唐会要》卷78《诸使中·采访处置使》大历十二年五月中书门下奏语，第1421页。
③ （宋）司马光编著，（元）胡三省音注：《资治通鉴》卷215，唐玄宗天宝四载八月条。
④ （宋）王溥撰：《唐会要》卷78《诸使中·采访处置使》，第1420—1421页。按：原文"作请依旧通前置两员交使"，"交"当为"支"之误。
⑤ （宋）王溥撰：《唐会要》卷78《诸使中·采访处置使》，第1420页。
⑥ 《新唐书》卷49下《百官志四下·外官注》，第1311页。
⑦ （宋）王溥撰：《唐会要》卷78《诸使中·采访处置使》，第1421页。

采访使停罢后随即设置的观察使，虽有"掌察所部善恶"的明文，名义上仍是地方监察使职，但是，观察使考课规定："以丰稔为上考，省刑为中考，办税为下考。"①这说明观察使的主要职责已经实际上是管理地方的生产、刑法、赋税等行政事务，不再是专职地方监察官，而是行政监察相兼的地方官，出现行政监察合一现象。从此，唐代的地方监察制度开始进入另一个时期。随着地方监察使职异化而来的，便是唐朝地方藩镇权力的膨胀，节度使集军权、政权、财权和监察权于一身，中央集权削弱，唐王朝便失去了当年的盛况。

原载《中国史研究》1989年第2期

---

① 《新唐书》卷49下《百官志四下·外官》，第1310页。

汉唐财政职官体制三次变革

从汉朝到唐朝，其中央财政职官体制即中央财政机构和职官的设置及其财务行政制度，发生过三次重大变革。其演变轨迹如何，对变革性质和意义应怎样认识，笔者于此试作探讨。

一

《史记·平准书》云：

> 天下已平……量吏禄，度官用，以赋于民。而山川园池市井租税之入，自天子以至于封君汤沐邑，皆各为私奉养焉，不领于天下之经费。[①]

这个记载表明，西汉王朝，有"赋于民"，作为官吏俸禄和官府费用的"天下之经费"，又有由山川、园池、市井的租税所得，用以奉养天子的经费。后者称"私奉养"即天子私费，则前者应是政府的公费。这两种经费，各有收支，互不领属，构成两个平行、独立的财政系统。日本学者加藤繁称之为国家财政和帝室财政。[②]

两种经费，两个财政系统，自然就有与之相应的两套财政职官机构。这就是颜师古注《汉书·百官公卿表》所说"大司农供军国之用，少府以养天子也"[③]，即大司农掌管政府经费，少府掌管天子经费。

[①]《史记》卷30《平准书》，北京：中华书局，1959年，第1418页。按：《汉书》卷24《食货志》作"不领于天子之经费"（第1127页）。日本学者加藤繁认为"天子"为"天下"传写之误。见〔日〕加藤繁：《中国经济史考证》第1卷，上海：商务印书馆，1959年，第27页。

[②]〔日〕加藤繁：《汉代国家财政和帝室财政的区别以及帝室财政的一斑》，《中国经济史考证》第1卷，第26—27页。

[③]《汉书》卷19上《百官公卿表上·少府颜师古注》，第732页。

大司农和少府各有众多的僚佐与属官，构成两个财政职官系统。

汉代的两个财政职官系统，在汉武帝时有过一次较大的调整。其内容可归结为两点：一是把原属少府的一些职务划归大司农。二是增设水衡都尉，加强帝室财政管理。武帝元狩四年（前119年）实行铁专卖，元狩六年（前117年）又实行盐专卖，于是在大司农下设盐铁丞专管。这样原属少府的盐铁税收便归属于大司农。元鼎二年（前115年）置水衡都尉，据《汉书·百官公卿表》："水衡都尉……掌上林苑，有五丞。属官有上林、均输、御羞、禁圃、辑濯、钟官、技巧、六厩、辩铜九官令丞。又衡官、水司空、都水、农仓，又甘泉、上林、都水七官长丞皆属焉。"①关于汉武帝设置水衡的目的和水衡与少府的关系，《史记·平准书》有载：

> 初，大农筦盐铁官布多，置水衡，欲以主盐铁；及杨可告缗钱，上林财物众，乃令水衡主上林。上林既充满，益广。②

从这里可以看出，盐铁划归大司农后，盐铁收入很多，于是设置水衡，打算让水衡主管盐铁，但是由于杨可告缗，告缗钱集中储放在上林苑，便改变初衷，由水衡主管上林苑，把原由少府管的有关上林苑的物产税收和属官，一并划归水衡。本来打算用以分管部分大司农权益的水衡，实际成为分管少府部分权益、加强帝室财政的官府。西汉中后期，在帝室财政中，水衡的地位甚至超过少府。

国家财政与帝室财政虽然各自独立，但也不是毫无关系。皇室的某些重大支出，如建造宫室、修筑陵墓等，由大司农所管国库支付，而皇室收入中，有时也拿出一部分，作为政府的紧急费用。不过这对各方来说，都不是主要的。汉武帝对双方收入所作一些调整，也没有改变原有的财政体制。

二

西汉以来的财政职官体制，至东汉为之一变，即由少府和司农分别理财演变为司农统一理财。

《后汉书》的《百官志·少府本注》载：

---

① 《汉书》卷19上《百官公卿表上》，第735页。
② 《史记》卷30《平准书》，第1436页。

承秦，凡山泽陂池之税，名曰禁钱，属少府。世祖改属司农，考工转属太仆，都水属郡国。孝武帝初置水衡都尉，秩比二千石，别主上林苑有离宫燕休之处，世祖省之，并其职于少府。……少府本六丞，省五。又省汤官、织室令，置丞。又省上林十池监、胞人长丞、宦者、昆台、佽飞三令，二十一丞。又省水衡属官令长丞尉二十余人。[①]

这里记载了东汉并省帝室财政机构的情况。只要联系并省官署的具体职掌一看，便可发现这次并省特点：其并省对象虽有如考工、织室属财政支出的，但主要却是主管财政收入的官署。如罢省水衡，都水转属郡国，山泽陂池之税改属司农。这样就导致财政体制的变化。

原来，少府执掌帝室的收入和支出，自成财政系统。现在，少府的财源被划拨出去，财政收入的职能没有了，少府卿仅仅"掌中服御诸物，衣服宝货珍膳之属"[②]，只限于帝室生活诸物的掌管。职属少府的官署，如掌医药的太医令丞、掌帝室饮食的太官令丞、掌天子纸笔墨和尚书财用诸物及封泥的守宫令丞、管上林苑禽兽之类的上林苑令丞等，都不涉及财政收入。文属少府的职官虽然很多，如侍中、黄门侍郎、中常侍、尚书台诸官、御史台诸官等，但都不关帝室财政。尽管尚书台的民曹尚书所管盐池苑囿[③]，可能有一定经济收入，但尚书台仅仅文属少府，实际已超脱少府管辖范围，故民曹尚书的收入，不能简单看作帝室财政收入。总之，东汉少府已不具备帝室财政的完整职能，其所执掌的仅是帝室经费的支出。因此不再有自成系统的帝室财政，两种平行独立的财政体制已不复存在。

少府没有财政收入，那么，东汉帝室的经费从哪里来呢？只能是从大司农统一掌管的国家财政拨付。但是缺乏明文记载，直到唐朝才见到有关这方面的记载。唐德宗即位，宰相杨炎为纠正至德（756—758年）以来国家租赋尽入天子内库之弊，奏"请出之以归有司，度宫中经费一岁几何，量数奉入，不敢亏用"，德宗应允，于是颁布诏书："凡财赋皆归左藏库（国库），一用旧式，每岁于数中量进三五十万入大盈（天子内库），而度支先以全数闻。"[④]可

[①] 《后汉书》志26《百官三·少府本注》，第3600页。
[②] 《后汉书》志26《百官三·少府本注》，第3592页。
[③] 《后汉书》志26《百官三·尚书本注》注引蔡质《汉旧仪》：掌管"监池苑囿"（第3597页），"监"应作"盐"；《宋书》卷39《百官志·尚书》、《通典》卷22《职官四·历代尚书》、《通典》卷23《职官五·户部尚书》皆作"盐"，今从之。
[④] 《旧唐书》卷118《杨炎传》，第3420页。《资治通鉴》卷226，代宗大历十四年作"三五千匹"。《通鉴考异》曰："《德宗实录》作'三五十万匹'，今从《建中实录》。"

见，"宫中经费"从国库中拨付，已是沿用"旧式"。推其原始，恐怕应是东汉取消帝室财政之时。

东汉大司农的职掌，据《后汉书·百官志本注》载：

  掌诸钱谷金帛诸货币。郡国四时上月旦见钱谷簿，其逋未毕，各具别之。边郡诸官请调度者，皆为报给。损多益寡，取相给足。①

这里所说"掌诸钱谷金帛诸货币"表明，东汉的钱谷金帛等各种财赋都由大司农掌管。这应包括原属少府所掌管的财政收入和支出。东汉的财政收入主要有田租、更赋、算赋和口赋以及山川园池收入，而盐铁、水产税已属郡国，不再作为直接收入。其支出，不仅包括国家的官俸和官府行政费用、军事费用、祭祀费用、漕运费用、农田水利费用、文化教育费用和灾荒赈恤费用，而且也包括帝室的各种费用。可见，东汉大司农的财政管辖范围虽然有增有减，但从总体上看是扩大了。上引《后汉书·百官志》文后段，讲的是大司农与地方郡国的财政关系，但不全面。众所周知，西汉平定吴楚七国叛乱之后，采取措施，把地方郡国的财权收归中央。至东汉，又把一些重要的财权转归郡国，"郡国盐官、铁官本属司农，中兴皆属郡县。又有廪牺令，六百石，掌祭祀牺牲雁鹜之属，及雒阳市长、荥阳敖仓官，中兴皆属河南尹"。②可见，东汉地方的财权比西汉有所扩大。不过，地方郡县要在每个季度，把该季各月钱谷收支余缺的账目（见钱谷簿）向大司农报告。如有应收未收的欠款，要另外造册上报。而大司农对郡县的钱谷有权依令进行调度。

这种调度，见诸史册的颇为不少。有从郡县调往京师的③，有郡县之间调度的④，也有由京师调往边郡的。⑤大司农行使调度权力的目的，在于"损多益寡，取相补足"，使地方财政余缺相补。尽管大司农仍然有权干预地方财政，但地方财权是明显地增强了。

---

① 《后汉书》志26《百官三·大司农本注》，第3590页。
② 《后汉书》志26《百官三·大司农本注》，第3590页。
③ 《后汉书》卷7《桓帝纪》载延熹九年（166年）正月己酉诏："比岁不登，民多饥穷，又有水旱疾疫之困。盗贼征发……其令大司农绝今岁调度征求，及前年所调未毕者，勿复收责。其灾旱盗贼之郡，勿收租，余郡悉半入。"（第317页）这里说的可能是减免大司农把郡县的钱谷调往京师。
④ 《后汉书》卷5《安帝纪》载：永初元年（107年）九月"癸酉，调扬州五郡（九江、丹阳、庐江、吴郡、豫章）租米，赡给东郡、济阴、陈留、梁国、陈国、下邳、山阳"。第220页载永初七年（113年）九月"调零陵、桂阳、丹阳、豫章、会稽租米，赈给南阳、广陵、下邳、彭城、山阳、庐江、九江饥民。又调滨水县谷输敖仓"。这些是在郡县之间进行调度（第208页）。
⑤ 《后汉书》志26《百官三·大司农本注》载："边郡诸官请调度者，皆为报给"（第3590页），可能是由京师调往边郡。

东汉大司农,有卿 1 人,员吏 164 人。其佐官有丞 1 人,部丞 1 人,主帑藏。属官有太仓令 1 人,主受郡国传漕谷,丞 1 人,员吏 99 人;平准令 1 人,掌知物价等,丞 1 人,员吏 190 人;导官令 1 人,主舂御米及作糗。西汉大司农丞 2 人,东汉减为 1 人;西汉大司农部丞曾多至数十人,东汉减至 1 人。东汉的太仓令丞、平准令丞是继承西汉的,而专门备办供应皇室谷米干粮的导官令丞则是新设的,表明帝室所用谷米粮食是由大司农经管。西汉大司农的均输、都内、籍田令丞和斡官、铁市长丞等属官,东汉都已省并。可见,东汉大司农的机构和官员是减少了。

为什么东汉大司农的财政管辖范围扩大,机构和官员反而减少呢?《后汉书》的《百官志》载:

> 汉之初兴,承继大乱,兵不及戢,法度草创,略依秦制,后嗣因循。……及至武帝,多所改作,然而奢广,民用匮乏。世祖中兴,务从节约,并官省职,费减亿计。①

刘秀建立东汉王朝时,面临社会经济十分凋敝的形势,不得不对经汉武帝"改作"而流于"奢广"的职官制度加以并省,实行"节约"之制。其大司农罢省的官职如均输令丞等,属于这种情况。不过,东汉大司农的机构和官员减少,并不都是由于罢省,有些机构和官员仍然存在,只是并转到其他部门,主要是地方郡县,如都水、盐官、铁官等,便是如此。此外,东汉尚书台的职权增大,"尚书出纳王命,赋政四海,权尊执重,责之所归"②。丞相、御史的职权开始转归尚书,九卿的职权亦开始受诸曹尚书侵夺,因此,大司农的财政实权也不免部分转移到尚书曹。所以,东汉大司农机构和官员减少的原因,既有出于节约政府经费,也有为了扩大地方财政权力,并且和尚书台职权增大不无关系。

对东汉财政职官体制变化的评价,笔者认为,如果说秦和西汉所行国家、帝室两套平行财政体制是先秦的遗制,那么,就应当承认东汉取消帝室财政的进步性。因为,这种举措无疑是为了适应封建专制集权政治的需要,它至少可以向社会表明,国家的一切财富都是皇帝的,都是皇帝可以支配的,把专制集权观念渗入财政领域。既然如此,就不能由于这种进步性要付出帝室无限制耗费国家财富的代价而怯于承认它。其实,在两套财政体制时,少府

---

① 《后汉书》志 24《百官一》,第 3555 页。
② 《后汉书》卷 63《李固传》,第 2076 页。

收入往往超过大司农，天子可以任意取之而不竭，哪里还有实际的限制！因此，取消帝室财政及其官制变化的意义，可以说是财政领域的一种迟到的封建主义变革。

三

财政职官体制在隋唐之际又完成一次重大变革，其表现是财政大权由大司农转移到尚书省的户部，大司农理财演变为户部理财。

隋朝，"尚书省，事无不总"。财政则总于度支尚书。"度支尚书统度支、户部侍郎各二人，金部、仓部侍郎各一人。"①开皇三年（583年）度支尚书改名户部尚书。隋炀帝又改户部为民部，侍郎为郎。

至唐朝，财政官吏设置规范化，职掌有了明确规定，财政职官制度进一步完善。户部尚书"掌天下土地、人民、钱谷之政"②，"凡徭赋职贡之方，经费周给之算，藏货赢储之准，悉以咨之"③。其政务由所属户部、度支、金部、仓部四司分别执掌。户部郎中、员外郎"掌户口、籍帐、赋役、孝义、优复、蠲免、婚姻、继嗣、百官众庶园宅、口分、永业等"④，主要是有关财政收入的户口、土地、赋役方面的政务。度支郎中、员外郎"掌支度国用。租税少多之数，物产丰约之宜，水陆道路之利，每岁计其所出，而支其所用"⑤，主要是有关财政支出及其转运、征敛、送纳、和籴、和市等方面的政务。金部郎中、员外郎"掌判天下库藏钱帛出纳之事，颁其节制，而司其簿领"⑥，主要是钱帛的保管和出纳政务。仓部郎中、员外郎"掌判天下仓储，受纳租税，出给禄廪之事"⑦，主要是谷米的保管和出纳政务。可见，这时国家财政的收入和支出大权，都已在尚书省户部的掌握之中。

隋唐的司农寺，比之东汉，其职权大为缩减，地位相应降低。隋初，司农寺与北齐略同，统属太仓、典农、平准、廪市、钩盾、华林、上林、导官

---

① 《隋书》卷28《百官志下》，第774页。
② 《新唐书》卷46《百官志》，第1192页。
③ （唐）李隆基撰，李林甫注，〔日〕广池千九郎训点、内田智雄补订：《大唐六典》卷3《户部尚书》，〔日〕广池学园事业部1973年刊行，1984年复印本，第52页。
④ （唐）杜佑撰：《通典》卷23《职官五·户部尚书》，上海：商务印书馆，1935年，第136页。
⑤ （唐）李隆基撰，李林甫注，〔日〕广池千九郎训点、内田智雄补订：《大唐六典》卷3《度支郎中员外郎》，第72页。
⑥ 《旧唐书》卷43《职官志二》，第1827页。
⑦ （唐）李隆基撰，李林甫注，〔日〕广池千九郎训点、内田智雄补订：《大唐六典》卷3《尚书户部·仓部郎中员外郎》，第75页。

等署。炀帝时，罢省典农、华林二署；又将平准、京市改隶太府寺，司农仅统上林、太仓、钩盾、导官四署；又把司农卿由正三品降为从三品，少卿由正四品降为从四品。①唐朝因之，明确规定其职掌为"掌邦国仓储委积之事"。②具体而言，不外以下四项：（1）以上林署掌管的"苑囿园池"所产果蔬等供祭祀、进御及诸司食料之用。（2）以太仓署掌管的太仓谷米，发放京都官吏的禄给。（3）以钩盾署掌管的薪炭刍草等物供祭祀、朝会、宾客享宴之用。（4）由导官署专门为皇帝选择备办精良的米面。至于司农寺附属的诸监，如太原、永丰、龙门诸仓监，司竹监，温泉监，苑总监，苑四面监，九成宫监，京畿诸屯监等，也主要是为上述四项职事提供条件。这时的司农寺，已不再是总揽财政大权的政务官府，而成为给皇帝备办饮食生活和祭祀宴会所用农副产品和为京官发放禄米的事务机关。③

财政大权由大司农向尚书省的户部转移，经历了一个相当长的过程，是在魏晋南北朝时期逐渐完成的。

东汉时，大司农总揽国家的财政大权，尚书台虽然职权扩大，渐侵九卿所掌，但是，还难以从制度上看出大司农财权他移的迹象。从曹魏开始，情况有了明显的变化。那时尚书台脱离少府，迁出宫外，成为中央政府的独立机构和全国行政事务的执行机关，虽然执掌机密、参与决策的机会减少，但行政权却增大了，其增大的权力，一部分就是从九卿那里转移来的。就财权来说，曹魏尚书台所属六曹尚书之一的度支曹尚书，其职掌与东汉民曹尚书相比，已经大不相同④，开始成为"专掌军国支计"⑤，即负责国家财政支出的职官。其尚书郎也有很大变化。东汉的尚书郎仅知总数36人，更值于宫内，"主作文书起草"，而曹魏的25名尚书郎则各具称谓，显然都有具体职务。其中金部、度支、库部、农部、水部、仓部等，大概就是经管财政收入支出和保管等诸种具体行政事务的。⑥孙吴、蜀汉以及两晋、北魏的状况，大体与曹

---

① （唐）李隆基撰，李林甫注，〔日〕广池千九郎训点，内田智雄补订：《大唐六典》卷19《司农卿少卿注》，第371页。
② 《旧唐书》卷43《职官志二》，第1828页。
③ 政务官与事务官，在史籍记载上似有区别：《旧唐书·职官志》《新唐书·百官志》载尚书六部长官职皆曰："掌……之政令"，而载九寺长官职多曰："掌……之事。"今本《唐六典》九寺长官职作"掌……之政令"，但《太平御览》引《六典》之卫尉卿、大理卿、司农卿、太府卿亦有作"掌……之事"（宋）李昉等撰：《太平御览》，北京：中华书局，1998年，第1091—1104页）。
④ 《后汉书》志第26《百官三·尚书》载民曹尚书"主凡吏上书事"，注引蔡质《汉旧仪》："典缮治功作、监[盐]池苑囿、盗贼事。"（第3597页）
⑤ （唐）杜佑撰：《通典》卷23《职官五·尚书下·户部尚书》载："魏文帝置度支尚书，专掌军国支计。"（第136页）
⑥ 《晋书》卷24《职官志·尚书郎》，第732页。

魏相似。至南朝刘宋、北朝北齐又有进一步的变化。《宋书》的《百官志》载：

> 尚书令，任总机衡，仆射、尚书，分领诸曹。……度支尚书领度支、金部、仓部、起部四曹。①

《隋书》的《百官志》载后齐官制云：

> 其六尚书，分统列曹。……度支统度支（注：掌计会。凡军国损益、事役粮廪等事）、仓部（注：掌诸仓帐出入等事）、左户（注：掌天下计帐、户籍等事）、右户（注：掌天下公私田宅租调等事）、金部（注：掌权衡量度、内外诸库藏文帐等事）、库部（注：掌凡是戎仗器用所须事）六曹。②

由此可见，这时的度支尚书有两点和曹魏以来不同：一是把尚书郎（刘宋叫郎中，北齐仍称郎）分别归属在各曹尚书之下，度支尚书已有固定的郎曹。二是原来度支尚书所主管的"军国支计"，现在已由所属度支郎曹负责，而度支尚书管辖的职事，不仅是财物的会计开支，而且包括户口田宅、租调征收和谷物钱帛器用的保管出纳。这就是说，度支尚书是尚书省③中职掌国家财政收入和财政支出的长官，度支曹已初具隋唐户部的格局。自此以后，南北各朝除北周行周礼六官之制外，度支尚书的职掌及所统郎曹，虽然稍有调整，但大体相沿袭，至隋朝便成定制。

魏晋南北朝时期度支曹尚书职权扩大，机构趋于规范。与此同时，大司农的职权和机构则逐渐缩减。

曹魏的大司农，诸史官志无完整记载，但知沿袭东汉设有此官④，仍掌有官仓⑤，太仓令、导官令仍为其属官。⑥不同的是，平准令丞及其主管的市场物价和练染作坊，已从司农属官和职事中划拨出去。⑦西晋以后，大司农的地

---

① 《宋书》卷39《百官志上》，北京：中华书局，1974年，第1235页。
② 《隋书》卷27《百官志中》，第752、753页。
③ （唐）李隆基撰，李林甫注，〔日〕广池千九郎训点，内田智雄补订：《大唐六典》卷1《尚书令注》云："后汉尚书称台，魏晋已来为省。"（第12页）然据《通典》卷22《职官四·尚书上·尚书省》云："宋曰尚书寺，居建礼门内，亦曰尚书省。"（第129页）可见，并非"魏晋已来"一概称省。
④ （唐）李隆基撰，李林甫注，〔日〕广池千九郎训点，内田智雄补订：《大唐六典》卷19《司农寺注》云："后汉改为大司农，魏因之，品第三。"（第370页）
⑤ 《三国志》卷9《魏书·曹爽传》裴松之注，第290—291页。
⑥ （唐）玄宗撰，李林甫注，〔日〕广池九千郎训点，内田智雄补订：《大唐六典》卷19《太仓署》、《导官署注》，第374、376页。
⑦ （唐）杜佑撰：《通典》卷26《职官八·太府卿》："嘉平四年（252年，曹魏劭陵厉公曹芳年号）改平准为中准，使宦者为之，列于内署。……魏少府属官有平准令。"（第154页）

位显著降低。晋武帝咸宁(275—280年)时,中书监荀勖曾建议:"若欲省官,私谓九寺可并于尚书。"①胡三省注云:"汉初九卿各有所掌,东都以后,尚书诸曹分掌众事,九卿殆为具官,故欲并之尚书。"②当时虽未实行,但东晋哀帝时却一度罢省大司农。③南北各朝,大司农相沿设置,可是,其职掌则大异于前。据载,刘宋大司农丞"掌九谷六畜之供膳羞者"④;萧梁司农卿"主农功仓廪";北齐大司农"掌仓市薪菜,园池果实"⑤;北周大司农"掌三农九谷稼穑之政"⑥。这些文字表述虽然不尽相同,掌管事项也略有差异,但是大体不出仓廪出纳和天子饮食祭祀宴享所需粮食薪炭蔬果牲畜供应的范围。与职掌相适应的大司农属官,主要有:管理仓廪出纳的太仓令丞,为天子备办谷米干粮的导官令丞,掌管苑囿池沼、种植蔬果和藏冰的上林令丞,掌管薪炭鹅鸭等山泽之物的钩盾令丞。此外,南朝置有的籍田令丞,北朝置有的典农令丞,北齐复置的平准令丞等,至隋朝不是明令罢省,便是改属他曹。可见,大司农职权和机构缩减、地位降低的过程,就是它由财政政务机关变成财政事务机关的过程。

魏晋南北朝财政职权由大司农向户部转移,是指其主要趋向,指总管国家财政收入和支出的大权转移,并不是说大司农缩减的所有职事都归属于户部。如东汉大司农所掌钱币布帛诸物的职事,固然主要转移到了户部的金部郎曹,但南梁天监七年(508年)置太府卿"掌金帛府帑及关津市肆"⑦,北齐太府寺有左右藏令,隋唐因之。可见,大司农的金帛库藏出纳职事则归到了太府寺。东汉大司农所属平准令丞掌管的市场物价,南梁"始隶太府"⑧,而权衡度量则归属金部郎曹。东汉大司农平准所掌练染职事,其后隶属关系几经变动,至隋炀帝大业五年(609年),把司织与司染职事合并,成立织染署属少府监⑨,唐因之。如此等等,说明后来的太府寺、少府监也掌管有部分原属司农的具体职事。

---

① 《晋书》卷39《荀勖传》,第1155页。
② (宋)司马光编著,(元)胡三省音注:《资治通鉴》卷80,晋武帝咸宁五年十二月胡注。
③ 《宋书》卷39《百官志上·大司农》云:"晋哀帝末,省并都水,孝武世复置。"(第1231页)《晋书·职官志》同。
④ 《宋书》卷39《百官志上·大司农》,第1231页。
⑤ 《隋书》卷26《百官志上》第724页、卷27《百官志中》,第756页。
⑥ (唐)杜佑撰:《通典》卷26《职官·司农卿》,第153页。
⑦ (唐)杜佑撰:《通典》卷26《职官·太府卿》,第154页。
⑧ (唐)李隆基撰,李林甫注,〔日〕广池千九郎训点,内田智雄补订:《大唐六典》卷20《太府寺·两京诸市署注》,第385页。
⑨ (唐)李隆基撰,李林甫注,〔日〕广池千九郎训点,内田智雄补订:《大唐六典》卷22《少府监·织染署注》,第409页。

怎样看待这次财政大权由大司农向尚书户部转移的变革呢？首先，这次变革是皇权与相权矛盾的产物，是皇帝以近弥侍臣取代三公职权总趋势的组成部分。自秦朝确立封建专制主义制度之后，皇帝与宰相、皇权与相权便成为国家权力配置和运行中的一对最重要的矛盾，在国家权力斗争中常常处于核心的、关键的地位。当皇帝感到自己的权力地位受到宰相威胁而达到无法忍受的地步时，总是以自己身边可以信赖、驾驭的侍臣取代宰相。秦汉三公宰相在魏晋南北朝逐渐演变为三省长官宰相，便是皇权与相权矛盾斗争的第一个过程。大司农原是三公宰相属官，尚书属皇帝内臣[①]，所以，户部尚书取代大司农的职权，是皇权与相权矛盾斗争在财政方面的具体表现。其次，从国家行政管理角度来看，户部尚书成为执掌财政大权的政务官，大司农卿变成财政事务官，也并非毫无意义的事。一般地说，决策与执行分离，是行政管理经验积累的结果。魏晋南北朝时期，作为六部尚书成为政务官、九卿变成事务官的组成部分，户部尚书与司农卿的职能发生的相应变化，客观上多少含有财政决策与执行分离的意义。

四

汉唐之间财政职官体制第三次大变革，是户部理财演变为使职理财。《册府元龟》编者在《邦计部·总序》中列述唐初确立的财政职官之后说：

其后，财货之任，多专置使以主之，不独归于台阁。[②]

胡三省在《通鉴音注》中亦指出：

唐自中世以后，天下财赋皆属户部、度支、盐铁，率以他官分判。[③]

这里说的就是唐朝财政大权又由户部尚书、侍郎转移到使职，主要是户部、度支、盐铁转运三使职的历史事实。这次变革是在安史之乱前后数十年间逐渐完成的。

唐朝建立后，其财政职官体制继承隋朝，由户部尚书、侍郎统率户部、度支、金部、仓部四司郎中员外郎及其属吏，职掌"天下田户、均输、钱谷

[①] 尚书台在曹魏以后脱离少府，迁出宫外，又有中书省、黄门省充近弥侍臣。尚书虽然减少了参与机密的机会，但却堂堂正正地总揽原属三公的行政权力。
[②] （宋）王钦若等编：《册府元龟》卷483《邦计部·总序》，第5768页。
[③] （宋）司马光编著，（元）胡三省音注：《资治通鉴》卷249，唐宣宗大中十年六月注。

之政令"。①其他和财政相关的司农寺、太府寺等，不过是根据政令执掌某些具体财政事务的机关。

唐朝的财政职官体制在最初半个多世纪颇能正常运行，但到武则天统治时期便开始出现问题。问题的根源在于均田制的破坏，而突出的反映则是人口逃亡。武周晚年，逃户问题已经相当严重。②号称盛世的开元年间，户部计帐的户数迅速增加，然而禁止逃亡、限逃户自首的诏令却屡见史册。③开元二十四年（736年）户数达到 8 018 710 户，比神龙元年（705年）的 6 156 141 户增加30%。可是，这年新春伊始，玄宗就发布敕令："天下逃户，听尽今年内自首……逾限不首，当命专使搜求，散配诸军。"④此足见人口逃亡仍十分严重。"人为邦本"，人口大量逃亡，必然引起连锁反应，直接受冲击的官府便是户部司。建中宰相杨炎指出：开元中，"丁口转死，非旧名矣；田亩移换，非旧额矣；贫富升降，非旧第矣。户部徒以空文，总其故书，盖非得当时之实"。的确，当时户部司已经无法掌握丁口、田亩和户数等实际情况，只是凭借旧籍征收赋税徭役，致使"天下之人，苦而无告"。⑤唐朝统治者也察觉到问题的严重性，玄宗曾为此"夜分辍寝，日旰忘食"。⑥于是便有检括户口、田亩和征敛租庸诸使职的任命。对此，杜佑有翔实的记载：

（开元）八年，天下户口逃亡，色役伪滥，朝廷深以为患。九年正月，监察御史宇文融陈便宜，奏检察伪滥，兼逃户及籍外剩田。于是，令融充使推勾。获伪勋及诸色役甚众。特加朝散大夫，再迁兵部员外兼侍御史。融遂奏置劝农判官长安尉裴宽等二十九人，并摄御史，分往天下，所在检责田畴，招携户口。其新附客户，则免其六年赋调，但轻税入官。……宽等皆当时才彦，使还，得户八十余万，田亦称是。⑦

宇文融先后被授予括地使、租庸地税使、劝农使、诸色安辑户口使等职。他所做户口、土地和赋役诸事，本来都是户部司的职责，可是现在却由皇帝直接任命使职来执行。这就是使职代替户部司职事的开始。

---

① 《旧唐书》卷43《职官志二》第1824页。
② 《旧唐书》卷88《韦思谦附嗣立传》，第2867页。
③ 开元九年二月、十一年八月、十二年二月、十四年十一月、二十四年正月都发布过禁止逃亡、限逃户自首的诏令。见〔日〕池田温编：《唐代诏敕目录》，西安：三秦出版社，1991年。
④ （宋）司马光编著，（元）胡三省音注：《资治通鉴》卷214，唐玄宗开元二十四年正月条。
⑤ （宋）王溥撰：《唐会要》卷83《租税上》，第1535—1536页，《旧唐书》卷118《杨炎传》同。
⑥ 《旧唐书》卷105《宇文融传》载玄宗敕，第3219页。
⑦ （唐）杜佑撰：《通典》卷7《食货七·历代盛衰户口》，第41页。

也是在开元时,度支司的一些职事也开始为使职所代替,那就是转运使的设置。

唐朝政治中心在关中,但是"秦中地狭,收粟不多,傥遇水旱,便即匮乏"。因此,需要从关东的陕州、洛阳运来粮食。贞观、永徽年间,每年转运一二十万石,就已够用。到开元时,"国用渐广,每[年]陕洛漕运,数倍于前,支犹不给"。当时转运量已猛增至每年一百万石。[①]管理转运的是度支司。度支司有正副长官各 1 人,员吏 56 人。其人数、职务和分工都是令式规定的,转运只是诸多任务中的一项。从每年转运一二十万石增加到一百万石,这些固定的经管人员怎么担负得了呢?于是,专管转运的使职便由此产生。先是设陕州水陆运使,以陕州刺史充任[②],进一步以河南府尹任水陆运使[③]。还不足应付巨大的转运任务,终于在开元二十一年(733 年),裴耀卿迁黄门侍郎、同中书门下平章事的同时,被任命兼江淮都转运使,并以郑州刺史崔希逸、河南少尹萧炅为副使。从此,度支司的转运职事便开始为转运使所代替。

安史乱前,唐朝虽然设置过不少代替户部诸司以及司农寺、太府寺、铸钱监的财政使职,如盐池使、租庸使、劝农使、括地使、户口使、转运使、铸钱使、监太仓使、监左藏使、太府出纳使等。[④]但从总体上看,那时使职代替户部职事还是局部的,并且已设使职多具临时性,因而取代户部职事也是暂时的。安史之乱爆发以后,户部理财才让位于使职理财,而使职理财又有由度支和盐铁转运二使理财到度支、盐铁转运和户部三使理财的发展过程。

德宗时宰相杨炎指出:

> 迨至德之后,天下兵起。始以兵役,因之饥疠,征求运输,百役并作,人户凋耗,版图空虚。军国之用,仰给于度支、转运二使。[⑤]

这说明安史之乱爆发后,唐王朝的国家财政开始步入依靠度支和转运二使支撑的局面。转运使是承前所置。度支使、盐铁使都是乾元元年(758 年)

---

① (唐)杜佑撰:《通典》卷 10《食货十·漕运》,第 57 页。
② (宋)王溥撰:《唐会要》卷 87《陕州水陆运使》,第 1602 页。
③ (宋)王溥撰:《唐会要》卷 87《河南水陆运使》,第 1601 页。
④ 何汝泉:《唐代使职的产生》,《西南师范大学学报(哲学社会科学版)》1987 年第 1 期,第 56—65 页。
⑤ (宋)王溥撰:《唐会要》卷 83《租税上》,第 1536 页,《旧唐书》卷 118《杨炎传》同。

开始设置的。①第五琦首任度支使、盐铁使兼转运使。以后转运使和盐铁使多由一人兼领，至代宗时刘晏以盐利作漕佣，把两方面的任务密切联系起来，盐铁与转运二使便合为一使。②而史籍中但称"转运使"或"盐铁使"，多属盐铁转运使的略称。③

度支使和盐铁转运使怎样掌管国家财政呢？乾元至永泰年间（758—765年）是"转运使掌外，度支使掌内"。④掌外，就是主管赋税的"征求运输"，即开辟财源，增加财政收入，并把各地征敛的钱粮物资输送到京师，转运到军镇或行营；掌内，就是在京师主管"帑藏出纳"，即根据收入的钱粮物资，按照各种支出的需要，"调其盈虚，制其损益"。这是带有财政工作程序分工的特点。从实际权力和地位来看，度支使高于盐铁转运使，但就财政工作的重要性来看，盐铁转运使并不亚于度支使。

从永泰二年（766年，即大历元年）起，度支使和盐铁转运使又实行另一种财政分工办法：铸钱、常平、转运、盐铁等项财政工作，按地区划分为东西两部。东部包括都畿、河南、淮南、浙江东、浙江西、江南西、湖南、荆南、山南东诸道，由户部尚书、盐铁转运使刘晏主管⑤；西部包括京畿、关内、河东、剑南、山南西诸道，由户部侍郎、判度支第五琦主管。大历六年（771年）韩滉以户部侍郎任度支使，与刘晏仍按东西两部分治财赋，并在原来分管事项中，增加租庸和青苗二项。⑥建中元年（780年）韩洄为户部侍郎、判度支，与任金部郎中、权勾当江淮水陆运使的杜佑，仍按刘韩的办法分领财赋。⑦贞元八年（792年）又有户部尚书判度支班宏与户部侍郎盐铁转运使张滂，大体沿着刘韩的划分分领财赋。⑧

度支和盐铁转运二使分工合作治理国家财政的局面，至贞元以后开始发生变化：其一是度支使和盐铁转运使完全独立，自成系统。其二是户部使产

---

① （宋）王溥撰：《唐会要》卷58《户部侍郎》第1011页载苏冕语："至乾元元年十月，第五琦改户部侍郎，带专判度支，自后遂为故事，至今不改。"此应是度支使始置时间的根据。《新唐书》卷149《第五琦传》第4801页云："盐铁名使，自琦始。"据《唐会要》卷88《盐铁使》第1608页载："乾元元年，度支郎中第五琦诸道盐铁使。"盐铁使始置时间依此。
② 陈仲安：《唐代的使职差遣制》，《武汉大学学报（人文科学版）》1963年第1期，第93页。
③ 何汝泉：《唐代转运使成为固定职官考》，《西南师范学院学报（哲学社会科学版）》1982年第1期，第91页。
④ 《新唐书》卷51《食货志一》第1348页，《通典》卷6《食货六·赋税下》同。
⑤ 刘晏所分诸道各书记载歧异，此为考证翔实之道名。见本书《刘晏"分理"东路诸道考辨》。
⑥ 《旧唐书》卷49《食货志下》第2117页。
⑦ （宋）王溥撰：《唐会要》卷87《转运盐铁总叙》，1591页。
⑧ 《旧唐书》卷13《德宗纪下》，第373页。

生，与度支使、盐铁转运使鼎足而立，三司理财局面形成。

度支使与盐铁转运使分区域共掌财政，常因利权分割而发生矛盾，埋伏着分道扬镳的趋势。贞元八年（792年）度支使班宏与盐铁转运使张滂的利权之争甚嚣尘上，矛盾达到极其尖锐的程度。①第二年，裴延龄迁户部侍郎判度支，史称："自后，裴延龄专判度支，与盐铁益殊途而理矣。"②所谓殊途而理，据以后实际情况来看，不仅是把课税和其他财政事务分别归口掌管，而且，在职官任命上也改变了原来二使多在户部尚书侍郎中选授的惯例，此后的盐铁转运使多数是由户部以外官员担任；在行政职能上度支使不再有总揽"支计"的名义，而是二使各自建立财务收支系统。③这样，度支使和盐铁转运使完全成为两个独立的财政机关。

安史之乱爆发后，当度支使和盐铁转运使共掌财政之时，户部司的职事被这两个使职所取代，几乎处于完全闲置状态。④但是，德宗即位之后，特别是贞元四年（788年）建立户部别贮钱，户部司亦掌握了相当大一部分国家经费。起初，主管户部别贮钱的虽然依旧是一名户部侍郎，但是，其判案官旋即差遣化，并且，随着户部别贮钱的增加和度支、盐铁转运二使的独立，主管户部司及其别贮钱的户部侍郎便逐渐演变为户部使。至元和初年完成其演变过程，户部使成为与度支使、盐铁转运使鼎足而立的财政机关。⑤户部、度支、盐铁转运三司使职理财格局形成的明证，是元和十三年（818年）中书门下奏。该奏云：

> 户部、度支、盐铁三司钱物，皆系国用，至于给纳，事合分明。比来因循，都不剖析，岁终会计，无以准绳。盖缘根本，未有纲条，所以名数易为盈缩。伏请起自今以后，每年终，各令具本司每年正月一日至十二月三十日，所入钱数及所用数，分为两状，入来年二月内闻奏，并牒中书门下。其钱如用不尽，须具言用外余若干见在；如用尽，及侵用来年钱，并收阙，并须一一具言。……如可施行，望为常典。⑥

---

① 《旧唐书》卷123《班宏传》，第3519—3520页；《新唐书》卷149《班宏传》，第4803页。
② 《旧唐书》卷49《食货志下》第2119页；《唐会要》卷87《转运盐铁总叙》同。
③ 何汝泉：《唐代度支、盐运二使关系试析》，中国唐史学会编：《中国唐史学会论文集》，西安：三秦出版社，1993年，第160—161页。
④ 何汝泉：《唐户部司职事由繁变简述略》，《唐史论丛》第7辑，西安：陕西师范大学出版社，1998年，第72—77页。
⑤ 何汝泉：《唐代户部使的产生》，《历史研究》1995年第3期，第176—180页。
⑥ （宋）王溥撰：《唐会要》卷58《户部侍郎》，第1012页。

宰相们的这个奏请，经宪宗御批"从之"而付诸实行。从奏文来看，元和十三年（818年）以前，户部、度支和盐铁转运三个使司已经各自掌握着一部分国家经费，都有各自的出纳财务；只是因为缺乏"纲条"，没有明文规定的制度，而存在一些弊病，以致经费余缺的名目和数量，宰相们难以知晓。自此以后，规定三个财政使司都要向皇帝和宰相作年度财务结算报告。报告内容包括年入钱物数和支用钱物数两大项。如有积余或侵用（借支来年经费），有收入欠缺或支付欠缺，都要如实呈报。这就清楚地表明，户部、度支、盐铁转运三个使司已有各自的财务收入和支出系统，已经成为三个各自独立的中央财政机关，唐朝国家财政大权已经转入三司之手，以三司执掌国家财政为标志的使职理财完全形成。

总观使职理财，如果从乾元元年（758年）设置度支使、盐铁使算起，到北宋神宗元丰三年（1080年）官制改革，废止三司使，历时320多年。其间虽然有过种种变化，可是使职却总是充当财政职官的主角。仅此一点，足可表明使职理财并非历史的误会，也使人们不得不承认其本身所具有的历史正当性。假如它不是适应当时封建国家政治经济发展变化的需要，不具有比户部理财更优越的功能，而有那样长时段的生命力，那才是不可理解的。不过，从户部理财到使职理财，完全是一种自发的变革，最高决策者们总是把设置财政使职作为随事补苴的权宜措施，因而变革过程相当缓慢，停停置置，反复曲折，新旧交替时间拖得很长，使新制长期不能完善，优越性迟迟得不到充分发挥，缺陷也难以及时补正，这不能不说是一种历史遗憾。尽管如此，唐朝政治经济形势所发生的深刻变化，使僵化的旧财政职官制度难以适应新的要求，为了国家机器的继续运转，财政大权由尚书户部转到度支、转运二使，又从度支、盐铁转运二使发展为户部、度支、盐铁转运三使，最后形成具有"计相"地位的三司使。

原载《西南师范大学学报（哲学社会科学版）》1997年第1期

唐代转运使的设置与裴耀卿

唐代转运使的设置与裴耀卿有密切关系，作为首任转运使的裴耀卿，对漕运曾经做过重要贡献。本文主要从这两个方面，同时联系有关问题，作一些初步的论述。

一

在我国历史上，自秦汉以后，开始有漕运和管理漕运的官吏。现在能够知道的，如汉代有护漕都尉，晋朝曾设督运御史。[①]隋置募运米丁，漕转关东汾晋之粟给京师[②]，但是漕官阙如。总观隋代以前，漕官还不是一种常设的制度。到了唐代，漕运大为兴盛，才常设转运使一职来掌管漕政。可是，唐代的漕运，也还有一个由少到多、由近到远的发展过程，而漕政、漕官也发生着相应的变化。

唐初，漕运规模甚小，"贞观、永徽之际，禄廪数少，每年转运不过一二十万石，所用便足"[③]。永徽以后，漕运可能略有增加，所以，显庆（656—661年）时有在三门用六千人凿山架险以通陆运的举动[④]，咸亨（670—674年）时又有运晋绛之粟救济关中的记载，以致"河渭之间，舟楫相继"[⑤]。

唐初的转运是怎样进行的呢？

当时，地方征敛的租庸调物，无论是送到京师"供御"，还是送到边地"供军"，都由各州差纲运输。其转运程式和脚估运值都有明文规定。陆运一日，

[①] （宋）王应麟辑：《玉海》卷182《食货·汉护漕都尉、晋督运御史》，上海：上海书店、南京：江苏古籍出版社，1987年影印本，第3340、3342页。
[②] 《隋书》卷24《食货志》，第683页。
[③] （唐）杜佑撰：《通典》卷10《食货十·漕运》，第57页。
[④] （宋）王溥撰：《唐会要》卷87《漕运》，第1595页。
[⑤] （宋）王溥撰：《唐会要》卷87《漕运》，第1596页。

马行七十里，步行五十里，车行三十里。水运一日，上行：黄河三十里，长江四十里，其他河流四十五里；下行：黄河一百五十里，长江一百里，其他河流七十里。脚伕的运值，根据货物轻重贵贱的不同和道路平易险阻的差异来规定。如河南、河北、河东、关内四道诸州，较为平易的地区，马载每驮一百斤，运一百里，运值一百文，山路一百二十文；车载一千斤，运一百里，运值九百文；船载一千斤，运一百里，黄河上行十六文，下行六文。①管理漕运是中央政府户部的度支司。

这种状况，维持了约百年的时间，到开元（713—741年）年间才开始发生变化，试看下列几条记载：

> 明皇先天二年，始以陕州刺史李杰充陕州水陆运使。②
>
> 开元二年，又以河南尹李杰充水运使，大兴漕事。③
>
> （开元二十一年）拜裴耀卿为黄门侍郎、同中书门下平章事，兼江淮都转运使，以郑州刺史崔希逸、河南少尹肖炅为副使。④

由此可见，开元时，原来由度支掌握的漕运，现在设使职差遣官来经管；运使所及的地方，先是陕州，进而为河南，再发展到江淮；运使职务，初由刺史兼任，进而由府尹兼任，再发展到由宰相充当。总之，开元时，转运开始从六部职掌中分离出来，专设官员掌管，漕官也由度支郎中、员外郎变为运使、转运使。这是漕运行政管理体制上的一大变化。

为什么会出现这样的变化呢？

漕运管理体制的变化，是由漕运任务日趋繁重引起的。太宗、高宗时，每年漕运量不过一二十万石，便足够京师给用。到开元时，"国用渐广，每年陕、洛漕运数倍于前，支犹不给"。⑤增长数倍还不够支给的原因，第一是贵族、官僚数量膨胀，物用浩繁。唐朝建国以来百余年间，李氏皇族，枝叶繁衍，已形成庞大的贵族群。他们在政治上和经济上都享有最大的特权。玄宗为了不使诸王干扰政治，实行所谓敦睦兄弟和不令诸王出阁的措施，建立十王宅、百孙院，皇子皇孙附禁苑居住。十王宅每院配置四百宫人，百孙院每

---

① （唐）李隆基撰，李林甫注，〔日〕广池千九郎训点，内田智雄补订：《大唐六典》卷3《度支郎中员外郎》，第72页。
② （宋）王钦若等编：《册府元龟》卷483《邦计部·总序》，第5768页。
③ （宋）王钦若等编：《册府元龟》卷483《邦计部·总序》，第5768页。
④ 《新唐书》卷53《食货志三》，第1366页。
⑤ （唐）杜佑撰：《通典》卷10《食货十·漕运》，第57页。

院的宫人也不少于三四十人。政治上严加控制的同时，生活上则放纵他们任情享受，因此，在禁中建立一个专门仓库——维城库，以保证皇子皇孙们的给用。①随着贵族群的膨胀，宫嫔、宦官也迅速增加。神龙（705—707年）中已有宦官三千余人。唐玄宗时，宫嫔四万人，宦官增至四千多人。②文武官员的增长也毫不逊色，贞观六年（632年）内外文武官定员六百四十二人③，开元二十一年（733年）官员增至一万七千六百八十六人，另有佐史以上吏员五万七千四百一十六人。④官员增长二十六倍多。贵族、官吏的膨胀，便意味着俸禄开支、物资消耗的增加。神龙时卢怀慎已经指出："臣窃见京诸司员外官所在委积，多者数余十倍，近古以来未之有也。……奉禄之费，岁巨亿万，空竭府藏而已，岂致理之基哉！"⑤这还只说到员外官。第二是兵费增加。开元时，府兵（征兵）演变为募兵制，以前兵农结合，卫士自备戎装食粮，现在全靠政府供给，加之战事增多，兵费势必扩大。正如吕祖谦指出的："唐太宗以前，府兵之制未坏，有征行便出兵行兵，不征行，各自归散于四野，未尽仰给大农。所以唐高祖、太宗运粟于关中不过十万。后来明皇府兵之法渐坏，兵渐渐多，所以漕粟自此多。……唐中睿之后，府兵之法坏，聚兵既多，所以漕运不得不详。大抵这两件事相为消长，兵与漕运常相关。"⑥正是上述两个主要因素，使开元时漕运量迅猛上升。

漕运量的巨大增长，引起了一个新的矛盾，就是管理漕运的官府不相适应。

唐朝执掌政事的主要官僚机构——三省、六部、二十四司，已经成为固定的模式，很难随着经济政治的变化而变化。如户部的度支司，长官度支郎中，副长官度支员外郎，"掌判天下租赋多少之数，物产丰约之宜，水陆道途之利。每岁计其所出而度其所用，转运征敛送纳皆准程而节其迟速。凡和籴和市，皆量其贵贱，均天下之货以利于人"⑦。可见，这个司要掌握国家财赋每年所出所用的财政，并具体经理物资的运输送纳以及和籴、和市等各个方

---

① 《新唐书》卷82《十一宗诸子传》，第3616页。
② 《新唐书》卷207《宦者传上》，第5856页。
③ （唐）杜佑撰：《通典》卷19《职官一·序》，第106页。
④ （宋）司马光编著，（元）胡三省音注：《资治通鉴》卷213，唐玄宗开元二十一年六月条。《通典》卷19《职官一·历代官制要略·官数》载：大唐官一万八千八百五员，其中内官二千六百二十一，外郡县官一万六千一百八十五。（第109页，按：内外官数相加比总数多一员，必有一误）未详具体年代。
⑤ 《旧唐书》卷98《卢怀慎传》，第3066页。
⑥ （宋）吕祖谦：《历代制度详说》卷4《漕运·详说》，《景印文渊阁四库全书》，台北：商务印书馆，1986年影印本，第923册，第936页。
⑦ 《旧唐书》卷43《职官志二》，第1827页。

面各个环节的政务。①转运仅仅是这个司工作任务中一个方面的一个环节。这个司除正副长官之外，工作人员有相当办公室主任的主事二人（从九品上），相当于干事的令史十六人，相当于文书的书令史三十三人，相当于会计的计吏一人，相当于文书档案保管员的掌固四人（令史以下都是流外官），共计五十六人。而且各种工作人员的职务、分工和人数都是固定的。可是，随着唐朝经济政治形势的发展，各项任务的情况到开元时发生了很大的变化。就以转运来说，原来每年运一二十万石，现在每年要运一二百万石，不仅从陕州、洛阳转运，而且远自江南、淮南。这样，原来适合经管小量转运任务的官府，现在怎么能够胜任呢？

唐朝统治者对固有官府和职官不适应发展情况的矛盾，不是采取积极的改革方针，而是随事补苴。度支衙门办不了，便要陕州刺史以运使的名义经办；只由陕州办理也难于应付，又委河南府尹经办；漕运超出一个道的范围，扩大到淮南、江南，只好由宰相来兼管。这样，便在原来的度支司以外，出现了一个经管漕运的转运使。开始，转运使是临时性的差遣官，后来逐渐成为固定的职官。②可是，旧有的度支司机构仍然存在。

唐代中期出现的使职差遣官，差不多都类似于这种情况。

二

《册府元龟》《新唐书》等记载唐玄宗先天二年（713 年）陕州刺史李杰充任陕州水陆运使之后，都说"漕运之有使自此始也"③。这里说的漕运有使的开始，还和后来的转运使有所不同。转运使应该是自裴耀卿开始。

为什么说转运使应该从裴耀卿开始呢？因为"运使"与"转运使"在史籍上一般是有区别的。大凡经管一个州，一个道的漕运，一般叫作运使，如《唐会要》的《河南水陆运使》和《陕州水陆运使》条载：

> 开元二年，李杰除河南少尹充水陆运使。
> 天宝三载，李齐物除河南尹带水陆运使。
> 天宝十二载，令陕郡太守崔无诐充水陆运使。

---

① 度支职掌的解读，参阅本书《唐代度支职事由简变繁论略》第 1 节。
② 何汝泉：《唐代转运使成为固定职官考》，《西南师范学院学报（哲学社会科学版）》1982 年第 1 期，第 86—90 页。
③ （宋）王钦若等编：《册府元龟》卷 483《邦计部·总序》，第 5768 页；《新唐书》卷 128《李杰传》，第 4461 页。

> 贞元十年，河南尹齐抗充河南水陆运使。
> 贞元十三年，陕虢观察使于頔兼陕州水陆运使。①

凡是经管超出一个道范围的漕运，一般叫作转运使，如：

> 裴耀卿以黄门侍郎同中书门下平章事充江南、淮南转运使。②
> 韦坚凿广运潭成，加兼勾当缘河及江淮转运处置使。③
> 元载以户部侍郎为诸道转运使。④
> 第五琦以户部侍郎充诸道转运使。
> 刘晏以吏部尚书兼御史大夫充东都、河南、江淮、山南东道转运使。⑤

由此可见，运使与转运使除了经管地区有所不同之外，还有地位的差别。运使由州府官充任，属于地方官；转运使由朝官充当，属于中央官。转运使也还有一个从江淮转运使，到指明若干道转运使，再到诸道转运使的发展过程。⑥这表明转运使的经管范围也是逐步扩大的。

陕州河南运使先于转运使出现，而转运使出现以后相当长的时间内，其运使任务已归转运使而名义仍然存在，直到元和六年（811年）才明令取消，其诏令云："转运重务，专委使臣，每道有院，分督其任；今陕路漕引悉归中都，而尹守职名尚仍旧贯。……其河南水陆运、陕府陆运……等使额，并宜停。"⑦

正由于裴耀卿是第一个以朝官充任超出一个道的转运使，所以，裴耀卿应该是首任转运使。在他之前的李杰，只是一个地方运使。

裴耀卿既然是首任转运使，那么他受任的年代便应是转运使的始设时间。可是，这个年代的记载最为分歧，归纳起来有三种不同说法：（1）开元十八年说，见《唐会要·转运盐铁总叙》《册府元龟·邦计部·总序》。（2）开元二十一年说，见《通典·食货·漕运》《唐会要·转运使》《册府元龟·邦计

---

① 以上诸使见《唐会要》卷87诸篇。按：该篇有天宝十载加杨国忠陕郡水陆运使，乃杨慎矜之误，已由《通鉴考异》纠正。
② 《旧唐书》卷98《裴耀卿传》，第3081页；《新唐书》卷127《裴耀卿传》，第4453页；《新唐书》卷53《食货志三》，第1366页皆同。
③ 《旧唐书》卷9《玄宗纪》，第216页。
④ 《旧唐书》卷118《元载传》，第3409—3410页。
⑤ （宋）王溥撰：《唐会要》卷87《转运使》，第1600页。
⑥ （宋）王溥撰：《唐会要》卷87《转运使》。运使的区分，后有改观，请参阅《唐代地方运使述略》第1节。
⑦ 《旧唐书》卷14《宪宗纪上》，第437页。

部·漕运》《旧唐书·裴耀卿传》《新唐书·裴耀卿传》《新唐书·食货志》。
(3) 开元二十二年说,见《旧唐书·玄宗纪》、《旧唐书·食货志》、《资治通鉴》开元二十二年七月条。

开元十八年说,早已为日本学者青山定男所否定,他指出:此说的错误,在于把裴耀卿朝集京师,上便宜言漕运的时间,和受命任转运使的时间弄混淆了。①青山定男的意见是对的。

《资治通鉴》载于开元二十二年(734年),从《通鉴考异》知道,是依据《旧唐书·食货志》②。然而,《旧唐书·食货志》关于此事的记载矛盾很多,比如:置河阴,建北运,实行节级运输,本是裴耀卿改革漕运的主要措施,《旧唐书·食货志》却记载为这些措施实行之后,裴耀卿才被任命为转运使,这显然是不合乎逻辑的。然而《通典》《册府元龟·邦计部·漕运》《旧唐书·裴耀卿传》《新唐书·裴耀卿传》却不是这样。这些书都认为是在裴耀卿被任命为黄门侍郎、同中书门下平章事充转运使,然后再言置河阴,建北运,浮渭以实关中。因此《旧唐书·食货志》很可能有错误。就是说,裴耀卿任转运使是在开元二十一年(733年),而不是开元二十二年(734年)。

《旧唐书·玄宗纪》的记载还需要加以分析,才能明白真相。

> (开元二十二年)八月,先是驾至东都,遣侍中裴耀卿充江淮、河南转运使,河口置输场。壬寅,于输场东置河阴县。③

只从这条记载来看,似乎开元二十二年(734年)正月唐玄宗到达东都④后,才任命裴耀卿为转运使。但是,从"遣侍中裴耀卿"的记载,再联系其他记载,便可知道,这不是最初的任命。因为据《唐大诏令集》,裴耀卿受任作侍中在开元二十二年(734年)五月,并且是由黄门侍郎、同中书门下平章事迁侍中的。⑤而裴耀卿受任作黄门侍郎、同中书门下平章事的时间,在开元二十

---

① 〔日〕青山定男:《唐宋时代的转运使及发运使》原载《史学杂志》第44期第9号,友庄译文载《清华周刊》42卷1期,第99—111页。
② 〔宋〕司马光:《通鉴考异》曰:"旧纪云:充江淮以南回造使。今从旧食货志。"见《资治通鉴》卷214,唐玄宗开元二十二年七月条注
③ 《旧唐书》卷8《玄宗纪上》,第201页。
④ 《旧唐书》卷8《玄宗纪上》第201页:玄宗此次幸东都,于开元二十二年正月己巳(初六)出发,己丑(二十六日)到达。
⑤ 〔宋〕宋敏求编:《唐大诏令集》卷45《裴耀卿侍中……制》(开元二十二年),《景印文渊阁四库全书》,台北:商务印书馆,1986年影印本,第426册,第297—298页;《旧唐书·玄宗纪》同。

一年十二月丁未（十四日）①。又据《旧唐书·裴耀卿传》《新唐书·裴耀卿传》和《新唐书·食货志》，正是裴耀卿作黄门侍郎、同中书门下平章事的同时被任命作转运使的。所以，开元二十二年（734 年）五月迁侍中充转运使，实际上是继续作转运使，也就是《通典》说的"仍以裴耀卿为转运都使"②。据此，"驾至东都，遣侍中裴耀卿充江淮河南转运使"的记载，便不能理解为裴耀卿作转运使是玄宗到达东都以后才任命的。

裴耀卿受命任转运使应该是在开元二十一年十二月。这时，按公历计算已属公元 734 年。

裴耀卿罢转运使在何时呢？

各种记载都说裴耀卿主漕运"凡三年"。按此推算，罢使应在开元二十四年（736 年）。这年十一月，"侍中裴耀卿为尚书左丞相……并罢知政事"③。很可能同罢政事一起罢使。《裴耀卿张九龄尚书左右丞制》不载罢使④，只不过是由于转运使初设，又不是职官的本制，官文书上没有提到而已。

《旧唐书·食货志》载："明年，耀卿拜侍中而肖炅代焉"⑤。这里说的三点都不符合事实：（1）裴耀卿被代（即罢使），是在任使后三年而不是"明年"。（2）裴耀卿拜侍中后继续任使而不是罢使。（3）裴耀卿罢使后不是肖炅继续任使，因为据《旧唐书·食货志》《通典·食货·漕运》《资治通鉴》开元二十四年十一月条、《资治通鉴》二十六年六月条和《新唐书·吐蕃传》记载，开元二十四年（736 年）十一月以前，肖炅曾任户部侍郎，后即迁出为歧州刺史，直到开元二十六年（738 年）六月调任河西节度使，至开元二十七年（739 年）仍在河西任上。这期间，肖炅没有回朝作过官。所以，裴耀卿罢使后，不可能是肖炅接任转运使。

三

裴耀卿能够成为首任转运使，并取得相当大的成就，除了客观条件之外，有他自身不可忽视的因素。

裴耀卿（681—743 年）出生于户部尚书家庭，做过长安令，曾历任济州、

---

① （宋）宋敏求编：《唐大诏令集》卷 45《裴耀卿张九龄平章事制》开元二十一年，《景印文渊阁四库全书》，1986 年影印本，第 426 册，第 298 页；《新唐书》卷 82《宰相表》；《旧唐书》卷 8《玄宗纪》皆同。
② （唐）杜佑撰：《通典》卷 10《食货十·漕运》，第 57 页。
③ 《旧唐书》卷 8《玄宗纪上》，第 203 页。
④ （宋）宋敏求编：《唐大诏令集》卷 55，《景印文渊阁四库全书》，第 426 册，第 391 页。
⑤ 《唐会要·转运盐铁总叙》《册府元龟·邦计部·总序》皆同。

宣州、冀州刺史等地方官。在济州任上，适逢唐玄宗东巡，他主持本州内三梁十驿的接待工作。那里地广人稀，条件不好，但是，他调配有方，既不过分扰民，又使皇帝一行满意，工作做得相当出色。值得注意的是，接待完了，他向玄宗提意见说："人或重扰，即不足以告成。"①这是告诫玄宗不要过分骚扰、役使百姓。然而，当裴耀卿在宣州时，遇到大水冲坏堤防，诸州官吏怕负兴役罪名而不敢治理时，他毅然站出来，调集民工进行修筑。可见，同是役使民力，在什么事情上是对的，应该做，什么事情上不对，要慎重行事，他有清晰的判断力，而且勇于兴利除弊。后来，裴耀卿做了中央的户部侍郎。有一次，他受命以二十万匹绢去赏赐征讨契丹有功的奚官。他估计，邻近的一些少数民族首领可能有所行动，便预先作了巧妙的安排。果然，当赏赐完毕时，突厥、室韦等部前来袭劫，但是一无所得。这些说明，裴耀卿在担任转运使以前，已经积累了相当丰富的行政经验，具有出色的政治才干，为他后来的漕运工作奠定了基础。

开元十八年（730 年），裴耀卿朝集京师，向唐玄宗上疏，提出改革漕运的方案。这便是历史上著名的"节级取便"运输法，也就是分段运输法。其主要内容是：以江、淮、汴水为一段，江淮漕船运到河汴相交的河口，便建仓贮纳；河口至洛口为一段，运往东都的物资，在洛口建仓贮纳，河船不入洛水；由黄河运往长安的物资，也根据水情，利用沿河仓库，节级贮运。

裴耀卿在上疏中明确指出，他的方案是要改变"国家旧法，往代成规""择制便宜"，就是要把旧法陈规改变为适合时情，最有利益的漕运新法规。这表现了他鲜明的革新精神。裴耀卿要建立的漕运新法规，有一个显著的特点便是灵活性，"水通则随近运转，不通则且纳在仓"，废止那种"旷年长运"的僵死办法。裴耀卿很注重效益，他对新方案的效益有认真的计算，指出：新方案"不滞远船，不忧欠耗，比于旷年长运，利便一倍有余"。并且，他还提出进一步增加效益的设想：

> 江南船至河口即却还本州，更得其船充运，并取所减脚钱，更运江淮变造义仓。每年剩得一二百万石，即数年之外，仓廪转加。其江淮义仓，多为下湿，不堪久贮，若无般运，三两年色变，即给贷费散，公私无益。②

这是利用不再进入黄河的江南船只和减省下来的运费，转运江南剩余的义仓粮米。这样，一方面可以增加京师仓廪储量；另一方面还可使剩余粮米免于

---

① 《新唐书》卷 127《裴耀卿传》，第 4452 页。
② （唐）杜佑撰：《通典》卷 10《食货十·漕运》，第 57 页。

烂坏，于公于私都有利。

裴耀卿能够提出这样的漕运改革方案，是和他对经济形势和漕运现状的体察有关系的。他在上疏中说：

> 江南户口稍广，仓库所资，唯出租庸，更无征防。缘水陆遥远，转运艰辛，功力虽劳，仓储不益。①

这里，他指出了江南与国家仓储的关系。江南是国家仓储的重要来源，仓储丰溢与否，取决于转运能否顺利进行，这正是他要提出改革漕运的前提。他还在上疏中说：

> 窃见每州所送租及庸调等，本州正月二月上道，至扬州入斗门，即逢水浅，已有阻碍，须停留一月以上；三月四月后，始渡淮入汴，多属汴河乾浅，又船运停留；至六月七月后，始至河口，即逢黄河水涨，不得入河，又须停一两月；待河水小，始得上河入洛，即漕路乾浅，船艘隘闹，般载停滞，备极艰辛。计从江南至东都，停滞日多，得行日少，粮食既皆不足，折欠因此而生。又江南百姓，不习河水，皆转雇河师水手，更为损费。②

这里所言情况，如果没有亲身体察，是不会知道得这样真切的。这说明他的改革方案绝不是凭空想像出来的，而是他对社会实际进行认真观察、分析的产物。

裴耀卿开元十八年（730年）的上疏，是我国历史上第一篇漕运专论。它的意义，除了漕运改革之外，还在于揭示了一个尚不十分显露的社会经济的变化问题——经济重心南移。江南逐渐成为经济重心，是中古时期社会经济的重大变化，安史之乱以前还不甚显著，很少有人谈到。可是，裴耀卿触及了，并且提出了对策，可见他的洞察力比同时代的人略高一筹。不过，他当时还只是从一般命题提出的，他对自己改革方案包含的深远意义，实际上还不甚明了。然而能在这时就把一个重大社会问题的苗头捉住，应该说是难能可贵的。

但是，裴耀卿的意见并没有受到唐玄宗的重视，"疏奏不省"。除了别的因素以外，恐怕是和问题还未充分暴露有关系。

开元二十年（732年），裴耀卿迁京兆尹。第二年秋，"霖雨害稼，京城谷贵"，唐玄宗不得不东奔洛阳就食。问题尖锐了，才想起曾经上疏言漕运的裴耀卿，于是"独召耀卿问救人之术"③。裴耀卿应召奏对，再次提出漕运问题。

---

① （唐）杜佑撰：《通典》卷10《食货十·漕运》，第56页。
② （唐）杜佑撰：《通典》卷10《食货十·漕运》，第56—57页。
③ 《旧唐书》卷98《裴耀卿传》，第3080页。

经过几年的思索和现实验证，他的认识更高了，改革方案也更加成熟了。

这次上疏，裴耀卿首先从解救当前"危急"的方略入手，论证了改革漕运的必要性。他提出三条解危办法：（1）皇帝带领文武百官到东都就食，即所谓"大驾东巡，百司扈从"，以减轻长安的压力。（2）把京师省下来的粮食用来赈济百姓，即所谓"诸州及三辅先有所贮，且随见在，发重臣分道赈给"。（3）增加漕运，即所谓"从东都广漕运，以实关辅"。在他看来，前两条不过是临时性的救急措施，只有后一条才能从根本上解决问题，因此，他着重从两个方面，论证了改革漕运的重要意义。从地理方面，他指出：

> 臣以国家帝业，本在京师，万国朝宗，百代不易之所。但为秦中地狭，收粟不多，傥遇水旱，便即匮乏。

接着他从历史方面加以论述：

> 往者贞观、永徽之际，禄廪数少，每年转运不过一二十万石，所用便足，以此车驾久得安居。今升平日久，国用渐广，每年陕洛漕运，数倍于前，支犹不给。[1]

在此基础上，他提出"更广漕运"的主张，说如果"更广漕运"，使京师"仓廪常有二三年粮"[2]，就不用忧虑水旱了。

第二，对"节级取便"运输法作了进一步的陈述：

> 于河口置一仓，纳江南租米，便令江南船回。其从河口，即分入河、洛，官自雇船载运。河运者，至三门之东，置一仓。既属水险，即于河岸傍山车运十数里。至三门之西，又置一仓。每运置[依《册府》应作"至"]仓，即般下贮纳。水通即运，水细便止。渐至太原仓，沂河入渭，更无停留，所省巨万。[3]

第三，补充了两条重要措施，其一是经费筹集办法：

> 今日天下输丁约有四百万人，每丁支出钱百文充陕洛运脚，五十文充营窖等用。贮纳司农及河南府陕州，以充其费。[4]

---

[1] （唐）杜佑撰：《通典》卷10《食货十·漕运》，第57页。
[2] （唐）杜佑撰：《通典》卷10《食货十·漕运》，第57页。
[3] （唐）杜佑撰：《通典》卷10《食货十·漕运》，第57页。
[4] （唐）杜佑撰：《通典》卷10《食货十·漕运》，第57页。

这就是用四百万输丁的代役庸钱，充"官自雇船"的运费。其二是利用旧仓：

>臣常任济、定[据新旧《唐书》本传应作"宣"]、冀等三州刺史，询访故事。前汉都关内，年月稍久，及隋亦在京师，缘河皆有旧仓，所以国用常赡。若依此行用，利便实深。①

这次上疏与开元十八年（730年）相比，漕运改革方案显然更完备了，可是最大的特点，还在于对改革漕运意义的阐述。这次从地理、历史和现实各方面论述改革意义，比上次站得更高，视野更广阔，认识也就更深刻了。但是，有一点却是耐人寻味的。开元十八年（730年），他强调江南漕船"般载停滞，备极艰辛"，而改革漕运就可以"不滞远船，不忧欠耗"。这主要是从江南地方政府角度着想，也包含有照顾租庸脚士、船工水手的意思。这次讲的是"为国大计"，"若能开通河漕，变陆为水，则所支有余，动盈万计"，使水旱无忧。这完全是为国家、为天子着想。还有一点，开元十八年（730年）对于欠耗问题，说是由于路途停留时间太长，船工水手们带的粮食吃完了，不得不把运送的粮食弄来填肚子，所以发生折欠。即是说，发生折欠是迫不得已，情有可原。这里包含着一定的同情。而这次却说"日月既久，遂生隐盗"，把折欠说成是"隐盗"。这不仅没有同情，而是指斥、责备。发生这样的变化，第一是由于他的地位变了。开元十八年（730年）的裴耀卿，是一个宣州刺史。地方官与老百姓比较接近一些，容易看到下层人民的疾苦。开元二十一年（733年）的裴耀卿，已经是一位国都长安的长官，天子身边的大臣，自然要事事为国家、天子着想。而且高居庙堂，对地方情况见得少了，与下层人民接触少了，思想感情也会发生变化。这是容易想象得到的。第二是不是还可能有另外的原因呢？是否可以作这样分析：开元十八年（730年）上疏，虽然言之切切，结果"疏奏不省"。因此，这次为了取得天子批准，实现漕运改革的抱负，便有意回避一些问题，不说那些天子不爱听的话，多说些迎合天子的话，如充实仓库、不忧水旱等。换句话说，裴耀卿两次论说漕运改革出发点的变化，是出于策略。这种推测也还有两点旁证：一是裴耀卿主持漕运，节省脚钱三十万贯时，有人向他建议，把所省的钱进献给皇帝，一则可以表明自己的功劳，二则个人可以得到莫大的好处。可是，裴耀卿说："此盖公卿盈缩之利耳，不可以之求宠也。"②结果，他把这笔钱给有关部门作

---

① （唐）杜佑撰：《通典》卷10《食货十·漕运》，第57页。
② 《旧唐书》卷98《裴耀卿传》，第3081页。

了和市、和籴的本钱。这说明裴耀卿不是一个邀功求宠的人。由此可以推知，开元二十一年（733年）上疏改换论说出发点，并不是为了达到个人的私利。二是从前面举到过那个赏赐奚官的事例来说，裴耀卿的策略意识是比较强的，因此，这次上疏的论说角度的改变，很可能是出于策略的考虑。

无论怎样，裴耀卿开元二十一年（733年）上疏打动了玄宗皇帝的心，被任命为黄门侍郎、同中书门下平章事，兼主管漕运的转运使，又以郑州刺史崔希逸和河南少尹萧炅为副使。于是，在河口设置河阴县及河阴仓，在清河县设置柏崖仓，三门东设置集津仓，三门西设置三门仓①，开三门北山十八里用作陆运，以避三门水险。漕船从江南、淮南，经汴河，把租庸调物送纳河阴仓，再根据黄河水情，一部分送到含嘉仓，供东都之用；另一部分递送到陕州的太原仓，然后再溯河经渭水运到长安。裴耀卿设计的从河阴到陕州这段特别艰险的运输，当时叫作北运。裴耀卿经过三年的努力，取得运粮七百万石，省脚钱三十万贯的好成绩。他的改革获得了巨大的成功。

开元二十四年（736年）十一月，因为李林甫怀恨张九龄，在玄宗面前说了坏话，张九龄被免去了宰相职务。裴耀卿同张九龄的关系很好，被视为张的同党，也同时被免去宰相和转运使。不久，北运也被停罢了。

裴耀卿的转运使职务及其经营的北运虽然被停罢了，但是，他创立的"节级取便"运输法，后来经过刘晏的进一步发展，成为唐代中后期漕运的基本程式。王夫之称裴耀卿为唐代的"才臣"，认为他的漕运法体现了"知通"。所谓知通，就是懂得通变。"江河各一其理，南北舟工各一其习，水之涨落各一其时，舟之大小各一其制，唯不知通也，以一舟而历数千里之曲折。"这是不知通变，必然要失败。而裴耀卿却不是这样，他"因天之雨旸，就地之险易，任人之智力，为其所可为，不强物以自任，则以理繁难，试艰危，通盈虚，督偷窳，禁侵盗，无不胜也"。这是说，裴耀卿的漕运法能够因时、因地、因人以制变，变之则通，因而具有普遍意义，"可为万世法"②。这是王夫之从哲理高度，对裴耀卿漕运改革作的评价，应该说是相当中肯的。

原载《西南师范学院学报（哲学社会科学版）》1986年第1期

---

① 三门仓，《旧唐书》卷49《食货志下》作盐仓。
② （清）王夫之撰：《读通鉴论》卷22，续修四库全书编纂委员会编：《续修四库全书》，上海：上海古籍出版社，2002年，第450册，第175页；又见北京大学儒藏编纂与研究中心编：《儒藏》，精华编178，北京：北京大学出版社，2014年，第718页。

唐代转运使成为固定职官考

唐代的转运使是一种重要的差遣官。

瞿蜕园先生在《历代官制概述》中说：转运使是一项"唐代临时性质的要职"[①]。这对初置时来说是对的。不过，唐代的转运使并非一直都是临时性的。陈仲安先生《唐代的使职差遣》一文已经指出：唐玄宗时，在财政部门出现了名目繁多的使职，"这些使职有些是因事立名，事罢即废，如劝农使等；有些则逐渐形成为长期设置的固定职务了，如转运使等便是"[②]。的确，在财政方面的许多差遣官中，转运使是一种由临时性逐渐变成固定的重要职官。

唐代转运使是怎样由临时演变成为固定职官的，何时固定下来的，成为固定职官以后，其职掌、僚属等情况如何，本文将试作一个初步的考察。

一

唐代转运使的设置，应该是以开元二十一年（733年）裴耀卿以黄门侍郎、同中书门下平章事充转运使为开始。在这之前，虽然有陕州运使、河南运使的设置，只可看作转运使的前身，和裴耀卿以后的转运使有所区别。

裴耀卿是怎样任命为转运使的呢？

开元十八年（730年），裴耀卿以宣州刺史身份朝集京师，"上便宜事条"[③]提出"节级取便"改革漕运的建议。虽然言之谆谆，结果是"疏奏不省"。可是，到开元二十一年（733年），已晋升为京兆尹的裴耀卿，重提漕改意见时，唐

---

① 瞿蜕园：《历代官制概述》，（清）黄本骥编：《历代职官表》，上海：上海古籍出版社，1980年，第16页。
② 陈仲安：《唐代的使职差遣制》，《武汉大学学报（人文科学版）》1963年第1期，第92页。
③ 裴耀卿任转运使的时间有不同记载，这里从《通典》；裴耀卿的职称亦有多种不同记载，这里从《旧唐书》卷98《裴耀卿传》。

玄宗却"深然其言",而且"大悦"。于是,便任命他为转运使,并按照他的计划,对从河口到长安的漕运,进行了重要的改革,收到了"凡三年,运七百万石,省陆运之佣四十万贯"的显著效果。①

为什么开元十八年(730年)建议不被理睬,而三年后旧议重提时,立即采纳,而且,特以转运使职授与裴耀卿呢?从裴耀卿两次上疏的内容来看,改革漕运的办法是基本相同的②,而有一点不同,那就是他变换了建议的出发点。第一次,裴耀卿在申述改革的好处时,说可以"不滞远船,不忧欠耗,比于旷年长运,利便一倍"③。此主要是从改变江南各州"转运艰辛"的情况出发。这点,对醉心于轻歌曼舞的唐玄宗及其大臣们,很难说有什么吸引力。因为,他们只要仓库里还有可供享用的物资,至于那些长年累月,栉风沐雨,跋涉在漕运线上的租庸脚士们,是不会怎么关心的。裴耀卿第二次上疏,针对当时的情况,说他的改革办法可以广致"国用",达到"所支有余,动盈万计""无忧水旱"。④如果是平常年成,也很难说这席话能起多大作用。但是,裴耀卿这次上疏,正值京师出现了一时的困难:"京师雨水害稼,谷价踊贵。"⑤大概是太仓告竭,唐玄宗在长安已经待不下去了,准备向东都"就食"。正是在这种情况下,裴耀卿的建议才打动了玄宗皇帝,唐玄宗便任命他以黄门侍郎、同中书门下平章事充转运使,实施漕运改革。转运使就这样出现了。

转运使的设置,从地理和历史情况来考察,无疑是存在着长久性因素的,正如裴耀卿曾经指出的:

> 秦中地狭,收粟不多,傥遇水旱,便即匮乏。往者贞观永徽之际,禄廪数少,每年转运一二十万石,所用便足,以此车驾久安。今居升平日久,国用渐广,每年陕洛漕运,数倍于前,支犹不给。⑥

---

① 《旧唐书》卷49《食货志下》,第2116页。
② 裴耀卿开元十八年(730年)上疏云:"伏见国家旧法,往代成规,择制便宜,以垂长久。河口元置武牢仓,江南船不入黄河,即于仓内便贮。巩县置洛口仓,船从黄河,不入洛水,即于仓内安置。爰及河阳仓、柏崖仓、太原仓、永丰仓、渭南仓,节级取便,例皆如此。水通则随近运转,不通则且纳在仓。"二十一年上疏云:"臣请于河口置一仓,纳江南租米,使江南船回。其从河口即分入河洛,官自雇船载运。河运者,至三门之东,置一仓。既属水险,即于河岸傍山车运十数里。至三门之西,又置一仓。每运置仓,即般下贮纳,水通即运,水细即止。渐至太原仓,沂河入渭,更无停留,所省巨万。"可见两次建议办法基本相同。见《通典》卷10《食货十·漕运》,第56—57页。
③ (唐)杜佑撰:《通典》卷10《食货十·漕运》,第56—57页。
④ (唐)杜佑撰:《通典》卷10《食货十·漕运》,第56—57页。
⑤ (唐)杜佑撰:《通典》卷10《食货十·漕运》,第56—57页。
⑥ (唐)杜佑撰:《通典》卷10《食货十·漕运》,第56—57页。

虽然客观上存在这些并非偶然的因素，但是，当时玄宗等统治者的心目中，不过是为了解救一时匮乏而已。就是说，他们是作为一项应急的临时性措施而采取的。因此，说转运使的出现具有临时性质，是完全正确的。

如果我们把对转运使的考察，随着时间向前推移，便不难发现，不仅裴耀卿任转运使具有临时性质，就是到安史之乱爆发前，转运使仍然是一个不固定的职官。

按《唐会要·转运使》记载，自裴耀卿罢使以后，到乾元元年（768年）三月第五琦担任转运使前，这期间有以下三届转运使：

开元二十二年九月，太府少卿萧炅充江淮处置转运使。
天宝二年四月，陕郡太守韦坚，加兼勾当缘河及江淮转运使。
天宝四载八月，杨钊除殿中侍御史，充水陆转运使。①

又据《旧唐书·食货志》记载，这段时间内转运使更代情况是：

明年，萧炅代裴耀卿。
天宝三载，韦坚代萧炅。
是年②，杨钊代韦坚。③

这里，首先需要澄清以下几个事实，然后才可能进行分析。

（1）萧炅代裴耀卿任转运使的时间，不是开元二十二年（734年），因为和裴耀卿任转运使"凡三年，运七百万石"④的记载显然不合。错误可能发生在对《旧唐书·食货志》所谓"明年"的误解上，以为是受任的明年，即开元二十二年（734年）。但是，仔细考察《旧唐书·食货志》该段行文，所谓"明年"，实在是指"凡三年运七百万石"的明年。所以，萧炅代裴耀卿任转运使的时间，应该是开元二十四年，即736年。

（2）韦坚任转运使的时间，应从《旧唐书·食货志》，以天宝三载（744年）为是。

（3）"韦坚代萧炅"之说不确，因为萧炅即便任过转运使，时间也很短（详见后文），根本没有担任到天宝三载（744年）。

---

① （宋）王溥撰：《唐会要》卷87《转运使》，第1599页。
② 按《旧唐书·食货志》的行文，此"是年"系指天宝三载（744年）。
③ 《旧唐书》卷49《食货志下》，第2116页。
④ 《通典·食货·漕运》《旧唐书·食货志》皆有此记载。《唐会要》卷87、《转运盐铁总叙》第1587页还明确说"耀卿主之三年"。

（4）杨钊是杨慎矜之误；杨慎矜也不是天宝三载（744年）代韦坚。这已由《资治通鉴》作了纠正。《资治通鉴》卷215载杨慎矜代韦坚于天宝四载（745年）九月，并由《通鉴考异》指出："《旧唐书·食货志》'三载以杨钊为水陆运使'误也。今从《实录》。"

如果把未订正前的《唐会要》和《旧唐书》的记载结合起来一看，好像裴耀卿之后，转运使连续不断，似乎已经不是临时性的了。然而从订正后的情况，并结合其他记载来看，则大为不然。

先以萧炅来说，若依《旧唐书·食货志》"韦坚代萧炅"的记载，萧炅的任期则是从开元二十四年（736年）到天宝四载（745年），长达十年之久。实际上并不是这样。萧炅其人，《旧唐书》《新唐书》无传。《资治通鉴》卷214在追述李林甫与张九龄的矛盾缘由时说：

> 林甫引萧炅为户部侍郎。炅素不学，尝对中书侍郎严挺之读"伏腊"为"伏猎"。挺之言于九龄曰："省中岂容'伏猎侍郎'！"由是出炅为岐州刺史。①

又开元二十六年（738年）六月条云：

> 以岐州刺使萧炅为河西节度使，总留后事。

又开元二十七年（739年）八月条云：

> 吐蕃寇白草、安人等军，陇右节度使萧炅击破之。

《旧唐书·吐蕃传》关于萧炅在岐州、河西的记载，和《资治通鉴》大体相同。②这些记载表明，萧炅在开元二十四年（736年）十一月以前，已由户部侍郎调任岐州刺史，开元二十六年（738年）代崔希逸为河西节度使，开元二十七年（739年）仍在陇右。根据上文证明萧炅是开元二十四年（736年）代裴耀卿任转运使的，那么，第一，他代裴耀卿任转运使的时间，即使在开元二十四年（736年）初，任期也不会超过几个月。第二，没有任何迹象说明开

---

① （宋）司马光编著，（元）胡三省音注：《资治通鉴》卷214，唐玄宗开元二十四年十一月条。
② 《旧唐书》卷196《吐蕃传上》载：开元二十四年，散骑常侍崔希逸为河西节度使，于凉州镇守。因失信于吐蕃，怏怏于军。俄迁为河南尹（《资治通鉴》载开元二十六年五月丙申以崔希逸为河南尹），行至京师而死。诏以岐州刺史萧炅为户部侍郎判凉州事，代崔希逸为河西节度使。至二十七年萧炅仍遣偏将掩击从白草军撤退的吐蕃军（第5233—5234页）。

元二十七年（739年）以后萧炅再担任过转运使，因此，《旧唐书·食货志》所说天宝三载（744年）韦坚"代萧炅"全属子虚乌有。第三，开元二十四年（736年）萧炅由户部侍郎、转运使①调任岐州刺史以后，不见有人继任转运使。

再以韦坚来说，《旧唐书》的《韦坚传》有如下记载：

> （开元）二十五年，为长安令，以干济闻。与中贵人善，探候主意。见宇文融、杨慎矜父子以勾剥财物争行进奉而致恩顾，坚乃以转运江淮租赋，所在置吏督察，以裨国之仓廪，岁益钜万。玄宗以为能。天宝元年三月，擢为陕郡太守、水陆转运使。②

由此可见，开元二十五年（737年）到天宝元年（742年）这段时间，有身为长安令的韦坚以例兼东渭桥太仓出纳使经理"转运江淮租赋"事。直到天宝二年（743年）韦坚凿广运潭，进献江南方物，博得玄宗极大欢心，又才"进兼江淮南租庸转运处置等使"③。

杨慎矜天宝四载（745年）代韦坚任转运使。其罢使时间，据《旧唐书》的《玄宗纪下》天宝六载（747年）十一月载：

> 户部侍郎杨慎矜及兄少府少监慎余与弟洛阳令慎名，并为李林甫及御史中丞王鉷所构，下狱死。④

由此可见，杨慎矜罢使时间无论如何不会超过天宝六载。那么，天宝六载到安史之乱爆发的十四载（755年），这八九年间的情况怎样呢？天宝十四载（755年）八月发布过一道制书说：

> 所运粮储，本资国用。太仓今既余羡，江淮转输艰劳；务在从宜，何必旧数。其来载，水陆运入京宜并停。⑤

可见这段时间内漕运仍在进行。但是，不见有转运使授任的记载。《旧唐书·食货志》有这样一句话："天宝以来，杨国忠、王鉷皆身兼重使，以权天下。"可是，查诸史书，除杨国忠曾加陕郡水陆运使称号外，杨国忠、王鉷所

---

① 萧炅是由转运使迁户部侍郎，还是以户部侍郎充转运使，无从确考，故并列之。
② 《旧唐书》卷105《韦坚传》，第3222页。
③ 《新唐书》卷134《韦坚传》，第4561页。
④ 《旧唐书》卷9《玄宗纪下》，第221页。
⑤ （宋）王钦若等编：《册府元龟》卷498《邦计部·漕运》，第5968页；《旧唐书》卷49《食货志下》点校者依《唐会要》改作"水陆宜停一年"（第2116、2131页）。

兼的众多使职中，找不到转运使或江淮转运使的名称。

综观上述情况，可以得到这样两点认识：

第一，开元二十五年（737年）至天宝十四载（755年）近二十年间，有转运使的时间，加起来不到六年，大部分时间实际上并没有设置转运使。

第二，没有设置转运使的时候，转运仍在进行。而经理漕运的，并不一定都是转运使。

此外，还可以看到，这段时间的转运使，并不完全是因事而设，正如《新唐书·食货志》所指出的："自裴耀卿言漕事，进用者常兼转运之职，而韦坚为最。"受宠进用的人，便给转运使的职称。转运使这个头衔，多少带有几分荣赏意味。

总之，安史之乱前，转运使一职仍然是尚未固定下来的临时差遣官。

二

安史之乱以前，转运使处于时断时续、或有或无的临时状态。如果说是由于那时主要依靠关中、河南、河北地区，通过原有那套州县差纲运送租赋的体制，一般年成还能满足唐王朝的需要，那么，安史之乱使社会经济形势发生的重大变化，则是促成转运使固定化的基本原因。

安史之乱后社会经济变化的主要表现，是北方残破，经济重心向南转移。昔日经济发达的黄河中下游地区，成为"人烟断绝，千里萧条"[①]，"函陕凋残，东周尤甚，编户千余而已。人烟萧条，兽游鬼哭"[②]。呈现一片荒凉景象。素称沃野的首都所在地——关中，也是"数遭兵荒，州县萧条，无以供拟"[③]。"时新承兵戈之后，中外艰食，京师米价斗至一千，官厨无兼时之积，禁军乏食，畿县百姓授穗以供之。"[④]可是，长江流域地区，因为安史之乱战火幸未延及，加之北方避乱人口大量南迁，劳动力迅速增加，南北生产技术得到交流，在优越的自然条件下，社会经济尚能继续向前发展。

另外一个重要变化，是唐王朝租税的征收和输送体制进一步破坏，正如《资治通鉴》卷226建中元年正月条载：

> 玄宗之末，版籍浸坏，多非其实。及至德兵起，所在赋敛，迫趣取

---

① 《旧唐书》卷120《郭子仪传》，第3457页。
② （宋）王溥撰：《唐会要》卷87《转运盐铁总叙》，第1589页。
③ （宋）司马光编著，（元）胡三省音注：《资治通鉴》卷222，唐肃宗宝应元年九月条。
④ 《旧唐书》卷123《刘晏传》，第3511—3512页。

办，复无常准。①

又建中元年七月条云：

> 初，安史之乱，数年间，天下户口什亡八九，州县多为藩镇所据，贡赋不入朝廷，府库耗竭。②

正当国家内外多事，开支迅猛增加的时候，原来的租税征收和输送体制破坏，收入大为减少，于是，财政陷入了严重的窘境。

在这种情况下，政治军事中心仍在关中的唐王朝，要想继续维持下去，除了采取强有力的措施，把长江流域的财赋有效地输送到京师，是没有其他出路的。

对于形势的变化，唐朝统治者还是有所察觉的。《唐会要》卷87《转运盐铁总叙》载：

> 是时，朝议以寇盗未戢，关东漕运，宜有倚办。遂以通州刺史刘晏为户部侍郎、京兆尹、度支、盐铁、转运使。③

这是宝应元年（762年）六月的事。那时，安史之乱尚未平息，朝议已经开始注意关东漕运了。而当时对形势认识得最清楚，措施考虑得最周密的，要数这位新任命的转运使刘晏。

宝应元年（762年）六月，刘晏虽然受命为转运使，但是，洛阳还在史潮义手中，"租庸盐铁泝汉江而上"，"江淮粟帛由襄汉越商於以输京师"④，由"总东南贡赋"的穆宁在经理。到这年十月，雍王李适统河东、朔方及诸道行营和回纥等兵十余万人，在横水大破史军，再次收复洛阳以及河阳、汴、郑、滑、相、魏等州。接着，安史旧将张忠志以赵、定、深、恒、易五州归顺，赐名李宝臣，充成德军节度使。这样，为东南粟帛通过江、汴、河、渭输入京师，扫除了最大的障碍。十一月再次任命刘晏为河南道水陆转运都使。⑤于是，他让卸任户部侍郎和京兆尹的职务，带着吏部尚书、同平章事的头衔，领度支、盐铁、转运诸使，便着手开展漕运工作。

---

① （宋）司马光编著，（元）胡三省音注：《资治通鉴》卷226，唐德宗建中元年正月条。
② （宋）司马光编著，（元）胡三省音注：《资治通鉴》卷226，唐德宗建中元年七月条。
③ （宋）王溥撰：《唐会要》卷87《转运盐铁总叙》，第1588页。
④ 《新唐书》卷53《食货志三》，第1368页。
⑤ 这次任命见于《资治通鉴》卷222，唐肃宗宝应元年十一月己丑条，而《旧唐书》《新唐书》的纪、传皆不载。

刘晏"以转运为己任"①，亲自考察泗水、汴渠和黄河的航道与堤堰，广泛进行调查研究。②在此基础上，他给当时的宰相元载写了一封信，"具陈漕运利病，令中外相应"。③

这封著名的《遗元载书》，既表达了刘晏对漕运的深刻认识和大胆设想，也反映了他为漕运工作顺利开展的良苦用心。

刘晏在《遗元载书》中，一开始就提出了一个全部改由水路运输长江中下游租赋的大胆设想，并指出其重大意义，他说：

> 浮于淮泗，达于汴，入于河，西循底柱、硖石、少华，楚帆越客，直抵建章、长乐。此安社稷之奇策也。

为什么这是"安社稷之奇策"呢？把长江中下游地区的积谷运到长安，就会使整个局面为之改观，而且对宰相本人也非常有利：

> 三秦之人，待此而饱；六军之众，待此而强。天子无侧席之忧，都人见泛舟之役。四方旅拒者可以破胆；三河流离者于兹请命。相公匡戴明主，为富人侯。此今之切务，不可失也。④

刘晏还把其重大意义条分缕析，进行了详细的阐释。

刘晏不是只讲大话的空想家，而是脚踏实地的实干家。他不仅理解漕运的意义，而且对存在的困难，也有清醒的认识。他在《遗元载书》中指出：第一是劳动力方面的困难，"于无人之境，兴此劳人之运"，困难当然不小。第二是航道方面的困难，"河汴有初，不修则毁淀"，平常每年都要疏浚修理，何况"倾因寇难，总不掬拓"，修复工程必然十分艰巨。第三是寇盗为患。第四是军阀留拦。尤其是最后一点，为安史之乱平定以后，漕运的最大障碍，正如他指出的：

> 东自淮阴，西临蒲坂，亘三千里，屯戍相望。中军皆鼎司元侯，贱卒仪同青紫。每云食半菽，又云无挟纩。挽漕所至，船到便留。即非单

---

① 《旧唐书》卷123《刘晏传》，第3512页。
② 刘晏在《遗元载书》中云："驱马陕郊，见三门渠津遗迹。到河阴、巩洛，见宇文恺置梁公堰，分黄河水入通济渠。大夫李杰新堤，饰象河庙，凛然如生。涉荥郊浚泽，遥瞻淮甸。步步探讨，知昔人用心。"（《旧唐书》卷123《刘晏传》第3512页）记载了他调查研究的情况。
③ （宋）司马光编著，（元）胡三省音注：《资治通鉴》卷223，唐代宗广德二年二月条。
④ 刘晏：《遗元载书》，《旧唐书》卷123《刘晏传》，第3512页。

车使、折简书所能制矣。①

刘晏没有在困难面前畏缩不前，他正视困难，并且准备以"不辞水死"，"见一水不通，愿荷锸而先往；见一粒不运，愿负米而先趋"②的决心和行动，来克服困难。

刘晏给元载的信，产生了积极的效果，引起了执政者们对漕政进一步重视，"元载得晏书，尽以漕事委之"③，"凡漕事亦皆决于晏"。④这样，刘晏为漕运工作的开展，争取到了有利的条件。

正是在上述客观和主观条件成熟的情况下，刘晏才有可能大刀阔斧地进行漕运工作。转运使也正是在刘晏当职的时候，才成为一种固定的职官。

为什么说转运使是在刘晏当职时固定下来的呢？首先，自从唐肃宗宝应元年（762 年）刘晏任转运使，经过唐代宗，到唐德宗建中元年（780 年）正月罢使，这十八年时间，刘晏基本上是连续担任转运使。⑤这是以前所没有的。其次，经过刘晏多方面的长期的经营，转运使明确了职权范围，建立了一套独立的组织系统、转运设施和漕运制度。这一切，被称为"刘晏之法"。⑥后世经理漕运的人，都把"刘晏之法"奉为典范。最后，刘晏奠定转运使的规模和格局之后，转运使成为以后唐代历朝掌握财政的常设职官。

或许有人会说：唐德宗时不是曾经出现过两次停罢转运使的事情吗？那该怎么解释呢？的确，唐德宗时曾经两次停罢转运使，一次是建中元年（780 年）正月杨炎奏罢转运使，一次是贞元二年（786 年）正月崔造任宰相，奏罢转运使。这两次罢使，完全不是因为转运使无关大要而应该取消，恰恰是由于转运使所具有的重要性而引起争执时，出现的停罢假象。从第一次停罢不过三个月，第二次停罢不到一年，不是因为"天下钱谷无所总领"，便是由于"改钱谷法，事多不集"而"皆如旧制"。⑦这一切恢复原状的事实，反而更加

---

① 《旧唐书》卷 123《刘晏传》，第 3515 页。
② 以上《遗元载书》的引文，均见《旧唐书》卷 123《刘晏传》。《唐会要》卷 87《转运盐铁总叙》略同。
③ 《新唐书》卷 149《刘晏传》，第 4795 页。
④ 《新唐书》卷 53《食货志三》，第 1368 页。
⑤ 这里所以说基本上连续任使，是因为广德二年（764 年）正月至三月刘晏曾罢知政事，由第五琦任转运使。见《旧唐书》卷 11《代宗纪》第 274 页和《资治通鉴》卷 223，唐代宗广德二年三月条。
⑥ 《旧唐书》卷 177《裴休传》云："自大和以来，重臣领使者，岁漕江淮米不过四十万石，能至渭河者十无三四。漕吏狡蠹，败溺百端。官舟沉溺者，岁七十余只，缘河奸吏，大紊刘晏之法。"（第 4593—4594 页）
⑦ （宋）司马光编著，（元）胡三省音注：《资治通鉴》卷 226，唐德宗建中元年三月条；（宋）司马光编著，（元）胡三省音注：《资治通鉴》卷 232，唐德宗贞元二年十一月条。

说明了，转运使确实已经成为唐朝不可缺少的职官。以后，盐铁转运使、度支使和户部合称三司①，成为唐朝中央政府总理财政的最高机构。

总之，转运使为了适应经济政治形势的需要，经过刘晏的长期建树，便从临时性的职官，变成了固定的职官。

三

转运使成为固定职官以后，其职掌、僚属等情况怎么样呢？由于转运使不属正规职官制度，它的职掌僚属都不载于《旧唐书》《新唐书》的官志。因此，只能从有关的分散记载中寻找踪迹。

现将大体可以述说的列举如次：

（1）有便宜行事的权力。转运使的授任，不经过吏部铨选，而是由皇帝直接任命，因此，它的职权范围和权力大小，都取决于皇帝。据《资治通鉴》卷223代宗广德二年（764年）三月条载：

> 己酉，以太子宾客刘晏为河南、江淮以来转运使，议开汴水。庚戌，又命晏与诸道节度使均节赋役，听便宜行毕以闻。②

所谓"便宜行毕以闻"，就是皇帝特许其有权独立处理所治事务。不必事先请示，等事情完毕再向皇帝报告。在封建专制时代，这种权力是很大的。甚至出巡的转运副使，也对钱谷诸事有"一切勘问"的权力。③

（2）与盐铁使合而为一。《旧唐书·食货志》载：

> 以通州刺史刘晏为户部侍郎、京兆尹、度支、盐铁、转运使。盐铁兼漕运自晏始也。④

《唐会要·转运盐铁总叙》和《玉海·唐盐铁使》都有相同记载。可是，转运

---

① 以盐铁转运、度支、户部称三司，如唐宪宗元和七年（821年）五月"兵部尚书判户部王绍、户部侍郎判度支卢坦、盐铁使王播等奏：……伏请许令商人于户部、度支、盐铁三司，任便换见钱，一切依旧禁约。"（《唐会要》卷89《泉货》，第1630页，《旧唐书·食货志》略同）钱大昕以为"三司之名，始见于此"（《廿二史考异》卷58《旧唐书二·食货志》，上海：上海古籍出版社，2004年，第850页）。

② （宋）司马光编著，（元）胡三省音注：《资治通鉴》卷223，唐代宗广德二年三月条。

③ （宋）王溥撰：《唐会要》卷87《转运盐铁总叙》："（元和）十三年，（王）播又奏：以军兴之时，财用是切。顷者，刘晏领使，皆自按租庸。至于州县否臧，钱谷利病之物，虚实皆得而知。今臣守务在城，不得自往，请令臣副使程异出巡江淮，具州府上供钱谷，一切勘问。从之。"（第1593页）

④ 《旧唐书》卷49《食货志下》，第2117页。

和盐铁二使由一人兼领，刘晏以前已经有过。如乾元元年（758年）第五琦"创立盐法"后，曾"迁户部侍郎兼御史中丞，专判度支，领河南等道支度、都勾当转运租庸盐铁铸钱、司农太府出纳、山南东西江西淮南馆驿等使"①。上元二年（761年）建子月②，"御史中丞元载为户部侍郎，充勾当度支、铸钱、盐铁兼江淮转运使"③。既然如此，为什么又说"自刘晏始"呢？陈仲安先生曾解释说："……是第五琦已兼领二使。大约其时虽是兼领，尚未有密切联系，至刘晏后才形成不可分割的结合。"这个解释无论是对第五琦，还是对元载，都是恰当的。陈先生还指出："至宝应元年刘晏为户部侍郎度支盐铁转运使，他以盐利作为雇人漕运的经费，于是盐铁转运二使常由一人兼领，事实上成为一使。"④这是完全正确的。从一人兼领盐铁、转运二使，到盐铁、转运二使合而为一，虽然有一定联系，但区别是十分显著的。确切地说，从刘晏开始的，是盐铁转运成为一使。

盐铁、转运成为一使，在称谓上也反映出来。此后，在史籍中常常是盐铁转运使一起称，而不用"兼"字连接。如《旧唐书·德宗纪》中，韩滉、张滂、李衡、王纬、李若初和李锜都称盐铁转运使；《旧唐书·宪宗纪》中的杜佑、李鄘、卢坦和柳公绰，《旧唐书·敬宗纪》中的王涯、王播，《旧唐书·文宗纪》中的令狐楚、杨嗣复也都称盐铁转运使。有时出现只称盐铁使，如《旧唐书·德宗纪》贞元五年（789年）二月称窦参为盐铁使；《旧唐书·宪宗纪》元和四年五月称李巽为盐铁使。但这并不是他只管盐铁而不管转运，而是盐铁转运使的略称。如《旧唐书·宪宗纪》元和十二年（817年）六月称程异为盐铁使，而十三年（818年）九月又称他为盐铁转运使；《旧唐书·敬宗纪》宝历元年（825年）正月称王播为盐铁转运使，七月却只称他为盐铁使，宝历二年（826年）正月也称他为盐铁使。以后的情况都是如此。

盐铁转运成为一使，其执掌的事务也越来越多，除榷盐、漕运、坑冶外，还要经管税茶、泉货，甚至有些地方的两税也委托盐铁转运留后或巡院经管。

（3）经管地区扩大。裴耀卿以来，转运使主要是经管河南、淮南、江南东道的漕运。在刘晏任转运使期间，转运使经管的范围，由局部地区逐渐扩大到全国大部分地区。且看下列记载便可清楚：

---

① 《旧唐书》卷123《第五琦传》，第3517页。
② 上元二年九月肃宗去年号，但称元年，以建子月为岁首，月皆以所建为数。故建子月即九月。
③ （宋）司马光编著，（元）胡三省音注：《资治通鉴》卷222，唐肃宗上元二年建子月条。
④ 陈仲安：《唐代的使职差遣制》，《武汉大学学报（人文科学版）》1963年第1期，第92页。

> 宝应元年十一月，刘晏兼河南道水陆运都使。①
>
> （广德二年三月）刘晏颛领东都、河南、淮西（应作"淮南"）、江南东西转运、租庸、铸钱、盐铁。②
>
> 永泰二年，分天下财赋，铸钱、常平、转运、盐铁置二使。东都畿内、河南、淮南、江（南）东西、湖南、荆南、山南东道以转运使刘晏领之；京畿、关内、河东、剑南、山南西道以京兆户判度支第五琦领之。③

可见刘晏任使期间，转运使经管的地区曾增加了河东道、京畿、都畿、关内道、江南西道、山南东西道、剑南道。当时全国不属转运使经管的地区只有河北道、陇右道、黔中道、岭南道。河北道为藩镇割据，贡赋不入，转运无从施及。陇右道大部分为吐蕃控制。黔中，属羁縻府州，不向中央输纳租赋。岭南的租调纳于扬州，包括在江淮转运之内。因此，凡是唐朝中央能够控制的地区，都成为转运使施事的范围。随着转运使经管范围扩大到全国大部分地区，《唐会要》所载转运使的称谓也起了变化。原来冠以具体地名，从贞元五年（786年）窦参当使开始，以后历届都叫作诸道转运使。④

（4）建立巡院。巡院是盐铁转运使的下属机构，刘晏开始建立。《旧唐书·食货志》云："自淮北列置巡院，搜择能吏以主之。……凡所制置，皆自晏始。"刘晏初置的巡院有十三个，扬州、陈许、汴州、庐寿、白沙、淮西、甬桥、浙西、宋州、泗州、岭南、兖郓、郑滑。⑤后来数目逐渐增加，名称也有所不同。刘晏设置的兖郓巡院，到元和十四年（819年）三月便一分为三，在郓、青、兖三州各置榷盐院⑥。河北也曾经设过榷盐院⑦。福建设置的又叫作盐铁院⑧。汴州原有刘晏设置的巡院，至贞元十五年（799年）二月于頔奏"移转运汴州院于河阴"⑨，可见这时的汴州巡院又叫作转运院。可能因为后来各道都设有巡院，所以官方文书屡次提到"诸道巡院"⑩、"诸

---

① （宋）司马光编著，（元）胡三省音注：《资治通鉴》卷222，唐肃宗宝应元年十一月条。
② 《新唐书》卷53《食货志三》，第1368页。
③ 《新唐书》卷51《食货志一》，第1348页。
④ （宋）王溥编：《唐会要》卷87《转运使》，第1600页。
⑤ 《新唐书》卷54《食货志四》第1378页。参见何汝泉：《唐财政三司使研究》之《盐铁转运使下属机构》，北京：中华书局，2013年，第40—76页。
⑥ （宋）王溥编：《唐会要》卷88《盐铁》，第1605页。
⑦ （宋）王溥编：《唐会要》卷88《盐铁》，第1605页。
⑧ 《旧唐书》卷163《卢简辞传》："福建盐铁院官卢昂，坐赃三十万，简辞按之。"（第4270页）
⑨ （宋）王溥编：《唐会要》卷87《漕运》，第1598页。
⑩ 《旧唐书》卷48《食货志上》："先是，两池盐务隶度支，其职视诸道巡院。"（第2109页）又《唐会要》卷88《盐铁》载元和四年（809年）十二月，御史中丞李夷简奏书中有："诸道盐铁转运度支巡院察访。"（第1604页）

道盐院"①，有时又称盐铁转运院②。

巡院的任务之一，是禁捕私盐，防止奸盗③，并有权审判处罚甚至处死私盐犯。后来还委以察访赋税方面的"违敕不法事"。④刘晏还给予巡院以"广牢盆以来商贾"⑤的任务，即发展盐业生产和招徕商人，推销官盐。还规定诸道巡院官"每旬月，具州县雨雪丰歉之状白使司，丰则贵籴，歉则贱粜，或以谷易杂货供官用，及于丰处卖之"⑥。这是由巡院推行常平法。巡院另一项重要任务，是经理租调税物的转运。贞元五年（789 年）十二月，"度支转运盐铁奏，比年扬子运米，皆分配缘路观察使差长纲发遣。运路既远，实为劳民。今请当使诸院，自差纲节级般运，以救边食。从之"⑦。咸通三年（862 年）还曾经"以（陈）磻石为盐铁巡官，往扬子县专督海运。于是（屯广州）军不阙供"⑧。有的巡院主要任务是经管租调税物的转运，所以又叫转运院，如河阴转运院。元和十年（815 年），李师道派"盗数十人攻河阴转运院，杀伤十余人，烧钱帛三十余万缗匹、谷三万余斛"⑨。可见，这里储积着待运的租调钱物。

各地巡院名称有所不同，可能与其任务之侧重有关系。主要负责官盐生产与销售的叫榷盐院，其下还有场、监、亭、店等生产和销售的单位。主要负责租调税物转运的叫转运院。至于防奸止盗，则各处皆有这项责任。

巡院的官吏编制情况，可以从安邑解县两池的盐官看到一个大概。因为《旧唐书·食货志》说两池盐务"其职视诸道巡院"，那么，巡院官吏的编制和两池应该是大体相同。据《唐会要》卷 88《盐铁使》载：两池"置榷盐使一员，推官一员，巡官六员。安邑院官一员，解县院官一员，胥吏若干人，防池官健及池户若干人"。这是比巡院多了"使"这一级。⑩除去这一级，则有院官、推官、巡官、胥吏、防池官健，在这些人统治下的劳动生产者便是池户。诸道巡院的编制也应大体如此，只是名称有所不同而已，如防池官健，在巡院叫作巡卒，池户叫作煎盐户等。此外巡院除了管有煎盐户外，还管有

---

① 《旧唐书》卷 48《食货志上》载元和中王播奏："诸道盐院粜盐付商人。"（第 2109 页）
② 《旧唐书》卷 162《潘孟阳传》，第 4239 页。
③ 《新唐书》卷 54《食货志四》："自淮北置巡院十三……捕私盐者，奸盗为之衰息。"（第 1378 页）
④ （宋）王溥撰：《唐会要》卷 88《盐铁》，第 1604 页。
⑤ 《旧唐书》卷 49《食货志下》，第 2117 页。
⑥ （宋）司马光编著，（元）胡三省音注：《资治通鉴》卷 226，唐德宗建中元年七月条。
⑦ （宋）王溥撰：《唐会要》卷 87《转运盐铁总叙》，第 1591 页。
⑧ （宋）王溥撰《唐会要》卷 87《漕运》，第 1599 页。
⑨ （宋）司马光编著，（元）胡三省音注：《资治通鉴》卷 239，唐宪宗元和十年三月条。
⑩ 贞元十六年（800 年）史牟以金部郎中主池务，耻同诸院，便奏置使额。这样，便比巡院多了"使"这一级。见《唐会要》卷 88《盐铁使》，第 1610 页。

盐商，如长庆元年（821年）三月，盐铁使王播奏称"应管煎盐户及盐商"①。这些煎盐户和盐商，当然是由盐铁转运使在各地的下属机构巡院管辖。

（5）使司和留后。使司，是盐铁转运使治事的官署，盐铁转运事务的最高办事机关。正如胡三省指出的："使司，谓转运使司。"②使司可能是刘晏开始设立，《资治通鉴》建中元年（780年）七月条载：

> 晏有精力，多机智，变通有无，曲尽其妙。常以厚直募善走者，置递相望，觇报四方物价。虽远方，不数日皆达使司。③

这是说，刘晏的经济情报人员要向使司报告四方的物价。又载：

> 诸道各置知院官，每旬月，具州县雨雪丰歉之状白使司。④

这是说，各道巡院的知院官，要定期向使司报告各地农业生产情况。刘晏建立的这种盐铁转运使司，以后一直存在着。长庆时，使司叫作上都院，《唐会要》的《盐铁》载：

> 二年三月，王播为淮南节度使，兼领盐铁转运使。播请携盐铁印赴镇，上都院请别给赐。从之。⑤

唐朝晚年，京都的使司又叫盐铁院，《资治通鉴》乾符元年（874年）八月条载：

> 丁巳朔，邠延瞻，置酒于盐铁院。胡三省注云：刘邺以盐铁转运使为相，故延刘瞻宴于盐铁院。⑥

使司有盐铁转运使的僚属，有时僚属还被派出去处理事务。《唐会要·转运盐铁总叙》载，大中时盐铁转运使裴休曾派出僚属整顿漕运：

> 始者，漕米岁四十万斛，其能至渭仓者，十不三四。漕吏狡蠹，败溺百端，官舟之沉，多者岁至七十余只。缘河奸犯，大紊晏法，休使察属按之。⑦

这显然是使司派出的僚属。至于使司僚属人数和分工等具体情况，现在还弄

---

① （宋）王溥撰：《唐会要》卷88《盐铁》，第1606页。
② （宋）司马光编著，（元）胡三省音注：《资治通鉴》卷226，唐德宗建中元年七月条。
③ （宋）司马光编著，（元）胡三省音注：《资治通鉴》卷226，唐德宗建中元年七月条。
④ （宋）司马光编著，（元）胡三省音注：《资治通鉴》卷226，唐德宗建中元年七月条。
⑤ （宋）王溥撰：《唐会要》卷88《盐铁》，第1606页。
⑥ （宋）司马光编著，（元）胡三省音注：《资治通鉴》卷252，唐僖宗乾符元年八月条。
⑦ （宋）王溥撰：《唐会要》卷87《转运盐铁总叙》，第1594页。

不清楚。使司里另外有一种由监察机关派驻的监院官①，是对盐铁转运使及其僚属实行监督的。

盐铁转运使还在全国一些重要地方派驻留后。留后，就是留守官，代表盐铁运转使管治一方的事务。留后有相当大的权力，甚至后来还被任命兼任一个地区的两税使。见于记载的留后有下列几处：

扬子留后　这是刘晏设置的。扬州的扬子县，地位很重要，扬州的巡院设在此，江南租赋积集于此，漕运以此为起点，漕船制造工场也设在此，故称："扬子院，盐铁转运之委藏也。"②刘晏很注意留后的人选③，他曾表荐韩洄知扬子留后。④以后，程异曾两度任扬子留后⑤，姚勖也曾任扬子留后。⑥

河阴留后　《唐会要·盐铁》载："太和二年七月敕，潼关以东度支分巡院，宜并入盐铁江淮河阴留后院。"此留后何时设置不详，估计可能是在贞元十五年（799年）汴州转运院移于河阴⑦以后，又扩建仓库⑧，此地转运任务加重，因而设置的。

江陵留后　《唐会要·转运盐铁总叙》载元和四年（809年）诏："以扬子留后为江淮已南两税使；江陵留后为荆衡汉沔，东界彭蠡，南界日南两税使。"江陵留后开始设置的时间不详，至长庆四年（824年），和东都留后一起，改为知院官，撤销了留后。

东都留后　不详开始设置的时间，仅知长庆四年（824年）和江陵留后一起撤销，其事载《旧唐书》卷16《敬宗纪》长庆四年（824年）五月癸亥："东都江陵监大转运留后，并改为知院官。从其使王涯请也。"东都留后改为知院官事，又见于《唐会要》卷88《盐铁》云："四年五月敕，东都江陵盐铁转运留后，并改为知院者。从盐铁使王涯请也。"

上都留后　《唐会要·转运盐铁总叙》载：润州刺史王纬和浙西观察使李

---

① （宋）王溥撰：《唐会要》卷88《盐铁》："（开成）二年十月敕，盐铁户部度支三使下监院官，皆郎官、御史为之。使虽改更，官不得移替。如显有旷败，即具事以闻。"（第1607页）注：对监院和监院官的看法后来有所改变。参见何汝泉：《唐财政三司使研究》的《盐铁转运使的使司僚属及下属机构》，北京：中华书局，2013年，第51—76页。
② 《新唐书》卷149《班宏传》，第4803页。
③ （宋）司马光编著，（元）胡三省音注：《资治通鉴》卷226，唐德宗建中元年七月条载："其场院要剧之官，必尽一时之选，故晏没之后，掌财赋有声者，多晏之故吏也。"
④ 《新唐书》卷126《韩休传附洄传》，第4439页。
⑤ 《新唐书》卷168《程异传》："程异……为叔文所引，由监察御史为盐铁扬子院留后，叔文败，贬郴州司马。李巽领盐铁（在元和二年）荐异心计可任，请拔擢用之。乃授侍御史，复为扬子留后。"（第5142页）
⑥ （唐）佚名撰：《玉泉子·温庭筠》，上海：上海古籍出版社，1958年，第11页。
⑦ （宋）王溥撰：《唐会要》卷87《漕运》，第1598页。
⑧ （宋）王溥撰：《唐会要》卷87《漕运》，第1598页。

锜相继为盐铁转运使时（约在贞元十年至十五年间），皆治事于润州，因此"盐铁转运有上都留后，以副使潘孟阳主之。王叔文……亦以盐铁副使兼学士为留后。"王播以淮南节度使兼盐铁转运使治事扬州时，也应有上都留后，所以要别给印信。

（6）漕吏。《新唐书·食货志》云："晏即盐利雇庸，分吏督之，随江汴河渭所宜。"这里说的吏，就是漕吏，漕船的督率者，又叫纲吏。《旧唐书·食货志》也有相同记载。①刘晏以"十船为纲，每纲三百人，篙工五十人。自扬州遣将部送至河阴"②。每纲由纲吏督率，还有军将护送。漕吏掌握漕庸③，篙工漕卒都受他节制。

（7）设场造船。"晏于扬子置十场造船，每艘给千缗。"④并设专知官十人，负责造船事宜。刘晏依靠这里打造得十分坚固、经久耐用的官船，组成了十船为纲，凡二百纲，二千艘的漕运船队。规模之大，不仅空前，就是以后也少有企及。这个造船场，直到咸通末仍在经营。⑤

（8）维护航道。《新唐书·食货志》云：刘晏"又分官吏主丹阳湖，禁引溉。自是河漕不涸"。这表明刘晏设有专门维护航道的官吏。以后，维护航道的工作，也受到相当重视，多由所在府州，会同巡院官进行。如贞元二年（786年）五月敕云："漕运通流，国之大计。其河水每至春夏之时，多被两岸田莱，盗开斗门。舟船停滞，职此之由。宜委汴宋等州观察使，选清强官，专知分界勾当。其郑州、徐州、泗州界，各仰刺史准此处分。仍令知汴州支遣院官计会勾当。"⑥这种为了维护官方漕运而禁止人民取水灌溉农田，是封建时代不能合理用水的表现。

原载《西南师范学院学报（哲学社会科学版）》1982年第1期

---

① 《旧唐书》卷49《食货志下》："晏始以盐利为漕庸，自江淮至渭桥，率十万斛庸七千缗，补纲吏督之。不发丁男，不劳郡县，盖自古未之有也。"（第2117页）
② 《新唐书》卷53《食货志三》，第1368页。
③ （宋）王溥撰：《唐会要》卷87《转运盐铁总叙》："自江津达渭，以四十万斛之佣，计缗二十八万，悉使归诸漕吏，巡院胥吏，无得侵牟。"（第1594页）
④ （宋）司马光编著，（元）胡三省音注：《资治通鉴》卷226，唐德宗建中元年七月条。
⑤ 北宋苏东坡在《论纲梢欠折利害奏状》中曾说："刘晏为江淮转运使，始于扬州造转运船……每造一船，破钱一千贯。而实费不及五百贯。或讥其枉费，晏曰：大国不可以小道理，凡所创置，须谋经久……凡五十余年，船场既无破败，馈运亦无阙绝。至咸通末，有杜侍御者，始以一千石船，分造五百石船二只，船始败坏。"（《文献通考》卷25《国用考三·漕运》，第243页）
⑥ （宋）王溥撰：《唐会要》卷87《漕运》，第1598页。

关于唐代转运使的治所问题

唐代转运使成为固定职官以后①，便有了治所。可是，治所在哪里呢？至今还是一个问题。

1982年出版的《中国史稿》第四册第五章第四节说："唐朝盐铁转运使的治所设在扬州。"②其实这种说法很早就有。嘉庆重修《扬州府志》卷20《漕运》云："扬郡为江淮津要，唐都关中……皆转漕东南，设转运发运等使，驻节于此，以经理其事。"③又在卷35《秩官·盐铁使、转运使、发运使》中，把从裴耀卿至柳灿等57人，全部作为在扬州的职官。这无疑是认为盐铁转运使统统都在扬州治事了。

另外有一种说法，虽然不明确说盐铁转运使的治所在扬州，但认为"唐代盐铁使久驻扬州"。④

以上两种说法，不能说没有根据。根据何在呢？看来是南宋洪迈的《容斋随笔》。该书卷9《唐扬州之盛》条说："唐世，盐铁转运使在扬州，尽斡利权，判官多至数十人，商贾如织。"⑤

但是从我所了解的情况来看，洪迈"唐世盐铁转运使在扬州"这句相当笼统的话，和历史事实是不尽符合的。本文就打算谈谈这个问题，以兹求教。

---

① 何汝泉：《唐代转运使成为固定职官考》，《西南师范学院学报（哲学社会科学版）》，1982年第1期，第88—90页。
② 郭沫若主编：《中国史稿》第四册，北京：人民出版社，1982年，第256页。
③ （清）阿克当阿修，姚文田、江藩等纂：嘉庆《扬州府志》卷20《漕运》、卷35《秩官》，凤凰出版社编选：《中国地方志集成·江苏府县志辑》，南京：凤凰出版社，2008年，第41册，第359、595—596页。
④ 史念海：《论唐代扬州和长江下游的经济地区》，《扬州师院学报》1982年第2期，第21—28页。
⑤ （宋）洪迈撰：《容斋随笔》卷9《唐扬州之盛》，《四部丛刊》，上海：上海书店，1984年影印本，第51册，第卷9之11页。

关于唐代转运使的治所问题

一

唐代的转运使，《旧唐书·食货志》记载 36 人，《唐会要·转运使》记载 53 人。据我接触到的材料，至少要超出 60 人。[①]从史籍上能够看出转运使治所的，可以分为两类：

一类是以省台寺监京官充任的转运使，治所都在京城。这一类，可以从四种情况看出他们的治所是在京城。

（1）担任转运使期间，仍然要在京师做本官分内的事情。比如刘晏，从宝应元年（762 年）到建中元年（780 年）这十八年里，他先后以京兆尹、户部侍郎、吏部尚书、同中书门下平章事、御史大夫等官担任转运使。《旧唐书·刘晏传》载，这期间，他曾"与右仆射裴遵庆同赴本曹视事"，他要"知三铨选事"，大历十二年（777 年）诛宰臣元载，"晏奉诏讯鞫"，并且宰相常衮"以晏久掌铨衡，时议平允。兼司储蓄职，举功深虑。公望日崇，上心有属。窃忌之"。由此可见，刘晏不仅要治理转运使的事务，而且执掌过铨选，参与过治狱，而后者无疑是在京城治理。那么，治理转运使的事务也必然是在京城，不可能是扬州。《旧唐书·刘晏传》述及刘晏转运使分内的常平措施时说："自诸道巡院距京师，重价募疾足，置递相望，四方物价之上下，虽极远，不四五日知。故食货之重轻，尽权在掌握。"这说明刘晏在京师"知"四方物价。《资治通鉴》载这件事时还说"虽远方，不数日皆达使司"。胡三省注云："使司，谓转运使司。"[②]可见使司是转运使的官署。刘晏是在京城转运使官署里收集四方物价的情报，转运使治所当然在京城，而不在扬州。

（2）有"入""出"记载。如李鄘，元和四年（809 年）六月至五年（810 年）十二月，以刑部尚书充诸道盐铁转运使。《旧唐书·李鄘传》这样记载：由河东节度使"入为刑部尚书兼御史大夫、诸道盐铁转运使。五年，出为扬州大都督府长史、淮南节度使。""入"是入朝，"出"是出京。这一入一出的行文表明，李鄘是在京城执行其转运使的任务，转运使治所在长安。和李鄘类似的记载还有卢坦、杨嗣复、柳仲郢、王凝、孔纬、崔彦昭等。[③]

[①] 关于《旧唐书·食货志》和《唐会要·转运使》所载转运使及其订正补充，参见何汝泉：《唐财政三司使研究》之《唐会要·转运使订补》，北京：中华书局，2013 年，第 97—148 页。

[②] （宋）司马光编著，（元）胡三省音注：《资治通鉴》卷 226，唐德宗建中元年七月条。

[③] 卢、杨、柳、王、孔、崔等人的情况分别见《旧唐书》卷 153、176、165、165、179、178 本传。

（3）原来就是京官，后兼任、改授或加任转运使，以后又迁其他京官，史籍上从不见任何表示离京的行文，可以肯定这些转运使是在京城治事。如王涯长庆三年（823年）自东川节度使"入为御史大夫。敬宗即位，改户部侍郎兼御史大夫、充盐铁转运使，俄迁礼部尚书充职"。宝历二年出为山南西道节度使。三年又"入为太常卿"。四年"守吏部尚书，检校司空，复领盐铁转运使"。同年九月守左仆射领使。七年以本官同平章事。①可见王涯两次充任转运使之前都已是京官，以后也改任京官，没有任何离京迹象，能说他不是在京城治理转运事务吗？类似王涯这种情况的还不少。如吕谓、李巽、王播、程异、令狐楚、杜悰、薛元赏、马植、裴休、夏侯孜、窦参等人。②

（4）转运副使一般也治事于京城③，有时派出从事督课、督运、巡视，也是事毕即回。如潘孟阳代王叔文为副使后，被派出巡行江淮。他"领行从三四百人④，所历镇府，但务游赏，与妇女为夜饮；至盐铁转运院，广纳财贿，补吏职而已。及归，大失人望，罢为大理卿"⑤。程异入为太府卿后，转任卫尉卿充盐铁转运副使。于元和十二年（817年）初"督财赋于江淮"，闰五月，"还自江淮，得供军钱百八十五万缗"。⑥因此，进盐铁转运使兼御史大夫。

另一类，是以地方官充任的转运使，其治所即在任官所在地。

转运使成为固定职官以后，治事于地方的共有六人。

韩滉，贞元元年（785年）七月，以镇海军节度使为江淮转运使⑦，治所在润州。至贞元二年（786年）正月崔造入相后奏罢。

王纬，贞元十年（794年），以润州刺州为诸道转运使，理于朱方。⑧朱方即润州，因为此地春秋时为吴的朱方邑。⑨

---

① 《旧唐书》卷169《王涯传》，第4401—4404页。
② 吕谓见《册府元龟》卷483《邦计部·总序》；李巽、王播、程异、令狐楚分别见《旧唐书》卷123、164、135、172本传；杜悰见《资治通鉴》卷248；薛元赏见《新唐书》197本传；马植见《旧唐书》卷18《武宗纪》；裴休见《旧唐书》卷177本传；夏侯孜见《旧唐书》卷18下《宣宗纪》；窦参见《旧唐书》卷13《德宗纪下》。
③ 贞元时班宏先后以户部侍郎、户部尚书为盐铁转运副使，永贞时王叔文以起居舍人为副使，李巽入为兵部侍郎后，杜佑荐为副使，显然都是治事于京城。班宏事见《旧唐书》卷123《班宏传》；王叔文事见《旧唐书》卷13《顺宗纪》；李巽事见《旧唐书》卷123《李巽传》。
④ （宋）司马光编著，（元）胡三省音注：《资治通鉴》卷236，唐顺宗永贞元年八月条作"三百人"。
⑤ 《旧唐书》卷162《潘孟阳传》，第4239页。
⑥ （宋）司马光编著，（元）胡三省音注：《资治通鉴》卷240，唐宪宗元和十二年闰五月条。
⑦ 《旧唐书》卷12《德宗纪》第349页。《资治通鉴》卷231，作兴元年十二月为江淮转运使，今不取。
⑧ （宋）王溥撰：《唐会要》卷87《转运盐铁总叙》，第1591页。
⑨ （唐）李吉甫撰，贺次君点校：《元和郡县图志》卷25《江南道一》，北京：中华书局，1983年，第589页。

关于唐代转运使的治所问题

李若初,贞元十四年(798年)代王纬为润州刺史、浙江都团练、观察使、诸道盐铁转运使。[1]李若初任转运使,治所仍在润州,直到贞元十五年(799年)正月卒。

李锜,贞元十五年(799年)二月为润州刺史、浙西观察使及诸道盐铁转运使。[2]转运使治所仍在润州,永贞元年(805年)三月李锜罢使。

《通鉴考异》引《实录》所载八月辛酉诏说:"顷年,江淮财赋,爰及榷税,委在藩服,使其平均。太上皇君临之初,务从省便,令使府归在中朝。"[3]这也证明,在李锜罢使之前的一段时间,王纬任使以来共十二年转运使是由地方藩镇充任,顺宗罢李锜的使务,才把转运使收归朝廷。

王播,长庆元年(821年)以刑部尚书充诸道转运使。次年,替裴度为淮南节度使,继续领转运使,并经穆宗允许,携带盐铁使官印到扬州上任。直到太和元年(827年)自淮南入朝拜相,仍继续领盐铁转运使。[4]这七年中,有九个月(长庆四年四月至宝历元年正月)不是王播而是王涯任使,其余时间都是王播在扬州任转运使,扬州为转运使治所。

高骈,乾符四年(877年)六月,以宣歙观察使兼润州刺史、镇海军节度使、江淮盐铁转运使、江西招讨使。乾符六年(879年)十月,迁淮南节度副大使知节度事、江南行营招讨使,并继续领盐铁转运使。[5]至中和二年(882年)诏罢转运使。高骈任转运使六年,治所先在润州,后移扬州。

另外,要澄清《旧唐书》和《唐会要》一条关于杜佑作转运使时治所记载的错误。

《旧唐书》卷49《食货志》云:"顺宗即位,有司重奏盐法,以杜佑判盐铁转运使,理于扬州。"《唐会要》卷87《转运盐铁总叙》记载相同。吕思勉先生在《隋唐五代史》中亦采用此说。[6]可是,历史事实表明,杜佑永贞元年(805年)任盐铁转运使时,治事在京城长安而不是扬州。

杜佑曾两次任盐铁转运使,顺宗时任使为第二次。据《资治通鉴》卷236和《旧唐书·杜佑传》记载,贞元十九年(803年)二月杜佑由淮南入朝,三

---

[1] (宋)王溥撰:《唐会要·转运使》不载李若初任使。此据《旧唐书》卷146《李若初传》,第3965页;《旧唐书》卷13《德宗纪下》,第388页;《新唐书》卷149《刘晏附李若初传》,第4799页补入。
[2] 《旧唐书》卷13《德宗纪》,第389页;《资治通鉴》卷235,同。
[3] (宋)司马光编著,(元)胡三省音注:《资治通鉴》卷236,唐顺宗永贞元年三月条注。
[4] 《旧唐书》卷164《王播传》,第4276页。
[5] 《旧唐书》卷19《僖宗纪》,第700、703页。
[6] 吕思勉:《隋唐五代史》上册,上海:上海古籍出版社,1984年,第352页。

· 159 ·

月拜检校司空、同平章事。贞元二十一年（即永贞元年，805年）正月，唐德宗崩，唐顺宗即位，杜佑摄冢宰，料理唐德宗丧事。永贞元年（805年）三月，罢李锜的盐铁转运使职务，杜佑加度支及诸道盐铁转运使，依前平章事。至元和元年（806年）杜佑举李巽自代。事实很清楚，杜佑这次任盐铁转运使，也是在京城治事。前面所录《通鉴考异》转《实录》八月辛酉诏文，所说"令使府归在中朝"也完全可以证实，杜佑代李锜后，转运使治所在长安，绝没有在扬州。

总之，从上述事实，我们可以得到这样三点认识：第一，唐代的扬州确实作过盐铁转运使的治所。第二，唐代盐铁转运使的治所并不都是在扬州。如果从刘晏任职，转运使成固定职官算起，到唐末这一百四十多年中，转运使治所绝大部分时间在京城。治所在扬州的王播和高骈，加起来不过十一年；实际上，还没有治所在润州的时间（十五年）长。第三，洪迈的话"唐世盐铁转运使在扬州"是不确切的，从洪迈的话引申出来的一些说法，也就难免与事实不相符合了。

二

经过对唐代转运使治所的考察之后，我们还有必要来探讨一下有关治所的一些问题。

从上节我们看到，唐代转运使的治所有这样一个现象：以京官充任的，治所在京城；以地方官充任的，治所在地方。那么，为什么唐代转运使的治所和任使者的本官有那样密切的联系呢？这就涉及唐代官制变化的一个重要问题，只有从唐代官制的变化中，才能找到这个问题的答案。

随着经济和政治的变化，在唐玄宗统治时期（712—756年），大量出现在官名带使字的差遣官。这是官制的一个重要变化。李肇《唐国史补》指出：

> 开元已前，有事于外，则命使臣，否则止。自置八节度、十采访，始有坐而为使，其后名号益广。大抵生于置兵，盛于兴利，普于衔命。于是为使则重，为官则轻。①

这是说，起初使职差遣官具有临时性质，因事置使，事已则罢，废置不常；

---

① （唐）李肇：《唐国史补》卷下，上海：上海古籍出版社，1979年，第53页。

之后有的便置而不废，成为固定职官。使职差遣官的设置越来越多，实权越来越大，因此，越来越受重视。

使职差遣官最重要的特点，是"无品秩，故常假以它官""常带省、台、寺、监长官衔，以寄官资之崇卑"。①这种情况发展到宋代，便出现了如《宋史·职官志总序》所指出的官、职、差遣三者完全分离，"官以寓禄秩叙位著，职以待文学之选，而别为差遣以治内外之事"，以致"台省寺监，官无定员，无专职，悉皆出入分莅庶务，故三省六曹二十四司，类以他官主判，虽有正官，非别敕不治本司事"。②不过，在唐代还没有达到那种程度。正如陈仲安先生指出的"即使在唐朝后期，使职差遣制也并未完全排除法定职官的地位，有些职事官还未完全丧失其职权"。③

唐代的转运使便是使职差遣官的一种，它出现于开元年间。起初时有时无，带有明显的临时性质。至刘晏任使（宝应元年至大历十四年）时，和盐铁合为一使，成为固定职官。后来盐铁转运使、度支使和户部合称三司，成为唐中央政府总理财政的最高机构。这样，唐朝原来的财务行政体制便发生了重大的变化。

由于转运使成为经常性的固定职官，其治所不仅成为必要，而且有了可能。转运使的治所设在什么地方，是要受任使者的本官所制约的。因此，才出现这样的情况：凡是省台寺监和京兆府的京官充任转运使，治所都在京城；由润州、扬州的地方官充任转运使，治所便在该州首府。唐代后期，一直如此。

为什么转运使的治所要受制于任使者的本官呢？这是因为唐朝任使者的本官有时更有实际意义，还不仅仅是"以寄官资崇卑"，不完全是像宋代那样的虚衔。比如从刘晏到唐末的53位转运使中，有27人是宰相兼任的。④这些都是执政宰相，而不是挂名的使相。他们在经管盐铁转运事务的同时，要执行宰相的使命，并且是以宰相为更重要的职务。他们不会放下宰相的职权，单独只经管盐铁转运事务，甚至更不会离开京城，常驻扬州。即使以尚书、侍郎任转运使的，史实表明，他们也还不是完全不行使本官的职能。前面提

---

① （清）钱大昕著，方诗铭、周殿杰校点：《二十二史考异》卷58《旧唐书·二职官志》，上海：上海古籍出版社，2004年，第849页。
② 《宋史》卷161，《职官一》，北京：中华书局1977年本，第3768页。
③ 陈仲安：《唐代的使职差遣制》，《武汉大学学报（人文科学版）》1963年第1期，第96页。
④ 宰相兼盐铁转运使的27人是：刘晏、韩滉、窦参、杜佑、程异、王播、王涯、李石、杨嗣复、崔珙、崔铉、杜悰、马植、裴休、夏侯孜、赵隐、徐商、崔彦昭、萧遘、韦昭度、孔纬、杜让能、崔昭纬、徐彦若、崔胤、裴枢、柳灿。

到的刘晏就是一个明显的例子，他作盐铁转运使时，仍然要做吏部尚书分内的铨选事，做御史大夫分内的鞫狱事，因此，他不可能以扬州为治所。同样道理，以地方官作转运使的，只能在本官所在地治事。总之，唐代转运使的本官和使职确实还没有完全分离，或者说，本官还有相当大的实际意义，尽管这种意义是在逐步缩小。正是这一点，制约着转运使的治所，使治所服从于本官的需要而确定其地点。

三

关于转运使的治所，还有一个问题需要回答，那就是为什么在地方的转运使治所，恰恰出现在润州和扬州呢？

对于这个问题，一般都会首先考虑到润州和扬州在漕运线上的地位。这的确是一个基本因素，南宋吕祖谦在《历代制度详说》中指出：

> 唐时漕运大率三节：江淮是一节，河南是一节，陕西到长安是一节。所以当时漕运之臣所谓无如此，三节最重者京口。初，京口济江淮之粟，所会于京口。京口是诸侯咽喉处。①

京口就是润州，今江苏镇江。它处于漕运线的南端，是漕运的起点，的确是唐王朝吸食东南财赋的咽喉。扬州则如陆贽指出的：

> 淮海奥区，一方都会。兼水漕陆辂之利，有泽鱼山伐之饶。俗具五方，地绵千里。②

扬州是唐代盐铁转运事业的中心，运河漕路的枢纽，唐开元《水部式》规定：

> 桂、广二府铸钱，及岭南诸州庸调，并和市折租等物，递至扬州讫，令扬州差纲部领送都。应须运脚，于所送物内取充。③

不仅桂、广岭南诸州的租调贡物解到扬州，江南东西道的租调贡物也要经扬州再转运关中。由此可知，润州和扬州之所以成为转运使治所，是和它们在

---

① （宋）吕祖谦：《历代制度详说》卷4《漕运·详说》，《景印文渊阁四库全书》，第923册，第936—937页。
② （宋）李昉等编：《文苑英华》卷454陆贽：《授杜亚淮南节度使制》，北京：中华书局，1966年影印本，第2303页。
③ 伯希和2507号文书，见罗振玉编撰：《鸣沙石室佚书正续编》，北京：北京图书馆出版社，2004年影印本，第258页。

漕运路线上占据的重要地位分不开的。

可是，在漕运线上具有重要地位的城镇，还有楚州、泗州、宿州、宋州、汴州、河阴、陕州等处。比如汴州，在漕运上的重要性，并不亚于扬州。《白氏长庆集》卷40《与韩弘诏》云："梁宋之地，水陆要冲，运路咽喉，王室藩屏。"但是，为什么转运使在地方的治所只集中在润州和扬州呢？这又牵涉唐朝后期财赋来源地的变化问题。

安史之乱后，关中和黄河南北的社会经济受到极大破坏，并且"州县多为藩镇所据，贡赋不入朝廷，府库耗竭"。[1]唐王朝的经费，由原来主要依靠河南、河北和关中，一变而为十分之八九仰给于江淮。唐宪宗在一封官文书中也承认："天宝已后，戎事方殷。两河宿兵，户赋不入。军国费用，取资江淮。"[2]李吉甫《元和国计簿》还作了详细记载：当时天下有方镇四十八，州府二百九十五，县一千四百五十三，户二百四十四万二百五十四。其中凤翔等十五道，七十一州，不申报户口。即由藩镇世袭，不向中央交纳赋税。每年的赋税，倚办于浙江东西、宣歙、淮南、江西、鄂岳、福建、湖南等八道，四十九州，一百四十四万户。比较天宝时，税户减少四分之三。[3]

从江淮地区征收的赋税，要由转运使输送到京城。转运使的地方治所之所以出现在漕运线上的润州和扬州，而不是别的地点，正是由于这两个城市处在江淮地区政治经济的中心。用这里的军政长官作转运使，无疑会给赋税的征集和税物的转运带来方便。所谓"委在藩服，使其平均"，多少反映了唐朝最高统治者对这一点有所理解。

润州和扬州既然对税物的转运十分重要，那为什么唐王朝又不把转运使的治所经常设在那里，而仅仅任命了很少几届润州、扬州的地方官作转运使呢？这又涉及唐朝中央和地方的关系问题。

唐朝后期，中央集权日益削弱，地方藩镇的权力越来越大。但是，唐中央的统治者并不是心甘情愿把权力让给藩镇，每一次承认藩镇的某种扩权要求，都是迫不得已的，而且无时不望收回权力，恢复当年号令天下的一统局面，实际上也作过不少的努力。盐铁转运使是掌握利权的，这是关系到王朝兴衰成败、生死存亡的一种重要权力。唐代天子设转运使，就是为了把这种权力掌握在直接任命的亲信大臣手中，就包含有直接控制利权的意向，根本

---

[1] （宋）司马光编著：《资治通鉴》卷226，唐德宗建中元年七月条。
[2] （宋）李昉等编：《文苑英华》卷422《元和十四年七月二十三日上尊号赦》，第2139页。
[3] （宋）司马光编著，（元）胡三省音注：《资治通鉴》卷237，唐宪宗元和二年十二月条；《旧唐书》卷14《宪宗纪》同。

没有把转运使治所设在地方的打算。转运使治所之所以几次出现在地方,那是中央和地方的矛盾发展中,特定条件下的产物。韩滉在润州作转运使,就可以清楚地表明这一点。

建中二年(781年),韩滉为润州刺史、浙江东西节度使。这时,唐朝中央和藩镇的冲突日益扩大,第二年出现所谓"五盗合纵,图倾社稷,两河鼎沸,寇盗横行"①的局面。到建中四年(783年),李希烈攻陷汴州,于是,江淮漕路完全断绝。同年十月,又发生了泾原兵变,朱泚在长安称帝,唐德宗逃奔奉天。接着李怀光叛变,唐德宗又被迫移驻梁州。神策行营节度使李晟,虽然在关中力图收复长安,但是,军队缺乏粮食。唐王朝处在十分困难的境地。在这种情况下,韩滉的表现非常突出,《新唐书·韩滉传》载:

> 帝在奉天,淮、汴震骚。滉训士卒,分兵戍河南。既狩梁州,又献缣十万匹,请以镇兵三万助讨贼。有诏嘉劳,进检校尚书右仆射,封南阳郡公。……调发粮帛以济朝廷者继属,当时实赖之。李晟方屯渭北,滉运米饷之。船置十弩以相警捍,贼不能剽。始,漕船临江,滉顾僚吏曰:"天子蒙尘,臣下之耻也。"乃自举一囊,将佐争负之。②

这说明,韩滉从思想到行动都是拥护中央的,而且是一个有魄力、有才干,作出了实际贡献的地方将领。尽管这样,唐德宗还是怀疑韩滉聚兵修石头城是"阴蓄异志",准备加罪于他。经李泌竭诚营救,并以自家百口担保,才得幸免于难。兴元元年(784年)五月,朱泚乱平,唐德宗回到长安。这时,"巨盗初平,太仓无兼月之储,关辅遇连年之旱……郊畿之间,烟火殆绝,都市之内,馁殍相望。"③即使在这种情况下,德宗还是等到韩滉威慑淮南叛将王韶,证实了李泌的担保,才恢复对韩滉的信任,才任命他为使相,充江淮转运使,要他运粮来解救燃眉之急。《资治通鉴》卷231兴元元年十二月载其事:

> 淮南大将王韶欲自为留后,命将士推己知军事,且欲大掠。韩滉遣使谓之曰:"汝敢为乱,吾即日全军渡江诛汝矣!"韶等惧而止。上闻之喜,谓李泌曰:"滉不惟安江东,又能安淮南,真大臣之器,卿可谓知人!"

---

① 《旧唐书》卷134《马燧传》,第3695页。五盗指朱滔、田悦、王武俊、李纳、李希烈五人称王,联合反叛中央。
② 《新唐书》卷126《韩滉传》,第4435—4436页。
③ (清)董诰等编:《全唐文》卷473陆贽:《请减京东水运收脚价于沿边州镇储蓄军粮事宜状》,第4833页。

庚辰，加滉平章事、江淮转运使。①

由此可见，没有当时经济、政治诸方面的特定条件，唐德宗是很难任命在润州的韩滉为转运使的。以后，王纬、李若初、李锜在润州作转运使，王播、高骈在扬州作转运使，具体情况虽互有异同，也并不排除存在个别的其他因素，但都脱离不了形势特殊需要和对任使者特别信任这两条。一旦这两条有所变化，立即就会把转运使收到中央。如李锜，开始唐德宗甚"昵之"。后来他"骜横天下，榷酒漕运锜得专之……余皆干没于私，国计日耗"。特别是"得志无所惮，图久安计"，乃擅自募兵，私置腹心。②这当然是和唐代天子任使愿望背道而驰的，是背离上述任使特定条件的。于是唐顺宗即位，"务从省便，令使府归中朝"，以宰相杜佑作盐铁转运使，转运使治所又回到京城长安。剥夺高骈的转运使职务，其情况和李锜类似。

总之，在一般情况下，转运使治所是在京城，只是出现经济、政治的特殊需要，地方官将又特别受到信任，治所才出现在地方。

原载《西南师范学院学报（哲学社会科学版）》1983年第4期

---

① 授韩滉江淮转运使的时间，《资治通鉴》有误，见前注。
② 《新唐书》卷224上《叛臣·李锜传》，第6382页。

唐代地方运使述略

唐代运使，是职掌运输的差遣官，有中央运使，也有地方运使。20 世纪 80 年代，我对转运使作过一些探讨[①]，主要是关于中央运使的。现在，把积存的地方运使资料，整理成文，以就教于同仁。

一

唐代运使，有的设在中央，由朝廷官员担任；有的设在地方，由州府官员担任。但是，不能这样简单地以运使的本官行政空间属性来区分中央运使与地方运使。因为，有些设在地方由州郡官员担任的运使，仍然属于中央运使。如贞元时期润州刺史韩滉、王纬、李若初和李锜所任转运使，长庆至大和时扬州刺史王播所任运使，乾符至中和时高骈在扬州所任的运使，他们被《唐会要·转运使》纳入中央运使系列。[②]因此，区分中央运使与地方运使，还应考虑其他因素。

《新唐书·食货志》漕运篇末有这样一段记载：

> 凡漕达于京师而足国用者，大略如此。其他州、县、方镇，漕以自资，或兵所征行，转运以给一时之用者，皆不足纪。[③]

这里，显然从职能上把漕运区分为资给中央、地方和军队三种类型，因此，必然存在执行三种漕运任务的运使。前文所说那些由润州、扬州刺史担任的运使，虽然设在地方，由地方官员担任，可是它的职能是"漕达于京师

[①] 何汝泉：《唐代转运使初探》，重庆：西南师范大学出版社，1978 年。
[②] 何汝泉：《关于唐代转运使的治所问题》，《西南师范大学学报（哲学社会科学版）》1983 年第 4 期，第 79—81 页。
[③] 《新唐书》卷 53《食货志三》，第 1372 页。

而足国用"的，所以，归入中央运使之列。

然而，河南运使和陕州运使，其使官是由河南府尹、陕州刺史担任。其职能无疑是"漕达于京师而足国用"，却不被算作中央运使，《唐会要》不把它们列入《转运使》篇[1]，而另立《河南水陆运使》和《陕州水陆运使》两个篇目。可见，这两个运使，只能属于地方运使。与此类似的，还有鄂州运使。究其原因，还存在一个施政范围问题。上文所举那些润州、扬州的转运使，他们虽然治所在地方，但经管的漕运却是全局性的，而河南、陕州和鄂州运使则限于管理本府、本州、东南部分范围内的漕运，虽然都是由地方官担任运使，都是"漕达于京师而足国用"，但施政范围却有全局与局部之别。

在《唐代转运使初探》中，笔者曾经从经管地区和官员地位，对"运使"和"转运使"作过区别[2]，现在看来确有不当之处[3]。首先是很难从名称上区分运使。如陕州运使，有时叫水运使，或陆运使，有时又叫转运使，或水陆转运使，还有叫作水陆发运使的。这种情况，其他运使也多少存在。所以，企图把"运使"和"转运使"加以区分是行不通的、不对的。其次，只注意施政范围这个区分运使的因素，而运用时又过于简单，忽视了职能因素，对本官行政属性这个因素的界定也不确切，因此，那时对运使所作的区分，是应该修正的。

由此可见，要区分中央运使与地方运使，必须把运使的本官行政属性、职能和施政范围三者结合起来考察，才能获得正确认识。

二

唐代地方运使中，陕州运使和河南运使是一个类型。《唐会要·陕州水陆运使》载：

> 先天二年十月，李杰为刺史，充水陆运使。漕运之有使自此始也。已后，刺史常带使。天宝十载五月，崔无诐除太守，不带水陆运使。度支使杨国忠奏请自勾当，遂加国忠水陆运使。至十二载正月二十一日，敕陕运使宜令陕郡太守崔无诐充使，杨国忠充都使勾当。至贞元十三年

---

[1] 陕州太守韦坚及其接任者杨慎矜因兼勾当缘河及江淮租庸转运使而被列入中央运使系列，这是一个特例。
[2] 何汝泉：《唐代转运使的初探》，重庆：西南师范大学出版社，1987年，第7—8页。
[3] 黄寿成：《关于唐代盐铁转运度支等使的问题——与何汝泉教授商榷》，《陕西师大学报（哲社版）》1999年第2期，尚未察觉到这个误点。

四月，陕虢观察使于頔兼陕州水陆运使。五月二十八日，敕陕州水陆运使，令别自置印。至元和六年十月，敕陕州水陆运使宜停。①

陕州运使，从先天二年（即开元元年，712年）始置，至元和六年（811年）停罢，这百年间，既是"刺史常带使"，任使者当不止这里提到的三人。现将从史籍中找到的陕州运使列表1如下：

表1 史籍所载陕州运使统计表

开始任职时间	任职人及其史料出处
先天二年（713年）	李杰充使，称水陆运使（《唐会要》卷87《陕州水陆运使》），或水陆发运使（《新唐书》卷128《李杰传》）
开元四年（716年）	姜师度充使（《旧唐书》185下《良吏·姜师度传》）
开元二十九年（741年）	李齐物充使（《通典》卷10《食货·漕运》）
天宝元年（742年）	韦坚先后充使，称水陆转运使（《旧唐书》卷105《韦坚传》），或水陆漕运使（《旧唐书》卷105杨慎矜传》），或天下转运使（《通典》卷10《食货·漕运》），或江淮租庸转运使（《资治通鉴》卷215），或勾当缘河及江淮转运处置使（《唐会要》卷87《转运使》）
天宝十二载（753年）	崔无诐充使，称水陆运使（《唐会要》卷87《陕州水陆运使》）
大历十四年（779年）	杜亚充使，称转运使（《旧唐书》卷12《德宗纪》；《旧唐书》卷146《杜亚传》）
建中二年（781年）	姚明敫充使，称陆运使（《旧唐书》卷12《德宗纪上》）
贞元元年（785年）	李泌充使，称运使（《旧唐书》卷12《德宗纪上》），或水陆运使（《资治通鉴》卷231贞元元年七月条）
贞元三年（787年）	卢岳充使，称转运使（《全唐文》卷784穆员：《陕虢观察使卢公墓志铭》）
贞元八年（792年）	姚南仲充使，称运使（《旧唐书》卷12《德宗纪上》）
贞元十三年（797年）	于頔充使，称水陆运使（《唐会要》卷87《陕州水陆运使》）
贞元十四年（798年）	崔宗充使，称水陆转运使（《旧唐书》卷13《德宗纪下》）
元和四年（809年）	张弘靖充使（《旧唐书》卷14《宪宗纪上》）

洛州，开元元年（713年）升为河南府，置府尹、少尹。次年设运使。《唐会要·河南水陆运使》载：

> 开元二年闰二月，陕郡刺史李杰除河南少尹，充水陆运使。至三年九月，毕构为河南尹，不带水陆运使。至天宝三载十一月，李齐物除河南尹，又带水陆运使。贞元十年二月，河南尹齐抗充河南水陆运使。至元和六年十月，敕河南水陆运使宜停。②

---

① （宋）王溥撰：《唐会要》卷87《陕州水陆运使》，第1602页。
② （宋）王溥撰：《唐会要》卷87《河南水陆运使》，第1601—1602页。

从这个记载来看，河南府开元三年（715年）至天宝三载（744载）未设运使，此后也只有两次设使。但从其他记载看，却非如此。现将找到有明确记载的河南运使列表2如下：

表2　史籍见载河南运使表

开始任职时间	任职人及其史料出处
开元二年（714年）	李杰充使，称水陆运使（《唐会要》卷87《河南水陆运使》），或陆运使（《通典》卷10《食货·漕运》）
天宝三载（744年）	李齐物充使，称水陆运使（《唐会要》卷87《河南水陆运使》）
天宝九载（750年）	裴迥充使，称水陆运使（《金石萃编》卷86《嵩阳观圣德感应颂》）
大历二年（767年）	张延赏充使，称水陆转运使（《全唐文》卷412常衮《授张延赏河南尹制》）
大历十一年（776年）	严郢充使，称水陆运使（《新唐书》卷145《严郢传》）
贞元元年（785年）	薛珏充使，称水陆运使（《旧唐书》卷12《德宗纪上》）
贞元十年（794年）	齐抗充使，称水陆运使（《唐会要》卷87《河南水陆运使》）
贞元十一年（795年）	郑珣瑜（或作郑瑜）充使，称水陆转运使（《旧唐书》卷13《德宗纪下》）。
贞元十六年（800年）	张式充使，称水陆转运使（《旧唐书》卷13《德宗纪下》）

陕州和河南运使，有三个问题需要探讨：

第一，存续问题，即这两个运使在始置至停罢的百年时间内，是经常设置、连续存在而属固定使职呢，还是临时设置、断续存在而属于非固定使职？陕州运使，设置之后，便有"刺史常带使"记载，应该是经常设置的固定使职。但是，先天二年（713年）至元和六年（811年）间，若按《唐刺史考·陕州》，有41位刺史（太守）[①]，除去安史之乱漕运破坏而不带运使的9位刺史[②]外，尚有32位刺史（太守）。可是，从前面所列，在史籍中见到的运使仅有13位。那么，"刺史常带使"，是否确实呢？如果确实可信，那19位刺史不见带使记载当作何解释呢？笔者认为，陕州刺史"常带使"作为一般惯例是可信的，但不排除特殊例外，如天宝十载（751年）五月崔无诐除太守后一段时间，因幸臣杨国忠自请为运使而不曾带使。这只是极个别的。绝大多数刺史应该是都带运使，因为，这里有经常的漕运任务，必然会有刺史常兼带运使。至于那19位不见带使记载的刺史，应该是史籍遗漏。前面列出的姜师度和李齐物，史籍并无带使的明文，但根据他们有从事漕政的事迹，可以认定其带使。如

---

① 郁贤皓：《唐刺史考》卷51《陕州》，南京：江苏古籍出版社，1987年，第545—556页。
② 广德元年（763年）安史之乱平定，二年三月刘晏任河南、江、淮以来转运使，议开汴水，至永泰二年（即大历元年，766年），与第五琦分东西二路担任盐铁转运诸使，分治国家财赋，标志漕路恢复。从天宝十四载（755年）至此，计有9位刺史（太守）。

果其事迹欠显，不够入史，或者虽有事迹而被史家遗漏，那么，他们也会像那19位刺史一样，无从考知其带使。河南运使，虽然没有府尹常带运使的明文，但是，从开元二年（714年）至元和六年（811年）62位府尹①，除去开元三年（715年）至天宝三载（744年）前这17位不带使和安史之乱漕运破坏期间14位不计，其余31位府尹中，12位有明确带使记载。河南府与陕州一样，有规定向京师漕运粮米物资的任务，《唐会要》专辟《河南水陆运使》条目，其运使又是与陕州运使同诏停罢。由此看来，河南府尹除上述两段时间外，其余时间也应是带运使的。有些府尹无运使明文，也多属遗漏所致。总之，陕州和河南府由于担负着经常的漕运任务，在元和六年前百年间，除一些特殊时间之外，大体上都设有由刺史、府尹兼带的地方运使。所以，这两个运使应属于一定时间内的固定使职。

第二，特点问题，即这两个运使有什么和其他地方运使不同之处。陕州、河南运使和其他地方运使最显著的不同之处，在于执行的运务，并不是满足本地军政的需求，而是"漕达于京师而足国用"，为中央军政、皇室而执行运输任务。唐朝中央所需粮米物资的最大运输线，是大运河连接起来的江、淮、汴、河漕运线。唐代前期，桂、广、岭南诸州府及江淮各地上供的租庸调物资，先集中扬州，然后通过运河输送到洛阳，再由洛阳经过陕州输往长安。安史之乱以后，"两河宿兵，户赋不入，军国费用，取资江淮"②。《元和国计簿》具体指出：那时，每年的赋税，倚办于浙江东西、宣歙、淮南、江西、鄂岳、福建、湖南等八道四十九州。③因此，由运河经河南府和陕州而达长安的运输，成为唐王朝的生命线。河南运使和陕州运使执行的任务，对朝廷来说是至关重要的。不过，河南、陕州运使的职责范围，不是这条运输线的全局（那是中央运使的职责），而只是其中的一个段落。河南运使负责从东都含嘉仓运到陕州太原仓。④这段运输有时陆运，有时水运，随时多有变更。⑤陕州运使负责从太原仓运到潼关永丰仓。其间，砥柱之险是水运的最大障碍，故有陕州运使规避三门砥柱的记载。

---

① 郁贤皓：《唐刺史考》卷49、50《河南府》，第502—519页。
② （宋）李昉等编：《文苑英华》卷422《元和十四年七月二十三日上尊号赦》，第2139页。
③ 《旧唐书》卷14《宪宗纪上》，第424页。
④ 开元中裴耀卿改革漕运，于河阴县置河阴仓，三门东置集津仓。由汴水来的漕粮积于河阴仓，则运往陕州的自河阴仓起运，运至三门东的集津仓。
⑤ 开元初李杰为河南运使时是陆运，开元中中央运使裴耀卿改为水运。天宝九载（750年）裴迥为河南运使，又实行陆运。见《通典·食货·漕运》。刘晏任中央运使又实行水运。以后，水漕陆转时有变化。

潼关永丰仓至长安东渭桥太仓这段运输是否属于陕州运使职责范围呢？有两个肯定的例子。一是韦坚。他任陕州运使时，曾"开漕河，自苑西引渭水因古渠至华阴入渭，引永丰仓及三门仓米以给京师"①。另一是李泌。他任陕州运使时，"又为入渭船，方五板，输东渭桥太仓米至凡百三十万石，遂罢南路陆运"②。此二人无疑是经管过这段漕运的。但是，我们很难从这两个例子，作出一般性结论，因为此二人有一定特殊性。韦坚是皇亲，且急欲以漕功上达；李泌曾作过唐德宗的老师，赴陕乃临危受托，身负特命。③所以二人兼及关内漕运，而一般陕州运使，未必能够如此。有迹象表明，永丰仓至东渭桥太仓的漕运，另有职掌的使官。唐代宗时，蒋沇曾以长安令领渭桥河运出纳使。④这个以长安县令充任的渭桥河运出纳使，从"以职名使"的惯例来看，不仅掌管东渭桥太仓粮米的出纳，还要负责渭河漕运，应该就是经管从永丰仓到东渭桥太仓之间的粮米运输。这个使职可能很早就有。开元二十五年（737 年）韦坚任长安令时，"坚乃以转运江淮租赋，所在置吏督察，以裨国之仓廪，岁益钜万"⑤。作为长安令的韦坚之所以能够涉足江淮租赋转运，不仅因为他是皇亲国戚，很可能就是充任东渭桥河运出纳使，故后迁任陕州运使仍继续经管这段漕运。这个使职，唐穆宗时仍然存在。沈亚之有《东渭桥给纳使新厅记》一文，说："渭水东附河输流，逶迤于帝垣之后，倚垣而跨为梁者三，名分中东西。天廪居最东，内淮江之粟，而群曹百卫，于是仰给。"该文说，长庆中"儒臣杜生，以御史主之"⑥。这个杜生以御史充任的东渭桥给纳使，应该就是以前的渭桥河运出纳使。这个运使的性质，与陕州、河南运使相同，而存在时间可能还更久。

第三，停罢问题。宪宗元和六年（811 年）十月，河南运使和陕州运使同时停罢。这两个重要运使为什么停罢呢？其停罢诏书云：

> 朕于百执事、群有司，方澄源流，以责实效。转运务重，专委使

---

① （唐）杜佑撰：《通典》卷 10《食货十·漕运》，第 57 页。
② 《新唐书》卷 53《食货志三》，第 1370 页。
③ （宋）司马光编著，（元）胡三省音注：《资治通鉴》卷 231，唐德宗贞元元年条载："时连年旱蝗，度支资粮匮竭"，"陕虢都[知]兵马使达奚抱晖鸩杀节度使张劝，代总军务，邀求旌节，且阴召李怀光将达奚小俊为援"。如果达奚抱晖据陕而叛，则京师水陆之运断绝。在这种情况下，唐德宗特命李泌至陕。
④ 《旧唐书》卷 185 下《良吏下·蒋沇传》，第 4827 页。
⑤ 《旧唐书》卷 105《韦坚传》，第 3222 页。
⑥ （唐）董诰等编：《全唐文》卷 736 沈亚之：《东渭桥给纳使新厅记》，第 7602 页。

臣，每道有院，分督其任；今陕路漕引悉归中都，而尹守职名尚仍旧贯。……思去烦以循本，期省事以便人。其河南水陆运、陕府陆运……并宜停。①

这里透露了两个运使停罢的背景和原因。所谓"朕于百执事、群有司，方澄源流，以责实效"，是指元和六年（811 年）六月，宰相李吉甫奏请唐宪宗实行省官量俸改革。李吉甫指出须加改革的事象，有如"一邑之地，虚设群司"，"名存职废，额去俸存"等。停罢河南、陕州运使就是在这次官制改革背景下进行的。停罢的具体原因，则有两个方面。一方面"转运务重，专委使臣，每道有院，分督其任"，是说转运这项重要政务，已在中央设置专使；中央运使在道设有下属机构，运行机制健全。永贞元年（805 年）把置于润州十几年的中央运使收归长安，元和元年（806 年）李巽任使后，大力进行整顿，很可能是把河阴至长安这段漕运置于中央运使直接管理，以至"巽掌使一年，征课所入，类晏之多岁，明年过之，又一年加一百八十万贯。旧制，每岁运江淮米五十万斛抵河阴，久不盈其数，唯巽三年登焉"②。另一方面，河南、陕州的运务，已由直属中央运使的河阴院承担，而河南尹和陕州太守仍存留运使职名，因此须加停罢。

三

另一类是"州县方镇漕以自资"的地方运使，在史籍中见到如下几个：

河西运使 唐代凉州（今甘肃武威）于景云元年（710 年）置河西节度使。开元十二年（724 年）十月任命王君㚟为节度使时，"又加长行转运使"，并称：自此以后，包括长行转运使在内所加诸使"遂为定额"③。此运使，虽有"遂为定额"的明文，但以后见载的仅有二人。其一崔希逸。《全唐文》卷 309 孙逖《授崔希逸河南尹制》中，述及崔任河南尹前，在河西的官衔，有"持节河西节度、经略、支度、营田、九姓长行转运等副大使知节度判凉州事"。由此知崔希逸任河西节度使时充九姓长行转运使。崔受命河西的时间在开元二十四年（736 年）④，调河南尹在开元二十六年（738 年）五月⑤。

---

① 《旧唐书》卷 14《宪宗纪上》，第 437 页。
② 《旧唐书》卷 123《李巽传》，第 3522 页。
③ （宋）王溥撰：《唐会要》卷 78《诸使中·节度使》，第 1428 页。
④ 《旧唐书》卷 103《牛仙客传》，第 3196 页。
⑤ （宋）司马光编著，（元）胡三省音注：《资治通鉴》卷 214，唐玄宗开元二十六年五月条。

其二李林甫。《全唐文》卷310孙逖《授李林甫兼河西节度使制》有"可兼河西节度、经略、支度、营田、长行转运九姓等使"。宰相李林甫遥领河西在开元二十六年（738年）。①河西运使，或称长行转运使，或称九姓长行转运使。九姓，即九姓回鹘，指回鹘九个部落：药罗葛、胡咄葛、嘱罗勿、貊歌息纥、阿勿嘀、葛萨、斛盟素、药勿葛、奚耶勿。此为内九姓，是回鹘的基本构成部分。还有所谓外九姓，是回鹘部落的发展。长行转运，应是长途运输之意。故九姓长行转运使，应是执行河西与九姓回鹘之间物资交换运输的地方使职。

朔方运使 唐代灵州（治今宁夏灵武西南），开元元年（713年）置朔方节度使。②开元二十九年（741年）任王忠嗣为节度使时，"又加水运使"。天宝五载（746年）后，此镇所加包括水运使在内的诸使"遂为定额"③。此后见载的运使有：

李林甫，天宝十载（751年）遥领朔方节度使，其衔有六城水运使。④

杨行审，开元天宝之际，曾以灵州长史充六城水运使。⑤

魏少游，至德元载（756年）在任六城水运使。⑥

仆固怀恩，宝应、广德（762—764年）时，朔方节度使仆固怀恩具衔六城水运使。⑦

郭子仪，大历十四年（779年）德宗即位，加郭子仪号尚父，其衔具朔方节度使、六城水运使⑧。郭此次任朔方节度使在广德二年（764年）正月。⑨

李怀光，建中二年（781年）七月辛巳，以邠宁节度使兼朔方节度使⑩，《旧唐书·李怀光传》称李怀光所兼职并有六城水运使。

唐持，"大中末，检校左散骑常侍、灵州大都督府长史、朔方节度、灵武

---

① 《旧唐书》卷9《玄宗纪下》，第210页。
② （宋）王溥撰：《唐会要》卷78《节度使》，第1425页。
③ （宋）王溥撰：《唐会要》卷78《节度使》，第1425页。
④ （清）董诰等编：《全唐文》卷33玄宗：《以李林甫兼领朔方节度诏》，第365页。
⑤ （清）董诰等编：《全唐文》卷310孙逖：《授杨行审灵州长史仍充六城水运使》，第3145页。
⑥ 司马光编著，（元）胡三省音注：《资治通鉴》卷218，唐肃宗至德元载六月条。《旧唐书》卷108《杜鸿渐传》第3282页载：天宝末，朔方留后支度副使杜鸿渐与六城水运使魏少游等谋迎太子李亨至灵武。但《旧唐书》卷115《魏少游传》第3376页则言，魏"历职至朔方水陆转运副使"。如魏少游当时确系副运使，则其留后杜鸿渐当为六城水运使，或水陆转运使。
⑦ 《旧唐书》卷11《代宗纪》，第270页。
⑧ 《旧唐书》卷12《德宗纪上》，第320页。
⑨ （宋）司马光编著，（元）胡三省音注：《资治通鉴》卷223，唐代宗广德二年正月条。
⑩ 《旧唐书》卷12《德宗纪上》第330页。

六城转运使"①。唐持节度朔方的具体时间，在大中十一年至十三年（857—859年）。②

唐朔方节度使辖境辽阔，其设置运使是通过黄河为所统诸城驻军运送粮食物资。其使名称水运使，或称六城水运使，或称六城转运使。六城，据胡三省注，乃朔方所统有三受降城及丰安、安远、振武三城。③此运使见载虽仅数人，但时间跨度较长（开元至大中），且有"遂为定额"明文，故应属固定的地方运使，其众多节度使未见有运使衔，当是遗漏无疑。

代北运使　《新唐书·卢坦传》载卢坦任户部侍郎判度支时：

> 或告泗州刺史薛謇为代北水运时，畜异马，不以献，事下度支。坦遣吏验……表韩重华为代北水运使，开废田，列壁二十，益兵三千人，岁收粟二十万石。④

这里表明薛謇、韩重华曾先后任代北水运使，但给人以该水运使之职仅是营田的错觉。下面两则资料，则更多地揭示了代北运使的情况，《新唐书·食货志三》载：

> 元和中，振武军饥，宰相李绛请开营田，可省度支漕运及绝和籴欺隐。宪宗称善，乃以韩重华为振武京西营田、和籴、水运使。⑤

韩愈《送水陆运使韩侍御归治所序》云：

> （元和）六年冬，振武军吏走驿诣阙告饥。公卿廷议，以转运使不得其人，宜选才干之士往换之。吾族子重华，适当其任⑥。

可见，代北运使，或称代北水运使，或称振武水运使，或称水陆运使，或称转运使，乃是在振武军所设职兼漕运的地方运使。此运使，始置不详，但知元和时薛謇任使后，韩重华于元和六年（811年）受命为使。此后，有资料表明，长庆（821—824年）末，贺拔志曾任振武水运营田使。⑦开成（836—840

---

① 《旧唐书》卷190下《唐次附唐持传》，第5063页。
② 郁贤浩：《唐刺史考》卷18《灵州》，第308—309页。
③ （宋）司马光编著，（元）胡三省音注：《资治通鉴》卷218，唐肃宗至德元载六月庚戌条胡注。
④ 《新唐书》卷159《卢坦传》，第4960页。
⑤ 《新唐书》卷53《食货志三》，第1373页。
⑥ （唐）韩愈：《韩昌黎全集》卷21，第302页。
⑦ 《旧唐书》卷166《白居易附行简传》，第4358页。

年）时。有经管振武营田发运事的代州水运院，司空舆曾任水运使。[①]乾符（874—879 年）时，尚有段文楚任代北水陆发运使。[②]把代北运使上述情况与朔方六城水运使联系起来，便产生一个问题：既然"六城"已包括振武，振武军的漕运就应属六城水运使职责范围，为什么在振武又有代北水运使呢？原来，朔方节度使初置时，领有单于大都护府，而无振武军。[③]《通典·州郡·序目》下所载朔方节度使统领、置于单于都护府城内的振武军，是"天宝中，王忠嗣置"。据《新唐书·方镇表》载，至乾元元年（758 年），振武开始单独设置节度使。此后，振武自然就不再隶属朔方节度使，其漕运也就不由朔方运使负责。由此可知，代北运使是振武节度使设置后，为了从代北地区运送其营田不足给用的粮食而设置的，并在代州（今山西代县）置使院以组织运输。故代北运使是唐代后期相当长时间存在的一个地方运使。

范阳运使 唐玄宗先天二年（即开元元年，713 年）置幽州节度使。[④]天宝元年（742 年）改名范阳节度使，治幽州（今北京西南）。《唐会要·节度使》载：

<blockquote>范阳节度使"开元二十七年十二月除李适之，又加河北海运使。天宝元年十月除裴宽为范阳节度、经略河北支度营田、河北海运使。已后遂为定额。"[⑤]</blockquote>

天宝三载（744 年）至十四载（755 年），安禄山为范阳节度等使，其衔具河北海运使。[⑥]安史之乱以后，范阳节度使一职，或授行营将领，或授专擅方镇，也许海运弛废，范阳运使之名，湮没而无闻。

平卢淄青运使 唐玄宗开元七年（719 年）升平卢军为平卢节度使，初治营州（柳城郡，今辽宁朝阳），后迁徙辽西故城（今辽宁义县）。宝应元年（762 年）节度使侯希逸为叛军史朝义及奚族所逼，南迁青州（今山东益都），被授予淄青节度使。以后，或称淄青节度使，或称平卢节度使，或称平卢淄青节度使。早在开元十年（722 年）前后，臧怀亮为平卢军节度使时，其衔已具海

[①] （宋）王钦若等编：《册府元龟》卷498《邦计部·漕运》载：开成三年（838 年）四月，"度支使杜悰奏：水运院旧制在代州，开成二年省司以去营田发运公事稍远，遂奏移院振武。臣得水运使司空舆状，兼往来之人，备言移院不便。请依旧却移代州。从之。"（第5971 页）
[②] （宋）司马光：《通鉴考异》引赵凤《后唐太祖纪年录》曰："乾符三年，河南水灾，盗寇蜂起，朝廷以段文楚为代北水陆发运、云州防御使，以代支谟。"见《资治通鉴》卷253，唐僖宗乾符五年二月甲戌条注。
[③] 《新唐书》卷64《方镇表一》，第1761 页。
[④] （宋）王溥撰：《唐会要》卷78《节度使》，第1429 页。
[⑤] （宋）王溥撰：《唐会要》卷78《节度使》，第1429 页。
[⑥] （清）董诰等编：《全唐文》卷25 玄宗：《封安禄山东平郡王制》，第289 页。

运使。①天宝十五载（即至德元载，756年）四月，"授客奴柳城郡太守、摄御史大夫、平卢节度支度营田陆运、押两蕃渤海黑水四府经略及平卢军使"②。可见平卢节度使早已带运使职，或称海运使，或称陆运使。故兴元元年（784年）八月命李纳兼淄青节度使时，有"承前带陆海运使"之衔③。贞元八年（792年）李纳死，其子李师古代任而上请，朝廷因而授之，其衔亦具"海运陆（运）使"④。至元和元年（805年）十月，淄青节度使李师道的官衔仍具"陆运海运使"。⑤李师道谋逆，元和十三年（818年）七月唐宪宗下诏讨伐，元和十四年（819年）二月平。析李师道所统十二州为三镇，其平卢节度使仅领淄青齐登莱五州，其余诸州置二观察使。此后，平卢不见再带运使。

从以上情况来看，这一类地方运使有如下特点：

第一，设置在边远军镇。河西运使和朔方运使在西北边镇；代北运使、范阳运使和平卢淄青运使在东北边镇。这些军镇，辖地辽阔，且多荒漠，又都界临周边民族、国家：河西、朔方界临吐蕃、回鹘；代北、范阳、平卢界临靺鞨、渤海、奚、契丹、高丽、新罗等。因为邻近边境民族、国家，须在关要之地分驻军队，以应付不时地武装冲突。尽管有的驻军就地屯田，但也难以自给自足，所以需要为驻军运送粮食物资，加之与边境民族常有物资交换，因而地方运使便应运而生。可见，这类运使堪称"方镇漕以自资"的典型。内地方镇所以不见有运使的设置，两相比较，其原因当不言自明。

第二，运使多由节度使充任。河西、朔方、范阳、平卢淄青都是由该镇节度使充任其运使。可是，"节度使掌总军旅，颛诛杀"⑥，不可能躬亲转运庶务，必然有具体经管官员。从上述运使情况看，有两种措置形式：一是如河西运使，开元十四年（726年）三月二日敕文规定，"河西长行转运九姓，即隶支度使，宜加支度判官一人"⑦。这是把该镇的转运职事，落实到节度使所属支度使，在支度使下增设一名判官来执掌其事；一是如振武，节度使不兼运使，而专置代北运使，并在便于转运的代州（今山西代县）设转运院，

---

① （宋）李昉等编：《文苑英华》卷907李邕：《左羽林大将军臧公（怀亮）碑》载："会六州九胡渡凶阶乱……以功最拜羽林卫大将军，复以本官兼安东大都护府都督，摄御史中丞、平卢军节度使、支度、营田、海运大使。"（第4776页）
② 《旧唐书》卷145《刘全谅传》，第3938—3939页。
③ 《旧唐书》卷12《德宗纪上》，第345页。
④ 《旧唐书》卷124《正己附师古传》，第3537页。
⑤ 《旧唐书》卷124《正己附师古传》，第3538页。
⑥ 《新唐书》卷49下《外官·节度使》，第1309页。
⑦ （宋）王溥撰：《唐会要》卷78《节度使》，第1428页。

以经管其运务。

第三，均为固定使职。唐代使职，有"因事而置，事已则罢"的临时使职，有"置而不废"的固定使职。[1]此五个地方运使应属于后者，不过，其实际存在时间各有不同。兹将前述情况列表3如下：

表3　方镇漕以自资运使统计表

运使名	使官始置或始见时间	有无"遂为定额"记载	使官终见时间	见载使官人数
河西运使	开元十二年（724年）始置	有	开元二十六年（738年）	3人
朔方运使	开元二十九年（741年）始置	有	大中（847—850年）末年	7人
代北运使	元和（806—820年）时始见	未见	乾符（874—879年）时	5人
范阳运使	开元二十七年（739年）始置	有	天宝十四载（755年）	3人
平卢淄青运使	开元十年（722年）始见	未见	元和十年（815年）	5人

河西、朔方和范阳三个运使，开元年间始置后，都有"遂为定额"的规定，无疑是固定使积，至少有长期固定设置的意图。可是，它们实际存在时间，却各有不同。幽州范阳郡，是安史的大本营，其叛乱发生后，节度使授与行营将领；乱平之后，"付授叛将……讫唐亡百余年，卒不为王土"[2]。故天宝十四载（755年）后，应不再有运使之设，其终见时间，也是终置时间。凉州武威郡及其他陇右诸州郡，"及安禄山反，边兵精锐者皆征发入援，谓之行营。所留兵单弱，胡虏稍蚕食之；数年间，西北数十州相继沦没"[3]。此后，也应不再有运使之设。那么，该运使终置时间，应在天宝末年，其存在时限并非止于终见之开元二十六年（738年）。朔方运使，至大中末年尚有唐持充任运使，其存在时间当不止此。

代北和平卢淄青运使，虽未见"遂为定额"记载，但从存在时间来看，也应是固定使职。代北运使元和年间始见，而始置时间应是乾元年间设置节度使之时，其存在时间当在乾符年间终见之后，在百多年时间内有使者见载，当非临时使职。平卢淄青运使，其始见时间当和始置时间相距不远。如果平定李师道后运使不再设置，其终见即为终置时间，即便如此，其存在也近百年。这和代北运使一样，当非临时使职之属。

上述五个运使，都是相当长时期内的固定使职，其使者一般应前后相继

---

[1]《新唐书》卷46《百官志一》，第1181—1182页。
[2]《新唐书》卷210《藩镇魏博传序》，第5921页。
[3]（宋）司马光编著，（元）胡三省音注：《资治通鉴》卷223，唐代宗广德元年七月条。

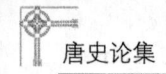

的，而现存史籍中见载使者很少，应属遗漏所致。

此外，范阳和平卢淄青的海运使，给我们提出一个不为人注目的唐代河北道海运问题。这里说的海运，不是指人员海上交通而随带的货物运输，而是利用海洋专门从事粮食货物运输。唐代海上运输，一般提到的是唐代晚期淮南、两浙与闽广的资料，至于河北道的海运，仅唐太宗征高丽有所涉及。在《旧唐书·姜师度传》中只是说姜师度在神龙（705—707 年）初任易州刺史、河北道监察兼支度营田使时，傍海穿漕渠，号平虏渠，"以避海艰"，有利于运粮。似乎这时已有近海运粮之举。今从范阳节度使充任河北海运使、平卢淄青节度使亦充任海运使来看，唐代中后期河北道的海运已有一定开展。由于这两个节度使的辖区面临渤海、黄海，这里又有唐通新罗、日本的海路，具备开展海上运输的需要和可能条件。这里的海上运输，一方面是两个节度使在各自辖区的粮食物资运输；另一方面也可能有与邻近民族、国家，如渤海、高丽，乃至新罗、日本交换物资的运输。这种海上运输已发展到相当频繁，达到一定规模，所以才有固定的海运使的设置。

四

有两个较为特殊的地方运使，即鄂州运使和淮颍运使，在此略作探讨。

鄂州运使　其资料主要是《旧唐书·穆宁传》。该传称：

> 广德初，加库部郎中。是时河运不通，漕辇由汉、沔，自商山达京师。选镇夏口者，诏以宁为鄂州刺史、鄂岳沔都团练使及淮西鄂岳租庸盐铁沿江转运使。①

《册府元龟·邦计部·选任》所载略同，唯"河运"误作"河南"；"淮西"作"淮东西"，衍"东"，无"沿江"二字。穆宁任鄂州运使，有几个问题需要弄清楚：

（1）穆宁任鄂州运使前的使职是什么？《旧唐书·穆宁传》云：

> 宝应初，转侍御史，为河南转运租庸盐铁等副使。明年，迁户部员外郎。无几，加兼御史中丞，为河南江南转运使。②

---

① 《旧唐书》卷 155《穆宁传》，第 4114 页。
② 《旧唐书》卷 155《穆宁传》，第 4114 页。

对照《册府元龟·邦计部·选任》，这里的"江南"为"江淮"之误，"河南江南转运使"应是"河南江淮转运使"。就是说，穆宁宝应元年（762年）为河南转运等副使，宝应二年（763年）为河南江淮转运使，然后被选任为鄂州运使。可是，联系当时中央运使来看，宝应二年（763年）穆宁所任也应是转运副使，夺"副"字。因为宝应元年六月前元载为中央运使，或称江淮转运使①，或称诸道转运使②；六月以后刘晏任中央运使，或称河南道水陆转运都使③，或称河南及江淮转运使④，或称东都河南淮西江南东西转运使⑤。所以，在中央已有转运使（正使）的情况下，穆宁宝应元年（762年）为转运副使，宝应二年（763年）也应承前为转运副使。

（2）鄂州运使的任务是什么？《唐会要·转运盐铁总叙》云："是时淮、河阻兵，飞挽路绝，盐铁租赋，皆泝汉而上……（穆宁）迁鄂州刺榷，以总东南贡赋。"《旧唐书·食货志》略同。所谓"总东南贡赋"，就是总管溯长江汉水北上长安这条线路的漕运。自从安禄山叛军占领汴州、洛阳，淮汴漕路断绝之后，便开始使用这条路线转运东南贡赋⑥。设鄂州运使，目的在于把这条路线的漕运"总"管起来，故称之为"沿江转运使"。

（3）鄂州运使存在多长时间？宝应二年（即广德元年，763年）鄂州运使设置的当年正月，史朝义穷蹙自缢，安史之乱告平。但是，方镇兵变此起彼伏，国家经济形势更为严重⑦。可是溯江汉经洋梁以达京师这条运路迂远劳费，不能满足京师的需要，于是，广德二年（764年）三月，把不久前贬为太子宾客的刘晏请出来，依旧担任中央运使，议开汴河，恢复江淮转运之制。经过刘晏的努力，淮、汴、河、渭的漕路复通，"岁运始至，天子大悦，遣卫士以鼓吹迓东渭桥，驰使劳曰：'卿，朕鄠侯也'。凡岁致四十万斛，自是关中虽水旱，物不翔贵矣"⑧。江淮转运恢复之后，泝江汉北上长安的漕运自然停止。

---

① （宋）司马光编著，（元）胡三省音注：《资治通鉴》卷222，唐肃宗上元二年建子月条。
② （宋）王钦若等编：《册府元龟》卷483《邦计部·选任》第5775页。
③ （宋）司马光编著，（元）胡三省音注：《资治通鉴》卷222，唐肃宗宝应元年十一月己丑条。
④ 《旧唐书》卷49《食货志下》，第2117页。
⑤ 《新唐书》卷53《食货志三》，第1368页。
⑥ （宋）司马光编著，（元）胡三省音注：《资治通鉴》卷218，唐肃宗至德元载八月条云："贼兵力所及者……而不过武功。江淮奏请贡献之蜀之灵武者，皆自襄阳取上津路抵扶风。道路无壅，皆薛景仙之功也（指薛坚守扶风之功）。"稍后，至德元载十月，第五琦提出："溯江、汉而上至洋川，令汉中王瑀陆运至扶风"，以解决军需之急，获得批准实行。故云："自丧乱以来，汴水堙废，漕运者自江汉抵洋梁。"（卷223，唐代宗广德二年二月条）。
⑦ 《旧唐书》卷123《刘晏传》云："时，新承兵戈之后，中外艰食，京师米价斗至千文，官厨无兼时之积，禁军乏食，畿县百姓授穗以供之。"（第3511—3512页）
⑧ 《新唐书》卷149《刘晏传》，第4795页。

那么，淮汴漕运是何时复通的呢？史无具体记载，但可间接推定。我以为，至迟不过刘晏与第五琦分东西两路分治国家财赋的永泰二年（即大历元年，766年）正月。因为，江淮漕路开通是分治的前提，否则刘晏分治东路财赋，便无实际意义，就没有必要分治财赋。以永泰二年（766年）正月作为江淮漕路复通时间，也就是江汉漕路失去继续使用价值的时间。所以，鄂州运使从广德元年（764年）至此，实际存在时间只有两年多。

上述可知，鄂州运使是一个属于"漕达于京师而足国用"的地方运使。它和陕州、河南运使不同之处，在于产生的应急性和存在的短暂性。

淮颍水运使 《旧唐书·宪宗纪》元和十一年十二月甲寅条载：

> 初置淮颍水运使，运扬子院米，自淮阴（治今江苏淮安）溯流至寿州（治今安徽寿县）[西]①四十里②入颍口。又溯流至颍州（治今安徽阜阳）沈丘界，五百里至于项城（今河南沈丘）。又溯流五百里入溵河。又三百里输于郾城（今河南郾城）。得米五十万石，菽一千五百万束。省汴运七万六千贯。③

《唐会要·漕运》、《册府元龟·邦计部·漕运》、《资治通鉴》卷239等所载略同。

淮颍水运使为何而设置呢？沈亚之《淮南都梁山仓记》云："（元和）十二年，诏以诛蔡之师食窘，促令盐铁所輓趋郾城下。是时，下淮南仓发春吏计春"④。这里表明，盐铁官员由淮南运往郾城的粮米，是为供应诛蔡之师，和《资治通鉴》所说淮颍运米"以馈讨淮诸军"相同。原来，元和九年（814年）彰义节度使吴少阳薨，其子摄蔡州刺史吴元济匿丧，自领其军。九月，拒吊祭使，发兵四出攻掠。十月，朝廷以严绶为申光蔡招讨使，督诸道兵讨吴元济。严绶拥八州之兵屯境上，闭壁经年，无尺寸功。吴元济纵兵侵略，及于东畿。唐宪宗制削吴元济官爵，命宣武等十六道进军讨之。元和十年（815年）九月以韩弘为淮西诸军都统，统帅讨淮诸军。韩弘倚贼自重，不愿淮西速平。讨淮诸将，胜则虚张杀获，败则匿之，至大败不可掩始上闻。故讨伐淮西，经久无功。但近九万行营军士，按例由度支供给。从江淮运来的粮食，须经汴水运到东都，然后转运给诸行营，劳费特甚。"诸军讨淮蔡，四年不克，

---

① "西"，据《册府元龟》卷498《邦计部·漕运》加。
② （宋）司马光编著，（元）胡三省音注：《资治通鉴》元和十一年十二月条胡三省注引旧史作"四百里"。
③ 《旧唐书》卷14《宪宗纪》，第458页。
④ （清）董诰等编：《全唐文》卷736沈亚之：《淮南都梁山仓记》，第7605页。

馈运疲弊，民有以驴耕者。"①因此，设置淮颍水运使，另辟运途，溯淮水、颍水、潋水而达郾城，可以节省大笔运费，还能减轻民众负担。

淮颍水运的粮食是何时运抵郾城的呢？元和十二年（817年）四月丁卯，吴元济将邓怀金以郾城降，故粮食不可能是在这之前运到的。七月，裴度为门下侍郎、同平章事兼彰义节度使，充淮西宣慰处置使，行元帅事。八月，裴度赴淮西，以郾城为治所。十月，擒吴无济，平定淮西。故运抵郾城的米荄，其时间当在四月至十月期间。裴度正是依靠这批粮食平定淮西叛军，淮颍水运功不可没。

淮颍水运使特别之处在于，不是以州府为名，而是用所经之淮颍水道为名，凸显其设使的主旨；所运米荄，是盐铁扬子院积集的中央政府掌握的物资，按度支指令调运的；其运送目的，既非"漕达京师而足国用"，也非"州县方镇漕以自资"，而是"兵所征行转运以给一时之用"。故此运使仅是为一次战役特设的地方运使。这种地方运使史籍中仅见一例。

淮颍水运使，不见使者姓名。其原因可能有二：一是遗漏。社会历史事实，千变万化，纷繁复杂，史家漏记缺载，在所难免。也许淮颍水运使者姓名，恰属其列。二是未设使职。元和六年（811年）至元和十二年（817年）六月王播任中央运使，元和十二年（817年）六月至元和十四年（819年）程异任中央运使。王播任使时，程异为副使。《旧唐书·王播传》称：

先是，李巽以程异为江淮院官，异又通泉货，及播领使，奏之为副。当王师讨吴元济，令异乘传往江淮，赋舆大集，以至贼平，深有力焉。②

《旧唐书·程异传》亦称：

转卫尉卿，兼御史中丞，充盐铁转运副使。时淮西用兵，国用不足，异使江表以调征赋。且讽有土者以饶羡入贡。至则不剥下，不浚财，经费以赢，人颇便之。由是专领盐铁转运使，兼御史大夫。③

程异以盐铁转运副使出使江淮，就是为了筹集征讨淮西的军需，设置淮颍水运使时，程异正在江淮大集赋舆，改变运道很可能就是他策划和组织指挥的。由于他本身就是中央副运使，又是直接经管军需供应高级官员，因此，就没

---

① （宋）司马光编著，（元）胡三省音注：《资治通鉴》卷240，唐宪宗元和十二年七月条。
② 《旧唐书》卷164《王播传》，第4276页。
③ 《旧唐书》卷135《程异传》，第3738页。

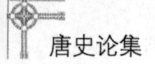

有另外再设一个运使。很可能这就是未见使者姓名的真实原因。正是程异为裴度决胜吴元济及时运到足够的粮食，所以才对"贼平，深有力焉"，才承接盐铁转运使的重任。

原载《西南师范大学学报（人文社会科学版）》2003年第6期

唐代河南漕路述论

北宋熙宁宣徽北院使张方平曾经说:"国依兵而立,兵以食为命,食以漕运为本,漕运以河渠为主。……故国家于漕事至急至重。"①其实,漕运对封建国家的重要性,不仅在北宋是如此,唐代中后期何尝不是这样呢?"唐都长安,而关中号称沃野,然其土地狭,所出不足以给京师,备水旱,故常转漕东南之粟。"②唐初每年转运到长安的粮食,不过一二十万石,到唐高宗以后,特别是唐玄宗时期,"数倍于前,支犹不给"③,漕运数量大为增加。安史之乱以后,唐王朝几乎完全依赖江淮漕运维持其生存。所以,漕运路线成为唐王朝的生命线。

一

唐代漕运东南财赋的路线,按南宋吕祖谦的说法,可以分为三节:"江淮是一节,河南是一节,陕西到长安是一节。"④实际上,河南这一节还应该分为两段:河淮之间为一段,河阴至渭口为一段。这里只谈前一段,后一段将另文讨论。

河淮间的漕路,是江淮漕船必经的中间阶段,也是漕运多事的地段。这一段漕运路线,从前学者多以为就是隋炀帝大业元年(606年)三月下令开凿的通济渠,到唐代叫作汴河。以致中华人民共和国成立后讨论通济渠走向时,有人就以漕路作为一个重要论据。可是,通济渠仅有一条,而河淮间的漕路

---

① (宋)张方平撰:《乐全集》卷27《论事·论汴河利害事》,《景印文渊阁四库全书》,台北:商务印书馆,1986年影印本,第1104册,第279—280页。
② 《新唐书》卷53《食货志三》,第1365页。
③ (唐)杜佑撰:《通典》卷10《食货十·漕运》,第57页。
④ (宋)吕祖谦撰:《历代制度详说》卷4《漕运·详说》,《景印文渊阁四库全书》,台北:商务印出馆,1986年影印本,第923册,第936页。

· 183 ·

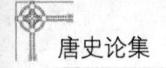

则不只一条。《资治通鉴》载：

> 李正已遣兵扼徐州甬桥、涡口，梁崇义阻兵襄阳，运路皆绝，人心震恐。①

这段文字表明，当时有经过甬桥②、涡口和襄阳的三条漕运路线。

由汉水，经过襄阳到梁州而达关中，有一条漕路，在安史之乱时起过重要作用。但它主要在山南东道，不属本文讨论范围。经过甬桥的漕路，就是从古汴河分流南下，经过宁陵（今河南宁陵）、宋州（今河南商丘）、永城（今河南永城）、甬桥（今安徽宿县）、虹县（今安徽泗县），于泗州（今已没入洪泽湖）入淮的新汴河。这是多数人承认的。

那么是不是还有一条经过涡口的漕路呢？少见有人谈及。笔者认为，在唐代这条漕路也是存在的。

> 李正已反，将断江淮路，令兵守甬桥、涡口。江淮进奉舡千余只，泊涡下，不敢过。德宗以万福为濠州刺史。……驰至涡口，立马岸上，发进奉舡。淄青兵马倚岸睥睨，不敢动。诸道舡继进。③

江淮进奉船停泊涡口"不敢过"，那么，这些船是要向哪里进呢？张万福到达后发进奉船，并且"诸道舡继进"，这又是向哪里进发、继进呢？涡口在汴河西边，既然说的都是进，当然就不是退回来走汴河这条路，而是向西进，那么，汴河西边必定有一条供漕船行达目的地的水路。汴河西边与淮水相通的有涡水、颍水和汝水，其中只见颍水有通漕的记载。

> （元和）十一年十二月始置淮颍水运。扬子等诸院米，自淮阴溯流，至寿州西四十里入颍口。又沂流至颍州沈邱界，五百里至于陈州项城。又沂流五百里入于溵河。又三百里输于郾城。得米五十万石，附之以茭一千五百万束。计其功，省汴运七万六千贯。④

这里说，元和十一年（816年），把江淮的米、茭，从淮水经过颍水，运到郾城（今河南郾城）。其实，这条漕路不是这年才开始的。元和八年（813年）已经有通过颍水漕运到郾城的记载：

---

① （宋）司马光编著，（元）胡三省音注：《资治通鉴》卷227，唐德宗建中二年六月条。
② 甬桥，先属徐州符离县，元和四年（809年）于此置宿州。
③ 《旧唐书》卷152《张万福传》，第4076页。
④ （宋）王溥撰：《唐会要》卷87《漕运》，第1599页。

是月（元和八年十二月），盐铁使王播进供陈许琵琶沟年三运图。先是中官李重秀奉命视之，还言可以通漕，至郾城下北颍口，水运千里而近及。帝览图，诏韩弘发卒以通汴河。于是船胜三百石者，皆得入颍。①

这里的漕路，是从汴河通过琵琶沟②，经颍水而达郾城。和上文淮颍水运不同的，只是这里说的是要经过汴河。不仅元和八年（813年）有经过颍水的漕运，更早些时候，即代宗大历（766—779年）时，已经有通过颍水进行漕运的记载：

唐代宗大历末年，李芃为陈州刺史，开陈颍路以通漕挽。③这条陈颍路，就是由颍水经过陈州所在的蔡水而达汴州的漕路。唐德宗建中（780—783年）年间，李希烈反叛，汴运受到阻碍，江淮漕船便是经过这条路，输送物资到京都的，下列三条记载证明了这一点：

> 纳遣游兵导希烈绝汴饷路。勉治蔡渠，引东南馈。④
> 东南转输者，不敢由汴渠，自蔡水而上。⑤
> 时李希烈阻兵，江淮租输，所在艰阻，特移运路自颍入汴。⑥

这条漕路，杜佑曾经设想把它向南延伸。《新唐书·食货志》载其事：

> 李纳、田悦兵守涡口，梁崇义搤襄、邓，南北漕引皆绝，京师大恐。江淮水陆转运使杜佑以秦、汉运路，出浚仪十里入琵琶沟，绝蔡河，至陈州而合。自隋凿汴河，官漕不通，若导流培岸，功用甚寡；疏鸡鸣冈首尾，可以通舟，陆行才四十里，则江、湖、黔中、岭南、蜀、汉之粟可方舟而下，由白沙趣东关，历颍、蔡、涉汴抵东都，无浊河沂淮之阻，减故道二千余里。会李纳将李洧以徐州归命，淮路通而止。⑦

这是由汴州附近南行，沿蔡河到陈州（今河南淮阳）入颍水，由颍入淮，再从寿州（今安徽寿县）入淝水，凿开淝水上源的鸡鸣冈而入巢湖，由巢湖入长江。杜佑设想用这条路来代替由邗沟经淮入汴的漕路。这就是"天子于是改道"之议。这个设想没有实行，但是可以说明淮—颍—蔡—汴这条漕路确

---

① （宋）王钦若等编：《册府元龟》卷497《邦计部·河渠二》，第5954页。
② （元）胡三省云："蔡河，古之琵琶沟，在浚仪，"见《资治通鉴》卷227，唐德宗建中三年十一月条注。
③ （宋）王钦若等编：《册府元龟》卷498《邦计部·漕运》，第5969页。
④ 《新唐书》卷225中《李希烈传》，第6438页。
⑤ （宋）司马光编著，（元）胡三省音注：《资治通鉴》卷227，唐德宗建中三年十一月条。
⑥ 《旧唐书》卷123《王绍传》，第3520页。
⑦ 《新唐书》卷53《食货志三》，第1369页。

实是存在的。

河淮之间，除了上述淮汴、淮颍两条漕路外，还有一条水路。据《水经注》的《阴沟水》《汴水》《获水》《泗水》《淮水》等篇记载，隋朝以前，黄河在荥阳县（今荥阳市）北分流东出为蒗荡渠，至阳武县为阴沟水，至大梁（今河南开封）为古汴河；古汴河从汴州，经陈留（今河南开封东南）、雍丘（今河南杞县）、睢阳（今河南商丘），至蒙县为获水；获水东经砀山、萧县，至彭城（今江苏徐州）入泗水；泗水东南流，经宿迁、泗阳，至淮阴东南的角城入淮。①这条淮泗至汴州的水路，到唐代是否还在通航？是否还有漕船由此经过呢？《元和郡县图志·河南府·河阴县》载：

> 汴渠在（河阴）县南二百五十步，亦名蒗荡渠。禹塞荥泽，开渠以通淮、泗……自宋武北征之后，复皆堙塞。②

这是说古汴河与淮泗相通的这条水路，在五世纪初，刘裕北伐后便堙塞了。刘宋以后未见有疏浚汴泗的记载。可是《太平寰宇记》引《舆地志》云：

> "汴水自荥阳受睢水，东至陈留、彭城，南入泗水，经县界入雍邱界。"自后开通济渠，此渠废。今无水。③

这里又说，六世纪初隋炀帝开通济渠时，汴泗才废弃不用的。这实际上就否定了刘宋堙塞之说。可是，还有资料证明，开通济渠后汴泗堙废的说法也不确实：

> （大业十二年）时充又知帝好内，乃言江淮良家有美女。……（帝）因密令阅视诸女，姿质端丽合法相者，取正库及应入京物以娉纳之。……以船送东京，而道路贼起，使者苦役，于淮泗中沉船溺之者，前后十数。④

这说明，开凿通济渠后十余年，还有官船走这条水路到洛阳，并非废弃不用。当然，隋朝末年的动乱，会给此河道带来影响，因此，武德初年有船行不通的记载：

> 宇文化及以左武卫将军陈棱为江都太守，综领留事。（武德元年二月）壬申，令内外戒严，云欲还长安。……化及视事其中，仗卫部伍，皆拟

---

① 高文：《通济渠——汴河方位考略》，《史学月刊》1980年第2期，第24—31页。
② （唐）李吉甫撰，贺次君点校：《元和郡县图志》卷5《河南府·河阴县》，第137页。
③ （宋）乐史撰，王文楚等点校：《太平寰宇记》卷1《开封府·陈留县》，《中国古代地理总志丛刊》，北京：中华书局，2007年，第10页。
④ 《隋书》卷85《王充传》（该卷校勘记云：王充即王世充），第1896页。

> 乘舆。夺江都人舟楫，取彭城水路西归。……至彭城，水路不通。①

宇文化及在武德元年（618年）"取彭城水路西归"，自然是走的淮泗水路。他们之所以走这条水路，总是认为此路可以通航，只是到了彭城才发现"水路不通"。因此可以说，淮泗水路不通并不是很久的事，如果早就不通，必有所闻，宇文化及便不会选择这条路西归了。并且，还有材料说明，彭城这个"水路不通"的地方，在稍后一些时候得到了治理，又可以"通饷道"：

> 高祖武德七年，尉迟敬德导汶泗至任城，分水建会源牐，凿治徐州、吕梁二洪，通饷道。②

徐州洪又名百步洪，吕梁洪在州东五十里，都是为了通漕运饷，凿治泗水而成的水利工程，很可能就是解决宇文化及遇到过的水路不通的问题。

淮泗水路不仅徐州以下可以通船，徐州以上也是可以通船的。甚至到贞元时，仍然可以从汴州乘船到徐州，韩愈就走过这段水路。韩愈作徐州从事，贞元十五年（799年）朝正京师，次年回徐州。他在《此日足可惜赠张籍》诗中说："乘船下汴水，我去趋彭城。"③这说明他贞元十六年（800年）从京城回徐州，就是从古汴水乘船到达的。所以，淮泗水路在唐代仍然是一条漕路。

总之，唐代河淮之间有淮汴、淮颍和淮泗三条漕运路线，三者汇合于汴州，再北行至河阴入黄河。

二

唐代河淮之间有三条漕路，可是这三条路线的实际通漕情况，并不是没有差别的。在不同时期，受自然条件和政治、军事的影响，呈现出复杂的状态。

开元以前，河淮间的漕运，记载很少，仅从裴耀卿开元十八年（730年）上疏中可以看到一点情况：

> 窃见每州所送租及庸调等，本州正月二月上道，至扬州入斗门，即逢水浅，已有阻碍，须停留一月以上。三月四月始渡淮入汴，多属汴河

---

① （宋）司马光编著，（元）胡三省音注：《资治通鉴》卷185，唐高祖武德元年二月条。
② （民国）武同举撰：《淮系年表四》，1928年成书，铅印本，无出版信息，第表四之2页。又见（清）顾祖禹：《读史方舆纪要》卷29《徐州·吕梁洪、百步洪》，《中国古代地理总志丛刊》，北京：中华书局，2005年，第1394页。
③ （唐）韩愈：《韩昌黎全集》卷2，上海：世界书局，1935年，第26页。

干浅，又船运停留。至六月七月始至河口。①

这里说的是开元十八年（730年）前漕运的一般情况，那时各州的租庸调物，是自行差脚士运送。从江南来的漕船，走的是淮汴路线。

开元天宝时期，已经看得出三条路线通漕情况的差别：

> （开元）二十七年，河南采访使、汴州刺史齐澣，以江淮漕运经淮水，波涛有沉损，遂开广济渠。下流自泗州虹县，至楚州淮阴县北十八里，合于淮。不逾时毕功。既而以水流浚急，行旅艰险，旋即停废，却由旧河。②

这里记载，齐澣为避开淮水波涛之险，在汴河下流的虹县至淮阴之间，开凿一条广济渠，但是没有达到目的，漕船仍走淮河进入汴河。但这可以反映三点情况：（1）淮泗水路已经不通漕，或者虽然可以行船，但不如汴河利便，实际上很少漕船行走。不然，为什么不走淮泗水路以避淮险，而要兴师动众，新开一条广济渠呢？（2）既然淮水有波涛之险，从淮阴到临淮这一段都要想法避开，那么，在一般情况下，漕船更不愿再溯淮而上，经过更长途程的淮河而走淮颍水路了。（3）这时的漕船，既不能走淮泗水路，又不愿走淮颍水路，当然就集中走淮汴水路，因此才出现了改善这条漕路的举动。正是由于这时淮汴水路的漕运居于独盛的地位，所以给汴河沿岸的城镇带来了商业繁荣。宋州就是一个例子：

> 玄宗天宝元年，改宋州为睢阳郡。命公（李少康）为太守。淮湖漕挽，刀布辐凑，万商射利，奸之所由聚也。③

唐肃宗、代宗时期，唐代的漕运发生了重要变革。先是安史之乱的破坏，"肃宗末年，史朝义兵分出宋州，淮运于是阻绝"④，使原来的遭运制度陷于停顿。平定安史之乱后，刘晏主持漕运，建立了一套完整的漕政体制，转运使成为固定职官。刘晏在宝应二年（763年）对漕路进行实地考察之后，写给宰相元载的信中提出：

---

① （唐）杜佑撰：《通典》卷10《食货十·漕运》，第56—57页。
② （唐）杜佑撰：《通典》卷10《食货十·漕运》，第57页。齐澣所开广济渠在淮阴北入淮，《宋史·河渠志》作"八十里"，与此有异。
③ （唐）独孤及：《唐故睢阳太守赠秘书监李公（少康）神道碑》，《毗陵集》卷8，《景印文渊阁四库全书》，第1072册，第220页。
④ 《新唐书》卷53《食货志三》，第1368页。

浮于淮泗，达于汴，入于河。①

这可能是刘晏整治漕路的最初设想方案，想重新打通从淮泗到汴州这条漕路。但是，在实际工作的时候，他并没有按原来的设想进行，而是"疏浚汴水"②。因此，刘晏主管漕政近二十年间，漕船在河淮间是走淮汴水路：

晏即盐利雇佣，分吏督之，随江、汴、河、渭所宜……江船不入汴，汴船不入河，河船不入渭。江南之运积扬州，汴河之运积河阴，河船之运积渭口，渭船之运入太仓。③

唐德宗、宪宗时期，唐朝中央政府与地方藩镇割据势力进行激烈的斗争，相互争夺的一个中心，便是控制河淮之间的漕路。藩镇控制漕路，一则可胁迫朝廷以自逞，二则可劫夺租赋以自肥。中央政府也拼全力保住漕路，因为，这既是维持自身的必要条件，又是对付强藩的重要保证。所以，双方在河淮之间展开拼搏。这对漕运和漕运路线不能不带来重大的影响。

唐德宗建中二年（781 年）初，淄青李正己伙同魏博田悦、襄邓梁崇义、成德李惟岳反叛中央，派兵扼守甬桥、涡口，淮汴漕路被截断。至同年十一月李洧在徐州归顺朝廷，才恢复通航。淮汴水路受阻近一年。

建中三年（782 年）十一月开始，又有所谓"五盗合纵，图倾社稷"④的事件。次年十二月李希烈攻陷汴州，河淮之间的漕路完全断绝。同时，长安发生"泾原兵变"，唐德宗被迫逃奔奉天。接着李怀光叛变，唐德宗再逃梁州。这时，粮帛供应成为朝廷及其军队最迫切最严重的问题。幸亏镇海军节度使韩滉武装护送漕船，李晟军队才得收复长安。唐人赵元一《奉天录》记载其事云：

时滉以中国多难，翠华不守，淮西、幽燕并为敌国。公虑敖仓之粟不继，忧王师之绝粮，遂于浙江东西市米六百万石，表奏御史四十员，以充纲署。淮汴之间，楼船万计。中原百万之师，馈粮不竭者，韩公之力焉。⑤

---

① （宋）王溥撰：《唐会要》卷 87《转运盐铁总叙》，第 1588 页。
② （宋）司马光编著，（元）胡三省音注：《资治通鉴》卷 223，唐代宗广德二年三月条。
③ 《新唐书》卷 53《食货志三》，第 1368 页。（宋）王谠撰：《唐语林》卷 1《政事上》，《景印文渊阁四库全书》，台北：商务印书馆，1986 年影印本，第 1038 册，第 18 页载刘晏为盐铁转运使时，于扬州转运江南谷麦"自淮泗入汴抵河阴"。疑此乃沿袭《遗元载书》之设想，与实际转运路线不符，不足为据。
④ 《旧唐书》卷 12《德宗纪》，第 335 页。《资治通鉴》卷 227，唐德宗建中三年十一月条。所谓五盗合纵，系指朱滔、田悦、王武俊、李纳、李希烈五人称王，联合反叛中央。
⑤ （唐）赵元一撰：《奉天录》卷 2，续修四库全书编纂委员会编：《续修四库全书》，上海：上海古籍出版社，2002 年，第 423 册，第 163 页。

由此可见，韩滉武装护送的漕船，仍然是走淮汴水路。

韩滉强行突破李希烈对汴河的封锁，运送六百万石粮食到京师，也只能解救燃眉之急，从叛军手中夺回漕运控制权，才是解决问题的根本所在。于是韩滉又派兵与宣武军节度使刘玄佐一起，遏止李希烈沿汴河向江淮发动的攻势，解宁陵（今河南宁陵）之围，进而刘玄佐率军于兴元元年（784年）十一月收复汴州。这样，才又恢复了淮汴漕运。这是一次空前激烈的争夺漕路控制权的斗争。这次斗争和建中二年（781年）开始的那次不同之处在于，前次主要是争夺汴河下游的甬桥，这次是以争夺汴河上游的汴州为主要目标。甬桥地区被截断，漕船还可以走淮颍漕路，汴州被掐住，漕路就完全断绝。因此，这次斗争对唐王朝来说，更是生命攸关。韩滉的贡献也因此而引人注目。

兴元元年（784年）淮汴漕路恢复以后，朝廷派重臣驻守汴州和徐州，能够基本上维持漕路畅通。虽然贞元中期的七八年间，汴州又曾发生过几次兵乱，使漕运受到过一些损害，但毕竟是小范围内的、短暂的事件，叛乱很快被平息，对漕运的影响不算太大。

如果说，德宗朝是藩镇采取攻势，朝廷处于守势，那么，宪宗朝则矛盾双方发生了转化，朝廷转入攻势，而藩镇退居守势。从元和二年（807年）开始，相继平蜀斩刘辟，平江东斩李锜，平潞泽擒史宪诚，平淮西斩吴元济，平淄青斩李师道，魏博田弘正、成德王承宗、横海程执恭也先后归顺朝廷。这便是所谓"元和之政，几致升平"。①为什么宪宗朝能取得对藩镇斗争的重大胜利呢？从财政经济上说，第一是主持盐铁转运的李巽、王播和程异等人，能够从江淮地区组织钱粮物资的供应。第二是韩弘镇守汴州二十余年，严治骄兵，自上任讫入朝，"士卒无一人敢哗呼于城郭者"，②保证了漕路的通行，使江淮粟帛能够源源运到京都。唐宪宗在《与韩弘诏》中，对韩弘所起作用给予了高度的评价：

> 朕以梁宋之地，水陆要冲，运路咽喉，王室藩屏。人疲易散，非卿之惠不能安；师众难和，非卿之威不能戢。③

唐穆宗以后，唐王朝江河日下，可是，毕竟还延续了八十多年。这和漕运的继续维持是分不开的。

---

① 《旧唐书》卷16《穆宗纪史臣语》，第504页。
② （宋）司马光编著，（元）胡三省音注：《资治通鉴》卷235，唐德宗贞元十六年三月条。
③ （清）董诰等编：《全唐文》卷644 白居易：《与韩弘诏》，第6754页。

长庆二年（822年），武宁节度副使王智兴，驱逐节度使崔群，离镇时，"遣兵卫从群，至甬桥而返。遂掠盐铁院钱帛，及诸道进奉在汴中者，并商旅之物，皆三分取二"。①说明这时江淮地区仍在通过漕运供应唐王朝物资，从甬桥经过的汴河，仍是盐铁使转运租赋和诸道进贡的漕路。

唐懿宗咸通九年（868年），庞勋起义军在泗州盱眙县北的都梁山战败唐军。"据淮口，漕驿路绝。……时汴路既绝，江淮往来皆出寿州。'贼'既破戴可师，乘胜围寿州，掠诸道贡献，及商人货，其路复绝。"②这说明，此时仍有东南的贡物通过漕运送到京师，漕运路线仍有淮汴和淮颍在通行。不过只是在淮汴漕路不通时，才"皆出寿州"走淮颍漕路的。

唐僖宗乾符四年（877年），王仙芝起义军围攻宋州。唐军来援，王仙芝解围而去。因此郑畋上奏说："自王仙芝俶扰，崔安潜首请讨之，贼不敢犯其境。又以兵援张自勉，解宋州围。使江淮漕运流通，不输寇手。"③可见这时江淮与京师仍有漕运流通，漕船在河淮之间仍走经过宋州的汴河。

直到唐朝末年，杨行密据淮甸，"自甬桥东南决汴，汇为污泽"④。这时淮汴漕路完全断绝。

以上情况说明，唐穆宗以后漕运东南粟帛一直在进行着，淮汴漕路和淮颍漕路都可以通航。这是穆宗以后，唐王朝能够延续近一个世纪的重要原因。到唐朝末年，漕运完全断绝的时候，唐王朝也就寿终正寝了。

总之，从唐代历朝漕运情况看出，唐代初期河淮之间有淮汴和淮泗两条漕路，以淮汴漕路为主，而淮泗漕路可能到开元末年已不通漕运。中期有淮汴和淮颍两条漕路，一般情况下，以淮汴漕路为主。可是淮汴漕路容易受到人为的阻碍，当淮汴漕路不通时，淮颍漕路便承担主要运务。淮颍漕路不是淮汴漕路不通才有的，但是，是在淮汴漕路受阻而发展起来的。晚期仍然存在淮汴和淮颍两条漕路，其通漕情况同中期差不多。唐代中期以后的情况表明，河淮之间漕路的变化，和政治、军事形势有密切关系。唐王朝和地方藩镇争夺河淮之间漕路控制权的斗争，起先主要是对汴河下游重镇——甬桥的争夺，随后集中争夺汴河上游的漕运咽喉——汴州。唐王朝对控制汴州的重要性有足够的认识，非常注意掌握这个城镇，因而漕运基本没有中断，唐王

---

① （宋）司马光编著，（元）胡三省音注：《资治通鉴》卷242，唐穆宗长庆二年三月条。
② （宋）司马光编著，（元）胡三省音注：《资治通鉴》卷251，唐懿宗咸通九年十二月条。
③ （明）茅元仪撰：《平巢事迹考》，四库全书存目丛书编纂委员会编：《四库全书存目丛书》史部，齐鲁书社，1996年，第55册，第488页。《资治通鉴》卷253，唐僖宗乾符四年十月条，略同。
④ 《宋史》卷252《武行德传》，北京：中华书局，1977年，第8856页。

朝借以维持了相当长期的统治。

三

通过对唐代河淮之间的漕路及其通漕情况的考察，我们得到以下三点认识。

第一，唐代河淮之间，除了隋朝开凿的通济渠这一条漕路即淮汴漕路之外，还有左右各一条大体与之平行的漕路，即淮泗漕路和淮颍漕路。尽管我们还不能确切知道淮颍漕路什么时间开始通漕，淮泗漕路什么时间不再通漕，但三条漕路的存在是可以肯定的。因此，那种认为当时漕运要通过徐州，即通济渠仍走由泗入淮的路线的看法①，便值得商榷了。隋炀帝修通济渠的直接目的不一定是为了漕运，修成后无疑是用来做了漕运线。由于同时有两条漕路存在，漕运并非只走通济渠，所以，认为漕运通过的河流就是通济渠，这在逻辑上也是很难成立的。如果可以单纯以漕运来推断通济渠的走向，那么，颍水、蔡水都有通漕的记载，不是都可以认为是通济渠吗？这样，真正的通济渠还是没法找到。因此，寻求通济渠的走向，要采取多种途径进行。高文同志的做法是比较细致的，我基本上赞同他的看法。②不过，通济渠即新汴河与旧汴河分流的地点，到底是开封，是雍丘，还是商丘？还值得进一步研究。

第二，从唐朝河淮之间三条漕路的历史来看，淮泗漕路是旧漕路，经唐初修浚，虽然能够通漕，但是，路程较远，航行困难较大，因此，大约在开元末年以前，已经逐渐不通漕船。淮颍漕路的通漕，在大历多事之秋始见记载。唐德宗、宪宗时，因为政治、军事的关系，在淮汴漕路不通的情况下，淮颍漕路曾经承担主要的漕运任务，而在一般情况下，汴河通行无阻时，它只起辅助、补充的作用。其原因就是它要经历很长一段风波艰险的逆淮航行，这在当时的技术条件下，是相当困难的，只能在不得已的情况下，才去冒这个风险。淮汴漕路航行的自然条件，唐人也不尽满意。太极元年（712年），曾经有人在盱眙开凿一条河直通扬州③，是想不绕道邗沟、淮水，而从扬州直接到盱眙进入汴河，以避免邗沟、淮水的洪波巨浪，但是没有成功。开元时齐澣开凿广济渠，也是想避开淮水洪流，仍然没有成功。④唐人屡次开凿新渠，企图改善淮汴漕路，说明这条漕路不够令人满意。但是，所凿新渠都告失败。

---

① 朱偰：《中国运河史料选辑》第6章，北京：中华书局，1962年。
② 高文：《通济渠——汴河方位考略》，《史学月刊》1980年第2期，第24—31页。
③ 《新唐书》卷38《地理志·河南道·泗州盱眙》："太极元年，敕使魏景清引淮水至黄土冈，以通扬州。"（第991页）
④ 《新唐书》卷128《齐澣传》，第4469页。

有唐一代的淮汴漕路，除短时间因政治、军事原因受阻之外，都是漕运的主要依靠。这是什么原因呢？淮汴漕路比其他两条漕路的航行条件都要优越。与淮颍路相比较，淮汴路减少了相当长一段淮水的险急路程，避免了许多漕船的覆没。从安全这个因素来看，淮汴漕路无论如何要比淮颍路优越。这在当时并不是无关紧要的。比起淮泗漕路"迂曲，回复稍难"[①]来，淮汴漕路又有直接的优点。1984年暑期，我们唐宋运河考察队，进入泗县，经灵璧、宿县、永城、商丘、睢县、杞县到开封，沿着古运河河道进行考察时，所见"隋堤"（至今当地人对古汴河河道遗迹仍称"隋堤"）多是笔直的。今天的公路，或是在"隋堤"之上，或是傍"隋堤"而行。说明开凿汴河时选择的路线，以今天科学勘测的水平来衡量，仍不失为优化的选择。这反映当时我国在水利工程技术方面的实际水平是相当高超的。

第三，唐朝中央政府与地方藩镇争夺河淮之间漕路控制权的斗争，其焦点，先是汴河下游的甬桥，后来转移到汴河上游的汴州。为什么会有这个变化呢？关键在于淮颍漕路的开发。地方藩镇先把主要注意力放在甬桥，企图通过控制甬桥来劫夺江淮物资，迫使朝廷承认自己的权益。但是，漕船采取避开甬桥，不惜冒淮水风波之险，绕道颍、蔡而达汴州。于是，藩镇便转而争夺汴州。果然，李希烈攻陷汴州之后，使朝廷几乎陷入绝境。可是，朝廷方面涌现出李泌、韩滉、刘玄佐、韩弘、王播、程异、李巽等一批能人。他们在漕路问题上，有洞察时局的战略眼光，有对付时变的韬略智能，有军事家的胆识雄才，而且，身先士卒，躬亲庶务，尤其是体现在控制汴州的决心和措施上，令人叹服。正是这批文臣武将，使唐王朝转危为安，并大举反攻，使那些不可一世的强藩枭雄，不是服罪阶下，便是引颈就刑。以致"唐室中兴"，天下"几致太平"，唐王朝由此继续存在近一个世纪。这说明，后期的唐王朝还有它继续存在的条件。这个条件，首先是客观的物质条件，但关键还是人。要有人才，才能开发利用这些物质条件，才能保证物质条件能正确发挥作用。正是在这点上，运筹帷幄的李泌，其功劳并不比驰骋沙场的韩滉、刘玄佐，坐镇汴州的韩弘，兼善筹算的程异、李巽，有任何逊色之处。唐王朝正是有一批救亡图存的仁人志士，才得到中兴；也正是大胆启用这批确有才干的人，才延续了近一个世纪。

原载《运河访古》，上海人民出版社，1986年

---

① （宋）乐史撰，王文楚等点校：《太平寰宇记》卷1《开封府·开封县·通济渠》，《中国古代地理总志丛刊》，北京：中华书局，2007年，第5页。

唐代河南漕路续论

唐代河南道漕运路线可分为两段，黄河、淮河之间为一段，河口至渭口为一段。前段漕路，已在《唐代河南漕路述论》[①]一文中论及，这里将继续讨论后段漕路。

一、古老的漕路

唐代河南道一段黄河，是我国历史上利用自然河流通航运的最古老的漕路。

西汉时，"漕转山东之粟，以给中都官"，已利用黄河作为漕路。起初，"岁不过数十万石"，后增加至"岁漕关东谷四百万斛以给京师，用卒六万人"。直至隋朝，仍然依靠黄河，"漕关东及汾晋之粟，以给京师"。隋文帝曾派遣仓部侍郎韦瓒，"向蒲陕以东，募人能于洛阳运米四十石，经底柱之险，达于常平（仓）者，免其征戍"[②]。

但是，黄河素称"湍悍"，水道险急，要从河上大量运输粮食物资，并非轻而易举之事。尤其"自砥柱以下，五户以上，其间一百三十里，河水竦石桀出，势连襄陆。……其山虽辟，尚梗湍流，激石云洄，环波怒溢。合有一十九滩，水流迅急，势同三峡。破害舟船，自古所患"[③]。这就是汉代言漕者所谓"底柱之险，败亡甚多而烦费"[④]。

底柱山，俗名三门山，在陕县东北五十里黄河中。有鬼门岛和神门岛，把黄河河道分隔成三道峡口，叫做鬼门（左）、神门（中）、人门（右）。其间，"河流如激箭"，行船"触一暗石，即船碎如末，流入旋涡中，更不复见"。漕

[①] 唐宋运河考察队编：《运河访古》收入此文，上海：上海人民出版社，1986年。
[②] 以上引文见（唐）杜佑撰：《通典》卷10《食货十·漕运》，第55—56页。
[③] （清）傅泽洪主编：《行水金鉴》卷2《河水》第三，南京：凤凰出版社，2011年。
[④] （唐）杜佑撰：《通典》卷10《食货十·漕运》，第55—56页。

船经常在这里覆没，"故三门之下，河中有山，名米堆、谷堆"。敢于驾船通过三门峡口的，是非常熟悉航道情况，而又世代积累通航经验的"门匠"。"上三门篙工，谓之门匠，悉平陆人为之，执一标指麾，以风水之声，人语不相闻。"即使如此，也经常葬身鱼腹，故"陕人云：自古无门匠墓，言皆沉死也"。①

历代漕运，采取什么办法对付底柱险道呢？一种如西汉番系之建言：

> 漕从山东西，岁百余万石，更底柱之险，败亡甚多而烦费。穿渠引汾溉皮氏、汾阴下，引河溉汾阴、蒲坂下，度可得五千顷。故尽河壖弃地，度可得谷二百万石以上。谷从渭上与关中无异，而底柱之东，可无复覆漕。②

建议得到天子同意，于是"发卒作渠田"。可是，"数岁，河移徙，渠不利，田者不能偿种"。这是企图开辟就近的关中沿河地带进行种植，用来代替漕运关东之粟，以避底柱之险的办法。即使不是河水移徙，渠田无收，而关中可耕地狭窄，要想依靠当地完全解决庞大的国家中央军政人员的供给，在古代生产力水平甚低的状况下，是很难办到的。也曾有过一种办法，也即上文提到的，隋文帝募人从洛阳运米，经过底柱，到达陕州常平仓，免除征戍。这是以重赏募人冒险的办法。重赏之下，必有勇夫。但是，"底柱之难，号为天险"，与天险作斗争，并不是只凭一介之勇就能解决的。

再有一种办法，就是整治航道，使之利于通航。历代都作过努力。西汉成帝鸿嘉四年（前17年），杨焉向皇帝建议："底柱之隘，可镌广之。"于是下令广峡口。结果，"才没水中，不能复去，而令湍流沸怒，为害弥甚"③，没有成功。曹魏景初二年（238年），明帝遣谏议大夫寇慈，"帅工五千，岁时修理，以平河阻"④。这次"修理"，当包括底柱所在河段，可能是季节性岁修，没有太大工程。隋文帝开皇十五年（595年）六月，"诏凿底柱"⑤，其效果未见记载。

到唐代，以三门为主的黄河航道整治，次数之多，规模之大，都是空前

---

① （宋）曾慥编：《类说》卷2《门匠》，《景印文渊阁四库全书》，台北：商务印书馆，1986年影印本，第873册，第26页。
② （唐）杜佑撰：《通典》卷10《食货十·漕运》，第55页；（宋）王钦若等编：《册府元龟》卷496《邦计部·河渠一》，第5937页，略同。
③ （唐）李吉甫撰，贺次君点校：《元和郡县图志》卷6《陕州》，《中国古代地理总志丛刊》，北京：中华书局，1983年，第158页。
④ （唐）李吉甫撰，贺次君点校：《元和郡县图志》卷6《陕州》，第158页。
⑤ （宋）王钦若等编：《册府元龟》卷497《邦计部·河渠》，第5949页。

的。河南道段黄河，也是历史上承担漕运任务最繁重时期。

二、唐代黄河漕路的整治和利用

唐朝对河南道黄河段漕路的依赖，是缘于政治地理的需要。

> 唐都长安，而关中号称沃野，然其土地狭，所出不足以给京师，备水旱，故常转漕东南之粟。①

其前期，还可从关东的河南、河东、河北等地得到供应②；后期则必须以淮南、江南为命脉。无论是河南、河北，还是淮南、江南，要使其租赋运到京师，都离不开黄河这段漕路。

> 旧于河南路运至陕郡太原仓，又运至永丰仓及京太仓。开元初，河南尹李杰始为陆运使。③

这说明，到开元初，李杰才开始把含嘉仓到太原仓这段漕粮的转运改为陆运，而在这之前，即唐初以来，从洛阳含嘉仓到京都太仓，则应大体都是水运。水运必须经过黄河。那时，黄河这段漕运是十分艰难的。裴耀卿开元十八年（730年）上疏中说：

> （江南送租庸调物之船）六七月乃至河口，而河水方涨，须八九月水落始得上河入洛，而漕路多梗，船樯阻隘。江南之人，不习河事，转雇河师水手，重为劳费。其得行日少，阻滞日多。④

这还只是说的从河口至洛阳这段漕路的艰难。唐朝整治黄河段漕路，也就是从这里开始的。

> 开元二年，河南尹李杰奏：汴州东有梁公堰，年久堰破，江淮漕运不通，发汴郑丁夫以浚之。省工速就，公私深以为利。⑤

---

① 《新唐书》卷53《食货志三》，第1365页。
② 《旧唐书》卷49《食货志下》："咸亨三年，关中饥，监察御史王师顺奏请运晋、绛州仓粟以赡之，上委以运职。河渭之间，舟楫相继。会于渭南，自师顺始也。"（第2113页）《唐会要》卷87《漕运》作"置仓于渭南东"，第1596页。
③ （唐）杜佑撰：《通典》卷10《食货十·漕运注》，第57页。
④ 《新唐书》卷53《食货志三》，第1366页。
⑤ 《旧唐书》卷49《食货志下》，第2114页。梁公堰，隋梁俊增筑，在黄汴分流口，汴州之西。"东"当作"西"。参见《旧唐书》卷100《李杰传》，《新唐书》卷128《李杰传》。

· 196 ·

> （开元）十五年正月，令将作大匠范安及检行郑州河口斗门。先是，洛阳人刘宗器上言，请塞汜水旧汴河口，于下流荥泽界开梁公堰，置斗门，以通淮汴，擢拜左卫率府胄曹。至是，新漕塞，行舟不通，贬宗器焉。安及遂发河南府、怀、郑、汴、滑三万人疏决，兼旧河口，旬日而毕。①

这两次，都是整治汴河与黄河相交处的漕道。

从洛口至渭口黄河漕路整治，主要是整治三门峡航道，唐高宗时便开始有记录。

> 显庆元年，苑西监褚朗议凿三门山为梁，可通陆运。乃发卒六千凿之，功不成。②

这是打算在三门底柱危险处，以陆运代替水运。这次凿山架栈梁，虽然没有成功，但这种改善此地漕运的思路，则为后人继承。

唐中宗时，将作大匠杨务廉主持凿三门山修栈道以牵船。③《新唐书》的《食货志》载：

> 将作大匠杨务廉又凿为栈，以挽漕舟。挽夫系二絙于胸，而绳多绝。挽夫辄坠死，则以逃亡报，因系其父母妻，人以为苦。④

杨务廉其人其事，张鹫《朝野佥载》载之尤详：

> 杨务廉孝和⑤时……又上章奏，闻陕州三门凿山烧石岩，侧施栈道牵船。河流湍急，所顾夫并未与价值，苟牵绳一断，栈梁一绝，则朴杀数十人……牵船皆令系二絙于胸背。落栈着石，百无一存。满路悲号，声动山谷。皆称杨务廉人妖也，天生此妖，以破残百姓。⑥

---

① 《旧唐书》卷49《食货志下》，第2114页。《唐会要》卷87《漕运》，第1596页；《册府元龟》卷497《邦计部·河渠二》，第5951页；《资治通鉴》卷213，开元十五年正月条，略同。唯"滑"后应有"卫"，"兼"应作"开"。
② 《新唐书》卷53《食货志三》，第1365页。《唐会要》卷87《漕运》载于显庆元年十月（第1595页）。
③ 谭英华先生据《新唐书》卷83《长宁公主传》、《旧唐书》卷91《袁恕己传》、《册府元龟》卷317《正直》，考证杨务廉凿三门栈道在神龙元年（705年）正月以前。见谭英华：《两唐书食货志校读记》卷5，成都：四川大学出版社，1988年，第163页。
④ 《新唐书》卷53《食货志三》，第1365页。
⑤ 唐中宗李显死后，景云元年（710年）十一月葬于定陵，谥号孝和皇帝。
⑥ （唐）张鹫：《朝野佥载》卷2，第19—20页。

看来，杨务廉的办法，是在山岩临河一侧，用烧石碎岩的方法，开建一条栈道，作为纤夫行道，漕船由纤夫牵引，通过三门河道。这在当时，不失为一种克服底柱行船困难的办法。但是，河流湍急，常常发生绳断栈绝、纤夫坠死的惨剧。加之封建官员不能体恤民情、妥当处理死者后事，遭到百姓强烈反对。尽管如此，由于长安政府需要粮食物资，大概这种办法还是得继续实行下去。所以，先天二年（即开元元年，713 年）七月，唐玄宗在《行幸东都制》中云：

> 自中宗入关，于今八载……遂使水漕陆辇，方春不息。劳人夺农，卒岁河望。关东嗟怨，朕实悯焉。思欲宁人而休转运，馆谷而就敖仓。①

这里说的"关东嗟怨"，应该就是张鹭所说的杨务廉措施引起人民的悲号报怨。诏书表达出皇帝对漕事的重视和革弊愿望，因此，有河南尹李杰改水运为陆运的事出现了。

> 开元初，河南尹李杰始为陆运使。从含嘉仓至太原仓，置八递场，相去每（递）长四十里。每岁冬初起，运八十万石，后至一百万石。每递用车八百乘，分为前后交，两月而毕。②

河南尹李杰，兼任运使，负责从洛阳含嘉仓至陕州太原仓这段运输。他把传统的水运改为陆运，避免底柱之险。其后运量逐渐增加，至天宝七载（748 年）运二百五十万石，每递用牛车一千八百乘，九月开始，至正月运完。天宝九载（750 年）九月，河南尹裴迥"以递重恐伤牛，于是，以递场为交场，两递简〔间〕，择近水处为宿场，分官押之，兼防其盗窃"③。李杰的改革，当时是收到实效的。由含嘉仓至陕州太原仓，"水行来远，多风波覆溺之患，其失常十七八，故其率一斛得八斗为成劳。而陆运至陕，才三百里，率两斛庸钱千"④。

洛阳至陕州之间的转运，在开元天宝四十余年间，多数时间是实行李杰开创的陆运。但是，陆运也存在缺陷。其一是"无由广致"，即运量受到条件的限制，满足不了"国用渐广"的需要。其二是大量耗用牛车，不仅费用巨大，而且妨农伤农。因此，有裴耀卿改陆运为水运和李齐物整治三门险道之举动。

---

① （宋）王钦若等编：《册府元龟》卷 113《帝王部·巡幸二》，第 1352 页。
② （唐）杜佑撰：《通典》卷 10《食货十·漕运注》，第 57 页。
③ （唐）杜佑撰：《通典》卷 10《食货十·漕运》，第 57 页。
④ 《新唐书》卷 53《食货志三》，第 1365 页。

开元二十一年（733年），裴耀卿再次向唐玄宗建议："东都至陕，河路艰险，既用陆脚，无由广致。若能开通河漕，变陆为水，则所支有余，动盈万计。"①唐玄宗采纳，任命裴耀卿以宰相兼转运都使，改革漕运，变陆运为水运。裴耀卿利用黄河进行水运的办法，有以下几个独到的亮点：

（1）河口置仓，纳江南租米；河师水手，不用江南舟人，官雇晓习河水者为之。"江南租船，所在候水，始敢进发。吴人不便河漕，由是所在停留。日月既淹，遂生隐患。臣请于河口置一仓，纳江南租米，便令江南船回。"黄河漕运，"官自雇船载运"，其河师水手，"取晓习河水者，递纳于太原仓"。②

（2）从河口分入河洛，实行北运。以前"凡都之东，纳租于都之含嘉仓。自含嘉仓转运以实京之太仓。自洛至陕运于陆，自陕至京运于水"③。而今裴耀卿改为"其从河口，即分入河洛"④。这就是，从河口把漕粮分为两部分，一部分由黄河入洛口，运至东都含嘉仓；另一部分，由黄河直接运往京师，不再进入东都含嘉仓。于河口置河阴仓、河阴县。由河阴仓"取晓习河水者，递送纳于太原仓"，这就是裴耀卿创建的"北运"。⑤显然，这样就大大节省了时间和运费。

（3）陆行十八里以避底柱之险。黄河段漕运最大障碍是底柱之险。以前，要么如杨务廉不顾人命，强行闯关；要么如李杰，完全放弃水运，以陆行避险。裴耀卿则能灵活处置，既改陆运为水运，但在底柱险处，却以十八里陆运以避之。"三门东置集津仓，三门西置三门仓，开三门北山十八里，陆行以避湍险。"⑥这样既利用黄河航道，又避免底柱湍险。

（4）"节级取便"。裴耀卿在开元十八年（730年）上疏中，就已提出："河口置武牢仓，江南船不入黄河，即于仓内便贮。巩县置洛口仓，船从黄河不入洛水，即于仓内安置。爰及河阳仓、柏崖仓、太原仓、永丰仓、渭南仓，节级取便，例皆如此。水通则随近运转，不通则且纳在仓。不滞远船，不忧欠耗，比于旷年长运，利便一倍有余。"⑦这种沿河置仓，视水情而"节级取便"转运的设想，在他随后主持的漕运工作中得到实现，并且在后来为刘晏

---

① （唐）杜佑撰：《通典》卷10《食货十·漕运》，第57页。
② （唐）杜佑撰：《通典》卷10《食货十·漕运》，第57页。
③ （唐）李隆基撰，李林甫注，〔日〕广池千九郎训点，内田智雄补订：《大唐六典》卷3《仓部郎中员外郎》，第77页。
④ （唐）杜佑撰：《通典》卷10《食货十·漕运》，第57页。
⑤ （唐）杜佑撰：《通典》卷10《食货十·漕运》，第57页。
⑥ （唐）杜佑撰：《通典》卷10《食货十·漕运》，第57页。
⑦ （唐）杜佑撰：《通典》卷10《食货十·漕运》，第57页。

所继承和发展。

裴耀卿精心规划和实施的利用黄河进行漕运，获得巨大成功，"凡三年，运七百万石，省脚钱三十万贯"①。然而，裴耀卿罢相后，"缘边运险涩，颇有欺隐。议者又言其不便，事又停废"②。据《新唐书·宰相表》《旧唐书·玄宗纪》，裴耀卿罢相在开元二十四年（736年）十一月二十七日（壬寅），"北运"停废当在次年。开元二十五年（737年）六月二十三日诏云："河南陕运两使，每年常运一百八十万石米送京，近已减八十万石。今据太仓米数，支计有余。务在息人，不欲劳弊。其今年所运一百万石亦宜停。"③这是"北运"停废明证。

"北运"停废后，又实行陆运。但是，黄河漕运的优越性，仍有很大吸引力。因此，开元末年，又有李齐物对三门航道进行整治，其目的在于恢复水运。

（开元）二十九年，陕州刺史李齐物，避三门河路急峻，于其北凿石通运船，为漫流。④

（开元）二十九年，陕郡太守李齐物凿砥柱为门以通漕，开其山巅为输路，烧石沃醯而凿之。⑤

据此记载，李齐物整治工程有两项：一是于三门之北开凿一条石渠⑥，使水流平缓，以通运船。据后来考古学家实测，其渠全长280余米，宽6至8米。二是于石渠旁山岩间开凿一条输路，即纤夫拉船行走的纤道。其遗迹据实测为约70米长的栈道。⑦修栈道的目的，如《新唐书·食货志》所说，"舟不能入新门（即石渠），候其水涨，以人挽舟而上"。开山凿石，使用"烧石沃醯而凿之"技术。李齐物主持的三门航道整治工程，从开元二十九年（741年）十一月开始，至天宝元年（742年）正月二十五日渠成。其效果怎样呢？有两

---

① 裴耀卿所省脚钱，《旧唐书》卷49《食货志下》作"四十万贯"。按其下文"旧制，东都含嘉仓积江淮之米，载以大舆而西，至于陕三百里，率两斛计佣钱千。此裴耀卿所省之数也"。以此计算，所省当是三十五万贯。
② （唐）杜佑撰：《通典》卷10《食货十·漕运》，第57页。
③ （宋）王溥撰：《唐会要》卷87《陕州水陆运使》，第1602页。《册府元龟》卷498《邦计部·漕运》，略同。
④ （唐）杜佑撰：《通典》卷10《食货十·漕运》，第57页。
⑤ 《新唐书》卷53《食货志三》，第1367页。《旧唐书》卷112《李齐物传》、《旧唐书》卷49《食货志下》。《唐会要》卷87《漕运》。《册府元龟》卷498《邦计部·漕运》，略同。
⑥ 李齐物所凿石渠，《资治通鉴》卷215称之为《三门运渠》，《新唐书·食货志》称之为"新门"，《开天传信记》称之为"天宝河"，宋以后或称之为"开元新河"。
⑦ 中国科学院考古研究所编著：《三门峡漕运遗迹》，北京：科学出版社，1959年。

种不同记载:《通典》说:"河泥旋填,淤塞不可漕而止。"郑棨《开天传信记》说:"岁省运夫五十万,人无覆溺淹滞之患,天下称之。"[①]郑的说法很难令人相信。其一,如果真的成功,为什么天宝七载(748载)还加大陆运量[②]呢?其二,当时天子就怀疑其成功,只是李齐物用贿赂手段蒙混过去。[③]其三,凿渠开山那样大的工程,不到两个月就完成了,用现代科学技术也很难想象,何况古代那种技术条件呢!应该说,杜佑的说法近乎事实。很可能李齐物所凿"新门",开始还能勉强通行,不久便淤塞不可用。因此,洛阳至陕州之间,仍旧实行陆运。此后,再无黄河航道整治记载,直到安史之乱爆发,河漕断绝。

到安史之乱即将平定,裴耀卿罢使后二十五年时,刘晏开始沿着"节级取便"的路子,进一步对包括黄河段在内的漕路,进行卓有成效的整顿和改革。

刘晏(715—780年),字士安,曹州南华(今山东东明)人,以神童入仕,官至同中书门下平章事,唐代中期杰出的理财家。天宝末年,唐王朝被安禄山叛军赶出长安,处于极其危难之时,唐肃宗即位,刘晏时年四十,受任度支郎中兼侍御史,领江淮租庸事,开始涉足财政。宝应元年(762年),安史之乱叛军即将最后平定,唐肃宗以刘晏为户部侍郎兼御史大夫、京兆尹,充度支、转运、盐铁、诸道铸钱等使,开始委以恢复漕运事。广德二年(764年)三月,以刘晏为"河南、江淮以来转运使,议开汴水"[④]。于是,开始着手实施漕运兴革诸事。刘晏亲自考察黄河航道与隄堰,巡行泗水、汴渠,与河南副元帅李光弼计议,上书宰相元载,以转运为己任,大刀阔斧地开展工作。直到建中元年(780年)罢使贬死忠州,经管漕运十八年,建立起一整套行之有效的漕运制度。这不仅为唐王朝渡过难关提供了宝贵的财源,而且为后代树立了漕运典范,惠及终唐一代。刘晏的漕运改革举措,可归结为以下几项,其实施所及,包括黄河段漕运。

(1)"节级取便",贯彻全程。《资治通鉴》指出:

  晏以为江、汴、河、渭,水力不同,各随便宜。造运船,教漕卒,江船达扬州,汴船达河阴,河船达渭口,渭船达太仓。其间缘水置仓,

---

[①] (唐)郑棨撰:《开天传信记》,《景印文渊阁四库全书》,台北:商务印书馆,1986年影印本,第1042册,第842页。

[②] (唐)杜佑撰:《通典》卷10《食货十·漕运注》:"其后渐加,至天宝七年,运二百五十万石。每递用车千八百乘,自九月至正月毕。"(第57页)

[③] 《新唐书》卷53《食货志三》:"天子疑之,遣宦者核视,齐物厚赂使者,还言便。齐物入为鸿胪卿。"(第1367页)

[④] (宋)司马光编著,(元)胡三省音注:《资治通鉴》卷223,唐代宗广德二年三月条。

转相授给。自是，每岁运谷或至百余万斛，无斗升沈覆者。①

(2)"以盐利为漕佣"。《旧唐书》的《食货志下》指出：

> 晏始以盐利为漕佣，自江淮至渭桥，率十万斛佣七千缗，补纲吏督之。不发丁男，不劳郡县，盖自古未之有也。②

(3) 官造专用坚牢漕船。《资治通鉴》指出：

> 晏于扬子置十场造船，每艘给千缗。或言：所用实不及半，虚费太多。晏曰：不然，论大计者，固不可以惜小费，凡事必为永久之虑。今始置船场，执事者至多，当先使之私用无窘，则官物坚牢矣。若遽与之屑屑校计锱铢，安能久行乎！异日必有患吾所给多而减之者，减半以下犹可也，过此则不能运矣。其后五十年，有司果减其半。及咸通中，有司计费以给之，无复羡余，船益脆薄易坏，漕运遂废矣。③

苏东坡曾说：

> 刘晏为江淮转运使，始于扬州造转运船……每造一船，破钱一千贯，而实费不及五百贯。或讥其枉费，晏曰：大国不可以小道理。凡所创置，须谋经久。……凡五十余年，船场即无破败，转运亦不阙绝。至咸通末，有杜侍御者，始以一千石船分造五百石二只，船始败坏。④

(4) 组纲督运。《新唐书·食货志》载：

> 晏为歇艎支江船二千艘，每船受千斛，十船为纲，每纲三百人，篙工五十。自扬州遣将部送至河阴。上三门，号'上门填阙船'。……调巴蜀襄汉麻枲竹篾为绹挽舟，以朽索腐材代薪，物无弃者。未十年，人人习河险。⑤

这表明，自河阴，过三门，至渭口，专门组织训练了以精通三门水险著称的"上门填阙船"。这样就不再于三门陆运以避险，大大节省了人力、物力和运输时间。

---

① （宋）司马光编著，（元）胡三省音注：《资治通鉴》卷226，唐德宗建中元年七月条。
② 《旧唐书》卷49《食货志下》，第2117页。
③ （宋）司马光编著，（元）胡三省音注：《资治通鉴》卷226，唐德宗建中元年七月条。
④ （元）马端临编：《文献通考》卷25《国用考三·漕运》，第243页。
⑤ 《新唐书》卷53《食货志三》，第1368页。

（5）善于用人。《新唐书》的《刘晏传》载：

> 初，晏分置诸道租庸使，慎简台阁士专之。时经费不充，停天下摄官，独租庸得补署，积数百人，皆新进锐敏，尽当时之选，趣督倚办，故能成功。虽权贵干请，欲假职仕者，晏厚以廪入奉之，然未尝使亲事，是以人人劝职。尝言："士有爵禄，则名重于利；吏无荣进，则利重于名。"故检劾出纳，一委于士人，吏惟奉行文书而已。所任者，虽数千里外，奉教令如目前，频伸谐戏不敢隐。惟晏能行之，它人不能也。……晏殁二十年，而韩洄、元琇、裴腆、李衡、包佶、卢征、李若初，继掌财利，皆晏所辟用，有名于时。①

由上可见，刘晏不仅吸收了裴耀卿的经验，而且在许多方面有创新，尤其是善于用人，这成为他获得成功非常重要的原因。

刘晏之后，历代主漕运者，大体遵循"刘晏之法"，但也时有改复损益。

建中初年，"刘晏之法"受到杨炎的折腾。"建中初，宰相杨炎用事，尤恶刘晏，炎乃夺其权。……寻贬晏为忠州刺史。晏既罢，天下钱谷归尚书省。"停罢刘晏所领转运等使，必然影响到刘晏建立的漕运制度。可是，杨炎此举难于实行，"既而出纳无所统，乃复置使领之"。②

贞元二年（786年），崔造又"改易"包括漕运制度在内的钱谷职事。"时崔造专政，改易钱谷职"③，停罢诸道水陆转运、江淮转运使，由诸道观察使、刺史选官部送两税至京师，改变了刘晏建立的漕运制度。然而，"崔造改钱谷法，事多不集，诸使之职，行之已久，中外安之"。当年十二月韩滉任度支、盐铁转运诸使后，"造所条奏皆改之"。④贞元五年十二月度支转运盐铁使奏称："比年扬子运米，皆分配缘路观察使差长纲发遣。运路既远，实为劳民。今请当使诸院，自差纲节级般运，以救边食。从之。"⑤由此可见，崔造改易的漕运，这时才得以完全废除。

建中至贞元初年，河汴漕运经杨炎、崔造折腾，刘晏建立的制度几近废弛。"是时……岁漕经底柱，覆者几半。河中有山，号米堆。运舟入三门，雇

---

① 《新唐书》卷149《刘晏传》，第4795—4797页。
② 《旧唐书》卷49《食货志下》，第2117—2118页。
③ 《旧唐书》卷12《德宗纪上》，第352页。
④ （宋）司马光编著，（元）胡三省音注：《资治通鉴》卷232，唐德宗贞元二年十一月、十二月条。
⑤ （宋）王溥撰：《唐会要》卷87《转运盐铁总叙》；《旧唐书》卷49《食货志下》同。

平陆人为门匠，执标指麾。一舟百日乃能上。①谚曰：'古无门匠墓，谓皆溺死也。'"②由于河运艰险突显，又曾一度启用南路陆运。可是，这时社会政治环境和条件，已和开元年间不可同日而语，因此，黄河水运又被有识之士重视起来。这样，便有李泌整治漕路、改善漕运之举。

    陕虢观察使李泌益凿集津仓西迳为运道，属于三门仓，治上路以回空车，费钱五万缗，下路减半；又为入渭船，方五板，输东渭桥太仓米，至凡百三十万石。遂罢南路陆运。③

李泌整治三门漕路，仍然沿着李齐物、裴耀卿的思路，在陕州集津仓与三门仓之间，凿山修建车道十八里，用陆运来避底柱之险。李泌还有所创新，修筑上下两条路，上路用来返回空车，这就可以提高运输效率。李泌治运路后南路陆运停罢，漕运量遂有显著增加。刘晏时，常年运量是"每岁运江淮米五十万斛，至河阴留十万，四十万送渭仓"④。而据贞元八年（792年）八月陆贽奏疏，当时每年运米，至河阴留四十万斛，至陕州又留三十万斛，仍有四十万斛输渭仓。⑤这显然是李泌治运路的效果。

  李泌之后，史籍中再也见不到整治河南道黄河漕路的记载，究其原因，很可能是李泌的措置一直为后人所沿用，当时人们还想不出更为高明的克服底柱危险的办法。黄河航道艰险的整治工程虽然止步，但是，提高黄河漕路利用效率的努力并未停止。

  元和以后，漕运出现的主要问题是吏治败坏。史载："部吏舟人相挟为奸"，"漕吏狡蠹，败溺百端。官舟之沉，多者岁至七十余只。缘河奸犯，大紊晏法。""始者漕米岁四十万斛，其能至渭仓者，十不三四。"⑥对此，漕政官员大致有三种态度：第一，放弃治理，寻找其他途径弥补粮食亏缺，盐铁转运使卢坦就是如此。《旧唐书·食货志》载，元和六年（811年），卢坦奏：每年江淮运米四十万石到渭桥，近日欠阙大半，请收籴递年贮备。唐宪宗从之。卢坦不

---

① "舟"疑当作"纲"、"百日"前应补"近"字。参见谭英华：《两唐书食货志校读记》卷5，成都：四川大学出版社，1988年，第173页。"门匠"之说，又见于（宋）曾慥：《类说》（上海古籍出版社，1993年），应皆出自《邺侯家传》。
② 《新唐书》卷53《食货志三》，第1370页。
③ 《新唐书》卷53《食货志三》，第1370页。《资治通鉴》卷232载李泌凿运道事于贞元二年二月，谓"是月道成"。
④ 《旧唐书》卷49《食货志下》，第2120页。
⑤ （宋）司马光编著，（元）胡三省音注：《资治通鉴》卷234，唐德宗贞元八年八月条。
⑥ 《旧唐书》卷49《食货志下》，第2122页。

从管治漕吏上采取措施，而把出路寄托于和籴粮食。第二，强调法治，企图以严刑惩罚来保障漕运。元和六年（811年）王播代卢坦任盐铁转运使，"建议：米至渭桥，五百石亡五十石者，死。其后判度支皇甫镈议：万斛亡三百斛者偿之，千七百斛者流塞下，过者死；盗十斛者流，三十斛者死"。尽管如此，"覆船败挽，至者不得十之四五"。因此，"榜笞号苦之声，闻于道路，禁锢连岁，赦下而狱死者，不可胜数。其后，贷死刑，流天德五城"。①主张用重刑的，还有元和末年任盐铁转运使的柳公绰。但是，"人不畏法，运米至者，十亡七八"②，重刑所收效果甚微。第三，加强对漕吏的管理，采取切实措施，恢复"刘晏之法"。李巽和裴休是这种态度的代表。《旧唐书》的《食货志》载：

> 自榷筦之兴，唯刘晏得其术，而巽次之。然初年之利，类晏之季年。季年之利，则三倍于晏③矣。旧制，每岁运江淮米五十万斛，至河阴留十万，四十万送渭仓。晏殁，久不登其数，惟巽秉使三载，无升斗之阙焉。④

这里所谓"旧制"，当是刘晏时形成的常年漕运数量。"久不登其数"者，应主要是从贞元十年（798年）王纬开始，以及李若初、李锜相继以润州刺史、浙西观察使而任诸道盐铁转运使的近十年间发生的。李巽采取了什么办法使下滑的漕运恢复到了刘晏当年的常量，史书并没有具体记载。但是，我们可以从《旧唐书·李巽传》看出，李巽"锐于为理""精于吏职""持下以法，吏不敢欺，而动必察之"，所任官职，皆以知人、治吏著称，因此，李巽在漕运上取得的成绩，应是他严治漕吏、恢复刘晏漕运制度的结果。

大中五年（851年）二月，裴休任盐铁转运使。《旧唐书》卷49《食货志下》载：

> 始者，漕米岁四十万斛，其能至渭仓者，十不三四。漕吏狡蠹，败溺百端，官舟之沉，多者岁至七十余只。缘河奸犯，大紊晏法。休使察属按之，委河次县令董之。自江津达渭，以四十万斛之佣，计缗二十八万，悉使归诸漕吏，巡院胥吏，无得侵牟。举之为法，凡十事。⑤……由

---

① 《新唐书》卷53《食货志三》，第1370—1371页。
② 《新唐书》卷53《食货志三》，第1371页。
③ 《旧唐书》卷123《李巽传》作："巽掌使一年，征课所入，类晏之多，岁明年过之，又一年，加一百八十万贯。"（第3522页）这是课税收入。
④ 《旧唐书》卷49《食货志下》，第2120页。
⑤ （宋）司马光编著，（元）胡三省音注：《资治通鉴》卷249，唐宣宗大中五年正月条作"主漕法十条"。

是，三岁漕米至渭滨，积一百二十万斛，无升合沉弃焉。①

裴休治理漕政的方法，有着比较丰富的内容。首先，他也动用惩罚手段，"分命僚佐，深按其弊"。但是，他不停留于此，还"委河次县令"参加所在漕运工作，才干出众的，可以受到奖励，这样至少可以对漕吏起一定的牵制作用。更为重要的是，他采取了类似近代承包合同的办法，以四十万斛漕米佣钱二十八万贯，从江津运到渭口，使漕吏的合法利益得到保障，同时承担相应的责任，并且把其措施列举为十条新法，上奏朝廷而施行。因此，裴休任盐铁转运使三年，每年都能运足四十万斛，而且没有沉舟事发生，取得了巨大成功。

裴休漕法虽好，但不久便失去了施行的社会政治环境。唐懿宗以后，唐朝政治腐朽、社会混乱。裴休推行漕法14年后，桂林戍兵起义，切断江淮漕运路线。再过14年，王仙芝、黄巢起义。黄巢军攻入江淮，漕路断绝。以后战争连年，藩镇各专租税，三司转运无调发之所，漕运失去存在条件，再好的漕法也形同废纸。

总观唐代河南道漕路整治与利用，有以下四点可资论说：

第一，漕路与政治关系密切。漕运产生于政治地理之需要，其漕路之通塞必然受政治因素之制约。安史之乱前，在唐王朝大一统的政治局势下，黄河段漕路基本畅通，一旦实施整治工程，可以立即调集大量人力、物力。安史之乱爆发后，黄河段漕路失去通行条件。其乱平息之后，经刘晏奋力整治，才得以逐渐恢复。以后百年间，包括黄河段在内的整个漕路，虽然也受到过政治军事的影响，但大体上仍能通行。唐懿宗以后，唐王朝政治腐败，社会混乱，战争连年，漕运失去正常进行的条件。黄河段漕路与漕运整体一起，完全停废。

唐朝近三百年间，黄河漕路通行时间毕竟占多数。可是，黄河水道湍急，尤其底柱之险，为通漕最大天然障碍。漕路能够通行，除千百万河工水手付出的精力和生命代价之外，有才识的漕政官员，也是一个关键性的政治因素。裴耀卿、刘晏、李泌、李巽、裴休等，他们在排除人为干扰的同时，或以精心规划、严密组织与管理而使漕路通达，或进行各种整治工程，以避航行

---

① 《旧唐书》卷177《裴休传》作："自大和以来，重臣领使，岁漕江淮米，不过四十万石，能至渭河仓者，十不三四。漕吏狡蠹，败溺百端，官舟沉溺者，岁七十余只。缘河奸吏，大紊刘晏之法。洎休领使，分命僚佐，深按其弊。因是所过地里，悉令县令兼董漕事，能者奖之。自江津这渭口，以四十万之佣，岁计缗钱二十八万贯，悉使归诸漕吏，巡院无得侵牟。举新法凡十条，奏行之。……休典使三岁，漕米至渭河仓者一百二十万斛，更无沉舟之弊。"（第4593—4594页）

危险，减少损失。黄河漕路利用的最好时期，总是出现在才识俱佳的漕官执掌时期。

第二，陆运与水运在实践中进行反复的比较与选择。初唐以来，洛阳含嘉仓至陕州太原仓，再到渭桥太仓，都是水运。开元元年（713年），李杰把洛阳至陕州改为陆运。开元二十一年（733年），裴耀卿改陆运为水运，三年后又恢复陆运。开元二十九年（741年），李齐物凿新门、开辂路，曾短时间实行水运，然后仍实行陆运，直至安史之乱爆发停运。刘晏以后，一直实行水运，只有运量不足时，辅以南路陆运，如能达到年运四十万石至渭桥太仓，则不用陆运。这实际上是水运与陆运的比较和选择过程。由于"水行来远，多风波覆溺之患，其失常十七八，故其率一斛得八斗为成劳"，李杰因此改水运为陆运。陆运"至陕才三百里，率两斛计佣钱千"。① 当时，相较之下，陆运有省费、无覆溺的优点。但陆运用车，从六千四百乘增加到九千六百乘，实在是巨大的负担，对民众影响甚大，其运费也实在不菲，而且运量受到制约，即裴耀卿指出的"无由广致"，不能满足日益增长的需要。裴耀卿改陆运为水运，三年运七百万斛，省陆运佣钱三十万缗，显然又比陆运优越。裴耀卿罢免，"北运"停止，主要是政治因素使然，并非水运本身之过错。至刘晏奠定水运规则程式之后，经李泌、李巽、裴休继承和发展，历时百年，促成唐王朝生命延续。这是历史的选择。随着懿僖之际漕路切断，漕政废弛，唐王朝也就日薄西山了。

第三，河阴仓建立，是唐朝漕政史上最光辉的创作。裴耀卿首建河阴仓，可是"河阴上仓，天宝后废"。到"大历四年，户部尚书刘晏，奏置汴口仓"。②汴口仓实际上是恢复河阴仓。河阴仓建立，使汴船可以不入陌生的黄河航道，使入京粮船不再往返洛阳含嘉仓，而是直接从河阴溯河西进到达渭桥仓，使黄河漕船可以在此从容选择河水适航时机而起航。总之，河阴仓是"节级取便"漕运模式能够实行的关键，河阴仓建立使漕运整体布局和规模为之改观，使之更加合理。能够认识到建立河阴仓之意义，能够着手建立起来，停废后又能把它重建起来，在当时，不是庸碌之辈所能做到的。它恰恰出自两位杰出财政家之手，便是最好的历史明证。

第四，对克服底柱天险做了多种尝试。归结起来不外四种：一是凿山道，通陆运，以避其险。褚朗、裴耀卿、李泌是这种方式的创意者和实践者。二

---

① 《新唐书》卷53《食货志三》，第1365页。
② （宋）王溥撰：《唐会要》卷87《漕运》，第1597页。

是凿山建辚路，使纤夫挽舟过三门，以此减少舟覆人亡，杨务廉、李齐物是这种方式的尝试者。三是开凿水势平缓的新航道，杨务廉是唯一的尝试者。四是组织训练具有专门技能和经验的过三门船队，如刘晏的"上门填阙船"。以结果来看，第二、第三两种方式都失败了；第四种方式只有刘晏能实行，而且获得了成功，如果他人做不到，事实上也没有其他人这样做过。只有第一种方式，由褚朗创意，裴耀卿实行，李泌改进，成为当时长期行之有效的方式。成功者固然值得嘉许，对失败的尝试也无由苛责。

三、陕州与黄河段漕路

陕州是河南道黄河段漕路上一个重要的城镇。

陕州古城，战国为陕邑，秦属三川郡，汉为弘农郡属县，北魏孝文帝太和十一年（487年）置州，隋义宁元年（617年）改置弘农郡，唐武德元年（618年）改为陕州，广德元年（763年）于此设大都督府。

陕州亦是历史上的军事重镇。《元和郡县图志》的《河南道·陕州》载：

> 谨按：陕城蒲牢与彭城滑台、寿阳悬瓠，屡经攻守，皆中夏之要云。[1]

因为，此城是长安、洛阳两大古都之间的交通必经之地。东至洛阳三百五十里，西至潼关二百里，水陆兼通。潼关西去三百里便是长安。如果说，潼关是"帝宅之牖"，陕州则是潼关的前哨，并且南控虢州，北扼蒲州，攻守皆为要地。

陕州与黄河段漕运至关密切。黄河距城二里，底柱在城东北五十里河中，是漕船的拦路虎。"隋文帝开皇三年（583年），以京师仓廪尚虚，议为水旱之备。……又于卫州置黎阳仓，陕州置常平仓，华州置广通仓，转相灌注。漕关东及汾晋之粟，以给京师。"[2]并募人从洛阳运米，经底柱，达于常平仓。常平仓，唐改名太原仓，在城西南四里之地。自从置此仓，陕州成为洛阳与长安间的漕运重地。

李渊起兵占领长安后，大军东讨王世充。陕州总管党仁弘，利用隋仓粮食，从陕州源源不断地供给军队。

唐朝"凡都已东租纳含嘉仓，自含嘉仓转运以实京太仓"[3]。唐初以来一个世纪，洛阳至华州永丰仓之间是水运。"河南路运至陕郡太原仓，又运至永

---

[1] （唐）李吉甫撰，贺次君点校：《元和郡县图志》卷6《河南道·陕州》，第155—156页。
[2] （唐）杜佑撰：《通典》卷10《食货十·漕运》，第56页。
[3] 《旧唐书》卷43《职官志·仓部郎中》，第1828页。

丰仓及京太仓。"①那时，陕州是这段漕路的中转站。

开元二年（714年），河南尹兼陆运使李杰，改水运为陆运。到至德（756—758年）初，安禄山叛军攻陷两京，漕路断绝。这三十多年间，除短时实行水运，基本上是陆运。陆运也是用牛车，把粮食从洛阳含嘉仓运到陕州太原仓，然后再水运入关到长安。这时，陕州仍然是转运中心。

其间三年，裴耀卿改陆运为水运，从河阴仓送纳于太原仓，再运到长安，陕州也是转运中心。

广德二年（764年）以后，刘晏重建并改革漕运，陕州在漕运上的地位发生一些变化。因为刘晏实行"河船达于渭口"，即漕船从河阴，过三门，直达渭河口的永丰仓，不再以陕州为中转站。但是，陕州控扼黄河漕路的作用一直存在。贞元元年（785年）陕虢都知兵马使达奚抱晖，杀节度使，拥兵对抗中央。唐德宗派遣他的老师李泌，以陕虢都防御、水陆运使的名义前去平息时，指出："若蒲陕连横，则狯不可制。且抱晖据陕，则水陆之运皆绝，不得不烦卿一往。"②这说明，陕州既可以其军事力量切断漕路，当然也可以此保护漕路。

陕州与漕运的关系，还可从陕州刺史兼任运使来考察。

唐朝中后期设置了中央运使和地方运使。先在地方设置由州府长官兼任的运使，然后在中央设置由侍郎、尚书以上官员担任的运使。唐朝设置的地方运使及其始置时间为：陕州运使，开元元年（712年）始置；河南运使，开元二年（713年）设置；河西运使，开元十二年（724年）始置；朔方运使，开元二十九年（741年）始置；代北运使，元和六年（811）前始见；范阳运使，开元十年（722年）始见；鄂州运使，广德元年（763年）置；淮颍运使，元和十一年（816年）置。③可见，陕州运使是首先设置的地方运使，也是唐朝最早出现的运使。《唐会要》卷87专设《陕州水陆运使》条目。该条云：

> 先天二年十月，李杰为刺史，充水陆运使，自此始也，已后刺史常带使。天宝十载五月，崔无诐除太守，不带水陆运使。度支使杨国忠奏请自勾当，遂加国忠陕郡水陆运使。至十二载正月二十一日敕，陕运使宜令陕郡太守崔无诐充使，杨国忠充都使勾当。至贞元十三年四月，陕虢观察使于顿兼陕州水陆运使。至元和六年十月，敕陕州水陆运使宜停。④

---

① （唐）杜佑撰：《通典》卷10《食货十·漕运》，第57页。
② （宋）司马光编著，（元）胡三省音注：《资治通鉴》卷231，唐德宗贞元元年七月条。
③ 何汝泉：《唐代地方运使述略》，《西南师范大学学报（人文社会科学版）》2003年第6期，第100—105页。
④ （宋）王溥撰：《唐会要》卷87《陕州水陆运使》，第1602页。

这里，从陕州水陆运使始置，至敕停，列举出四位陕州水陆运使，除杨国忠外，都是陕州刺史兼任。既然李杰以后"刺史常带使"，那么，先天二年（即开元元年，712年）到元和六年（811年），这百年之间，陕州运使应当不止这几位。现将从史籍中查到的陕州刺史带运使及其运使不同名称列如下：

先天二年（712年）李杰任使，称水陆运使①，或水陆发运使。②

开元四年（716年）姜师度任使。③

开元二十九年（741年）李齐物任使。④

天宝元年（742年）韦坚任使，称水陆转运使⑤，或水陆漕运使⑥，或称天下转运使⑦，或江淮租庸转运使⑧，或勾当缘河及江淮转运处置使⑨。

天宝十二载（753年）崔无诐任使，称转运使。⑩

大历十四年（779年）杜亚任使，称转运使。⑪

建中二年（781年）姚明敭任使，称陆运使。⑫

贞元元年（785年）李泌任使，称陆运使⑬，或水陆运使。⑭

贞元三年（787年）卢岳任使，称转运使。⑮

贞元八年（792年）姚南仲任使，称转运使。⑯

贞元十三年（797年）于𬱟任使，称水陆运使。⑰

贞元十四年（798年）崔宗任使，称水陆转运使。⑱

元和四年（809年）张弘靖任使，称陆运使。⑲

---

① （宋）王溥撰：《唐会要》卷87《陕州水陆运使》，第1602页。
② 《新唐书》卷128《李杰传》，第4461页。
③ 《旧唐书》卷185下《良吏下·姜师度传》第4816页载有治漕运事迹而知任使。
④ （唐）杜佑撰：《通典》卷10《食货十·漕运》第57页载有治漕运事迹而知任使。
⑤ 《旧唐书》卷105《韦坚传》，第3222页。
⑥ 《旧唐书》卷105《杨慎矜传》，第3226页。
⑦ （唐）杜佑撰：《通典》卷10《食货十·漕运》，第57页。
⑧ （宋）司马光编著，（元）胡三省音注：《资治通鉴》卷215，唐玄宗天宝元年三月条。
⑨ （宋）王溥撰：《唐会要》卷87《转运使》，第1599页。
⑩ （宋）王溥撰：《唐会要》卷87《陕州水陆运使》，第1602页。
⑪ 《旧唐书》卷12《德宗纪上》、卷146《杜亚传》，第321页。
⑫ 《旧唐书》卷12《德宗纪上》，第331页。
⑬ 《旧唐书》卷12《德宗纪上》，第349页。
⑭ （宋）司马光编著，（元）胡三省音注：《资治通鉴》卷231，唐德宗贞元元年七月条。
⑮ （清）董诰等编：《全唐文》卷784穆员：《陕虢观察使卢公墓志》，第784页。
⑯ 《旧唐书》卷13《德宗纪下》，第373页。
⑰ （宋）王溥撰：《唐会要》卷87《陕州水陆运使》，第1602页。
⑱ 《旧唐书》卷13《德宗纪下》，第388页。
⑲ 《旧唐书》卷14《宪宗纪上》，第429页。

上述陕州运使情况，有以下三个问题值得进一步探讨：

第一，为什么唐朝运使首先在陕州设置呢？唐玄宗统治时期，漕运任务日益繁重。正如开元二十一年（733年）裴耀卿上疏中所说："贞观、永徽之际，禄廪数少，每年转运不过一二十万石，所用便足……今升平日久，国用渐广，每年陕洛漕运，数倍于前，支犹不给。"[①]这样，原来已固定化的管理漕运的官府已不能适应。但是，统治者固守传统，昧于改革，采取随事补苴的态度，按照具体需要，在原来职官之外，另设一个差遣官职来经管某些漕运事，这便是运使出现的一般原因，也是陕州运使设置的基本原因。至于为什么运使首先出现在陕州，那是由陕州在漕运中的地位和作用所决定的，即前文所说的，陕州是黄河段漕路的转运中心。构成转运中心的因素，有两点最重要。其一是太原仓的存在。陕州城西南四里之地的太原仓，隋朝以来便是漕运路上"转相灌注"的重要据点。尤其到唐朝显庆二年（657年）以洛阳为东都后，"州西太原仓，控两京水陆二运"[②]。唐朝河南、淮南、江南乃至岭南诸道租赋输运中央的，先集积于洛阳含嘉仓，然后再转运到京师。把洛阳的粮食运到长安，陕州太原仓起的作用特别重大。因为，这段漕粮运输必须先从洛阳由水路或陆路运到陕州，贮纳于太原仓，然后再由水路运到长安。陕州之所以成为黄河段漕路转运中心，就是由太原仓作用所致。东西二京之间漕粮转运离不开太原仓，说它"控两京水陆二运"并非虚语。其二是三门底柱的存在。陕州城东五十里黄河中的底柱天险，是东西二京之间漕运的最大自然障碍。洛阳的粮食是否能够输到长安，是否能数量足够地输到长安，克服底柱天险是关键，由于底柱天险在陕州，克服底柱天险要依靠陕州。因此，在关注底柱天险对实现二京间漕运的影响时，自然就要关注陕州。二京之间漕运的重要性，大大提升了陕州的地位。正是由于太原仓和底柱在陕州，促成陕州成为唐朝运使的最早设置地。

第二，为什么刘晏改革漕运，漕船从河阴直达渭口之后，陕州运使仍然存在吗？的确，刘晏实行河船不在太原仓周转，陕州的作用发生一定变化，但是，陕州运使还存在了相当长时间。究其原因，有两点值得注意：其一是刘晏被罢职杀害后，有段时间，部分漕粮留贮陕州。贞元八年（792年）陆贽在上疏《请减京东水运收脚价于沿边州镇储蓄军粮事宜状》中说：

---

① （唐）杜佑撰：《通典》卷10《食货十·漕运》，第57页。
② 《旧唐书》卷185下《良吏下·姜师度传》，第4816页。

>顷者，每年从江西、湖南、浙东、浙西、淮南等道，都运米一百一十万石。送至河阴，其中减四十万石，留贮河阴仓。余七十万石送至陕州，又减三十万石，留贮太原仓。惟四十万石，送赴渭桥输纳。臣详问河阴、太原等仓留贮之意，盖因往每年虫旱，关辅荐饥。当崔造作相之初，惩元琇罢运之失，遂请每年转漕米一百万石，以赡京师。比至中塗，力殚岁尽，所以节级停减，分储诸仓。每至春水初通，江淮所般未到，便取此米入运，免令停滞舟船。江淮新米至仓，还复留贮填数。轮环贮运，颇亦协宜。①

由此可知，贞元二年（786年）崔造作相时，转漕京师之米，因为运力和时间不够而"节级停减，分贮诸仓"。随后发现这种"轮环贮运"办法，这对协调船运季节，就近赈给灾饥，都颇有好处，于是成为常例。原来刘晏时，已有每年留贮河阴仓制度，而今增加陕州太原仓留贮。每年有三十万石漕粮留贮陕州，年年新旧轮换，这无疑增加了陕州在漕运上的作用，这也是陕州运使继续存在的一个原因。不过，漕米留贮陕州的时间不是很长。贞元二年（786年）始行，贞元八年（792年）仍在继续，元和元年（806年）李巽任度支、盐铁转运使后，恢复刘晏制度，只在河阴少量留贮，陕州太原仓则不再留贮。故漕米在陕州太原仓留贮时间，约二十年左右。另外，底柱天险依然存在。漕粮虽然不在陕州留贮，但是漕船必须经过底柱这道难关。漕船需要陕州提供过三门的引水——"门匠"；若要陆运避险，则需要陕州供应人力、畜力和车辆等；通过底柱后漕船需要在此休整，修复损坏，补充给养等。所以，陕州刺史兼有运使职务，而这对漕运是有利的。

第三，为什么元和时停罢陕州运使呢？陕州运使停罢原因，在元和六年（811年）十月停使诏书中有所反映。该诏书云：

>朕于百执事、群有司，方澄源流，以责实效。转运务重，专委使臣，每道有院，分督其任；今陕路漕引悉归中都，而尹守职名尚仍旧贯。……亦既虚设，颇有烦费。思去烦以循本，期省事以便人。其河南水陆运、陕府陆运……等使额并宜停。②

诏书前面两段话，说的是停使背景，也是互有关联的两条停使原因。其一，

---

① （清）董诰等编：《全唐文》卷473陆贽：《请减京东水运收脚价于沿边州镇储蓄军粮事宜状》，第4833页。
② 《旧唐书》卷14《宪宗纪上》，第437页。

所谓"朕于百执事、群有司,方澄源流,以责实效",指的是元和六年(811年)六月,宰相李吉甫奏请唐宪宗批准实行的省官量俸改革。李吉甫指出须加厘革的诸种事项,便有如"一邑之地,虚设群司","名存职废,额去俸存"之类。①这是唐宪宗即位后锐意兴革时期,经宰相倡导,吏部、兵部、中书省、门下省高级官员组成实施班子,在全国实行的一次重大改革。在这个浪潮下,陕州运使,还有河南运使,一旦被认定为职名虚设,颇有烦费,尽管还有种种存在理由,也是难以幸免的。换句话说,陕州运使被停罢,从实质上看,并不表示陕州完全失去漕运重要性,而是它撞上封建政治的另一根"神经"。

其二,停使诏书中说的另一个原因,即"转运务重,专委使臣,每道有院,分督其任;今陕路漕引悉归中都,而尹守职名尚仍旧贯"。说的是元和元年(806年)到元和四年(809年)间度支、盐铁转运使李巽整顿漕政事务,这和停使倒是有点关系。李巽任使后,对此前十来年盐铁转运使治所设在润州期间存在的种种弊端,进行大力整顿。健全各道设置的盐铁院或转运院,尤其加强河阴院,增置河阴敖仓②,停止在陕州留贮漕米,把陕州漕政事务,由中央运使直接管理。陕州漕运权力削减,被李吉甫省官者认为职去名存,这和停罢运使确有一定关系。但是,陕州漕政权力大小,和陕州在漕运上的作用,是两个不同范畴的问题。因此,停罢运使,也并不表示陕州失去漕运的重要性。

四、结束语

唐代中期,北方社会受安史战乱及其随后藩镇战乱的破坏,经济重心加速南移,在关中的唐朝中央政府主要依靠东南地区的粮食物资供应。于是,转运成为异常迫切的财政问题,盐铁转运使在政坛上十分活跃,运河、黄河作为漕路的功能凸显出来。

装载粮食的漕船,从泗州进汴河,通过黄河,到达渭河口,都是航行在河南道境内。1984年暑期,笔者随中国唐史学会组织的唐宋运河考察队,从宁波开始,循着古运河北上,沿途寻访运河遗迹,直到黄河岸边重镇——郑州。考察结束后,笔者写过一篇论文《唐代河南漕路述论》,收入上海人民出版社1986年10月出版的《运河访古》一书。文章所讲的河南漕路,其实只是河南道漕路的一段,即淮黄间以汴河为主的漕路,而河南道漕路还有另一

---

① 李吉甫上奏文,《旧唐书·宪宗纪》、《唐会要》卷69《州府及县加减官》,第1226—1228页和《资治通鉴》卷238,唐宪宗元和六年六月条,皆有载,详略各异。
② 《旧唐书》卷49《食货志下》,第2119—2120页。

段，即黄河段漕路，文中却没有涉及。当时虽然草写过一个关于黄河段漕路的初稿，但一直放在抽屉里。最近才有机会把这篇稿子拿出来，整理，补充，写成此文。这是把河南道漕路述说完全，了却心里一桩多年的挂念。

汴河段漕路与黄河段漕路，虽然都在河南道境内，都是关乎唐朝生存的漕运路线的构成部分，但却有些不同之处。从社会因素看，汴河的困难较多[①]；从自然因素看，黄河的障碍较大。汴河漕路多次因社会人为因素而中断，但淮、汴之间还有备用的其他漕路，而黄河底柱之险，却是水运非逾越不可的。解决汴河、黄河漕运主要的难题，分属于政治、技术两个不同的范畴，但却可归结到一点，那就是都需要人们的智慧，尤其是主导其事者的知识智慧水平。凡是在漕运上取得成功、卓有政绩的人，如李杰、姜师度、裴耀卿、刘晏、韩滉、李泌、王播、程异、李巽、裴休等人，都在政治或技术两方面有卓越的表现。而褚朗、杨务廉、李齐物等人，对克服底柱天险做过尝试，也是他们智慧的表现，虽未获成功，但也为他人提供了借鉴，也不是毫无益处的。

原载《西南大学学报（社会科学版）》2010 年第 2 期

[①] 在刘晏《遗元载书》中，所讲兴漕四病的第四病云："东自淮阴，西临蒲坂，亘三千里，屯戍相望。中军皆鼎司元侯，贱卒亦仪同青紫。每云食半菽，又云无挟纩。辊漕所至，船到便留。即非单车使，折简书，所能制矣。"（《唐会要》卷 87《转运盐铁总叙》，第 1589 页）这里说的便是漕路困难的社会因素。后来的情况，比刘晏当时估计的更为严重，但主要发生在汴河漕路段。

唐代度支使出现问题的探讨*

唐代掌管财政的官司，按照武德时的职官建制，主要有户部、司农寺和太府寺。各司官有常员，员有定责，从财政经济上维系着整个统治机器的运转。可是，到唐玄宗统治时期，"财货之任，多专置使以主之，不独归于台阁"[1]。这种使职与上述财司官员有所不同，他们是由皇帝直接任命，不受吏部铨选的限制；没有品秩，而以所带台省寺监衔以表示官资的崇卑；僚属自辟，没有一定员额。有唐一代，财政使职约计四十多个，度支使是其中特别重要的一个。本文仅就有关度支使出现的几个问题，作初步探讨。

关于度支使出现的时间，《资治通鉴》至德元载（756年）载：第五琦在彭原见唐肃宗，"请以江淮租庸市轻货，沂江汉而上至洋川，令汉中王瑀陆运至扶风以助军。上从之。寻加山南等五道度支使"。胡三省注云："度支使始此。"[2] 万斯同《唐将相大臣年表》亦载此年第五琦由江淮租庸使迁领河南五道度支使。[3] 但是，这个记载是有问题的，不能引以为据。问题出在哪里呢？《旧唐书·第五琦传》云：

> （贺兰进明）令琦奏事，至蜀中，琦得谒见。奏言："方今之急在兵，兵之强弱在赋，赋之所出，江淮居多。若假臣职任，使济军须，臣能使赏给之资，不劳圣虑。"玄宗大喜，即日拜监察御史，勾当江淮租庸使。寻拜殿中侍御史。寻加山南等五道度支使，促办应卒，事无违阙。[4]

---

* 作者原稿是"出现问题"，杂志编辑改为"出现时间"，今改回原文。
[1] （宋）王钦若等编：《册府元龟》卷483《邦计部·总序》，第5768页。
[2] （宋）司马光编著，（元）胡三省音注：《资治通鉴》卷219，唐肃宗至德元载十月条。
[3] （清）万斯同：《唐将相大臣年表》，二十五史刊行委员会编：《二十五史补编》第5册，北京：中华书局，1955年，第7237页。
[4] 《旧唐书》卷123《第五琦传》，第3517页。

根据《资治通鉴》记载，第五琦入蜀见玄宗在至德元载（756年）八月，而"度支使"则是十月在彭原见肃宗时加授的。①关于度支使出现的时间问题，就出在旧传这个"度支使"的记载上。

旧传所载"度支使"确是"山南等五道"的。②然而唐代地方军镇掌管财务的是支度使。《唐六典》的《户部郎中》可以为证：

> 凡天下边军，皆有支度之使，以计军资粮仗之用。③

安史之乱后内地诸镇所置节度使下也有支度使。④而度支使则是中央政府户部度支司演变出来的使职（详后）。第五琦所任"山南等五道"地方的应该是支度使，而不是度支使。这点，《新唐书·第五琦传》可以为证：

> 肃宗驻彭原，进明遣琦奏事。既谒见，即陈……帝悦。拜监察御史、勾当江淮租庸使。迁司虞员外郎、河[山]南等五道支度使。⑤

唐代史籍中，常常把"度支使"与"支度使"混淆，而《新唐书》比较注意二者的区分。⑥

既然至德元载（756年）第五琦所任并非度支使，那么，度支使又是始于何时呢？度支使首次出现应是乾元二年（759年）吕諲之任。《旧唐书·吕諲传》载：

> 乾元二年三月，以本官同中书门下平章事，知门下省事。七月，丁母忧免。十月，起复授本官，兼充度支使。⑦

记载吕諲此年任度支使的，还有《新唐书》卷62《宰相表》云：

> 乾元二年十二月甲午，（吕諲）充勾当度支使。⑧

---

① （宋）王溥撰：《唐会要》卷59《度支使》作乾元元年，误。据《新唐书》卷149《第五琦传》，乾元元年乃迁户部侍郎判度支。参见严耕望：《唐仆尚丞郎表》卷14《辑考四附考下·诸道盐铁转运等使》，第787页。
② 《旧唐书》卷123《第五琦传》，第3517页；《唐会要》卷59《度支使》作"河南五道度支使"，第1015页。
③ （唐）玄宗撰，李林甫注，〔日〕广池千九郎训点，内田智雄补订：《大唐六典》卷3《度支郎中员外郎》，第73页。
④ 《新唐书》卷49下《百官志·外官·节度使》，第1309页。
⑤ 《新唐书》卷149《第五琦传》，第4801页。
⑥ 卞孝萱：《唐代的度支使与支度使》，《中国社会经济史研究》1983年第1期，第59—65页。
⑦ 《旧唐书》卷185下《良吏·吕諲传》，第4824页。
⑧ 《新唐书》卷62《宰相表》，第1695页。

《册府元龟》的《邦计部·总序》云：

> （乾元）二年十二月，以兵部侍郎、同中书门下平章事吕諲充勾当度支使并转运使。[1]

《唐会要·度支使》把吕諲乾元二年（759年）任勾当度支使，列在第五琦之后。既然如上文所证第五琦所任不是度支使，那么吕諲当然就是首任度支使。最有力的证据是《通典》的《职官·户部尚书》杜佑自注：

> 至德以后，戎事费多。（乾元）二年十二月，吕諲为兵部侍郎、平章事，充勾当度支使。上元元年五月刘晏为户部侍郎、勾当度支使。元年建子月元载为户部侍郎、勾当度支使。……[2]

在这里，杜佑就是明确地把吕諲列为第一个任度支使的。所以，度支使出现时间在乾元二年（759年），应该是可以认定的。其月份当是十二月。

为什么度支使出现在唐肃宗乾元时候呢？

唐肃宗至德元年（756年）七月在灵武即位时，"文武官不满三十人，披草莱，立朝廷，制度草创"[3]。摆在这个流亡朝廷面前的，是十分艰难的局面。十月，宰相房琯自请将兵收复西京，结果在咸阳陈涛斜惨败，死伤四万余人，把初步收集到的一点军事力量丧失殆尽。次年五月郭子仪又在京西清渠之战一败涂地，监军被擒，军资器械丢失干净。九月，凭借回纥骑兵收复长安，接着又收复潼关、陕州，安庆绪退出洛阳，唐军进据东都，肃宗回到长安，唐王朝从形式上算是恢复起来。可是，自唐王朝被赶出长安以来，"府库无蓄积，朝廷专以官爵赏功。诸将出征，皆给空名告身。……其后又听以信牒授人官爵，至有异姓王者。诸军但以职任相统摄，不复计官爵高下。及清渠之败，复以官爵收散卒。由是官爵轻而货重。……名器之滥，至是而极焉"[4]。"比者，时谷翔贵，薪刍不给，困穷之极。"[5]唐肃宗一方面以空名大量授官收卒；另一方面又拿不出钱物支付薪俸。于是，只好允许从户部侍郎判度支进为宰相的第五琦，以铸大钱来应付困境。然而，这种缺乏物资保证的滥发货

---

[1] （宋）王钦若等编：《册府元龟》卷483《邦计部·总序》，第5769页。
[2] （唐）杜佑撰：《通典》卷23《职官五·尚书下·户部尚书注》，第136页。
[3] （宋）司马光编著，（元）胡三省音注：《资治通鉴》卷218，唐肃宗至德元载七月条。
[4] （宋）司马光编著，（元）胡三省音注：《资治通鉴》卷219，唐肃宗至德二载五月条。
[5] （清）董诰等编：《全唐文》卷42肃宗：《御丹凤楼大赦制》，第458页。

币，产生了严重的后果。"民争盗铸，货轻物重，谷价腾踊，饿殍相望。"①于是，乾元二年十一月把第五琦撤职，贬到忠州。十二月任命宰相吕諲为度支使。

上述情况表明，度支使是在唐王朝的统治，包括其政治制度受到安史之乱致命震撼之后，恢复起来的户部职官不能应付时局，而财政的需求又十分迫切时出现的。因此，把判度支改变为度支使，从政治制度演变来看，它不只是一个简单的名称更换而已。

二

对开元天宝时他官判知度支怎么认识，这也是关系度支使出现的一个问题。《唐会要》卷59《别官判度支》记载开元天宝时有三次他官判知度支：

> 开元二十二年九月，萧炅除太府卿，知度支事。
> 开元二十三年八月，李元祐除太府卿，知度支事。
> 天宝七载，杨钊除给事中，兼御史中丞，权判度支。②

严耕望《唐仆尚丞郎表》卷13《辑考四附考上·度支使》把萧炅、李元祐、杨钊都作为度支使列入。其根据不外是《唐会要·别官判度支》的一段话：

> 开元以后，时事多故，遂有他官来判者。或尚书、侍郎专判，乃曰度支使，或曰判度支使，或曰知度支事，或曰勾当度支使。虽名称不同，其事一也。③

似乎就根据这个"其事一也"的论断，把萧、李、杨三人都归入度支使。如果这能成立，那么，度支使出现时间则应提前到开元二十二年（734年）。可是，在我看来，这种认识是值得商榷的。

第一，《唐会要》所谓"其事一也"，通观其上下文，显然是指判知度支与度支使承担的任务或从事的工作是同一的、一致的，而不能理解为这两种职官是完全相同的。所以把萧、李、杨三人归入度支使系列是欠妥的。

---

① （宋）司马光编著，（元）胡三省音注：《资治通鉴》卷221，唐肃宗乾元二年十一月条。
② （宋）王钦若等编：《册府元龟》卷483《邦计部·总序》，第5768—5769页。但李元祐作"知度支使"，"使"为"事"之误；天宝十载"度支使杨国忠"，而据《新唐书·杨国忠传》、《旧唐书·杨国忠传》，杨是"判度支"。
③ （宋）王溥撰：《唐会要》卷59《别官判度支》，第1018页。

第二，建中三年（782年）正月户部侍郎判度支杜佑向唐德宗上奏中曾经指出：天宝以前，户部事繁，自兵兴以后，户部事简，度支事繁。①这说明，度支承担的事务，在范围和数量上，安史之乱爆发后有很大变化。但在此之前，虽然也有变化，毕竟和以后的变化不同。度支的任务，是决定度支作用、地位的基本因素。其任务变化情况，是考察此职官演变的根据。因此，不能把开元天宝时判知度支和安史之乱爆发后的度支使相提并论。

第三，从萧炅、李元祐和杨钊这三人来看，萧李二人《旧唐书》《新唐书》均无传。萧炅仅《旧唐书·严挺之传》载："（李）林甫引萧炅为户部侍郎"，其判度支也可能与李林甫有关系。杨钊，众所周知，援贵妃承恩用事，身兼多种官职②，判度支只是其兼官之一。可见萧杨二人判知度支，都是出于权势需要，是一种因势侵官的现象，不过是利用神龙以来就广泛存在的"检校、试、摄、判、知之官"③的名义而已。

基于上述三点，可以认为，开元天宝时的判知度支，从唐代政治制度的演变来看，是属于早已存在的那种"判知之官"，和安史之乱爆发后出现的具有变革意义的度支使是有区别的，不应列入度支使行列。

开元以后的判知度支，虽然不同于乾元出现的度支使，但也不是毫无关系。度支使的产生有一个过程，度支司是它的前身，度支使是度支司的变革和发展，而开元以后的判知度支则是过渡形态。度支司经过他官（一般都是比度支郎中品秩高的官员）判知，提高其地位，扩大其职权，最后形成度支使的格局。

三

度支使的出现对唐代财务行政制度有何意义，这也是一个值得探讨的问题。

唐代财政官司虽有一部二寺等，但主要是户部。户部下设四司，度支司为四司之一。度支司的职责，是把户部司征收的贡赋，用来支付国家的费用。这就是《唐六典·户部尚书·度支郎中》所载："掌支度国用。租赋多少之数，物产丰约之宜，水陆道路之利，每岁计其所出而支其所用。"其支用主要有两个方面，"凡物之精者与地之近者"，交付司农寺、太府寺、将作监、少府监

---

① （唐）杜佑撰：《通典》卷23《职官五·尚书下·户部尚书注》，第136页。
② 《旧唐书》卷106《杨国忠传》载天宝初"兼领十五余使"（第3242页）；《资治通鉴》卷216，唐玄宗天宝十一载云："自侍御史至为相，凡领四十余使。"
③ （唐）杜佑：《通典》卷19《职官序》，第107页。

以"供御",包括皇帝、诸王、后妃、宫室和百官诸司的费用;"物之固(粗鄙)者与地之远者",交付边军和诸都督、都护府以"供军"。在四司中,户部管财政收入,所收钱谷,存于仓库,帐籍交与度支;度支管财政支出,每年根据收入而开支国家的费用,一切支用文符皆由度支发出。这二司是国家财政的主要职能部门,而金部、仓部二司不过是负责金银财帛和粮食货物的保管出纳机关。金部、仓部以及司农、太府的出纳都须秉承度支的符牒,经过度支的勘覆。陆贽曾经提到太府寺与度支司的本来关系:

> 总制邦用,度支是司;出纳货财,太府攸职。凡是太府出纳,皆禀度支文符。太府依符以奉行,度支凭案以勘覆,互相关键,用绝奸欺。其出纳之数,则每旬申闻;见在之数,则每月计奏。皆经度支勾覆,又有御史监临。旬旬相承,月月相继。①

其他寺监不会与此大异。由此可见,度支司这个掌握"支计"大权的部门,比起主管收入的户部司来,与天子王公、诸司百官的切身利益更为紧密,更为直接,因而也更加受到关注。度支司虽然是子司,然而实际地位并不在头司(户部司)之下。②

这种财务行政体制,在开元时,以租庸、转运等财政使职的出现,开始发生变化。经过安史之乱,以盐铁使、度支使的出现为标志,形成一种新的格局。其中安史之乱起了巨大的催化作用。

安史之乱,使"天子不能守两都,诸侯不能安九牧"③。唐肃宗在灵武建立流亡朝廷,文武官员只有寥寥数十人。武德以来那一整套"分职定位""职有常守",而"位有常员"④的政治制度受到猛烈冲击。

> 自艰虞以后,各置因循。……遂令纲目,所在各殊。⑤
> 自艰难以来,务从权便。政颇去于台阁,事多系于军期。决遣万机,不暇博议。⑥

财务行政制度的变革,正是在这种"因循""权便"的混乱状态中实现的。

---

① 《旧唐书》卷135《裴延龄传》载陆贽上疏语,第3722—3723页。
② 《新唐书》卷46《百官志一·尚书省注》载:六部分为前、中,后三行,各行所属四司"以本行为头司,余为子司"(第1185页)。这显然有地位的差别。
③ 《旧唐书》卷11《代宗纪》赞语,第316页。
④ 《新唐书》卷46《百官志一》,1181页。
⑤ (宋)王溥撰:《唐会要》卷78《诸使中·节度使》,第1434页。
⑥ 《旧唐书》卷18上《武宗纪》,第608页。

安史之乱后，财务行政发生了什么样的变化呢？从以下几条关于度支使的记载中，可以窥见一斑：

> 度支以制用惜费，渐权百司之职。①
> 度支自有两税及盐铁榷酒钱物以充经费。②
> 户部、度支、盐铁三司钱物，皆系国用，至于给纳，事合分明。……伏请起自今以后，每年终，各令具本司每年正月一日至十二月三十日，所入钱数及所用数，分为两状，入来年二月内闻奏，并牒中书门下。③

这是贞元、元和年间的情况。从这三条资料说明：

第一，度支使仍然握有"制用"权，但这项权力已不是独归度支使控制。户部、盐铁使也拥有供给"国用"的钱物，也有一本"用"的帐目，他们也要向天子闻奏"所用数"。

第二，度支使已不是仅仅掌握"制用"权，原属户部主管的赋税征收事务，度支使也涉足其中。因而度支使也有"所入钱数"的帐目，也要向天子闻奏。这就是所谓"渐权百司之职"的内容之一。

第三，户部、度支、盐铁三司各自经管一部分国家的财政收入和财政支出政务。这就是和安史之乱前的财务行政体制大不相同之处，也是唐代后期财务行政体制的基本特征。

唐代财务行政制度的这种变化，并不是通过有目的有计划的改革来进行的，而是在"因循""权便"的状态中实现的。因此，它既有适应客观新形势、解决财政困难、维系财务运转的积极作用，也有造成财务机构重叠、官员臃肿、制度混乱的消极作用。所以，对度支使的出现及财务行政新体制的形成，不能一概否定，也不应盲目赞扬，需要进行实事求是的具体分析。

原载《西南师范大学学报（哲学社会科学版）》1988年第3期

---

① 《旧唐书》卷147《杜佑传》，第3979页；《唐会要》卷59《度支使》，同。
② （宋）王溥撰：《唐会要》卷58《户部侍郎》，第1011页。
③ （宋）王溥撰：《唐会要》卷58《户部侍郎》，第1012页。

再论唐代度支使的产生

1988年笔者曾讨论过唐代度支使的产生问题①（以下简称前文），经过这些年的考察和思索，现在有必要进行一番检讨。

一

唐代度支使究竟产生于何时？笔者在前文中，对胡三省《资治通鉴音注》根据至德元载（756年）十月加授第五琦"山南等五道度支使"②而认定"度支使始此"③做了否定的论证。那时举出的理由是：按《唐六典》和《新唐书·百官志》，地方军镇管"军资粮仗"的职官叫作"支度使"，并且《新唐书·第五琦传》称肃宗加授第五琦的官衔即为"河南等五道支度使"④。现在笔者仍然坚持度支使不是产生于至德元载（756年）的看法，并且在这里补充一条证据，即《旧唐书·第五琦传》载第五琦"迁户部侍郎、兼御史中丞、专判度支"之后，接着有"领河南等道支度……等使"。此处说的显然就是至德元载所授"山南等五道度支使"的继续。"河南等道"包括山南，"山南等五道"也包括河南。这里的"支度使"就是胡三省所说的"度支使"。故此也可证明，至德元载所授"度支使"实为"支度使"之误。

度支使既然不始于至德元载（756年）十月第五琦之任，那么是否如笔者在前文所说的产生于乾元二年（759年）吕諲之任呢？现在看来，这个看法也

---

① 何汝泉：《唐代度支使出现的时间探讨》，《西南师范大学学报（哲学社会科学版）》1988年第3期，第120—123页。
② 《旧唐书》卷123《第五琦传》，第3517页。
③ （宋）司马光编著，（元）胡三省音注：《资治通鉴》卷219，唐肃宗至德元载十月条注。
④ 严耕望撰：《唐仆尚丞郎表》卷14《辑考四附考下·诸道盐铁转运等使》以为："旧传，'河南'作'山南'，是也。"（北京：中华书局，1986年，第787页）其实，新传作"河南"并非误文。因为两书《第五琦传》所称"五道"，当是河南、山南东西、江南西、淮南，故略称"河南等五道"或"山南等五道"皆可。

不妥当。前文主要根据杜佑《通典·职官·户部尚书》一段关于度支使的自注，把吕諲列在首位。后来笔者注意到，杜佑这段记载所举只是具衔"度支使"者，而把"判度支"者排除在外。《唐会要·别官判度支》指出，无论他官判度支，还是户部尚书侍郎专判度支，也无论称为度支使、判度支，还是称为知度支事、勾当度支使，"虽名称不同，其事一也"。因此讨论度支使的产生，不能不把具衔"判度支"之类的不带"使"名的度支使考虑在内。吕諲虽是首任"度支使"者，但在他之前还有具衔"专判度支"的。所以，不能以杜佑首列吕諲为度支使产生的根据。

笔者所以放弃度支使产生于乾元二年（759年）吕諲之任的看法，不仅因为杜佑那段话不足为据，而且还在于笔者看到了度支使产生的其他有力证据，那就是《唐会要》卷58《户部侍郎》载的一段苏冕驳议。其文如下：

> 故事，度支案，郎中判入，员外判出，侍郎总统押案而已，官衔不言专判度支。至乾元元年十月，第五琦改户部侍郎，带专判度支，自后遂为故事，至今不改。若别官来判度支，即云知度支事，或云专判度支。①

这条材料之所以可作为度支使产生的有力证据，其理由有三：

第一，乾元元年（758年）十月第五琦以户部侍郎专判度支，才具备财政三司使职（度支使、盐铁转运使和户部使）的官资。众所周知，使职无品秩，是以本官表示官资。总观财政三司使职，一般是由侍郎以上本官担任。笔者曾作过统计，从乾元元年到唐末，任度支使的近百人次，其本官都是侍郎以上，几乎没有例外。所以，只有第五琦以户部侍郎专判度支，才合乎本官资格的要求。回过头去看，第五琦作山南等五道支度使时，其本官只是司虞员外郎。②如果以为其"支度使"就是"度支使"，那么他的官资也不够格。

第二，乾元元年（758年）十月第五琦以户部侍郎专判度支，表明"判度支"已具备使职的特征。唐代使职的重要特征之一，是"本官不治本司之事，却另外派人来管，同时本官却又常被委派去管别司之事"③。也就是说，本官成为虚衔，使职才是实职。"判度支"，以前有过，但那是属于兼官，其本官仍是实职（详见本文第三节）。现在，第五琦的本官为户部侍郎，而他经管国家财政，是在"判度支"的名义下进行的；其判度支且加一个"专"字，表

---

① （宋）王溥撰：《唐会要》卷58《户部侍郎》，第1011页。
② 《新唐书》卷149《第五琦传》，第4801页。
③ 陈仲安：《唐代的使职差遣制》，《武汉大学学报（人文科学版）》1963年第1期，第87页。

明本官户部侍郎已无实职意义，判度支已不是兼职。

第三，乾元元年（758年）十月第五琦以户部侍郎专判度支，还表明尚书户部长官与度支司的关系发生了重大变化，标志度支司主管侍郎已成为度支使。本来，度支是尚书户部下属的一个司，由一名户部侍郎总统，对该司所经办的文案画押，作为该司的主管长官。①现在，这位户部侍郎却以"专判度支"的名义经管度支职事，已不再是凌驾其上的上级长官，而成为直接执掌其事的使职。此后，户部侍郎判度支作为度支使职的主要模式，不仅至苏冕编四十卷《唐会要》的德宗朝是如此，而且唐德宗以后也基本如此。从乾元元年（758年）到乾宁二年（895年）的130多年中，任度支使的八十多人次，以户部尚书、侍郎充任的占58%。②至于他官来判的，无论名称如何不同，和户部尚书、侍郎判度支并没有实际区别，都可称为度支使。

二

唐朝度支使是怎样产生的？为什么皇帝要任命第五琦作度支使？前文讲得过于简略，这里稍作补充。唐朝建立后，实行的是户部理财。③也就是尚书户部长官（尚书、侍郎）统率户部、度支、金部、仓部四司，职掌"天下田户、均输、钱谷之政令"④。其中，户部司主管户口、土地、赋役等大体属于财政收入方面的政务；度支司主管财赋的分配、供应、运输等大体属于财政支出方面的政务。此二司是尚书户部所属最重要的职能部门。至于金部和仓部，不过是负责金银钱帛和粮食货物的保管出纳机构。其他与财政相关的司农寺、太府寺等，则是根据政令执掌某些财政事务的机关。这样的财务行政体制，在正常运行百余年之后，到开元天宝时出现破绽。首先是户部司因均田制破坏、户口逃亡、色役伪滥而职事逐渐弛废，于是，天子设置括地、户口、租庸等使职代行其职务。接着，度支司的转运职事变繁，于是有水陆运使、江淮都转运使的产生。不过，那时度支司受到的冲击不如户部司那样大，有关财赋分配和供应的"支计"权力，仍掌握在手。唐朝财务行政体制完全

---

① （宋）王溥撰：《唐会要》卷59《别官判度支》："故事，度支案，郎中判入，员外判出，侍郎总统押案而已。"（第1018页）

② 这个数字是在早的粗略统计，后来作《度支使表》共列出95人次，较为准确。见何汝泉：《唐财政三司使研究·度支使表》，第254—267页。

③ 何汝泉：《汉唐财政职官体制三次变革》，《西南师范大学学报（哲学社会科学版）》1997年第1期，第105—108页。

④ 《旧唐书》卷43《职官志二》，第1824页。

崩溃，是在安史之乱爆发以后，因而主要财政使职的产生也必然与之相适应。

安史之乱，两京陷落。唐肃宗在灵武建立流亡政府时，"文武官员不满三十人，披草莱，立朝廷，制度草创"①。所授户部尚书乃是领兵在前线浴血奋战的李光弼，哪里还有什么户部理财可言！又据史籍记载：

  安史之乱，数年间，天下户口，什亡八九；州县多为藩镇所据，贡赋不入朝廷，府库耗竭。②

  自天宝末年，盗贼奔突。克服之后，府库一空，所在屯师，用度不足。③

  自至德、乾元已后，所在军兴，赋税无度，帑藏给纳，多务因循。④

  大历以前，赋敛出纳俸给皆无法，长史得专之。⑤

这些记载说明，安史之乱爆发后，唐王朝的财政收入急剧减少，财政支出却需要大量增加，而原来那套财政职官及其财赋收支制度已荡然无存。因此，至德元载（756年）十月第五琦在彭原见唐肃宗，"请以江淮租庸市轻货，溯江、汉而上至洋川，令汉中王（李）瑀陆运至扶风以助军"⑥时，唐肃宗立即采纳，拜第五琦为监察御史、勾当江淮租庸使。当时，宰相房琯不赞成任用第五琦，唐肃宗回答说："今天下方急，六军之命若倒悬然，无轻货则人散矣。卿恶琦可也，何所取财？"房琯无言以对。⑦第五琦原是青州北海郡录事参军七品官，现在以八品监察御史为江淮租庸使，可能因为品秩过低，故不久迁其本官为六品上的司虞员外郎。同时由于征运租庸，必须与河南、山南东西、江南西、淮南等五道节镇发生关系，为了便于工作，又加河南（或称山南）等五道支度使。肃宗任命第五琦的目的十分明确，那就是"取财"，收集财赋以应急。第五琦也不辱使命，能够"促办应卒，事无违阙"⑧。可能是出于对第五琦政绩的肯定，并提高其威信，大约在至德二载（757年），唐肃宗又将第五琦的本官迁升为司金郎中（从五品上）兼侍御史。这年九月，凭借回纥

---

① （宋）司马光编著，（元）胡三省音注：《资治通鉴》卷218，唐肃宗至德元载七月条。
② （宋）司马光编著，（元）胡三省音注：《资治通鉴》卷226，唐德宗建中元年七月条、九月条、二月条。
③ （唐）杜佑撰：《通典》卷11《食货十一·杂税》，第63页。
④ 《旧唐书》卷129《韩滉传》，第3600页。
⑤ （宋）司马光编著，（元）胡三省音注：《资治通鉴》卷226，唐德宗建中元年九月条。
⑥ （宋）司马光编著，（元）胡三省音注：《资治通鉴》卷219，唐肃宗至德元载十月条。
⑦ （唐）刘肃撰，许德楠、李鼎霞点校：《大唐新语》卷10《厘革》，北京：中华书局，1984年，第154页。《唐会要》卷84《租庸使》，第1548页，同。
⑧ 《旧唐书》卷123《第五琦传》，第3517页。

骑兵收复长安。接着又收复潼关、陕州。十月安庆绪退出洛阳，唐军进据东都。唐肃宗回到长安，唐王朝从形式上看算是恢复起来了。可是，"比者，时谷翔贵，薪刍不给，困穷之极"①。因此，不得不进一步依靠第五琦谋求扩大财源。乾元元年（758年）三月迁第五琦为度支郎中兼御史中丞（从四品下），并加盐铁、转运等使。稍后又加铸钱使。于是，第五琦创榷盐法，使"上用以饶"②；改铸大额新钱，使"百官、六军沾赉有差"③。至此，第五琦以使职名义执掌了唐王朝的租庸、榷盐、铸钱、转运等项财政权力。不过，这些主要是属于原户部司所管财政收入职事。随着财赋收入的稍许改善，便出现如何安排和控制支出的问题。

乾元元年（758年）十月，第五琦"迁户部侍郎、兼御史中丞、专判度支，领河南等道支度、都勾当转运租庸盐铁铸钱、司农太府出纳、山南东西江西淮南馆驿等使"④。其中河南等道支度使和转运、租庸、盐铁、铸钱诸使是承前继任。这次新授的主要是专判度支，即度支使的首次设置。至于司农、太府出纳使，是与度支使职事相关的，馆驿使则是出于转运需要而设的。为什么唐肃宗要新置度支使呢？其用意显然是要把原属度支司所辖财政支出大权也交由第五琦执掌。这除了可从同时兼任司农、太府出纳使以控制支出而得到说明外，还有下列两条材料也能旁证。

  乾元元年，外官给半料与职田，京官不给料。仍敕度支，使量闲剧，分[司]给手力课。⑤
  ……及第五琦为度支、盐铁使。京师多豪将，求取无节，琦不能禁，乃悉以租赋进入大盈库，以中人主之意，天子以取给为便，故不复出。是以天下公赋，为人君私藏，有司不得窥其多少，国用不能计其赢缩，殆二十年矣。⑥

前一条说明乾元元年（758年）京官各司之手力课钱是由度支供给，而当时的度支应是第五琦专判的度支。后一条是杨炎奏语，更确切地证明，任度支使

---

① （清）董诰等编：《全唐文》卷42肃宗：《御丹凤楼大赦制》，第458页。
② 《旧唐书》卷123《第五琦传》，第3517页。
③ （宋）司马光编著，（元）胡三省音注：《资治通鉴》卷220，唐肃宗乾元元年十月条。
④ 《旧唐书》卷123《第五琦传》，第3517页。
⑤ （宋）王溥撰：《唐会要》卷91《内外官料钱上》，第1655页。据《册府元龟》卷506《邦计部·俸禄二》、《通典》卷35《职官十七·禄秩》，"分"乃"司"之误。
⑥ 《旧唐书》卷118《杨炎传》，第3420页；《唐会要》卷59《度支使》，第1016页；《资治通鉴》卷226，唐代宗大历十四年十二月条，所载同。

的第五琦，因为执掌着租赋的支出权，才有由于不能节制京师豪将的求取而奏请尽贮于大盈库之举。杨炎此奏，《资治通鉴》载于大历十四年（779年），上溯20年，为乾元二年（759年），即第五琦专判度支的第二年。这两条材料说明，唐肃宗设置的度支使，确实执掌着国家财政的支出大权。

度支使的设置，虽然旨在执掌国家财政支出权力，但是从任使者的实际情况来看，在一段时间内，却集财政收入和支出大权于一身。第五琦任度支使的同时，兼任转运使、租庸使、盐铁使、铸钱使、司农太府出纳使、河南等五道支度使、山南等道馆驿使，既掌财政支出，又管财政收入。其后，乾元二年（759年）十二月吕𬤇以兵部侍郎同中书门下平章事任度支使和转运使；上元元年（760年）五月刘晏以户部侍郎任度支、盐铁、铸钱等使；上元二年建子月（十一月）元载以户部侍郎任度支、铸钱、盐铁、江淮转运等使；宝应元年（762年）建辰月（三月）元载以户部侍郎同平章事，仍充度支、转运等使；宝应元年六月刘晏复以户部侍郎兼京兆尹充度支、转运、盐铁、铸钱等使；广德二年（764年）正月第五琦复以户部侍郎充度支、盐铁、转运、铸钱等使。这段时间的任使者，都是兼掌财政收入和支出大权。到永泰二年（766年），度支使与转运使开始分别由二人担任，国家财政的管理办法有所改变，度支使的权力才有相应的变化。

三

讨论度支使的产生，不能不涉及对开元天宝时别官判知度支的看法问题。前文已有所论述，这里再作一些补充。

《唐会要》的《别官判度支》载有开元天宝年间的三次别官判知度支：

> 开元二十二年九月，肖灵除太府卿，知度支事。
> 开元二十三年八月，李元祐除太府卿，知度支事。
> 天宝七载，杨钊除给事中，兼御史中丞，权判度支。[①]

并且说：

> 开元以后，时事多故，遂有他官来判者。或尚书、侍郎专判，乃曰

[①] 新旧《唐书·杨国忠传》、《资治通鉴》、《册府元龟·邦计部·总序》皆作"专判度支"，而《全唐文》卷25玄宗：《授杨国忠右相制》，举其前衔曰"判度支事"，授右相后"仍判度支"，均无"专"字，也无"权"字。（第290—291页）应以授制为准。

度支使，或曰判度支使，或曰知度支事，或曰勾当度支使。虽名称不同，其事一也。①

如果根据苏冕这段话，把开元天宝年间的三人判知度支列入度支使，也可以解释得过去。但是仔细推敲一下，又觉得还有讨论余地。

"开元以后"，所指时间范围，从《别官判度支》条全文来看，应是从开元到贞元。因此，后文所讲别官判度支情况，就不应认为开元天宝时都已具备。从苏冕所记开元天宝年间三次别官判度支来看，这时就没有"尚书侍郎专判"；其名称只有"知度支事""判度支"而没有"度支使""判度支使""勾当度支使"。这些开元天宝时未出现的情况，显然是安史之乱爆发以后才有的。可见，别官判度支的情况，安史之乱爆发前后有所不同，不能混为一谈。"虽名称不同，其事一也"，可以理解为：这些不同名称的判度支，其职事（掌钱谷）相同；也可以理解为：这些不同名称的判度支都属于差遣官，其职官性质一样。如果认为这些不同名称的判度支都是度支使，那就有进一步商讨的必要，因为涉及一个安史之乱爆发后作为使职的判知官（即未加"使"名的使职）与唐初以来的判知之官的区别问题。

杜佑在《通典》中曾指出："神龙初，官复旧号。二年三月，又置员外官二千余人。于是，遂有员外、检校、试、摄、判、知之官。"自注云："皆是诏除，而非正命。"②《新唐书·百官志序》云："至于检校、兼、守、判、知之类，皆非本制。"可见，唐代官制中早已存在一种非本制的判知之官。判，表示判处某官事，"中唐偶用"③。天授二年（691 年）九月丁酉，狄仁杰转地官侍郎、判尚书、同凤阁鸾台平章事④便是一例。知，表示"知某官事"⑤，唐初已有使用。贞观时的参知政事、参知机务，便是皇帝特命三省长官以外的官员参预宰相职事。例如贞观十三年（639 年）十一月刘洎以黄门侍郎参知政事，贞观二十二年（648 年）正月崔仁师以中书侍郎参知机务。⑥那时的判知官，是一种兼官（这里说的"兼"，不是"欠一阶之兼"，而是"两职事之兼"）。⑦上例的狄仁杰便是以地官侍郎兼判处地官尚书事，同时又有宰相的差

---

① （宋）王溥编：《唐会要》卷 59《别官判度支》，第 1018 页。
② （唐）杜佑撰：《通典》卷 19《职官—总序》，第 107 页。
③ 岑仲勉：《隋唐史》卷下，北京：高等教育出版社，1957 年，第 533 页。
④ 《旧唐书》卷 89《狄仁杰传》，第 2888 页。
⑤ （唐）杜佑撰：《通典》卷 19《职官—总序》，第 107 页。
⑥ 《新唐书》卷 2《太宗纪》，第 46—47 页。
⑦ 《旧唐书》卷 42《职官志》，第 1785—1786 页。

遣职；刘洎、崔仁师便是以黄门侍郎、中书侍郎兼判宰相职事。"先天已前，诸司官知政事，午后归本司决事。"①这是说诸司官知政事的，午前参预处理宰相职事之后，午后还要回到本司处理本官分内职事。这就充分说明了宰相只是他的兼职。其他判知官，恐怕也是既要参掌兼任的判知职事，又要负责本官分内之事，也都是兼职。至于有称"开元以后，宰臣数少，始崇其任，（知政官）不归本司"②，这种似不兼顾本官职事的现象，可能有一定特殊性，由于当时"宰臣数少"，而仅仅在知政事这一个范围存在。为什么这样判断呢？因为作为兼职的判知官，其他地方仍然见得到。《旧唐书·玄宗纪》载，开元元年（713年）九月刘幽求以尚书左仆射为宰相后，十一月乙丑"兼知侍中"；开元十一年（723年）五月己巳，王晙为朔方节度使，"兼知河北郡、陇右、河西兵马使"；开元二十六年（738年）五月乙酉，宰相李林甫遥领河西节度使，"兼判梁州事"。从这些判知官并加"兼"字表明，开元时的判知官还是一种兼职，和唐初以来的状况并没有什么不同。由此看来，开元时判知官"不归本司"并不是普遍现象。现在，让我们再来具体考察一下《唐会要·别官判度支》提到的那三位判知度支。肖炅③、李元祐，《旧唐书》《新唐书》无传，其散见事迹无从看出其知度支的具体情况，然而在他们之后判度支的杨钊却有迹可循。杨钊于天宝七载（748年）以给事中兼御史中丞判度支事。至天宝十一载（752年）十一月任右相（中书令，天宝元载二月改称右相）兼文部尚书（吏部，天宝十一载正月改称文部）仍判度支。④这时，他不仅掌宰相职事，而且亲自铨选官员，执行其本官文部尚书职权⑤，可见其判度支是兼官无疑。既然天宝时杨国忠判度支还是兼官，那么在他之前，开元时肖炅、李元祐知度支必然不会超出兼官范围。

开元天宝时的判知度支既是兼官，那就和使职有重要区别。使职，无论有"使"名的还是不带"使"名的，却不是兼官。任使职者尽管可能兼任某些职事官，但是其使职的本官，如第五琦任度支使（专判度支）的本官户部侍郎，是作为"寄官资之崇卑"⑥的，不是兼官。所以，不能把开元天宝时的

---

① 《旧唐书》卷106《杨国忠传》，第3244页。
② 《旧唐书》卷106《杨国忠传》，第3244页。
③ 严耕望撰：《唐仆尚丞郎表》卷19《辑考七上·刑部尚书》认为：肖炤即炅，字隐之。北京：中华书局，1986年，第989—990页。
④ （清）董诰等编：《全唐文》卷25玄宗：《授杨国忠右相制》，第290页。
⑤ 《旧唐书》卷106《杨国忠传》，第3243页。
⑥ （清）钱大昕著，方诗铭、周殿杰校点：《二十二史考异》卷58《旧唐书二·职官志》，上海：上海古籍出版社，2004年，第849页。

判知度支视为度支使，而乾元元年（758年）十月第五琦以户部侍郎专判度支，才可以说是度支使的产生。

四

度支使产生于唐王朝危难之际，身负国计重任，一经设置，便成为一个固定使职。但是，史籍屡有度支使停罢的记载，于此稍作辨析。

其一，代宗大历五年（770年）二月己丑敕云：

> 魏、晋有度支尚书，校计军国之用，国朝但以郎官署领，办集有余。时艰之后，方立使额，参佐既众，簿书转烦，终无弘益，又失事体。其度支使及关内、河东、山南西道、剑南西川转运常平盐铁等使宜停。①

这是最早一次度支使停罢的记载。从敕文来看，这次停罢，似因度支等使职有违职官体制，为了"明画一之法，大布维新之命，陶甄化源，去末归本"而采取的措施。其实，这纯粹是掩耳盗铃的官样文章，实际却是另一回事。宦官鱼朝恩专典禁兵，恃权擅政，藐视天子，凌侮将相，朝野共怒，宰相元载密奏除之。大历五年（770年）三月癸酉寒食，代宗置酒禁中待贵近。宴罢，元载派人将鱼朝恩秘密杀死，对外诈称自缢。②当时，以户部侍郎判度支充关内等道转运常平盐铁诸使的第五琦是鱼朝恩的党羽，"元载既诛朝恩，下制罢使，仍放黜之"③，贬为饶州刺史。可见敕文所说停罢度支等使的理由，不过是既要清除鱼朝恩党羽，又要掩盖鱼朝恩被杀真相的遁词。如果真要停度支、转运、盐铁等使，"去末归本"，为什么当时刘晏所领河南等东路转运、常平、盐铁诸使不在停罢之列，并且罢第五琦的同时，却有元载以中书侍郎平章事权领度支，次年又任命韩滉以户部侍郎判度支呢？其实，大历五年（770年）度支使职并未停罢。这次所谓停度支使不过是停罢第五琦之任，实际上只是更换使者而已。

其二，建中元年（780年），宰相杨炎停度支使。《唐会要·别官判度支》载：

> 建中初，欲使天下钱谷，皆归金部、仓部。终亦不行。④

---

① 《旧唐书》卷11《代宗纪》，第295页。
② 鱼朝恩之死，《旧唐书·鱼朝恩传》记载不同。此从《新唐书·鱼朝恩传》和《资治通鉴》之说。
③ 《旧唐书》卷11《代宗纪》，第297页。
④ （宋）王溥撰：《唐会要》卷59《尚书省诸司下·别官判度支》，第1018页。

所谓"天下钱谷,皆归金部、仓部",应包括当时度支使刘晏所领钱谷职务。但是,《旧唐书·德宗纪》建中元年(780年)正月甲午停刘晏所领使职诏云:

> 东都河南江淮山南东道等转运租庸青苗盐铁等使、尚书左仆射刘晏,顷以兵车未息,权立使名,久勤元老,集我庶务,悉心瘁力,垂二十年。朕以税出多门,乡邑凋耗,听于众议,思有变革,将置时和之理,宜复有司之制。晏所领使宜停。天下钱谷委金部、仓部,中书门下拣两司郎官,准格式调掌。①

此诏所举刘晏领职未言度支。究竟是刘晏未领度支使,还是度支使未在停罢之列呢?据《资治通鉴》建中元年(780年)二月条载:"杨炎罢度支、转运使,命金部、仓部代之",则度支使确系停罢之列。又《旧唐书·德宗纪》大历十四年(779年)五月丁酉条载:"以户部侍郎判度支韩滉为太常卿,吏部尚书刘晏判度支、盐铁、转运等使。初,晏与滉分掌天下财赋,至是晏都领之。"据此则刘晏所领包括度支使无疑。由此可见,建中元年(780年)停罢刘晏所领,度支使确在其内,而现在所见《旧唐书·德宗纪》之停使诏应是漏载度支使。

这次停罢度支等使的原因,也并非全如诏书所言。据《资治通鉴》载:"初,左仆射刘晏为吏部尚书,杨炎为侍郎,不相悦。元载之死,晏有力焉。及上(德宗)即位,晏久典利权,众颇疾之,多上言转运使可罢。……杨炎为宰相,欲为元载报仇。……炎建言:'尚书省,国政之本,比置诸使,分夺其权,今宜复旧。'上从之。"说明这次停罢,有利权争夺之故,也有杨炎个人恩怨因素。正如《旧唐书·德宗纪》所说:"时将贬刘晏,罢使名,归尚书省本司。……盖杨炎之排晏也。"

建中元年(780年)正月明令停罢刘晏所领度支等使之后,由于"省职久废,耳目不相接,莫能振举,天下钱谷无所总领。(三月)癸巳,复以谏议大夫韩洄为户部侍郎判度支,以金部郎中万年杜佑权江淮水陆转运使,皆如旧制"②。可见,度支使停罢时间极其短暂。

其三,严耕望《唐仆尚丞郎表》卷13《辑考四附考上·度支使》云:"(贞元)二年正月二十二癸丑,度支及诸道水陆运使并停。"(第767页)其根据是《旧唐书》的《德宗纪》和《崔造传》。原文如下:

---

① 《旧唐书》卷12《德宗纪》,第324—325页。
② (宋)司马光编著,(元)胡三省音注:《资治通鉴》卷226,唐德宗建中元年三月条。

（贞元）二年正月癸丑，以……谏议大夫、知制诰、翰林学士吉中孚为户部侍郎判度支两税，元琇判诸道盐铁榷酒。……甲寅诏：天下两税钱物，并委本道观察使、刺史差人送上都。其先置诸道水陆转运使及度支巡院、江淮转运等并停。时崔造专政，改易钱谷，职事多骞败。①

（崔）造久从事江外，嫉钱谷诸使罔上之弊，乃奏天下两税钱物，委本道观察使、本州刺史选官典部送上都；诸道水陆运使及度支巡院、江淮转运使等并停。其度支、盐钱，委尚书省本司判；其尚书省六职，令宰臣分判。乃以户部侍郎元琇判诸道盐铁、榷酒等事；户部侍郎吉中孚判度支及诸道两税事。②

笔者在仔细推敲这两条材料及有关记载之后，对此次度支使的停罢产生了怀疑。第一，上述两段记载都只说停度支巡院。度支巡院是度支使在地方设置的办事机构，掌管所属一方两税钱物的收贮、调运、支付诸事宜（甚至被委以监察职能）。崔造停罢度支巡院后，由当地观察使、刺史掌其事。停罢度支巡院对度支使行使职权会产生影响，但不等于停罢度支使。第二，所谓度支委尚书省本司判，即户部侍郎吉中孚判度支。本文第一节说过，度支使一开始就是由户部侍郎判，以后半数以上也是由尚书省本司长官户部尚书侍郎判。崔造委尚书省本司判度支，并不违背度支判使委任情况。而吉中孚以户部侍郎判度支，和以前诸任，如建中元年（780年）韩洄以户部侍郎判度支，建中二年（781年）杜佑权知户部侍郎判度支，建中三年（782年）赵赞以户部侍郎判度支，建中四年（783年）十二月、兴元元年（784年）正月裴腆曾以京兆尹、户部侍郎判度支，兴元元年（784年）九月元琇以户部侍郎判度支③等，并没有什么不同。因此，崔造实际上并未停罢度支使额，其明文规定由"本司判"，只不过表示其排除别司官员来判的意思，并不涉及度支使的停罢与否。第三，总观崔造"改易钱谷"，停罢的只是地方的诸道水陆转运使、度支巡院和江淮转运使，对于中央官职则不是停罢，而是改任，将度支、盐铁改委另外的户部侍郎判，将尚书省六职（吏、户、礼、兵、刑、工六部职事）改由宰臣判。因此属于中央官职的度支使，只是改变使者，将原来户部侍郎元琇判度支，改为吉中孚以户部侍郎判度支。

---

① 《旧唐书》卷12《德宗纪》，第352页。
② 《旧唐书》卷130《崔造传》，第3626页。中华书局标点本《旧唐书·崔造传》标点作"度支、巡院"，不正确，应去掉逗号。
③ 严耕望撰：《唐仆尚丞郎表》卷13《辑考四附考上·度支使》，第767页。

总而言之，在笔者看来，贞元二年（786年）度支使并未停罢。

其四，还有一次度支使停罢的记载，见于《唐会要·度支使》：

  ……（贞元）五年二月，窦参同中书门下平章事，充度支使。八年三月停。①

这里的"八年三月停"可以作两种推测：一是指窦参停度支使任；一是指度支使停置。据《旧唐书·德宗纪》和《旧唐书·班宏传》，窦参兼任度支使至贞元八年（792年）三月，便让其使职于户部尚书班宏。班宏任至当年七月卒，裴延龄接任判度支。由此，"八年三月停"似指窦参停任，而度支使停罢的推测不能成立。可是，《通典·户部尚书》关于度支使的自注有如下的记载：

  五月二日[据《资治通鉴》卷233，窦参任度支使时间的记载，"五月二日"乃"五年二月"之误]，窦参为中书侍郎平章事（兼）度支使。自后虽无，亦有他官判，或云权判，亦云专判。②

这和前引《唐会要·度支使》那段文字，显然记的是一件事。"自后虽无"云云，是说窦参任度支使之后，虽然没有了具衔度支使的，但是也还有他官判度支，或者称为权判度支，或者称为专判度支。可见杜佑虽然对"度支使"与"判度支"作了区别，但是也有把它们视为相同官职的意思。把杜佑这段话与《唐会要·度支使》那段文字联系起来，那就可以明白，"八年三月停"，既不是指窦参停任，也不是指度支使停置，而是指"度支使"衔停用。的确，自从贞元八年（792年）三月窦参停罢度支使任之后，直到唐末，大多数任使者都是用"判度支"衔。不过，也有少量使用"度支使"的，或者"判度支"与"度支使"互用的。如《新唐书·郑余庆传》载：宰相郑余庆"素善度支使于頔，凡所陈，頔必左右之"，而《旧唐书·德宗纪》载贞元十五年（799年）三月丁巳"于頔为户部侍郎依前判度支"，《新唐书·宰相世系表》亦云："（于）頔，户部侍郎判度支"。又如《旧唐书·李巽传》云："司徒杜佑判度支、盐铁转运使，以巽干治，奏为副使。佑辞重位，巽遂专领度支、盐铁使"，而《旧唐书·宪宗纪》则云：元和元年（806年）三月丁未，杜佑"罢领度支、盐铁转运等使，从其让也，仍以兵部侍郎李巽代领其任"。又如《唐会要·度支员外郎》载："元和三年十月，度支使郑元奏"云云，而《旧唐书·郑元传》

---

① （宋）王溥撰：《唐会要》卷59《尚书省诸司下·度支使》，第1015页。
② （唐）杜佑撰：《通典》卷23《职官五·尚书下·户部尚书注》，第136页。

则称：郑元"元和二年，转户部侍郎兼御史大夫、判度支"。再如《旧唐书·食货志》载："元和十年七月，度支使皇甫镈奏"云云，而《旧唐书·皇甫镈传》则称："三迁司农卿兼御史中丞、赐金紫、判度支，俄拜户部侍郎"。由此可见，此时"度支使"与"判度支"，确实"虽名称不同，其事一也"。

原载《西南师范大学学报（哲学社会科学版）》1998年第4期

唐代度支职事由简变繁论略

建中三年（782年）正月，户部侍郎判度支杜佑请求增加度支判案郎官奏云：

> 天宝以前，户部事繁，所以郎中员外各二人判署。自兵兴以后，户部事简，度支事繁，唯郎中员外各一人。请回缀郎中员外各一人分判度支案，待天下兵已息，却归本曹。①

在此，杜佑指出了唐代财务行政上的一个值得注意的现象，即安史之乱前，户部司职事繁重，以后，户部职事变简，而度支职事变得繁重起来。

杜佑所说户部、度支职事的繁简变化事实，可信度是高的。因为，第一，这是杜佑在严肃慎重的奏疏中所说，不可能是虚构的事实。第二，杜佑生于开元二十三年（735年），青年时代就父荫为官，大历后累次供职于户部，对此事变，既是见证人，又是当事人。第三，大历元年（766年）以后，杜佑已着手撰写《通典》，对官府文书档案作过认真研究。所以，他指出的事实，不仅有直接体验，而且还有文献资料的依据。

杜佑要求把户部判案郎官转易二人到度支，获得批准。可是，他许诺的"却归本曹"，不但没能兑现，而且度支判案郎官还有进一步增加，曾经达到六人之多。②这说明"度支事繁"的趋势还在继续发展。

安史之乱后，度支职事变得繁重，则以前无疑是相对简约的。怎样理解

---

① （唐）杜佑撰：《通典》卷23《职官五·尚书下·户部尚书注》，第136页；《册府元龟》卷483《邦计部·总序》，同。
② （宋）王溥撰：《唐会要》卷59《尚书省诸司下·度支员外郎》载："元和三年十月，度支使郑元奏：'当司判案郎官，先有六员，今请用四员为定。'从之。四年十一月加度支判案郎官一员。长庆三年十二月度支奏：'伏以判案郎官，比有六人，近或止四人，伏请更置郎官一员判案，留白行简充。'敕旨，依奏。"（第1020—1021页）

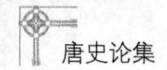

度支职事简约呢？度支职事又是怎样由简变繁，"繁"在哪里呢？度支职事由简变繁说明什么，对此变化又怎样认识呢？本文拟对这些问题略作讨论。至于户部职事由繁变简问题，会稍有涉及，但不作重点探讨。

一

安史之乱前度支职事简约，并不是说度支不重要。度支关系国家用度，从来就是重要的财政部门。早在贞观时，房玄龄就因"度支系天下利害"，一时找不到适合人选而亲自兼领[①]，开后来宰相自领度支的先河。

度支事简，当然包括和安史之乱后度支事繁相比较，但主要还是与当时户部职事相对而说的。

唐建制后的度支司职事，主要有《唐六典》、《旧唐书·职官志》和《新唐书·百官志》三种记载。比较这些记载可知《旧唐书·职官志》和《新唐书·职官志》都出自《唐六典》，或者说都和《唐六典》来自相同的有关令式。《唐六典》详尽，《旧唐书·职官志》和《新唐书·职官志》是省文。不过《旧唐书·职官志》比较忠实，而《新唐书·百官志》则有损本意，三书所载无疑都是安史之乱前度支所掌职事，即杜佑所说"事繁"以前的职事。

根据《唐六典》，度支职事可以归纳为四项：一是会计。每年各州小计，度支则会计。会计就是计算全国每年各种税物的收入，规划全国各种支出的品种和数量。所谓"租赋多少之数"，就是指此项内容。可是，《新唐书·百官志》省去"掌支度国用"，把"租赋多少之数"改作"掌天下租赋"。这就有违原意，并且和户部司的职掌发生混淆，至少在文字表述上使人难以区分。本来，度支职掌的，只是根据租调赋税所征敛钱物多少而支付国家用费，即"计其所出而支其所用"，至于租赋征敛制度的制定和实施，那是户部司的职事，所以，不能笼统地说度支司"掌天下租赋"，应如《唐六典》《旧唐书·职官志》所说掌"租赋多少之数"才是确切表达。这是《新唐书》省文害意的一例。二是均衡。度支对收入与支出的货物，凡数量和品种不相适宜的，通过和市、和籴、折造（折租庸以造金银宝货和绫罗之属）使之均衡。所谓"物产丰约之宜""均天下之货"，便是指此项职事。三是转运。度支将各地征收的货物，通过水漕陆转，运输到预定仓库储存待用，或者直接运到军镇。所谓"水陆道路之利"，便是指此项内容。四是支用。度支职事最终落脚在支付

----

① （宋）司马光编著，（元）胡三省音注：《资治通鉴》卷195，唐太宗贞观十三年正月条。

国用上，即按照制度和计划，供给天子、皇室、官府、军队的开支。"支其所用"指的便是此项内容。

度支的职事，和户部司相比较，户部是基础。度支所能掌握的租赋货物，都建立在户部职掌的户口和土地之上，所入租赋的数量和品种也由户部决定。度支职事要以户部司为前提，有收入才可能有支出。所以，在户部尚书下属四司中，户部是头司，度支属子司，户部地位在度支之上。

户部司的职事计有三大项、若干小项。①究其繁难之处，还不在事目多少，而是所掌诸事的随时变易。人口不断生长老死，人户资产也时有增减，又有人为的诈老诈小，析户降等诸流弊，故此要每年一造计帐，三年一定户等，还有定貌、团貌的措举；人口变动，使土地还授复杂，有宽乡、狭乡的不同，有乐迁、隔越的厘定，官人永业、公廨、职分田也要随官府官员而不同，租调有乡土、蕃胡之别，役庸要据有事、无事而征，蠲免优复亦须随情酌定。户部司的经常职务确实相当繁重。相比之下，度支的职事，在平常年份，无重大灾害，收入稳定，而国家无重大战事和典礼，不出现大量异常支出，则无疑比户部相对简约。贞观后百年间，大体上可谓如此。

二

"度支事繁"充分显示出来，确实在安史之乱爆发以后。可是要探讨怎样由简变繁，那须从开元年间国家用费迅猛增长说起。

首先，度支所管转运关东粟米"供御""供官"任务，开元时便大大加重起来。开元二十一年（733年）裴耀卿上疏云：

> 臣以国家帝业，本在京师，万国朝宗，百代不易之所。但为秦中地狭，收粟不多，傥遇水旱，便即匮乏。往者贞观永徽之际，禄廪数少，每年转运不过一二十万石，所用便足，以此车驾永得安居。今升平日久，国用渐广，每年陕洛漕运，数倍于前，支犹不给。②

开元天宝年间，漕运增加的情况，还可从下列数字看出：开元初，李杰从洛

---

① 据《大唐六典》卷3《尚书户部》载，户部司职掌可归结为：（1）户口，凡乡里编制、籍帐造更、户等划定、迁徙管理皆属之。（2）土地，凡田亩度量、百姓给田、官人受田、公廨田、职分田以及各类田地的继嗣退还皆属之。（3）赋役，凡贡赋、田租、户调、役庸、杂徭以及优复蠲免皆属之。

② （唐）杜佑撰：《通典》卷10《食货十·漕运》，第57页。

阳含嘉仓陆运到陕州太原仓，每岁 80 万石至 100 万石；开元二十一年（733 年）裴耀卿主持转运，三年间运入关中 700 万石；天宝二年（743 年）至四载，韦坚每岁运入关中 400 万石；天宝中每年水陆运入关中 250 万石。①以最后这个数字来看，天宝中比贞观永徽时增加十多倍，比开元初年也增加一倍多。漕运可视为朝廷用费的测量器，从一个环节上反映了皇室贵戚人数增多，官僚群庞大，统治阶级奢侈腐朽，军事、政治事件增多，因而国家开支迅速增大的状况。

其次，度支经管的"供军"职事也迅速加重。杜佑《通典·食货典》后论云：

> 昔我国家之全盛也，约计岁之恒赋，钱谷布帛五千余万。经费之外，常积美余，遇百姓不足而每月有蠲息。自天宝之始，边境多功，宠锡既崇，给用殊广，出纳之职，支计屡空。②

并在《食货典·赋税》中说：

> 自开元中及于天宝，开拓边境，多立功勋，每岁军用，日增其费。③

开元以前，每年用于边地的军费不过 200 万。府兵制完全破坏之后，到天宝年间，一年用作籴米粟的达 360 万匹段，给衣的 530 万，别支 210 万，馈军食 190 万石，共约 1290 万，还没有包括赐赉费用。这比开元前增加 5 倍。

从转运和供应边军的情况说明，度支的职事，在开元天宝年间已经开始繁重起来。可是，转运任务曾为设置的转运使分担。④更为重要的是，由于当时国家赋税收入的制度和渠道还没有大乱，度支仍拥有丰富的粮食。据《通典·食货·轻重》载，天宝八载（749 年）国家从各种不同来源掌握的粮食有：

关内、河东、河西、陇石等道和籴储米　　　　1 139 530 石
北仓、太仓、含嘉仓、太原仓、永丰仓、龙门仓等诸色仓储米
　　　　　　　　　　　　　　　　　　　　　12 656 620 石

---

① 上述转运数分别见：《通典》卷 10《食货十·漕运》，第 57 页；《旧唐书》卷 105《韦坚传》，第 3222 页；《新唐书》卷 134《韦坚传》，第 4560 页。
② （唐）杜佑撰：《通典》卷 12《食货典》后论，第 71 页。
③ （唐）杜佑撰：《通典》卷 6《食货六·赋税下》，第 34 页。
④ 开元二十一年设置以裴耀卿首任的转运使之后，开元天宝年间曾授韦坚、杨慎矜等为转运使，但尚未成为常设的固定使职。见何汝泉：《唐代转运使成为固定职官考》，《西南师范学院学报（哲学社会科学版）》1982 年第 1 期。

诸道正仓储米	16 167 700 石
诸道义仓储米	63 357 669 石
诸道常平仓储米	5 692 908 石
合计	99 014 427 石①

此储粮总数，若以天宝十四载（755年）最高户数 8 914 709 户计算，则每户平均可有 11 石 1 斗。若以天宝元年（742 年）8 535 763 户计算，则每户可有 11 石 6 斗。这些粮食都是度支可以支配的。那时，度支只要有足够的粮食可供支付，任何繁难的事情也会变得容易解决。总的说来，安史之乱前度支职事是比较简约的，但从度支职事发展变化的过程来看，开元天宝时正处在由简变繁的过程之中。

三

度支职事，虽在安史之乱前开始变繁，但和安史之乱后的"繁"还有所不同。以前逐渐变繁的职事，都是本职之内的，如供给皇室、官府的用度，供应边军的衣粮等。以后，在这些方面，特别是供军任务，还更加繁重难理，可是这时度支事繁的关键还不在本职工作量的增加。《唐会要》的《度支使》载：

> 度支以制用惜费，渐权百司之职，广置吏员，繁而难理。②

度支"渐权百司之职"，首先是户部司之职，才是安史之乱后"度支事繁"真谛所在。

按唐初建制，户部司职事是通过控制户口和土地来征敛赋役。这是国家财政的依靠。唐朝的户口、土地和赋役制度，从武则天统治时期（684—704年）开始出现问题，最先反映出来的是户口逃亡③，但根子却在土地兼并。到开元中，情况已经相当严重，"丁口转死，非旧名矣；田亩移换，非旧额矣；

---

① （唐）杜佑撰：《通典》卷 12《食货十二·轻重》，第 70—71 页所载诸色仓米，除和籴和诸色仓总数与分数符合外，其余都不相符：正仓按十道分数之和应为 16 167 700 石，而原总数为 42 126 184 石；义仓按十道分数之和应为 63 357 669 石，而原总数为 63 177 660 石；常平仓按九道（江南缺）分数之和 5 692 908 石，而原总数为 4 602 220 石。五项合计应为 99 014 427 石，而原总数为 96 062 220 石。可是该书卷 26《职官八·太府卿注》第 154—155 页载："天宝八年总计天下仓粮囷收并和籴等见数凡亿九千六百六万二千二百二十石。"比《轻重》篇多出整整一亿石，这里只多包括屯收。屯田收入也不可能有一亿石。疑"亿"为衍文。
② （宋）王溥撰：《唐会要》卷 59《尚书省诸司下·度支使》，第 1016 页。
③ 证圣元年（695 年）凤阁舍人李峤上表。见《唐会要》卷 85《逃户》，第 1560—1561 页。

贫富升降，非旧第矣"①。户部司手中的户口、土地、赋役籍帐，都成为和当时实际情况不相符合的"故书"，形同一纸空文，其职事开始废弛。

户部司对赋税征收无能为力，可是财税收入却是国家不可须臾或缺的，于是，便有财政使职的设置。开元十一年（723年）任命已在检括逃户、色役和籍外田的宇文融为勾当租庸地税使，后又加劝农使、安辑户口使。劝农使，宇文融之后未见再授；户口使，后有天宝四载（745年）王鉷充任；租庸使，后有天宝二年（743年）韦坚兼知勾当租庸使，天宝六载（747年）杨慎矜加诸郡租庸使。这些使职，无非是履行原来户部司的征收赋税职责。不过，安史之乱前的这些使职，都是间或任命，并不是固定的职官，而户部司的职事，还没有完全废弛。

安史之乱爆发，两京陷落，唐肃宗在灵武建立流亡政府时，"文武官员不满三十，披草莱，立朝廷，制度草创"②，情况发生急剧变化。李德裕曾经指出：

  自艰难已来，务从权便，政颇去于台阁，事多系于军期，决遣万机，不暇博议。③

这是说安史之乱把正常的行政制度打乱了，一切都以军事的需要而权便处置。这种情况，在财务行政方面尤其突出：

  玄宗之末，版籍浸坏，多非其实。及至德兵起，所在赋敛，迫趣取办，复无常准。④

在这种情况下，户部司原来还有的那点事职，自然也就无影无踪，完全废弛了。要兴兵抵御叛军，要收复京师，首先就遇到财政经费的困难。所以，当第五琦上言表示他能"使赏给之资，不劳圣虑"⑤时，天子喜出望外，先后任命他为租庸使、转运使、盐铁使、铸钱使、度支使、司农太府出纳使、馆驿使等众多的使职。这些使职在唐肃宗、代宗时期曾分别授予吕諲、元载、刘晏、韩滉等人。这些使职的目的归根到底是为了解决军国用费，这原本是度支司的职责，可是现在却要设置度支使，并且同时还设立了其他许多使职。这是为什么？设置度支使的本意是要它承继度支司的职责，可是户部司职事

---

① （宋）王溥撰：《唐会要》卷83《租税上》，第1535—1536页。
② （宋）司马光编著，（元）胡三省音注：《资治通鉴》卷218，唐肃宗至德元载七月条。
③ 《旧唐书》卷18《武宗纪》，第608页。
④ （宋）司马光编著，（元）胡三省音注：《资治通鉴》卷226，唐德宗建中元年正月条。
⑤ 《旧唐书》卷123《第五琦传》，第3517页。

废弛，缺乏财政来源，因此要以租庸使的名义从事租税征敛，以盐铁使的名义推行榷盐法，获取盐利，以铸钱使的名义增铸钱币。征集到的财物，须得组织运输，故要兼任转运使；运到所在地，要贮藏和发放，故须兼任司农太府出纳使；征集转运过程需要使用馆驿，故又兼任馆驿使。这样，在"切于军期""复无常准"的情况下，度支使不仅兼有原户部司的职事，而且把工部、兵部、司农寺、太府寺和铸钱监的部分职事都统管起来。这和安史之乱前的度支司的职事比较起来，确实大为繁重了。

四

度支职事由简变繁，毕竟是现象，它所反映的历史内容，还必须透过现象去探求。

第一，度支由简变繁的过程就是度支司演变为度支使的过程，是度支这个职官本身的一次重大变革，是度支地位提高的表现。按唐初职官建制，度支司的地位屈居户部司之下。开元以后，随着唐王朝的财富积累日益增多，费用日益增大，度支司职掌的事务便逐渐加重，地位也就有所变化。所以，度支成为某些幸臣权贵觊觎的职务，杨国忠之流，利用早已存在的"判知"形式，长期兼任此职。[①]这为度支使的出现积累了条件。

乾元元年（758年）设置的度支使，除继承了原度支司的职掌外，还兼有户部司以及有关部、寺、监的部分职事，不仅掌管军国费用，而且还要做开辟财源的工作。这就扩大了职权范围，正是因为度支使的职事与原来的度支司有很大不同，度支的职权扩大，地位也就进一步提高。以前，度支司是户部尚书的下属，郎中从五品上，员外郎从六品上，而现在，度支使多由户部尚书（正三品）、侍郎（正四品下）充当，甚至宰相兼任，成为直接听命于天子的大臣。故长庆时中书舍人韦处厚说："度支使四方禀奉，不殊宰相，权柄已重。"[②]

总之，度支职事由简变繁不仅是原掌管政务数量的增加，而且是职权范围的扩大和作用地位的提高，成为唐中央政府中一个具有独立行使财务行政

---

① 杨国忠天宝七载（718年）由度支郎中迁给事中、判度支，至十三载仍判度支。在他之前，有肖炅开元二十二年（734年）以太府卿知度支事，李元祐开元二十三年（735年）以太府少卿知度支事。开元天宝时的判知度支，不同于乾元以后的度支使或判度支。参见何汝泉：《再论唐代度支使的产生》，《西南师范大学学报（哲学社会科学版）》1998年第4期，第107—108页。

② （宋）王钦若等编：《册府元龟》卷493《邦计部·山泽一》，第5901页。

职权的机关。

第二，度支由简变繁又是唐朝财务行政体制变革的反映。唐朝前期，财政收入和财政支出的行政大权都集中在尚书省的户部，由户部尚书掌握，财务工作主要落实在户部和度支二司，其他诸如金部、仓部以及司农、太府等有关财务的机关，只是经管某个环节或者某个方面的工作。这可视为户部尚书一元化的财务行政体制。在这种体制下，度支司的职事，比起户部司来，是相对简约的。

安史之乱爆发后，唐朝财政陷入困境，户部司职事废弛，度支使职事繁重，"军国之用，仰给于度支、转运二使"①。起初，"转运使掌外，度支使掌内"②，转运使负责将各地征敛的粮钱物资运送京师，度支使在京师掌管"帑藏出纳"，按照军国的需要，"调其盈虚，制其损益"。③这虽带有财务程序分工的特点，但度支使的主导作用是显而易见的。永泰二年（即大历元年，766年）之后，又实行过按地区分工④，可是，度支使依然保持着"总制邦用"⑤的地位。这种状况，到贞元年间才有变化。在这段时间里，原来的户部尚书一元化的财务行政体制虽然已经解体，可是，在度支使和转运使常由户部尚书或侍郎一人兼领⑥的情况中，仍然看得见痕迹，因此可以说是财务行政体制由一元化向多元化过渡的阶段。

贞元九年（793年），度支使与盐铁转运使"殊途而理"⑦，标志着这两个财政使职成为各自独立行使财务收支职能的机关。在此前后，职事废弛的户部司，又以新的面貌崛起⑧，也成为一个自有收支系统的财务机关。这样，开始形成度支、盐铁转运和户部三个使职掌握中央政府财务行政职权的局面。元和十三年（818年）中书门下向皇帝上奏云：

> 户部、度支、盐铁三司钱物，皆系国用，至于给纳，事合分明。……自今以后，每年终，各令具本司每年正月一日至十二月三十日所入钱数，

---

① （宋）王溥撰：《唐会要》卷83《租税上》，第1536页。
② 《新唐书》卷51《食货志》，第1348页。
③ （清）董诰等编：《全唐文》卷486权德舆：《论度支疏》，第4964页。
④ 《新唐书》卷51《食货志》，第1348页。
⑤ 《旧唐书》卷135《裴延龄传》载陆贽奏："总制邦用，度支是司。"（第3722页）
⑥ 乾元至贞元三十多年间，有第五琦、吕諲、刘晏、元载、杜佑、元琇、韩滉、窦参等曾兼领度支、盐铁转运使。盐铁与转运初为二使，至刘晏任使，则合二为一。参见何汝泉：《唐代财政三司使研究》，北京：中华书局，2013年，第21—25页。
⑦ （宋）王溥撰：《唐会要》卷87《转运盐铁总叙》，第1591页；《册府元龟》卷483《邦计部·总序》，同。
⑧ 贞元四年经宰相李泌提议设立"户部别贮钱"，后置户部使经理这部分国家经费。参见何汝泉：《唐代户部使的产生》，《历史研究》1995年第3期，第177—180页。

及所用数，分两状，入来年二月内闻奏，并牒中书门下。①

这是提出要户部、度支、盐铁三个财务行政机关，各自向天子作财政年度结算报告，内容包括所入钱数和所用钱数两项，如有积余或侵用，有收入欠阙或支付欠阙，都要逐一如实呈报。这个请求得到天子批准施行。这就说明，户部、度支、盐铁确已是三个各有收支系统的财政使职，已经形成三头财务行政体制。

度支职事繁简变化，正是唐朝财务行政体制由一元化向多元化变革的一个侧面的反映。在安史之乱爆发，户部尚书一元化的体制解体之后，户部、度支、盐铁三头体制尚未完全形成之时，在这个过渡性的阶段，度支是财务行政的主体，度支使身兼多种财政使职，总管天下经费，其职事当然是特别繁重的。三头体制形成后，度支使经管两税、青苗钱等主要税收，负责天子、皇室、百官和军队的供应，仍是一个财政大头，职事也并无太大的减轻。

五

对度支由简变繁所反映财务行政体制的变革应该怎样认识呢？

第一，唐朝的财务行政由户部尚书一元化体制演变为度支使、盐铁使、户部使三头体制，其根源在唐代前期，是长期积累起来的，而安史之乱起了催化作用。或者说，必然变化的因素孕育在唐朝前期的社会经济之中，安史之乱只是加速其实现的偶然因素。由于贞观以来社会生产力的发展，使得均田制难以继续维持；被迫离开土地的"逃户"大量增加，从根本上冲击着以户口为基础的租庸调制以及建筑其上的财务行政体制。开元以后，"百司有利权者，稍稍别置使以领之，旧官充位而已"②。财务行政体制的变化从此开端。天宝年间情况又进一步，那时，因为"支计屡空"而出现了一些专以"割剥为务"的"言利之臣"。③如以转运江淮租赋之能而擢为陕郡太守、水陆转运使，进而兼江淮南租庸、转运处置等使的韦坚④，曾任和籴使、长春宫使、户口色役使、苑内营田使、陇右群牧支度营田使等二十余使的王鉷⑤，以及身兼判度支、剑南支度营田使、两京太府司农出纳监仓使、木炭使、宫市使、长

---

① （宋）王溥撰：《唐会要》卷58《尚书省诸司中·户部侍郎》，第1012页。
② （宋）司马光编著，（元）胡三省音注：《资治通鉴》卷215，唐玄宗天宝元年三月条。
③ （唐）杜佑撰：《通典》卷12《食货典》后论，第71页。
④ 《旧唐书》卷105《韦坚传》，第3222页；《新唐书》卷134《韦坚传》，第4561页。
⑤ 《旧唐书》卷105《王鉷传》，第3229—3230页。

春宫使、租庸使、铸钱使等四十余使的杨国忠①之流，都是以各种使职的名义掌握财政权力。这说明使职掌财的情况已有相当大的发展，唐初以来的财务行政体制已经受到损害。安史之乱爆发后，唐王朝成为流亡政府。当时，一切"务从权便，政颇去于台阁，事多系于军期"②。在财政方面，问题尤为突出。"自王室多难，内外经费，征求调发，皆迫于国计，切于军期，率以权便裁之。新书从事，且救当时之急。"③户部司职事废弛，原来的财务行政体制解体，度支使和转运使在"迫于国计"的非常情况下，成为"救时之急"的财政支柱。安史之乱平定后，唐王朝仍处于多事之秋，财政困窘不仅没有缓解，反而时有加剧。在形势推动下，形成了三头财务行政体制。这些变革，开始只当作一种"权便"的措置，赋予临时性质，似乎具有偶然性，可是，蕴藏其中的客观必然性，却在执政者们一次次被迫承认其不可停罢④而显示出来，终于成为无可改变的历史事实。那些"盛于兴利"的财政使职，取得"为使则重，为官则轻"⑤的地位。

第二，唐代财务行政体制的变革，既然带有客观必然性，那么就应承认其具有一定的合理性。总观安史之乱后的唐代历史，不能不承认一个无可辩驳的事实：尽管唐王朝存在许多腐败的东西，但是，和企图取代它的安史集团，企图分裂它的两河藩镇，以及企图侵略它的土蕃贵族集团相比较，无论如何也不能否认其存在的必要性。那么，靠什么来维持唐王朝的存在呢？当然要靠军事力量，但归根到底，则必须依靠财政经济的支持。可是，旧的财务行政体制已无能为力，而最高统治者又缺乏改新胆识；纵然出现过个别企图改革的官员，却无力冲破旧势力的重重阻碍；加之急迫的政治军事形势，又不许可从容设计新的蓝图。在这种情况下，财务行政体制的新旧变革，只

---

① （宋）司马光编著，（元）胡三省音注：《资治通鉴》卷216，唐玄宗天宝十一载十一月条。
② （宋）王溥撰：《唐会要》卷55《省号下·中书舍人》，第947页。
③ （宋）王溥撰：《唐会要》卷57《尚书省诸司上·尚书省》，第986页。
④ 大历五年诛鱼朝恩，贬第五琦，罢度支使及关内等道转运、常平、盐铁等使，度支事由宰相兼领（《资治通鉴》卷224《旧唐书·代宗纪》）。但是很快又任命韩滉为户部侍郎判度支，领关内等道的转运、盐铁、租庸、青苗等使，与刘晏分治财赋。建中元年正月，罢刘晏所领诸使，"复有司之制"。可是，"既而省职久废，耳目下相接，莫能振举，天下钱谷无所总领"。至三月，复以韩滉为户部侍郎判度支，杜佑权勾当江淮水陆运使。"一如刘晏、韩滉之制。"（《旧唐书·德宗纪》）贞元二年正月，宰相崔造，因"嫉钱谷诸使罔上之弊"，停罢钱谷诸使，度支盐铁事委尚书本司判（《旧唐书》卷130《崔造传》、《新唐书》卷150《崔造传》）。可是，"崔造改钱谷法，事多不集。诸使之职，行之已久，中外安之。……十二月丁巳，以（韩）滉兼度支、诸道盐铁转运等使，造所条奏皆改之"（《资治通鉴》卷232，唐德宗贞元二年十二月条）。
⑤ （唐）李肇：《唐国史补》卷下，上海：上海古籍出版社，1979年，第53页。

可能在因事补苴、权宜从便的漫长隐痛中进行。这是历史上一种不具备自觉意识的制度变革。

唐朝的财务行政体制的变革，不仅逻辑上的合理性毋庸置疑，而且也为历史事实所证明。姑且不说萌动时期宇文融、裴耀卿、韦坚、杨慎矜等人的功过是非，相信历史自会有公正的评说，只要看看安史之乱爆发后的事实便可一目了然。第一个自告奋勇站出来的第五琦，虽然其业绩并不如他最初保证的"可使军无乏用""赏给之资，不劳圣虑"，但能在唐王朝最困难的时候，"促办应卒，事无违阙"，所推行的榷盐法，"人不益税而上用以饶"。①广德大历年间吐蕃贵族耀兵于国门，而曾经倚为心腹的仆固怀恩又联合土蕃反叛，军事财政上的压力，并不比和安史之乱时轻。对度过此时困境贡献最大的，在财政经济方面当首推刘晏。建中时，"五盗合纵，图倾社稷，两河鼎沸，寇盗横行"②。加之泾原兵变，德宗出逃，唐王朝再度陷入严重危机。不久叛乱虽然平息，可是财政经济危机却愈益严重，以致"太仓无兼月之储""有司计度支钱谷，才可支七旬"。③韩滉对解救这次危机做出了重要贡献。④元和年间，"剪削乱阶，诛除群盗"⑤，李巽、王播、程异等人在钱粮物资上的有力支持，是有史可查的。诸如第五琦、刘晏、韩滉、李巽、程异等人，在维护唐代后期中央王朝统治上的贡献，从制度上来看，正是度支、盐铁转运、户部诸使所起的重要作用，也就是财务行政体制变革积极意义的表现。

原载《魏晋南北朝隋唐史资料》第 11 期，武汉大学出版社，1991 年

---

① 《旧唐书》卷 123《第五琦传》，第 3517 页。
② 《旧唐书》卷 134《马燧传》，第 3695 页。
③ 《旧唐书》卷 12《德宗纪上》，第 349 页；《全唐文》卷 473 陆贽：《请减京东水运收脚价于沿边州镇储蓄军粮事宜状》，第 4833 页。
④ 《旧唐书》卷 129《韩滉传》，第 3901—3902 页；《资治通鉴》卷 232，唐德宗贞元二年四月条；《全唐文》卷 530 顾况：《韩公行状》，第 5382—5383 页。
⑤ 《旧唐书》卷 15《宪宗纪下史臣语》，第 472 页。

从会昌元年《中书门下奏》看唐后期户部的使职差遣

《唐会要》的《户部员外郎》载武宗会昌元年（841年）二月《中书门下奏》，全文如下：

> 伏以南省六曹，皆有职分，若各守官业，即不因循。比来户部、度支两司，尚书侍郎多奏请诸行郎官判钱谷文案，遂令本司郎吏束手闲居，至于厅事，皆为他官所处。臣等商量，请自今已后，其度支、户部钱谷文案，望悉令本司郎官分判，不在更请诸行郎官限。仍委尚书侍郎，同诸司例，便自于司内选择差判，不必一一闻奏。其户部行郎官，仍望委中书门下，皆选择与公务相当除授；如本行员数欠少，亦任于诸行稍闲司中，选其才职资序相当者，奏请转授。所冀莅事有常，分官无旷；庶或可久，以革从权。敕旨：依奏。①

这篇奏文，在使职差遣制的研究中备受重视。陈仲安先生发表的研究使职差遣制的最早的一篇文章，就摘引了这篇奏文，指出："这条（资料）已是使职差遣制盛行后，财政部门较普遍的情况。"②近年来，在度支使、户部使的研究中，也几乎都要征引这条材料。然而，对这篇奏文的理解和使用，却存在很大的分歧。杜梭在《唐代户部使司与原户部司异同辨》一文③中，力图以此证明户部、度支使司与原户部、度支司同时存在，而陈明光在《唐代后期并存着两个户部司吗——对〈唐代户部使司与原户部司异同辨〉的质疑》④中则

---

① （宋）王溥撰：《唐会要》卷59《尚书省诸司下·户部员外郎》，第1019—1020页。
② 陈仲安：《唐代的使职差遣制》，《武汉大学学报（人文科学版）》1963年第1期，第89页。
③ 杜梭：《唐代户部使司与原户部司异同辨》，《历史研究》1990年第2期，第82—85页。
④ 陈明光：《唐代后期并存着两个户部司吗——对〈唐代户部使司与原户部司异同辨〉的质疑》，《历史研究》1992年第6期，第67—70页。

认为，这段唐代后期使职差遣制度的典型材料，不能证明两个户部司（也包括度支司）并存。那么，到底应该怎样看待这篇奏文？这个材料对我们研究使职差遣制，特别是对研究度支使、户部使及其使司的意义何在呢？

奏文可分为三个部分：第一部分，"伏以南省六曹……皆为他官所处"，是陈述情况，揭示问题。从"臣等商量"至"奏请转授"为第二部分，是建议应采取的对策。最后部分，是阐明其对策所希望达到的目的。"敕旨：依奏"是记录武宗皇帝的批示。

奏文陈述的情况，是户部、度支两司的钱谷文案判官，不用本司郎官，而多由其他诸行郎官担任。中书门下的宰相们认为，这种情况，违背了尚书六部郎官职务名分两相符合的固有制度，是一个须待解决的问题，因此有必要提请皇帝做出决断。

这里陈述的情况，宰相们说是"比来"户部尚书侍郎这样作的，其实很早已经存在。六十年前，即唐德宗建中三年（782年）正月，户部侍郎判度支杜佑就曾奏请批准，将户部郎中、员外郎各一人转任判度支案。①以后，这样的事情屡见不鲜。长庆三年（828年）十二月，度支使上奏说：

> 主客员外郎判度支白行简，前以当司判案郎官刑部郎中韦词，近差使京西勾当和籴，遂请白行简判案。今韦词却回，其白行简合归本司。伏以判案郎官，比有六人，近或止四员。伏请更置郎官一员判案，留白行简充。②

这个意见得到唐穆宗批准。可见，这时既有刑部郎中判度支案，又有主客员外郎判度支案。至于户部司由其他郎官判案，最早见载的恐怕是王绍。《旧唐书》的《王绍传》载：

> 贞元中，（绍）为仓部员外郎。时属兵革旱蝗之后，令户部收阙官俸，兼税茶及诸色无名之钱，以为水旱之备。绍自拜仓部，便准诏主判，及迁户部、兵部郎中，皆独司其务。③

王绍大约在贞元十年（794年）任仓部员外郎时，便主判户部钱中作为"水旱之备"的部分，成为户部司的判案郎官。后迁兵部郎中，所判事务不变，仍

---

① （唐）杜佑撰：《通典》卷23《职官五·尚书下·户部尚书注》，第136页。
② （宋）王溥撰：《唐会要》卷59《尚书省诸司下·度支员外郎》，第1021页。
③ 《旧唐书》卷123《王绍传》，第3521页。

然是户部司的判案郎官。此后,其他郎官判户部司钱谷文案的也不会少。所以,会昌元年(841年)宰相们陈述的事实,绝不是当时才有的。

中书门下的陈述,是否可以说明同时并存两个户部司、度支司呢?杜梭的文章认为,奏文说明,设有钱谷文案的户部使司、度支使司与郎吏闲居、厅事被占的原户部、度支司"同时存在",但有一闲一剧的区别。陈明光的文章则认为,奏文所谓户部、度支两司的"本司郎吏束手闲居",即指此二司的法定职官的"官"与"职"分离的现象,官衔成为表示资历高下的符号,不存在另外一个实际的事务部门。笔者认同陈明光的看法。

从奏文陈述的情况来看,郎吏"束手闲居"、厅事为他官所处的"本司",就是指设有钱谷文案的户部司和度支司。正是这两司的主管长官多奏请诸行郎官判案,并另有廨署,才使得那些有户部、度支郎官衔(郎中和员外郎)的人"束手闲居",原来的官署为别的官司所占用。这里所谓"束手闲居",显然是带有夸饰性的语言,实际指的不过是有户部、度支郎官官衔的人,不做户部、度支分内的事。即《新唐书》作者所说的"户部、度支郎官失其职"[①],没有主判此二司的钱谷文案。这段话确实不能证明同时存在两个户部司和度支司。

奏文针对存在问题提出的对策,有两个内容,一是户部、度支判案郎官的差判。二是户部行郎官的除授。

宰相们提出的主要措施,是"请自今已后,其度支、户部钱谷文案,望令本司郎官分判,不在更请诸行郎官限"。也就是要使度支、户部司的职官,回到以前根据职分"各守官业"的状态,取消两司判案官的差遣制。似乎令人费解的是,这些话本已把措施的意思说得相当清楚,为什么还要接着说"仍委尚书侍郎,同诸司例,便自于司内选择差判,不必一一闻奏"呢?也就是说,既然规定由度支、户部的本司郎官分判本司钱谷文案,为什么还要说"于司内选择差判"呢?原来,这时度支、户部司实际所需判案郎官员数已和从前该司郎官设置数不相符合:度支司原有郎中、员外郎各一人,建中三年(782年)度支使杜佑请转户部郎中、员外郎各一人判度支案,以后度支判案郎官曾增加到六人,元和三年(808年)十月经度支使郑元奏请,以"四员为定",长庆三年(828年)十二月又奏准增置一员。户部司原有郎中、员外郎各二人,安史之乱爆发后,户部职事闲简,建中三年(782年)后常有郎中、员外郎各

[①] 《新唐书》卷46《百官志一·户部郎中员外郎》,第1193页。

一人转判度支案，但随着户部钱的增置，户部使司成为鼎立的财政三使司之一，判案郎官的需要数量也必然会有增加。宰相们提出本司郎官分判本司文案的原则时，不能不考虑这种实际情况，所以要同时提出怎样解决度支、户部两司郎官不足的办法。其办法就是户部尚书、侍郎"便自于司内选择差判"。这里的"司内"，无疑是指尚书六部的户部司，而不是尚书户部下属的度支司、户部司，故《新唐书·百官志》作"会昌二年（"元年"之误）著令，以本行郎官分判钱谷"，不言"本司"郎官分判钱谷案。这就是说，度支、户部司不足的判案官，可以在尚书户部下属诸司郎官中选择差判，但不能在尚书户部之外的各部所属郎官中选择差判。

由于规定度支、户部两司的判案官只能在尚书户部诸司内选择差判，那就必须具有一大前提，即尚书户部下属郎官能满足其数量要求，而实际情况是数量不足。所以，又要提出增加户部郎官的建议，那就是关于户部行郎官仍望委中书门下选择除授。按照唐朝原来的职官铨选制度，户部、度支等司的郎中是五品官，由中书门下进拟制授；员外郎属六品官，六品以下官本该由吏部选授，但因员外郎是常参官，故也由中书门下选授。可见户部行郎官本来就是中书门下选授，那么现在之所以要说"仍望委中书门下"选授，显然在这之前已经不是如此，重申的用心在于恢复旧制。总之，宰相们考虑到，如果户部行郎官员数不敷户部、度支司判案需要，也可以在尚书户部以外的诸行闲司中选择符合条件的人，奏请转授为户部行郎官，以充判案，但要由中书门下来行使这项权力。这显然是既要使"本司郎官分判"原则贯彻到底，又可将失去的权力重新拿回来。

中书门下建议对策的目的何在？杜梭认为，建议"意在消除闲（指原户部、度支司——引者）剧（指户部、度支使司——引者）之别，使两类机构融为一体"；陈明光同志认为，建议"目的在于使两个司的郎官之'官'与'职'能名副其实"。其实，奏文本身已经表明了建议的目的，也就是奏文最后部分"所冀莅事有常，分官无旷；庶或可久，以革从权"。常，经也，指唐朝本来设官定职的原则。宰相们认为那是恒久不变的准则。他们建议采取的措施，就是要使户部、度支司官员的职务和名分合乎常则，也就是使"官"和"职"两相符合。这样就不会再出现旷官现象，并可望长久不败，革除权宜之弊。由此可见，陈明光同志的看法是对的，而杜梭同志的理解，只不过是先认定两个户部、度支司并存之后的逻辑推演而已，并非奏文本身所具有的。

对奏文误解的重要原因，正如陈明光所指出的，是对唐代后期使职差遣制度的特点不够了解。笔者这里补充一点：致误的技术性原因，就是没有把奏文的各个部分联系起来认识，特别是忽略了奏文作者的思想倾向。从整个奏文来看，作者深信唐朝固有的六部二十四司那种分职定位、官员名分与职务相符合的职官制度，可以经久不变，只要按照本来的职分，各守官业，就会把国家治理好。而对诸如他行郎官判户部、度支钱谷文案之类的使职差遣制度，和所谓旷官、侵位现象，则视之为"因循""从权"所产生的弊端。上奏的目的就是要"革"掉这些弊端，使之回到"莅事有常，分官无旷"的"正常"状态。明确作者这种守旧思想倾向，对于正确理解奏文是十分重要的。因为在这种思想前提下，作者陈述的情况和建议的对策，都不能不带上主观的色彩，肯定的必然加誉，否定的不免过恶。这就是历史认识论所说的主体意识对历史认识的影响。所以，不能把奏文说的"束手闲居"之类的话当成实录，更不必去认定这句话的"本司"，与上句话的"户部、度支两司"，是并存的两种官署，这样，也许不致把建议的目的也理解错了。

这篇奏文对我们研究使职差遣制度，特别是对户部、度支使及其使司的研究，的确是颇有价值。

第一，正如陈仲安先生指出的，奏文反映了使职差遣制盛行后财政部门职官的情况。那时，户部尚书、侍郎及其所属郎官，都已发生很大变化。原来，郎官的任命权在中书门下。现在，虽然多由尚书、侍郎奏请任命，但这不是户部尚书、侍郎的权力增大，而是由于他们分别充当了户部使、度支使，是使职拥有的权力。尚书侍郎的官衔只不过是表示其官资品秩的符号，户部使、度支使才是实际职务。同样，郎中、员外郎也已变成仅仅表示官资品秩的官衔，有这种官衔的人，也多不做户部、度支司的职事，而户部、度支司的钱谷文案往往由其他行郎官担任。这就是说，财政部门的"官"与"职"已经分离，过去的铨选制度在这里已经不起作用。总之，部、司两级职官都已成了使职差遣制。

第二，奏文从一个侧面证实了户部使和度支使的由来。奏文称之为"比来""多奏请诸行郎官判钱谷文案"的户部"尚书、侍郎"，实际上已经是户部使或度支使。如开成元年（886年）至开成二年（837年）王彦威以户郎侍郎判度支，开成三年（838年）至开成四年（839年）崔龟从以户部侍郎判户部，开成二年（837年）至开成四年（839年）杜悰先以户部尚书判度支，后兼判户部，开成四年（839年）至开成五年（840年）户部侍郎崔蠡据奏事知判户部，开成五年（840年）至会昌元年（841年）卢钧以户部侍郎判户部。①可是，奏文只称他们为尚书、侍郎，不言其使职。这除了反映作者的思想守旧之外，也从一个侧面透露了户部使、度支使与户部尚书侍郎的渊源关系。

苏冕曾经指出："故事：度支案，郎中判入，员外郎判出，侍郎总统押案。"②由此推之，唐代前期的户部司，很可能也是郎中与员外郎有所分工，由一名侍郎总统（主管）押案（为承办文案画押）。安史之乱爆发后，度支使和转运盐铁等使常由一名户部侍郎兼领③，而另一名户部侍郎应是承袭故事，总统户部司，作户部司的主管侍郎，只是那时户部司职事闲简，少有事迹可寻罢了。至唐德宗时，户部司职事有所恢复，特别是贞元四年（788年）设置户部别贮钱以后，户部司的作用和地位有所提高，其主管侍郎在使职差遣制盛行的情况下，逐渐演变为户部判使。元和二年（807年）八月武元衡首次以"判户部"入衔，表明户部使已正式产生。以后，大体上户部使由一名户部侍郎（左户）充任，度支使由另一名户部侍郎（右户）充任，"户部侍郎"成为户部使、度支使官资品秩的标志，户部尚书或其他官衔之人充任此二使职的只是偶尔有见。会昌元年（841年）中书门下的奏文完全是针对户部、度支两个使职的，他们只称之为"尚书""侍郎"，正是否认其使职的表现，并企图通过取消其对下属判案郎官的任用权来抹杀其使职特性，使之回到原来的状态。这样，恰好反映出户部使和度支使并不是户部尚书、侍郎之外另建的，而是由户部长官演变而来的。

第三，奏文增进了我们对户部、度支使司的认识。从史籍中，我们仅知道户部使和度支使都有称为使司的治事官署，可是，它们的状况和由来，因缺乏明确记载，故认识都很模糊，而这篇奏文则为我们提供了一些可贵的资料。奏文所说判钱谷文案的"户部、度支两司"，显然已经不是安史之乱前那样的户部司和度支司，实际上就是户部使司和度支使司，只是名称上当时仍然叫户部司、度支司。这点大家的认识是一致的。奏文告诉我们，使司的判案者仍然是郎官，但已不限于有户部、度支郎官头衔的人，而多是由尚书户部以外的诸行郎官充任，都已成为差遣职。更值得注意的是，这些判处钱谷

---

① 以上见《旧唐书》卷 157《王彦威传》、《旧唐书》卷 126《崔龟从传》；严耕望撰：《唐仆尚丞郎表》卷 11《辑考四上·户部尚书·杜悰》条、卷 12《辑考四下·尚书户部侍郎·崔蠡》条；《新唐书》卷 182《卢钧传》，参见何汝泉：《唐财政三司使研究》的《度支使表》（第 260—267 页）和《户部使表》（第 358—366 页）。
② （宋）王溥撰：《唐会要》卷 58《尚书省诸司中·户部侍郎》，第 1011 页。
③ 参见何汝泉：《唐财政三司使研究》，第 209—210 页。

文案郎官的任命，已经不再是中书门下进拟制授，而是由户部尚书、侍郎充当的户部使、度支使奏请授任，原来的铨选制度也发生了变化。并且，从奏文企图使户部、度支使司回归旧态可以说明，这两个使司也不是另建的，而是由原来的户部司和度支司演变来的，否则只要下令取缔一个就行了，何必要挖空心思使它们回到原来状态呢！其演变，就是判案官由职事官演变为差遣官，判案郎官的选任权由中书门下转移到户部使、度支使手中。正是奏文提供的这些资料，才使户部使司和度支使司的面目比较清晰地展现在我们面前。

第四，奏文表明使职差遣制的发展仍有阻力，但已经成为不可逆转的趋势。使职差遣制的发展，对于唐朝固有的职官制度来说，无疑具有改革意义，尽管这种改革并不是自觉进行的，本身也不是没有缺陷。因此和其他改革事业一样，总是会遭到具有保守思想的人反对。使职差遣制很早就背上"侵官""越局""旷位"等种种罪名，并在不同时期、不同领域里，多次被强行罢除。会昌元年《中书门下奏》就是一例。不过，奏文的建议虽然得到皇帝的批准，但是实施成效却是非常有限。户部使、度支使"奏请诸行郎官判钱谷文案"的情况，依然大量存在。大约会昌末年至大中初年，有高弘简以司门员外郎判度支案[1]，咸通时有张颜以兵部员外郎判度支案[2]，乾符时有卢胤征以司封员外郎判户部案[3]，唐末有崔贻孙以兵部员外郎判户部案[4]，这只是没有遗漏的几个例子。就在会昌元年《中书门下奏》的建策中，"仍委尚书侍郎（实际上是户部使和度支使）……便自于司内选择差制"，也就是允许金部、仓部的郎官作户部、度支判案官，实际上也是一种不得不在一定限度内承认使职差遣制的表现。事实表明，使职差遣制度已经成为不可逆转的趋势。

原载《中国社会经济史研究》1994年第3期

---

[1] （清）董诰等编：《全唐文》卷726崔碬：《授高弘简司门员外郎判度支案制》，第7478页。
[2] 《旧唐书》卷19上《懿宗纪》咸通十一年九月，第676页。
[3] 《旧唐书》卷19下《僖宗纪》乾符元年四月，第691页。
[4] （清）董诰等编：《全唐文》卷831钱珝：《授司封员外郎赐绯崔贻孙守兵部员外郎判户部案》，第8764页。

唐代度支、盐铁转运二使关系试析

中唐以后的度支使和盐铁转运使，关系比较复杂，常常使人迷惘和困惑，深感有清理的必要。对此，本文试作剖析。

一

建中元年（780年）八月，宰相杨炎在向唐德宗上疏中说：

> 迨至德之后，天下兵起。始以兵役，因之饥疠。征求运输，百役并作。人户凋耗，版图空虚。军国之用，仰给于度支、转运二使。①

杨炎在此指出了安史之乱爆发后，唐朝财政上一个显著的新事实，就是度支使和盐铁转运使成为国家财务行政的支柱。这和前期大不一样。那时财政大权集中在尚书省的户部，由户部尚书总领，财务工作主要落实在户部和度支二司，其他如金部、仓部以及司农、太府等机关，不过经管财务的某个环节或某个方面。因此，那时的财务行政可视为户部尚书一元化体制。现在则主要是依靠度支和盐铁转运两个使职撑持国家财政。

度支使和盐铁转运使在共同支撑"军国之用"的过程中，相互之间又发生密切而复杂的关系。笔者在涉历有关资料之后，初步认为，其关系有三个不同阶段。②

自从乾元元年（758年）设置盐铁使和度支使，至贞元八年（792年）这35年间，盐铁转运③和度支二使的职官任命有如下基本情况④：任盐铁转运使

---

① （宋）王溥撰：《唐会要》卷83《租税上》，第1536页。
② 乾元至贞元为第一阶段，贞元至乾宁为第二阶段，乾宁至唐亡为第三阶段。
③ 盐铁使和先前产生的转运使在刘晏任使时合为一使，称盐铁转运使，或单称盐铁使、转运使，近人或简称盐运使。
④ 参考严耕望撰：《唐仆尚丞郎表》卷13《度支使》，第765—768页；卷14《诸道盐铁转运等使》，第787—798页。何汝泉：《唐财政三司使研究》，第209—210页。

· 253 ·

的 14 人次，任度支使的 15 人次。开始七年，第五琦、吕谭、刘晏、元载都是同时兼二使；中间二十年，韩滉、韩洄、杜佑、赵赞、裴腆任度支使，不兼盐铁转运使，刘晏、杜佑、包佶、崔纵任盐铁转运使，不兼度支使；最后八年间，又有元琇、韩滉、窦参同时兼任二使，甚至副使也由班宏一人兼任。15 人次度支使官中，有 11 人次是从户部尚书、侍郎中任命，只有 4 人次的本官非户部长官；盐铁转运使官 14 人次中，有 8 人次的本官是户部尚书、侍郎，6 人次不是从户部长官中任命。从这些简单的统计数字中，我们至少可以看出两个问题：第一，这时的度支使和盐铁转运使，虽然各有办事机构（使司）和人员，但是在组织人事上有着密切的联系，还不是完全独立的两个使职。第二，由度支、盐铁转运二使执掌国家财政，虽然和以前不同，但从多数由户部长官担任和不少于一人兼任二使的情况中，说明还存在户部长官一元化财务行政体制的痕迹。这从二使职掌上，还可得到进一步的说明。

《新唐书》的《食货志》有一段关于度支、盐运二者关系的记载：

> 初，转运使掌外，度支使掌内。永泰二年，分天下财赋，铸钱、常平、转运、盐铁置二使。东都畿内、河南、淮南、江[南]东西、湖南、荆南、山南东道以转运使刘晏领之；京畿、关内、河东、剑南、山南西道以京兆尹判度支第五琦领之。及琦贬，以户部侍郎判度支韩滉与晏分治。①

这里指出，在乾元到永泰期间，二使行使财政职能上，一个"掌内"，一个"掌外"。杜佑也曾说过"转运使以掌其外，度支以掌于内"②。什么是"掌外""掌内"呢？掌外，就是主管财赋的"征求运输"，开辟财源，增加财政收入，并把各地征敛的赋税、钱粮物资输送到京师、转运到军镇或行营等；掌内，就是在京师主管"帑藏出纳"，根据收入的钱粮物资，按照各种支出的需要，"调其盈虚，制其损益"。这是二使由一人兼领时的分工，实际上是两个使司、僚属的分工。这种分工，带有财政工作程序分工的特点。不过，无论从实际权力上，还是从唐朝素有重内轻外的风气上，度支使的地位当高于盐铁转运使。

从永泰二年（即大历元年，766 年）开始，两个使职实行另一种分工办法。实际上是把铸钱、常平、转运、盐铁等各项财务工作按地区划分为东西两部

---

① 《新唐书》卷 51《食货志一》，第 1348 页。
② （唐）杜佑撰：《通典》卷 6《食货六·赋税下》，第 34 页。

分。东部包括都畿、河南、淮南、江南东西、湖南、荆南、山南东道，由户部尚书盐铁转运使刘晏主管；西部包括京畿、关内、河东、剑南、山南西道，由户部侍郎判度支第五琦主管。到大历五年（770年）三月诛鱼朝恩，第五琦因牵连被贬，度支使短期停罢，其职事由宰相元载兼管。第二年，韩滉以户部侍郎为度支使，又与刘晏按东西两部分治财赋，并在原来分管的事项中，增加了租庸和青苗二项。①刘韩分领到大历十四年（779年）。建中元年（780年）三月韩洄为户部侍郎判度支，金部郎中杜佑权勾当江淮水陆运使，继续实行刘韩分领财赋的办法。②贞元八年（792年）又有户部尚书判度支班宏与户部侍郎盐铁转运使张滂大体沿着刘韩的区划，分领财赋诸职事。这种按地区的职事分工，发生在二使各有使官时期，主要是财政收入的划分，一定程度上反映出二使利权的分割和矛盾，也预示了二使新关系的到来。如果说户部长官兼任二使，二使按内外程序分工，还带有户部长官一元化财务行政体制旧痕迹的话，那么，二使分别任命使官，分地区主管职事，则孕育着财务行政体制变化的新趋势。因为，这时的度支使不仅"制用惜费"③、"总天下经费"④，并且还要经管一定的财政收入工作，盐铁转运使虽然主要负责扩大财源，征集和转运财赋，但也对财赋有了某些支配权，如把盐利用作漕佣等。这是二使关系向各有收支系统发展的新苗头。

二

度支、盐铁转运二使分领财赋，不但没有消弭利权分割的矛盾，反而使矛盾表面化和尖锐化。这种矛盾，成了贞元九年（793年）二使关系发生新变化的导因。

《旧唐书》卷49《食货志》云：

> （贞元）九年。张滂奏立税茶法。自后，裴延龄专判度支，与盐铁益殊途而理矣。⑤

---

① 《旧唐书》卷49《食货志下》，第2117页。
② （宋）王溥撰：《唐会要》卷87《转运盐铁总叙》，第1590页。
③ （宋）王溥撰：《唐会要》卷59《度支使》，第1016页。
④ （唐）杜佑撰：《通典》卷6《食货六·赋税下》，第34页。
⑤ （宋）王溥撰：《唐会要》卷87《转运盐铁总叙》，第1591页；《册府元龟》483《邦计部总序》，皆同。

斐延龄迁户部侍郎判度支的时间在贞元九年（793年）六月。①以后，度支使与盐铁转运使便进一步"殊途而理"。"殊途而理"成为以后二使关系的写照。那么，"殊途而理"的实际内容是什么呢？

课税分别归口，而不再按地区分别征收，突出体现度支、盐铁转运二使进一步"殊途而理"。课税划分，先后有所变化，情况颇为复杂。大致说来，度支使经管两税、青苗钱、榷酒、商税等；盐铁转运使经管茶税、矿冶税。除陌钱先属度支使，后部分归户部使。至于盐课（榷盐）的经管则较复杂。第五琦开始实行榷盐法，"就山海井灶收榷其盐"②。当时无论海盐、池盐、井盐，都在身兼度支、盐铁诸使的第五琦的经管之下。联系"转运使掌外，度支使掌内"来看，大概盐的生产和销售由盐铁使司经管，而盐利则归度支使司作为"支度国用"。永泰二年（766年）以后，刘晏与第五琦、韩滉，韩洄与杜佑，以至班宏与张滂分治财赋时，度支使主管西部的池盐、井盐，盐铁转运使则主管东部的海盐，而盐利总归度支使仍基本不变。贞元九年（793年）"殊途而理"之后，度支使仍然主管西部的池盐、井盐，盐铁转运使主管东部的海盐。可是，现在二使对榷盐的划分，已不是简单的地区分割而是包括盐价、盐法和食盐配棐等内容，特别是盐利分别纳入各自的财政收入，不再统归度支使，则是和前一阶段的最大区别。当然，这种划分也不能理解为整齐划一的，如峡内五监井盐，先属盐铁使，元和六年（811年）才割属度支使。③但是，有一点是可以肯定的，那就是榷盐既不全属盐铁转运使，也不全属度支使。

此外，非课税性质的财政工作也有划分。如和市布帛、和籴粮米、常平义仓，属度支使。漕运，本身不是赋税，却是和赋税的有效利用密切相关的一项十分繁重的财政工作，属盐铁转运使。

三

度支使和盐铁转运使"殊途而理"除了课税和非课税财务工作的划分外，还有职官任命和行政职能两个方面的内容。

贞元九年（793年）至乾宁二年（895年）这百年间，担任度支使的约66人次，盐铁转运使约48人次。其中兼任二使的只有7人，并且时间都很短，

---

① 严耕望撰：《唐仆尚丞郎表》卷12《辑考四下·尚书户部侍郎》，第697页。
② 《旧唐书》卷123《第五琦传》，第3517页。
③ （宋）王溥撰：《唐会要》卷87《转运盐铁总叙》，第1593页。

其中杜佑、李巽各有一年，王涯、杜悰各有一年零九个月，李石、刘邺、崔彦昭都只有几个月，总共不到十年。前一个阶段，二使使官总体趋势是由一人担任，并且在户部长官中任命。现在二使使官基本分开。盐铁转运使大多数不由户部长官担任，48人次盐铁转运使中，40人次的本官不是户部长官，占83%，只有度支使还保持53%的人次是在户部长官中任命。这表明，两个使职在人事组织上已经很少联系。安史之乱前那种户部长官一元化财务行政体制的痕迹已经消失。

在财务行政职能上，这段时期的最大特点，是二使建立了各自的收支系统。这是同课税等财务工作的划分和职官任命密切联系的。由于盐铁转运使不在户部长官中任命，课税等财务工作又有自己独立掌握的项目，这样，把收入的财赋由自己支付"国用"，便是顺理成章的事情。《唐会要·户部侍郎》载元和十三年（818年）中书门下奏云：

> 户部、度支、盐铁三司钱物，皆系国用，至于给纳，事合分明。比来因循，都不剖析，岁终会计，无以准绳。盖缘根本，未有纲条，所以名数易为盈缩。伏请起自今以后，每年终，各令具本司每年正月一日至十二月三十日，所入钱数及所用数，分为两状，入来年二月内闻奏，并牒中书门下。其钱如用不尽，须具言用外余若干见在；如用尽，及侵用来年钱，并收阙，并须一一具言。其盐铁使所收，议列具一年都收数，并已支用，及送到左藏库欠钱数，其所欠亦具监院额，缘某事欠未送到。户部出纳，亦约此为例。条制既定，亦绝隐欺。如可施行，望为常典。[①]

宰相的这个奏请，得到唐宪宗御批"从之"而付诸实行。这就清楚地表明，度支使和盐铁转运使确已存在各自的财务收入和支出系统。这应是贞元九年（793年）二使"殊途而理"之后而最后形成的。尽管以前并不是没有这种因素，可是二使的收支完全分开，成为各自独立的财政机关，无疑是"殊途而理"后的事。这和以前迥然不同。

在度支使和盐铁转运使"殊途而理"前后，户部判使开始设置，主要经管"户部别贮钱"等收入和支出。因此。度支、盐铁转运、户部三使分别治理国家财务，成为多元化财务行政的体制。这种财务行政体制，持续到乾宁

---

① （宋）王溥撰：《唐会要》卷58《尚书省诸司中·户部侍郎》，第1912页。

二年（895年），约百年之久。

为什么这段时间会出现这种多元化财务行政体制呢？除了前面说到的直接导因，即作为平衡利权、缓和矛盾的一种出路之外，还应看到财政本身的原因和政治原因。这段时间唐朝的财政经济总体特点是收入困难，支出迫急。这种特点又是随着一元化财务行政体制解体而出现的。因此，财政经济要摆脱困境，必然使人要从一元化体制相反的方向去寻求出路。多元化的构想便自然而然地逐渐进入人们的视野，从而形成相应制度。财务行政体制本是属于国家政治体制。这段时间唐朝中央集权削弱，藩镇、宦官、朋党分割权力，而这些集团之间又纵横捭阖，矛盾斗争，形成复杂的政治局面。多元化财务行政体制也可以说是适应这种政治状况而出现的。

四

度支使和盐铁转运使各自有收入和支出系统，但也不是互不相干。

度支使的收入，主要有两税、池盐井盐榷税、青苗钱、酒税、商税等。建中元年（780年）实行两税法便明文规之"以度支总统"①。以后凡新进州府两税的勘定，送京两税钱物的折变、程限、运脚价钱和收纳，以及两税的增加等，都是由度支使经管办理。《新唐书·食货志》云："唐有盐池十八，井六百四十，皆隶度支。"这当是指大历元年（766年）第五琦刘晏分治财赋以后的事。其中三川的井盐，由度支所在监院：山南西院、剑南西川院和剑南东川院具体管理，"皆随月督课"②。只有盐州白池属河东节度使，不系度支使。③辖内五监井盐，先属盐铁使，元和六年（811年）才改属度支使。④青苗钱是广德二年（764年）开始征收的，大体上每亩有青苗的土地征钱十五文。又有青苗地头钱每亩二十文，"通名青苗钱"⑤。起初派御史为专使进行征收，用作京官俸钱。大历五年（770年）青苗钱已由度支使韩滉与盐铁转运使刘晏分东西两部经营，逐渐移作军费。青苗钱实际上是地税的附加税⑥，所以，"殊途而理"以后，属于经管两税的度支使，是很自然的事。唐代征收酒税，最

---

① （宋）王溥撰：《唐会要》卷83《租税上》，第1536—1537页。
② 《新唐书》卷54《食货志四》，第1377页。
③ （宋）王溥撰：《唐会要》卷88《盐铁使》，第1611页。
④ （宋）王溥撰：《唐会要》卷87《转运盐铁总叙》，第1593页。
⑤ 《新唐书》卷51《食货志一》，第1348页。
⑥ 张泽咸：《唐五代赋役史草》，北京：中华书局，1986年，第81页。

早见于广德二年（764年），对卖酒户按月征收营业税。①建中三年（782年）实行榷酒法，把酿卖都归官营。②元和六年（811年），实行对两税户按两税、青苗钱的一定比率交纳榷酒钱。③这样，酒税也成为两税的附加税。一开始酒税由地方州府征收，可能用作地方经费。大历六年（771年）规定酒税"充布绢进奉"，开始上交中央。酒税成为两税的附加税，无疑属于"总统"两税的度支使。商税，安史之乱爆发后始有征收。④明文规定的商税，是建中元年（780年）在两税法中颁布的，"不居处而行商者，在所州县税三十之一，度所取与居者（按：指座贾）均，使无侥幸"⑤，次年增商税为什一。⑥商税既然在两税法中颁布，当属度支使"总统"之列。

度支使的支出，杜佑记载过建中初年的情况：

> 每岁天下共敛三千余万贯。其二千五十余万贯以供外费，九百五十余万贯供京师。税米麦共千六百余万石，其二百万石供京师，千四百万石给充外费。⑦

这里说到度支使支出经费分为供京师和供外费两大项，外费约占总经费的三分之二。那么，这两大项中包括些什么具体支出项目呢？

供京师的主要有：（1）进纳大盈库，作宫廷用费。这在宰相杨炎请将国家财赋还归左藏时，便作过保证，度宫中经费一岁几何，量数奉入，不敢亏用。随之而发布的诏文规定："每岁于数中量进三、五十万入大盈"⑧，这便成为定制。宫廷费用包括帝、后、宫人及未出阁诸王诸孙的服膳、玩器、车舆、赏赐等各种费用。据《旧唐书·德宗纪》载贞元二年（786年）宫人月用粮米达一千五百石。可见数量是不小的。（2）禁军费用。唐肃宗以后，禁军不断扩充，形成以神策军为主体的"北衙十军"⑨。唐德宗时禁军已达十五万人。禁军的衣粮禀赐是在度支经费的上供京师部分开支。开成时度支使王彦

---

① （唐）杜佑撰：《通典》卷11《食货十一·榷酤》，第62页。
② （唐）杜佑撰：《通典》卷11《食货十一·榷酤》，第62页。
③ （宋）王溥撰：《唐会要》卷88《榷酤》，第1607页。
④ （唐）杜佑撰：《通典》卷11《食货十一·鬻爵》，第61页。
⑤ （宋）王溥撰：《唐会要》卷83《租税上》，第1536页。
⑥ （宋）司马光编著，（元）胡三省音注：《资治通鉴》卷226，唐德宗建中二年五月条。
⑦ （唐）杜佑撰：《通典》卷6《食货六·赋税下》，第34页。
⑧ 《旧唐书》卷118《杨炎传》，第3420页，《册府元龟·邦计部·经费》同。《资治通鉴》据《建中实录》作三、五千匹，失之过少。
⑨ 左右神策、左右羽林、左右龙武、左右神武、左右神威谓之北衙十军。左右神威军于元和三年（808年）合为一军，号天威军，元和八年（813年）天威军归并于神策军，但北衙"犹存十军之名"。见《资治通鉴》卷250，唐懿宗咸通元年三月条胡注。

威《供军图》说，当时有四十万兵士仰给于度支。①这当包括禁军和调离本镇进行征讨的方镇兵。另外每年要向延资库缴纳二十万贯匹以备军用。（3）京官禄米和赏赐钱物。唐代官员有据品按年支给的禄米。②还有据品按月支给的俸料钱。③安史之乱爆发后，财政陷入困境，京官禄俸俱停。④广德后逐渐恢复京官俸料。贞元四年（788年）置"户部别贮钱"后，由户部使支给京官俸料钱。京官禄米何时恢复，史失明文，但知至德二载（757年）郡府县等外官已给半禄⑤，京官至迟在贞元时已有半禄之给⑥。京官禄米，据贞元七年（791年）十二月敕文"度支给禄粟"⑦，当在上供京师粟米中支给。天子给百官的赏赐、有节日赏赐、战绩赏赐、功劳赏赐、庆典赏赐等，名目繁多，不胜枚举，所赐钱物，多由度支使在上供经费中支给。如贞元四年（788年）九月二日德宗下诏规定，正月晦日（按：指该月最后一日）、三月三日、九月九日三节日，宰相以下诸文武官赐钱，从五百贯下至一百贯，"委度支每节前五日准此数支付"⑧。

度支使供外费钱物，可分为留州留使部分和储积在地方备用部分。留州留使钱物是初定两税时，各州便确定下来的。其用途，一是用作各道州县官的俸料和禄米。二是供给节度使、团练使所领军士费用，此外还有杂给用钱。储积在地方的钱物，或是上供待运的暂留钱物，或是度支通过和市、和籴所得的粮食布帛，一般是储积于所在州府，有的储积在转运线上的重要城镇，也有储积在边境的军镇，这些储备钱物主要是作为军事费用。当时内外战争频繁，禁军出征，方镇军离境，其衣粮禀赐，都靠这些钱粮供给。发生水旱灾害，有时也由度支使收贮在地方的米粟赈恤。⑨在某些特殊情况下，有的州县官吏的俸料钱也由度支直接支付。⑩

---

① 《旧唐书》卷157《王彦威传》，第4157页。
② （宋）王溥撰：《唐会要》卷90《内外官禄》，第1648页。
③ （宋）王溥撰：《唐会要》卷91《内外官俸料钱上》，第1651—1652页。
④ （宋）王溥撰：《唐会要》卷91《内外官俸料钱上》，第1655页。
⑤ （宋）王钦若等编：《册府元龟》卷506《邦计部·俸禄》，第6072页。
⑥ 贞元五年（789年）四月有致仕官给半禄的规定（《册府元龟》卷506《邦计部·俸禄》，第6079页）；贞元七年（791年）十二月有敕两位检校京官禄米，约给初制之半（《唐会要》卷90《内外官禄》，第1649页）；开成元年（836年）五月宰相郑覃奏，表明王府官和新置五经博士有依品的禄粟（《册府元龟》卷507《邦计部·俸禄》，第6090页）。据此可以断定贞元时期已有半禄之给。
⑦ （宋）王溥撰：《唐会要》卷90《内外官禄》，第1649页。
⑧ （宋）王溥撰：《唐会要》卷29《追赏》，第541页；《旧唐书》卷134《德宗纪》，同。
⑨ （宋）王溥撰：《唐会要》卷44《水灾》，如长庆二年七月以度支管内贮米粟赈给水灾民众，第785页。
⑩ （宋）司马光编著，（元）胡三省音注：《资治通鉴》卷244，唐文宗太和三年八月条；《册府元龟》卷507《邦计部·俸禄》，同。

沈既济曾经指出：国家开支"最多者兵资，次多者官俸。其余杂费，十不当二事之一"①。这个估计，完全符合度支供京师和供外费经费的开支情况。

盐铁转运使的收入，主要有海盐榷利、茶税和矿冶税。海盐榷利，元和三年（808年）收七百多万缗，应是最高的。以后没有也不可能达到此数。盐利在唐王朝财政收入中所占分量，是众口一词的，至光启元年（885年）唐僖宗在《议盐法钱法诏》中，仍然声称，"近京赡国之资，榷盐为本"②。茶税，最早见于建中三年（782年）九月户部侍郎判度支赵赞奏行。③兴元元年（784年）正月唐德宗在奉天发布的大赦诏中，宣布停罢的税目有茶税。④至贞元九年（793年）盐铁使张滂又奏准征收茶税，那时每年共收得四五十万贯。⑤大中（847—859年）时，岁入茶钱六十万三千三百七十贯九十七文。⑥矿冶税，种类很多，征税情况也复杂多变。建中元年（780年），经户部侍郎判度支韩洄奏请，唐德宗下令把被地方节度使团练使占据的铜铁矿冶等山泽之利，收归于王者，"总隶盐铁使"⑦；开成元年（836年）又曾以山泽之利归州县；大中五年（861年）盐铁使裴休复请收归国用，这时收税铜六十五万五千斤、铁五十三万二千斤、锡一万七千斤⑧。盐铁转运使所收矿税虽然不能直接用作财政支出，但可铸造钱币，增加财政收入。

盐铁转运使的支出，第一是漕运用费。刘晏开始"以盐利为漕佣"⑨，之后漕运费用一直是盐运使一项重要开支。第二是供宫禁年支。唐文宗即位后，曾在宝历二年（826年）十二月庚申诏文中说："度支、盐铁、户部及州府百司应供宫禁年支一物已上，并准贞元元额。"⑩这说明盐铁转运使要和度支使、户部使一样，每年向宫禁供送货物。第三是送交延资库钱物。此库钱物主要

---

① 《旧唐书》卷149《沈传师传》，第4037页。
② （清）董诰等编：《全唐文》卷88僖宗：《议盐法钱法诏》，第919页。
③ （宋）王溥撰：《唐会要》卷88《仓及常平仓》，第1615页。
④ （清）董诰等编：《全唐文》卷460陆贽：《奉天改元大赦制》，第4700页。
⑤ 茶税收入，《册府元龟·邦计部·山泽》、两《唐书·德宗纪》均称岁入四十万贯，《全唐文》465陆贽《均节赋税恤百姓》其五《请以税茶钱置义仓以备水旱》，称岁入五十万贯。（第4758页）从陆贽此奏知，税茶钱纳入户部作为户部别贮钱。
⑥ （宋）吕夏卿撰：《唐书直笔》卷4《景印文渊阁四库全书》，台北：商务印书馆，1986年影印本，第685册，第736页。
⑦ 《旧唐书》卷129《韩滉附洄传》，第3606页。
⑧ 《新唐书》卷54《食货志四》，第1383页。
⑨ （宋）王溥撰：《唐会要》卷87《转运盐铁总叙》，第1588页。
⑩ 《旧唐书》卷17《文宗纪上》，第524页。

由度支、户部、盐铁转运三司送交。盐铁转运使与度支使一样，每年规定交二十万贯匹①，这是会昌后盐铁转运使一笔不小的固定支出。第四是济军。盐铁转运使要供送行营钱物，作为出征军士的费用，盐铁转运使送上都的钱物，有相当大部分也要用作军费。②盐铁转运使增加江淮盐价，有的也明言是为了"以助军用"③。第五是进献。起初，盐铁转运使"时市珍玩时新物充进献，以求恩泽"。继而"岁进钱物，谓之羡余"，至贞元末年"遂逐月献焉，谓之月进"。永贞元年（805年）二月唐顺宗下诏，停罢盐铁使月进钱。④以后盐铁转运使是否还有进献呢？唐宪宗时，自淮西用兵以来，度支、盐铁及四方争奉，谓之助军；贼平又进奉，谓之贺礼⑤；后又进奉，谓之助赏；上加尊号又进奉，亦谓之贺礼。除了盐运使为求恩泽主动进献外，还有如开成元年（836年）正月天子诏令盐铁转运使进献。这些事实表明，进献也是盐铁转运使一项不小的经常性支出。

五

乾宁二年（895年）至唐亡这十三年间，度支使与盐铁转运使又出现一人兼任的现象。这时，任度支使的共12人次，盐铁转运使11人次。李知柔、王抟、孙偓、崔胤、卢光启、韦贻范、裴枢、张文蔚、朱全忠等9人，都曾同时兼任二使，只有度支使独孤损、盐铁转运使柳璨二人没有兼任。

这些身兼度支、盐铁转运二使的人，不是因为精于理财，以致手握利权，而是由于他们身为当时的权臣，控制着颇大的军政权力，并借此而取得利权。如上面所举九个兼任二使的人，无一例外都是宰相；朱全忠又是手握重兵的军阀，挟天子，令诸侯，成为这时的权力中心。崔胤之所以拜宰相，三任度支，两兼盐运，权震天下，就是由于他勾结朱全忠，凭借朱全忠的势力而得来的。⑥卢光启能兼判诸使则是攀援那个勾结宦官、权总中书的张浚所致。⑦韦

---

① （宋）王溥撰：《唐会要》卷59《尚书省诸司下·延资库使》，第1022页。
② （宋）王钦若等编：《册府元龟》卷484《邦计郭·经费》，第5788—5789页。
③ （宋）王溥撰：《唐会要》卷88《盐铁》，如元和十年（815年）七月度支皇甫镈奏，第1604页；《册府元龟》卷493《邦计部·山泽》，长庆元年十二月盐铁使奏，第5901页。
④ （宋）王溥撰：《唐会要》卷88《盐铁》，第1604页；《资治通鉴》卷236，唐顺宗永贞元年二月条。
⑤ （宋）司马光编著，（元）胡三省音注：《资治通鉴》卷241，唐宪宗元和十四年七月条。
⑥ 《新唐书》卷223下《崔胤传》，第6355页；《旧唐书》卷177《崔慎由附胤传》，第4583页。
⑦ 《新唐书》卷182《卢光启传》，第3577页。

贻范则是倚仗军阀李茂贞而任宰相和兼判二使的。①裴枢也是依附朱全忠而任宰相和兼判二使的。②

这时，财政使职的兼任还有一个重要特点，就是不仅出现了兼任度支、盐铁转运二使的现象，还有同时兼任户部使，出现了兼领三使的现象。自从户部别贮钱建立，户部判使的任命，度支、盐铁转运、户部三使分别主管国家财政，三头财务行政体制持续百年之久，以致"三司""三司使"成为习惯称呼，累见于史册。③可是，那时所谓三司，只不过是度支、盐运和户部三个使司的概称，并不是已经存在一个"三司"的财政机关；所谓三司使也只是对度支、盐运、户部三个使职的概称，没有一个叫作三司使的使职。前面说过，同时兼任度支、盐运二使的很少，但毕竟还有杜佑、李巽、王涯、杜悰、刘邺、崔彦昭等人。只是到了光化（898—901年）、天复（901—904年）年间，才开始有崔胤"兼领三司使务"④，卢光启"兼判三司"⑤。天祐三年（906年）封朱全忠"兼诸道盐铁转运等，判度支、户部事，充三司都制置使"⑥。

为什么这时又出现一人兼任二使，甚至兼领三使呢？从现象上看，是在唐王朝濒临寿终正寝，政治混乱，军事斗争激烈之时，伴随权臣、军阀专权而出现的。但从财务行政体制的演变来看，还有其深刻的原因。唐朝末年，以皇帝为代表的中央集权政府，虽然更加衰弱，临近灭亡，而宦官、朋党集团也随之泯灭，但是，却从藩镇中产生了以朱全忠为代表的新的权力中心，并竭力强化专制集权政治，准备重建中央集权政府。这时，多元化的财务行政体制必然要发生相应的变化，朝着新的一元化方向发展。这便是出现一人兼领度支、盐运二使，甚至兼任户部等三个财政使职的深刻含义。

不过，这时出现一人兼任三个财政使职，还不是一元化的财务行政体制。因为，第一，这时的度支、盐铁转运、户部三使司，仍然是各自独立，自有收支系统的财政官府，并不是一个统一的财务行政机构。第二，这时除三司之外，还有其他理财使职，较重要的便是租庸使。"乾符后，天下兵兴，随处

---

① 《新唐书》卷182《卢光启传》，第5378页。
② 《新唐书》卷140《裴遵庆附枢传》，第4648页。
③ "三司"首见于元和七年（812年），载于《旧唐书》卷49《食货志下》，第2121页；《唐会要》卷89《泉货》，第1630页。以后常见此称。"三司使"，大中四年（850年）八月已见，载于《旧唐书》卷18《宣宗纪下》，第627页。
④ 《旧唐书》卷177《崔慎由附胤传》，第4583页；《资治通鉴》卷262，唐昭宗天复元年闰六月条。
⑤ 《新唐书》卷182《卢光启传》，第5377页；《新唐书》卷63《宰相表下》，第1755页。
⑥ 《旧唐书》卷20《哀帝纪》，第806页；《新唐书》卷63《宰相表下》，第1758页。

置租庸使以主调发，兵罢则停。梁时乃置租庸使，专天下泉货。"[1]军食筹措供应的财政事务，还有租庸使在办理。中书令王铎、右神策军中尉西门思恭、尚书右仆射王徽、尚书左仆射张浚等人，都曾担任过租庸使，说明此使职的地位是相当高的。第三，一人兼任三使还未成为稳定的制度，如光化时崔胤兼任三司使职之后，虽然有卢光启、朱全忠兼任，可是其间韦贻范、独孤损、裴枢、张文蔚、柳璨诸人，或任一使，或兼二使，但都未兼三使。纵观唐宋之际三司使职的演变，只有到五代后唐长兴元年（930年）八月，明宗以张延朗行工部尚书充三司使，三司使成为总领度支、盐铁转运、户部三司的最高财政长官，才可以说形成了新的一元化财务行政体制。从此以后，后晋、后周循而不改，直到北宋。北宋三司使属于内职，地位仅次于执宰，被视为计相，总揽一切财政大权。三司成为职任严密、机构庞大的统一的财政机关。所以，唐亡前夕出现的一人兼任三使，只不过是历史透露的一个小小前兆而已。

原载《中国唐史学会论文集》，三秦出版社，1993年

---

[1]《旧五代史》卷149《职官志》，北京：中华书局，1976年，第1996页。

刘晏"分理"东路诸道考辨

唐代宗永泰（765—766年）时，户部尚书、盐铁转运使刘晏与户部侍郎、判度支第五琦开始按地区"分理"国家财赋。第五琦所领西路地区，史籍记载基本相同。①可是，刘晏所领东路诸地，所载歧异甚大。本文就此试作考辨。

一

为了弄清刘晏所理地区记载歧异的具体情况，兹录几种史籍原文如下：

《旧唐书》卷11《代宗纪》（以下简称"旧纪"）："刘晏充东都京畿、河南、淮南、江南东西道、湖南、荆南、山南东道转运、常平、铸钱、盐铁等使。"

《唐会要》卷87《转运使》（以下简称"会要"）："刘晏充东畿、淮南、浙江东西、湖南、山南东道转运使。"②

《新唐书》卷51《食货志》（以下简称"新志"）："永泰二年，分天下财赋，铸钱、常平、转运、盐铁置二使。东都畿内、河南、淮南、江东西、湖南、荆南、山南东道，以转运使刘晏领之。"

《册府元龟》卷483《邦计部·总序》（以下简称"册府"）："刘晏充东都、淮南、浙江东西、湖南、山南东道转运、盐铁、铸钱等使。"③

《资治通鉴》卷224 大历元年正月丙戌（以下简称"通鉴"）："刘晏为都畿、河南、淮南、江南、湖南、荆南、山南东道转运、常平、铸钱、盐铁等

---

① 第五琦"分理"之地，《唐会要·转运使》《新唐书·食货志》《册府元龟·邦计部·总序》和《资治通鉴》所载均为：京畿、关内、河东、剑南、山南西道。仅《旧唐书·代宗纪》有"剑南西道"，应是"剑南、山南西道"之误，即夺"山南"二字；《旧唐书·食货志》缺"京畿"，而"剑南三川"即"剑南东西道和山南西道"之概称。

② （宋）王溥撰：《唐会要》卷88《盐铁使》，第1600页。

③ 《册府元龟·邦计部·总序》于永泰元年（765年）正月载刘晏领使无"常平"，而二年即载"刘晏为东道转运、常平、铸钱、盐铁使"。

使。"这五种史书所载同一史实,但具体内容却各不相同。究其歧异,在以下五处:

(1)河南。旧纪、新志、通鉴三书有,会要和册府二书无。

(2)江南东西道。旧纪有,通鉴作江南,其余三书无。

(3)荆南。旧纪、新志、通鉴三书有,会要和册府二书无。

(4)浙江东西。会要和册府二书有,新志作江东西,旧纪和通鉴二书无。

(5)都畿。旧纪作东都京畿,会要作东畿,新志作东都畿内,这应是称谓详简之别,可是册府却另作东都。

二

刘晏领地的区划属性,虽然只有"江南东西道"和"山南东道"明确称之为"道",但是其余诸地也无疑是"道"。要弄清上述诸书记载歧异的原因,辨别其正误,就有必要考察一下唐代道的变化。①

贞观初年,全国分为十道,即关内道、河南道、河东道、河北道、山南道、陇右道、淮南道、江南道、剑南道、岭南道。分道标准是"山河形便"②。这种按山河地理形势划分的道,又被用来作为确定各地贡赋的依据,即所谓"凡天下十道,任土所出,而为贡赋之差"③。但是,它不含政治区划的性质。

比照刘晏"分理"之地,和贞观十道不相吻合。那时还没有都畿、江南东西、湖南、荆南、山南东道诸名称。可见,刘晏所理之地不是按十道区划确定的。

中宗神龙(705—707年)以后,贞观十道逐渐用作派遣地方监察使职的区域,开始赋予一定政治意义。神龙二年(706年),分十道置巡察使,一道二人;景云二年(711年),改置十道按察使,道各一人。④开元年间,十道按察使有过几次罢复。⑤这些"十道",大体就是贞观十道。

开元二十一年(733年),始分全国为十五道,"是岁,分天下为京畿、都

---

① 此前有关研究的主要成果有:卞孝萱:《关于北朝、隋、唐的道》,《南开大学学报》1977年第6期;田尚:《唐代十道和十五道的产生及其性质》,《中国古代史论丛》1982年第3辑;〔日〕井上以智:《唐十道 の 研究》,《史林》第6卷第3号;史念海:《论唐代贞观十道和开元十五道》,《唐代历史地理研究》,北京:中国社会科学出版社,1998年。

② (唐)杜佑撰:《通典》卷172《州郡二·序目下》,第911页。

③ (唐)玄宗撰,李林甫注,〔日〕广池九郎千训点,内田智雄补订:《大唐六典》卷3《户部郎中员外郎》,第53页。

④ (唐)杜佑撰:《通典》卷32《职官十四·州郡上·州牧刺史》,第184页。

⑤ 何汝泉:《唐代前期的地力监察制度》,《中国史研究》1989年第2期,第24页。

畿、关内、河南、河东、河北、陇右、山南东道、山南西道、剑南、淮南、江南东道、江南西道、黔中、岭南凡十五道。各置采访使，以六条检察非法。两畿以中丞领之，余皆择贤刺史领之。非官有迁免，则使无废更"①。《通典·州郡·序目》所载略同。这十五道是贞观十道的细分，京畿道从关内道分出，都畿道从河南道分出，山南道分为东西二道，江南道则一分为三：江南东道、江南西道、黔中道。这时，道的性质已明确为监察区，并且，由于刺史兼领采访使，又开始具有行政区乃至军事区的含义。如开元二十一年（733 年）任命的河北采访处置使张守珪，他同时又是幽州大都督府长史、河北节度副大使，行使大都督和节度大使的权力。②

开元十五道还没有湖南、荆南的名称，说明刘晏"分理"的地区，也不是按开元十五道进行的区划。

安史之乱爆发以后，唐代的道又发生了重大变化。"至德之后，中原用兵。刺史皆治军戎，遂有防御、团练、制置之名。要冲大郡，皆有节度之额"③，"每道分置节度"④。同时，"改采访使为观察（使）。观察（使）皆并领都团练使。……分天下为四十余道，大者十余州，小者二三州，各因山川区域为制。诸道增减不恒，使名沿革不一"⑤。这些记载说明，这时，设置节度使、观察使的地区都称为道，全国已进一步细分为四十余道。道已成为州郡之上一级行政、军事、监察相结合的单位。

刘晏"分理"的地区，开元十五道中没有的，都能在这时见到，并且，所理之地，也都是在这时设置节度使或观察使的。据《新唐书·方镇表》所载，其"分理"诸地置使情况如下：

东畿，至德元载（756 年）设置观察使。

河南，至德元载设置节度使，治汴州。

淮南，至德元载设置节度使，治扬州。

江南，开元二十一年（733 年）分为东西两道。乾元元年（758 年）江南东道设置浙江东西道两个节度使。同时在江南西道地区设置洪吉都防御团练观察使，治洪州。广德二年（764 年）更号为江南西道都防御团练观察使。

浙江东西道，乾元元年（758 年）在江南东道地区设置浙江东道节度使，

---

① （宋）司马光编著，（元）胡三省音注：《资治通鉴》卷 213，唐玄宗开元二十一年条。
② 《旧唐书》卷 103《张守珪传》，第 3194 页。
③ 《旧唐书》卷 38《地理志一序》，第 1389 页。
④ （宋）王溥撰：《唐会要》卷 78《诸使中·采访处置使》，第 1421 页。
⑤ （唐）杜佑撰：《通典》卷 31《职官十四·州郡上·州牧刺史注》，第 184 页。

治越州；浙江西道节度使，初治升州，后改治苏州，再改治杭州。

湖南，广德二年（764年）设置湖南都团练守捉观察处置使，治衡州，后徙治潭州。

荆南，至德二载（757年）设置荆南节度使，亦曰荆澧节度使，治荆州。

山南东道，景云二年（711年）分山南道为东西二道。①至德元载（756年），在山南东道地区设置襄阳、南阳防御守捉使。寻升南阳为节度使，又置兴平节度使。至德二载（757年），废南阳节度使，升襄阳防御使为山南东道节度使，治襄州。

可见，刘晏"分理"诸地，都是安史之乱后设置了节度使或观察使的道。

三

安史之乱爆发后的道，随着时间的推移和军事政治形势的变化，"诸道增减不恒，使名沿革不一"。因此，要辨别永泰时刘晏"分理"诸道记载的正误，只能把它放在永泰年间来考察。

（1）关于河南道，至德元载（756年）置节度使后，虽然时有废复，但宝应元年（762年）复置河南节度使，治汴州，直至大历十一年（776年）才最终废河南节度使。②故永泰时期（765—766年）存在河南节度使统治的道。河南道是汴河流经之地，漕运必经区域，所以刘晏"分理"的东路转运盐铁等使，必然包括河南道。由此看来，旧纪、新志和通鉴载有河南是正确的，而会要和册府未载有误。

（2）关于江南东西道，广德二年（764年）将洪吉都防御团练观察使更号为江南西道都防御团练观察使，建中四年（783年）升为节度使，那么，永泰时应存在江南西道；江南东道则已在乾元元年（758年）设置浙江东西道二节度使，永泰时，浙江西道虽已废节度使，但仍置有观察处置都团练守捉使，浙江东道仍为节度使。③开元江南东西道地区，是安史之乱后唐王朝财赋的重要来源之所，永泰时，刘晏"分理"地区应当包括无疑。但是，此时有江南西道，而江南东道已改变为浙江东西二道，更没有贞观江南道存在。由此看来，旧纪载江南东西道有误，新志载"江东西"如是漏"南"字，亦有误；

---

① （宋）司马光编著，（元）胡三省音注：《资治通鉴》卷210，唐睿宗景云二年五月条，载："时遣使按察十道，议者以山南所部阔远，乃分为东西道。"
② 《新唐书》卷65《方镇表二》，第1807页。
③ 《新唐书》卷68《方镇表五》，第1905页。

通鉴作江南道亦误；会要和册府不载，亦属不当。

（3）关于荆南道，自从至德二载（757年）置节度使之后，领地虽屡有变更，但节度使职一直存在，永泰时亦不例外。①由此知旧纪、新志和通鉴有载正确，而会要和册府未载有误。

（4）关于浙江东西道，乾元元年（758年）在江南东道地置浙江东西二道节度使后，至永泰时，浙江西道仍置有观察使，浙江东道依旧为节度使。②由此可知，会要和册府所载正确，旧纪和通鉴不载有误，而新志的"江东西"，如果是漏"南"字，则与旧纪、通鉴同误，如果是漏"浙"字，则与会要、册府相同正确。

（5）关于东都京畿，或作东都畿内，或略称都畿、东畿，皆可。至德元载（756年）置东畿观察使后，广德二年（764年）罢，至大历十四年（779年）复置东畿观察使。③由此看来，永泰及以后刘晏"分理"的大多数时间里，都不存在由观察使统治的东畿道。但是，东都洛阳作为漕运重镇，无疑属刘晏"分理"。故册府作"东都"正确，其他四书所载不妥。

四

如果考虑到古人使用名词术语有随意性的习惯，如地名常有不严格按照不同时期名称变化而称呼的情况，且喜欢沿用旧名。那么，上引五书有关刘晏"分理"诸道记载的错误则又当别论。

旧纪所载，其"分理"区域总体无误，只是将已改变为浙江东西二道地区，仍旧称为江南东道，将已经废道的东都洛阳，仍旧称为东都京畿道。

会要所载，无河南、江南西道和荆南三道，应属遗漏之误，而称东都为东畿道，亦属沿袭旧称。

新志所载，如果"江东西"为"江南东西"之误，则与旧志相同；如果"江东西"为"浙江东西"之误，则遗漏江南西道，东都畿内亦属沿袭旧称。

册府所载，与会要基本相同，遗漏了河南道、江南西道和荆南道，但称"东都"而不袭用"都畿"，则唯独符合实际。

通鉴所载，将已改变为浙江东西道的江南东道和江南西道仍旧称江南道，甚为不妥。因为贞观江南道不仅包括永泰时的浙江东西道和江南西道，甚至

---

① 《新唐书》卷67《方镇表四》，第1873—1874页。
② 《新唐书》卷68《方镇表五》，第1903—1905页。
③ 《新唐书》卷64《方镇表一》，第1771页。

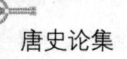

连湖南和荆南二道也应包括在内。既载江南道，又载有湖南道和荆南道，按旧称也不妥当。

总结上述考辨，唐代宗永泰时，户部尚书、盐铁转运使刘晏"分理"的东路诸道，按当时的名称，应该是：东都、河南道、淮南道、浙江东道、浙江西道、江南西道、湖南道、荆南道和山南东道。

原载《唐财政三司使研究》，中华书局，2013年

唐代户部使的产生

现在史学界对唐代户部使的研究，已取得一定成绩①。但是，目前就户部使的产生而言，大多认识尚不明确，有的看法还值得商讨。

一个使职的产生，一定要体现在使官的任命上，户部使也应如此。所以，弄清谁是首任户部使，是确定户部使产生时间的可靠依据。唐朝后期的户部使，在当时一般称为判户部、判户部事或户部判使②。那么，是不是史籍中最早见载的"判户部事"者就是首任户部使呢？不一定。

《旧唐书》卷12《德宗纪上》（文中部分简称"旧纪"）建中二年（781年）十一月乙亥云："贬户部侍郎判度支韩洄蜀州刺史。以江淮转运使、度支郎中杜佑代判度支、户部事。"这可算是史籍上"判户部事"的最早记载。有学者指出，杜佑判户部事与贞元后出现的判户部事不同，不能把杜佑判户部事看作户部使职的产生。③他认为这不是户部使职的产生，无疑是正确的，但其还没有察觉旧纪这个记载本身就是不可信的。可参考三条资料：

  《旧唐书·杜佑传》："杨炎入相，征入朝。历工部、金部二郎中，并充水陆运使。改度支郎中，兼和籴使。时方军兴，馈运之务，悉委于佑。迁户部侍郎判度支。"④

  权德舆《岐国公杜公淮南遗爱碑铭》："入为金部、度支二郎中，复兼中丞，超拜户部侍郎。"⑤

---

  ① 专门讨论户部使的论文有：吴丽娱《唐后期的户部司与户部钱》（《中国唐史学会论文集》，1989年）、杜梭《唐代户部使司与原户部异同辨》《历史研究》1990年第2期、陈明光《唐代后期并存两个户部司吗》《历史研究》1992年第6期，其他还有论著涉及。
  ② 称户部判使的见《旧唐书》卷158《韦澳传》："澳于延英对。上（宣宗）曰：户部阙判使……"（第4176页）
  ③ 中国唐史学会编：《中国唐史学会论文集》，西安：三秦出版社，1989年，第1109页。
  ④ 《旧唐书》卷147《杜佑传》，第3978页。
  ⑤ （清）董诰等编：《全唐文》卷496权德舆：《岐国公杜公淮南遗爱碑铭》，第5055页。

《通典·职官·户部尚书》杜佑自注:"建中三年正月,户部侍郎判度支杜佑奏……"①

结合上引纪、传、碑文来看,杜佑代韩洄所任,应是户部侍郎判度支,旧纪漏"户部侍郎",碑漏"判度支",但传、碑均无"判户部事"的记载。而最为确凿的是,距旧纪所载时间仅两月之后,杜佑自述其官衔,也只有"判度支",而无"判户部事"。由此可以断言,旧纪的"判户部事"纯属子虚乌有,所谓"判度支、户部事"应是"户部侍郎判度支"之误。所以,建中二年(781年)还不存在"判户部事"的职衔,也就是说,户部使职还没有产生。

又《旧唐书》卷12《德宗纪上》贞元二年(786年)正月癸丑云:"崔造判户部、工部。"这是崔造任宰相后,出于对财政诸使的偏见,奏罢水陆运使、度支巡院、江淮转运使等,令宰相分判尚书六曹,他自己判户工二曹。②"判户部"是否可以看作户部使呢?胡三省对"判户部"有过一个确切的定义:

判本司者,判户部职事。唐自中世以后,户部侍郎或判度支,故以判户部为判本司。此二十四司之司也。③

在这里,胡三省明确地指出了"判本司"就是判户部;此"户部"是指二十四司的户部司。正是胡三省陈述的这个事实,才使后来的学者明确"判户部"的"户部"是尚书户部下属的户部司,不致误认为是尚书六部的户部;也正是有了胡三省这个界定,才使我们可判断崔造"判户部"也不是户部使。因此,不能认为贞元二年(786年)已出现户部使。

又《旧唐书》卷13《德宗纪下》贞元十三年(797年)二月乙亥云:"兵部郎中王绍判户部。"王绍"判户部"的具体情况,见于《旧唐书·王绍传》:

贞元中,为仓部员外郎。时属兵革旱蝗之后,令户部收阙官俸,兼税茶及诸色无名之钱,以为水旱之备。绍自拜仓部,便准诏主判;及迁户部、兵部郎中,皆独司其务。擢拜户部侍郎,寻判度支。④

---

① (唐)杜佑撰:《通典》卷23《职官五·户部尚书注》,第136页。
② 《旧唐书》卷130《崔造传》,第3626页;《新唐书》卷150《崔造传》,第4813页;《资治通鉴》卷232,唐德宗贞元二年正月条。
③ (宋)司马光编著,(元)胡三省音注:《资治通鉴》卷238,唐宪宗元和六年正月条注。
④ 《旧唐书》卷123《王绍传》,第3521页。

笔者曾经把王绍以兵部郎中判户部作为首见的户部使①，现在看来是不对的。因为，第一，据《旧唐书·王绍传》，王绍主判的只是户部钱中用于"水旱之备"的部分经费，用作京官俸料的户部钱，并不归他主管。所以，王绍只是具体管理部分户部钱的判案官，而不是总管户部钱及其他户部司职事的户部使。第二，据上引胡三省的"判户部"界定和笔者见到的历届户部使的情况，户部使任使者的本官，都是六部侍郎以上的级别，郎官只充任其下属判案官。王绍主判户部时的本官是郎中，还不能够任户部使，而只能是户部司的判案郎官。

真正堪称首任户部使的应该是武元衡。据《旧唐书》卷158《武元衡传》载：

元和二年正月，拜门下侍郎平章事，赐金紫，兼判户部事。②

按《旧唐书》卷14《宪宗纪上》载，武元衡于元和二年（807年）正月拜相，八月辛酉"兼判户部事"。户部使的产生应该是在此时。

为什么户部使在这时产生呢？这得从户部司职事的变化及其和户部侍郎的关系中，弄清户部使产生的过程，才能求得完满的答案。

户部使职衔虽然在元和二年（807年）八月才正式出现，但它产生的源头不能不追溯到贞元四年（788年）户部钱的设置。这就是说，户部使的产生有一个过程，是在近二十年的时间里逐步形成的。具体说，可分为以下三个步骤：

第一步，设置户部钱，户部司地位提高。

户部司的职事本来是繁剧的③，可是，随着土地、户口、赋役诸制度的逐渐弛坏，开元天宝以后，其职事往往被使职代替。尤其是安史之乱爆发以后，军国费用"仰给于度支、转运二使"④，户部司成为一个徒有其名的闲简之司。这段时间户部司闲置的状况，可以从许多方面反映出来，这里结合户部司与户部侍郎的关系，仅从户部司的主管侍郎这个侧面略作考察。

唐代前期，户部司与户部侍郎的具体关系虽无明文，但从苏冕所言度支

---

① 见何汝泉：《唐代度支职事由简变繁论略》第四节注，武汉大学历史系魏晋南北朝隋唐史研究室编：《魏晋南北朝隋唐史资料》第11期，武汉：武汉大学出版社，1991年，第175页。
② 《新唐书》卷152《武元衡传》，第4833页；《新唐书》卷62《宰相表中》，第1710页，皆同。
③ （唐）杜佑撰：《通典》卷23《职官五·尚书下·户部尚书》注云："天宝以前，户部事繁。"（第136页）
④ （宋）王溥撰：《唐会要》卷83《租税上》，第1536页。

· 273 ·

故事"度支案,郎中判入,员外判出,侍郎总统押案"①来推断,很可能户部也是郎中与员外郎有所分工,也由一名侍郎总统(主管)押案(为承办文案画押)。安史之乱爆发后,度支使和转运盐铁等使常由一名户部侍郎兼领②,而另一名侍郎,若没有其他判知职事,则应是承袭故事"总统"户部司,作户部司的主管侍郎。至少名义上、习惯上是如此。据严耕望《唐仆尚丞郎表》罗列的户部侍郎人名和职任来看,这种侍郎是存在的,但有两点值得注意:(1)这种侍郎并非时时都有人担任,如唐代宗时,多数时间只有一名任度支、盐铁转运使的户部侍郎,主管户部司的侍郎常常空缺。(2)其他时间,这种侍郎虽然有担任者,如至德时的李揖,乾元时的李峄、裴遵庆,上元时的杜鸿渐,宝应时的颜真卿,永泰时的路嗣恭,大历时的于颀、赵纵、萧定等人,但是,这些人不是在《旧唐书》《新唐书》中无传,就是所载事迹很难寻觅到任户部侍郎时留下的踪影。③这种主管侍郎不是空缺就是事迹不详的状态,一定程度上反映了户部司确是闲置已极。

到唐德宗时,户部司的职事有所恢复。大历十四年(779年)五月(唐德宗已即位),户部奏请造籍,先已同意,随即停罢。④建中元年(780年)实行两税法,规定"州县常存丁额,准式申请"⑤。唐德宗还颁诏规定,内外文武官员的职田和公廨田,应准式造簿籍申报。⑥管理州县丁口和职田、公廨田申报的无疑是户部司。不过这些只是使户部司闲简状况稍有改观,而户部司职事最大的变化,并由此而导致户部使产生的,应是户部钱的设置。

贞元四年(788年)宰相李泌建议设置的户部钱,已有专文论及⑦,这里不再赘述。这项由御史中丞、户部侍郎窦参"专掌",户部司具体管理,每年收入达300多万贯的经费,京官俸料仰仗于此,除此之外还有大笔余数供军国费用。因此,多年来无所事事、不受人重视的户部司,自此令后得到百官刮目相看,在朝廷中的地位得到提高。

---

① (宋)王溥撰:《唐会要》卷58《尚书省诸司中·户部侍郎》,第1011页。
② 参见何汝泉:《唐代度支盐运二使关系试析》,中国唐史学会编:《中国唐史学会论文集》,1993年,第156—158页。
③ 严耕望撰:《唐仆尚丞郎表》卷12《辑考四下·尚书户部侍郎》,第689—694页。
④ (宋)王钦若等编:《册府元龟》卷486《邦计部·户籍》,第5813页。
⑤ (宋)王溥撰:《唐会要》卷83《租税上》,第1535页。
⑥ (清)董诰等编:《全唐文》卷54德宗:《勘造簿籍敕》和《令二年一造文簿敕》,第578、583页。
⑦ 吴丽娱:《唐后期的户部司与户部钱》,中国唐史学会编:《中国唐史学会论文集》,西安:三秦出版社,1989年,第107—123页。

唐代户部使的产生

有的学者认为，建置户部钱时，"同时规定户部钱由他官专判"①。这是把窦参"专掌"户部钱认定为"他官专判"。如果真是如此，那就说明窦参已经是没有"使"名的户部使。然而，笔者认为这样理解是不准确的。《唐仆尚丞郎表》户侍卷对窦参贞元四年（788年）任官有详考，云：

> 旧传："迁御史中丞……兼户部侍郎。……明年，拜中书侍郎、同平章事，领度支盐铁转运使。"新传历官全同。按：参以五年二月入相，旧传云"明年"，则兼户侍必在四年。考旧纪，贞元四年"正月庚戌朔……辛巳，李泌以京官俸薄，请取中外给用除陌钱及阙官俸（略）等钱，令户部别库贮之，以给京官俸。令御史中丞窦参专掌之……谓之户部别处钱"。会要五八户侍条记此事，参衔即为户侍。盖即此时以中丞兼也。②

这说明，窦参开始专掌户部钱时的官衔为御史中丞兼户部侍郎。这时另一名户部侍郎是班宏，他以户部侍郎充度支、盐铁转运副使。所以，窦参专掌户部钱体现的仍然是户部侍郎"总统"户部司的体制。这属于本职范围，不能视为"他官专判"。也就是说，这还不是户部使的产生。

尽管户部钱仍然是旧体制管理，然而由于户部钱所起的重要作用大大提高了户部司在朝廷中的地位，为户部使的出现打下了基础，后来的户部使就是适应户部钱进一步发展的需要而建置的。

第二步，户部司的判案郎官演变为差遣职。

户部钱主要不是通过正常赋税渠道集中起来的经费，然而仍由旧的体制管理，这种不协调的状态，便预示着户部钱的管理势必发生变化。这种变化之所以首先从户部司判案官表现出来，也正是因为这种钱的非正常获得方式，特别需要干练而稳定的官员进行具体管理，才能使该钱的来源得到保证。户部司判案郎官演变为差遣职，就是为满足这种需要而出现的。

户部司判案官由本司郎官到差遣职官的演变，在王绍主判户部钱时已清晰可见。当建中及贞元初年的兵燹、旱蝗之后，朝廷采取扩大户部钱的办法，来防备再度发生灾害而征收不到赋税时代充国用，最明显的就是贞元九年（793年）重新征收茶税。这样，不仅文武百官因月俸所出而看重户部钱，就

---

① 吴丽娱：《唐后期的户部司与户部钱》，中国唐史学会编：《中国唐史学会论文集》，第107页。
② 严耕望撰：《仆尚丞郎表》卷12《辑考四下·尚书户部侍郎》，第696页。

· 275 ·

是德宗皇帝也慑于天灾兵祸而倚重户部钱，户部司的作用由此而增大，地位也进一步提高。王绍就在这种情况下，约在贞元十年（794年），以仓部员外郎主判水旱之备的户部钱，随后迁户部郎中、兵部郎中，都是由他主判这部分户部钱，直到贞元十二年（796年）七月擢拜他官为止。这就是说，王绍在这三年中，所任之官由员外郎迁升郎中，再由中行郎中进到前行郎中，所任之职不变，都是户部司的判案官，主判备水旱之用的户部钱。这就清楚地表明，户部司的职与官已经分离，官只表示资格品秩，职才是实际业务，因此，官有迁转而供职如故。户部司的判案官显然已经差遣化了。

第三步，户部司主管长官演变为户部使。

设置户部钱之后，户部司的主管长官仍沿袭旧制，为一名户部侍郎。这种格局，虽然由于唐德宗对大臣的疑忌心理和朝臣间利权争夺而有时不甚稳定，但大体上保持了约二十年时间，到元和初年才有突破。

具体地说，户部侍郎窦参专掌户部钱，作户部司主管长官一年后，于贞元五年（789年）二月晋升为中书侍郎同平章事，兼度支、盐铁转运使，掌握朝廷政治经济大权，而同时的户部侍郎窦觎和卢征，任职时间很短，没有留下治事痕迹，所以，户部钱的主管权实际上仍在窦参手中。至贞元八年（792年）三月，窦参在他罢相前夕，把度支使让给户部尚书班宏，又推荐张滂为户部侍郎充盐铁转运使。从张滂奏请实行茶税和税茶钱"元敕令贮户部"[①]的记载来看，户部钱及户部司的主管权，又从窦参转到户部侍郎张滂手中。贞元十年（794年）十一月张滂他迁后至贞元十三年（797年）期间，只见载一员户部侍郎，那就是判度支、与盐铁转运使"殊途而理"的裴延龄，户部司和户部钱应是由他掌握。贞元十三年至贞元十九年（803年）间比较清楚，同时有两位户部侍郎，一位判度支，另一位（先后任者为王绍、崔从质）则无其他判知职，应是"总统"户部司、专掌户部钱无疑。贞元末年，受政治形势变动的影响，又出现不稳定迹象。当时，杜佑以宰相兼领度支、盐铁转运使，只有王叔文和潘孟阳先后为户部侍郎充度支和盐铁转运副使，户部司主管长官不甚明确。永贞元年（805年）七月至元和二年（807年）正月，权德舆和武元衡相继为户部侍郎，都未判知他职，当是户部司主管长官。

尽管这段时间户部司的主管长官由于社会的"惯性"作用，仍沿袭旧

---

① （清）董诰等编：《全唐文》卷465 陆贽：《均节赋税恤百姓六条》其五《请以税茶钱置义仓以备水旱》，第4758页。

的体制，但是，户部钱续有增加，用途扩大，户部司地位进一步提高，度支使与盐铁转运使殊途而理，财政管理体制多元化已成必然趋势，加之户部司判案官已经差遣化，所以，户部司主管长官演变为户部使则是情理之中的事。

元和二年（807年）二月，武元衡由户部侍郎擢迁门下侍郎同中书门下平章事。他担任宰相后，仍继续主管户部司及其户部钱，可是，他已没有户部职事官的头衔。为了表明他和户部司的行政关系，可能是经过了一段时间的酝酿，于当年八月，正式在官衔中增加"兼判户部事"。其"兼判户部事"的职责相当于原任的户部侍郎，所以，其同僚权德舆为他作的《故中散大夫殿中侍御史润州司马赠吏部尚书沛国武公神道碑》中，乃称之为"兼领户部侍郎事"①。从职掌来看，权德舆说的合乎实际，可是，从职官制度来说，二者是有显著区别的。前者是判使，属使职差遣官；后者是职事官，属本制。

武元衡作为六部侍郎以上品秩官第一次以"判户部事"入衔两个多月后，便出任剑南西川节度使。随后两年间，又由户部侍郎杨於陵、裴珀相继总统户部司，但无判职衔。接着元和四年（809年）冬（或五年）卫次公以尚书右丞判户部，从此"判户部"入衔成为定制。以后，大体上，两位户部侍郎，一任度支使，一任户部使。户部侍郎任户部使的，以"判本司"或"判本司事"入衔，也有个别称为"判户部"的②，无此衔的户部侍郎则不预户部司钱谷事；而他官（六部侍郎以上品秩官）为户部使，则以"判户部"或"判户部事"入衔。实际上，他官判户部到咸通以后才逐渐增多。户部使由他官出任时，未判本司者并非真的束手闲居，一般都判知他职。史籍中也还有这种情况，户部侍郎无判本司衔，但有治理户部钱谷事迹，这也可以认定为漏载判衔的户部使，大和五年（831年）至大和七年（833年）户部侍郎庾敬休便是如此。③

上述情况表明，主管户部司的户部侍郎演变为户部使，户部司也就自然成为户部使的官署，成为户部使的办事机关。不过当时仍然称为户部或户部司。④后人为了和原户部司相区别，才称之为户部使司。当然，户部司成为户

---

① （清）董诰等编：《全唐文》卷500 权德舆：《故中散大夫殿中侍御史润州司马赠吏部尚书沛国武公神道碑铭并序》，第5098页。
② 《旧唐书》卷18《宣宗纪》大中十一年正月，载夏侯孜"为户部侍郎判户部事"，第635页。
③ 《旧唐书》卷18《文宗庄恪太子永传》，第4540页。
④ 称户部，如《旧唐书》卷17《文宗纪》宝历二年十二月庚申诏："度支、盐铁、户部及州府百司……"（第524页）；称户部司，如《全唐文》卷82宣宗：《大中元年改元南郊赦文》："度支、户部、盐铁三司吏人，皆主钱谷。"（第858页）

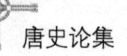

部使的办事机关,它本身在职官和职能上也发生了变化,所以户部使司与原户部司确实是有区别的。但是,绝没有并存的两个户部司。

　　以上论证了唐代后期户部司是由原户部演变而来,则两个户部司并存的观点不能成立,便不言自明了。

原载《历史研究》1995 年第 3 期

唐户部司职事由繁变简述略

建中三年（782年）正月，户部侍郎判度支杜佑上疏云：

> 天宝以前，户部事繁，所以郎中员外各二人判署。自兵兴以后，户部事简，度支事繁，唯郎中员外各一人。请回辍郎中员外各一人分判度支案，待天下兵革已息，却归本曹。①

关于度支职事由简变繁问题，笔者曾撰一文论及②，现就户部职事由繁变简略述于后，以资同仁见教。

一

唐代前期，户部司的职事确实比较繁剧。

关于户部司职事的记载，较为集中的有二书：《通典·职官·户部尚书》的郎中注云：

> 掌户口籍帐，赋役孝义优复蠲免，婚姻继嗣，百官众庶园宅口分永业等。③

《新唐书·百官志·户部》载：

> 户部郎中、员外郎，掌户口、土田、赋役、贡献、蠲免、优复、婚姻、继嗣之事。④

---

① （唐）杜佑撰：《通典》卷23《职官五·尚书下·户部尚书注》，第136页。
② 何汝泉：《唐代度支职事由简变繁论略》，武汉大学历史系魏晋南北朝隋唐史研究室编：《魏晋南北朝隋唐史资料》第11期，武汉：武汉大学出版社，1991年。
③ （唐）杜佑撰：《通典》卷23《职官五·尚书下户部尚书注》，第136页。
④ 《新唐书》卷46《百官志一·户部郎中员外郎》，第1192页。

这些职事大体可以归结为三大项：一是户口。凡户口编制，籍帐更造，等第划分，籍贯确定，迁徙管制等，都由户部司掌管。二是土地。凡政区划分，田亩度量，百姓给田和园宅，官人受田，公廨田和职分田以及各类土地的承继还退等，都属户部司职权范围。三是赋役。凡贡赋、田租、户调、役庸、杂徭以及赋役的优复蠲免等都归户部司管理。以上职事的具体规定，大都可以在《唐六典·户部尚书》和《旧唐书·职官志》中找到详细说明。只有"婚姻""继嗣"缺如。于此略作蠡测。

"婚姻"，作为户部司的一种职能，指的是什么？之前百思不得其解。后见《旧唐书》卷71《魏徵传》上一条记载，受到启发。该传云：

> 长乐公主将出降，帝以皇后所生，敕有司资送倍于永嘉长公主。徵曰："不可。昔汉明欲封其子，云：我子岂与先帝子等？可半楚、淮阳。前史以为美谈。天子姊妹为长公主，子为公主。既加长字，即是有所尊崇。或可情有浅深，无容礼相逾越。"上然其言。①

这里所谓"资送"，应是指陪嫁财物。皇家嫁女，陪嫁财物须按尊崇等第，不能因感情深浅而逾越，逾越了就是违礼。那么，经管陪嫁财物的"有司"是指什么官司呢？诸书所载唐朝三省六部二十四司九寺三监的职掌中，除了礼部职掌的嘉礼中涉及皇帝、太子、公主的婚姻礼仪外，只有户部司有职掌婚姻的记载。因此笔者推测，这个经管公主陪嫁财物的"有司"，可能就是户部司。如果这个推测不错，那么，不仅公主出降，诸王纳妃，太子纳妃，以至皇帝立后册妃所需财物，也应当是由户部司经管。这样，户部司职掌的"婚姻"便可以说是指掌管皇帝、太子、诸王、公主的结婚财物。

"继嗣"，所指应是职掌实封的后嗣承继。《通典·职官·历代王侯封爵》云：

> （太宗）定制：皇兄弟、皇子为王，皆封国之亲王（按《唐六典》卷2《司封郎中员外郎》作："皇兄弟、皇子皆封国，谓之亲王。"《通典》或脱"谓"字。）亲王府各置官属，领亲事、帐内二府及国官。太子男封郡王。其庶姓卿士，功业特盛者亦封郡王，其次封国公，其次有郡县开国公、侯、伯、子、男之号，亦九等，并无官土。其加实封者，则食其

---

① （唐）杜佑撰：《通典》卷59《礼十九·嘉四·公主出降》，第339页；《唐会要》卷6《公主·杂录》，第67页；《资治通鉴》卷194，唐太宗贞观六年三月条，所载略同。

封，分食诸郡，以租调给。①

这里讲的是唐代的封爵制，并涉及食封的虚封实封。皇帝的兄弟子孙以及功业特盛的大臣，可以受封上自亲王下至开国县男九等爵。每等有相应的品级和封户。如亲王为正一品，食邑万户；郡王为从一品，食邑五千户；国公为从一品，食邑三千户；开国郡公为正二品，食邑二千户；开国县公为从二品，食邑一千五百户；开国县侯为从三品，食邑一千户；开国县伯为正四品，食邑七百户；开国县子为正五品，食邑五百户；开国县男为从五品，食邑三百户。②这每个爵位的封户，"然户邑率多虚名"③，属于虚封，故杜佑说它"并无官土"。实封，或称真食。"其言食实封者，乃得真户。"④如裴寂"进封魏国公，食邑三千户……赐实封五百户"，后增加实封"并前一千五百户"。⑤裴寂的食邑三千户是虚封，而一千五百户为实封，才是要向封户收取租调的。唐代食实封的办法及其演变情况，韩国磐先生已有翔实的论述。⑥笔者这里要说的是实食封与户部司职掌的关系。《唐六典》卷3《户部郎中员外郎》说："凡食封，皆传于子孙"，并在注文中指出其传继规定：

> 食封人身没以后，所封物，随其男数为分。承嫡者加与一分，若子亡者，即男承父分，寡妻无男承夫分；若非承嫡房，至玄孙即不在分限，其封物总入承嫡房，一依上法为分。其非承嫡房，每至玄孙，准前停其应得分。房无男有女在室者，准当房分得数与半，女虽多更不加。虽有男，其姑姊妹在室者，亦三分减男之二。若公主食实封，则公主薨乃停。⑦

这段注并非《唐六典》编者撰文，实乃节录《户部式》的原文。何以得知？《唐会要·缘封杂记》载天宝六载（747年）三月六日户部提议修改食实封传继办法的奏文说：

---

① （唐）杜佑撰：《通典》卷31《职官十三·历代王侯封爵》，第181页。
② （唐）李隆基撰，李林甫注，〔日〕广池千九郎训点，内田智雄补订：《大唐六典》卷2《司封郎中员外郎》，第39页。
③ （唐）李隆基撰，李林甫注，〔日〕广池千九郎补订：《大唐六典》卷2《司封郎中员外郎》，第39页。
④ （唐）李隆基撰，李林甫注，〔日〕广池千九郎训点，内田智雄补订：《大唐六典》卷2《司封郎中员外郎》第39页。
⑤ 《旧唐书》卷57《裴寂传》，第2288页。
⑥ 韩国磐：《唐代的食封制度》，《中国史研究》1982年第4期，第41—48页。
⑦ （唐）玄宗撰，李林甫注，〔日〕广池千九郎训点，内田智雄补订：《大唐六典》卷3《户部郎中员外郎注》，第70—71页。

> 准《户部式》节文，诸食封人身殁以后，所得封物，随其男数为分，承嫡者加一分（省：若子亡者，即男承父分，寡妻无男承夫分。漏：若非承嫡房）。至元孙即不在分限，其封（漏：物）总入承嫡房，一依上法为分者。若如此，则元孙诸物，比于嫡男，计数之间，多校数倍。举轻明重，理实未通。望请至元孙以下，准元孙直下一房。①

这里所引《户部式》节文，除省漏之处外，与《唐六典》注文完全相同。这说明，食实封传继办法是在《户部式》中规定的。由此可知，食实封后嗣承继是由户部司掌管。

杜佑所说"天宝以前，户部事繁"，不仅是指那时户部司的职事有如上述所说的繁多项目，而且还在于这些职事处于时移事易、变化无穷之中，户口不断增加。户等时有升降，还有迁徙隐匿逃亡，无时不在变动之中。随着人口数量、分布、结构的变化，百姓田地的授还日益复杂，官人永业职分田也应随官职迁转而变动。租调赋税虽有明文规定，但产物随地不同，丰歉因时因地而异，工役也时有增减兴废。如此等等，不一而足。

户部司职事繁剧，又是其地位重要的表现。人丁是财源、兵源和劳力来源之所在，是国家的根本；土地是官民生存的依靠；赋税是国家机器运转的命脉，都是不可须臾或缺的。这就决定了户部司在尚书户部所属四司中居头司，其他三司属子司，无论是职官配备，还是官员叙迁，户部司都比他司优越。

二

户部司职事由繁变简，是从开元天宝时使职代行其职权开始的。《通典》卷7《食货·历代盛衰户口》云：

> （开元）八年，天下户口逃亡，色役伪滥，朝廷深为以患。九年正月，监察御史宇文融陈便宜，奏检察伪滥，兼逃户及籍外剩田。于是，令融充使推勾，获伪勋及诸色役甚众，特加朝散大夫，再迁兵部员外兼侍御史。融遂奏置劝农判官，长安尉裴宽等二十九人，并摄御史，分往天下，所在检责田畴，招携户口。其新附客户，则免其六年赋调，但轻税入官。……宽等皆当时才彦。使还，得户八十余万，田亦称是。②

---

① （宋）王溥撰：《唐会要》卷90《缘封杂记》，第1645—1646页。
② 《旧唐书》卷105《宇文融传》，第3217页，略同。

这里记载的便是以专使代行户部司职事。宇文融先后被玄宗任命为括地使、劝农使、勾当租庸地税使、诸色安辑户口使。①当时,宇文融选派到各地的判官,"事无大小,先牒上劝农使而后申中书,省司亦待融指执而后断"②。宇文融还"驰传巡历天下……融之所至,必招集老幼,宣上恩命"③。宇文融出使归来,向玄宗奏报之后,唐玄宗立刻发布一道制书,生动地叙述了他命使的经过,并对宇文融大加褒扬。这道制书是我们研究财政使职产生的极好材料,有很高的史料价值。唐玄宗在制书中说,安人固本方面出现的问题(指户口逃亡,色役伪滥),使他"夜分辍寝,日旰忘食"。他也曾经"宣布政教,安辑逋亡,言念再三,其勤至矣",但是"莫副朕命,实用恶焉"。其症结在于"上情靡通于下,众心罔达于上"。因此,"求之明发,想见其人",很想找到一个能解决问题的人。"当属括地使宇文融谒见于延英殿,朕……嘉其忠谠,堪任以事,乃授其田户纪纲,兼委之郡县厘革。使令充使,奉以安人。"结果,"遂能恤我黎元,克将朕命。发自夏首,来于岁终。巡按所及,归首百万。仍闻宣制之日,老幼欣跃,惟令是从,多流泪以感朕心,咸吐诚以荷王命"。④对此次命使成功的满意之情,溢于言表。

宇文融所任括地使、劝农使,以后未见再授。户口使一职,只有天宝四载(745年)王𨥨曾加勾当户口使。⑤租庸地税使,后有天宝二年(743年)四月韦坚兼知勾当租庸使,天宝六载(747年)十一月杨慎矜加诸郡租庸使。⑥天宝年间杨国忠所领四十余使中也有租庸使。⑦另外,代行户部司职事的,还有天宝时设置过的专掌诸色差役的色役使。⑧

上述情况说明,户部司职事开始被使职所取代,是在户口、均田、租庸调制弛坏的背景下出现的。当时,人户逃亡,色役伪滥,籍外占田,已成为最高统治者睡不安寝、食不甘味的严重社会问题。这些问题,都是属于户部司的职责范围,应该由户部司负责解决。可是,天子再三发布命令,却没有

---

① 见《旧唐书》卷105《宇文融传》(第3219—3220页);《全唐文》卷29李隆基:《置劝农使诏》(第328页);《资治通鉴》卷212,唐玄宗开元九年二月条;《唐会要》卷84《租庸使》,第1548页、卷85《户口使》,第1558页。
② 《旧唐书》卷105《宇文融传》,第3219页。
③ 《旧唐书》卷105《宇文融传》,第3219页。
④ 该制书载《旧唐书》卷105《宇文融传》,第3229—3220页。
⑤ (宋)王溥撰:《唐会要》卷85《户口使》,第1558页。
⑥ (宋)王溥撰:《唐会要》卷84《租庸使》,第1548页。
⑦ (宋)司马光编著,(元)胡三省音注:《资治通鉴》卷216,唐玄宗天宝十一载十一月条胡三省注。
⑧ (宋)王溥撰:《唐会要》卷85《户口使》,第1558页。

能够通过户部司得到解决，这就表明户部司对此问题已无能为力。这时，对治理国家尚有信心、企图有所作为的玄宗皇帝，迫切需要一种官员，能把他的措施和意图直接贯彻到民众中去，以缓解这个严重的社会问题。正好，从宇文融上言中受到启示，也看到此人正是自己久想寻觅的人才。于是，便抛开户部司，直接任命专使来执行任务。这就出现了开元中以财政使职来代行户部司职事的现象。很显然，这个现象的出现，从具体时间和人物来看，有一定偶然性，但从产生的原因来看，必然性无疑是主要的。

开元天宝年间代行户部司职事的财政使职，有的虽然转瞬即逝，具有明显的临时性，如括地使、劝农使等，但也有保持了相当长时期的，如租庸使。并且在安史之乱爆发后，又出现一些代行户部司职事的使职。如永泰时设置的专掌户税的诸道税钱使。① 广德时始置的专事征收青苗钱的诸道税地钱物使，又称税青苗地钱使或青苗使。② 另外，度支使、盐铁转运使也取代了户部司一些重要职事。从总体上看，在财务行政活动中，代行户部司职事的使职越来越活跃，而户部司的活动越来越少，以至默默无闻，究其原因，不能不看到使职自身具有的优越性。从上引《通典》和唐玄宗制文可以看出，代行户部司职事的使职，是直接由皇帝选择任命，使职的判官也是由使官自行选择的精干人才，接受天子使命后，直接下到基层，到老百姓中去贯彻。因此，在人事上不受吏部铨选陈规的制约，在行政上不受各级政府部门的干扰，权威性很大，工作效率极高，这些都是户部司之类已趋僵化的旧有职官制度所不具有的。

三

如果说，开元天宝时期户部司的职事，由于固有的人口、土地、赋役制度弛坏和财政使职的设置而开始由繁变简，那么，安史之乱爆发后，在唐肃宗和唐代宗时期，户部司则处于近乎闲置的状态。

唐肃宗、唐代宗时户部司的郎官不是仍有除授，怎么说它处于闲置状态呢？岑仲勉先生在清代学者赵魏、王昶、劳格工作基础上新考订著录的《郎官石柱题名》，大致可以认定为唐肃宗至德（756—758 年）至唐代宗大历（766—

---

① （宋）司马光编著，（元）胡三省音注：《资治通鉴》卷 223，唐代宗永泰元年四月条。
② 《旧唐书》卷 48《食货志上》，第 2091 页；《册府元龟》卷 506《俸禄二》，第 6073 页、6074 页。

779年）的户部郎中，从陈涧至李规共 21 人，户部员外郎从韦夏有至穆宁共 24 人①，说明户部郎官确是例有除授。但是，这 45 名郎中员外郎中，有 38 人《旧唐书》《新唐书》无传，并且多数人在唐代典籍中事迹无考，少数有传的人也没有留下任何治户部司职事的痕迹。这就一定程度地反映了这些有户部司郎官头衔的人，并没有实际执行户部司的职事。据当时一般情况来看，他们可能多是被差遣到其他曹司任职。即便有未受差遣的，也很少有事可做，以至"束手闲居"。

唐肃宗、唐代宗时户部司主管侍郎的状况也有助于说明其闲置问题。据苏冕所说，度支司有一名户部侍郎"总统押案"②来推断，户部司也应有一名"总统押案"的户部侍郎，即主管侍郎。安史之乱爆发后，度支使和盐铁转运使常由一名户部侍郎兼领③，而另一名户部侍郎，若没有其他判知职事，则一般应是承故事"总统"户部司，作户部司的主管侍郎。至少在名义上、习惯上是如此。根据严耕望《唐仆尚丞郎表》户侍卷罗列的人名和职任来看，这种侍郎确实存在，但是有两点情况值得注意：一是户部司主管侍郎并非时时都有人任职。如唐代宗时，多数时间只有一名侍郎，任度支、盐铁转运使，而主管户部司的侍郎则常常空缺。二是主管户部司的侍郎有人担任时，如至德时的李揖，乾元时的李峘、裴遵庆，上元时的杜鸿渐，宝应时的颜真卿，永泰时的路嗣恭，大历时的于颀、赵纵、萧定等。可是，这些人任户部侍郎的时间大都很短，部分人如李揖、赵纵等也是《旧唐书》《新唐书》无传，而裴遵庆、杜鸿渐、路嗣恭、于颀等虽然有传，而且后来还成为有一定名气的人物，但是却难以见到他们任户部侍郎时的踪迹。④这种主管侍郎不是空缺就是事迹不详的状况，也一定程度反映了户部司的闲置。

户部司职事闲简，以致处于无所事事状态，是由两个方面促成的：一方面是户口、土地制度废弛；另一方面是赋税诸职事为度支、盐铁转运等使所接管。

建中年间宰相杨炎曾说：

> 至开元中，元宗修道德，以宽仁为治本，故不为版籍之书。人户寖

---

① 岑仲勉：《金石论丛》十五《郎官石柱题名新著录》，上海：上海古籍出版社，1981 年。按：其中本有穆赏一人，系穆宁之子，排在穆宁之前，是属次序凌乱，今不计在内。
② （宋）王溥撰：《唐会要》卷 58《尚书省诸司中·户部侍郎》，第 1011 页。
③ 何汝泉：《唐财政三司使研究》，第 209—215 页。
④ 严耕望撰：《唐仆尚丞郎表》卷 12《辑考四下·户部侍郎》，第 689—694 页。

溢，堤防不禁。丁口转死，非旧名矣；田亩移换，非旧额矣；贫富升降，非旧第矣。户部徒以空文，总其故书，盖非得当时之实。①

《资治通鉴》也曾指出：

玄宗之末，版籍浸坏，多非其实。②

这说明，开元天宝年间，丁口的转徙死亡、田亩的移易变换、民户的贫富升降等情况的核定申报制度已经弛坏，户部已经掌握不到当时人口、土地的实际情况。从敦煌户籍残卷所反映出来的天宝籍之伪滥倾向，也可印证上述状况。安史之乱期间，现在见到的有两个户口统计数字：乾元三年（760 年，即上元元年）户二百九十三万三千一百七十四；广德二年（764 年）户二百九十三万三千一百二十五。③而池田温指出，安史之乱中，全国户口统计的户部计帐记录只有一件，杜佑以之为乾元三年，旧纪系于广德二年。④所以，安史之乱中应只有一次户口统计数字。安史之乱平定后，唐代宗时也只有一个户口数字，即《通典·历代盛衰户口自注》所载："至大历中，唯有百二十万户。"这是唐代户口记载的最少数字。把唐肃宗、唐代宗时这两个数字和天宝十四载（755 年）八百九十一万四千七百九户⑤相比，前者减少约六百万户，后者减少七百七十多万户。这显然不能代表当时户口存在的实际，而只能说明当时有大量户口漏报和逃亡，因此，恰好可以反映当时户籍制度破坏的严重程度。至于大历四年（769 年）正月发布过一个自王公以下及各种百姓按九等交纳户税的敕令⑥，很难据以说明当时已恢复定等造籍，对此张泽咸先生已经论及⑦，这里无须赘述。有一点必须指出的，就是《唐会要·租税上》所载敕文中，明确说此次改定户税是"准度支长行旨条"。这就说明，这次改定户税是

---

① （宋）王溥撰：《唐会要》卷 83《租税上》，第 1535—1536 页；《旧唐书》卷 118《杨炎传》同。
② （宋）司马光编著，（元）胡三省音注：《资治通鉴》卷 226，唐德宗建中元年正月条。
③ （唐）杜佑撰：《通典》卷 7《食货七·历代盛衰户口》（第 41 页）、《旧唐书》卷 11《代宗纪》（第 277 页）。现行本《通典》所载户口数为一百九十三万三千一百七十四。据日本学者池田温考证"一百"本是"二百"。见《中国古代籍帐研究》中华书局中译本，第 356 页注。
④ 〔日〕池田温编著，龚泽铣译：《中国古代籍帐研究》，北京：中华书局，1984 年，第 356 页注。
⑤ （唐）杜佑撰：《通典》卷 7《食货七·历代盛衰户口注》，第 41 页。
⑥ （宋）王溥撰：《唐会要》卷 83《租税上》，第 1534 页；《旧唐书》卷 48《食货志》，第 2091—2092 页；《册府元龟》卷 487《邦计部·赋税》，第 5831 页，所载略同。
⑦ 张泽咸：《唐五代赋役史草》，北京：中华书局，1986 年，第 97—98 页。

属于度支使的职事,与户部司无关,当然不能作为户部司并非闲置的根据。

户籍制度破坏与均田制度破坏是互为表里的。唐朝政府虽然在开元二十五年(737年)再次公布均田令。但是,杜佑指出:"虽有此制,开元之季,天宝以来,法令弛坏,兼并之弊,有逾于汉成、哀之间。"①这就表明,由于土地兼并极其严重,均田令已不具有实际意义。天宝十一载(752年)十一月乙丑唐玄宗诏书中有一段概述土地兼并的话:

> 如闻王公百官及富豪之家,比置庄田,恣行吞并,莫惧章程。借荒者,皆有熟田,因之侵夺;置牧者,惟指山谷,不限多少;爰及口分永业,违法卖买,或改籍书,或云典贴。致令百姓,无处安置。乃别停客户,使其佃食。既夺居人之业,实生浮惰之端。远近皆然,因循亦久。②

这是官府承认的土地兼并状况,实际上恐怕比这里说的还要严重得多。所以,一般把这道诏书作为均田制名存实亡、完全破坏的标志。安史之乱爆发以后,"天下残瘁,荡为浮人,乡居地著者,百不四五"③。土地任其抛荒和兼并,均田虽未明令废止,但已无任何制度可言。敦煌大历四年手实,虽然仍有"已受田""未受田""合应受田"之类的登录④,但是研究表明,有的已受田额,实际上已超过了规定的应受田额,买田的记载比天宝时大为增多。这说明大历四年手实,只是因袭均田制时的文书形式,并不表示这时还存在均田制度。⑤

户籍、土地制度破坏,不但使户部司失去执掌户口、田地政令的职事,而且赋税一项职事也易手他司。

> 迨至德之后,天下兵起。……军国之用,仰给于度支、转运二使。⑥

度支使是乾元元年(758年)十月建置的⑦,转运使始置于开元二十一年(733年)⑧。安史之乱期间,"转运使掌外,度支使掌内"⑨。转运使主管财赋的"征求运输",开辟财源,增加财政收入,并把各地征集的钱粮物资,输送到天子

---

① (唐)杜佑撰:《通典》卷2《食货二·田制下注》,第16页。
② (宋)王钦若等编:《册府元龟》卷495《邦计部·田制》,第5928页。
③ (宋)王溥撰:《唐会要》卷83《租税上》,第1536页。
④ 中国科学院历史研究所编:《敦煌资料》第1辑,北京:中华书局,1961年。
⑤ 〔日〕池田温编著,龚泽铣译:《中国古代籍帐研究》,北京:中华书局,1984年,第343—346页。
⑥ (宋)王溥撰:《唐会要》卷83《租税上》,第1536页。
⑦ (宋)王溥撰:《唐会要》卷58《户部侍郎》,第1011页。
⑧ (唐)杜佑撰:《通典》卷10《食货十·漕运》,第57页。
⑨ 《新唐书》卷51《食货志》,第1348页。

所在地京都和军队的镇所行营；度支使在中央主持下"帑藏出纳"，根据财赋所入，"调其盈虚，制其损益"，应付军国的迫切需要。国家赋税财政无户部司插手的余地。

永泰二年（766年，即大历元年）以后，国家财政由度支使和盐铁转运使[①]分地区经管。度支使主管京畿、关内、河东、剑南、山南西等西部诸道财赋；盐铁转运使主管都畿、河南、淮南、江南东西、湖南、荆南、山南东等东部诸道财赋。这种格局大体保持到大历末年。建中元年（780年）实行两税法，明文规定由度支使总领。[②]户部司仍然被排除在赋税职事之外。

总之，唐肃宗和唐代宗统治的二十余年间，户部司虽依旧存在，但却没有多少实在的职事可做，几乎处于闲置状态。

四

户部司职事闲简，也并非常此不变。

安史乱首剪除后，唐代宗便注意恢复诸司职事。广德二年（764年）在《南郊赦文》中声称："比来百司，职事皆废。宜令明征令式，各举所职。"[③]可是，户部司却到大历末年才见有所动作。大历十四年（779年）五月德宗即位，"户部奏请造籍"。唐德宗先是同意，随即"以为未可"，诏令"前州府造籍者，罢之"。[④]户部司奏请造籍，虽然没能实行，但毕竟是二十年来的一次亮相，无疑是户部司职事将要恢复的征兆。

建中元年（780年）实行两税法，虽然规定由度支使"总统"，但"州县常存丁额，准式申报"[⑤]。唐德宗还颁诏，对天宝九载（750年）以来便不造籍申报的内外文武官员的职分田和公廨田，要求准式造籍申报。[⑥]接管州县两税丁口和职田公廨田申报的无疑是户部司。这表明，户部司的职事开始有所恢复。

唐代前期，户部司是执掌政令的机关，并不具体掌管钱谷。恢复职事时，出现一个新的情况，便是开始掌管钱物。元和十三年（818年）正月，唐宪宗颁布《平淮西大赦文》，宣布放免度支诸道监院所欠钱物，并责令对盐铁、户

---

① 盐铁使和转运使初为二使，宝应元年（762年）以后，刘晏兼任二使，遂合而为一。参见何汝泉：《唐代转运使初探》，重庆：西南师范大学出版社，1987年，第29—31页。
② （宋）王溥撰：《唐会要》卷83《租税上》，第1536—1537页。
③ （清）董诰等编：《全唐文》卷49代宗：《南郊赦文》，第542页。
④ （宋）王钦若等编：《册府元龟》卷486《邦计部·户籍》，第5813页。
⑤ （宋）王溥撰：《唐会要》卷83《租税上》，第1535页。
⑥ （清）董诰等编：《全唐文》卷54德宗：《勘造薄籍敕》和《令二年一造文薄敕》，第578、583页。

部诸道监院的欠负进行梳理减放。①第二年七月，宪宗在《上尊号赦文》中，列举度支、盐铁、户部诸道州府监院欠负数。其中说：

> 户部从建中三年已后，至元和九年以前。除前制疏理外，诸色欠负钱物，共计五十三万九千四百六十四贯石等。②

唐穆宗即位（在元和十五年正月）发布的《登极德音》中又指出：户部诸州府，从建中三年（782年）以后，至元和十三年（818年）以前，应欠……五十万九百余贯石等。③

从这些记载来看，建中三年（782年）以后，诸道州府已有欠负户部司的钱物。这些钱物自然属于户部司所管，是户部司执掌具体钱物的明证。至于这些欠负钱物的来源，笔者做过分析，可能有义仓、常平仓钱物、州县阙官的俸料和职田收入的钱物。④

户部司执掌的最大一笔钱物，应是户部别贮钱。贞元四年（788年），宰相李泌为了增加百官俸料钱，奏请把中外给用除陌钱、阙官料钱、外官阙官职田钱、现任外官三分之一职田钱、停额内官料钱和停刺史执刀、司马军事料钱集中起来，由户部司掌管，不属度支经费，称户部别贮钱。当时，每年得钱三百万贯，除了朝廷官吏俸料年支用五六十万贯之外，尚有二百余万贯，主要作为国家"缓急别用"的后备经费。⑤这笔经费，不计后来增加的茶税钱、缺官禄米和长春宫营田收入等，已相当于国家总收入的百分之八⑥，其数已经不小。并且，这笔经费关系到文武百官的切身利益，关系到军国的急用、困难的解救。因此，户部司不再是职事闲简、无足轻重的机关。

正是由于贞元四年（788年）以后户部司职事和地位的变化，户部司才逐渐发生制度的变革。先是户部司的判案郎官演变为差遣职，随后其主管侍郎演变为户部使，而户部司自身也成了户部使司，即户部使的办事机构。⑦关于户部使司的职事和地位状况，《册府元龟·邦计部·选任》载：

---

① （清）董诰等编：《全唐文》卷63宪宗：《平淮西大赦文》，第675页。
② （清）董诰等编：《全唐文》卷63宪宗：《上尊号赦文》，第677页。
③ （清）董诰等编：《全唐文》卷66穆宗：《登极德音》，第699页。
④ 何汝泉：《贞元四年以前户部钱考》，《西南师范大学学报（哲学社会科学版）》1995年第1期，第87—89页。
⑤ 《旧唐书》卷13《德宗纪下》，第364页；《唐会要》卷58《尚书省诸司中·户部侍郎》；《册府元龟》卷484《邦计部·经费》，皆同。
⑥ 唐后期国家收入有不同记载。李吉甫《元和国计簿》和王彦威《供军图》所载都是3500余万贯石，可视为大概的常数。据此计户部别贮钱的比例。
⑦ 关于户部司的变革，参见何汝泉：《户部使的产生》，《历史研究》1995年第1期，第177—180页。

> 孟简元和中代崔群为户部侍郎。是官有二员，其判使案者别居一署，谓之左户。元和以还，号为清重之最，宰辅登用，多由此而去。故群入相，以简代焉。①

《旧唐书》的《韦澳传》又载：

> 会判户部宰相萧邺（严耕望以为"宰相"二字当衍）改判度支，澳于延英对。上曰："户部阙判使"，澳对以府事。上言"户部阙使"者三，又曰："卿意如何？"澳对曰："臣近年心力减耗，不奈繁剧，累曾乞一小镇，圣慈未垂矜允。"上默然不乐其奏。②

这两条材料说明，户部司成为户部使司之后，已是"清重之最"的官署，已被大臣视为繁剧难奈的官司，完全改变了唐肃宗、唐代宗时的闲简状态。

综上所述，唐代前期的户部司，由一名户部侍郎主管，掌握着国家户口、田土、赋役诸政令，职事繁剧，地位重要。可是，随着均田制的逐渐破坏，人户逃亡日益增多，国家的赋税收入受到严重影响，开元天宝时便出现以使职来代行户部司某些职权的现象。这是户部司职事由繁变简的开始。由于使职比已趋僵化的旧职官制度更具有优越性，加之安史之乱打乱了唐王朝的政治秩序，原来的户口、土地、赋役制度完全溃坏，所以，唐肃宗、唐代宗时期户部司的职事大都被使职所取代。那时，户部郎官虽然例有除授，但不是被差遣他任，就是"束手闲居"，其主管侍郎也或是无人任职，或是事迹不详，户部司处于几乎闲置的状态。唐德宗即位后，户部司的职事开始恢复。但是，恢复后的主要职能，已和唐代前期大不一样，特别是户部别贮钱以及户部使设置之后，户部司已成为供给文武京官俸料，掌管国家后备经费的机构，作为与度支使司和盐铁转运使司鼎足而立的财政三司之一，跻身于职事繁剧、地位清重的官司之列。

户部司职事的繁简变化过程，不仅从一个侧面反映了唐代财政的变革，而且也是唐代使职制度萌生、发展的缩影。所以，考察这个变化过程是很有意义的。

原载《唐史论丛》第七辑，陕西师范大学出版社，1998年

---

① （宋）王钦若等编：《册府元龟》卷483《邦计部·选任》，第5776页。
② 《旧唐书》卷158《韦澳传》，第4176页。

贞元四年以前户部钱考

唐朝后期的户部钱，是由户部司、户部使司相继掌管的一部分国家经费，在支撑国家机器运转中曾起过重要作用。户部钱与户部使的设置以及度支、盐铁转运、户部三使财政管理体制的形成，都有密切的关系。①户部钱的设置，《旧唐书·德宗纪》、《唐会要·户部侍郎》、《新唐书·食货志》、《册府元龟·邦计部·经费、俸禄》、《资治通鉴》卷233等都有大体相同的记载。这里仅摘录《旧唐书》卷13《德宗纪下》所载如下：

> 贞元四年春正月庚戌朔……辛巳②，李泌以京官俸薄，请取中外给用除陌钱及阙官俸、外[官]一分职田、[停]额内官俸及刺史执刀、司马、军事等钱，令户部别库贮之，以给京官月俸。令御史中丞窦参专掌之。岁得钱三百万贯，谓之户部别处钱。朝臣岁支不过五十万，常有二百余万以资国用。③

凡是论述户部钱的，都据此认为，户部钱是贞元四年（788年）以后才有的。④这似乎是证据确凿，无可非议的了。可是，陈明光在《唐代后期并存着两个户部司吗？》一文中提出了疑问。该文说："贞元元年四月，礼部尚书李齐运请求'取户部阙职官钱二千贯文，充本收利，以助公厨'（《唐会要》卷93《诸司诸色本钱上》），这表明户部司不知从何时起已掌有具体钱物，而非

---

① 何汝泉：《汉唐财政职官体制三次变革》，《西南师范大学学报（哲学社会科学版）》1997年第1期，第109—110页。
② 贞元四年正月庚戌朔（初一），则辛巳当不在正月，而应是二月初二。故《唐会要》卷58《户部侍郎》和《册府元龟》卷484《邦计部·经费》、《册府元龟》卷506《邦计部·俸禄》引此条均作"二月"，当是。
③ 引文中方括号内的"官""停"，系据《册府元龟》卷484《邦计部·经费》增补。
④ 吴丽娱：《唐后期的户部司与户部钱》，中国唐史学会编：《中国唐史学会论文集》，西安：三秦出版社，1989年。

单纯与文薄为伍了。"①

  这里，顺便一说，陈明光使用《唐会要》这条材料，疏忽了对所系时间进行考订。这条材料，在《册府元龟》卷506《邦计部·俸禄》里，既载于贞元元年（785年）五月，又载于贞元十二年（796年）四月，文字完全相同，其中所系时间必有一误。严耕望已作过考证，《唐仆尚丞郎表》卷15《辑考五上·礼部尚书·李齐运》载李齐运任礼部尚书始于贞元十二年，并指出："又会要 93 诸司诸色本钱上：'贞元元年四月，礼部尚书李齐运奏'云云。册府506，同。年份亦误。"（第833页）据此，礼部尚书李齐运请取户部钱助公厨，应是贞元十二年（796年），在李泌置户部钱之后。

  即便如此，陈明光提出的问题并不是没有意义。这个问题的提出，使笔者对贞元四年（788年）以前是否存在户部钱，进行了一番思索和考察。结果发现贞元四年以前户部司确实已经掌有具体钱物，证据就在唐宪宗末年和唐穆宗初年的几道诏书之中。

  元和十三年（818年）正月，唐宪宗颁发《平淮西大赦文》，宣布放免元和二年（807年）以前度支诸道监院所欠钱物，并责令对盐铁、户部诸道监院的欠负进行疏理减放。②第二年七月，在《上尊号赦文》中，列举度支、盐铁、户部诸道州府监院的欠负，其中说：

> 户部从建中三年已后，至元和九年以前，除前制疏理外，诸色欠负钱物，共计五十三万九千四百六十四贯石等，并委本司疏理，具[可]征可放数闻奏。③

唐穆宗即位（在元和十五年正月）发布的《登极德音》中又指出：

> 户部诸州府，从建中三年以后，至元和十三年以前，应欠……五十万九百余贯石等。……州府监院百姓欠负，但不在官典所由腹内者，一切放免。④

可能是此令疏理放免并未完全兑现，故长庆元年（821年）正月唐穆宗在《南郊改元德音》中又说：

---

  ① 陈明光：《唐代后期并存着两个户部司吗？——对〈唐代户部使司与原户部司异同辨〉的质疑》，《历史研究》1992年第6期，第69页。
  ② （清）董诰等编：《全唐文》卷63宪宗：《平淮西大赦文》，第675页。
  ③ （清）董诰等编：《全唐文》卷63宪宗：《上尊号赦文》，第677页；方括弧中的"可"字，参照《全唐文》卷62《亢旱抚恤百姓德音》增补。
  ④ （清）董诰等编：《全唐文》卷66穆宗：《登极德音》，第699页。

应度支、盐铁、户部三司所管理诸官吏、所由、人户等，欠负元和十三年已前诸色钱物斛斗等，各委本司尽理勘实。[①]

从这些记载来看，完全可以肯定，至迟在建中三年（782年）以后，户部所属诸道州府监院已有欠负钱物。这种欠负钱物，当然是户部司所管的，是户部司掌有具体钱物的明证。

户部司虽然在建中三年（782年）以后就掌有钱物，但数量却比较少。元和十四年（819年），唐宪宗《上尊号赦文》所载三司欠数是：

度支，元和五年（809年）以前共欠四百二十八万八千八百贯石。按度支在《平淮西大赦文》中已放免了元和二年（807年）以前的欠负四百八十余万贯石，现在所欠当是元和三年（808年）至元和五年这三年的。

盐铁，贞元五年（789年）至元和五年（810年）共欠负三百三十二万二千一百五十一贯石。

户部，建中三年（782年）至元和九年（814年）共欠负五十三万九千四百六十四贯石。

据此计算，户部司三十年的欠负，约相当于盐铁司二十年欠负的16%，约相当于度支司三年欠负的12%。从这个欠负数字的差距，可以窥测三个司所掌钱物的不同分量，户部要比其他二司少得多。所以，尽管户部司在贞元四年（788年）以前已掌有钱物，但由于数量极少，对于那时国家的庞大开支来说，简直是杯水车薪，无济于事，因而并不会改变其职事闲简、不被重视的状况。

令人费解的是户部司贞元四年（788年）前所掌钱物的来源。众所周知，唐朝前期的户部司是执掌户口、田亩、赋役政令的，并不具体经管钱谷诸事。开元以后，其职事逐渐被使职代替。安史之乱爆发后，"军国之用，仰给于度支、转运二使"[②]，在相当长一段时间里，几乎看不见户部司的活动。也就是说，户部司成了闲简之司，很少有具体事务可做。直到唐德宗即位后，其职事才逐渐有所恢复。见于记载的，不过是管理职田与公廨田的簿籍[③]和参议实封事宜[④]。但是，既然上引唐宪宗和唐穆宗的诏书表明，户部司确实掌有具体

---

① （清）董诰等编：《全唐文》卷66穆宗：《南郊改元德音》，第702页。
② （宋）王溥撰：《唐会要》卷83《租税上》，第1536页。
③ （清）董诰等编：《全唐文》卷54德宗：《勘造簿籍敕》和《令二年一造文簿敕》，第578、583页。
④ （宋）王溥撰：《唐会要》卷90《缘封杂记》，第1646、1647页；《册府元龟》卷506《邦计部·俸禄二》贞元七年三月、八年八月户部奏，第6080页。

钱物，这些钱物就不会没有来源，史籍虽然没有明文记载，而蛛丝马迹还是可以寻找的。

唐穆宗《登极德音》中有一段说到户部欠负钱物情况：

> 户部诸州府从建中三年已后至元和十三年已前，应欠在州贫穷并遭水旱逃亡百姓腹内，兼连接淮西、河南贼界并烧劫散失，及赈贷百姓钱物，(共)五十万九百余贯石等。①

他在《南郊改元德音》中，令户部等三司对所欠钱物进行勘实时说：

> 应度支、盐铁、户部三司所管诸官吏、所由、人户等，欠负元和十三年已前诸色钱物斛斗等，各委本司尽理勘实。如是贸易估招，入已（己之误）隐欺，即准条处分。如缘收贮年深，盘覆欠折，水火沈蓺，保累剥征；并缘用兵之时，所在贮备杂物，准拟军需，及贼平之后，不堪上供，勒令回变，因有损折。如此之类，除检责家产及摊征原保外，如实无可纳，空挂簿书，连年囚禁者，宜令各具色目闻奏，并与疏理。②

这两段材料各列举三种欠负情况，都涉及户部欠负钱物的名目，不过，时间包括贞元四年（788年）以后，并且后者是笼统地对三司而说的，因此，必须排除其不属于我们论题的时间和范围之内的东西，才能显示其价值。

前段诏文所说"连接淮西、河南贼界并烧劫散失"造成的欠负，和后段诏文说的"并缘用兵之时，所在贮备杂物，准拟军需，及贼平之后，不堪上供，勒令回变，因有损折"造成的欠负，大体属于同一类情况，即指贮藏在地方的军需和上供钱物，由于该地镇将叛乱，或被抢劫，或遭烧毁，以致形成欠负。并且，度支、盐铁、户部三司都有钱物收贮于地方，而户部在地方收贮钱物始见于元和六年（811年）李绛的建议：

> 八月，户部侍郎李绛奏："请诸州府阙官职田禄米，及见任官抽一分职田，所在收贮，以备水旱。从之。"③

在此之前，户部钱物并没有贮于地方。由此看来，这类欠负和贞元四年（788年）前的户部钱就没有关系。

后段诏文所说"贸易估招，入己隐欺"，指的应是和籴、和市的欠负。那

---

① （清）董诰等编：《全唐文》卷66穆宗：《登极德音》，第699页。
② （清）董诰等编：《全唐文》卷66穆宗：《南郊改元德音》，第702页。
③ （宋）王溥撰：《唐会要》卷58《尚书省诸司中·户部侍郎》，第1012页。

时，和籴已变成"散配户人，促立程限，严加征榷"①的勒索；和市也成为强迫交纳的科配。因此，和籴、和市任务或者不能完成，或者被弄虚作假私自吞没，以致造成欠负。可是，和籴、和市多由朝廷派出专使与所在地方官府具体经办，所得粮食物资则归度支作为军国费用，较少与户部司发生关系，尤其是贞元四年（788年）以前更是如此。

前段诏文所说"赈贷百姓钱物"的欠负，和后段诏文说的"如缘收贮年深，盘覆欠折，水火沈蓻，保累剥征"的欠负，应是就义仓、常平仓而说的。义仓、常平仓的物资，收贮在地方，或因发放赈贷未能收回，或因历经多年盘覆折损，或遭遇水火灾害损失，以致出现欠负。唐代后期的义仓、常平仓已无严格界限。②户部司经管常平仓、义仓的记载，最早见载于元和十三年（818年）正月，职当户部判使的户部侍郎孟简，奏请天下州府常平仓、义仓的粮食准旧例减价出粜。以石数奏申有司，不再收管于州县。③这只是户部使司对常平仓、义仓的一次处理，而户部司开始经管义仓、常平仓，很可能是在建中（780—783年）时，齐映表请恢复义仓，赵赞奏置常平本钱④，当时正值户部司开始恢复职事，把义仓、常平仓归属户部司，是合乎情理的。不过，那时义仓、常平仓的物资，常被移作他用，用于赈贷的有限。如果这样理解诏文的这类欠负没有大错，那么，义仓、常平仓便是贞元四年（788年）前户部司所掌具体钱物的一个来源。

前段诏文还说到"在州贫穷并遭水旱逃亡百姓腹内"所致的户部欠负。这句话很笼统。一切赋税都要取之于百姓，百姓由于贫穷或遭遇水旱灾害而逃亡，所欠钱物哪些属于户部司掌管，单凭这句话是无法知道的。但是，结合当时有关情况，还是有踪迹可寻的。贞元四年李泌奏置户部钱时，"阙官俸料职田钱"是重要来源之一。⑤可是，阙官不是这时才有的，其俸料钱和职田的处置早已见诸史文。天宝三载（744年）三月敕云：

> 郡县阙职钱送纳太府寺。自今以后，纳当郡，充员外官料钱。不足，即取正官料钱分。若无员外官，当郡分。⑥

---

① （清）董诰等编：《全唐文》卷667《论和籴状》，第6781页。
② 张泽咸：《唐五代赋役史草》第7章第3节，第263—267页。
③ （宋）王溥撰：《唐会要》卷88《仓及常平仓》，第1614页。
④ 《旧唐书》卷12《德宗纪上》，第334页。
⑤ 《新唐书》卷55《食货志五》，第1401页。
⑥ （宋）王溥撰：《唐会要》卷91《内外官料钱上》，第1655页，所引时间作"天宝三载十三日"。而《册府元龟》卷506《邦计部·俸禄二》，第6071页作"天宝三载三月"为是。

说明在此之前，郡县已有阙职官，其料钱送纳太府寺；天宝三载（744年）规定，阙官料钱改归当郡。作为员外官的俸料钱，没有员外官的，分给当郡官吏。天宝十一载（752年）十二月敕云：

> 诸郡员外官，无阙职处，均取正官料给，钱数不定，颇为劳烦。自今以后，阙料官收，员外官依式取官钱准给。①

这时，阙官料钱不再由当郡处理，改成"官收"，即中央官府收管。至于中央什么官府，是否复归太府寺，因史文阙如，不得而知。安史之乱后，外官俸厚，阙官增加，阙官俸料钱当是一笔不小的数目。但是，未见由什么官府收管、作何用处的记载。恐怕是战乱期间，中央政府无暇顾及，实际上多归地方官吏了。安史之乱平定，政治局势渐趋稳定，户部司职事随之开始恢复，因此，阙官料钱很可能就由户部司收管了。当时，地方州县官吏的俸料钱是在两税的留使留州钱物中支付。②百姓因贫穷或水旱灾害，无法交纳两税而逃亡他乡，阙官俸料钱自然就无着落。至于阙官职田，永泰二年（即大历元年，766年）十一月诏书中就规定："其阙官职田，据数尽送，仍青苗钱（库）。"③这是把阙官职田的收入和青苗钱以及州县官、折冲府官职田收入的三分之一，共作京官俸料钱。大历十二年（777年）十二月敕文规定，京师诸司阙官职田的收入，"自今以后，宜并充修当司廨宇用"④。贞元元年（785年）九月八日敕文又规定，京师诸司的公廨本钱，"其所欠钱，仍任各取当司阙官职田，量事粜货，充填本数"⑤。大历三年（768年）和贞元元年（785年）的规定，是对京官阙官职田的处理，而州县官阙官职田的收入，则应仍是送交中央，和青苗钱一起，用作京官俸料。后来可能是因青苗库钱常被挪用，故将州县阙官职田收入，和阙官俸料钱一起，由恢复职事的户部司掌管。所以，租种州县阙官职田的百姓，因为贫穷和水旱灾害而逃亡，其田租自然形成欠负。由此可以说，唐穆宗《登极德音》中的"在州贫穷并遭水旱逃亡百姓腹内"的户部欠负，应包括州县阙官的俸料钱和职田田租的欠负，因此也就说明，

---

① （宋）王钦若等编：《册府元龟》卷506《邦计部·俸禄二》，第6072页。
② （宋）王溥撰：《唐会要》卷83《租税上》，第1537页，载元和四年度支奏，并参见《册府元龟》卷488《邦计部·赋税二》裴垍奏文，第4834页。
③ （宋）王钦若等编：《册府元龟》卷506《邦计部·俸禄二》，第6073页。
④ （宋）王钦若等编：《册府元龟》卷506《邦计部·俸禄二》，第6076页。
⑤ （宋）王溥编：《唐会要》卷93《诸司诸色本钱上》，第1677页。

这两笔钱物很可能是贞元四年（788年）前户部钱的来源之一。

总之，唐代后期的户部司，在贞元四年（788年）以前，至迟在建中三年（782年）以后已掌有具体钱物。但数量较少，在当时庞大的军国费用中，所起作用甚微。这笔钱物的来源，可能有义仓、常平仓钱物，有州县阙官的俸料和职田收入钱物。这些钱物，在贞元四年（788年）李泌设置户部钱时，都继承下来，并加以扩大。不过，贞元四年（788年）以前的户部钱物是收贮在度支使司所掌仓库，由度支使作为"岁计"支配，而李泌设置的户部钱，则由户部司别库收贮，由户部司以及后来的户部使司支配，区别是存在的。明确贞元四年（788年）前户部钱的存在状况，对于全面准确认识肃代德时期唐王朝的财政经济，无疑是有一定意义的。

原载《西南师范大学学报（哲学社会科学版）》1995年第1期

唐代户部别贮钱的设置

唐代尚书户部下属的户部司，在前期是执掌户口、土地、赋役诸政令的机关，并不具体经管钱物。安史之乱爆发后，户部司职事被使职所代替，几乎处于闲置状态。①安史之乱平定后，户部司虽然逐渐有了职事，但和以前却有很大不同，最重要的一点，就是掌握了部分作为国家经费的具体钱物。②建中（780—783年）时，户部司手里已有钱物，但数量尚少。③对户部司的地位、作用以至职官性质产生过重大影响的，则是掌管户部别贮钱。④本文仅拟对户部别贮钱的设置及其渊源和意义略作探讨。

一

关于户部别贮钱的设置，诸史籍记载各有详略缺误。兹先择要节录，然后就一些问题加以讨论。

《通鉴考异》引《德宗实录》云：

> 辛巳，诏以中外给用除陌钱给文武官俸料。自是京官益重，颇优裕焉。初，除陌钱隶度支，至是令户部别库贮之，给俸之余，以备他用。⑤

---

① 何汝泉：《唐代户部司职事由繁变简述略》，《唐史论丛》第 7 辑，西安：陕西师范大学出版社，1998 年，第 72—77 页。
② 唐后期户部司所掌钱物，《旧唐书·德宗纪》称为"户部别处钱"，《新唐书·食货志》称为"户部除陌钱"和"户部别贮钱"，其他史文或称"户部钱"。本文以别库收贮和户部专掌之意，通称户部别贮钱。
③ 何汝泉：《贞元四年以前户部钱考》，《西南师范大学学报（哲学社会科学版）》1995 年第 1 期，第 87 页。
④ 何汝泉：《唐户部司职事由繁变简述略》，《唐史论丛》第 7 辑，第 78—80 页。
⑤ （宋）司马光编著，（元）胡三省音注：《资治通鉴》卷233，唐德宗贞元四年正月条注引。

唐代户部别贮钱的设置

《唐会要·户部侍郎》云：

> 贞元四年二月，上以度支自有两税及盐铁榷酒钱物以充经费，遂令收除陌钱及缺官料，并外官缺官职田及减员官诸料，令户部侍郎窦参专掌，以给京文武官员料钱及百司纸笔等用。至今行之。[①]

《旧唐书·德宗纪》云：

> 贞元四年春正月庚戌朔……辛巳，李泌以京官俸薄，请取中外给用除陌钱及缺官俸、外一分职田、额内官俸及刺史执刀、司马军事等钱，令户部别库贮之，以给京官月俸，令御史中丞窦参专掌之。岁得钱三百万贯，谓之户部别处钱。朝臣岁支不过五十万[②]，常有二百余万以资国用。[③]

《新唐书·食货五》云：

> 李泌为相，又增百官及畿内官月俸，复置手力资课，岁给钱六十一万六千余缗。……李泌以度支有两税钱，盐铁使有筦榷钱，可以拟经费[④]；中外给用，每贯垫二十，号"户部除陌钱"。复有缺官俸料、职田钱，积户部，号"户部别贮钱"，御史中丞专掌之，皆以给京官，岁费不及五十五万缗。京兆和籴，度支给诸军冬衣，亦往往取之。[⑤]

《册府元龟·邦计部·经费》云：

> （贞元）四年二月，诏以中外给用除陌及缺官俸、外官一分职田、停额内官俸及刺史执刀、司马军事等钱，令窦参专掌之，以给在京文武官俸料。先是，京兆俸薄，多不自赡，帝特命有司厚其月给。自是，京官益重，颇优裕焉。初，除陌钱隶度支，帝以度支自有两税及盐铁榷酒钱物以充经费，是钱宜别贮之，给京官俸料之余，以备他用。自此，户部别库岁贮钱物仅三百万贯。京师俸料所费不过五十万贯，其京兆和籴物

---

① （宋）王溥撰：《唐会要》卷58《尚书省诸司中·户部侍郎》，第1011—1012页。
② （宋）王溥撰：《唐会要》卷91《内外官料钱上》载，贞元四年增俸后，每年京官俸钱总数为六十一万六千八百五十五贯四百四文，第1661页。
③ 《旧唐书》卷13《德宗纪》，第364页。
④ 《新唐书·食货志》此处表述有失原意。据《唐会要·户部侍郎》和《册府元龟·邦计部·经费、俸禄三》，原文是"度支自有两税及盐铁榷酒钱物"（第6079页），而《新唐书·食货志》改作"度支自有两税钱，盐铁使有筦榷钱"。这是对历史事实失考而妄自改写。因为，贞元四年（788年），度支使与盐铁使尚未"殊途而理"（"殊途而理"在贞元九年），盐铁使所得榷盐利钱，仍为总归度支以作国家经费。榷酒钱亦大抵相同。故不宜把"盐铁"曲解为"盐铁使"。
⑤ 《新唐书》卷55《食货志五》，第1401页。

· 299 ·

价及度支给诸军冬衣或缺，悉以是钱充之。他用之外，常贮二百万贯，国计赖焉。①

从上引几种记载来看，有以下三个问题须加以讨论：

第一，户部别贮钱设置时间。

户部别贮钱的设置时间，记载有分歧。《实录》作辛巳，《旧纪》作正月辛巳，《会要》《册府》均作二月。按辛巳日发布诏令，以此作户部别贮钱设置标志，这是对的。但辛巳是在正月，还是二月呢？据《旧纪》贞元四年"正月庚戌朔"。即正月初一是庚戌，那么，依干支排列顺序，正月当无辛巳，而辛巳应是二月初二。故《会要》《册府》所载二月为是。

第二，户部别贮钱设置过程。

据《实录》，辛巳日，仅是令中外给用除陌钱由户部别贮以给京官俸料，那么，把缺停官俸料职田钱及外官一分职田钱和除陌钱一起贮入别库，当是辛巳之后陆续进行的。就是说，户部别贮钱的设置不是一次性行为，而有一个后续过程。但不超出二月，故《会要》《册府》只记作二月而不便载日。辛巳颁诏，也不是突然的偶发行为，还应有个前期酝酿过程。贞元三年（787年）六月，李泌执政伊始，便奏请给京官加俸，十一月正式颁布"京官宜加给料钱"的敕令，贞元四年（788年）二月诏置户部别贮钱。这期间，李泌和唐德宗之间，必然有过关于设置户部别贮钱的讨论，颁发诏令乃是经过讨论达到共识而付诸实施的表现。玩味上引诸书的记载，应是诏文和讨论意见的摘录和转述，凡所谓"诏以……"，是诏书文句的摘录，凡所谓"上以……""帝以……""李泌以……"，则是讨论意见的转述。当然还有一些是史书编者综合实施情况所作的概述。明了户部别贮钱的设置过程，有助于正确理解这些记载有异的资料。

第三，户部别贮钱的来源项目。

除陌钱，是诸书皆载的重要钱源。但是，《会要》称"收除陌钱"，似把全部除陌钱收归户部别贮。《册府》亦给人以把初隶度支的除陌钱全部改由户部别贮的印象，其他皆作"中外给用除陌钱"。考其原委，最初隶属于度支的除陌钱，有货物交易除陌和公私给与除陌两种。后者是建中四年（783年）户部侍郎赵赞新设的。泾原兵变，唐德宗宣布废除的只是赵赞在旧算率（2%）

---

① （宋）王钦若等编：《册府元龟》卷484《邦计部·经费》，第5787页。此段文字，又见于同书卷506《俸禄》，但无"在军"二字，"京兆俸薄"作"京官俸薄"，宜依之。

唐代户部别贮钱的设置

之上增加的算率（3%），而除陌钱仍被保留了下来。中外给用除陌，是指中央与地方官府（包括军队）之间经费给与的除陌，如中央财政部门拨付的军费，支付的官吏俸禄，两税的留州、送使钱物等。这应是公私给与除陌的主要部分，但不是全部，更不包括货物交易除陌。设置户部别贮钱，只是把中外给用除陌钱从度支转归户部别贮，而度支手中还继续掌有其他部分除陌钱。[1]

缺官料钱，是户部别贮钱的一个来源，诸书皆无歧异。

缺官职田钱，《会要》作"外官缺官职田"钱，《新志》无"外官"二字。从实际情况看，中央官缺官职田另有处置办法[2]，并未收归户部别贮，故以有"外官"二字为宜。《旧纪》《册府》漏载此项。

《旧纪》所载"外一分职田"，据《册府》"外"后应有"官"字。《会要》《新志》皆漏此项。有学者以为此即《新志》所载之缺官职田钱。[3]这是误解。其实这是指提取现任外官三分之一的职田钱，作为户部别贮钱的一项来源。

减停官料钱，《会要》所载"减员官诸料"，即《册府》之"停额内官俸"。《旧纪》夺"停"字，《新志》漏载。

停刺史执刀、司马军事料钱，《旧纪》《册府》有载。执刀是刺史之属吏。司马军事，是指司马的军事带职。这也是户部别贮钱的一项来源。

户部别贮钱初置时，总计其来源，应有：中外给用除陌钱、缺官俸料钱、外官缺官职田钱、现任外官一分职田钱、停额内官俸料钱和停刺史执刀、司马军事钱六项。

二

在唐朝历史上，别库贮钱以给京官俸料，并非自贞元四年（788年）置户部别贮钱始。

按唐朝成制，太府卿节制"百官之俸秩"[4]，俸钱由其所属左藏支付。安禄山军攻陷京师，库藏尽被劫掠，唐肃宗不得不于乾元元年（758年）宣布"京官不给料"[5]。至大历十二年（777年），度支有个"加给京百司文武官及京兆

---

[1] 陈明光：《唐代"除陌"释论》，《中国史研究》1984年第4期，第113—121页。
[2] （宋）王溥撰：《唐会要》卷92《内外官职田》，第1671页载，贞元十四年（798年）六月判度支于頔奏请收百官缺官职田以赡军。《册府元龟》卷506《邦计部·俸禄二》，第6081页，同。这便是京官缺官职田并不纳入户部别贮的例证之一。
[3] 谭英华：《两唐书食货志校读记》，成都：四川大学出版社，1988年，第271页。
[4] （唐）李隆基撰，李林甫注，〔日〕广池千九郎训点，内田智雄补订：《大唐六典》卷20《太府寺·太府卿》，第382页。
[5] （宋）王溥撰：《唐会要》卷91《内外官料钱上》，第1655页。

府县官每月料钱"的奏文，说一岁所加总数为十五万六千贯文，"准旧给都当二十六万贯文"①。由此可知，在此之前，京官俸料已有所恢复，即所谓旧给。不过为数较少，"旧给"总数只比"加给"多十余万贯。尽管如此，建中三年（782年）又因兵革岁凶而减百官料，每月一百贯以上者减三分之一，下至四十贯者减十分之一不等。可是，这点仅有的料钱，也因财政极其困难而难以保障。所以，早在唐代宗广德二年（764年）就新创一种税目——青苗钱，来筹集百官俸料。②可能是出于专款专用的考虑，这笔钱不进入太府寺的左藏，而专门建立"青苗钱库"来收贮，并且把其他用作俸料的收入，也贮入青苗钱库。永泰二年（766年）十一月《减租税诏》云：

> 在京诸司官员，久不请俸，颇闻艰辛。其诸州府县官及折冲府官职田，据苗子多少，三分取一，随处枭货，市轻货以送上都，纳青苗钱库，以助均给百官。③

又《均济职田俸料诏》云：

> 京诸司官等，自艰难以来，不请禄料，职田苗子，又充军粮，颇闻艰辛，须使均济。其诸州府县官及折冲府官职田，据苗子多少，三分每年宜取一分，依当处时价，回市轻货，数内破脚，差纲部领，送上都，纳青苗钱库。其缺官职田，据数尽送，仍[纳]青苗钱[库]。④

这是提取现任州县官职田收入的三分之一和缺官职田的全部收入，作为京官俸料，也都纳入青苗钱库。青苗钱库，显然成了国家正库左藏之外专司京官俸料的金库。

青苗钱具有地税附加税性质⑤，实施两税法以后仍继续征收。直到唐僖宗乾符三年（875年）的《南郊赦文》中，还说："京兆府去年夏青苗钱，每贯放三百文。"⑥甚至唐昭宗《改元天复赦文》中，还提到类似青苗钱的"苗税钱"⑦。可见，青苗钱至唐末仍然存在。但是，青苗钱库却并非与之长

---

① （宋）王溥撰：《唐会要》卷91《内外官料钱上》，第2658页。
② （宋）王钦若等编：《册府元龟》卷506《邦计部·俸禄二》："代宗广德二年正月，税天下地亩青苗钱，给百官俸料，起七月给。"（第6073页）
③ 《旧唐书》卷11《代宗纪》，第284页；《全唐文》卷46《减租税诏》，第514页，同。
④ （宋）王钦若等编：《册府元龟》卷506《邦计部·俸禄二》，第6073页；《全唐文》卷46代宗：《均济职田俸料诏》，第514页，同。
⑤ 张泽咸：《唐五代赋役史草》，第79—82页。
⑥ （清）董诰等编：《全唐文》卷89僖宗：《南郊赦文》，第930页。
⑦ （清）董诰等编：《全唐文》卷92昭宗：《改元天复赦文》，第961页。

存。①据个人所见资料，青苗钱库自唐德宗以后，便从史籍中消失。这不是没有缘故的。笔者认为，是青苗钱库的职能被贞元四年（788年）建立的户部别贮钱库所代替，青苗钱库确已不复存在。

户部别贮钱和青苗钱，都是以筹集京官俸料的名义设置，都是在左藏之外别建专库贮纳，并且，原来纳入青苗钱库的现任外官三分之一职田钱和外官缺官职田钱，现在仍作为户部别贮钱的来源。这足以说明，户部别贮钱与青苗钱、户部别贮钱库与青苗钱库有渊源关系。就是说，户部别贮钱的建置很可能是受青苗钱专库收贮的启示。甚至可以说，户部别贮钱的设置，乃是专库收贮青苗钱举措的继承和发展。不过，青苗钱因随地税征收，青苗钱库当隶属于度支，与户部别贮钱库的隶属关系有别。青苗钱虽然作为度支的收入继续存在，但是，由于有了户部别贮钱支给京官俸料，青苗钱库便失去了存在的必要，所以，青苗钱库从史籍中消失是自然而然的。

既然有青苗钱以给京官俸料，为什么还要设置户部别贮钱呢？这是因为青苗钱常被挪用，俸料得不到保障。广德二年（764年）征收青苗钱伊始，就在当年九月，负责征收青苗钱的诸道税地钱物使、左仆射裴冕，便"请进百官俸禄二万贯，助籴［籴］军粮。许之"②。这是把应入青苗钱库给百官俸料的钱用来购买军粮。大历元年（766年），敛天下青苗钱，得四百九十万缗③，输入天子的内库。像这类事情，应该不止这两起，因为征收青苗钱的初衷虽然是给百官俸料，但是，那时还有比百官俸料更紧迫的需要，那就是关系国家生死存亡的军事费用。安史之乱平定后，唐王朝并没有摆脱战乱困扰，吐蕃连年侵逼，镇将不断叛乱，加之年甚一年的水旱蝗灾，使国家经济处于严重危机之中。兴元元年（784年）正月，唐德宗逃奔奉天发布的诏书承认，由于战争连年，"征师四方，转饷千里。赋车籍马，远近骚然；行赍居送，众庶劳止。力役不息，田莱多荒。暴令峻于诛求，疲民空于杼轴，转死沟壑，离去乡里，邑里丘墟，人烟断绝"④。贞元元年（785年）七月甲子诏书又说："自顷已来，灾沴仍集。雨泽不降，绵历三时。虫蝗继臻，弥亘千里。菽粟翔贵，稼穑枯瘁。嗷嗷蒸人，聚泣田亩。"⑤在这种情况下，筹措军费成为朝廷最重大

---

① 葛承雍：《唐代国库制度》第四章第二节之《青苗钱库》，西安：三秦出版社，1990年，第135—136页，另有说法，可供参考。
② （宋）王钦若等编：《册府元龟》卷484《邦计部·经费》，第5785页。
③ 张泽咸先生认为，这个数字，"可能是若干年积欠的收入"。见《唐五代赋役史草》，第84页。
④ 《旧唐书》卷12《德宗纪》，第339页。
⑤ 《旧唐书》卷12《德宗纪》，第349页。

最迫切的任务。因此，青苗钱不可能只用于百官俸料而不顾及军事。

但是，国家机器要靠百官转动，"百官俸料寡薄"的状况不可能长久持续下去。尤其是贞元三年（787年）宰相张延赏大规模裁减州县官，引起中外官吏普遍不满的情况下，解决京官俸薄，稳定官吏情绪，已成为当务之急。所以，李泌执政伊始，便提出增加京官俸料的建议，并获得唐德宗的认可。解决京官俸料的关键，在于使俸料钱有可靠的来源，并且保证其专款专用。别库收贮青苗钱作京官俸料，在来源和专用上做了有益的尝试，但没有从根本上解决问题，恐怕在于这笔钱仍然隶属于度支。李泌在思考增加京官俸料时，显然有如此认识。因此，他设置的户部别贮钱，除了在强化钱源和别库收贮上吸取了青苗钱的经验外，还特别规定由户部侍郎专掌，以弥补青苗钱库的缺失。

三

李泌设置户部别贮钱的近期目标，是使所增京官俸料得到保障。可是，当时增加京官俸料并不是一件独立和偶然的事情，而且户部别贮之钱只有少部分用作俸料，故此举还应有其更深层的意义。

第一，户部别贮钱的设置，不仅使京官增俸得以实现，而且消除了长期以来中外官俸厚薄错位的积弊。

唐朝京官俸料薄于外官的现象，由来已久。"开元末天宝年间州县官俸钱已有高于京官的趋势。"[①]安史之乱爆发，"至德二年以后，内外官并不给料钱"。不久，"外官给半料与职田"，而京官仍不给料，只是由度支使量闲剧，分别给一点手力课。这样，使京官俸薄趋势有所发展。大历十二年（777年），中外官料钱有一个明确的规定。这次规定的给俸标准，京官显著低于外官，进一步使俸料内薄外厚状况法定化。如从三品的上州刺史为八十贯，而同品的御史大夫只有六十贯；从四品下的上州别驾为五十五贯，而同品的国子司业只有三十贯；从六品上的上县县令为四十贯，而同品的尚书诸司员外郎、起居舍人只有十八贯等。[②]此外，刺史兼观察使、团练使，刺史知军事，还要领取兼职俸料钱。于是，官场中出现了一种重外轻内的仕宦风尚。《新唐书·李泌传》载："是时，州刺史月俸至千缗，方镇所取无艺。京官禄俸薄，自方镇

---

① 刘海峰：《论唐代官员俸料钱的变动》，《中国社会经济史研究》1985年第2期，第24页。
② （宋）王溥撰：《唐会要》卷91《内外官料钱上》，第1656—1658页。

入八座^①，至谓罢权"，"使府宾佐有所忤者，荐为郎官"，"当迁台阁者，皆以不赴取罪去。"薛邕由左丞贬歙州刺史，其家人却恨贬降太晚。崔佑甫任吏部员外郎，却要求去做洪州别驾。这种风尚显然是不正常的，不利于国家的治理，而它的形成无疑与内外官俸厚薄错位有密切关系。所以，李泌执政后便立即着手提高京官俸给，并建立户部别贮钱加以保障，使内外官俸回到厚薄合理状态，以矫正历年积弊，"自是，京官益重，颇优裕焉"^②。据《唐会要·内外官料钱上》所载，贞元四年增加后的京官俸给标准，与保持不变的州县官俸料标准相比较，京官已高于州县官。如从三品的御史大夫，由原来六十贯增加为一百贯，而同品的上州刺史仍为八十贯；从四品的国子司业，由原来的三十贯增加为六十五贯，而同品的上州别驾仍为五十五贯，等等。从此，消除了唐朝历史上京官俸料少于外官的现象。

第二，设置户部别贮钱，增加京官俸料，又和纠正前相的不当措置、切实整顿吏治密切相关。

前相张延赏于贞元三年（787年）五月奏请德宗批准，大规模裁减州县官吏。当年新授的一千五百官员，被裁减的就达一千余人。这不仅引起地方官员的普遍不满，而且中央要员也站出来反对。侍中马燧上表，言减官太甚，恐不可行。太子少保韦伦及常参官们也都抗疏，以为减员招怨，请求恢复。^③

初上任的宰相李泌，对裁减官员却有不同一般的看法。他和唐德宗这样讨论此事：

> 泌请复所减州县官。上曰："置吏以为人也。今户口减于承平之时三分之二，而吏员更增，可乎？"对曰："户口虽减，而事多于承平且十倍，吏得无增乎？且所减皆有职，而冗官不减，此所以为未当也。"^④

可见，李泌并不是一味反对减官。他不赞成裁减负有繁重职事的州县官，而主张减省冗官。结果，在他提议下，恢复了被张延赏所裁州县官，减停了至德以来所置额外官以及未出阁诸王的府官。《旧唐书·李泌传》这样记述此事：

> 初，张延赏大减官员，人情怨怨，泌请复之，以从人欲，因是奏罢

---

① 唐代以六曹尚书（六座）、左右仆射（一座）和尚书令（一座）为八座。见杜佑《通典》卷22《职官·历代尚书》附八座及注，第132页。
② （宋）司马光编著，（元）胡三省音注：《资治通鉴》卷233，唐德宗贞元四年正月条注，引《德宗实录》。
③ 《旧唐书》卷129《张延赏传》，第3609—3610页。
④ （宋）司马光编著，（元）胡三省音注：《资治通鉴》卷232，唐德宗贞元三年六月条。

> 兼试额内占缺等官，加百官俸料，随闲剧加置手力课，上从之，人人以为便。①

这里，把恢复被裁州县官、减停冗官和加京官俸料作为有密切关系的措施看待，是有一定见地的。因为，这些措施有一个共同出发点，可概括为：稳中除弊。即以恢复州县官，增加京官俸料，以求得中外官吏的稳定；在稳定前提下，革除吏治弊端。由此看来，设置户部别贮钱，增加京官俸料，又是李泌在吏治方面，针对前相失误造成的不利影响而采取的系列对策之一。这在当时，是有积极意义的。

第三，户部别贮钱的设置还在财政制度上具有创新意义。

李泌其人，历史上褒贬不一。《旧唐书》《新唐书》本传的评价就有很大不同。当代史学大师范文澜对李泌的评论，可以说是古今最有见地的。他指出，李泌谈神仙怪异，实是处乱世的一种智谋。他做了许多有利于国的事。特别是他建议的"北和回纥，南通云南（南诏国），西结大食、天竺"以困吐蕃的计划及其实施，使吐蕃的两个与国变成敌国，唐的两个敌国变成与国，唐和吐蕃的形势大变。从此吐蕃势弱，不能为唐大害。唐朝免去吐蕃的威胁，到唐宪宗时，又有力量和关东割据势力作战，并取得胜利。李泌这一建议的实施，对唐和吐蕃两国都有深远的影响，在他的政治生活中，这是最大的成功。②可是，范文澜对李泌建置户部别贮钱的意义却未曾提及。也许是包括在"做了许多有利于国的事"中而未予阐发。这一点，陈明光《唐代财政史新编》做了一定的补充。该书指出：户部别贮钱属于财政贮备资金。由于它的来源主要取于紧缩各种预算支出，所以，它既能发挥调节中央财政收支矛盾的作用，又在一定程度上可以避免实行加税所引起的社会矛盾尖锐化，因而具有一定的积极社会意义。③的确，李泌建立的户部别贮钱，开始每年收入已有三百万贯，京官俸钱支用仅五六十万贯，其余二百多万贯，成为国家财政的贮备资金。如果加上后来增加的来源，如税茶钱等，贮备金数额更为可观，所能发挥的作用也就更大。不过，须进一步弄清这样一个问题：户部别贮钱所具财政贮备金的功能，是李泌始料所及，还是客观所致呢？

从户部别贮钱的设置过程来看，为京官加俸诚然是直接动因，但是，不

---

① 《旧唐书》卷 130《李泌传》，第 3622 页。
② 范文澜：《中国通史简编》第 3 编第 1 册，北京：人民出版社，1965 年，第 158 页。
③ 陈明光：《唐代财政史新编》第 10 章第 3 节，北京：中国财政经济出版社，1991 年，第 282—286 页。

能认为，建立财政贮备金仅仅是给俸之余的客观效果，是此钱设置者没有考虑到的。为什么这样说呢？因为，京官俸料钱增加后应支总数已有确切计算①，而别贮钱的诸种来源，如中外给用除陌钱，缺停官俸料、职田钱和外官职田抽成钱等，都是早已有之，这些钱源的总数也是可以大体计算得出的。所以，在设置户部别贮钱的酝酿过程中，必然会考虑到给俸后还有一大笔钱，并且一定会对这笔钱的用途作过安排。在本文第一节所录资料中，"以备他用""以资国用"之语，应是唐德宗和李泌讨论此事时说过的话，这就是户部别贮钱设置者已有建立财政贮备意识的反映。这一点，在朝臣中也是明确的，如贞元十九年（803年）六月给事中许孟容在上疏中说：

> 户部所收掌钱，非度支岁计，本防缓急别用。②

这已是把贮以备急作为户部别贮钱的原本目的。这些都可以说明，李泌设置户部别贮钱时，确有建立财政贮备金的意图。户部别贮钱的设置，表明唐王朝建立了一笔可观的以货币为主的财政贮备资金。

在中国财政史上，早有重视贮备的思想。③隋和唐前期的社仓或义仓，是国家贮备粮食用来赈灾的，曾经起过专项贮备金的作用，但在安史之乱以后，义仓之名虽存，却多失原有意义。李泌在度支岁计之外，建立由户部掌握的可以广泛调节财政收支的贮备资金，不仅在缓解唐后期财政紧张状态上起过重要作用，而且在财政制度上亦具有创新意义。

总之，李泌设置户部别贮钱，既有利于革除官吏俸料的积弊，又是关系整顿吏治的必要措施，还是财政制度上的一种创举。这在李泌宰相两年多的政绩中，应是占有重要分量而不可以被忽视的。

原载《西南师范大学学报》（人文社会科学版）2001年第2期

---

① （宋）王溥撰：《唐会要》卷91《内外官料钱》载贞元四年中书门下奏，第1661页。
② （宋）王溥撰：《唐会要》卷54《省号上·给事中》，第938页。
③ 《礼记·王制》："国无九年之蓄，曰不足；无六年之蓄，曰急；无三年之蓄，曰国非其国也。"[（清）阮元校刻：《十三经注疏六·礼记正义》，中华书局，1980年影印本，第1324页] 吴毓江撰，孙启治点校：《墨子校注》卷1《七患》："《周书》曰：'国无三年之食者，国非其国也；家无三年之食者，子非其子也。'此之谓国备。"《新编诸子集成》（第一辑），北京：中华书局，1993年，第37页。

唐代户部别贮钱的来源

唐德宗贞元四年（788年）二月，根据宰相李泌的提议，在朝廷正库左藏之外，设置了由一位户部侍郎专掌的钱库，贮纳一笔国家经费，作为京官俸料及国家"防缓急别用"[①]，称户部贮钱或户部钱。唐代后期，户部别贮钱在财政经济上起过重要作用，并且对财政职官体制的变革颇有影响。[②]对于户部别贮钱的来源，有文论及[③]，但不甚明晰。笔者在讨论户部别贮钱设置一文中[④]，只简单地说到该钱初置时的几项来源，且未阐明其原委，更未涉及其设置后增加的项目，故于本文补述之。

一

据《通鉴考异》引《德宗实录》、《唐会要·户部侍郎》、《旧唐书·德宗纪》、《新唐书·食货志》和《册府元龟·邦计部·经费》关于贞元四年设置户部别贮钱的记载，该钱初置时的来源，可分别为中外给用除陌钱、缺官俸料钱、外官缺官职田钱、现任外官一分职田钱、停额内官俸料钱和停刺史执刀、司马军事钱六项。兹分述如下。

1. 中外给用除陌钱

中外给用除陌钱，又称户部除陌钱，是户部别贮钱最重要的来源。

除陌钱，唐代早已有之。[⑤]唐德宗时，除陌钱发生过一次变故，那是建中

[①]（宋）王溥撰：《唐会要》卷54《给事中》，载贞元十九年六月给事中许孟容上疏语，第938页。
[②] 何汝泉：《唐财政三司使研究》，第308—312页。
[③] 吴丽娱：《唐后期的户部司与户部钱》，中国唐史学会编：《中国唐史学会论文集》，西安：三秦出版社，1989年。
[④] 何汝泉：《唐代户部钱的设置》，《西南师范大学学报（人文社会科学版）》2001年第2期。
[⑤]（宋）王溥撰：《唐会要》卷66《太府寺》：天宝九载（750年）二月敕，有"量除陌钱每贯二十文"的记载，第1154页。

四年（783年）六月，户部侍郎判度支赵赞以"军须迫蹙"奏置"算除陌钱"。赵赞"除陌法，天下公私给与货易，率一贯旧算二十，益加算为五十，给与他物或两换者，约钱为率算之"①。赵赞除陌法与旧有除陌不同之处，一是算率由2%增加为5%；二是由原来一种"货易"（货物交易）除陌，增加为"公私给与"和"货易"两种除陌。②赵赞实行的除陌等法，加重了民众负担，引起"怨仇之声，嚣然满天下"③，故兴元元年（784年）正月唐德宗因泾原兵变出奔奉天所下罪己诏中，宣布垫陌钱（除陌钱之异称）属于停罢之列。贞元四年（788年）宰相李泌奏置户部别贮钱，将"中外给用除陌钱"纳入，作为其重要来源。中外给用除陌钱，即"中外给用每贯垫二十文，号户部除陌钱"④。此后，户部除陌钱作为户部别贮钱的一个组成部分，终唐之世，长期存在。

在考察户部除陌钱的流变过程时，有几个问题，需要进一步探讨：

第一，既然唐德宗已宣布停罢除陌钱，为什么贞元四年还有"中外给用除陌钱"？或者说，贞元四年的"户部除陌钱"与赵赞除陌钱有什么关系？司马光在《通鉴考异》中作过推测性的解释："盖当时止罢所加之数，或私买卖者官不收垫陌钱，官给钱犹有除陌在故也。"⑤在司马光看来，一种可能是兴元元年只停罢赵赞增加的30文，原来20文的除陌钱还存在；另一种可能是兴元元年只停罢"私买卖"除陌（即"货易"除陌），而"官给钱"除陌（即"公私给与"除陌）仍然存在。也就是说，贞元四年的"中外给用除陌钱"或者是兴元元年罢除益加算率后保存下来的除陌钱，或者是兴元元年停罢"货易"除陌后存留的"公私给与"除陌钱。笔者认为这两种解释并不一定要相互排斥，可以共存。就是说，户部除陌钱应是兴元元年停罢"货易"除陌后保留下来而算率降为每贯20文的"公私给与"除陌。

第二，既然户部除陌钱属于保留下来的"公私给与"除陌钱，那么，赵赞"公私给与"除陌钱是不是全部转归户部呢？《通鉴考异》引《德宗实录》说："初，除陌钱隶度支，至是（指贞元四年设置户部别贮钱）令户部别库贮之"⑥，《唐会要·户部侍郎》记述户部别贮钱来源时亦说"令收除陌钱"，都

---

① 《旧唐书》卷49《食货下》，第2128页；卷135《卢杞传》，第3715页。
② 陈明光：《唐代"除陌"释论》，《中国史研究》1984年第4期，后收入《唐代财政史新编》附录二，第320—333页。
③ 《旧唐书》卷49《食货下》，第2128页，《旧唐书》卷135《卢杞传》同。
④ 《新唐书》卷55《食货志》，第4101页。
⑤ （宋）司马光编著，（元）胡三省音注：《资治通鉴》卷233，唐德宗贞元四年正月条胡三省注引《通鉴考异》。
⑥ （宋）司马光编著，（元）胡三省音注：《资治通鉴》卷233，唐德宗贞元四年正月条胡三省注。

给人以除陌钱全部转归户部的印象。但是，贞元四年（788年）以后，存在户部除陌钱的同时，度支仍然掌有除陌钱。贞元二十一年（805年）七月中书门下奏，就曾提出"仍请以左藏库度支除陌钱"充百司息利本钱。①元和十一年（816年）九月，唐宪宗应有司之请，令在常额垫陌外，"量抽五十文……其诸道钱便差纲部送度支收管"②。这是度支除陌钱继续存在的明证。直到咸通（860—874年）时，度支仍掌有每贯"二十文除陌"钱。③这就说明，贞元四年户部除陌钱不是建中四年（783年）以来度支除陌钱的全部转移，而只能是从度支那里划分的一部分。

第三，既然户部除陌钱是从度支除陌钱划分来的，那么，户部和度支怎样划分除陌钱呢？咸通年间的情况使我们受到启发。咸通五年（860年）七月，延资库使夏侯孜请催收户部积欠奏中，有"请于诸道州府场监院合纳户部所收八十文除陌钱内，割一十五文属当使自收管"④。咸通八年（867年）九月，延资库使曹确奏也有相同的话。这年十月，户部侍郎判度支崔彦昭奏，说到"当司应收管"的"诸色属省钱"中，包括"二十文除陌"。⑤把这几条关于户部、度支除陌资料结合起来，可以明显看出，这时除陌钱的常额是每贯百文，诸道州府场监院抽取之后，按八二比例，80文送户部，20文送度支。很可能这是一贯的划分模式，只是各时期随财政状况的变化，常额抽贯数不同，划分比例有异罢了。如贞元四年后，户部除陌每贯20文，度支除陌减停赵赞益加后，也是每贯20文，那么，这时常额除陌为每贯40文，二司按对半比例划分。元和年间时，"户部除陌钱，每贯先收二十文数外，更加五文"⑥，这时，户部常额除陌当为25文。元和十一年九月"量抽"（量抽是常额抽贯之外，因军国急需而临时的抽贯）敕文说："每贯除垫一陌外，量抽五十文"⑦，元和十五年（820年）五月唐穆宗即位伊始所下"量抽"诏中也有相同的话语⑧。这两次量抽都有"送度支收管"的明文，应是度支除陌，其常额为每贯百文。那么，这时常额除陌钱当为125文，按二八比例进行划分，故户部除陌每贯为25文，而度支除陌每贯为100文。

---

① （宋）王溥撰：《唐会要》卷93《诸司诸色本钱上》，第1679页。
② （宋）王溥撰：《唐会要》卷89《泉货》，第1630页。
③ 《旧唐书》卷19上《懿宗纪》，第658页。
④ （宋）王溥撰：《唐会要》卷59《延资库使》，第1022页；《旧唐书》卷19上《懿宗纪》，同。
⑤ 《旧唐书》卷19上《懿宗纪》，第661页。
⑥ （宋）王钦若等编：《册府元龟》卷507《邦计部·俸禄三》，载元和九年八月诏，第6085页。
⑦ （宋）王溥撰：《唐会要》卷89《泉货》，载元和十一年九月敕，第1630页。
⑧ 《旧唐书》卷16《穆宗纪》，第478页。

第四，让我们看看户部除陌钱在户部别贮钱中的分量。贞元九年（793年）七月，户部侍郎判度支裴延龄奏称，他判度支以来（裴延龄户部侍郎判度支在八年八月，至此一年），"收诸州抽贯钱三百万缗"。陆贽称裴延龄为"诞妄小人"，《资治通鉴》说他的奏报是"虚张名数以惑上"[①]。可以肯定，他讲的这一年抽贯数存在虚夸成分，但也不会有大数之差，其实数估计不会少于200万缗。如果以这个数字来看户部除陌钱，依前所述，当时除陌钱为每贯40文，按对半划分，那么户部除陌钱一年收入也约为200万缗。这时，户部别贮钱"岁得钱三百万贯"[②]，则除陌钱收入占2/3。以后，元和时户部除陌钱增为每贯25文，咸通时更增至每贯80文，为初期的四倍。虽然，户部别贮钱的其他来源也会增加，并且有新来源加入，如税茶钱等（详见后文），但户部除陌钱在别贮钱组成中的绝对大户地位，只会加强。

2. 缺官俸料钱

唐朝京官有按品秩随月给付的俸料钱，外官有据不同职位按比率分配的俸料钱。[③]缺官俸料钱的处置，见诸史文的只有外官。天宝三载（744年）以前，郡县缺职官的俸料钱，是送纳太府寺；此后改归当郡，用作员外官料钱，没有员外官的，分给当郡官吏。[④]天宝十一载（752年）十二月，又令缺官料钱改为"官收"[⑤]。收于什么官府，不得而详。安史之乱后，外官俸料较京官优厚，加之缺官增多，故缺官俸料钱当是一笔不小的数目，但不见如何处置的记载。唐德宗即位后，户部司职事逐渐恢复，并且开始掌有部分作为国家经费的户部钱。州县缺官料钱可能划归户部司收管，成为贞元四年（788年）前户部所掌钱物的一个来源。[⑥]李泌设置户部别贮钱时，缺官俸料钱继续由户部司收管，作为别贮钱的一个来源。《册府元龟·邦计部·俸禄二》载[⑦]：

---

① （宋）司马光编著，（元）胡三省音注：《资治通鉴》卷234，唐德宗贞元九年七月条、贞元八年七月条。
② 《旧唐书》卷13《德宗纪》，第364页。
③ 刘海峰：《唐代官员俸料钱的变动》，《中国社会经济史研究》1985年第2期，第21—25页。
④ （宋）王溥撰：《唐会要》卷91《内外官料钱上》，第1655页；《册府元龟》506《邦计部·俸禄二》，第6071—6072页，同。
⑤ （宋）王钦若等编：《册府元龟》卷506《邦计部·俸禄二》，第6072页。
⑥ 何汝泉：《贞元四年以前户部钱考》，《西南师范大学学报（哲学社会科学版）》1995年第1期，第87—89页。
⑦ 此条记载，又见于本篇贞元元年五月和《唐会要》卷93《诸司诸色本钱上》（第1677页），其系时为贞元元年四月。据严耕望《唐仆尚丞郎表》卷15《辑考五上·礼部尚书·李齐运》（第833页），系年贞元元年者误。详见何汝泉：《贞元四年以前户部钱考》《西南师范大学学报（哲学社会科学版）》1995年第1期，第86页。

> （贞元）十二年四月礼部尚书李齐运奏：当司本钱至少，厨食缺绝。请准秘书省、大理寺例，取户部缺职官［料］钱二千贯文，充本收利，以助公厨。可之。①

表明贞元十二年（796年）时，缺官料钱仍由户部收管。《全唐文》卷82《大中改元南郊赦文》：

> 河东、振武、易定、京西北等道，官吏料钱，过闻寡薄，省司注拟，罔不固辞承乏之由。其新收缺官料钱，户部不用收管，便令本府少尹与司录参军勾当，并旧给课料数额，添给见钱。②

这是针对河东等道具体情况所做的一项特殊措施，故其缺官料钱才令户部不用收管，而用来添给本府官吏，以改善其料钱寡薄的状况。这条记载也可以反映其他一般地区的缺官料钱当仍由户部收管。这说明，直到唐宣宗时地方缺官料钱，仍然是户部别贮钱的一项来源。

3. 外官缺官职田钱

唐朝内外官依品秩给职田之制，是建国时制定的。其后，几经收授，但仍在继续实行。其外官缺官职田的处置明文，首见于永泰二年（即大历元年，766年）十一月诏：

> 诸州府县官及折冲府官……其缺官职田，据［苗子多少］数尽送，仍［纳］青苗钱［库］。③

这是把外官缺官职田的收入，全部上缴到为解决京官俸料钱而设的青苗钱库。由于青苗库钱常被移作他用，至唐德宗即位，户部司职能逐渐恢复，外官缺官职田钱可能转到户部司收管，成为贞元四年（788年）前户部钱的一个来源。李泌设置户部别贮钱，不仅继承了这笔收入，而且很可能还受到用别置青苗钱库以解决京官俸料模式的启发。④元和六年（811年）八月，户部侍郎判本司事李绛针对户部别贮钱的流失弊端，改变部分钱物的收贮地点，奏请在地

---

① （宋）王钦若等编：《册府元龟》卷506《邦计部·俸禄二》，第6081页。
② （清）董诰等编：《全唐文》卷82宣宗：《大中改元南郊赦文》，第857页。
③ （宋）王钦若等编：《册府元龟》卷506《邦计部·俸禄二》，第6073页。括弧内字，系引者据该诏前后文意所加。
④ 何汝泉：《唐代户部别贮钱的设置》，《西南师范大学学报（人文社会科学版）》2001年第2期，第116—117页。

方州府收贮户部所管部分钱物，其中就有"诸州府缺官职田"钱。①这是贞元四年（788年）后，州县缺官职田钱继续作为户部别贮钱来源的明证。至于京官缺官职田的收入，则另有处置办法，或"充修当司廨宇用"②，或"充填（息利）本"钱③，或"收百官缺官职田以赡军须"④，不在户部别贮之列。

4. 外官一分职田钱

这是将现任外官的职田收入，三分取一分，作为户部别贮钱的来源之一。外官职田抽成别用，起于永泰二年（766年），当年十一月诏云：

> 其诸州府县官及折冲府官职田，据苗子多少三分，每年宜取一分。依当处时价，市轻货，数内破脚，差纲部领，送上都，纳青苗钱库。⑤

这是每年把现任外官职田收入的1/3，送纳青苗钱库，作为京官俸料之用。由于青苗库钱常被移作他用，京官俸料钱难以得到保障，可能在德宗即位后，便把提取外官职田1/3收入这笔钱，交由逐渐恢复职事的户部收管，成为贞元四年前户部钱的一个来源。户部别贮钱继承了这笔收入。此后，元和六年（811年）户部侍郎判本司事李绛，奏请将部分户部钱物改贮于地方，其中便有"见任官抽一分职田"钱。⑥现任京官职田，也曾有过"三分取一分"以作他用，不过是用作诸如"充军粮"之类⑦，并不纳入户部别贮。

5. 停额内官俸料钱

这里的"额内官"，应包括两种有所区别的官员。一是指唐代《职员令》规定的各种官职常额内的官员，也称正员官。因此，正员官以外者为员外官，也称额外官。一是指占领额内缺官俸料的员外官，即额内占缺官的略称。这两种额内官停省后的俸料钱，都收归户部，成为别贮钱的一个组成部分。

占领额内缺官俸料的员外官，天宝时已经存在。《唐会要·内外官料钱上》载天宝三载（744年）十三日敕文称：郡县缺官俸料钱，自今后，纳入当郡，

---

① （宋）王溥撰：《唐会要》卷58《尚书省诸司中·户部侍郎》，第1021页；《册府元龟》卷507《邦计部·俸禄三》，第6084页；《全唐文》卷645李绛：《论户部阙官斛斗疏》，第6536页，皆同。
② （宋）王钦若等编：《册府元龟》卷506《邦计部·俸禄二》，第6076页。
③ （宋）王溥撰：《唐会要》卷93《诸司诸色本钱上》，第1677页。
④ （宋）王溥撰：《唐会要》卷92《内外官职田》，第1671页；《册府元龟》卷506《邦计部·俸禄二》，同。
⑤ （宋）王钦若等编：《册府元龟》卷506《邦计部·俸禄二》，第6073页。
⑥ （宋）王溥撰：《唐会要》卷58《尚书省诸司中·户部侍郎》，第1012页；《全唐文》卷645李绛：《论户部阙官斛斗疏》；《册府元龟》卷507《邦计部·俸禄三》，第6084页，皆同。
⑦ （宋）王溥撰：《唐会要》卷92《内外官职田》，第1670页；《册府元龟》卷506《邦计部·俸禄二》，第6073页，同。

作为员外官俸料钱。①这种占领额内缺官俸料的员外官,以后有增无减。贞元三年(787年)闰四月,宰相张延赏奏请大省州县官员,"怨嗟盈路"②。六月李泌受任宰相,立即奏请恢复所减州县官员,指出:当前减的都是有职之官,而冗官未减。至德以来置的额外官,相当于正官的三分之一,这些冗官却没有被省减,"因是奏罢兼试额内占缺等官"③,唐德宗批准实行。这次所减额内占缺官的俸料,无疑是纳入半年后设置的户部别贮钱。

唐朝停减额内正员官,主要是停减地方州县官。《唐会要·州府及县加减官》载有31条。其中,只有元和六年(811年)李吉甫奏减官涉及诸王府官,其余都是州县官;除天宝年间加减各一次外,余皆安史之乱爆发以后的。自宝应元年(762年)至天祐元年(904年)记载共29条,其中16条是减官,所减绝大多数是正员官,即额内官。全国规模的大减官有三次:贞元三年宰相张延赏奏减州县官员,但很快被李泌奏准恢复;元和六年宰相李吉甫奏减官员,诸州府共减800余员;会昌四年(844年)李德裕奏令吏部郎中柳仲郢主持裁减州县佐官1200多员④。所减官员的俸料钱如何处置呢?贞元四年(788年)以前,是由度支收纳,如贞元三年张延赏减官奏称:"其应停减官俸料粮禄职田杂料手力粮课等,一切已上,各宜令度支勘审检收,纳送上都左藏库收贮,充赏战士所用。"⑤李泌设置户部别贮钱时,则由度支转归户部收管,作为户部别贮钱的一个来源。以后,也有事实证明,停减额内官俸料继续为户部收贮。如贞元九年(793年)五月,福建观察使、福州刺史王翃上奏称:

  诸州并设军额。防虞役使,更置执刀,甚为烦费。既乖简要,又给资粮。况臣本道,频遇水旱,百姓艰乏,职贡或缺。臣自到官已讫停。其管诸州,并请停罢。其资粮等,望借臣充当管军资所要,待年丰人户归复,即收送度支,以裨国用。⑥

唐德宗在王翃的奏章上批示说:"可。其资粮,二年后令户部准停减例收管",

---

  ①（宋）王溥撰:《唐会要》卷91《内外官料钱上》,第1655页;《册府元龟》卷506《邦计部·俸禄二》,第6071—6072页,其系时在三载三月。
  ②（宋）司马光编著,（元）胡三省音注:《资治通鉴》卷232,唐德宗贞元三年闰四月庚申条。
  ③《旧唐书》卷130《李泌传》,第3622页;《册府元龟》卷506《邦计部·俸禄二》,第6077页,所载同。
  ④（宋）司马光编著,（元）胡三省音注:《资治通鉴》卷247,唐武宗会昌四年四月条;《唐会要》卷69《州府及县加减官》,同。
  ⑤（宋）王溥撰:《唐会要》卷69《州府及县加减官》,第1225页。
  ⑥（宋）王钦若等编:《册府元龟》卷484《邦计部·经费》,第5787页,作"王栩";《旧唐书·德宗纪》作"王翃",而卷157有《王翃传》,故以"翃"为是。王翃是其兄。

并且说"诸州府执刀,亦宜省罢,其资粮,委户部征收"。①王翃说停官资粮"送度支",唐德宗批示"令户部准停减例收管"。为什么会有如此不同呢?原来,贞元四年(788年)设置户部别贮钱时,已明令停额内官俸由户部收管,可能是遥远的福州刺史尚不知晓,仍按以往惯例呈述,而唐德宗则加以纠正,明确指出由户部收管。这也可以证明,设置户部别贮钱时,停额内官料钱由度支转归户部收管。此后,州县所停额内官俸料仍是户部别贮钱的来源之一。如果州府因故不能将停额内官俸料送交户部,必须向朝廷作特别申述。如贞元八年(792年)容管经略使奏减管内官员,表称"其(停减官员)课料,请回充将士资赐"。这里没有说是否以后要还归户部,即使不还,也只能视为向皇帝请求特殊处理,而不具有普遍性。

6. 停刺史执刀、司马军事钱

执刀,为府州属吏。据《唐六典》,京兆、河南、太原三府和大中下都督府各有执刀15人;州,上州执刀15人,中下州执刀10人,皆无品秩。②而《新唐书·百官志》和《旧唐书·职官志》关于执刀的记载与《唐六典》有异。③关于府州执刀人数和执刀的置废,《唐会要》卷69《都督刺史已下杂录》有载,但讹误甚多④。该条称:

> 显庆元年九月二十六日制,督府及上州,各置执刀五十[十五]人,中州下州各置十人。令于衙祇承都督刺史。至贞元元[九]年废,从福建观察使王雍[翃]奏也。⑤

由此可知,府州的执刀,是唐高宗显庆元年(656年)始置。三都府、各督府和州都有定一员额,无品秩。其职责是"于衙祇承都督刺史",属于携带武器从事警卫役使的吏员。贞元九年(793年)福建观察使、福州刺史王翃奏请停罢所管诸州执刀,"其资粮,二年后令户部准停减例收管"。唐德宗因此下令

---

① (宋)王钦若等编:《册府元龟》卷484《邦计部·经费》,第5788页。
② (唐)李隆基撰,李林甫注,〔日〕广池千九郎训点,内田智雄补订:《大唐六典》卷30《三府督护州县官吏》,第514—524页。
③ 《新唐书》卷49下《百官志四下》:"自三都以下,皆有执刀十五人。"(第1311页)而都督府和州不载执刀。《旧唐书》卷44《职官志三》,仅于京兆、河南、太原三府载有执刀十五人,中州执刀十人。(第1916、1918页)应有遗漏。
④ "五十",据《大唐六典》为"十五"之误;贞元"元"年,据《册府元龟》卷484《邦计部·经费》第5788页所载,为贞元"九"年之误;《旧唐书》卷13《德宗纪下》贞元八年五月丙寅,以大理卿王翃为福建观察使,九年五月庚申废诸府州执刀,可证"贞元元年"之误,亦证"雍"为"翃"之误;《旧唐书》卷157有《王翃传》,亦足证"雍"为误字。
⑤ (宋)王溥撰:《唐会要》卷69《都督刺史已下杂录》,第1212页。

停罢全国州府执刀，重申"其资粮，委户部征收"①。这说明，初置户部别贮钱时，纳入的停刺史执刀钱，只是部分地方的，五年后才扩大为全国性的措施。

司马军事钱，是指司马的军事带职所加给的俸料钱。据大历十二年（777年）五月中书门下奏并经皇帝批准实行的州县官佐正俸和带职加给的规定，州司马正俸每月 50 贯，"司马掌军事"如同州县佐官差充观察使推官、巡官一样，属于带职，应在加给之列。②司马原本"主武之官"③，为什么掌军事变成带职了呢？在唐朝，州司马是由治中改名的，治中在隋朝前已是"主众曹文书"④的文官。唐朝州司马与州长史的职掌，名义上"纲纪众务，通判列曹"⑤，而实际上"诸州长马本是散员"⑥，一般不掌军武之事。白居易《江州司马厅记》对唐司马之职有一段论述，是个很好的佐证，该文云：

> 自武德以来，庶官以便宜制事，大摄小，重侵轻。郡守之职，总于诸侯帅；郡佐之职，移于部从事。故自五大都督府至于上中下郡，司马之事尽去，唯员与俸在。凡内外文武官左迁右移者递居之；凡执役事上与给事于省寺军府者遥署之；凡仕久资高，耄昏软弱，不任事而时不忍弃者，实参莅之。莅之者，进不课其能，退不殿其不能，才不才一也。⑦

这尽管带有个人感情色彩，但却道出了一个基本事实，即在唐朝特别是唐朝后期的司马确已是一个闲散之职，与军武之事无涉。因此，如某州司马判掌军事，便成为其带职，按规定，须加给俸料。那么，司马掌军事的加给料钱是多少呢？有一个会昌时的资料可作参照。会昌六年（846 年）十二月中书门下奏称：

> 应诸中下州司马军事俸料，共不满一百千者，诸[请]添至一百千；其紧上州不满一百五十千者，请添至一百五十千；其雄望州不满二百千者，请添至二百千。其先已过者，即得仍旧。……如别带使额者，并仍旧，不在添限。⑧

---

① （宋）王钦若等编：《册府元龟》卷 484《邦计部·经费》，第 5788 页。
② （宋）王钦若等编：《册府元龟》卷 506《邦计部·俸禄二》："其州县官，除差充（观察使）推官、巡官及司马掌事外，如更别带职，亦不在加给限。"（第 6076 页）
③ （唐）杜佑撰：《通典》卷 32《职官十四·州郡上·总论州佐》，第 185 页。
④ （唐）杜佑撰：《通典》卷 33《职官十四·州郡上·总论州佐》，第 185 页。
⑤ 《旧唐书》卷 44《职官三》，第 1919 页。
⑥ （宋）王钦若等编：《册府元龟》卷 508《邦计部·俸禄四》，第 6092 页。
⑦ （清）董诰等编：《全唐文》卷 676 白居易：《江州司马厅记》，第 6899 页。
⑧ （宋）王钦若等编：《册府元龟》卷 508《邦计部·俸禄四》载，宣宗会昌六年三月即位，第 6094—6095 页。

这个奏请是经宣宗批准实行的。由此观之，州司马带职军事加给的料钱，此前是不一致的，存在比这个加给标准还高的情况。从这个统一的标准来看，司马掌军事加给的料钱，至少是 50 千文，与正俸相当，而雄望州多达 150 千文，是正俸的三倍。这样丰厚的加给，必然趋使众多的州司马争带军事职。李泌设置户部别贮钱时，把停司马掌军事料钱作为一项来源，必然有停罢司马军事带职的举措，但是，史籍中没有留下直接的记录，只见过一条可供推测的资料：

> （贞元）十五年十二月诏：今年十月三日诏，权减诸道诸州刺史判军事料……等钱。宜一切却仍旧。初，献计者言，收诸道军事钱及手力资课等，当得百数十万贯，可以助军。于頔时判度支，又赞成之。及算计大数，止于三十万贯，而数中更有耗折杂破，才得十余万贯。舆论甚以为不便，韦皋、张建封又相次奏言，所得甚微，所失体大，又因此人心颇不安。故命复古也。①

从这条资料看，当初献计者所言"收诸道军事（料）钱"如果既包括刺史判军事料钱，也包括司马军事料钱，那么下令恢复的只是"诸道诸刺史判军事料"，而司马判军事料则没有恢复。因此，可以看作是停罢司马之军事带职的间接证据。

二

户部别贮钱的来源，除上述设置初期的六项之外，后来还有增加。能够考见的有税茶钱、外官缺官禄米、长春宫营田收入和诸色无名钱等。兹分述如下：

1. 税茶钱

税茶钱，是户部别贮钱一项重要的来源。

唐朝税茶始于建中三年（782 年）。该年九月，户部侍郎判度支赵赞奏置常平仓，用征收商人货物每贯 20 文和竹、木、茶、漆 1/10 税钱作常平本钱。②但是不久发生泾原兵变，唐德宗逃奔奉天，于兴元元年（784 年）正月所下罪己

---

① （宋）王溥撰：《唐会要》卷 91《内外官料钱上》，第 1663—1664 页；《册府元龟》卷 506《邦计部·俸禄二》，第 6081—6082 页，略同。

② 《旧唐书》卷 12《德宗纪上》，第 334—335 页；《唐会要》卷 84《杂税》作"建中元年"，误。因为赵赞在建中三年五月才由中书舍人代杜佑为户部侍郎判度支而握利权，则元年不能有此举。

· 317 ·

诏书中，茶税等被迫宣布停罢。①至贞元九年（793年）正月，诸道盐铁使张滂又奏置茶税②，其奏云：

> 伏以去岁水灾，诏令减税。今之国用，须有供储。伏请于出茶州县及茶山外商人要路，委所由定三等时估，每十税一，充所放两税。其明年已后，所得税外贮之，若诸州遭水旱，赋税不办，以此代之。③

唐德宗批准实行，每年收得税茶钱四五十万贯。茶税收入，按张滂所说，当年作为充填上年放免之两税，当是纳入左藏由度支作为国用；"明年已后"即从贞元十年（794年）开始，"所得税钱外贮"，当是度支所掌左藏之外收贮。那么，是由什么部门收贮呢？贞元十年陆贽上德宗的《均节赋税恤百姓疏》其五《请以茶税钱置义仓以备水旱》云：

> 近者有司奏请税茶，岁约得五十万贯。元敕令贮户部，用救百姓凶饥。今以蓄粮，适副前旨。④

陆贽的主张未被采纳，但它证明张滂说的"外贮"，就是由户部收纳别贮。税茶钱成为户部别贮钱新的组成部分。税茶钱由户部收纳别贮，还可从王绍主判户部钱的记载中得到证实。《旧唐书·王绍传》云：

> 贞元中，（王绍）为仓部员外郎。时属兵革旱蝗之后，令户部收缺官俸，兼税茶及诸色无名之钱，以为水旱之备。绍自拜仓部，便准诏主判，及迁户部、兵部郎中，皆独司其务。⑤

王绍约在贞元十年以仓部员外郎为户部司判案郎官，其后迁升户部郎中和兵部郎中，都继续作户部司判案郎官，主办户部别贮钱的备水旱之用事务，这部分经费的来源中便有税茶钱。自从盐铁使张滂奏置茶税以后，历代主管茶税的都是盐铁使。唐宪宗时的盐铁使李巽，唐穆宗时的盐铁使王播，唐文宗时的盐铁使王涯、令狐楚、李石，唐武宗时的盐铁使崔珙，唐宣宗时的盐铁使裴休、于悰等人，都有管理茶税的记录。可是，税茶钱是否一贯由户部使

---

① 《旧唐书》卷12《德宗纪上》，第340页。
② 《新唐书》卷7《德宗纪》，第198页。
③ （宋）王溥撰：《唐会要》卷84《杂税》，第1546页；《册府元龟》卷493《邦计部·山泽》，第5898页；《全唐文》卷612张滂：《请税茶奏》，第6185页，皆载有此奏文。
④ （清）董诰等编：《全唐文》卷465陆贽：《均节赋税恤百姓疏》其五，第4758页。
⑤ 《旧唐书》卷123《王绍传》，第3521页。

收管呢？既然税茶法的管辖一直沿袭张滂复置时的模式，那么，税茶钱也应当收管于户部使。这一点也有材料证实。《旧唐书》卷 187《庾敬休传》云：

> 上（文宗）将立鲁王为太子，慎选师傅，改（庾敬休）工部侍郎兼鲁王傅。（庾敬休）奏：剑南西[两]川、山南西道，每年税茶及除陌钱，旧例委度支巡院勾当榷税，当司于上都召商人便换。……请取江西例，于归州置巡院一所，自勾当收管（剑南两川和山南西道税茶及除陌）诸色钱物送省。①

按庾敬休大和年间兼鲁王傅之本官，据《旧唐书·文宗庄恪太子永传》非工部侍郎，而是户部侍郎；又据其奏事，并为户部侍郎判本司，即户部判使。庾敬休任户部使时间约在大和五年（831年）至大和七年（833年）七月。②从庾敬休奏事表明，唐文宗大和时剑南两川和山南西道的税茶钱和除陌钱，仍按户部别贮钱的成例，归户部使收管。由此可见，税茶钱由户部别贮也是一贯的。③

税茶收入，唐德宗时是四五十万贯。唐穆宗时增税 50%，总额当有相应增加。唐文宗时榷茶失败，曾恢复唐德宗时的税茶办法。唐武宗时又增加江淮地区的茶税。宣宗时"天下税茶，倍增贞元"④，当近百万贯。吕夏卿《唐书直笔》卷 4 载大中时税茶钱为 603370 缗 97 文。如果税茶钱大体归属户部使，那么，户部别贮钱的构成中，税茶钱的分量是比较重的。

2. 外官缺官禄米

外官缺官禄米属户部所管别贮经费，有两条相关的资料为证。一是元和六年（811年）八月户部侍郎判本司事李绛奏，该奏称：

> 请诸州府缺官职田、禄米及见任官抽一分职田，所在收贮，以备水旱。⑤

李绛奏请经宪宗批准实行。另一是大和（827—835年）中，户部侍郎判本司事庾敬休奏。该奏称：

---

① 《旧唐书》卷 187《庾敬休传》，第 4913—4914 页。
② 严耕望撰：《唐仆尚丞郎表》卷 12《辑考四下·户部侍郎》，第 713—714 页。
③ （宋）王溥撰：《唐会要》卷 88《盐铁》载，开成五年（840年）九月敕，"税茶法，起来年，却付盐铁使收管"（第 1607 页）。并未明确税茶钱也由盐铁使收管。
④ 《新唐书》卷 54《食货志》，第 1382 页；《文献通考》卷 18《征榷考五·榷茶》，略同。
⑤ （宋）王溥撰：《唐会要》卷 58《户部侍郎》，第 1012 页；《册府元龟》卷 507《邦计部·俸禄三》，第 6084 页，所载略同。

>两川米价腾踊,百姓流亡。请粜两川缺官职田、禄米,以救贫人。①

前条说明,元和六年(811年)以后,属于户部别贮钱的一部分粮食,改贮于所在地方州府,其中包括缺官禄米。后条说明,两川贮有包括禄米在内的属户部所管粮食,应是按前李绛奏请贮在那里的。两条资料说明,元和至大和年间,外官缺官禄米是户部别贮钱的构成部分,应是毫无疑义的。本文上节已经表明,户部别贮钱已收管有外官缺官俸料和职田钱,而缺官禄米一并纳入其中,应是情理之中的事。那么,外官缺官禄米是何时纳入户部别贮钱的呢?史籍没有明确记载,但可以通观其事况而予以推断。唐朝官员给禄之制,始于唐初。②京官禄米正一品年700石,递减至从九品52石。"其在外文武官九品以上,准官皆降京官一等给。"③安史之乱爆发后,禄米京官不给,外官"量给一半,事平之后当续支还"④。故唐朝外官,禄米一直存在,并且后期给禄数量还有增加。⑤安史之乱后,缺官增多,外官犹甚,其缺官禄米数量,当亦可观。可是,外官缺官禄米如何处置,一直未见记载。元和六年李绛奏,始知纳入户部别贮钱。但是,从李绛奏文看,这并非外官缺官禄米纳入户部别贮之始。其开始之时,可作两种推测:一是在贞元四年(788年)设置户部别贮钱时,和外官缺官俸料、职田钱一起,收贮于户部,只是史籍遗漏了禄米这个项目。二是在贞元四年之后、元和六年之前这段时间,新划归户部收贮。两种可能都存在。在未有新证据之前,姑且把外官缺官禄米作贞元四年之后户部别贮钱的新增来源。

---

① 《旧唐书》卷187下《庾敬休传》,第4914页;《新唐书》卷161《庾敬休传》,第4987页,无"禄米"二字,当属遗漏。

② 唐官禄制,《唐会要》卷90《内外官禄》,第1648页和《册府元龟》卷505《邦计部·俸禄一》,第6066页,均作武德元年(618年)十二月"因隋制,文武官给禄";《通典》卷35《职官十七·禄秩》载:"大唐武德,中外官无禄。贞观二年制,有上考者乃给禄。其后,遂定给禄俸之制。"(第200页)

③ (唐)杜佑撰:《通典》卷35《职官十七·禄秩》,第200页;《唐会要·内外官禄》不载外官;《册府元龟·俸禄》,第6066页,脱"文"字。

④ (宋)王溥撰:《唐会要》卷90《内外官禄》,第1649页;《册府元龟》卷506《邦计部·俸禄二》,第6072页。

⑤ 白居易元和初为盩厔尉,有诗云:"吏禄三百石,岁晏有余粮。"盩厔属畿县,其尉九品下,前期禄米54石5斗。元和十年(815年)自居易任江州司马,著《江州司马厅记》有云:"上州司马秩五品,岁廪数百石,月俸六七万,官足以庇身,食足以给家。"上州司马从五品下,前期禄米140石,元和给禄超过前期。又如大中三年(849年)九月敕,秦州刺史禄粟月给51石,原州、威州刺史禄粟月给41石(《唐会要》卷91《内外官禄》,第1649页)。秦州、原州是中都督府,刺史兼都督,正三品,前期年禄370石;威州为中州,刺史正四品,前期年禄280石。而大中三年给禄数都大大超过前期。

3. 长春宫营田收入

长春宫营田收入归属户部，见载于宝历二年（826年）九月壬申敕，云"户部所管同州长春宫庄宅，宜令内庄宅使管系"①。就在这年十二月，唐敬宗为宦官杀害，唐文宗即位。唐文宗在《即位诏》中，为表示"克己复礼，修政安人"，而在宣布出放宫人、停废教坊冗员诸积弊的同时，宣称：

> 长春宫见在斛斗及丝草席等，依前户部收管。②

由此可见，宝历二年以前和以后，长春宫营田收入都是由户部收管的。那么，长春宫营田的情况如何，其收入是否一直归属户部呢？

长春宫，北周武帝保定五年（565年）所置行宫，在同州朝邑县（治今陕西大荔县东三十五里的朝邑镇）西北的强梁原上。③隋朝仍为行宫，开皇中曾增构殿宇。李渊起兵进入长安之前，曾在此地休甲养士。武德二年（619年）于此置陕东道大行台，李世民居藩作镇。四年山东平，行台他移。④开元七年（719年）同州刺史姜师度，利用县北四里的古渠通灵陂，"引洛水及堰黄河以灌之，种稻二千余顷""内置屯十余所，收获万计"。⑤从地望准之，长春宫当在灌种区内，故次年八月以姜师度兼营田长春宫使。⑥这是利用长春宫荒闲土地进行屯田的开始，并且把这里的屯田置于长春宫使的经管之下。十月，唐玄宗巡幸长春宫，看到"今原田弥望，畎浍连属。由来榛棘之所，遍为秔稻之川。仓庾有京坻之饶，关辅致珠金之润"，甚为满意。于是颁诏嘉奖姜师度，称他"奉公之道，知无不为。顷职大农，首开沟洫"。特加金紫光禄大夫，赐帛300匹。⑦由此可见，长春宫营田一开始便很成功，其收获供应京师，但由哪个部门收纳不详。开元九年（721年）十二月十七日唐玄宗下令，把"同、蒲、绛河东西并沙苑内，无问新旧注[洼]田蒲蓷，并宜收入长春宫，仍令长

---

① 《旧唐书》卷17《敬宗纪》，第521页；《唐会要》卷30诸宫《杂记》，载于宝历元年九月，无"户部所管同州"数字，"收管"作"营建"，第563页。
② （清）董诰等编：《全唐文》卷70文宗：《即位诏》，第742页；《旧唐书》卷17上《文宗纪上》略同。唐文宗此诏文，显然针对唐敬宗而发。说明敬宗令内庄宅使管的，不仅是庄宅，还包括"斛斗及丝草席等"，即长春宫营田的收入。
③ 王仲荦：《北周地理志》卷1《关中·同州》，北京：中华书局，1980年，第60页。
④ （唐）李吉甫撰，贺次君点校：《元和郡县图志》卷3《关内道·同州·朝邑》，《中国古代地理总志丛刊》，北京：中华书局，1983年，第38页。
⑤ （唐）李吉甫撰，贺次君点校：《元和郡县图志》卷3《关内道·同州·朝邑》，《中国古代地理总志丛刊》，第38页；《旧唐书》卷185下《良吏下》略同。按：唐每屯大者五十顷，小者二十顷。《新唐书·地理志》作"百余顷"，不甚准确。
⑥ （宋）王溥撰：《唐会要》卷59《长春宫使》，第1038页。
⑦ （清）董诰等编：《全唐文》卷28玄宗：《褒姜师度诏》，第318页。

春宫使检校"①。开元二十九年（741年）又将"新丰、朝邑屯田令长春宫使检校"②。可见开元年间，长春宫营田一再扩展，达到很大的规模，应有一笔相当大的收入。这笔收入的归属问题，除上引唐敬宗、文宗诏文有所反映之外，其他时期都不见记载。但是，我们从长春宫使的人选上，可以窥见一些蛛丝马迹。长春宫使从唐玄宗开元（713—741年）至唐昭宗乾宁（894—898年），不时留下姓名。③唐肃宗上元、宝应年间的长春宫使，由身为宦官、掌管天子的乘舆服御的殿中省长官殿中监李辅国和乐子昂担任。这时长春营田收入很可能是直接作为天子衣食住行的费用。由此可以解释为什么唐代宗大历五年（770年）诏停诸州屯田时，"特留华、同、泽三州屯"④。同州、华州屯田就是长春宫使经营的。自大历九年（774年），长春宫使的任命发生了重要变化。八月以"宋晦为同州刺史，充长春宫营田等使"⑤，"自后，遂令同州刺史充长春宫使"⑥，成为惯例。这是长春宫使授任人由宦官、殿中省长官改变为所在州长官。这种改变很可能意味着长春宫营田隶属关系的变化，因而也是长春宫营田收入归属部门的变化。这个变化的发生，可从唐代宗发布的一道诏书中看出一点缘由。当年五月乙丑诏云："四海之内，方协大宁，西戎无厌，独阻王命，不可忘战，尚劳边事。朕顷以兵革之后，军国空耗，躬率节俭，务勤农桑。"⑦这是说，安史之乱虽然平定，而"西戎"仍是军国大患，经济又严重困难，因此，天子也要带头节俭，官民务必勤于农桑。长春宫营田收入不再直接归天子所用，而改作官府收入，恐怕就是"躬率节俭"的一种表示。至于长春宫营田收入转到哪个官府部门，史籍缺载，不得详知。当时"军国之用，仰给于度支、转运二使"⑧，很可能是归入度支使作军国之用。至于何时转归户部别贮，肯定是在贞元四年（788年）之后至唐敬宗宝历之前，所

---

① （宋）王溥撰：《唐会要》卷59《长春宫使》，第1039页。
② （宋）王溥撰：《唐会要》卷59《长春宫使》，第1039页。
③ 长春宫使者历代见载的有：开元八年姜师度，二十五年皇甫惟明，天宝六载王鉷，上元元年李辅国，宝应元年乐子昂（以上见《唐会要·长春宫使》），大历二年敬括（《旧唐书·敬括传》），大历九年宋晦（《旧唐书·代宗纪》），建中初侯镛（《旧唐书·吕元膺传》），贞元十四年杜确（《旧唐书·德宗纪》），元和三、四年间颜防（《全唐文》卷721谢楚：《为同州颜中丞谢上表》），元和四年崔颋（《旧唐书·宪宗纪》），约元和十年至十三年间郑絪（《旧唐书·郑絪传》），长庆元年元稹（《旧唐书·穆宗纪》），大和九年刘禹锡（《全唐文》卷601刘禹锡：《同州刺史谢上表》），昭宗乾宁四年韩建（《全唐文》卷792崔涓：《赐许国公韩建铁券文》）。
④ （宋）王钦若等编：《册府元龟》卷503《邦计部·屯田》，第3036页。
⑤ 《旧唐书》卷11《代宗纪》，第305页。
⑥ （宋）王溥撰：《唐会要》卷59《长春宫使》，第1038页。
⑦ 《旧唐书》卷11《代宗纪》，第304页；《册府元龟》卷484《邦计部·经费》，第5785页，所载略同。
⑧ （宋）王溥撰：《唐会要》卷83《租税上》，第1536页。

以，应该是户部别贮钱的新增来源。

此外，前引《旧唐书·王绍传》中，提到王绍所管部分户部别贮钱内，还有一个来源，叫做"诸色无名钱"。这也应是户部别贮钱设置以后纳入的一项非固定性来源。如《资治通鉴》贞元四年（788年）九月条载："元友直句[勾]检诸道税外物，悉输户部，遂为定制。"①诸如此类，或属诸色无名钱之列。

三

通过对户部别贮钱来源的考察，我们对户部别贮钱的特性得到进一步的认识，归结起来有以下三点：

第一，从户部别贮钱各个组成项目的原委，我们认识到，绝大多数项目如中外给用除陌钱、外官缺官俸料禄米职田钱、停省官吏俸料钱、现任外官一分职田钱、长春宫营田钱物等都是早就存在的，都有各自的渊源，并非设置户部别贮钱时新确立的。所以，户部别贮钱的设置不算新立名目，并不增加当时民众的负担。只有稍后纳入的税茶钱，是新立税目，需要经营茶叶的商人出钱，而超出正常税率的税钱，茶商往往会转嫁到茶农身上。不过税茶钱在户部别贮钱中，最初只占不到1/7，不足以改变该钱的性质。

第二，从国家财政来看，户部别贮的资金，可以分为节流资金和开源资金。从中外官府给予中抽贯得来的除陌钱，从缺职官得来的俸料禄米职田钱物，从停省官吏得来的俸料钱，从现任外官抽取的1/3职田钱，都可以说是从缩减财政支出中得来的资金，无疑属于节流资金。户部别贮钱大多数来自这种节流资金。税茶钱是重新设置的税目，长春宫营田收入是生产经营所得，只有这两项才属于开源资金。这种资金在户部别贮钱中不占主要成分，而且是后来增加的。由此可见，户部别贮钱主要是把缩减财政支出所得资金转化为财政预备金②，显然是大有益于国家财政的措施。

第三，户部别贮钱既然主要是从节约财政支出得来的，那么，其节约对象是不是把中央财政和地方财政都包括在内了呢？答案是否定的。关于中外给予除陌钱的抽贯对象，陈明光已指出："除陌"是从送使、留州二部分抽取巨额财物来归中央支配，其矛头主要是瞄准地方方镇腰间的财囊。③缺官俸料禄米职田钱物，前已阐明只适用于地方州县官，停省官吏俸料和现任官1/3职

---

① （宋）司马光编著，（元）胡三省音注：《资治通鉴》卷233，唐德宗贞元四年九月条。
② 参见陈明光：《唐代财政史新编》，北京：中国财政经济出版社，1991年，第282—284页。
③ 陈明光：《唐代"除陌"释论》，《唐代财政史新编》附录二，第329页。

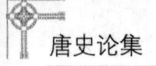

田钱，也都是针对州县官吏的。所以，户部别贮钱主要是从方地财政中节约得来的。这不仅有利于缓解中央财政的困境，增强中央财政抗险应急的能力，而且对抑制嚣张跋扈的方镇势力，必然起到一定作用。

总之，通过对户部别贮钱来源的考察，我们更清楚地看到了它的重要价值，从而对倡议实行这项措施的李泌，对他的深谋远虑、远见卓识当有深一层的理解。

原载《魏晋南北朝隋唐史资料》第 21 期，武汉大学文科学报编辑部，2004 年

唐代户部别贮钱的用途

贞元四年（788年），由宰相李泌提议，经唐德宗批准而建立的户部别贮钱，又称户部钱[①]，是唐朝后期财政上的重要举措。开元初，户部别贮钱每年有三百多万贯，后来又有增加。这笔数目可观的国家经费用到哪里去了？史籍没有专门记载，有论文略为涉及[②]，但尚待全面深入。本文拟就此作系统考察，并对其特征和作用略抒己见。

一

李泌设置户部别贮钱有一个十分明确的目的，就是为解决当时"京官月俸"问题。[③]所以，每月支付京师文武百官（包括京府县官）的俸料钱，成为户部别贮钱一项经常性的开支。

安史之乱爆发后，"京官不给料"[④]。大历（766—779年）时京官曾加给料钱，但多寡不当，"百官俸料寡薄"状况并未完全改变。李泌任宰相后，又面临前相张延赏裁减官吏所引起"怨嗟盈路"[⑤]的紧张局面。因此，奏加百官俸料，并设置户部别贮钱以保证其来源。"自是京官益重，颇优裕焉。"[⑥]

李泌奏加京官俸料钱的数量，见载于《唐会要·内外官料钱上》贞元四年中书门下奏。当时，京文武官及京兆府县官三千〇七十七员，旧俸年总三

---

① 何汝泉：《唐代户部钱的设置》，《西南师范大学学报（人文社会科学版）》2001年第2期，第114—116页。
② 吴丽娱：《唐后期的户部司与户部钱》，中国唐史学会编：《中国唐史学会论文集》，西安：三秦出版社，1989年。
③ 《旧唐书》卷13《德宗纪》，第364页。
④ （宋）王溥撰：《唐会要》卷91《内外官料钱上》，第1655页。
⑤ （宋）司马光编著，（元）胡三省音注：《资治通鉴》卷232，唐德宗贞元三年五月条。
⑥ （宋）司马光编著，（元）胡三省音注：《资治通鉴》卷232，唐德宗贞元四年正月条，《通鉴考异》引《德宗实录》。

十四万八千五百贯四百文，新加二十六万八千三百五十五贯四文，所加为旧额的 77%。一年新旧共为六十一万一千八百五十五贯四百四文。这个数字，比《旧唐书·德宗纪》所说"朝臣岁支不过五十万（贯）"，约多十一万贯，比《新唐书·食货志》载的"给京官，岁费不及五十五万缗"，约多六万贯。怎样看待这个相差的数字呢？中书门下奏最后有这样一段文字：

> 右中书门下准去年十一月二十八日敕，京官宜加料钱，准敕商量，谨条件如前。敕旨：依。①

据此可以断定，中书门下奏所说数字，是根据各司应有官员数和每个官员应支数而计算出来上报皇帝审批的，应属于预算数目。而《旧唐书·德宗纪》、《新唐书·食货志》所言为概略数，可能为实际支出数。其相差数或为应有官员与实际官员之差所致。故考察贞元时京官俸数，不必以中书门下奏为实数。大体上说，户部别贮钱设置初期，京师文武百官俸料支出，约占其总数的六分之一。以后。京官员数大有增加。元和十四年（819 年）达五千七百一十八员②，比贞元增加 85.8%。若俸料亦按此率增加，则为约九十二万贯。会昌二年（842 年）京官达六千五百七十四员③，比贞元增加 113%。若俸料亦按此率增加，则为约一百〇六万贯。由此可以概见户部钱支付京官俸料数量情况。

贞元以后，京官俸料由户部使司执掌的这笔经费开支成为制度。长庆四年（842 年）京城米价上涨，为了安抚京官，唐穆宗"令户部给百官俸料，其中一半给段匹者，迴给官中粜粟，每斗折五十文"④。这是天子责成户部使司把原俸料中给绢帛的一半，改给官粟，每斗减五十文折价，以减轻百官因米价上涨而受的损失。显然这时京官俸料仍然由户部使司的别贮经费支付。类似举措，还在唐文宗大和七年（833 年）由户部侍郎判本司事（即户部使）庾敬休奏请实行过。唐武宗会昌六年（846 年），还有户部奏报经办文武百官俸料钱事宜的记载。⑤以后，未见有改变京官俸给部门的迹象。

地方州县官的俸料钱，唐代后期是在两税的留州送使钱内开支，一般不由户部使司支付。但是，史籍有四次户部支付州县官俸的记载：

---

① （宋）王溥编撰：《唐会要》卷 91《内外官料钱上》，第 1663 页。
② （清）董诰等编：《全唐文》卷 612 崔群：《元和圣文神武法天应道皇帝册文》，第 6182 页。
③ （清）董诰等编：《全唐文》卷 700 李德裕：《上尊号玉册文》，第 7190 页。
④ （宋）王溥撰：《唐会要》卷 92《内外官料钱下》，第 1667 页。
⑤ （宋）王钦若等编：《册府元龟》卷 508《邦计部·俸禄四》，第 6094 页。

唐代户部别贮钱的用途

（1）元和六年（811年）闰十二月，"河东、河中、凤翔、易定四道，由于，县州久破，俸给至微，吏曹注官，将同比远"。唐宪宗下令"宜以户部钱五千贯文，充加四道州县官课"①。

（2）元和七年（812年）五月，加赐泽、潞、磁、洺等州府州县官料钱二万贯文。②

（3）元和七年十二月，"以麟［鄜］、坊、邠三州官吏，近边俸薄，各加赐其料钱"③。

（4）会昌六年三月唐宣宗即位，八月敕：夏州、灵武、振武、天德四道，因"土无丝蚕，地绝征赋，自节度使以下俸料赏设，皆刬官健衣粮"，以致"兵占虚名，军无战士，缓急寇至，无以支敌"，故给四道节军使、监军、副使或军使、都防御副使以及判官、掌书记、观察判官、推官、巡官等俸料钱。自每月三百贯至三十贯各有差。此外，每年每道还给一定的赏设、修器仗钱。"其所给料钱等，并以户部钱物充，起十月支给。一年以后，仍每秋一度差御史一人，占检兵士器仗闻奏。"④

上述（1）（3）两次加给四道三州官的料钱，在三十年后的会昌元年（841年），中书门下奏中还说到其实施情况：

> 伏准元和六年闰十二月十二日及元和七年十二月二十日敕，河东［河中］、凤翔、鄜坊、邠州、易定等道，令户部加给课料钱，共六万二千五百贯文。⑤

这里清楚表明，元和七年加给三州的料钱，和六年加给四道料钱一样，是由户部随月支给，是户部钱的经常性开支。

上述（4）"以户部钱物充"给夏州等四道官的俸料钱，敕文已明确规定，从当年十月起，每月支给，并且一年后还要派御史检查执行情况。这也无疑是户部钱的经常性支出。

---

① （宋）王溥撰：《唐会要》卷91《内外官料钱上》，第1664页；《册府元龟》卷507《邦计部·俸禄三》作"闰十一月"，误，并漏"河东"，第6084页。〔日〕池田温：《唐代诏敕目录》（西安：三秦出版社，1991年），既录《册府元龟》敕文于十一月，又录《唐会要》敕文于十二月。其实为同一敕，《册府元龟》系时有误而已。
② （宋）王溥撰：《唐会要》卷91《内外官料钱上》，第1664页。
③ （宋）王溥撰：《唐会要》卷91《内外官料钱上》，第1664页；"麟"，据下引会昌元年中书门下奏，仍"鄜"之误。
④ （宋）王钦若等编：《册府元龟》卷508《邦计部·俸禄四》，第6094页。
⑤ （宋）王溥撰：《唐会要》卷92《内外官料钱下》，第1668页；《册府元龟》卷508《邦计部·俸禄四》所载同，第6092页；《旧唐书》卷18上《武宗纪》载于会昌二年，疑误，第589页。

· 327 ·

上述（2）加赐泽、潞等五州府州县官的俸料钱，《唐会要》中同（3）一样，未明言由户部钱支给，而从上引会昌元年（841年）中书门下奏已知（3）仍是户部钱支给，那么，加赐泽、潞的也应是由户部钱支给。不过这次加赐，乃是昭义节度使卢从史与成德叛将王承宗通谋被捕后，为了安抚该镇官兵而一次性的赏赐。那么，这应是户部钱的临时性支出。

总之，这四起由户部别贮钱支付地方官俸料，都是天子针对个别地方的特殊情况，或因河朔用兵，州县残破，或地近边防，田土荒芜，以致当地官员俸料寡薄，影响地区安定或边境军务，因此而采取的特殊措置。至于一般地方官的俸料，则不在户部钱支付之列。

满足京官月俸需要，只是户部别贮钱的筹建初衷。既设之后，特别是存在六分之五的余额作为国家储备经费，于是，户部别贮钱便广泛地用于军事、行政、宫廷、赈灾等各个方面。

二

户部别贮钱用于军事，乃是超过俸给的最大支出项目。《新唐书·食货志》说到户部别贮钱用途时指出："度支给诸军冬衣，亦往往取之。"这项军需开支并非虚语。宝历二年（826年）五月敕文便有：

> 如闻度支近年请诸色支用常有欠缺，今又诸军诸使衣赐支遣是时，须有方圆，使其济办。宜量赐绢及䌷一万匹，以户部物充。[①]

可是，户部别贮钱用于军事，却远不只是补度支衣赐一项。开成二年（873年）武宁军节度使薛元赏奏请停罢泗口税场时，唐文宗诏令每年以度支、户部钱二万贯，赐供其军和充驿料之用。这是户部钱用来补给地方镇军之例。

会昌五年（845年）九月，宰相李德裕奏置备边库，"收纳度支、户部、盐铁三司钱物"。至大中三年（849年）改名延资库。初，户部每年交纳二十万贯匹[②]，后增至二十六万四千二百八十五贯匹[③]。这是户部别贮钱一项固定的军事备用支出。

[①]（宋）王钦若等编：《册府元龟》卷484《邦计部·经费》，第5790页。
[②]（宋）司马光编著，（元）胡三省音注：《资治通鉴》卷248，唐武宗会昌五年九月条，作"十二万缗匹"。
[③]（宋）王溥撰：《唐会要》卷59《延资库使》，第1022页。

唐代户部别贮钱的用途

在对周边民族政权的战争中，户部别贮钱还要分担军费。如大中十三年（859年）南诏酋龙称帝，遣兵攻陷播州；咸通元年（860年）攻陷交趾、邕州；咸通四年（863年）再陷交趾，并进扰西川；咸通五年（864年）再陷邕州。这一系列战争中，唐朝派兵遣将，费用多由户部钱支给。所以，咸通五年延资库使夏侯孜奏催户部欠款时，以"累岁以来，岭南用兵，多支户部钱物"为缘故，不好坚持要户部还清旧欠。①

户部别贮钱用来和籴的粮食，绝大部分用于供应军队。在唐代前期已是这样，后期更是如此。唐代宗在一道关于和籴的诏书中说："理国之本，莫先兵食"，故每岁进行和籴"以赡军国"。②贞元时，诸道戍兵月给粟十七万斛，"皆籴于关中"③。用来和籴的钱帛，在唐代后期三司理财时，盐铁转运使虽然也有出钱的记载④，但主要是从度支和户部使司所掌经费支出。现将一些仅见的户部出钱和籴记载录如下：

贞元八年（792年）陆贽上言，请令户部以二十万付京兆，以每斗百钱的有利于农人的价格籴米，以补渭桥仓；以一百二十万六千缗付边镇，使籴十万人一年之粮。⑤

元和八年（813年）九月，兵部尚书王绍奏请，经唐宪宗批准，京兆府、同州、华州、陕州、虢州、河中府、绛州、河南府、河阳节度使等籴粟，自二十五万石至二万石不等。先以当府州秋税青苗钱折纳，后由户部"据数俱还"⑥。

长庆四年（824年）八月诏：于关内及关外拆籴和籴粟一百五十万石，其和籴价以户部钱充，并"仍委户部管系，寻常不得支用"⑦。

宝历元年（825年）十二月戊辰敕：如闻河东、振武今年熟，令博籴米十万斛，搬送灵武收贮，其价以户部钱充。⑧

开成元年（836年）十月，户部请和籴一百万石。开成三年（838年）九月甲申，令户部差官往京西、东都、河中共籴粟六十万石，各于当处收贮。

---

① （清）董诰等编：《全唐文》卷746夏侯孜：《户部积欠奏》，第7726页。
② （宋）王钦若等编：《册府元龟》卷502《邦计部·平籴》，第6013页。
③ 《新唐书》卷53《食货志三》，第1374页。
④ 《旧唐书》卷11《代宗纪》大历九年（774年）五月庚申诏："度支使支七十万贯，转运使五十万贯和籴，岁丰谷贱也。"（第304页）
⑤ （宋）司马光编著，（元）胡三省音注：《资治通鉴》卷234，唐德宗贞元八年八月条。
⑥ （宋）王钦若等编：《册府元龟》卷502《邦计部·平籴》，第6014页。
⑦ （宋）王钦若等编：《册府元龟》卷502《邦计部·平籴》，第6014页。
⑧ （宋）王钦若等编：《册府元龟》卷502《邦计部·平籴》，第6015页。

329

咸通七年（866年）八月，户部奏请和籴，敕委户部择人督办。①这几次由户部奏请和主持的和籴，无疑是以户部钱充。

以上从贞元八年（792年）到咸通七年间都有户部钱支付和籴的记录，说明和籴是户部钱中的一项具有连续性的支出。从中可以想见，户部钱在这方面的支出数目是不小的。

三

户部别贮钱用于京官诸司行政费用，包括百司纸笔费用、诸司公厨食料钱、诸司廨宇修缮和什物添置费用等，也应是一笔经常性的开支。

唐朝前期，内外官府行政费用，在公廨田和公廨钱的收入中开支。

> 贞观元年，京师及州县皆有公廨田，以供公私之费。其后以用度不足，京官有俸赐而已；诸司则置公廨本钱，以番官贸易取息，计员多少为月料。②

公廨田所供"公私之费"包括什么内容？公廨钱息利是否只是作官员月料？《通典·职官·禄秩》有这样的记载：

> 外官则以公廨田收和息钱等，常食公用之外，分充月料。③

田收，指公廨田的租课收入；息钱，指公廨钱的息利收入。这两种收入的用途包括：常食，指官厨供应办公或当值官吏的膳食；公用，当指办公用的纸笔等物资消耗和家什置添、廨宇缮修及其杂用物件的购置等；月料，则在常食、公用之外分充之，并非主要用途。如果以"公私之费"来概括，则前两项（常食和公用）属"公费"，即行政费用，后一项（月料）属"私费"。杜佑说的虽是外官公廨田和公廨钱的用途，而中央官府也应大致相同，但从实际情况来看，却有一定差异。其一，公廨钱息利充俸，中外官府的适用时期有所不同。据研究，以公廨钱息利充俸钱，京官实行于武德元年至乾封元年（618—664年）之间；外官则几经反复，于开元末年停止施行。④公廨钱收入不再充俸，但它仍继续存在，其用途当主要在行政费用上。其二，公厨常食

---

① （宋）王钦若等编：《册府元龟》卷502《邦计部·平籴》，第6015—6016页。
② （宋）王溥撰：《唐会要》卷93《诸司诸色本钱上》，第1675页。
③ （唐）杜佑撰：《通典》卷35《职官十七·禄秩》，第201页。
④ 陈明光：《唐代财政史新编》，第83—86页。

费用的来源，中外官府亦有所不同。《大唐六典》载比部勾覆对象有云：

> 凡京司有别借食本。其注云：中书门下、集贤书院各借本一千贯；尚书省都司、吏部、户部、礼部、兵部、刑部、工部、御史台、左右春坊、鸿胪寺、秘书省、国子监、四方馆、弘文馆各一百贯。皆五分收利，以为食本。诸司亦有之，其数则少。①

京司这种五分收利的食本，既称之为"别借"，应是在公廨田和公廨钱之外的一种专用本钱，而地方州县"常食"，则是在公廨田和公廨钱收入开支。其三，公廨钱以户税充本的始行时间，中外官府也不一致。中外官府都曾以户税收入充公廨钱之本钱。京司在永徽（650—655年）后，"薄敛一岁税（钱），以高户主之"②，出放取息。州县官府的公廨钱，则于开元十八年（730年），以"一岁税钱为本"③。由上可见，唐代前期的行政费用，中外官府大体相同，但有一些具体差异。

安史之乱爆发后，朝廷播迁，财政体制崩溃，官府行政费用所依靠的公廨田和公廨钱也发生了很大的变化。

公廨田，有说唐代前期京官已不再给予。④可是，不仅天宝元年（742年）六月敕提及公廨田，而且大历十四年（779年）八月敕文也载："内外文武官职田及公廨田，准式，州县每年六月三十日勘造白簿申省……近来不守常规，多不申报。……自今以后，准式各令送付本官。"⑤贞元十一年（795年）八月屯田奏中，也有"诸州府送纳内外文武官职田及公廨田四至白簿等前件籍书"⑥。至长庆二年（822年）、长庆三年（823年）元稹任同州刺史时，所写《同州奏均田状》中，还有"当州京官及州县官职田、公廨田并州使官田驿田"之语，并在述说职田租税之后称："其公廨田、官田、驿田等所税轻重，约与职田相似，亦是抑配百姓租佃。"⑦由此看来，唐代后期内外官府的公廨田并非完全不存在，不过，制度弛坏，或有或无，不成其为行政费用的一种依靠，故史籍述及较少，其收支情况更是难以知晓，因此行政费用便全落到公廨钱的收入上。

---

① （唐）李隆基撰，李林甫注，〔日〕广池千九郎训点，内田智雄补订：《大唐六典》卷6《刑部·比部郎中员外郎》，第152页。
② （宋）王溥撰：《唐会要》卷93《诸司诸色本钱上》，第1676页。
③ （宋）王溥撰：《唐会要》卷93《诸司诸色本钱上》，第1676页。
④ 王仲荦：《隋唐五代史》上册，上海：上海人民出版社，1990年，第249页。
⑤ （宋）王溥撰：《唐会要》卷92《内外官职田》，第1670—1671页。
⑥ （宋）王钦若等编：《册府元龟》卷506《邦计部·俸禄二》，第6080页。
⑦ （清）董诰等编：《全唐文》卷651元稹《同州奏均田状》，第6619页。

公廨钱，宝应元年（762年）一道敕文云：

> 诸色本钱，比来将放与人，或府县自取，及贫人将捉，非惟积利不纳，亦且兼本破除。今请一切不得与官人及穷百姓并贫典吏，拣择当处殷富干了者三五人，均使翻转回易，仍放其诸色差遣。庶得永存官物，又冀免破家。①

宝应之年，安史之乱尚未完全平定。这时仍有包括公廨钱的诸色本钱出放。尽管已经出现本利都难以收回的情况，但仍要继续推行。只是改换捉钱人，选择"殷富干了"之人，放免其差遣徭役，由他们将本钱用去谋利取息。又有大历六年（771年）三月敕云：

> 军器[监]公廨本钱三千贯文，放在人上，取利充使以下食料纸笔。宜于数内收一千贯文，别纳店铺课钱，添公廨收利杂用。②

这时的军器监，不仅"纸笔""杂用"取给于公廨钱息利，而且"食料"也是由此开支，并列在开支的首项。这说明，以前专用于公厨的"别借食本"已不复存在。上述情况表明，安史之乱后，一方面行政费用对公廨钱的依赖性加重；另一方面公廨钱出现本利流失的情况，因此，添置公廨本钱出放取息以维持行政费用，成为当时的重要任务。

公廨钱添本，曾经历了一个由多种途径到固定于户部别贮钱的过程。大历六年三月令军器监以店铺课钱添本，贞元元年（785年）九月令取当司阙官职田钱添本，贞元十二年（796年）同意礼部取户部阙职官料钱添本，贞元二十一年（805年）七月批准以左藏库度支除陌钱添本。③这表明这段时间公廨钱添本不拘一途，哪里能拿到钱，就取自那里。本来，贞元十二年礼部尚书李齐运请按照秘书省、大理寺例，取户部所掌阙职官料钱添本，实际上用的已经是户部别贮钱，因为贞元四年（788年）建立户部别贮钱时已把阙官料钱纳入其中。只不过这时还是偶发地动用此钱，尚未形成经常性的制度，所以贞元二十一年又有以左藏库度支除陌钱添本之举。以户部别贮钱添充京司息利本钱成为普遍规定，见于元和九年（814年）八月诏。④该诏云：

---

① （宋）王溥撰：《唐会要》卷93《诸司诸色本钱上》，第1677页。
② （宋）王溥撰：《唐会要》卷93《诸司诸色本钱上》，第1677页。
③ 以上均见（宋）王溥撰：《唐会要》卷93《诸司诸色本钱上》，第1677页、1679页。
④ 此诏《唐会要·诸司诸色本钱》缺载，但见于《册府元龟》卷507《邦计部·俸禄三》，第6085页。

唐代户部别贮钱的用途

> 诸司食料[利]钱，缘初令户部[支给]①，出放已久，散失颇多，须有变通，使其均济。其中书门下两省及尚书省、御史台，或务总枢，或职司弹纠，而倍称息利，于体尤乖，宜以户部除陌钱每贯先收二十文数外更加五文，委户部别收贮，计其所费，逐处支给。其本利钱先出放者，宜各委本司勘会闻奏，其合征收者，便充当司公廨什物添修等用。其诸司食利[钱]亦准此勘会②，其合征钱，便充饭钱。若数少不充，以其前件除陌五文钱，量所欠添本出放。其所收五文钱，每岁添本之外，合有所余，诸司廨宇破坏者，便充修补。③

这个对诸司食利钱进行"变通"的诏令，使我们了解到元和九年（814年）前已有户部支给诸司食利本钱之举，但未"均济"，即尚未形成普遍制度，尤其没有确定户部所支此钱的来源。此诏明确规定以户部除陌钱每贯增收五文，作为行政专用费。其支用办法有两种，一是供给三省一台的公厨饭钱和修补诸司廨宇之用。二是添充诸司食利钱本，以其息利充作饭钱和修补廨宇、添置什物之用。前者可谓直接支付，后者为间接支付。

元和九年确定的户部钱支付行政费用的模式，以后虽然还有所变通，但基本沿袭下来。元和十五年（820年）二月，唐穆宗诏曰：内外百官食利钱，其息利已征至本钱的十倍至五倍以上的节级放免；以后"仍每经十年，即内外百司各赐钱一万贯充本，据司大小、公事闲剧及当司贫富，作等第给付"。其钱均"以户部钱充"④。大和元年（827年）十二月，据殿中省奏请而"赐本钱一千贯文，以户部五文抽贯钱充"，使之"不失公事"。⑤以上二例属间接支付行政费用。开成三年（828年）七月，因尚书省本钱散失颇多，息利无处征收，以致"尚书丞郎官入省日，每事阙供"，而每月赐钱一百贯文，"委户部逐月支付"。其旧本钱"任准前收利添充给用"。这种逐月支付的钱，应是直接用于行政耗费。见载于元和至大和年间有一种由户部钱支付翰林院的杂买钱：元和十五年（820年）闰正月，据翰林院奏请，给学士及中书待诏共九人，每日各给杂买钱一百文，以户部钱充。至大和元年四月，翰林院奏称，杂买钱数目至少，杂买不充，请"每人每日于户部更加一百文，冀免欠缺"，

---

① "食料钱"，据后文，应是"食利钱"；"户部"后，据前后文义，应漏"支给"二字。
② "食利"后，据前后文义，应漏"钱"字。
③ （宋）王钦若等编：《册府元龟》卷507《邦计部·俸禄三》，第6085页。
④ （宋）王溥撰：《唐会要》卷93《诸司诸色本钱下》，第1683—1684页。
⑤ （宋）王溥撰：《唐会要》卷93《诸司者色本钱下》，第1684页。

获得文宗批准。①这无疑也属于户部钱直接支付的行政费用。

四

户部别贮钱另一个用途，便是进入内库（大盈库和琼林库），供皇帝宫廷使用。唐代天子内库钱物的主要来源，是由国家经费固定拨付。

唐德宗即位之初，宰相杨炎提出改革唐肃宗以来国家财赋尽纳大盈库成为人君私藏的弊政，"请出之以归有司"。同时承诺，"度宫中经费一岁几何，量数奉入，不敢亏用"。唐德宗采纳，即日下诏："凡财赋皆归左藏库，一用旧式。每岁于数中量进三五十万②入大盈。"③这是国家财赋按规定数量拨付大盈库作宫廷用费的明确记载。

贞元三年（787年）九月，宰相李泌请德宗"不受诸道贡献及罢宣索"时，承诺"岁供宫中钱百万缗"④。次年二月，元友直运淮南钱帛二十万至长安，李泌就将此全部输入大盈库。

以上两例，是唐代后期国家经费拨入内库的仅见资料。前一条以匹计，是为绢帛，年平均约四十万匹；后一条以缗计，是为钱币，年供一百万缗。若按唐朝统计习惯，两项共计为一百四十万贯匹。粮食（以斛计）还未包括在内。拨付宫廷的经费，是否有户部使所掌钱物，史文无载，不得确知。

户部钱物进入内库的途径，还有进奉和宣索。元和六年（811年），李绛任户部侍郎判本司事之后，《资治通鉴》记载：

> 上问："故事，户部侍郎皆进羡余，卿独无进，何也？"（李绛）对曰："守土之官，厚敛于人，以市私恩，天下犹共非之；况户部所掌，皆陛下府库之物，给纳有籍，安得羡余！若自左藏输之内藏，以为进奉，是犹东库移之西库，臣不敢踵此弊也。"上嘉其直，益重之。⑤

这说明，在此之前，"守土之官"即州府节镇官员进奉的同时，亦有任户部判使的户部侍郎，以"羡余"为名，把所执掌钱物进奉天子，输入内库。户部进奉始自何时呢？《新唐书·食货志》说："初，德宗居奉天，储蓄空窘。……

---

① （宋）王溥撰：《唐会要》卷57《翰林院》，第982页。
② 据《资治通鉴》卷226大历十四年十二月条所载《通鉴考异》引《德宗实录》作三五十万匹，而《建中实录》作三五千匹，旧传则从《德宗实录》。
③ 《旧唐书》卷118《杨炎传》，第3420页。
④ （宋）司马光编著，（元）胡三省音注：《资治通鉴》卷233，唐德宗贞元三年九月条。
⑤ （宋）司马光编著，（元）胡三省音注：《资治通鉴》卷238，唐宪宗元和六年二月条。

朱泚既平，于是帝属意聚敛，常赋之外，进奉不息。"当时，有诸道节度使、观察使、州刺史进奉，有度支使进奉，有盐铁转运使进奉，户部进奉可能就是从这时开始的。唐宪宗时，进奉之风更盛。"淮西用兵以来，度支、盐铁及四方争进奉，谓之'助军'；贼平又进奉，谓之'贺礼'；后又进奉，谓之'助赏'；上加尊号又进奉，亦谓之'贺礼'。"①不过，自从李绛停止进奉之后，史籍中不见户部进奉的记载。在度支、盐铁进奉不绝于书的情况下，不见户部进奉，就不应简单地视为遗漏，可能此后户部使确已不再进奉。

宣索，是天子"遣中使以圣旨就有司宣取财物"②。被宣索者当是掌有财物之司。户部使所掌户部钱，不可避免地成为宣索对象。唐敬宗宝历二年（826年）七月，户部侍郎判本司事崔元略"进准宣索见在左藏铤银及银器十万两、金器七千两"③。这是户部财物被宣索的明证。

五

户部别贮钱用来赈救水旱灾荒，是当时朝廷上下叫得很响的。《旧唐书·王绍传》云：令户部收阙官俸兼税茶及诸色无名钱，以为水旱之备。陆贽在《均节赋税恤百姓六条》其五中说：

> 近者有司奏请税茶。……元敕令贮户部，用救百姓凶饥。④

陆贽所谓"有司"，便是盐铁转运使。贞元九年（793年）盐铁转运使张滂奏请税茶时，确实是说"所得（茶）税钱外贮，若诸州遭水旱，赋税不办，以此代之"⑤。上述阙官俸和税茶钱等，都是户部别贮钱的构成部分，把这些钱作为水旱灾荒之备，也就是为户部别贮钱安排的一个用途。至元和六年（811年）户部侍部判本司事李绛，在奏请把从诸州所得、本应收归京师"别贮"的部分钱物，放到"所在（州府）收贮，以备水旱"⑥，仍然强调其赈救水旱灾荒用途。

但是，户部别贮钱实际用来赈灾的却很少，史籍见载的，只有唐文宗时出现三次。一次是大和九年（835年）三月发布的《赈恤诸道百姓德音》说：

---

① （宋）司马光编著，（元）胡三省音注：《资治通鉴》卷241，唐宪宗元和十四年七月条。
② （宋）司马光编著，（元）胡三省音注：《资治通鉴》卷233，唐德宗贞元三年九月条胡三省注。
③ （宋）王钦若等编：《册府元龟》卷484《邦计部·经费》，第5790页。由此知户部钱物库亦在左藏，也利用左藏库存放，只不过和度支财物是有区别的。
④ （清）董诰等编：《全唐文》卷465陆贽：《均节赋税恤百姓六条》，第4758页。
⑤ （宋）王溥撰：《唐会要》卷84《杂税》，第1546页。
⑥ （宋）王溥撰：《唐会要》卷58《尚书省诸司中·户部侍郎》，第1012页。

> 应诸道有饥疫处,军粮积蓄之外,其属度支、户部斛斗,并令减价出粜[粜],以救贫人。①

一次是《开成改元赦文》云:

> 同州、河中、绛州去年旱歉,赋敛不登。……同州赐杂谷六万石,河中、绛州共赐十万石,委度支、户部以见贮粟麦充赐。②

还有一次是唐文宗时"两川米价腾踊,百姓流亡",户部判使庚敬休奏请"粜两川缺官职田禄米,以救贫人"。③

为什么户部别贮钱设置和增加时安排的赈灾用途,在史籍中记载如此之少呢?其一,不排除有漏载的可能性。其二,唐代后期仍有常平义仓,承担了一些灾荒的赈济。其三,主要原因还是户部钱确实很少用来救济灾民。如作为户部钱新增重要来源的税茶钱,说是用来赈救凶荒,可实际上"遭水旱处,亦未尝以钱拯赡"④。其根源何在呢?"理国之本,莫先兵食",这应是唐朝统治者治国普遍遵循的一条原则,尤其是唐代后期经常处于内外战争困境中的国君大臣,莫不奉为金科玉律。他们绞尽脑汁,在正赋之外,通过诸如除陌、和籴、税茶等等方式得来的钱物,总是首先用于军事。此起彼伏连年不断地与周边民族政权的战争,与强藩叛将的战争,几乎用去了除皇室花销和百官俸禄之外的所有国家经费,还能有多少钱物用来救济百姓!即使要在赈济上不得不有所表示,也如上引唐文宗《赈恤诸道百姓德音》说的,只能在"军粮积蓄之外"拿出一点"杂谷"聊作样子而已。

户部别贮钱的用途,可以从两方面进行归类。从支出部门来看,可以归结为供官、供军、供内和济民四类。凡支付京官和某些特殊情况地方官的俸料,以及京诸司食利本钱和公厨食料、办公纸笔、家什添置、廨宇修缮等行政用费皆属供官之类。另外一种上文未提及的付出,即户部钱由于管理制度诸缺陷而流入官吏腹内的部分⑤,也应属于此类。凡添补军士冬衣、和籴军粮、

---

① (清)董诰等编:《全唐文》卷75文宗:《赈恤诸道百姓德音》,第786页。
② (清)董诰等编:《全唐文》卷75文宗:《开成改元赦文》,第796页。
③ 《旧唐书》卷187下《庾敬休传》,第4914页。
④ 《旧唐书》卷48《食货志下》,第2128页。
⑤ 宣宗大中二年(848年)十一月,兵部侍郎判户部魏扶奏:"当司诸色钱物斛斗……散在天下州府。缘当司无巡院觉察,多被官吏专擅破除,岁久之后,即推在所[由]腹内,徒烦勘诘,终无可征。"(《唐会要》卷58《户部侍郎》,第1013页),地方官吏奸欺折损情况,元和时已相当严重。元和六年户部侍郎本司事李绛上奏指出:"今天下州县,皆有户部阙官俸料、职田、禄粟见在。……旧例便牒诸道监院,准时价粜货,市绫绢送纳户部。巡院官少有公心,皆申报估价至贱,三分一未为奸欺。及依来牒令粜,皆是观察刺史、院官、所由等贱价粜将,贫弱百姓,惠都不收。市轻货皆贵破官钱,计度所粜斛斗回市轻货,比及到京输纳之时,损折奸欺,十无七八。"(《全唐文》卷645李绛:《论户部阙官斛斗疏》,第6536页)。

上缴延资库及支付战争费用，乃至补助个别方镇军军用等，皆属供军之类；凡由调拨、进奉、宣索而进入内库，供皇帝宫廷使用的，皆属供内之类。另外一种上文未提及的付出，即皇帝广泛实施的赏赐而由户部钱支付的部分。[①]虽未进入内库，但为皇帝所施行，也应属于此类。赈济灾荒，属于济民，支付虽少，也不失为一类。

从支出账面来看，又可以归纳为有名有数、有名无数和无名无数三类。所谓有名有数，是指载有支出名目并可略知其数量的用途，如京官和某些地方官的月俸、上缴延资库和调拨入内库的钱物；有名无数，是指载有支出名目，但其数量无从得知的用途，如支付战争费用、添补军士冬衣、和籴军粮、支付京司食利本钱、行政费用和进奉、宣索以及赈灾等；无名无数，指前两类支出所余之经费，以何种名目花销，其数量有多少，皆无从知晓。不过这部分经费确实存在，是毫无疑问的。

供官一类支出，少量有名有数，大部分为有名无数，吞没流失者更是无名无数；供军一类支出，虽然存在有名有数的，但多数是有名无数和无名无数的项目；在供内这类支出上，只有调拨一项是有名有数，其他都是有名无数的。总之，有名无数和无名无数支出占绝大多数。

户部所收掌钱，非度支岁计，本防缓急别用。[②]这说明户部别贮钱在支用上具有机动性强的本质特征。与此相随而来，便产生了应急性和缺乏计划性（或称随意性）的特点。这在那些占支用大部分的有名无数和无名无数支出项目中体现得最为明显。

从户部别贮钱的用途，可以察知这笔经费所起作用。第一，户部别贮钱使京官俸料有了稳定来源，使"京官俸薄"状况得到改变，行政费用有所依靠，这在政治上保障了国家机关正常运转，有利于唐王朝重振朝纲。这在个别地方政府中也有所体现。第二，户部别贮钱不仅要分摊25%的常备军费，而且要支付度支缺供和突发战事的军费。这些支出对保障国家军队和战争供给，军事上维护王朝的安全和稳定，起着重大作用。第三，户部别贮钱的供内支用，虽然大部分为皇帝及后宫所消耗，但是也有部分以皇帝恩赐的名义，诏出内库钱物赈灾、和籴等，转化成为军国用费，在财政上多少也缓解了一些国家经费的困难。第四，户部别贮钱用于赈济灾民，记载虽少，但也不失

---

① 唐穆宗元和十五年（820年）十二月敕云："赠太保郑馀庆，家素清贫，不办丧事，宜令户部特给一月俸粮，以充赠赙，用示哀荣。"数日后，又赐绢一百匹，布一百端（《册府元龟》卷76《帝王部·褒贤》，第878页）。

② （宋）王溥撰：《唐会要》卷54《省号上·给事中》，第938页。

为最有实际意义的一类支出。总之，户部使所掌别贮钱物，和度支使、盐铁转运使所掌钱物一起，在财政经济上支撑着安史之乱以后的唐朝，唐朝之后又延续了一个多世纪，并且曾一度出现中兴气象，而户部使所掌别贮钱作为国家储备资金，应付国家"缓急别用"，所起到的独特作用，是度支使和盐铁转运使所掌物不能替代的。

原载《西南师范大学学报（人文社会科学版）》2005年第6期

关于唐代"乡"的两点商榷

近来见到一些关于唐代"乡"的论述，本文仅就其中两点做一商榷。

唐代的地方区划制度，县以下有乡，有里。百户为里，五里为乡。唐代田令上，有"宽乡""狭乡"，"受田应足者为宽乡，不足者为狭乡"[①]的记载；在田地授受的规定中，则有宽狭乡的不同[②]。那么，宽狭乡的"乡"是否就是乡里制的"乡"呢？

有的学者认为，管辖五个里，凡五百户的乡内，因人户的迁徙逃死而出现均田土地与人口在配给上的"不均"状况，这就产生了"宽乡"和"狭乡"。[③]这显然是把宽狭乡的"乡"当成是乡里制的"乡"了。

笔者认为这个看法值得商榷。首先，宽狭乡的"乡"与乡里制的"乡"并不是一个相同的单位。据《通典》记载："其州县县界内所有部，受田悉足者为宽乡，不足者为狭乡。"可见，宽狭乡是按一个县为单位来衡量的，以这个县所管辖地区是否有足够的土地授予应受田人为标准。乡里制的"乡"，是县以下由五个里构成的人户编制单位。这两个"乡"所表示的单位，是不能等同的。其次，宽狭乡的"乡"与乡里制的"乡"，其含义也不一样。宽乡，就是"土广人稀之处""地足之处"[④]；狭乡，就是"地狭之处"[⑤]，人多地少，受田不足之处。宽狭乡的"乡"显然是泛指一个县的乡土；乡里制的"乡"

---

① （唐）长孙无忌：《唐律疏议》卷13《户婚中》，《万有文库》，上海：商务印书馆，1929年，第112页。

② 民人受田，狭乡减宽乡口分之半；官人永业田，五品以上不得在狭乡受；工商业者在宽乡才减半授给；易田倍授也有宽狭乡的区别；乐迁制也与宽狭乡有关系；惩治"占田过限"的法律，也区别宽狭乡。见《通典》卷2《食货·田制》和《唐律疏议》卷13《户婚中》。

③ 赵吕甫：《唐代吐鲁番文书"部田""常田"名义释疑》，《中国史研究》1984年第4期，第106页。

④ （唐）杜佑撰：《通典》卷1《食货一·田制上》，第13页。

⑤ （唐）杜佑撰：《通典》卷1《食货一·田制上》，第13页。

则不是一个广泛的含义，而是确指一个有五百户编制的实体。

唐代田令中出现过的"乡"字，很多都不是指乡里制的"乡"。下面仅举两个有不同理解的例子。《唐律疏议·户婚》所载永业田课植桑、榆、枣树的规定中说："土地不宜，任依乡法。"这里的"乡"，不能认为是乡里制的"乡"。为什么这样说呢？"任依乡法"，意思是适用依乡之法。所谓依乡之法，就是"其永业田……每亩课种桑五十根以上，榆、枣各十根以上。三年种毕。乡土不宜者，任以所宜树充"①。就是说，如果乡土不适宜种桑、榆、枣树的，便任栽种其他适宜的树。依乡之法，指的就是这项规定。这里"乡土不宜"的"乡"，显然不能理解为乡里制的"乡"，因为：第一，种树是规定种在永业田上，不是按乡里区域栽种。第二，土质是否适宜栽种桑、榆、枣树，也不是依乡里范围来区别。所以，适宜或不宜栽种桑、榆、枣树的"乡"，只能作一般的乡村、乡间、乡土来理解，不能认为是五里为乡的"乡"。这就是"任依乡法"的"乡"的实在含义。

《通典·食货·田制》所载开元二十五年（737年）田令中，在"其给口分田者，易田则倍给"句下，杜佑自注云："宽乡三易以上者，仍依乡法易给"。这里"仍依乡法易给"的"乡"，也不能认为是乡里制的"乡"。易田倍授法，是根据土地好坏，在需要休耕的情况下，加倍授给土地的办法。均田制的易田倍授法，北魏太和九年（485年）均田令中已有规定："所授之田率倍之，三易之田再倍之，以供休耕。"②到唐代，易田倍授法稍与北魏不同。这就是杜佑在注文中指出的，在宽乡，三易以上的田地，仍然依据土质和休耕情况，递增倍给。在狭乡，那就只能"三易之田再倍之"，三易以上的便不能递倍了。由此可见，按照乡土需要休耕的情况来倍给土地的依乡之法的"乡"，和五里为乡的"乡"，完全是两回事。

另一点是乡里制的"乡"与均田制的关系问题。有的学者认为，乡里制的"乡"要掌管某些农田，土地还授由乡正（按：唐代乡官不叫乡正，拟另文说明）进行，各里耕地不均也由乡正调整，总之，乡正是"有关均田制实施方面的某些问题的主持者"③。这显然是认为乡里制的"乡"与均田制有密切关系。笔者不敢赞同这一看法，不仅因为持上述看法的学者没有举出有力

---

① （唐）长孙无忌：《唐律疏议》卷13《户婚中》，《万有文库》，上海：商务印书馆，1929年，第115页。

② 这里省略"二易之田，二倍之"。

③ 赵吕甫：《唐代吐鲁番文书"部田""常田"名义释疑》，《中国史研究》1984年第4期，第106页。

的证据，而且从笔者接触到的均田资料，以及与均田相关的赋税、户口等资料来看，都很难得出乡里制的"乡"与均田制有密切关系的结论。

关于乡里的记载，以《通典》为最详。在其《食货·乡党》中写道："大唐令，诸户以百户为里，五里为乡。……每里置正一人，掌按比户口，课植农桑，检察非为，催驱赋役。"①其他史籍如《唐六典·户部郎中》、《旧唐书》和《新唐书》的官志，都未超出这段文字。可是，这里只说了里正的职掌，没有乡官的名称，更没有乡官的职掌，我们不能认为这是杜佑的疏忽。《唐律疏议》对地方官吏的职掌有比较翔实的反映。如果乡官在均田、赋税、户口等方面负有行政责任，无论如何可以从中见到蛛丝马迹。然而通检其书，得到的只是加强了否定的信念。下面试举几例：

（1）关于均田收授，《唐律》规定："诸里正，依令授人田，课农桑。若应受而不授，应还而不收，应课而不课。如此事类，违法者，失一事笞四十（注略），三事加一等；县失一事笞三十，二十事加一等；州随所管县多少，通计为罪（注云：州县皆以长官为首，佐职为从）。各罪止徒一年，故者各加二等。"从这条律文来看，在收授均田和课农桑方面担负职责的有里正、县、州，没有提到乡。《疏议》引《田令》说："应收授之田，每年起十月一日，里正预校勘造簿，县令总集应退应受之人，对其授给。"这里也只提到里正、县令，而不涉及乡。《疏议》对这条律文所作的解释，也都只提到州、县、里正，一点也没有涉及乡。可见均田的收授，是里正、县令负责。如果违背规定，受法律制裁的也是里正和县令，都与乡官无涉。《新唐书·食货志》有一条记载说："凡田，乡有余以给比乡，县有余以给比县，州有余以给近州。"似乎均田与乡有关系。可是，这条记载是靠不住的。"县有余以给比县"，还能找到一点来源，如《旧唐书·职官制》有"凡给口分田，皆从近便。居城之人，本县无田者，则隔县给授"。《通典·食货·田制》所载开元二十五年（737年）令有"诸给口分田，务从近便，不得隔越。若因州县改易，隶地入他境，及犬牙相接者，听依旧受。其城居之人，本县无田者，听隔县受"。《唐六典》所载与此基本相同。这说明，给田之制一般"不得隔越"；口分隔县受田，只对城居之人，在本县无田可受的情况下才适用。《新唐书》则把这点一般化，说成"凡田……县有余以给比县"。严格地说，这已经不符合原意了，但还勉强可以说有点相近的意思。然而，"乡有余以给比乡"，则找不到任何根据。

---

① （唐）杜佑撰：《通典》卷3《食货三·乡党》，第23页。

并且这和"不得隔越"的原则，和以县为单位区分宽狭乡的记载，是完全不相容的，也不符合《唐律疏议》所载关于经办田土收授等一系列记载。至于"州有余以给近州"，和"乡有余以给比乡"一样，同属子虚乌有。

（2）关于输纳课税，《唐律疏议》在解释律文"输课税之物，违期不充者"条时说："输课税之物，谓租调及庸、地租、杂税之类。物有头数，输有期限，而违不充者，以十分论，一分笞四十。假有当里之内，征百石物，十斛不充，笞四十，每十斛加等。全违期不入者，徒二年。州县各以部内分数不充，科罪准此。"还在解释该条注文"州县皆于长官为首，佐职以下，节级连坐"时指出："刺史，县令，宣导之首，课税违限，责在长官。'佐职以下，节级连坐'，既以长官为首，通判官为第二从，判官为第三从，主典及检勾之官为第四从。以劝导之首，属在长官，故不同判事差等。其里正，处百户之内，故在一人，既无节级连坐，唯得部内不充之罪"。①这说明，课税的征收和输纳，是以里为基层单位；如果发生违限不充，受到法律惩治的，首先是州县长官，其次是州县的佐职，里正不以"节级连坐"论罪，但要得"部内不充之罪"。由此可见，课税输纳与乡没有关系。②

（3）关于户口管理，《唐律》在户口脱漏增减的条文中，规定有对家长的治罪，对里正的治罪，对州县的治罪，唯独没有对乡官的治罪。《唐律疏议》在解释律文"诸里正不觉脱漏增减"时说："里正之任，掌按比户口，收手实，造籍书。不觉脱漏户口者，脱谓脱户，漏谓漏口及增减年状，一口笞四十。……里正不觉脱户者，听从漏口法，不限户内口之多少，皆计口科之。州县脱户亦准此，计口科罪，不依脱户为法。若知脱漏增减之情者，总计里内脱漏增减之口，同家长罪法。州县计口，罪亦准此。"《唐律疏议》又在解释律文"诸里正及官司，妄脱漏增减，以出入课役"条时说："里正及州县官司，各于所部之内，妄为脱漏户口，或增减年状，以出入课役，一口徒一年，二口加一等，十五口流三千里。……"③从《唐律疏议》这些解释中，也看不出乡与户口管理有何关系。此外，有两条记载需要加以辨别。《唐会要》载开元十八年（730年）十一月敕文中有："诸户籍三年一造，起正月上旬，县司责手实计帐

---

① （唐）长孙无忌：《唐律疏议》卷13《户婚中》，第118页。
② 《新唐书》卷51《食货志一》载："（天宝）五载诏：贫不能自济者，每乡免三十丁租庸。"（第1346页）此条他书如《唐会要》《旧唐书·玄宗本纪》《册府元龟·邦计部》等皆不见记载。即使如此，丁租庸蠲免以乡计，恐怕只是由于户籍以乡分卷（详下文）的关系，并不表示乡有丁租庸征收与输纳的行政职责。
③ （唐）长孙无忌：《唐律疏议》卷12《户婚上》，第105、107页。

赴州依式勘造，乡别为卷。"①这是说，三年一造的户籍簿，是县司责成手实、计帐到州去进行，所造户籍以乡分卷次。这里说的"乡别为卷"，完全不包含乡有管理户口职责的意思。《新唐书》有"凡里有手实，岁终具民之年与地阔狭，为乡帐。乡成于县，县成于州，州成于户部"②。所谓乡帐，就是开元十八年敕说的"乡别为卷"的籍帐。编造籍帐的程序，这里说的"乡成于县"这一道程序是不存在的。《旧唐书·职官制》载："每岁一造计帐，三年一造户籍。县以籍成于州，州成于省，户部总而领焉。"③《唐六典·户部郎中员外郎》载："每一岁一造计帐，三年一造户籍。县以籍成于州，州成于省，户部总而领焉。"④都没有"乡成于县"这道程序。欧阳修所说"乡成于县"，很可能是误据"乡别为卷"而妄加的。

总之，唐代田令中"宽乡""狭乡"的"乡"与乡里制的"乡"是不相同的，乡里制的"乡"与均田制也没有什么关系，这两点具有一定联系的事实，已如上述。至于其出现原因，则要涉及唐代乡的性质问题，为篇幅所限，拟另文探讨。

原载《中国史研究》1986年第4期

---

① （宋）王溥撰：《唐会要》卷85《籍帐》，第1559页。
② 《新唐书》卷51《食货志一》，第1343页。
③ 《旧唐书》卷43《职官志二·户部郎中员外郎》，第1825页。
④ （唐）玄宗撰，李林甫注，〔日〕广池千九郎训点，内田智雄补订：《大唐六典》卷3《尚书户部·户部郎中员外郎》，第65页。

唐代的"宽乡"与"狭乡"

在唐代的田令上，有关于"宽乡"与"狭乡"的明确界说。即"其州县县界内所有（《册府元龟》卷 495《邦计部·田制》无"有"字）部，受田悉足者为宽乡，不足者为狭乡"①。这是说，在一县的地区内，应受田的居民，按照田令规定的受田数，能够受足的地方叫作宽乡，而田少人多，受田不足的地方叫作狭乡。田令的宽狭乡是按县确定的。在土地授受的一系列规定中，又有宽狭乡的不同，如：

（1）民人受田，根据《通典》所载开元二十五年（737 年）令规定，"宽乡并依所定数，若狭乡，所受者减宽乡口分之半"②。由此可知，宽乡的丁男，按规定可受永业田二十亩，口分田八十亩，在狭乡则口分田只受一半，即四十亩。

（2）官人永业田，则规定"五品以上永业田，皆不得狭乡受，任于宽乡隔越射无主荒地充。其六品以下永业，即听本乡取还公田充，愿于宽乡取者亦听"③。五品以上即五品至一品官人的永业田，每人五顷至六十顷，亲王百顷，数量大，只能在远处宽乡受田；六品以下官人的永业田，每人二顷半至二顷，数量较小，不加限制，可以在本乡，包括本乡是狭乡的地方受田。

（3）工商业者，在狭乡的不受田，只有宽乡的才授给一半。即所谓"诸以工商为业者，永业、口分田各减半给之，在狭乡者并不给"④。

（4）易田倍授，有宽乡、狭乡的区别。《通典》记载："其给口分田者，易田则倍给（注：宽乡三易以上者，仍依乡法易给）。"⑤所谓易田倍授，是根据土质好坏及其需要休耕的情况，加倍授给土地。唐朝以前，如北魏是"三

---

① （唐）杜佑撰：《通典》卷 2《食货二·田制下》，第 16 页。
② （唐）杜佑撰：《通典》卷 2《食货二·田制下》，第 15 页。
③ （唐）杜佑撰：《通典》卷 2《食货二·田制下》，第 16 页。
④ （唐）杜佑撰：《通典》卷 2《食货二·田制下》，第 16 页。
⑤ （唐）杜佑撰：《通典》卷 2《食货二·田制下》，第 15 页。

易之田再倍之"①。到唐朝则稍有不同，那就是杜佑自注中指出的，在宽乡，三易以上的土地，仍然依据土质和休耕情况，递增倍给；在狭乡，那就到"三易之田再倍之"为止，三易以上的便不能递倍了。

（5）乐迁制也和宽狭乡有关系。"乐迁就宽乡者，并听卖口分。"②是说愿意从狭乡迁往宽乡的，不仅可以卖永业田，甚至口分田也允许出卖。

（6）惩治"占田过限"的法律，也有宽狭乡的区别。《唐律》规定："诸占田过限者，一亩笞十……若于宽闲之处者不坐。"③这说明，宽乡允许占田过限，而狭乡过限就要受到法律制裁。此外，附户也有宽狭乡的不同规定，如"四夷降户，附于宽乡""浮民、部曲、客女、奴婢纵为良者附宽乡"。④义仓征收也有宽狭乡的不同。⑤

为什么会出现宽狭乡的概念呢？这是按人口配给土地产生的。因为按人口配给土地，总是在一定范围（唐代就是以县为计算单位）内进行的，不同的计算范围之间，人口的疏密、土地的多少，是不会相同的。在人与土地配给数固定的情况下，很少有人数与土地数完全吻合的。要么土地数量多，受田人数少，能按规定配给足够的土地，甚至还有剩余；要么受田人数多，土地数量少，不足以分配。这样就出现了宽乡与狭乡的区别。

正由于宽狭乡是按人口配给土地的过程中必然产生的现象，所以它不是唐代才有的。北魏太和九年（485年）均给天下人田诏书中，已出现"诸土广人稀之处"与"诸地狭之处"的用语。北齐时便把"土广人稀之处"叫作"宽乡"。⑥隋开皇十二年（592年），"天下户口岁增，京辅及三河地少而人众，衣食不给。议者咸欲徙宽乡。……帝乃发使四出，均天下之田。其狭乡，每丁才至二十亩，老小又少焉"⑦。这说明，隋朝已经同时使用"宽乡""狭乡"来区分人口与土地的状况。

到了唐代，宽乡、狭乡作为配给土地的一项重要原则，正式写入国家的土地政策，同时在有关方面做出具体的规定，宽乡、狭乡问题受到空前的重视。这反映出，唐代由于人口迅速增长，在居民密集地区，土地严重不足，

---

① （唐）杜佑撰：《通典》卷1《食货一·田制上》，第13页。
② （唐）杜佑撰：《通典》卷2《食货二·田制下》，第16页。
③ （唐）长孙无忌：《唐律疏议》卷13《户婚中》，第112页。
④ 《新唐书》卷51《食货志一》，第1343页。
⑤ （唐）玄宗撰，李林甫注，〔日〕广池千九郎训点，内田智雄补订：《大唐六典》卷3《尚书户部·仓部郎中员外郎》，第77页。
⑥ （唐）杜佑撰：《通典》卷2《食货二·田制下》，第15页。
⑦ （唐）杜佑撰：《通典》卷2《食货二·田制下》，第15页。

同时在偏远地带，也还有大量待开发的土地，因此，唐朝统治者才有必要、也有可能在政策措施上做出反应。

唐朝宽乡、狭乡政策的基本精神，在于对宽乡实行优奖，对狭乡加以限制，其主旨又在前者。这一点，元朝朱礼也看出来了。朱礼在《汉唐事笺》中指出："唐之法，狭乡授田减宽乡之半，而狭乡工商不给，所以优宽乡也。徙乡者得卖世业，而自狭徙宽者得并卖口分，亦以优宽乡也。四方降户与奴婢之纵为良者，皆以附宽乡。狭乡不许耕占过限，宽乡则弛其禁，亦以优宽乡也。"[①]限制狭乡，优待宽乡，不仅可以减少狭乡人多地少而引起的社会矛盾，更重要的是，可以促使更多的人去开垦荒地，扩大耕地面积。唐初的统治者在这一点上的认识是相当明确的。《唐律疏议》在解释律文"宽闲之处（占田过限）者不坐"时说："若占于宽闲之处不坐，谓计口受足以外仍有剩田，务从垦辟，庶尽地利，故所占虽多，律不与罪。"[②]这里的"务从垦辟，庶尽地利"，应该说不仅是放宽占田法律的出发点，也是其他优奖宽乡规定所追求的目标。

由此可以说，唐朝授田区别宽乡、狭乡的政策，是一项通过优奖办法来吸引人们开垦荒地、发展生产的土地政策。到开元天宝年间，出现"四海之内，高山绝壑，耒耜亦满"[③]的情况，不能不说与这项政策没有关系。所以，唐朝的宽乡、狭乡政策在当时无疑是一个进步的政策。

原载《西南师范大学学报（哲学社会科学版）》1994年第1期

[①]（元）朱礼：《汉唐事笺后集》卷6《宽狭乡》，《丛书集成初编》，北京：中华书局，1991年，第65—66页。
[②]（唐）长孙无忌：《唐律疏议》卷13《户婚中》，第112页。
[③]（唐）元结著，孙望校：《元次山集》卷9《问进士》，上海：中华书局上海编辑所，1960年，第140页。

《通典》唐乡官耆老考释

《通典》的《职官·乡官》载:

> 大唐凡百户为一里,里置正一人;五里为一乡,乡置耆老一人,以耆年平谨者县补之,亦曰父老。贞观九年,每乡置长一人,佐二人,至十五年省。①

由此,耆老(父老)是属于唐代乡一级行政区域的乡官,应该是没有疑问的。可是,耆老是何时设置的?文献所见耆老、父老是否都是乡官?乡官耆老的职掌如何?它与贞观九年(635年)置、贞观十五年(641年)即省的乡长、乡佐是什么关系?这些问题,从《通典·乡官》中,是无法解答的。然而对这些问题的了解关系到对唐代乡的认识,也是当前学术界有争议的一个问题,因此有必要把它弄清。为此,本文联系其他文献资料,试作考释。

一、耆老的设置时间

唐代乡官耆老的设置时间,史籍没有明文记载,但可以从有关资料推知。

首先,可以从《通典》的大唐乡官本文推断其下限,即耆老的设置必在贞观九年以前。因为,《通典》叙事,"每事以类相从,举其始终"②,"本末次第,具有条理"③,一般都是依照时间先后次序的。耆老载于贞观九年置乡长佐之前,可知绝非此年之后所置。

其次,耆老的设置,从《通典》文面上虽然看不出设在贞观九年(635年)

---

① (唐)杜佑撰:《通典》卷33《职官十五·州郡下·乡官》,第192页;(宋)王钦若等编:《册府元龟》卷701《令长部·总序》所载相同,第8358页。
② 李翰:《通典原序》,载杜佑:《通典》,《万有文库》,上海:商务印书馆,1935年,第3页。
③ 乾隆:《重刻通典序》,载杜佑:《通典》,《万有文库》,上海:商务印书馆,1935年,第1页。

· 347 ·

前什么时间，但从其行文与乡里制相连贯可以说明，是在百户为里、五里为乡的乡里制令文中一起规定的，而《旧唐书·食货志》则明确记载，乡里制是武德七年（624年）"始定律令"的内容之一。因此可以认定耆老是置于武德七年。

再次，日本学者仁井田陞在《唐令拾遗》中，参照来源于唐令的日本令而复原的唐令，就是把乡里制列在户令之首，作为武德定令。这不失为一个有力的旁证。

二、文献所载耆老并非全是乡官

古代以"六十为耆，七十为老"①。耆老，或作为对有德望的老人的称呼。唐代才称乡官为耆老，但同时也可作为对老人的泛称。父老，也有类似的情况。所以，在唐代文献中见载的耆老、父老，是不是特指乡官，有必要加以鉴别。

关于唐代耆老的记载，笔者从有关文献中搜集到24例。其中大多数可以认定是乡官，但有4例不能认作乡官。这四例是：

（1）《册府元龟》的《将帅部·怀抚》载李靖在桂州（广西桂林市）：

"请自存抚耆老，问其疾苦，远近悦服"②。

据《旧唐书·李靖传》，武德四年（621年）征讨萧铣。十月平定荆州（湖北江陵）后，李靖便越五岭至桂州，分道招抚。武德五年（622年）七月，大首领冯盎等降。可见，李靖在桂州存抚耆老的时间，不能迟过武德五年。据《旧唐书·食货志》，武德七年"始定律令"。武德令才规定乡里制，设置乡官耆老。因此，可以肯定，李靖在桂州存抚的耆老不是乡官。

（2）《文苑英华》载陈子昂撰《陈明经墓志文》：

"年弱冠，早为州闾所服，耆老童幼见之若大宾。"③

这里，把耆老与童幼并举，显然指的是与童幼相对的耆年（六十岁）老人，不能看作是专指乡官。

---

① 《礼记·曲礼上》，（清）阮元校刻：《十三经注疏六·礼记正义》，北京：中华书局，1980年影印本，第1232页。
② （宋）王钦若等编：《册府元龟》卷397《将帅部·怀抚》，第4722页。
③ （宋）李昉等编：《文苑英华》卷961陈子昂：《陈明经墓志文》，第5053页。

（3）《旧唐书》的《崔彦昭传》载：崔彦昭咸通十二年（871年）任河东节度使时：

  三年之间，北门大治，军民歌之。考满受代，耆老数千，诣阙请留。①

据《元和郡县图志》卷13，太原府元和时有乡249（第359页）。乡官耆老每乡一人，不会有数千人之多，故知诣阙请求崔彦昭留任的，并非都是乡官。

（4）《新唐书》的《司空图传》载：司空图隐居中条山王官谷时：

  每岁时，祠祷鼓舞，图与闾里耆老相乐。②

司空图在中条山王官谷，与之相娱乐的闾里耆老，应是指闾里的耆年老人，《旧唐书·司空图传》作"与野老同席"可资证明，并非特指乡官耆老。

《通典》说乡官耆老"亦曰父老"，有例子说明这是确实的。如《旧唐书·狄仁杰传》载，狄仁杰任宁州（甘肃宁县）刺史，"抚和戎夏，人得欢心，郡人勒碑颂德"。御史郭翰巡察陇右时，"及入宁州境内，耆老歌刺史德美者盈路"。而《新唐书·狄仁杰传》则作"宁州父老迎劳"。可见，父老即耆老的另称。那么，文献所载父老，是不是都可看作乡官呢？这是不可以的。

从文献中搜集到记载父老的有55例，其中有三种情况共14例就不是乡官。

第一种情况5例，都是武德七年（624年）置乡里制之前的，那时还不存在乡官耆老亦曰父老的事实。

第二种情况2例：

（1）《八琼室金石补正》卷46《三村父老尊胜幢记》，碑文只记"廿三年岁乙亥"，缺年号，《补正》编者定为开元二十三年（735年）。碑文有"东万、西万、北万三村父老一十二人等敬造宝幢一所"③。

（2）杜甫《羌村》第三首有：

  父老四五人，问我久远行。
  手中各有携，倾榼浊复清。
  苦辞酒味薄，黍地无人耕。
  兵革既未息，儿童尽东征。

---

① 《旧唐书》卷178《崔彦昭传》，第4628页。
② 《新唐书》卷194《司空图传》，第5574页。
③ （清）陆增祥撰：《八琼室金石补正》卷46《三村父老尊胜幢记》，北京：文物出版社，1958年，第318页。

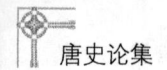

>请为父老歌，艰难愧深情。
>歌罢仰天叹，四座泪纵横。①

乡官父老每乡只设一人，这里造幢的三村有父老十二人，羌村一村有父老四五人，显然这些父老不是乡官。

第三种情况 7 例，都是天宝十五载（756 年）以后的，也不是乡官。因为《唐会要》卷 59《户部员外郎》条载：

>天宝十二载七月十三日敕："诸郡父老，宜改为耆寿。"②

不仅有敕令规定乡官父老改作别称，而且天宝十二载（753 年）以后所见父老，的确已不是乡官。如《新唐书·肃宗纪》所载天宝十五载"父老遮道请留太子讨贼"，而《旧唐书·肃宗纪》作"众泣而言曰……请从太子收复长安"，《旧唐书·玄宗纪》作"百姓遮路，乞留皇太子，愿戮力破贼，收复京城"。可见，这里的父老就是众人、百姓，而不是乡官。又如《旧唐书·裴度传》："蔡之父老，无不感泣"，而《新唐书·裴度传》则作"众感泣"。《新唐书·宣宗纪》大中元年（847 年），改元大赦"赐父老帛"，而《全唐文》卷 82 宣宗《大中改元南郊赦文》则作"天下百姓"赐绢。可见，这些父老也都是众人、百姓。

总之，天宝十二载乡官父老改称后，文献上所载父老，不能再看作乡官。至于可以看作乡官时的耆者、父老、耆寿，是否也有并非专指乡官，只作普通名词使用的，因为缺乏辨别的有力根据，难以区分出来。

三、耆老的职能

乡官耆老（父老、耆寿）的职能，是引起争议的核心问题。笔者搜集到的可以作为乡官的耆老、父老、耆寿共 88 例，从他们的职能，或者充当的角色来看，大体可以分为如下 6 种：

1. 庆赏对象

古代有所谓养老之礼，是天子对老而且贤的人，包括致仕（退休）的老人，死于国难者的父祖，德望高重的庶民老人等，按时享以酒食，以表示敬老礼贤之意。到汉代，这种养老礼仪还见载史册，如《后汉书·礼仪志》所载东汉永平二年（59 年）养老礼。到唐代，古代那种规范的养老之礼虽然不

---

① （清）沈德潜选注：《唐诗别裁》卷 2，上海：上海古籍出版社，1979 年，第 66 页。
② （宋）王溥撰：《唐会要》卷 59《尚书省诸司下·户部员外郎》，第 1019 页。

复存在，不过，天子在即位、加尊号、改元、南郊、封禅、祀后土、祀神等典礼之后，有时还在正月，在巡幸离京之前，往往发布诏文，或举行宴会，对包括乡官耆老（父老、耆寿）在内的一些官民进行庆赏。下面就把这方面资料择要列出来：

> 贞观十一年正月，太宗在两仪殿宴赐五品以上官员后，又"宴长安父老于玄武门，赐以谷帛"①。
>
> 开元二十年十一月，玄宗北巡，于睢上祀后土礼毕，大赦，"天下诸州耆老，百岁以上赐粟五石，八十以上赐粟三石"②。
>
> 开元二十七年玄宗册尊号，大赦天下，授赐"天下耆老"③。
>
> 天宝元年正月改元，诏"天下耆老八十已上者，宜委州县每加存问，量赐粟帛"④。
>
> 天宝三载十二月，祀九宫贵神礼毕，"诏天下耆老，百岁已上者，赐绵帛五段，粟三石，八十已上三段，粟两石。仍令郡县长官存问"⑤。
>
> 天宝六载正月，祀南郊礼毕，"诏天下耆老，百岁以上赐绵帛五段，粟三石，八十以上绵帛三段，粟二石。仍令所在长官存问"⑥。

以上这些对乡官耆老父老的庆赏，除了多少带点养老礼的余意之外，主要已是表示皇帝对百姓的关怀，表示施恩行惠于民。可是广大百姓无从全部直接享受这种恩惠，因此乡官耆老就作为代表，作为象征，成了庆赏对象。

2. 劳慰对象

天子的重大行动，如外出巡幸、亲征外夷、封禅大典、避敌逃奔等，按规定都要事先告诉所去地方州府："皇帝以某月于某巡守，各修乃守，考乃职事。敢不敬戒，国有常刑。"⑦在这样严厉的命令之下，地方官员无不尽心准备。再说，皇帝的到来，又正是官员们表现自己、获取晋升的好机会，哪有不大肆张罗之理。这样，皇帝所过之地，所到之处，广大百姓不免承受重负。所以，皇帝行动之余，对包括乡官在内的官民，常常进行一些赐赏，以表示劳慰之意。史籍对此，记载也是很多的。这里只举几例：

---

① （宋）王钦若等编：《册府元龟》卷55《帝王部·养老》，第617页。
② （宋）王钦若等编：《册府元龟》卷80《帝王部·庆赐》，第933页。
③ （宋）李昉等编：《文苑英华》卷422孙逖：《开元二十七年册尊号大赦天下制》，第2135页。
④ （宋）王钦若等编：《册府元龟》卷80《帝王部·庆赐》，第935页。
⑤ （宋）王钦若等编：《册府元龟》卷80《帝王部·庆赐，》第935页。
⑥ （宋）王钦若等编：《册府元龟》卷80《帝王部·庆赐》，第936页。
⑦ 《新唐书》卷14《礼乐志四》，第353页。

太宗贞观四年十月，驾幸岐州（治陕西凤翔）陇州（治陕西陇县），沿途狩猎，"十月丁巳，宴从官及武功父老，赐帛各有差"①。

贞观十八年十一月，太宗准备由洛州出发，亲率六军征高丽，"宴洛州父老一百九十人于仪鸾殿，班赐有差"②。

显庆五年高宗二月至并州，"宴从官及诸亲，并州属官、父老赐帛有差"③。

开元十一年正月，玄宗"发东都，北巡狩。制其行幸所至，耆老各赐物三段"④。到达潞州时，下诏对远来迎驾的父老赐物。到达北都太原，诏"父老及吏人等共赐一万匹"⑤。

开元十三年十月，玄宗从东都到泰山封禅。至濮州"赐河南北五百里内父老帛"；十一月封禅礼毕，"赐徐、曹、亳、许、仙、豫六州父老帛"。⑥

朱泚、李怀光之乱，德宗逃奔梁州。兴元元年（784年）六月，德宗自梁州回长安，"诏本府（指梁州改名的兴元府）耆老板授其县令，仍赐绯"⑦。

这种具有劳慰意味的赏赐，乡官耆老、父老仍然是作为百姓代表的角色出现的。因此乡官乐于皇帝来，甚至上书请皇帝来。但是这种赏赐的背后，却蕴藏着广大百姓的沉重劳役负担，这是完全可以想象得到的。

3. 参与典礼

唐代的典礼，和中国封建社会其他朝代大体相同，有吉礼、嘉礼、宾礼、军礼和凶礼五大类。乡官能够参与的仅仅是吉礼一类。吉礼，可分为大祀、中祀、小祀共三四十种之多，天子也不一一参加，"天子亲祠者二十有四"⑧。吉礼又分为常祀和非常祀两类。常祀是每年固定的祀典，共有二十二次，非常祀是"天子有时而行之者，曰封禅、巡守、视学、耕藉、拜陵"⑨。从笔者收集到的资料来看，乡官能参与的仅是非常祀中封禅、巡守、耕藉三种而已。

---

① （宋）王钦若等编：《册府元龟》卷80《帝王部·庆赐》，第923页。
② （宋）王钦若等编：《册府元龟》卷55《帝王部·养老》，第618页。
③ （宋）王钦若等编：《册府元龟》卷80《帝王部·庆赐》，第926页。
④ （宋）王钦若等编：《册府元龟》卷80《帝王部·庆赐》，第931页。
⑤ （清）董诰等编：《全唐文》卷34玄宗：《幸并州推恩敕》，第381页。
⑥ 《新唐书》卷5《玄宗纪》，第131—132页。
⑦ （宋）王钦若等编：《册府元龟》卷55《帝王部·养老》，第621页。
⑧ 《新唐书》卷11《礼乐志一》，第310页。
⑨ 《新唐书》卷14《礼乐志四》，第349页。

关于天子巡狩中乡官充当的角色，前文已经提及。至于乡官参与封禅的资料，只见到一条，就是张九龄《东封赦书》中所云：

> 诸方使人及诸州父老宗姓并从家子孙，至岳不得陪位者，并赐勋一转，赐物五段。①

这说的是开元十三年（725年）十一月，唐玄宗至东岳泰山，举行封禅大典。有少数府州乡官父老来此，但"不得陪位"，即没有参加封禅仪式，礼毕后，也给一点赐赏。而京兆府的父老，也只能在唐玄宗回到东都时，前来表示祝贺而领点赏赐。②这些有幸亲临封禅现场的父老，在这次大典中，充其量也只是作为百姓观礼的代表罢了。乡官参加藉田礼的记载，亦见于唐玄宗时期。开元二十三年（735年）正月，唐玄宗在东都举行藉田礼。旧规矩是"天子三推，公卿九推，庶人终亩"。可这位皇帝别出心裁，"进耕五十余步，尽陇乃止"。据说这是他"欲重劝耕藉"的表示。③就是这次藉田礼，有耆老二十人，"并（疑为'着'）常服，藉田日，于庶人耕藉田位之南陪位"④。张九龄草拟而发布的《藉田赦书》中说："河南、洛阳县陪位父老，各赐物五段。"⑤着常服陪位的耆老，很可能就是从东都这两个京县带去父老。唐宪宗元和五年（810年），曾诏来年正月举行藉田礼。于是参采开元、乾元藉田制定仪式（乾元藉田，有无陪位耆老不详），也规定有"耆艾二十，陪于庶人耕位南"⑥。可是，这次拟议的藉田礼，"是时虽草具其仪如此，以水旱用兵而止"⑦，实际上并没有举行。开元时乡官耆老参加藉田陪位的原因，并非由于耆老地位多么重要，而是此礼旨在敬重农时，让耆老目睹皇帝"躬载耒耜，亲率公卿，以先百姓"的"务农敦本"表演，以便通过他们而使"万方黎庶，知朕意焉"⑧。从而把这种精神传达给天下百姓，达到教百姓勤农力谷的目的。在这里，乡官耆老也不过是以教化工具的角色出现。

4. 参与节庆

天子的一些节日、喜庆日，乡官耆老（父老、耆寿）也有参与活动。

---

① （清）董诰等编：《全唐文》卷287 张九龄：《东封赦书》，第2915页。
② （宋）王钦若等编：《册府元龟》卷80《帝王部·庆赐二》，第932页。
③ （宋）王溥撰：《唐会要》卷10下《藉田》，第247页。
④ （宋）王溥撰：《唐会要》卷10下《藉田东郊仪》，第254页。
⑤ （清）董诰等编：《全唐文》卷287 张九龄：《藉田赦书》，第2920页。
⑥ 《新唐书》卷14《礼乐志四》，第359页。
⑦ （宋）王溥撰：《唐会要》卷10下《藉田东郊仪》，第256页。
⑧ （宋）王溥撰：《唐会要》卷10下《藉田》，第255页。

唐玄宗的生日是八月五日。自从开元十七年（729年）左丞相源乾曜、右丞相张说率百官上表，请以这天为千秋节后。每年千秋节，天下诸州都休假三日，举行庆祝。开元二十四年（736年）千秋节，唐玄宗还召集京城父老赐宴，并允许坐食，食毕，边饮茶，边看乐舞表演，又赐给物品。为此发布一道《千秋节赐父老宴饮敕》，说："今兹节日，谷稼有成。顷年以来，不及今岁。百姓既足，朕实多欢。故于此时，与父老同宴。自朝及野，福庆同之。"①

唐朝皇帝从唐中宗开始，就有群臣上尊号之举。所谓尊称，就是用几个最尊严、最神圣、最吉祥、最美好的词，作为在位皇帝的称号。唐玄宗先天二年（713年，即开元元年）上尊号为"开元神武皇帝"。以后又曾五次加尊号，就是在原来尊号中加词。上加尊号，往往伴随有大赦、大酺，赐赏官民，天下欢庆。开元二十七年（739年）二月第一次加尊号"开元圣文神武皇帝"，即增加"圣文"二字。于是，"大赦天下，常赦所不免者咸赦之。开元以来诸色痕瘕人咸从洗涤，左降官量移近处，百姓免今年租税。三品以上赐爵一级，四品以上加一阶……赐酺五日"②。其中仅有京城父老得赐物三千段。③天宝七载（748年）五月又加尊号"应道"二字，又发布《加应道尊号大赦文》，大赦天下，百姓免租，官员转勋加爵，天下赐酺，举国欢庆，并惠及天下灵山道观。也只有"京城父老，各得赐物十段，七十以上仍板授本县令，其妻板授县君，六十以上板授县丞"④。

唐玄宗迷信道教。开元二十九年（741年）初，说他梦见玄元皇帝（老子李聃），便派人从周至楼观山弄回老子像，五月命画老子像分送诸州开元观。为此发布《令写元元皇帝真容分送诸道并推恩诏》，规定："其亲王公主郡县主及内外文武官等，并量赐钱，至休假之辰，宜以素餐，用伸庆乐。诸道节度使及将士等，亦宜准此。其两京及诸州父老，亦量赐钱，同此欢宴。其钱以当处官物充。"⑤

甚至，永昌元年（689年）正月，武则天修成明堂，也要大赦，飨群臣，大酺七日，并"纵东都妇人及诸州父老入观，并赐酒食，久之乃止"⑥。

在这些大赦大酺的节日、喜庆日里，乡官耆老父老显然是作为皇帝与民

---

① （清）董诰等编：《全唐文》卷35玄宗：《千秋节赐父老宴饮敕》，第389页。
② 《旧唐书》卷《玄宗本纪》，第210页。
③ （宋）王钦若等编：《册府元龟》卷80《帝王部·庆赐》，第935页。
④ （清）董诰等编：《全唐文》卷39玄宗：《加应道尊号大赦文》，第430页。
⑤ （清）董诰等编：《全唐文》卷31玄宗：《令写元元皇帝真容分送诸道并推恩诏》，第351页。
⑥ 《旧唐书》卷22《礼仪志二》，第864页。

同庆、与民同乐的代表，而所得皇帝赐宴、赐物和板授官衔，也只表示皇帝的恩惠。对乡官耆老而言，也没有什么特殊政治地位和权力的意义。

5. 参与地方官府活动

乡官耆老（父老、耆寿）参与地方官府活动比较多一些，但也并非尽是与政治权力发生关系。即使参与与政治权力有关的活动，其实际角色也要具体分析。

（1）祈雨。《金石萃编·百门陂碑》碑阴载：

长安二年夏五月，州符下县祈雨。六月一日，公□祠……须臾之间，降雨一境。当其七司左廉谨、郭敬、里正郭仙童、贾□，乡望焦德贞、魏夷简等。父老光温古上诗贺："锦色陈川后，丝雨降桐乡。"①

这次县官按州府命令举行的祈雨活动，有父老参加，但并不排在有身份地位的参加者行列。父老参与祈雨的具体行动就是上贺诗。这应当是祈雨仪式完毕，下雨以后的事。如此而已。

（2）迎驾。《册府元龟·牧守部·邪佞》载：

赵元楷，太宗时为蒲州刺史。贞观十三年驾幸其境。元楷课父老，黄沙单衣，迎谒路左。盛饰廨宇，修营楼雉，欲以求媚。②

按新旧《唐书·太宗本纪》贞观十三年（639 年）唐太宗未到过蒲州，疑为贞观十二年（638 年）之误。贞观十二年二月，唐太宗癸亥观底柱，乙丑祀夏禹庙，丁卯观盐池，庚午到蒲州，然后到同州朝邑县的长春宫，次月返长安。唐太宗路过蒲州，刺史赵元楷为了取媚于皇帝，课役乡官父老，穿着黄纱单衣，在路旁迎谒圣驾。乡官在地方官府迎驾活动中，被地方官员作为求媚表演的配角。

（3）评议时政。陈子昂：《上蜀川事》云：

愚臣窃见蜀中耆老平议：剑南诸州，比来以夫运粮者，且一切并停。请为九等税钱，以市骡马，差州县富户各为驼主，税钱者以充脚价。③

这是由于唐朝为抵御吐蕃，在松潘等地屯驻军队，粮饷则由蜀川运给，

---

① （清）王昶撰：《金石萃编》卷 65《百门陂碑》，北京：中国书店，1985 年影印本，第 65 卷之 7 页。
② （宋）王钦若等编：《册府元龟》卷 697《牧守部·邪佞》，第 8322 页。
③ （清）董诰等编：《全唐文》卷 211 陈子昂：《上蜀川军事》，第 2134 页。

每年要十六万民夫担粮运送，百姓不堪此役，"比年以来，多以逃亡"。陈子昂向武则天陈述他听见蜀中父老对此役事的评议，转陈父老提出的改革办法。

（4）为良吏请留颂德。《册府元龟》的《牧守部·遗爱》云：

> 刘师立，贞观中简较岐州都督，丁母忧去职，岐州父老上表请留之。①

据《旧唐书·刘师立传》，刘师立在岐州都督任上，使吐谷浑部落降附，又说党项首领拓拔赤辞率种落内属，使当地免于侵扰。因此，乡官父老上表请求留任，获得太宗批准。又《册府元龟》的《牧守部·廉俭》云：

> 李勉，代宗大历中为广州刺史。前后西域舶泛海者，岁才四五。勉性廉洁，舶来都不简阅，故末年舶至者四十余。在官累年，器用车服，无增饰者。耆老以为，可继前朝宋璟、卢奂、李朝隐之徒。人吏诣阙，请立碑，代宗许之。②

乡官耆老（父老）为良吏请求留任，请求立碑颂德，也可以说是时政评议，只是用一种行动来对地方时政所表示的评议。不过，也有这种情况：有的官吏以父老之名，行佞媚之实的请留颂德。如《全唐文》卷 297 载闾邱均所写《为益州父老请留博陵王表》、《为益州父老请摄司马邓某为真表》和《为益州父老请留史司马表》，可能就是如此。

（5）接受征询。唐文宗大和七年（833 年）七月，中书门下针对刺史除授序迁中存在"在郡政绩，无由尽知"的情况，向皇帝提出一项措施：

> 自今以后，刺史得替代，待去郡一个月后，委知上佐及录事参军，各下诸州，取耆老、百姓等状。如有兴利除害，惠及生民，廉洁奉公，肃清风教者，各具事实，申本道观察使检勘得实，具以事条录奏，不得少为文饰。③

这个建议得到唐文宗批准实行。这是规定刺史卸任后，要派人下去征询耆老的意见。耆老把其治绩写为呈状，由观察使检查勘验，具事录奏。耆老接受对卸任刺史治绩的征询，说明当时对耆老是相当重视的，不过也只是和百姓列在一起，作为百姓的代表罢了。

---

① （宋）王钦若等编：《册府元龟》卷 683《牧守部·遗爱》，第 8153 页。
② （宋）王钦若等编：《册府元龟》卷 679《牧守部·廉俭》，第 8117 页。
③ （宋）王溥编：《唐会要》卷 68《刺史上》，第 1205 页。

（6）申诉民情。元和六年（811年）闰十二月，户部侍郎判度支卢坦奏请，允许河中两池盐在兴元府及洋、兴、凤、文、成等州"籴[粜]货"时说：

> 臣移牒勘责，得山南西道观察使报：其果、阆两州盐，本土户人及巴南诸郡市籴[粜]，又供当军士马，尚有悬欠，若兼数州（按指兴元等六州府），自然阙绝。又得兴元府诸耆老状申诉。臣今商量，河中盐请入六州籴[粜]货。从之。①

这里所见，是乡官耆老向度支使申诉食盐供应问题。另外，在敦煌文书中，有河西节度使关于地税的两段判词，一是对"沙州地税，耆寿诉称不济，军州请加税四升"的判词，另一段是对"甘州地税勾征，耆寿诉称纳不济"的判词。②仅从这两个所判事由便可见到，乡官耆寿代表百姓向官府陈述收成不好，地税交纳困难，或要求不增税四升，或要求有所蠲免。节度使对甘州的判词中，令州官权宜处置时，要"审与耆寿商量"，听取耆寿意见，做好耆寿的工作。从这两段判词可以反映出，河西节度使在处理地税问题时，是相当重视耆寿意见的。这里耆寿也不过是充当纳税人的代表，并非地税征收人。

（7）参与处理逃户土地。《册府元龟》的《帝王部·务农》载宣宗大中元年（847年）二月制云：

> 应天下逃户见在桑田屋宇等，多是暂时东西，便被邻人与所由等计会，虽云代纳税钱，悉将斫伐毁折。及愿归复，多以荡尽，因致荒废，遂成闲田。从今后，如有此色，勒乡村耆老与所由并邻近等同田产人，且为佃莳，与纳税钱。③

这是宣宗下令，耆老参与所由即管理田土的行政人员处理逃户的土地房屋。显然耆老不属于管理田土的行政人员，参与的作用在于监督，使所由不敢像以前那样，伙同邻人"斫伐毁折"。

（8）参与团貌定户。唐代的团貌旨在核实户口的老小中丁，定户是根据资产定出每户等级。开始是分别进行的，开元二十九年（741年）有令"每年

---

① （宋）王溥编：《唐会要》卷88《盐铁》，第1604页。按文义，"籴"应是"粜"之误。
② 〔日〕池田温编著：《中国古代籍帐研究》，龚泽铣译，北京：中华书局，1984年，附录文236《唐年次未详河西节度使判集》，第494—495页。
③ （宋）王钦若等编：《册府元龟》卷70《帝王部·务农》，第701页。

小团宜停，待至三年定户日，一时团貌"①，二者便结合在一起进行了。其具体做法，《全唐文》卷36玄宗：《均平户籍敕》云：

> 宜委县令与乡村对定，审于众议，察以资财。……仍委太守详覆，如有不平，县令录奏，量事贬降，其乡村对定之人，便与节级科罪。覆定之后，明立簿书。②

这里说的"乡村对定之人"，当包括耆老（父老）和里正、村正。主持工作的当然是县令，造簿书的人是里正。耆老不过是在"审于众议"中，发挥"议"的作用，也可以说是起一定的监督、见证作用。还有资料说明，在州郡长官复核时，耆老（父老）还可以发挥一定作用。那就是《吐鲁番文书》第九册所载《唐开元二十一年（733年）西川蒲昌县定户等案卷》：

蒲昌县

当县定户

> 右奉处分：今年定户，进降须平。仰父老等，通状过者。但蒲昌县小，百姓不多，明府对乡城父老等定户，并无屈滞，人无怨词，皆得均平。谨录状上。③

（后缺）

这显然是西州向蒲昌县父老征询该年定户等情况（当时定户与团貌尚未一起进行）后，父老回复州府的状文，大概这就是州郡复核的具体做法。在这里，乡官父老作为征询意见的对象，可以起一定的监督作用。

6. 教化

汉代的乡官中，以"三老掌教化，凡有孝子顺孙，贞女义妇，让财救患，及学士为民式者，皆扁表其门，以兴善行"④。唐代乡官耆老（父老、耆寿）也有这项职责。

耆老是"耆年平谨者"为之，阅历丰富，见识宽广，德高望重，公平谨慎，使他能够担负起社会教育的职责。《新唐书·韦景骏传》记载，韦景骏在

---

① （宋）王溥编：《唐会要》卷85《团貌》，第1555页。
② 此诏《唐会要》卷85载于天宝四载（745载）三月，略有删节，第1557页。
③ 《唐开元二十一年西川蒲昌县定户等案卷》，国家文物局古文献研究室等编：《吐鲁番出土文书》，第九册，北京：文物出版社，1990年，第97—100页。
④ （唐）杜佑撰：《通典》卷33《职官十五·州郡下·乡官》，第191页。

神龙中（《旧唐书·韦景骏传》作开元中），曾作肥乡县令，为当地做了不少有益的事。后来晋升赵州长史，路过肥乡县，百姓非常高兴，争相捧出酒食欢迎犒劳。有个小儿亦在人群中，景骏对小儿说：我离开肥乡时，你还没有出生，为什么也来了？小儿说了一段体现耆老教化作用的话：

> 耆老为我言，学庐、馆舍、桥鄣皆公所治，意公为古人，今幸亲见，所以来。①

这说明耆老确实是在向后辈传授他的见闻，传授他的知识，是在对后辈进行教育。这种社会教育，在古代学校教育不甚发达的时候，起着十分重要的作用。

《太平广记》的《器玩四·陴湖渔者》记载了这样一个故事：徐州宿州交界处，有个周围数百里的陴湖，有个打鱼人从网中获得一个铁镜。后来，打鱼人按照一位僧人的话，把铁镜拿去往湖里一照，便见其中有许多甲兵。该故事结尾说：耆老相传，湖本陴州沦陷所致，图籍亦无载焉。②

铁镜照见湖中甲兵的故事，当然是荒诞无稽的。但是，耆老相传，陴湖本是陆地沦陷所致，这倒可能是真实的。不过这个真实的事情，图籍上没有记载，只是依靠耆老一代一代地在口头流传下来，使后人还有幸知道一些这里地壳变动的知识。这说明，耆老在社会教育中，不但充当了执教者，而且他们又是教材的保存者和提供者，社会教育的丰富教材，许多都得益于他们。

《新唐书·杜羔传》载，贞元进士杜羔父亲死于河北。后来，杜羔作泽潞节度使判官，寻找其父坟墓。一个偶然机会，在佛祠柱上看见父亲临死留下墓地所在的文字，杜羔奔至其地，但不识垅，其困难是这样获得解决的：

> 有耆老识其垅，因是得葬焉。③

耆老帮人寻到父亲坟墓，以尽孝行。这大约就是乡官以自己的多闻广识，尽"以兴善行"职责的一个事例。

从《敦煌资料》载董加盈兄弟三人分家文书④，有耆寿康常清作为见证人参加画押。这说明，乡官耆寿还基于自己的崇高威望而参与某些民事调解。

---

① 《新唐书》卷 197《韦景骏传》，第 5627 页。
② （宋）李昉等编撰：《太平广记》卷 232《玩器四·陴湖渔者》，北京：中华书局，1961 年，第 1780—1781 页。
③ 《新唐书》卷 172《杜兼附羔传》，第 5205 页。
④ 中国科学院历史研究所编：《敦煌资料》第一辑，北京：中华书局，1961 年。又见〔日〕池田温编：《中国古代籍帐研究》，龚泽铣译，北京：中华书局，1984 年，附录文 296《唐天复九年闰八月沙州燉煌县神沙乡百姓董加盈兄弟分书》，第 612 页。

这也具有一定的教化意义。

四、后论

　　耆老，本来是个普通名词，六十岁曰耆，七十岁曰老，年高德重的人称耆老。《周礼·地官·槁人》："若飨耆老，孤子士庶子，共其食"①；《礼记·王制》："耆老皆朝庠"②；《孟子·梁惠王》："乃属其耆老而告之"③等，都是泛指贤而有德的老人。唐代，称乡官为耆老，属于专门名词，然而耆老一词并不是就不再作普通名词使用。因此，史籍所见耆老一词，不可一概而论。父老、耆寿二词的情况相同。④某处记载，是否指的乡官，须要进行具体考察，是则是之，非则非之，不能一见耆老、父老、耆寿的字样，就把它作为乡官。这如同"乡"字一样，既有泛指乡村、乡间的意思，又用来特指县下一级行政区域。不能把史籍上出现的一切"乡"字，都视为行政区域的乡。

　　作为乡官耆老（父老、耆寿），在皇帝和地方官府的各种活动中充当的角色和所起的作用，上文做了一些具体考察。如果要归结起来，则似可借用当今流行的一句话，那就是参政议政，而不是执政，不掌握行政、司法、赋税、治安等权力。贞观九年（635年）设置的乡长、乡佐，无疑是乡一级执政者，但贞观十五年（641年）省罢以后，再也没有这种乡官了。史籍中也曾有数例乡正、乡长资料⑤，但都不能作为存在执政乡官的证据。

　　为什么会出现耆老（父老、耆寿）既称乡官而不执政这种情况呢？这需

---

①《周礼》卷16《地官·槁人》，（清）阮元校刻：《十三经注疏四·周礼注疏》，第750页。
②《礼记》卷13《王制》，（清）阮元校刻：《十三经注疏六·礼记正义》，第1342页。
③《孟子》卷2下《梁惠王下》，（清）阮元校刻：《十三经注疏十三·孟子注疏》，第2682页。
④ 父老，古代是对老人的尊称，《史记·张释之冯唐列传》："文帝辇过，问唐曰：'父老何自为郎？家安在？'"（《史记》卷102，北京：中华书局，1959年，第2757页）。又（清）钱绎撰集，李发舜 黄建中点校：《方言笺疏》卷第六："东齐鲁卫之间，凡尊老谓之傁，或谓之艾……南楚谓之父，或谓之父老"（北京：中华书局，1991年，第246页）。耆寿，即耆宿寿考，古代称年老德高之人为耆寿，《尚书·周书·文侯之命》："即我御事，罔或耆寿，俊在厥服"。（清）阮元校刻：《十三经注疏二·尚书正义》，第254页。
⑤ 关于唐史籍中几例乡正、乡长的记载，笔者认为：《旧唐书》卷45《舆服志》（第1946页）和卷65《高士廉传》（第2443页），二例"乡正"，皆为武德时期的，应为沿用旧称；（清）杨笃撰《山右金石记》卷3《乡正马恽墓志》及其编者按语中言及《龙门令皇甫忠碑》和（清）沈涛撰《常山贞石志》卷4《信法寺弥陁象碑》所载"前乡长马师□"等三例"乡正""乡长"，属于贞观时期应有的；《通典》卷130《开元礼纂类25·嘉9·万年长安令初上》之"乡长"，应为乡之长老，即如《乡饮酒》中出现的"乡之致仕有德者"，只有这些人才具有官品秩，才会出现"引县令及乡长五品以上""其乡长文武官七品以上"（第679—680页）的文句。故《京兆府河南牧初上》《万年长安令初上》中的乡长，并非乡官之乡长。日本学者中村治兵卫《再论唐代的乡——望乡和耆老》（载九州大学文学部《史渊》96辑）也否认此为乡官之称。

要把历史上的乡官制联系起来才能充分理解。

先秦时期，乡和乡官是杂乱无章的。秦汉时，随着郡县制的确立，乡和乡官的设置才统一起来。《续后汉书·职官》云：

> 凡县户五百以上置乡，三千以上置二乡，五千以上置三乡，万以上置四乡。乡置有秩三老游徼。①

《汉书·百官公卿表》云：

> 大率十里一亭，亭有长；十亭一乡，乡有三老、有秩啬夫、游徼。三老掌教化，啬夫职听讼，收赋税，游徼徼循禁贼盗。②

汉代的乡官，以啬夫为主，主管乡的主要政事；游徼多是县派下来巡行的，或者是县部署在乡的，直属于县；三老之设，一方面体现尊老敬贤；另一方面是为施行社会教育，三老的政治地位和社会地位高，但不行政，也没有俸禄，实际上并不是官。③

东汉末年以后，乡亭里的组织形式受到破坏。晋朝的乡，仅置啬夫一人。北朝大概只留下一些乡里地名的遗迹。南方的刘宋，一度有乡佐、三老、有秩啬夫、游徼的设置。到隋朝，开始是承袭周齐旧制，县以下"皆州郡将县令至而调用，理时事"（按：此《隋书·百官志》文，《通典·职官·乡官》作"皆州郡将县令所自调，用理时事"，较能读通），意即由在州郡统领下的县令直接派人到下面去处理行政事务。至开皇三年（583年），便"不治时事"，即派到下面去的人不再有处理行政事务的职权，"直谓之乡官"④。也就是说那些派到县下面去而现在没有处理行政事务职权的人，叫作乡官。这种乡官，可能就像以前的三老那样，做些教化之类的事。开皇九年（589年）二月，"苏威奏请五百家置乡正，使治民，简辞讼"。这种乡正，相当于以前的啬夫。可是，第二年四月，发现乡正"不便于民"，便废止了。⑤然而原来的乡官仍然存在。⑥

---

① （元）郝经撰：《续后汉书》卷86下《职官》，《景印文渊阁四库全书》，台北：商务印书馆，1986年影印本，第144册，第386—477页。
② 《汉书》卷19上《百官公卿表上》，第741页。
③ 安作璋、熊铁基：《秦汉官制史稿》下册，济南：齐鲁书社，1981年，第183—202页。
④ 《隋书》卷28《百官志》，第792页。
⑤ 《隋书》卷43《李德林传》，第1200页；《通典》卷3《食货三·乡党》，第23页；《资治通鉴》卷177，隋文帝开皇九年二月条、十年四月条。
⑥ 《隋书·百官志》和《通典·职官·乡官》都载有"开皇十五年，罢州县乡官"（第793页、第192页），但无具体内容的说明，是否为开皇十年罢乡正之误，因缺乏证据，难以料定。

唐代制度，"大抵皆沿隋故"①。乡置耆老，大概也是沿袭隋朝"不治时事"的乡官，也可以说远承秦汉、刘宋的三老。汉代"举民年五十以上，有修行，能帅众为善，置以为三老，乡一人"②。唐代耆老，"以耆年平谨者县补之"。不但地位相似，而且遴选条件也大体相同。

明确了秦汉乡官由三种不同职能的人组成，就可以使我们解开唐代乡官为什么有了耆老而又一度设置乡长的疑惑。日本学者有人曾提出过类似的疑惑。原来，贞观所置乡长，相当于啬夫的乡官，和耆老并不重复。乡长废除后，唐代只有相当于三老的乡官，即耆老、父老、耆寿等，而没有啬夫之类的乡官了。

明确了秦汉已存在不执政、只事教化的乡官，就可以消除我们对唐代乡官耆老不执政的疑惑，就无需找一些并非证据的证据来说他俨然是一个堂而皇之的执政乡官。我们把唐代乡官的废置和隋代乡官的废置作比较考察，不仅可以明确贞观所置乡官的性质，而且可以推知贞观废止乡长的原因，大概也是因为开皇十年（590年）虞庆则巡省关东发现乡正"专理词讼，不便于民；党与爱憎，公行货贿"③相同的弊端，唐太宗才把乡长、长佐废止的。

既然唐代有乡一级行政区划，没有执政的乡官，那么，县下到乡的政事由谁办理呢？由里正办理。《唐律疏议》的《职制》《户婚》等篇，从许多方面都可以说明这一点。拙文《关于唐代"乡"的两点商榷》（《中国史研究》1986年第4期）有所涉及，不再赘述。这里举出唐长孺先生对新疆吐鲁番墓葬出土的唐西州诸乡十七件户口帐研究的有关论断。唐先生指出："诸乡帐都是以乡为单位的由五里联合申报的当乡户口帐"，又说：

> 唐代籍帐都是以乡为单位，但乡却不置主管户口租调力役的乡官，这些职务分属所管五个里的里正。……户口帐是由五个里联署申报的。可以设想，在制定当乡户口帐之先，每个里正必定要把本管一里的户口调查清楚，五里汇合统计，才能按乡造帐。④

唐先生的这些论断是完全正确的，从笔者接触到的资料来看，没有发现与唐先生看法相左的东西。

---

① 《新唐书》卷46《百官志一》，第1181页。
② 《汉书》卷1《高祖纪上》二年二月，北京：中华书局，1962年，第33页。
③ （唐）杜佑撰：《通典》卷3《食货三·乡党》，第23页。
④ 唐长孺：《唐西州诸乡户口帐试释》，唐长孺主编：《敦煌吐鲁番文书初探》，武汉：武汉大学出版社，1983年，第149、166页。

虽然我国和日本的学者作过不少论述，但关于唐代的乡和乡官，还有许多问题需要进一步研究。笔者相信，经过实事求是的探讨，才会把研究引向深入。

原载《西南师范大学学报（哲学社会科学版）》1993年《古籍整理与研究》专刊

唐代成都的经济地位试探

唐代的成都，是西南地区首屈一指的重镇，一直受到唐朝统治者的重视。武德元年（618年）在成都设立益州总管府。武德三年（620年）更置为益州行台，以秦王李世民为行台尚书令。[①]武德九年（626年）六月，废行台，置大都督府。[②]唐代全国只有五个大都督府[③]，益州是西南地区唯一的一个。贞观元年（627年）全国分为十道，开元七年（719年）设置剑南道节度使时[④]，成都为节度使的治所。至德元载（756年）唐玄宗逃奔成都，次年升成都为府，称南京。同时又分剑南为东西川节度，成都是西川节度使治所地。

唐代的成都，作为州、府的治所，管辖着成都、蜀、郫、新都、温江、新繁、双流、广都、犀浦、灵池十县。[⑤]作为剑南道的首府，所辖地区更广达三十三州。[⑥]分为西川节度以后，仍然领有一府二十五州之地[⑦]，不仅包括现在川西、川南一带，而且远达云南的一些地区。所以，本文探讨成都的经济地位，当然也要包括它所辖的地区。

[①]（宋）司马光编著，（元）胡三省音注：《资治通鉴》卷198，唐高祖武德三年四月条。《旧唐书·高祖纪》同。《唐会要》卷68《诸府尹》云："武德三年四月九日，置益州行台，以魏王泰为之。"（第1190页）从《通鉴》《旧纪》。

[②]（宋）王溥撰：《唐会要》卷68《诸府尹》，第1190页。

[③]（唐）杜佑撰：《通典》卷32《职官十四·州郡上·都督》："太极初，以并、益、荆、扬为四大都督府。开元十七年加潞州为五焉。"（第186页）

[④]（宋）司马光编著，（元）胡三省音注：《资治通鉴》卷212，唐玄宗开元七年末云："是岁，置剑南节度使。"

[⑤]（唐）杜佑撰：《通典》卷176《州郡六·蜀郡》，第935页，《元和郡县志》卷31和《新唐书》卷42《地理志》，皆同。唯蜀县于乾元元年更名华阳。

[⑥]（唐）玄宗撰，李林甫注，〔日〕广池千九郎训点，内田智雄补订：《大唐六典》卷3《户部郎中》载，剑南道所辖三十三州为：益、蜀、彭、汉、绵、剑、梓、遂、普、资、简、陵、邛、眉、雅、嘉、荣、泸、戎、黎、茂、龙、扶、文、当、松、静、柘、翼、悉、维、隽、姚（第61页）。

[⑦]（唐）李吉甫撰，贺次君点校：《元和郡县图志》卷31载，西川节度使管地为：成都府、彭州、蜀州、汉州、邛州、简州、资州、嘉州、戎州、雅州、眉州、松州、茂州、翼州、维州、当州、悉州、静州、柘州、恭州、真州、黎州、隽州、姚州、协州、曲州（第765页）。

·364·

一、从唐天子奔蜀谈起

在唐朝，出现过天子四次避乱出奔。其中唐玄宗和唐僖宗逃到成都，唐德宗停止在去成都的中途——梁州（今陕西汉中），只有唐代宗奔陕（今河南陕县）。为什么唐天子三次奔蜀呢？

从军事形势上看，安禄山军队和黄巢义军都是从东边打过来的，唐玄宗和唐僖宗自然要朝相反方向逃跑。但是，当时可去的地区很多，不独西蜀一处。以唐玄宗来说，潼关失守时，安禄山军队背后还有多支拥有相当实力的唐军，广大的西方、南方和北方一些地区，也和安禄山军队相距甚远。唐玄宗离开长安，发生马嵬驿兵变，处死杨国忠、逼杀杨贵妃之后，对去向问题就曾有过去太原、朔方（今治宁夏灵武西南）或凉州（今甘肃武威）等主张[①]，并且当时还有人指出去蜀的危险性，说："若贼兵烧绝栈道，则中原之地拱手授敌矣。"[②]然而唐玄宗却执意去蜀，不采纳去别处的主张。唐僖宗奔蜀，其情况和唐玄宗大体相同。泾原兵变时，唐德宗先已逃到长安西北的奉天，李怀光在咸阳叛变，进逼奉天。唐德宗并没有继续往西北走，而要南下梁州，并且也"欲西幸成都"[③]。所以，单纯从军事避敌的角度来看待唐天子奔蜀的问题，显然是不全面的。

《旧唐书》《新唐书》和《资治通鉴》等书叙述唐玄宗、僖宗奔蜀时，还有另外一种解释。强调杨国忠、田令孜等亲幸大臣的作用，认为安禄山起兵后，杨国忠为了"自全"，便"首唱幸蜀之策"；唐玄宗仓皇出逃，不知所向，杨国忠又"请幸成都"[④]。黄巢进攻长安时，田令孜的哥哥陈敬瑄是西川节度使，上表请唐僖宗"幸蜀"，田令孜又劝唐僖宗去成都，于是，唐僖宗便从兴元逃到成都。[⑤]

毋庸置疑，杨国忠的"请幸"，是唐玄宗奔蜀的原因之一，但并非主要原因。如果认为唐玄宗奔蜀完全出自杨国忠的主张，那么，马嵬驿诛杨国忠之后，六军将士又提出："国忠谋反，其将吏皆在蜀，不可往"[⑥]时，按理说，

[①]（唐）宋巨：《明皇幸蜀记》，该书已佚，其引文见《资治通鉴》卷218，唐肃宗至德元载六月《通鉴考异》。

[②]（宋）司马光编著，（元）胡三省音注：《资治通鉴》卷218，唐肃宗至德元载六月条。

[③]（宋）司马光编著，（元）胡三省音注：《资治通鉴》卷230，唐德宗兴元元年二月条。

[④]《旧唐书》卷108《韦见素传》，第3276页；《新唐书》卷206《杨国忠传》，第5851页；《资治通鉴》卷218，至德元载六月。

[⑤]《新唐书》卷208《宦者·田令孜传》，第5885页；《资治通鉴》卷254，唐僖宗广明元年十二月条。

[⑥]（宋）司马光编著，（元）胡三省音注：《资治通鉴》卷218，唐肃宗至德元载六月条。

唐玄宗就该改变去向。可是，他还是"意在入蜀"①。可见，杨国忠不是唐玄宗入蜀的决定因素。田令孜、陈敬瑄在促成唐僖宗入蜀方面也起过一定作用，但是，唐僖宗在陈敬瑄、田令孜请劝入蜀之前，早已表示过去蜀的意图，并且作过具体布置。《资治通鉴》卷254，广明元年（880年）末载："陈敬瑄闻车驾出幸，遣步骑三千奉迎，表请幸成都。时从兵浸多，兴元储偫不丰，田令孜亦劝上。上从之。" 可见，田令孜的"劝"，是唐僖宗十二月丁酉（十八日）到达兴元，并且发生"储偫不丰"之后的事。然而，《资治通鉴》载唐僖宗到达兴元前十天，在壻水（骆谷壻水驿）曾发布过一道"将幸成都"的诏令："戊子（初九），上至壻水，诏牛勖、杨师立、陈敬瑄谕以京城不守，且幸兴元，若贼势犹盛，将幸成都，宜豫为备拟。"陈敬瑄"表请幸成都"可能在田令孜"劝"之前，但也不可能在唐僖宗到达壻水之前送到唐僖宗手里。所以不能说唐僖宗去成都是完全出于陈敬瑄和田令孜的请劝。

很明显，当时的军事形势和亲幸大臣对唐代天子奔蜀都起了一定作用，但还不能完满回答奔蜀的根本原因。那么，唐代天子奔蜀是否还有另外的原因呢？有的。从唐玄宗准备从马嵬驿出发时，发生的那场去向问题的争论中，我们可以得到启示。《资治通鉴》卷218至德元载（756年）六月条："丁酉，上将发马嵬……将士皆曰：'国忠谋反，其将吏皆在蜀，不可往。'或请之河陇，或请之灵武，或请之太原，或言还京师。"这段记载，取材于宋巨《明皇幸蜀记》。《通鉴考异》录其详文："上意将幸西蜀，有中使常清奏曰：'国忠久在剑南，又诸将吏或有连谋，虑远防微，须深详议。'中官陈全节奏曰：'太原城池，固莫之比，可以久处，请幸北京。'中官郭希奏曰：'朔方地近，被带山河，镇遏之雄，莫之与比。以臣愚见，不及朔方。'中使骆承休奏曰：'姑藏一郡，尝霸中原，秦陇河兰皆足征取，且巡陇右，驻跸凉州，剪彼鲸鲵，事将取易。'左右各陈其意见者十余辈。"这些意见，唐玄宗都没有采纳。《资治通鉴》上只说"上意在入蜀"，而入蜀之意何在呢？没有讲。其实《明皇幸蜀记》在紧接上面引文之后，还有一段文字，正可以回答这个问题。这段文字是："高力士在侧而无言。上顾之曰：'以卿之意，何道堪行？'"力士曰："太原虽固，地与贼邻，本属禄山，人心难测。朔方近塞，半是蕃戎，不达朝章，卒难教驭。西凉悬远，沙漠萧条，大驾顺动，人马非少，先无备拟，必有阙供，贼骑起来，恐见狼狈。剑南虽窄，土富人繁，表里江山，内外险固，

---

① （宋）司马光编著，（元）胡三省音注：《资治通鉴》卷218，唐肃宗至德元载六月条。

以臣所料，蜀道可行。上然之。"①如上所述，中使中官选择的去地都是以军事上安全为准则，高力士则不仅考虑到军事上的安全，而且着重提出了经济条件，认为剑南"土富人繁"，物产丰富，人民众多，物资供应不会短缺，具有其他地方所不具备的优越条件。因此，唐玄宗同意高力士的看法，车驾向成都进发。

唐僖宗奔蜀也有经济方面的原因。唐僖宗虽然早有去蜀的考虑，但他还是想先到兴元，看看情况再说。黄巢进长安后，便忙着张罗登基作皇帝，并没有派兵追击唐僖宗，兴元又有不少保驾官兵，因此，唐僖宗在兴元并没有感到直接的军事威胁。可是，在兴元住了半月，唐僖宗就急忙向成都进发。这是为什么呢？关键在于"兴元储偫不丰"，到成都才能解决物资供应问题。这也是陈敬瑄的"请"和田令孜的"劝"能够奏效的原因所在。

唐德宗从奉天到梁州后，"山南地薄民贫，自安史以来，盗贼攻剽，户耗大半，虽节制十五州，租税不及中原数县。及大驾驻跸，粮用颇窘。上欲西幸成都"②。可是，唐德宗却没有去成都，而在梁州继续住下来，直到长安收复才起程回京。这里有军事政治方面的原因。当时关中尚有李晟率领的一支颇能战斗的唐军，正在图谋收复京城，需要唐德宗留在梁州，"所以系亿兆之心，成灭贼之势"③，起稳定军心人心的作用，但最重要的还是依靠西川解决了粮食物资的供应问题。《资治通鉴》卷 230 兴元元年（784 年）四月条云："加西川节度使张延赏同平章事，赏其供亿无乏故也。"张延赏"供亿无乏"，是指他输西川的粮食物资，供应在奉天、梁州的唐德宗。《新唐书》卷127《张延赏传》记载颇详："延赏事为之制，薄入谨出，府库遂实。德宗在奉天，贡献踵道，及次梁，倚剑蜀为根本，即拜中书侍郎、同中书门下平章事。"总之，唐代天子奔蜀，确实包含有经济方面的原因。这就从侧面反映出，唐代的成都地区有着不同于一般的经济上的重要性。

二、唐代前期的成都

成都地区素称"沃野千里，天府之土"④。秦汉以来，它就是全国重要的经济区域，也是西南地区经济政治和文化的中心。

---

① （唐）宋巨：《明皇幸蜀记》，见《资治通鉴》卷 218，唐肃宗至德元载六月《通鉴考异》引。
② （宋）司马光编著，（元）胡三省音注：《资治通鉴》卷 230，唐德宗兴元元年三月条。
③ （宋）司马光编著，（元）胡三省音注：《资治通鉴》卷 230，唐德宗兴元元年三月条。
④ 《三国志》卷 35《蜀书·诸葛亮传》，北京：中华书局，1959 年，第 912 页。

唐代前期，成都地区的社会经济由于原有较好的基础，加上全国统一，政治比较清明和社会安定，在劳动人民的辛勤努力下，得到迅速的发展，在全国居于相当重要的地位。唐代前期成都地区的经济地位，陈子昂在向武则天的奏疏中，有一个简洁的概括，他说："臣窃观，蜀为西南一都会，国家之宝库，天下珍货，聚出其中。又人富粟多，顺江而下，可以兼济中国。"[①]陈子昂这些话是否有夸大之处呢？我们看看有关唐代前期蜀地的经济资料，便可以知道陈子昂的看法基本上是合乎实际的。

《元和郡县志》载有开元户数的府州共219个，其中十万户以上的有六个：京兆府，三十六万二千九百九户；成都府，十三万七千四十六户；河南府，十二万七千四百四十户；太原府，十二万六千八百四十户；魏州，十一万七千五百七十五户；越州，十万七千六百四十五户。成都府的户数，仅次于京兆府，居全国第二位。

唐代前期成都地区水利事业也有很大的发展。现据《新唐书·地理志》和一些地方志，将规模较大的水利工程抄录如下：陵州（仁寿）籍县汉阳堰，武德初引汉水溉田二百顷。[②]绵州（治巴西，今绵阳东）神泉县折脚堰，引水溉田，贞观元年（627年）开。[③]绵州魏城县洛水堰，贞观六年（632年）引安西水入县，民甚利之。[④]绵州巴西县广济陂，引渠溉田百余顷，垂拱四年（688年）因故渠开。绵州罗江县茫江堰，引射水溉田，入城，永徽五年（654年）置。[⑤]资州（治盘石，今资中北）盘石县百枝池，周六十里，贞观六年决东使流。[⑥]剑州（治普安，今剑阁）阴平县利人渠，引马阁水入县溉田，龙朔三年（663年）开。[⑦]彭州导江县侍郎堰、百丈堰，引江水溉彭益田，龙朔中筑。[⑧]又有小堰，长安初筑。[⑨]彭州九陇县，武后时，决唐昌沲江，凿川派流，合堋口埌歧水溉九陇、唐昌田。[⑩]眉州（治通义，今眉山县）蟆颐堰，开元中，因颐山筑堤，障蜀江水溉眉山、青神田；分东中西三大堰，大小筒口百余道，共

---

① 《旧唐书》卷190中《文苑·陈子昂传》，第5022—5023页。
② 《新唐书》卷42《地理志》第1091页。
③ 《新唐书》卷42《地理志》第1089页。
④ 《新唐书》卷42《地理志》第1089页。
⑤ 《新唐书》卷42《地理志》第1089页。
⑥ 《新唐书》卷42《地理志》第1082页。
⑦ 《新唐书》卷42《地理志》第1090页。
⑧ 《新唐书》卷42《地理志》第1080页。
⑨ 《新唐书》卷42《地理志》第1080页。
⑩ 《新唐书》卷42《地理志》第1080页。

溉田七万二千亩有奇。①眉州彭山县，有通济大堰一、小堰十，自新津邛江口引渠南下，百二十里至州西南入江，溉田千六百顷，开元中开。②蜀州（治晋原，今崇庆）新津县远济渠，分四筒穿渠，溉眉州通义、彭山之田，开元二十八年（740年）开。③成都县官源渠堤百余里，天宝二载（743年）筑。④成都县万岁池，天宝中筑堤，积水溉田。⑤

劳动力和水利是农业生产的重要条件。从上述人口和水利兴修的情况，可以知道成都地区的农业生产必然有很大的发展。

再从剑南道的赋调和土贡中，也可了解成都地区农业、手工业、畜牧业和其他家庭副业生产的大概情况。⑥《唐六典》卷3户部郎中条，载剑南道赋贡主要有：

  纺织原料四种：丝、绵、葛、纻。
  丝织品七种：绢、绫、罗、单丝罗、䌷、高杼衫段、双紃。
  麻织品五种：葛布、紵布、交梭布、弥牟布、班布。
  畜产品六种：麝香、狐尾、羚羊角、羚羊尾、牦牛角、牦牛尾。
  矿产品二种：金、麸金。
  植物药品三种：当归、羌活、天门冬。
  其他三种：蜀椒、苏薰席、樗蒲。

当然这些只是赋调和土贡物品，并没有包括这里的全部出产品，但品种已属不少。和其他道比较来看，丝织品比剑南多的只有河南道（十种）、河北道（九种）、山南道（八种）；麻织品比剑南多的只有淮南道（十四种）、岭南道（六种）。

成都是唐朝统治者制作绫、锦、金银器物和铸钱的重要基地，规模相当大。唐玄宗奔蜀，至扶风时，"士卒潜怀去就，往往流言不逊"。正好，"会成

---

① （清）常明、杨芳璨等修纂：《四川通志》卷23《舆地·堤堰》，第42页，见林超民等：《中国西南文献丛书》第1辑《西南稀见地方志文献》第2卷，兰州：兰州大学出版社，2003年影印本，第2卷，第466页。
② 《新唐书》卷42《地理志》第1081页。
③ 《新唐书》卷42《地理志》第1080—1081页。
④ 《新唐书》卷42《地理志》第1079页。
⑤ 《新唐书》卷42《地理志》第1079页。
⑥ （唐）李隆基撰，李林甫注，〔日〕广池千九郎训点，内田智雄补订：《大唐六典》卷3《户部郎中》："凡天下十道，任土所出而为贡赋之差。"（第53页）（唐）杜佑撰：《通典》卷6《食货六·赋税下》："诸郡贡献，皆取当土所出。"（第34页）因此，贡物虽有"本处不产而外处市供"的，但一般皆为当地所产之物，赋贡可以反映当地物产情况。

都贡春彩十余万匹,至扶风",唐玄宗便用春彩来笼络士卒,缓和了这场危机。①什么是春彩呢?"先是扬州租调以钱,岭南以米,安南以丝,益州以罗、䌷、绫、绢供春彩。"②据此,大约是把益州征收的租调,作为本资和原料,就地织造成罗、䌷、绫、绢等几种丝织品,上解京城,供皇宫后妃和贵族们作春衫用。一次能上解十余万匹,可以想见其织造规模之大。五代时,前蜀王衍是个挥霍浪费已极的皇帝,然而到后唐破蜀时,向庄宗呈交的战利品账簿上,还有粮二百五十三万石,钱一百九十二万缗,金银二十二万两,珠玉犀象二万,文锦绫罗五十万匹。③这不仅在一定程度上反映出成都织造规模之巨大,也说明此地物产之丰富。

以上情况,说明陈子昂说的"国家之宝库,天下珍货,聚出其中",并没有夸大。成都地区的社会经济有雄厚的基础,农牧副业和特种手工艺产品在皇家仓库中占有相当重的分量。蜀货已经成为皇帝、后妃、王公贵戚们生活中不可缺少的东西。明白了这一点,对唐代天子三次奔蜀,也就容易理解了。

三、唐代后期的成都

唐代后期的成都地区,虽然由于藩镇据地称雄,骄兵悍将争战不已,以及吐蕃、南诏的掠扰,社会经济的发展不如前期那样迅速,但仍在前期的基础上继续发展。同时,因为前期经济发达的黄河流域地区受到严重破坏,陷入凋敝状态,所以,成都地区的经济地位,比前期显得更为重要。"扬一益二"谚语的流行是一个集中反映。这个社会观念的形成,有一个历史过程。开始是从军事政治地位着眼的,但随着扬州和成都地区经济的发展,才逐渐形成经济地位的观念。

隋文帝开皇九年(589 年),扬州始治江都。④那时,"天下惟有四总管:并、扬、益、荆,以晋、秦、蜀三王及(韦)世康为之,当时以为荣"⑤。隋在扬、益等地设总管,显然是出于军事政治的需要。唐初继承了这种做法。随着唐代前期社会经济的恢复和发展,扬州和成都在经济上的重要性日益显

---

① (宋)司马光编著,(元)胡三省音注:《资治通鉴》卷 418,唐肃宗至德元载六月条。
② 《新唐书》卷 51《食货志一》,第 1345 页。
③ 《新五代史》卷 24《郭崇韬传》,第 250 页。
④ (清)阿克当阿修,姚文田、江藩等纂:嘉庆《扬州府志》卷 5《沿革》,凤凰出版社编选:《中国地方志集成·江苏府县志辑》,南京:凤凰出版社据清嘉庆刻本 2008 年影印,第 41 册,第 93—94 页。
⑤ (宋)司马光编著,(元)胡三省音注:《资治通鉴》卷 178,隋文帝开皇十五年十月条。

现出来，因此也加强了它们在军事政治上的地位，安史之乱以后尤其如此。唐宪宗把蜀视为"心腹""重地"，因此，成都便成为"宰相回翔之地""硕德名臣方可寄任"之地。从总体上看，成都在经济上显示出它的重要性，是在军事政治地位凸显之后。

宋朝人比较注意从经济角度看扬州和成都的地位。韩琦《扬州厅壁题名记》说："故有唐藩镇之盛，惟扬益二州，号天下繁侈。"[①]王观在《扬州赋》的序言中说："扬州……与益部号为天下繁盛，故自古以来节镇首称扬益焉。"[②]明确地从经济上论及扬州和成都的，是《资治通鉴》卷259昭宗景福元年（892年）七月条："先是，扬州富庶甲天下，时人称扬一益二。及经秦、毕、孙、杨兵火之余，江淮之间，东西千里扫地尽矣。"很明显，这里的"扬一益二"就是从经济上富庶情况而说的。唐朝人从经济上论述成都，首推大中九年（855年）卢求的《成都记序》，他写道："大凡今之推名镇，为天下第一者，曰扬益。以扬为首，盖声势也。人物繁盛，悉皆土著。江山之秀，罗锦之丽，管弦歌舞之多，伎巧百工之富，其人勇且让，其地腴以善熟，较其妙要，扬不足以牟其半。"[③]卢求这段话说明，9世纪中叶，扬州和成都都是当时中国的第一流名镇，扬州居首，成都为次，"扬一益二"的观念已经形成，并且不仅指军事政治方面，还包括经济文化方面。因此，"扬一益二"这个谚语的出现，的确可以说明唐代后期成都所具有的重要经济地位。卢求的话，显然还有另一个意思，即对扬益次第的看法。在他看来，扬州为首，是从声势即名气上衡量的，如果从经济文化上来说，某些方面扬州不及成都。卢求这个看法，不一定全面，但也反映了一些实际情况。

成都地区，农业比较发达，史称地大而腴，民勤耕作。[④]也就是卢求所说的"其地腴而善熟"。水利事业，在唐代后期又有发展。如贞元元年（785年），绵州龙安县筑云门堰，决茶川水溉田[⑤]；贞元二十一年（805年）绵州罗江县筑杨村堰，引折脚堰水溉田[⑥]；贞元末，汉州雒县立堤堰，溉田四百

---

① （宋）韩琦：《扬州厅壁题名记》，《全宋文》，上海：上海辞书出版社、合肥：安徽教育出版社，2006年，第40册，第43页。
② （宋）王观：《扬州赋》，（清）陈元龙辑：《历代赋汇》，北京：北京图书馆出版社，1999年影印本，第11册，第640页。
③ （清）董诰等编：《全唐文》卷744卢求：《成都记序》，第7702页。
④ （清）黄廷桂、宪德修、张晋生等纂：雍正《四川通志》卷38《风俗》，乾隆元年（1736年）刻本。
⑤ 《新唐书》卷42《地理志六》，第1089页。
⑥ 《新唐书》卷42《地理志六》，第1089页

余顷①；太和中，荣夷人张武等百余家，请田于青神县，凿山骊渠，溉田二百余顷②；乾符中，成都筑罗城堰、糜枣堰③。因此，农业生产又有进一步发展，比如农业中作为商品进行生产的茶，剑南西川是重要产地之一，雅州名山出产的蒙顶茶，在唐代已是全国名茶之一。白居易诗云："茶中故旧是蒙山"④；郑谷在《蜀中三首》其二有："蒙顶茶畦千点露"⑤之句，都是赞美蒙顶茶的。李德裕入蜀，得到"蒙饼"，将其视为珍品，立即亲自动手烧煮，试验其真伪。⑥

成都地区还出现了颇具规模的茶园："九陇人张守珪，仙君山有茶园。每岁召采茶人力百余人，男女佣功者杂处园中。"⑦这显然是私人经营的种茶、制茶的专业茶场。

成都地区有多种门类的手工业，如织造绫、锦、绢、罗、绸等丝织业，金银器物制造业，瓷器烧造业，制盐业，造纸业，印刷业，兵器制造业，漆器制造业，酿酒业，制茶业，造船业，乐器（琴）制造业，钱币铸造业以及其他珍异玩物制造业⑧等，其中以织锦、造纸、烧瓷为最著名。

蜀锦是成都有悠久历史的传统产品。《隋书·地理志》说，成都"人多工巧，绫锦雕镂之妙，侔于上国"。费著《蜀锦谱》亦说："蜀以锦擅名天下，故城名以锦官，江名以濯锦"。蜀锦织造技术之高超，规模之宏大，是扬州锦所远不及的。唐中宗幼女安乐公主出嫁时，益州献的一件单丝碧罗笼裙，可以代表成都丝织技术水平。据《新唐书·五行志》记载，此裙"缕金为花鸟，细如丝发，大如黍米，眼鼻嘴甲皆备，瞭视者方见之"。李肇《唐国史补》卷下说："蜀人织锦初成，必濯于江水，然后文彩焕发。"这可能说的印染后的漂洗工序，反映了印染技术的进步。后蜀时，能一梭织成三幅帛宽的无缝锦

---

① 《新唐书》卷42《地理志六》，第1081页。
② 《新唐书》卷42《地理志六》，第1082页。
③ （宋）欧阳忞著，李勇先、王小红校注：《舆地广记》卷29《成都府路上》，成都：四川大学出版社，2003年，第843—845页。
④ （清）康熙扬州诗局：《全唐诗》卷448白居易：《琴茶》，上海：上海古籍出版社据康熙扬州诗局本剪贴缩印本，1986年，第1125页。
⑤ （清）康熙扬州诗局：《全唐诗》卷676郑谷：《蜀中三首》，第1700页。
⑥ （清）常明、杨芳灿等修纂：嘉庆《四川通志》卷75《食货志·物产二》载（明）杨慎《蒙茶辨》，该卷之第18—19页，见林超民等：《中国西南文献丛书》第1辑《西南稀见地方志文献》第4卷，兰州：兰州大学出版社，2003年影印本，第293—294页。
⑦ （宋）李昉等编撰：《太平广记》卷37《阳平谪仙》引《仙传拾遗》，北京：中华书局，1961年，第235页。
⑧ 锦、纸、瓷以外各类手工业，分别见于《唐会要》卷52《忠谏》，《通典》卷10《食货十·盐铁》，《刘宾客嘉话录》（唐 韦绚述，中华书局，1985年），《资治通鉴》卷189、199、244、252，《唐国史补卷下》（唐 李肇撰，上海古籍出版社，1979年），等等。

被，叫作"鸳衾"①。还能用芙蓉花汁染缯做帐幔，叫作"芙蓉帐"②。说明唐代后期成都地区丝织和染色技术又有发展。

唐代后期成都的官营织锦作坊，规模仍然很大。为官府控制的织锦户，专门为皇宫后妃进行织造。唐文宗太和四年（830年）五月"敕度支，每岁于西川织造绫罗锦八千一百六十七匹，令数内减二千五百十匹"③。减少后，每年仍要西川织造五千多匹，在当时说来，数量也够庞大了。又据《蜀梼杌》载，前蜀王衍"荒淫酒色，出入无度。当以缯彩数万段结为彩楼，下立宫殿亭阁，一如居常之制。……又别二彩亭于山前，列以金银锜釜之属"。直到后唐兵攻破成都时，宫中尚有库存文锦绫罗五十万匹。这些都说明唐代后期以来，成都的丝织品产量确实不小。

蜀纸的品种，据李肇《唐国史补》卷下说，有麻面、屑末、滑石、金花、长麻、鱼子、十色笺等。在他所列举的越、蜀、扬、韶、蒲、临川、宋亭等产纸地区中，蜀纸的品种最多。蜀纸中，产量最大、用途最广的是麻纸。"益府之大小黄白麻纸"，是太府寺右藏署掌握的重要库物。④唐玄宗时，太府寺每月发给修书院、集贤书院的蜀郡麻纸达五千番。⑤可以想见，蜀郡麻纸数量之多。蜀还以出产彩色笺纸著名，染色技术很高。居住在成都百花潭的薛涛，制造出一种深红色的小彩笺，"裁书供吟，献酬贤杰"⑥。薛涛笺最为文人雅士所贵重，文人雅士都以得到此笺为荣幸，为此留下了好些乞蜀笺诗。⑦此外，广都（双流县东南）生产的楮纸也比较著名。"其视浣花笺纸最清洁，凡公私簿书、契券、图籍、文牒，皆取给于是。"⑧

唐代的青瓷和白瓷，成都地区都能生产。中华人民共和国成立后经调查

---

① （明）陶宗仪撰：《辍耕录》卷7《鸳衾》载："孟蜀主一锦被，其阔犹今之三幅帛，而一梭织成。"《丛书集成初编》，北京：中华书局，1985年，第110页。
② （清）吴任臣撰，徐敏霞、周莹点校：《十国春秋》卷49《后主本纪》，北京：中华书局，1983年，第742页。
③ 《旧唐书》卷17下《文宗纪下》，第537页。
④ （唐）玄宗撰，李林甫注，〔日〕广池千九郎训点，内田智雄补订：《大唐六典》卷20《太府寺》，第388页。
⑤ 《新唐书》卷57《艺文志一》，第1422页。
⑥ （元）费著撰：《笺纸谱》，《景印文渊阁四库全书》，台北：商务印书馆，1986年影印本，第590册，第439页。
⑦ （唐）鲍溶：《寄王播侍御求蜀笺》云："蜀川笺纸采云初，闻说王家最有余；野客思将池上学，石楠红叶不堪书。"见《景印文渊阁四库全书》，第1081册，第560页；韦庄：《乞彩笺歌》，见《全唐诗》卷700，第1764页。
⑧ （元）费著撰：《笺纸谱》，《景印文渊阁四库全书》，第590册，第439页。

发现的唐代瓷窑遗址，有成都市青羊宫窑[①]，邛崃县（今邛崃市）的十方堂窑、尖山子窑、瓦窑山窑和才冲土粑桥窑[②]，新津县的玉皇观窑和石厂湾窑[③]。这些瓷窑，主要是烧造各种青釉瓷器。据扬州唐城发掘证明，邛崃窑烧造的彩釉器已贩运到了扬州，并且很可能还远销到国外。[④]大邑烧造的白瓷，见于杜甫《又于韦处乞大邑瓷碗》诗："大邑烧瓷轻且坚，扣如哀玉锦城传；君家白盌胜霜雪，急送茅斋也可怜。"[⑤]大邑白瓷质轻且坚，声如哀玉，色胜霜雪，被诗人短短数语描写致尽。

唐代后期的扬州和成都都是全国最富庶的地区。成都地区农业比较发达，扬州商业比较繁荣，手工业则各有所长。扬州地区商品经济的发展程度较高，扬州的繁荣主要靠商业，而成都地区自然经济的特色十分浓厚，所以，成都的社会经济比扬州更带有自然经济所具有的稳定性。唐代后期，扬州常因交通受到藩镇阻碍，而使物资集散大受影响，而成都的经济则不大容易受外地干扰，只要本地社会比较稳定，有一定的生产条件和客观环境，尽管其他地区非常动乱，这里的经济状况也不会发生太大的波动。可是，从总体和发展趋势，从对唐王朝的关系来说，扬州的地位高于成都，"扬一益二"的品评是恰当的。就成都本身来说，从前被称为"南夷""西僻"之地，现在跃居全国显要地位，成为仅次于扬州的全国经济最发达地区，这是十分巨大的变化。

原载《社会科学研究》1982 年第 6 期

---

① 江家礼、陈建中：《青羊宫古窑址试掘简报》，《文物参考资料》1956 年第 6 期，第 53—57 页。
② 徐鹏章：《川西古代瓷器调查记》，《文物参考资料》1958 年第 2 期，第 38 页。
③ 原缺：《新津县邓双乡发观古代窑址二处》，《文物参考资料》1957 年第 1 期，第 83—84 页。
④ 南京博物院发掘工作组、扬州博物馆发掘工作组、扬州师范学院发掘工作组：《扬州唐城遗址 1975 年考古工作简报》，《文物》1977 年第 9 期，第 16—30 页。
⑤ （清）康熙扬州诗局：《全唐诗》卷 226 杜甫：《又于韦处乞大邑瓷碗》，上海：上海古籍出版社据康熙扬州诗局本剪贴缩印本，1986 年，第 555 页。

"扬一益二"的由来

1980年10月，治唐史的学者从全国各地荟萃西安，成立"唐史研究会"（后名"中国唐史学会"）时，曾议论下次年会在什么地方召开。大家提了很多方案，最后一致同意遵照"扬一益二"的次序进行。果然，1981年11月在扬州召开了第一届年会，第二届年会于1983年10月在成都召开。可见，学者们对唐代"扬一益二"这个谚语是很关注的。

"扬一益二"这个谚语是怎么来的呢？

对唐宋史籍有一定了解的人，提起"扬一益二"这句话，就会想起著名学者洪迈（1123—1203年）。他在《容斋随笔》卷9"唐代扬州之盛"条中说："唐世盐铁转运使在扬州，尽斡利权，判官多至数十人，商贾如织，故谚称'扬一益二。'"[1]这是说，唐朝时候，掌握财政、经营漕运的盐铁转运使，在扬州设置办事官署，官吏人数很多，来往于这里进行贸易的商贾，也像织布穿梭一样，络绎不绝，所以有"扬一益二"的谚语。洪迈是南宋人，从他这段话可以证明，在南宋，人们已经熟知"扬一益二"这个谚语了。

这个谚语是不是南宋时出现的呢？不是，因为在洪迈之前已经有人说到过，最著名的要数北宋司马光（1019—1086年）。司马光的《资治通鉴》第259卷唐昭宗景福元年（892年）七月条中写道："先是，扬州富庶甲天下，时人称'扬一益二。'"此外，还有一些北宋人士也说过包含有"扬一益二"意思的话。比如和司马光同时代的人王观，他在向皇帝上的《扬州赋》序言中说："扬州……与益部号为天下繁盛，故自古以来节镇，首称扬益焉。"[2]又

---

[1] （宋）洪迈撰：《容斋随笔》卷9《唐扬州之盛》，《四部丛刊续编》，上海：上海书店，1984年影印本，第51册，第11页。

[2] （宋）王观：《扬州赋》，（清）陈元龙辑：《历代赋汇》，北京：北京图书馆出版社，1999年影印本，第11册，第640页。

如较司马光稍早些时候的韩琦（1008—1075年），在《扬州厅壁题名记》中也说："故有唐藩镇之盛，惟扬益二州，号天下繁侈。"①

宋人对扬州和益州的议论，首先是从经济上着眼的，认为扬、益之地，物产丰富，工商繁荣，与国家财政休戚相关，这应是"扬一益二"的基本含义。其次，他们也从政治和军事方面，认为扬、益是唐代首屈一指的强藩大镇。宋人关于扬、益的言论，还有一点值得特别注意，那就是他们往往带着无限惋惜的情绪。《资治通鉴》在紧接上面那段引文后写道："及经秦、毕、孙、杨兵火之余，江淮之间，东西千里，扫地尽矣。"洪迈也在前面所引文字之后说："自毕师铎、孙儒之乱，（扬州）荡为丘墟。杨行密复茸之，稍成壮藩，又毁于显德。本朝承平百七十年，尚不能及唐之什一。今日真可酸鼻也！"②欧阳修的《和原父扬州六题·竹西亭》诗中表露得最为尽致："十里楼台歌吹繁，扬州无复似当年。古来兴废皆如此，徒使登临一慨然。"③他们都对唐末五代时遭到严重破坏的扬州的今不如昔，而感慨不已。所谓"秦、毕、孙、杨兵火"，指的是唐末军阀争夺扬州的战争。唐僖宗光启三年（887年），毕师铎以诛高骈牙将吕用之为名，求得秦彦的援助，攻破扬州，秦彦则乘机接踵而至。接着，杨行密进攻秦、毕军，围城半年，大小数十战才进入城中。不久孙儒又来争夺，并于文德元年（888年）把杨行密赶出扬州。可是，孙、杨两家军队仍在各地不断厮杀，至唐昭宗景福元年（892年），杨行密终于杀死孙儒，再次进入扬州。《旧五代史·杨行密传》说到这场争夺战带来的后果时指出："六七年中，兵革竟起，八州之内，鞠为荒榛，圜幅数百里，人烟断绝。"可见扬州被破坏得何等惨重！杨行密控制了扬州，建立吴政权，后来吴为南唐所取代。这期间，扬州得到一定的恢复。可是，后周于显德四年（957年）派兵进攻南唐的扬州。南唐统治者自知抵挡不住，便放了一把火，把扬州的官署和民房全部烧成灰烬，并把百姓驱赶到长江以南去。这是扬州的又一次浩劫。经过唐末五代的屡次摧残，昔日繁华的扬州，不仅北宋时没有恢复原貌，甚至到了南宋，还不及唐朝的十分之一。扬州的沧桑，固然是引起史家、诗人们慨叹的原因，然而是不是还和成都的另一番景象有关系呢？唐宋之际的成都，虽然也曾经遭受过洗劫，但要比扬州轻微得多。在宋代，尤其到了

---

① （宋）韩琦：《扬州厅壁题名记》，《全宋文》，第40册，第43页
② （宋）洪迈撰：《容斋随笔》卷9《唐扬州之盛》，《四部丛刊续编》，上海：上海书店，1984年影印本，第51册，第11页。
③ （宋）欧阳修：《和原父扬州六题·竹西亭》，《欧阳文忠公集》卷12，《四部丛刊初编》，上海：上海书店据商务印书馆1926年版重印，1989年，第居士集卷13之1页。

南宋，成都不仅不减当年风貌，而且容姿焕发，经济文化比唐时更加繁荣。宋人的感慨，也可能包含有扬州较之成都相形见绌这个因素。这可是一个耐人寻味的问题。

从北宋人的言论还可看出，"扬一益二"也不是这时才有的。《资治通鉴》谓："时人称'扬一益二'。"这个"时人"应该是指唐朝人。晚唐诗人杜荀鹤（846—907年）在《送蜀客游维扬》诗中写道："见说西川景物繁，维扬景物胜西川。"[1]这里所谓"景物"，当然不只是自然景物，而应包括社会的经济文化事物。这首诗无疑已含有"扬一益二"的意思，但是，还不能认为它就是"扬一益二"出现的标志。因为在它之前，还有人说得更为明确，那就是卢求在唐宣宗大中九年（855年）写的《成都记序》。卢求在这篇文章中说："大凡今之推名镇，为天下第一者，曰扬、益。以扬为首，盖声势也。人物繁盛，悉皆土著。江山之秀，罗锦之丽，管弦歌舞之多，伎巧百工之富，其人勇且让，其地腴以善熟，较其要妙，扬不足以侔其半。"[2]从卢求的话看来，第一，当时扬州和成都都是天下第一流的名镇，而扬州居首位，成都次之。第二，当时社会上已经形成了"扬一益二"的观念，而且这种观念已具有无可动摇的声势。可是，卢求这个身居成都的官员，他不服气，他认为从人、从物、从地几个方面来看，扬州比不上成都的一半。这未免带有一些偏见。诚然，成都并不是样样都居扬州之下，比如扬州的商业虽然比成都繁荣，而成都的农业却较扬州更为发达。至于手工业则各有千秋，扬州铜器为上，成都织锦见长。可是，从总体上，从发展趋势上，从对唐王朝财政的重要性来说，扬州的地位的确高于成都。扬州为首，成都居次，这样的品量还是允当的。总之，就个人见到的资料来说，卢求是唐朝第一个比较完整地用文字表达"扬一益二"观念的人。

"扬一益二"观念在9世纪中叶卢求的文章里表露出来，并不是偶然的，也不是突如其来的。凡是一种社会观念，或者一个熟语出现，必然有它形成的物质因素，而这是一个逐步形成的过程。

唐初以来，扬、益、潞、幽、荆曾经是唐朝设在边要之地统领军事的五个都督府。其中扬州和益州的地位尚属一般，并不怎么突出。到了安史之乱以后，才发生了重要变化。755—763年发生的安禄山、史思明企图夺取唐朝最高统治权的战争，使中原地区受到严重破坏，东西二京尤为惨重。多亏张

---

[1] （唐）杜荀鹤：《送蜀客游维扬》，（清）康熙扬州诗局：《全唐诗》卷692，第1748页。
[2] （清）董诰等编：《全唐文》卷744卢求：《成都记序》，第7702页。

巡、许远所统一的唐军死守睢阳，百日之间，大小四百战，歼敌十二万人，阻遏安、史军队的南进，扬州才幸免于难。以后，唐王朝这架庞大的国家机器，主要依靠从江南、淮南收取赋税，通过运河输往京师，以维持其艰难的局面。因此，作为江淮首府、运河要冲的扬州，其经济地位以及政治军事地位便迅速上升，以致成为唐代后期东部地区的中心。成都，在唐玄宗逃奔来此之时，一度成为唐王朝的"南京"。这里既没有受到安史战乱的直接破坏，就是随后出现的藩镇战争，对这里的影响，也要比河南、关中小得多。因此，成都地区凭借优越的自然资源和动乱较少的社会条件，其社会经济一直处于稳步发展的状态，以致成为唐王朝的大后方，每有重大危难，最高统治者总是把成都作为安身立命之所。加之，吐蕃和南诏成为唐朝肘腋之患以后，成都又是据以抵抗的大本营。所以，无论从经济上、政治上还是军事上来看，成都都是唐朝西部地区的中心。"扬一益二"这个社会观念，就是在这样的条件下形成，而以谚语的形式在人们中间流传着。

"扬一益二"这个观念，在卢求的文章表述之前，也曾有人说过相关的话。《资治通鉴》卷237元和二年（807年）十月条记载，高崇文辞让西川节度使职务时曾说："西川乃宰相回翔之地，崇叨居日久，岂敢自安！"这是说，成都这个地方，常常是宰相来作节度使，卸任后又回朝作宰相。稍后一些时候，杜牧（803—852年）在《淮南监军使院厅壁记》中曾说，扬州在经济上、军事上都很重要，因此朝廷任命的节度使，往往是"来罢宰相，去登宰相"，并说从贞元、元和以来多是如此。这里所说"来罢宰相，去登宰相"和"宰相回翔之地"完全是一个意思。扬州和成都差不多同时出现这种情况，这并非偶然的巧合，而正是上文指出的，它们的经济、政治和军事地位重要性凸显的表现。这也表明，扬、益为天下第一流名镇的观念渐臻成熟。再前进一步，便是扬州为首，成都居次。由此可以清楚地看出"扬一益二"观念的形成脉络。

"扬一益二"谚语的出现，对古代四川的历史来说，具有不可忽视的重要意义。汉代以前，四川地区被看作"西僻"之地、"蛮夷"之邦。这倒不完全是出于对这个地方的偏见和歧视，因为，那时中国的经济中心、政治中心和文化中心均在北方，而四川地区处于落后状态，在全国历史上所占分量相当有限。可是后来不同了。唐代成都地区成为全国公认的仅次于扬州的富庶之区，跻身于全国先进地区的行列。这是四川历史上的一次重要转折，而"扬一益二"正是这个转折的标志。

原载《成都文物》1984年第1期

唐代岷江、沱江和嘉陵江流域的水利开发

岷江、沱江和嘉陵江（以下简称三江）是长江上游最重要的支流，纵贯我国四大盆地之一的四川盆地。三江中下游是今巴蜀农业经济最发达的地区，被誉为天府粮仓。这个粮仓的形成，无疑是与历史上的水利开发有密切关系的。那么，这个地区的水利事业在历史上是怎样发展起来的呢？本文仅就唐代作一初步考察。

一

三江流域的水利开发历史，据冀朝鼎《中国历史上的基本经济区与水利事业的发展》[1]一书对灌溉工程所作统计，隋朝以前只有战国和三国时期各一项。前者当是指秦守李冰主持修建的都江堰，后者或为蜀汉诸葛亮在成都修筑的九里堤。《大清一统志·成都府》载："九里堤在成都县西北，堤长九里故名。相传汉诸葛亮所筑，以捍水势。宋乾德（963—968年）中，刘熙古重修，一名刘公堤。"可资证明。

但是，据笔者接触到的资料来看，三江地区隋以前的水利灌溉工程，除上述两处外，尚有以下四处：

（1）彭山馨堰。《元和郡县图志》的《剑南道中·眉州》载：

> 馨堰，在（彭山）县西南二十五里。拥江水为大堰，开六水门，用灌郡下。公孙述僭号，犍为不属，述攻之，功曹朱遵拒战于六水门是也。[2]

---

[1] 冀朝鼎（1903—1963年），是我国著名经济学家，《中国历史上的基本经济区与水利事业的发展》是他1934年在美国哥伦比亚大学的博士学位论文，由中国社会科学出版社在1981年出版。
[2] （唐）李吉甫撰，贺次君点校：《元和郡县图志》卷32《剑南道中·眉州》，第808页。

此堰《华阳国志·蜀志》有载，"武阳县（即唐代彭山县）郡治……蒲江大堰，灌郡下，六门，有朱遵祠"。刘琳《华阳国志校注》据顾广圻校改，"蒲江大堰"为"籍江为大堰"，认为唐代彭山通济堰即旧堰改修或扩修。①此堰始筑时间不详，但东汉初年已经有六个水门的引水工程，当不为虚。

（2）阆中彭道将池。《汉书》卷28《巴郡·阆中》载："彭道将池在南，彭道鱼池在西南。"②顾祖禹《读史方舆纪要》指出：

南池在（保宁）府城南，东西四里，南北八里。……此即彭道将池也。自汉以来，堰大斗、小斗之水溉田，里人赖之。唐时堰坏，遂成平陆。③

可见隋朝以前阆中县存在水利灌溉工程。

（3）温江蜀王渠。《新唐书》卷42《地理志·成都府》载：

温江县有"蜀王秀故渠"。

蜀王秀是隋文帝杨坚第四子杨秀，开皇元年（581年）徙封于蜀，第二年"岁馀而罢"。十二年（592年）又复出镇蜀，至仁寿二年（602年）征还京。④蜀王秀故渠当是杨秀在蜀时，官府主持修建的渠堰。

（4）巴西故渠。《新唐书》卷42《地理志·绵州巴西郡》载：

巴西县（四川绵阳县）有"故渠"。

唐志所谓故渠，应当是隋以前的渠堰。

从上述记载来看，隋朝以前三江流域至少有六处水利工程。其中阆中、巴西二处在嘉陵江流域，其余四处都在岷江流域，而沱江流域却未见有水利工程的记载。

二

到了唐代，三江流域的水利开发利用迈入了一个新阶段，获得了空前的

---

① （晋）常璩撰，刘琳校注：《华阳国志校注》卷3《蜀志·犍为郡·武阳县》，成都：巴蜀书社，1984年，第279—281页。
② 《汉书》卷28上《地理志上·巴郡·阆中》，第1603页。
③ （清）顾祖禹撰，贺次君、施和金点校：《读史方舆纪要》卷68《四川三·保宁府·阆中县·老溪》，《中国古代地理总志丛刊》，北京：中华书局，2005年，第3205页。
④ 《隋书》卷45《文四子·庶人秀传》，第1241、1242页。

大发展。

1. 岷江流域在唐代修建了十一处水利灌溉工程

(1) 增修都江堰引水渠道。《旧唐书》的《高士廉传》载：

> 秦时李冰守蜀，导引汶江，创灌溉之利，至今，地居水侧者，顷直千金，富强之家，多相侵夺。士廉乃于故渠外别更疏决，蜀中大获其利。①

"于故渠外别更疏决"，《新唐书·高俭传》作"附故渠厮（分也）引旁出，以广溉道"。可见高士廉是在都江堰原有渠道附近增修引水渠道。高士廉任益州大都督府长史在贞观二年（628 年）至贞观五年（631 年）②，故此次增修渠道当在此期间。

(2)(3) 修筑侍郎堰和百丈堰。《新唐书》的《地理志·彭州蒙阳郡》载：

> 导江县（治在今灌县东二十里）有侍郎堰，其东百丈堰，引江水溉彭、益田。龙朔中筑。③

侍郎堰，根据《宋史·河渠志·岷江水》记载："离堆之址，旧馋石为水则，则盈一尺，至十而止。水及六则，流始足用；过则从侍郎堰减水，河泄而归于江。"可见，侍郎堰是都江堰渠道主体工程中泄洪部分的名称。那么，也就是金刚堤尾横亘于内外江之间的飞沙堰，为都江堰渠首三大主体工程之一。百丈堰，顾祖禹《读史方舆纪要》卷 67《灌县·湔堰》云：百丈堰"在湔堰之东，亦李冰所造。志云：百丈堰灌田数千顷，蜀以富饶"④。可见，侍郎堰和百丈堰都是李冰创建都江堰时奠定的。或因年久失修，或因规模狭小，故唐高宗龙朔（661—663 年）年间加以修复扩大。

(4) 凿川引沱水灌田。《新唐书》的《地理志·彭州蒙阳郡》载：

> 武后时，长史刘易从决唐昌沲江，凿川派流，合堋口琅歧水，溉九陇、唐昌田。民为立祠。⑤

"沲江"，《舆地广记》卷 29《成都府路》作"沱江"，顾祖禹《读史方舆纪要》

---

① 《旧唐书》卷 65《高士廉传》，第 2442 页。
② 郁贤浩：《唐刺史考》卷 222《剑南道·益州》，南京：江苏古籍出版社，1987 年，第 2563 页；《旧唐书》卷 76《太宗诸子传·校勘记》，北京：中华书局，1975 年，第 2667 页。
③ 《新唐书》卷 42《地理志六·彭州蒙阳郡》，第 1080 页。
④ （清）顾祖禹撰，贺次君、施和金点校：《读史方舆纪要》卷 67《灌县·湔堰》，第 3154 页。
⑤ 《新唐书》卷 42《地理志六·彭州蒙阳郡》，第 1080 页。

卷 67《彭县·沱江》同。"琅歧水",《蜀水考》卷 2《分疏》载:"蒙阳水,一名弥蒙水,又名琅歧水,亦名玉村河,或名马木河。"《太平寰宇记》卷 73《剑南西道·彭州·濛阳县》载:"弥蒙水在(蒙阳)县南……二百五十步,源出九陇县琅歧水[山]。"①彭州长史刘易从主持的这项水利工程,从唐昌引沱江水而开凿一条灌溉渠,到堋口(彭县西北二十五里)汇入弥蒙水。

(5) 修筑导江小堰。《新唐书》卷 42《地理志·彭州蒙阳郡》载:

> 导江县,又有小堰,长安初筑。

长安初年在导江县新修筑的小堰,必然是在都江堰的基础上,为扩大灌溉面积而兴建的。

(6) 开凿新源水。《新唐书》的《地理志·成都府》载:

> (温江县)有新源水,开元二十三年,长史章仇兼琼因蜀王秀故渠开,通漕西山竹木。②

此条记载,《舆地广记》卷 29《成都府路上》和《读史方舆纪要》卷 67《温江县·皂江水》略同。新源水当是沟通温江西边邛崃山脉的青城、鹤鸣等山区与郫江的人工河,是在隋朝蜀王杨秀原凿水渠的基础上开通的,用来运载山区的竹木至成都。

(7) 筑万岁池堤。《新唐书》卷 42《地理志·成都府》载:

> 成都,北十八里有万岁池,天宝中长史章仇兼琼筑堤,积水溉田。

《华阳国志·蜀志》:"惠王二十七年,(张)仪与(张)若城成都。……其筑城取土,去城十里,因以养鱼,今万岁池是也。"③据此,万岁池系初筑成都城时取土而成,仅可养鱼。唐天宝时,章仇兼琼主持筑堤,积水增多,用以灌溉农田。《宋史·王刚传》云:"万岁池广袤十里,溉三乡田。岁久淤淀,刚中疏之。"万岁池能灌溉三乡之田,当是唐代筑堤所致。经宋代疏浚之后,又能继续溉田。

(8) 筑官源渠堤。《新唐书》卷 42《地理志·成都府》载:

---

① (宋)乐史撰,王文楚等点校:《太平寰宇记》卷73《剑南西道·彭州·濛阳县》,第1487页。
② 《新唐书》卷42《地理志六·成都府》,第1080页。
③ (晋)常璩撰,刘琳校注:《华阳国志校注》卷3《蜀志》,第196页。

> （万岁池）南百步，有官源渠堤百余里，天宝二载（743年），令独孤戒盈筑。

成都县令独孤戒盈主持修筑的这个官源渠堤，也应是为了利用渠水、灌溉农田的。

（9）开凿通（远）济渠。《新唐书》卷42《地理志·蜀州唐安郡》载：

> 津县，西南二里有远济渠，分四筒穿渠，溉眉山、彭山之田。开元二十八年，采访使章仇兼琼开。①

又同书《眉州通义郡》载：

> 彭山县，有通济大堰一，小堰十。自新津邛江口引渠南下，百二十里至州西南入江，溉田千六百顷。开元中，益州长史章仇兼琼开。②

此二条记载当指一事，与《舆地广记》卷29《成都府路》和《读史方舆纪要》卷71《眉州·彭山》所载略同。据前引《元和郡县图志·剑南道中·眉州》条可知，此堰是在原有六水门的大堰基础上修建的。邛江，"源出雅州邛崃山，流入（邛）州界，与山溪诸水合，东流至崇庆州新津县境，而入大江"③。邛江口即邛江入岷江处。通济渠就是从这里分四筒（洞）引水南下，长达一百二十里，灌溉新津、彭山、眉山的田地。这是唐代开元时修建的一项规模很大的水利工程。

（10）开凿蟆颐堰。蟆颐堰，《新唐书·地理传》《元和郡县图志》皆不载，但是，《明一统志》卷71《眉州·山川》载：

> 蟆颐堰，在（眉）州城东七里。唐开元中，益州长史韦[章]仇开创，障蜀江水，溉眉山青神田亩七万二千有奇。宋嘉定间，魏了翁来守，又畚武阳石垒堤，其利视昔尤博。了翁有记。④

顾祖禹《读史方舆纪要》在《眉州》条亦载：

> 蟆颐堰，州东七里，唐开元中益州刺史章仇兼琼开，障蜀江水溉眉

---

① 《新唐书》卷42《地理志六·蜀州唐安郡》，第1080—1081页。
② 《新唐书》卷42《地理志六·眉州通义郡》，第1081页。
③ （清）顾祖禹撰，贺次君、施和金点校：《读史方舆纪要》卷71《四川六·邛州·邛水》，《中国古代地理总志丛刊》，北京：中华书局，2005年，第3359页。
④ （明）李贤等修，万安等纂：《明一统志》卷71《眉州·山川》，天顺五年（1461年）刻本，第14页。

山、青神田七万二千有奇。宋嘉定间魏了翁来守是州，又奋武阳石垒堤，其利视昔尤博。①

清李元《蜀水经》（乾隆时成书）的《江水四·蟆颐山》条载：

> 蟆颐山，下为蟆颐津，有蟆颐堰。唐采访使章仇兼琼所修，堰长八十里，灌田四万七千七百馀亩。②

《大清一统志·眉州直隶州》所载略同。这些记载当有所据。眉州城东数里有蟆颐山，形状像蝦蟆颐，岷江流经山下，有蟆颐津，蟆颐堰必在此处。而《新唐书·地理志》或属遗漏，或总视于通济渠。

（11）开凿青神渠。《新唐书》的《地理志·眉州通义郡》载：

> 青神县，太和中，荣夷人张武等百余家，请庼于青神，凿山酾渠，溉田二百余顷。③

"荣夷人"，《读史方舆纪要》作"荣县彝人"，应是从荣县来的夷僚人。他们在青神"请"得土地之后，凿山所酾（酾，又作厮，分也）的渠，《读史方舆纪要》称为"青神渠"④，《大清一统志》称为"鸿化堰"，且云："鸿化堰在青神县北十五里，即唐张武等所开。旧志：青神陂堰五十有一，惟鸿化最大。"⑤

以上十一处渠堰，都是利用岷江及其支流灌溉田地，属于岷江流域的水利工程。

2. 沱江流域在唐代建的水利工程有四处

（1）修筑汉阳堰。《新唐书》的《地理志·陵州仁寿郡》载：

> 籍县（治在今仁寿县北百一十里）东五里有汉阳堰，武德初引汉水溉田二百顷，后废。文明元年，令陈元复置，后又废。⑥

---

① （清）顾祖禹撰，贺次君、施和金点校：《读史方舆纪要》卷71《四川六·眉州·蟆颐堰》，第3351页。
② （清）李元撰：《蜀水经》卷4，成都：巴蜀书社据嘉庆五年传经堂刻本影印，1985年，第5页。
③ 《新唐书》卷42《地理志六·眉州通义郡》，第1082页。
④ （清）顾祖禹，贺次君、施和金点校：《读史方舆纪要》卷71《四川六·眉州·青神县》，第3356页。
⑤ （清）仁宗敕撰：嘉庆《大清一统志》卷410《眉州直隶州·陂堰》，《四部丛刊续编·史部》，上海：上海书店据商务印书馆1934年版重印本，1984年，第39册，第该州之12页。
⑥ 《新唐书》卷42《地理志六·陵州仁寿郡》，第1091页。

发源于陕西省西南部的汉水，不流经籍县。《读史方舆纪要·仁寿县》说："汉水盖即雒水云。"雒水是中江（即沱江）的另一称呼。仁寿县北百里有兰溪，下流为赤水，在简州汇于雒水①；籍县在仁寿北百一十里，则兰溪当在籍县东南，故疑汉阳堰乃是引雒水支流兰溪水溉田。《元和郡县图志》载陵州籍县有"木津水在县南五里"，故兰溪很可能就是唐朝时的木津水。

（2）百枝池决流。《新唐书》的《地理志·资州资阳郡》载：

> 盘石（今资中县）北七十里有百枝池，周六十里。贞观六年，将军薛万彻决东使流。②

薛万彻决盘石百枝池事，《旧唐书·薛万彻传》《新唐书·薛万彻传》皆不载。然而《读史方舆纪要》卷 67《内江县》有："将军山，县北八十里。唐初夷僚扰掠，将军薛万彻讨之，屯兵于此，因名。"内江北至盘石九十八里，则将军山距盘石很近。薛万彻镇压僚人，既驻兵于将军山，那么，决其附近的百枝池，使水东流，当是完全可能的。

（3）建置茫江堰。《新唐书》的《地理志·绵州巴西郡》载：

> 罗江（治在今绵阳市西南九十里，天宝初以原万安废县置）北五里有茫江堰，引射水溉田、入城。永徽五年令白大信置。③

"引射水"，《读史方舆纪要》作"引绵竹之射水"，且列该堰于罗江县黑水条目下，显然认为茫江堰所引之水为黑水。黑水即射水。又云："黑水，在（罗江）县西北，自安县界南流入境，下会于汉州之绵水。"那么，茫江堰应属沱江流域。

（4）建立雒县堤堰。《新唐书》的《地理志·汉州德阳郡》载：

> 雒县（今广汉县），贞元末，刺史卢士玾（《读史方舆纪要》作"理"）立堤堰，溉田四百余顷。④

据《元和郡县图志》，汉州雒县东一里有雒水，南二里有马蹄水。堤堰当建立于此二水之上。二水至金堂汇流为沱江，故堤堰应属沱江流域。

---

① （清）顾祖禹撰，贺次君、施和金点校：《读史方舆纪要》卷 67《四川二·仁寿县》，第 3157 页。
② 《新唐书》卷 42《地理志六·资州资阳郡》，第 1082 页。
③ 《新唐书》卷 42《地理志六·绵州巴西郡》，第 1089 页。
④ 《新唐书》卷 42《地理志六·汉州德阳郡》，第 1081 页。

3. 嘉陵江流域在唐代修建的灌溉工程有六处
（1）开凿折脚堰。《新唐书》的《地理志·绵州巴西郡》载：

> 神泉县（治在今安县南五十里），北二十里有折脚堰，引水溉田，贞观元年开。①

《读史方舆纪要·罗江县》作"安县之折脚堰"。县名记载不同的原因在于，安县（唐名龙安县）在神泉北五十里，折脚堰在神泉北二十里，则此堰当在安县与神泉交界处或地跨两县。《舆地广记》卷29《神泉县》条云："神泉县有绵水。"此水为涪江流经绵州段的称谓。故折脚堰所引之水必是绵水，当属嘉陵江流域。

（2）修筑云门堰。《新唐书》的《地理志·绵州巴西郡》载：

> 龙安（今安县）东南二十三里，有云门堰，决茶川水溉田，贞观元年筑。②

"茶川"是涪江支流龙安水的支流，《大清一志》作"茶坪河"，云："茶坪河在安县西。旧志：源出县西北千佛山，东南流七十里，至县西南合苏包河（应即龙安水）。"故云门堰属嘉陵江流域。

（3）修建洛水堰。《新唐书》的《地理志·绵州巴西郡》载：

> 魏城（治在今绵阳市东北六十五里），北五里有洛水堰。贞观六年，引安西水入县，民甚利之。③

安西水不见有载，《读史方舆纪要》云："安西水或以为即潺水。"又云："潺水，在（绵）州东五里，源出剑州梓潼县界之潺山，流经州东三十里石盘滩渡，又西南入于涪水。"④故洛水堰亦在嘉陵江流域。

（4）开凿利人渠。《新唐书》的《地理志·剑州普安郡》载：

> 阴平（治在今剑阁西北一百四十里），西北二里有利人渠。引马阁水入县溉田，龙朔三年令刘凤仪开。宝应中废，后复开，景福二年又废。⑤

---

① 《新唐书》卷42《地理志六·绵州巴西郡》，第1089页。
② 《新唐书》卷42《地理志六·绵州巴西郡》，第1089页。
③ 《新唐书》卷42《地理志六·绵州巴西郡》，第1089页。
④ （清）顾祖禹撰，贺次君、施和金点校：《读史方舆纪要》卷67《四川二·绵州·广济陂、潺水》，第3180页。
⑤ 《新唐书》卷42《地理志六·剑州普安郡》，第1090页。

马阁水,《读史方舆纪要》称作"马阁山水",且云:"马阁山,在废阴平县北六十里。"①据《元和郡县图志》阴平县有"歧江水,下流即梓潼水也,东流县西南五里"②。故马阁水可能就是这条下流为梓潼水、最后流入涪江的歧江水,则利人渠属嘉陵江流域。

(5) 开凿广济陂。《新唐书》卷42《地理志·绵州巴西郡》载:

> 巴西(今绵阳市),南六里有广济陂,引渠溉田百余顷。垂拱四年,长史樊思孝、令夏侯奭因故渠开。③

巴西县城在涪江东岸,《元和郡县图志》云:"涪江水,经(巴西)县西,去县五十步。"④广济陂当是引涪江水建渠灌溉农田。

(6) 建筑杨村堰。《新唐书》卷42《地理志·绵州巴西郡》载:

> 罗江北四十里有杨村堰,引折脚堰水溉田。贞元二十一年,令韦德筑。⑤

这是折脚堰工程的拓展,应属嘉陵江流域。

以上唐代三江流域所修水利工程,共计二十一处。

三

唐代三江流域修凿渠堰二十一处,和隋朝以前近千年间仅有六处渠堰相比较,确实有了巨大的发展。唐代三江流域水利灌溉的发展,不仅表现在数量的增加上,而且还表现为扩大旧渠堰效益和积极开拓新灌溉区上。

岷江流域十一处水利工程中,高士廉增修引水渠道、龙朔中修筑侍郎堰和百丈堰、武则天时引沱水灌溉和筑导江小堰、开元天宝时凿新源水以及筑万岁池堤、官源渠堤等八处,都是为增加原有都江堰的效益,扩大其灌溉面积而修建的。李冰修筑都江堰后,只有西汉蜀守文翁主持进行过一次大的扩建⑥,而蜀汉诸葛亮派驻一千二百人也是旨在保护和维修。到唐朝时才又进行

---

① (清)顾祖禹撰,贺次君、施和金点校:《读史方舆纪要》卷73《四川八·龙安府·平武县·马阁山、利人渠》,第3399、3400页。
② (唐)李吉甫撰,贺次君点校:《元和郡县图志》卷33《剑州·阴平县·歧江水》,第847页。
③ 《新唐书》卷42《地理志六·绵州巴西郡》,第1089页。
④ (唐)李吉甫撰,贺次君点校:《元和郡县图志》卷33《绵州·巴西县·涪江水》,第849页。
⑤ 《新唐书》卷42《地理志六·绵州巴西郡》,第1089页。
⑥ 何汝泉:《文翁治蜀考论》,《西南师范学院学报(哲学社会科学版)》1980年第4期,第35—37页。

大规模的扩建。唐代都江堰达到"溉田万顷"①这样大的效益，无疑是和这些扩建工程分不开的。

唐代三江流域水利事业的最大成就，还在于开拓了两个新的灌溉区。

（1）新津—彭山—青神灌溉区。这是由从新津邛江口引水南下蜿蜒一百二十里的通济渠、眉州城东的蟆颐堰和青神县的青神渠组成的。这三个渠堰连成一片，灌溉面积共二十万二千多亩，达到都江堰的四分之一。这是相当可观的。《大清一统志·眉州直隶州·堤堰》云："通济渠……唐开元中益州长史章仇兼琼开。五代时张琳复自新津修觉山浚故址，至州西南合于松江。元天历初知彭山县雍熙修，明末废。本朝雍正十一年重修。"可见此项水利工程一直延续下来。中华人民共和国建立之后，此堰经过改建扩建，名解放堰，至今仍发挥着巨大的灌溉效益。

（2）汉绵剑灌溉区。这是以绵州的折脚堰、杨村堰、云门堰、洛水堰、茫江堰和广济陂六座渠堰为主体，加上汉州雒县堤堰和剑州利人渠而组成的。这个灌溉区虽不如都江堰灌溉区和新津—彭山—青神灌溉区那样连成一片，但它横跨沱江和涪江的上游，集中在川陕交通线上。这里除广济陂是故渠开凿的外，其余都是唐代新建的。

为什么在这两个地方唐代会出现新灌溉区呢？

新津—彭山—青神灌溉区的出现，是由于这里地处成都平原的南部，下边连接丘陵地带，气候温和，有广阔平坦的沃野，是发展农业生产的好地方。这里又处在岷江中游，水源十分丰富，其内外江在彭山会合后，水势平缓，河面宽阔。这里还紧邻着一个历史悠久的都江堰灌溉区，可以作为兴修水利工程的良好榜样。这些都是得天独厚的条件。新灌溉区就是在这些优越自然条件的基础上，在唐代安定的社会环境里发展起来的。

如果说新津—彭山—青神灌溉区主要是依靠优越的自然条件，那么，汉绵剑灌溉区的出现则是另一种情况。汉绵剑灌溉区，只有汉州、绵州的部分地区在成都平原的北端，其余大部分是丘陵和山地。这里又是沱江上游，水浅滩多；涪江也刚流出崇山峻岭，河床虽比上游平缓，但还不是开发水利灌溉的优良地段。很显然，唐代这里出现新灌溉区，自然条件并没有给予特别的支持，而是另有重要原因。在笔者看来，这个原因就是川陕交通的发达。

唐朝建都长安，关中贵族官僚集中，驻军数多，人口稠密。巴蜀货物是

---

① （唐）李吉甫撰，贺次君点校：《元和郡县图志》卷31《剑南道上·成都府》，第767页。

供应关中的一个重要来源,因此巴蜀与关中之间经济关系密切。唐朝政府以成都作为统治西南的基地,"西抗吐蕃,南抚蛮僚"[①],因此长安与成都之间,使节往还、军旅去来都比较频繁。玄宗奔蜀后,成都置府,比东西二京,号称南都,政治地位提高,成为"宰相回翔之地"[②],长安与成都之间官员往来不绝。蜀地素称江山秀丽,人物繁盛,其管弦歌舞、伎巧百工尤受羡慕,因此,不少中原的骚人墨客,历蜀道,游成都。这样,唐代关中与剑南、长安与成都之间的交通空前发达。

长安与成都之间的交通路线,多以梁州(兴元府,今汉中)为中转站。从长安可经子午道、党骆道、褒斜道、陈仓道到达梁州,然后从梁州循金牛道,经利州、剑州、绵州、汉州到达成都。而汉绵剑灌溉区的神泉折脚堰、龙安云门堰、魏城洛水堰、罗江茫江堰和杨村堰、巴西广济陂、阴平利人渠以及雒县堤堰,恰恰都在这条交通线上,这难道是偶然的吗?

官私商旅,军政人员,骚人墨客,从北边越秦岭而来的,要在剑州、绵州、汉州这段路上舒缓一下翻山越岭的辛劳;由南往北的,又要在这里做好翻越大山的准备。交通频繁,行人逗留者增多,必然带动这里的人口增加,经济发展。《元和郡县图志》所载剑南各州户口数中,绵州51480户,仅次于成都府(137046户),居诸州首位。这个灌溉区八座渠堰,其中六座在绵州。这些绝不是没有联系的。

汉州、绵州、剑州地处剑南与关中交通线的重要路段,交通发达,促进这个地区社会经济的发展。那时的经济是以农业和家庭手工业为基础。这里的水利灌溉事业正是在这种环境中获得发展的。

四

唐代三江流域水利工程在布局方面,还有一个问题值得讨论,这也是涉及汉唐四川地位变化的原因问题。

沱江从金堂赵家渡进入中游以后,水势平缓,所经四川盆地中部,尽是浅丘陵,有广阔的农田。嘉陵江流经的四川盆地中东部,也多为可耕田地,特别是支流涪江的中下游,在沱江和嘉陵江之间,气候、土壤都很适宜农业的发展,而且河床平缓,最有利于修建自流灌溉的水利工程。可是,这些广

---

① (唐)李吉甫撰,贺次君点校:《元和郡县图志》卷31《剑南道上·成都府》,第766页。
② (宋)司马光编,(元)胡三省音注:《资治通鉴》卷237,唐宪宗元和二年十月条。

大地区，除资州盘石、陵州籍县各有一处渠堰外，都不见有水利工程的兴建。这是什么原因呢？笔者认为这和四川历史上一次重大事件有关系，那就是4世纪初三四十年代的梁益民众外流和僚人入蜀。

（宋）郭允蹈《蜀鉴》引梁朝李膺《益州记》云：

> （李）寿既篡位，以郊甸未实，都邑空虚，乃徙旁郡户三千（《通鉴》作"三丁"，当是）以上实成都；又从牂柯引僚人入蜀境，象山以北尽为僚居。蜀本无僚，至是始出巴西、渠川、广汉、阳安、资中、犍为、梓潼，布在山谷，十余万落。……僚遂挟山傍谷，与下人参居。参居者，颇输租赋。在深山者，不为编户。种类滋蔓，保据岩壑，依林履险，若履平地。性又无知，殆同禽兽。诸夷之中，最难以道义招怀也。①

成汉政权李寿在位时间是338—343年。僚人入蜀当在此期间。李寿迁僚人入蜀的原因何在呢？《益州记》说是由于当时四川地区"郊甸未实，城邑空虚"。这应该是一个不容否认的事实。四川地区自西晋末年，土著汉人大量外流。太康三年（282年），梁益二州十六郡共有二十二万五千六百户，其中有三个郡（汉中、朱提和牂柯）不属于今四川。西晋末年，流徙到荆州、湘州、宁州的梁益民众达二十多万户，留下的土著居民仅有十分之一。当时有部分秦雍流民迁入巴蜀，但也不过十余万口。②所以成汉统治者深感"郊甸未实，城邑空虚"。自牂柯迁入的僚人，据《益州记》说有十余万家，每家以五口计，则五十多万人。而当时四川地区原有人口是多少呢？迁荆湘宁后留下的土著，即使不扣除非今四川的三个郡，也只有二万余户，计十万余口；秦雍流入的十万余口，总共不过二十余万口。这和迁入的僚人五十万口相比较，僚人比原有居民多一倍半。换句话说，僚人入蜀后，今四川地区的居民，七分之五是僚人。四川历史上这次居民大交流事件，不能不对这里的社会历史带来深刻的影响。

在汉代，巴蜀是全国的先进地区。《汉书·地理志》写道：

> 巴蜀广汉本南夷，秦并以为郡。土地肥美，有江水、沃野、山林、

---

① （宋）郭允蹈撰：《蜀鉴》卷4《李寿纵獠于蜀》，成都：巴蜀书社，1985年影印本，第199—101页。

② 王仲荦：《魏晋南北朝史》，上海：上海人民出版社，1979年，第222—223页。

竹木、疏食、果实之饶。……民食稻鱼，亡凶年忧，俗不愁苦。①

据《华阳国志·蜀志》记载，蜀地稻谷产量很高：

> 绵竹与雒各出稻稼，亩收十斛，有至五十斛。②

班固《西都赋》中涉及关中与蜀的经济水平比较，他写道：

> （长安）源泉灌注，陂池交属。竹林果园，芳草甘木。郊野之富，号为近蜀。③

在他看来，长安郊野是很富庶的，其富庶程度已接近蜀地。由此说明，蜀的经济水平差居关中之上。汉武帝时"下巴蜀粟"赈济北方流徙到江淮的饥民④，也为班固对巴蜀经济的估计提供了旁证。蜀锦、蜀布驰名中外，漆器居全国首位，皆为常人所知。卢求《成都记序》还对四川地区汉代的文化、人才做过概括叙述，他写道：

> 自汉兴至哀平，牧守仁贤，宣德立教。英伟命代之士，其出如林。玺书束帛，交驰于梁益之地矣。虽鲁之洙泗，齐之稷下，未足多也。且汉征八士，蜀预其四。⑤

这些说法并不是没有事实根据的。如文翁在成都办学，是汉代第一个地方官办学校。在他带动下，"巴汉亦立文学"⑥。汉景帝嘉奖文翁，并"令天下郡国皆立文学"。郡国办学，以成都为榜样。由于文翁兴学，提高了蜀人文化水平，因此，蜀之子弟"学于京师者，比齐鲁焉"⑦，能够和素称文化发达的齐鲁地区的学生比美。西汉有四大文学家：王褒、杨雄、枚乘、司马相如，除枚乘是淮阳人外，其余三人都是蜀人。所以成都有"玺书束帛，交驰于梁益之地"之称。

可是唐代巴蜀地区的情况又怎样呢？

---

① 《汉书》卷28下《地理志下》，第1645页。
② （晋）常璩撰，刘琳校注：《华阳国志校注》卷3《蜀志》，成都：巴蜀书社，1984年，第259页。
③ （东汉）班固撰：《西都赋》，（梁）萧统编，（唐）李善注：《文选》，北京：中华书局，1977年影印本，第24页。
④ 《史记》卷30《平准书》，北京：中华书局，1959年，第1437页。
⑤ （清）董诰等编：《全唐文》卷744卢求：《成都记序》，第7702页。
⑥ （晋）常璩撰，刘琳校注：《华阳国志校注》卷3《蜀志》，第214页。
⑦ 《汉书》卷89《循吏传》，第3626页。

在唐代，今四川地区的社会经济，实力还是相当雄厚的，特别是唐代中期以后，号称"扬一益二"，其地位并不低。但是这个地区，除成都府城及其附近少数州县外，其他大多数地方，在唐朝中央执政者们的眼光中，都被看作是边州远县，夷僚蛮荒之地，以致王公大臣被贬谪到这里来的，真是史不绝书。如太宗长子承乾废徙黔州，第六子愔黜徙巴州，第十四子明坐徙黔州，高宗长子忠废徙黔州，第六子贤废迁巴州等，大臣如刘晏、第五琦、陆贽、白居易都曾贬于忠州，王叔文贬渝州，王伾贬开州，等等，不胜枚举。唐朝业绩卓著的贤相良将为数不少，却很少有从今四川地区生长出来的。唐代出现过许多才华横溢的文人学士，尤其文学特别繁盛，不少著名的诗人、文学家都游过巴蜀，但是从这里生长出来的就一个陈子昂，李白还只是移居来的。就以唐代水利工程建设来说，据有的学者统计①：

关内道	48项
河东道	18项
河北道	55项
河南道	60项
淮南道	19项
江南道	80项
山南道	9项
剑南道	21项
岭南道	8项
陇右道	缺

剑南道只居第五位，远比江南、河南、河北和关内诸道落后。

根据上述情况，笔者认为，把今四川地区在历史上的唐朝时期与汉朝时期作总体比较，唐朝时期其在全国所居地位有所下降。这就是说，汉代以后今四川地区的社会并没有以较高的速度持续发展，而是相对迟缓下来，以致比汉朝时相对逊色。其原因当然是多面的，而西晋末年以后，汉族居民大量外流，僚人大量迁入，应该是一个重要原因。

据史籍记载来看，入蜀的僚人，尚处于由原始社会末期进入奴隶社会初

---

① 屈弓：《关于唐代水利建设的几个问题》，西南师范大学1986年硕士学位论文，打印本，附《唐代水利工程分道统计表》。

期阶段①，和原居这里久已进入封建社会的汉人相比，文明程度的差距是很大的。唐人著的《北史·獠传》说，獠人"能卧水底持刀刺鱼，其口嚼食并鼻饮"。说明獠人渔猎生活的习俗还很浓厚，即使已有农业生产，必然还处于刀耕火种、靠自然雨水浇灌的状态，因此不会也没有多大必要兴修水利工程。

獠人入蜀后，分布范围很广。"自汉中达于邛笮，川洞之间，所在皆有。"②据刘琳《獠人入蜀考》的考察，《新唐书·地理志》所载今四川范围内的五十五个州中，三十三州有獠人。其中以岷、沱二江中下游及渠江上游地区分布最为密集。③正是岷江下游、沱江下游、嘉陵江正流及其支流渠江流域，唐代没有兴修水利工程的记载。而成都府、彭州、蜀州、汉州这些水利工程兴修最多的地区，恰恰没有獠人活动的记载。有的州如眉州、绵州、剑州，有水利工程，也有獠人活动，但这些地区与汉人集中的成都平原接近，与汉人交往频繁，獠汉融合进程快，獠人迅速向农耕生活前进，因此就产生了兴修水利的要求。迁到青神的夷獠张武等百余家，在青神"请田"，并开凿渠堰，灌溉农田二百余顷，便是一个最好的例证。獠汉融和，到唐末五代时基本完成，所以，宋代四川地区的面貌就有很大的改观。

今四川地区在4世纪到9世纪这个时期，由于汉人外流和獠人入居，其社会发展较之汉代稍显迟缓。可是外迁汉人对荆、湘、宁地区进行开发，入蜀獠人迅速提高自身发展水平，发展山区生产，这从中华民族的整体发展来看，仍然是积极的、有益的、值得的。

原载《古代长江上游的经济开发》，西南师范大学出版社，1989年

---

① 《北史》卷95《獠传》云："獠者，盖南蛮之别种……种类甚多，散居山谷，略无氏族之别。又无名字，所生男女，唯以长幼次第呼之。……依树积木，以居其上，名曰干阑，干阑大小，随其家口之数。往往推一长者为王，亦不能远相统摄。父死则子继，若中国之贵族也。"（第3154页）
② 《北史》卷95《獠传》，第3154页。
③ 刘琳：《獠人入蜀考》，《中国史研究》1980年第2期，第119—134页。

跋《龙山公墓志》

《大隋开府仪同三司龙山公墓志》(以下简称《龙山公墓志》)碑，清咸丰三年（1853年）修筑夔州府城出土部分碑石，咸丰九年（1859年）城西北角建炮台，碑石完全出土。碑高87厘米，宽50厘米，端刻龙纹，边刻钩莲，下有出土后张尚裕等人题跋。此碑现存奉节白帝庙西碑林。墓志铭文是三峡地区至今仅见的，曾收入《四川历代碑刻选》(高文、高成刚编，四川大学出版社1990年出版，以下简称《四川碑选》)和《白帝城历代碑刻选》(魏靖宇主编，中国三峡出版社1996年出版，以下简称《白帝城碑选》)。志文294字，涉及南北朝、隋朝时期三峡地区社会历史诸多问题。兹先录其墓志，重新标点，后对所涉问题，略述己见。墓志全文如下：

大（隋）开府仪同三司龙山公墓志

公讳质，字弘直，青州乐安人也。盖帝喾之后，司徒公仓之苗裔（裔）。随官巴庸，即此民溹（复）人矣。祖，齐巴州刺史；父，梁授巴东、建平二郡太守。①公世值艰危，早失庭训，志性刚毅，谅直渊深。周朝授大都督。龙门公选补兼仪同，领乡团五百人守隘三硖（峡）。大象二年，蒙授龙山县开国公。开皇九年，从元帅越国公平陈第一勋，蒙授开府仪同三司，增邑四百户粟，帛五千段。非夫志气，孰能处危乱之间，成功如斯之盛者乎！且誉善无征，昊天不吊，岁在戊午七月廿（二十）日，遘疾丧于家。春秋六十七。今启葬豆苍之阳，镌石颂德。其辞云尔：咄哉君子，宗家之睦。迺武迺□②，□□在陆③。志怀慷慨，少缺过庭。冲冠临

---

① 魏靖宇主编：《白帝城历代碑刻选》，北京：中国三峡出版社，1996年，漏录"二"字。
② 该字漫漶，《白帝城历代碑刻选》定为"文"字，当是。
③ 第二空字，据高文、高成刚编：《四川历代碑刻选》（成都：四川大学出版社，1990年）和《白帝城历代碑刻选》二书所载原碑照片，其左旁作"江"，故疑此二字为"飞鸿"。

敌，吴越廓清。积世惟公，三巴豪杰。似玉之晖，如渊之澈。如何不吊，遽奄春阳。酸辛悲恸，洒泪千行。

开皇廿（二十）年岁次庚申十二月丙辰朔四日己未立

一

《龙山公墓志》云："公讳质，字弘直。"明确记载了墓主的名和字，但未言姓氏。《白帝城碑选》据"司徒公仓之苗裔"语，认定墓主姓司徒，但有人疑"司徒"为官名，并非姓氏。墓主姓氏到底是什么，确实是一个问题。

司徒，是先秦以来历代皆有的官名。古人有"官名+公+名"的称谓习惯。如《史记》中的"太史公"，"太史"是官名，"公"是敬辞。韩愈《河南少尹裴君墓志铭》说，裴复十四岁时上《时雨》诗，唐代宗欲召他为翰林学士，其父"尚书公请免，曰愿使卒学"[①]。这里，"尚书"是官名，"公"是敬辞。又如《旧唐书》载唐德宗赐给马燧的《宸扆》《台衡》二铭的《序》文说："顷灵盐节度使杜希全著书上献，多所规谏，聊为《君臣箴》用答其意。河东等道副元帅、司徒燧，固请勒石，贻厥后人。"[②]这里，"河东等道副元帅、司徒"是官名，"燧"是被称人的名。虽然没有加"公"字，但并非不可加"公"。因为"公"是古代（以至当代）称谓中用得十分广泛的敬辞，在官名后、姓氏后都可加"公"，也可不加"公"；"公"字后可跟名，也可不跟名[③]，随意性很大。因此，视此墓志中的"司徒"为官名，是可以的。

司徒也是姓氏。《通志》称，司徒属于"以官为氏"，并引《帝王世纪》云，舜为尧之司徒，其支孙以司徒为氏。卫有司徒瞒成，宋有司徒边卬，陈有司徒公子招，其后皆为司徒氏。汉朝有平安相司徒肃中、谒者司徒发。[④]可见隋朝以前确有姓司徒的，墓志中的"司徒"作为姓氏，并非没有可能。不过史书中尚未见有叫司徒仓的人。

笔者认为，碑文中的"司徒"，既可视为姓氏，也可视为官名，但视为官名的理由较为充分。因为，从墓志行文来看，作者有只书官衔而不直书姓名的习惯。如墓主质被龙门公、王长述、选补兼任仪同（详下文），而碑文只作"龙门公"却不写出王长述之姓名；墓主的祖、父，文中也只录其官职而不出

---

① （唐）韩愈：《韩昌黎全集》卷24，上海：世界书局，1935年，第335页。
② 《旧唐书》卷134《马燧传》，第3698页。
③ 牛志平、姚兆女：《唐人称谓》，西安：三秦出版社，1987年，第52页。
④ （宋）郑樵撰：《通志》卷28《氏族略四·以官为氏》，北京：中华书局，1987年，第468页。

现名字。把"司徒"视为官名完全符合作者使用的称谓习惯。这种只写出官衔而不书姓氏的情况，在唐碑中多有所见，是一种古人常用的称谓模式。

二

关于墓主质的祖、父，《白帝城碑选》断句作"祖齐，巴州刺史；父梁，授巴东、建平二郡太守"。显然，以为其祖名齐，父名梁，这是不当的。王仲荦《北周地理志》民复条引《龙山公墓志》作"祖齐巴州刺史。父梁授巴东、建平二郡太守"[①]。把"齐""梁"作为朝代名称，这是正确的。因为墓主祖父所任刺史的巴州，只能是南齐的巴州，不可能是隋朝的巴州（详下文），"齐"作为朝代名才能时地吻合。如果把"梁"视为父亲名，那么，"授"巴东、建平二郡太守就没有施授的主体，不合一般语法。正是祖、父在齐、梁以来都在今奉节、巫山地区作官，因此这个家族才堪称"三巴豪杰"，成为此地的豪门大族。

三

关于民复和巴州的地理沿革，有进一步讨论的必要。

《白帝城碑选》注释"民复"说："奉节县在隋代曾一度命名为民复县。"又在阐述此碑价值时说："奉节在隋代曾名民复县，属信州，是研究奉节县沿革的可贵资料。"这里所说民复与奉节沿革，恐怕是受了府县地方志的影响。《夔州府志》载，奉节县西魏改曰人复。隋属信州。[②]《奉节县志·沿革》亦说："晋仍为鱼复县。西魏改曰人复，属信州。"[③]所以，墓志注释似乎认为发现《龙山公墓志》，才知道奉节在隋代曾称民复。其实不是这样。

今奉节县，汉代名鱼复。公孙述据蜀，更名白帝。蜀汉章武二年（222年）改曰永安。曹魏咸熙（264—265年）初，复称鱼复。[④]或说晋太康元年（280

[①] 王仲荦：《北周地理志》卷4《山南上·信州永安郡》，北京：中华书局，1980年，第372—374页。

[②] （明）吴潜修，傅汝舟纂，钱璐点校：正德《夔州府志》卷1《建置沿革》，蓝勇主编：《稀见重庆地方文献汇点》上，据宁波天一阁藏明正德影印刻本点校，重庆：重庆大学出版社，2013年，第35页。

[③] （清）曾秀翘修，杨德抻纂：光绪《奉节县志》卷2《沿革》，台北：学生书局据清光绪十九年刊本影印本，1971年，第82页。

[④] （晋）常璩撰，刘琳校注：《华阳国志校注》卷1《巴志·巴东郡》，第77页。

年）复称鱼复。①《隋书·地理志》云：人复，旧曰鱼复，西魏改曰人复。②可是，《北周地理志》早已指出："人复西魏周隋作民复。盖唐臣修隋志时，避（唐太宗李世民）讳追改。"③依此类推，《通典·州郡典》《旧唐书·地理志》《新唐书·地理志》等，都以相同原因而称"人复"。所以，不是隋代"一度"命名民复，而是有隋一代都是继承西魏北周称民复。

奉节县在隋代，笼统说它"属信州"，也不够确切。据《通典》，今奉节县所属州郡为：秦汉属巴郡，晋、刘宋和南齐皆属巴东郡。南齐兼置巴州，领有巴东郡，则在巴东郡的奉节，也属一度设置的巴州。④又据《太平寰宇记》载，梁大同三年（537年）于巴东郡治所置信州，北周明帝二年（558年）改信州为永安郡，则奉节相应先属信州，后属永安郡。⑤隋开皇三年（583年）郡改州，永安郡改为信州；大业三年（607年）州改郡，信州复为巴东郡。唐武德元年（618年），巴东郡复改为信州。因此，今奉节县在隋代，应是开皇三年前属永安郡，开皇三年至大业三年属信州，大业三年后属巴东郡。

墓主祖父任刺史的巴州，《白帝城碑选》注释为"今四川巴中县"，是有问题的。今四川巴中县地，据《通典》巴州条载，秦汉属巴郡，后汉置汉昌县。晋宋之间为夷僚所据，不置郡县。宋末于岭之南置归化郡。齐因之。梁置归化、木兰⑥二郡。后魏得其地，置大谷郡。隋初（开皇三年）郡废置巴州。炀帝初（大业三年）州废置清化郡。大唐因之。⑦由此可见，今四川巴中县直到开皇三年才开始称巴州。墓主祖父如果是在这里做刺史，则不能早于开皇三年。可是，这时他的孙子（墓主）已经五十二岁。假如他的儿子比孙子大二十岁，他又比儿子大二十岁，那么，他做刺史时已是九十多岁。有这种可能吗？这是凭常识也可做出否定判断的。所以，其祖父任刺史的巴州，不应该是今四川巴中县的巴州。历史上曾有过另一个巴州，也许可以解答这个疑问。

《南齐书》载：建元二年（480年）二月丁卯"置巴州"，壬申"以三巴校

---

① 《宋书》卷37《州郡三·荆州》，第1120页。
② 《隋书》卷29《地理志上·巴东郡》，第825页。
③ 王仲荦：《北周地理志》卷4《山南上·永安郡、建平郡》，第372、375页。
④ （唐）杜佑撰：《通典》卷175《州郡五·云安郡》，第930页。
⑤ （宋）乐史撰，王文楚等点校：《太平寰宇记》卷148《山南东道七·夔州》，《中国古代地理总志丛刊》，北京：中华书局，2007年，第2872页。
⑥ 《隋书》卷29《地理志上·清化郡》，作"木门郡"，第818页。
⑦ （唐）杜佑撰：《通典》卷175《州郡五·巴州》，第929页。

尉明慧昭为巴州刺史"①。此事在同书《百官志》《明僧绍传》中都有记载。还有《通典》夔州条说，夔州在晋宋齐并属巴东郡，齐兼置巴州，且注明：领郡，置于此。②由此可知，南齐设置在夔州并领有巴东郡的巴州，是在今重庆市奉节县。认定这个巴州为墓主祖父任刺史之地，有两条理由：第一，墓主的远祖已定居民复，父亲做太守的地方是在巴东、建平，墓主为北周守隘三峡，也在同一个地区。由此可以推定，祖父做官的地方，也应是置于此地的巴州。第二，认定祖父在齐朝巴州做官，与父亲在梁朝做官，孙子在北周做官，在时间上顺理成章。总之，认定墓主祖父所任为南齐置于今奉节的巴州刺史，在地点和时间两个因素的结合上都是吻合的。南齐所置巴州，至永明元年（483年）省。那么，墓主祖父任巴州刺史的时间，只能是建元二年（480年）至永明元年之间，而且是在首任巴州刺史明慧昭之后。

四

关于墓主在北周的官爵，《四川碑选》和《白帝城碑选》对志文的断句略有不同，前者作"周朝授大都督、龙门公，选补兼仪同领乡团五百人，守隘三峡。大象二年蒙授龙山县开国公"，后者作"周朝授大都督龙门公，选补兼仪同，领乡团五百人守隘三峡。大象二年，蒙授龙山县开国公"。但可以表明二书编者都认为，墓主在北周的官爵，既有大都督和龙山县开国公，又有龙门公和仪同。其实龙门公并非墓主的官爵。请看下列史料：

> 周宣政元年，信州总管龙门公裕招慰生僚……乃置费州。③
>
> 至后周宣政元年，信州总管、龙门公裕、王述招慰生獠王元殊多质等归国，遂肇立为费州。④
>
> 王长述……袭封扶风郡公，邑三千户。除中书舍人，修起居注，改封龙门郡公……拜大将军。……高祖（杨坚）为丞相，授信州总管。部内夷、獠犹有未宾，长述讨平之，进位上大将军。⑤

---

① 《南齐书》卷2《高帝纪下》，北京：中华书局，1972年，第36页。
② （唐）杜佑撰：《通典》卷175《州郡五·夔州》，第930页。
③ 《旧唐书》卷40《地理志·江南西道·费州》，第1627页。
④ （宋）乐史撰，王文楚等点校：《太平寰宇记》卷121《江南西道十九·费州》，《中国古代地理总志丛书》，北京：中华书局，2007年，第2414页。
⑤ 《隋书》卷54《王长述传》，第1631页。

跋《龙山公墓志》

王仲荦《北周地理志》信州条，述及北周任信州总管之人，在征引上述材料后指出："按龙门公即王长述。裕字衍文。长述西魏世封龙门郡公。唯传云隋文帝为丞相，授长述信州总管，而唐志、寰宇记云：周宣政元年已任信州总管，当有一误。"[①]王先生断定"龙门公即王长述"是正确的。从时间、地点和事迹来看，这个龙门公就是墓志上的龙门公。墓志的龙门公是王长述的封号，并不是墓主质的爵位。明确这点之后，我们才能读懂"选补兼仪同，领乡团五百人守隘三峡"这一句。原来是身为开府仪同大将军、信州总管的王长述这个龙门公，选补墓主兼任其仪同府的仪同[②]，并派遣墓主质领乡团守隘三峡。正如王仲荦先生所说："按龙门公选补兼仪同，谓信州总管龙门公王长述选补质为仪同也。"[③]由此看来，仪同并不是品官，而是仪同府的吏员，这样，墓主人的官爵衔在北周只有大都督和龙山县开国公，在隋朝有开府仪同三司。

北周的大都督，是天子作为荣誉称号授予有功之臣的勋官。北周勋官有自上柱国至都督十一等，各有一定品阶和俸禄，但无实职。授给墓主的大都督，属勋官第九等，其品秩为八命（相当于二品）[④]，其禄秩据《隋书》"九秩一百二十石，八秩至于七秩，每二秩六分而下各去其一"来计算，则八命为一百石。[⑤]

龙山县开国公，是北周的封爵号。爵位，一般是授予宗室、外戚及功臣元勋，并有一定的食邑。封号冠名，或以美称，或取姓氏所出之地。北周封爵，《通典》说："有公、侯、伯、子、男五等。"[⑥]实际上还有所分，如公有国公、郡公、县公等。爵位加"开国"，始于晋代，表示对参与创建王朝、开国立邦者的加赐殊荣。其后渐滥，至北周，"爵者皆加开国"[⑦]。龙山县，北周有广州（治今河南鲁山县）顺阳郡所领龙山县，治所在今河南郏县东南。又有并州的龙山县，在今山西太原市西汾水西岸。《北周地理志》既在顺阳郡龙山县条中引此墓志说墓主质是北周封龙山县者，又在并州龙山县条中说墓主

---

① 王仲荦：《北周地理志》卷4《山南上·信州》，第369—376页。
② 据《通典·职官十六》载隋仪同府置有仪同等属员，而隋之散官乃"采后周制"（《隋书·百官志》），则北周之开府仪同大将军，其仪同府亦应有仪同属员。王长述在北周"拜大将军"，应是开府仪同大将军之略称，故选补墓主为其仪同府之仪同。
③ 王仲荦：《北周地理志》卷9《河北上·并州太原郡》，第860页。
④ （唐）杜佑撰：《通典》卷39《职官二十一·秩品四》，第221—222页。
⑤ 《隋书》卷28《百官志中·周官》，第771页。
⑥ （唐）杜佑撰：《通典》卷19《职官一·历代官制要略·封爵》，第110页。
⑦ （唐）杜佑撰：《通典》卷31《职官十三·历代王侯封爵》，第181页。

质是北周封龙山县者。①可见，到底墓主质所封是哪一个龙山县，已很难说清。

开府仪同三司，是隋朝散官号。《隋书》云："高祖又采后周之制，置上柱国、柱国、上大将军、大将军、上开府仪同三司、开府仪同三司、上仪同三司、仪同三司、大都督、帅都督、都督总十一等，以酬勤劳。又有特进……并为散官，以加文武官之德声者，并不理事。……居曹有职务者为执事官，无职务者为散官。"②由此可知，墓主质在隋朝所受开府仪同三司为第七等散官，其品秩开皇制为正四品，禄秩为三百石。③

总之，墓主质在北周和隋朝的官衔，只有无职务、无实权的勋官、散官和封爵，而没有执事官号。这是一个令人费解的问题。笔者将在下文，结合墓主身世再作探讨。

五

关于墓主质的身世，在墓志中除历任官爵外，还有下列几段文字。但是需要引入一些历史资料，方可明白其情况。

> 公世值艰危，早失庭训。志性刚毅，谅直渊深。
> 龙门公选补兼仪同，领乡团五百人守隘三峡。
> 开皇九年，从元帅越国公平陈第一勋。
> 非乎志气，孰能处危乱之间，成功如斯之盛乎！

这里说的"公世值艰危""处危乱之间"，是指墓主质生平的社会历史背景，其概括大体符合实际。大而言之，墓主质在世的531年至598年间，正是南北朝后期动乱时候。质生于南朝梁武帝中大通三年（531年），时值北魏节闵帝普泰元年（531年）。南朝梁武帝萧衍取代萧齐政权后，曾经有所作为，"治定功成，远安迩肃""三四十年，斯为盛矣，自魏晋以降，未或有焉"。④可是，后来他做了两件蠢事，使梁朝陷入了危机。一是三次舍身事佛，一是招引北齐叛将侯景。三次舍身事佛，使佛教泛滥成灾，造成社会财富和人口大量流入佛寺，以致国家陷入人财俱困的局面。招引叛将带来侯景之乱，造成

---

① 王仲荦：《北周地理志》卷5《山南下·广州·永安郡》、卷9《河北上·太原郡龙山》，第437、858页。
② 《隋书》卷28《百官志下》，第781页。
③ （唐）杜佑撰：《通典》卷39《职官二十一·秩品四·隋官品令》，第226页、卷35《职官十七·禄秩》，第200页。
④ 《梁书》卷3《武帝纪史臣语》，北京：中华书局，1973年，第97页。

跋《龙山公墓志》

国内大乱，社会经济严重破坏，梁武帝也因此困死台城，八年后梁亡。墓主质出生那年，正是梁武帝第二次舍身事佛后三年。侯景之乱爆发那年（548年），墓主质17岁。墓主质生长地本属南朝，其祖、父都在南朝齐梁做官。可是，墓主22岁时发生变化。那年西魏废帝（552—554年）乘南梁内乱之机，派兵相继攻占益州、江陵，墓主所在三峡地区成为北朝领地。此后不久，又来了一次改朝换代，西魏变成北周。这年（557年），正值梁朝灭亡，墓主26岁。南北朝这些政治、军事的动乱，不能不影响墓主质的生活。特别是"早失庭训"即父亲早逝的情况下，他要独立应付时势变迁，应该说是相当艰难的。小而言之，墓主质所在的三峡地区，也很不平静。质出生前，有建州蛮向光侯在宋武帝大明（457—464年）中"寇暴峡川"，波及巴东、建平、宜都、天门四郡，致使"诸郡民户流散，百不存一。……荆州为之虚敝"[1]。接着又有巴建蛮向宗头反，从宋泰始（465—471年）开始，直到南齐永明（483—493年）时，向宗头仍在与默阳蛮[2]田豆渠等五千人"为寇"[3]。三峡地区归入西魏北周后，动乱有增无已。西魏废帝二年（553年），巴西人谯淹据南梁州，煽动群蛮附于梁。淹引蛮帅向白彪为援。向白彪又与蛮帅向五子王等，攻陷信州。田乌度、田都唐等抄断江路。骠骑大将军开府仪同三司田弘与贺若敦、李迁哲等讨平之。[4]西魏恭帝三年（556年）又有信、合、开、楚四州叛。信州粮尽，靠崔猷送米获全。最为严重的是北周武帝天和（566—572年）初开始的反叛。《周书》载："天和初，信州蛮蜑据江峡反叛，连结二千余里，自称王侯，杀刺史守令等。"[5]为周将陆腾督王亮、司马裔等残酷镇压下去。随后，又有涪陵郡守蔺休祖，据楚、向、临、容、开、信等州，地方两千余里，阻兵为乱。天和六年（571年），又有信州蛮渠冉祖喜、冉龙骧举兵反，被周大将军赵𬮤率师讨平。[6]总之，墓主质所在的三峡地区，归入西魏以后，直到北周天和六年，动乱接连不断。这时，正是墓主质22岁至40岁的时期。

人们自然会问，墓主质在这些事变中的态度怎样呢？墓志所谓"志性刚毅，谅直渊深"，从字表看，是说他意志坚强，为人诚实正直，而实际内容，应是指墓主质在向白彪、向五子王、信州蛮蜑叛乱中的态度和表现，

---

[1]《宋书》卷97《夷蛮传·荆雍州蛮》，第2397页。
[2]（唐）杜佑撰：《通典》卷187《边防三·南蛮上·板楯蛮》，第998页，作"黔阳蛮"，当是。
[3]《南齐书》卷58《蛮传》，第1008页。
[4]《周书》卷27《田弘传》、卷28《贺若敦传》，北京：中华书局，1971年，第450、474—475页。
[5]《周书》卷28《陆腾传》，第471—472页。
[6]《周书》卷5《武帝纪》，第78页。

· 401 ·

是说他不动摇，不从乱，坚定地站在政府方面，始终忠于北周王朝。这样才可以合理解释北周授予他大都督称号的原因。不仅如此，他还实际协助信州总管王长述征讨部内未曾宾服的夷僚，那就是"领乡团五百人守隘三峡"。这也才可以解释，北周王朝为什么在大象二年（580年）又授予他龙山县开国公称号。

墓主质一生还有一件大事，那就是他在近花甲之年参加了隋朝统一南方的军事活动。开皇五年（585年）十月，隋文帝派杨素为信州总管，造大船，做顺江攻陈的准备。至开皇九年（589年）"大举伐陈，以素为行军元帅，引舟师趣三峡"，"素帅水师东下，舟舻被江，旌旗曜日"。当时，陈兵屯岐亭（故址在长江西陵峡口），占据江峡，并于北岸凿岩缀铁链三条，横截上流，用来阻遏隋军战船。"素遣巴蜑①卒千人，乘五牙四艘，以柏檣碎贼十余舰，遂大破之，俘甲士二千余人。"②于是杨素军连下安蜀、公安、岳阳，直抵汉口，取得巨大胜利。陈平，杨素以功封越国公，拜纳言。墓主质从杨素、陈平得第一勋，很可能就是率"巴蜑卒"乘五牙大船破陈守峡水军而立的③，因而被授予开府仪同三司，并受增邑赐帛的嘉奖。这时墓主质58岁。墓志铭词中有一句"吴越廓清"，如果不全是夸饰之语，那么，墓主质还参加过陈亡后杨素受命进行的平定苏州、会稽等东南地方叛乱的军事行动。

六

墓主质到底是何种面目的历史人物呢？考察这个人物有什么意义？在此谈谈个人看法。

在墓志提供的有限资料且资料有诸多疑点的条件下，要弄清墓主质的历史面目，个人认为应把握两个基本因素和一个切入点。

第一个基本因素是三峡地区的居民构成。墓主质所在的今奉节、巫山等三峡一带，历史上曾经是蛮族分布的地方。蛮族有盘瓠、廪君、板楯三大种

---

① （元）胡三省：《通鉴音注》："蜑亦蛮也。……此水蜑之习于用舟者也。"见《资治通鉴》卷177，隋文帝开皇九年正月条注
② 《隋书》卷48《杨素传》，第1283页。
③ 《陈书》卷13《徐世谱传》称：徐世谱巴东鱼复人，勇敢，有膂力，善水战。梁朝时参加征讨侯景叛军，领水军从司徒陆法和作战。世谱造楼船拍舰火舫水车以益军势。临战，又乘大舰居前，大败侯景军，生擒景将任约。以功除使持节信武将军信州刺史，封鱼复县侯、邑五百户。陈朝时，"高祖之拒王琳，其水战之具悉委世谱。世谱性机巧，谙解旧法，所造器械，并随机损益，妙思出人"。说明奉节人有造大船、善水战的传统。北京：中华书局，1972年，第197—198页。

系。这里的蛮族属廪君蛮系[1]，汉朝时称此地蛮族为巫蛮。《通典》云：汉之巫县，今云安郡巫山县也。东汉和帝永元十三年（101年），巫蛮许圣等以郡收税不均"反叛"，发荆州诸郡兵讨破之。[2]晋朝见于记载有"建平夷王向弘、向璠等诣台求拜除"，元帝特诏向弘"为折冲将军、当平乡侯，并亲晋王，赐以朝服"。[3]南朝刘宋时，此地蛮族被称为"建平蛮""巴东、建平、宜都、天门四郡蛮"，曾经举行过规模甚大的"反叛"活动。[4]萧齐时，东晋建平夷王向弘的后人向宗头，联合黔阳蛮田豆渠等"为寇"，高帝"置巴州以威静之"[5]。西魏北周时此地蛮族被称为"信州群蛮"，其"反叛"活动尤其频繁而激烈。《周书》说："逮魏人失驭，其暴滋甚。有冉氏、向氏、田氏者，陬落尤盛。余则大者万家，小者千户。更相崇树，僭称王侯，屯据三峡，断遏水路，荆蜀行人至有假道者。"[6]北周武成（559—560年）间，蛮帅冉令贤、向五子王等攻陷信州，田乌度、田都唐等抄断江路。天和六年（571年）又有蛮渠冉祖喜等"反叛"。隋朝时，这里还有被称为"巴蜑"的蛮人，居于江边水上，善于操舟。杨素在信州集结的伐陈水军中就有"巴蜑卒千人"[7]，可见居江边水上的蛮人不少。以上情况可以说明，奉节、巫山等三峡地区的基本居民，自古以来就是蛮人，而且东晋南朝以后，这里的蛮人恭顺时间少，反叛时间多，这里被朝廷视为多事之区。这里也有汉人，一种是逃避赋役而迁入的贫民，如刘宋时"宋民赋役严苦，贫者不复堪命，多逃入蛮"[8]。另一种便是如墓主质这样的官宦人家，祖先来此做官，后因种种缘故而定居下来。也有个别军政角逐失败而遁走蛮区的官吏，这种人的数量不会很多。正是由于这里有这样的居民构成情况，所以历代王朝把这里视为蛮区，官修史书有归之于"异域"，有并之于"边防"，总之不和中原等同看待。这是了解墓主质历史面目必须考虑到的一个基本因素。

第二，墓主族人是在此地定居已久的家族。墓主质的先人"随官巴庸，即此民复人矣"。什么时候"随官巴庸"呢？墓志没有明言。巴、庸是先秦古

---

[1] （宋）乐史撰，王文楚等点校：《太平寰宇记》卷178《四夷七·南蛮三》载："其在峡中巴梁间，则为廪君之后。"《中国古代地理总志丛刊》，北京：中华书局，2007年，第3401页。
[2] （唐）杜佑撰：《通典》卷187《边防三·南蛮上·廪君种》，第997页。
[3] 《南齐书》卷58《蛮传》，第1008页。
[4] 《宋书》卷97《夷蛮传》，第2396—2397页。
[5] 《南齐书》卷58《蛮传》，第1008页。
[6] 《周书》卷49《异域上蛮传》，第887页。
[7] 《隋书》卷48《杨素》，第1283页。
[8] 《宋书》卷97《夷蛮传》，第2396页。

国,都曾随周武王灭商。巴在战国时为秦所灭,庸则早在春秋时便亡于楚。如果墓志说的是先人在巴国、庸国存在时随官来的,那么应在战国以前。这是不可能的。所谓巴庸,应是指巴庸之地,概指今重庆市和鄂西地区,民复当然是在这个范围内。山东人被派到巴庸地区做官,应是秦汉建立大一统的中央集权国家之后才可能有的,这可视为"随官巴庸"时间的上限。墓主质的祖父在南齐建元二年(480年)至永明元年(483年)之间做巴州刺史,是在他成为民复人之后,那么,"随官巴庸"时间的下限只能在南齐。因此,墓主先人"随官巴庸"的时间,则可能是在秦汉晋统一时期。如果可以作这样的推测,把"随官巴庸"时间定在西晋初期,那么,到墓主出生时,其家族在三峡地区定居至少已有二百多年。即使按祖父建元四年(482年)做巴州刺史算起,至墓主质死时(598年)也有一百多年。在这样长的时间里,墓主族人应该是已经繁衍成为一个相当大的家族了。然而在墓志中却一点也没有反映。这是什么缘故呢?是否可以做这样的解释:一是他的家族中没有值得提及的显要人物,只是一些无须提及的平常之辈。二是他的家族中有可以提及的人物,但由于多年生活在蛮区,和蛮人有着千丝万缕的联系而怯于提及。从实际情况来看,后一点的可能更大。所以,墓主家族在三峡"蛮区"居住时间久远,不免和蛮人有种种联系,这应是了解墓主历史面目的又一个基本因素。

周隋朝廷所授官爵衔,应该是认识墓主历史面目的切入点。正如本文第四节所述,他在北周隋朝所受官衔,只有勋官、散官和爵位,而没有实际的军政职权。就是说,尽管他坚决站在朝廷方面,并为政府效力,而朝廷却没有任命过他做执事官。这是为什么呢?也许下面两条背景材料,可以使我们悟出一点究竟来。

  东汉顺帝时尚书令虞诩上奏曰:"自古圣王不臣异俗……是故羁縻而绥抚之。"①

  东晋大兴三年建平夷王向弘、向瑾等诣台求拜除,尚书郎张亮议曰:"夷貊不可假以军号。"②

这说明古代汉族统治者,在对少数民族人物除授官职时,有一种传统的防范心理,所谓"不臣异俗""不可假以军号",就是这种心理的表现。为了"羁縻而绥抚"的需要,可以授予种种官衔、爵位,但不轻易使之掌握军政实

---

① (唐)杜佑:《通典》卷187《边防三·南蛮上》,第997页。
② 《南齐书》卷58《蛮传》,第1008页。

权。东晋南朝以来，内乱频仍，政治斗争中的失败者，有的逃入蛮区，利用蛮人，继续进行抗争。也有一些地方官吏，为了达到自己的政治目的，煽动蛮人，进行叛乱。在当朝统治者看来，如果这种汉人和蛮人结合起来进行反叛，能量会更大，会对政府造成更严重的威胁。因此，地方官吏与蛮人往来，常常被疑为勾结蛮民，图谋不轨，而受到惩处。所以，这个时期汉族统治者的防范心理尤其强烈，不仅防范本身是少数民族的人物，甚而防范少数民族地区的汉族官吏。周隋王朝不授执事官给墓主质，很可能就是出于这种防范心理。

墓主质何许人也？铭词中有一句话："积世为公，三巴豪杰"，可以说是十分恰当的概括。"三巴[①]豪杰"的意味，应是说墓主质累世居住在属于三巴的巴东，祖、父以来又都在此地做官，其家族已成为巴东的地方豪门大族，而墓主质则是其中才智出众者。所谓"积世为公"，是说墓主质虽然生长于"危乱之间"，"世值艰危"，但他家几代人都是"为公"的，即是站在朝廷一边，为国家效力，而没有参与地方蛮人的叛乱。正因"积世为公"，才得到周隋朝廷授予的官爵。也正由于是巴东这个蛮族地区的"豪杰"，周隋统治者不能不有所防范，没有让他做有实权的执事官。也许这就是墓主质只有勋官、散官和爵位合乎逻辑的解释。

如果笔者对墓志的悟释可以成立的话，那么，墓主其人的历史面目，可以描述如下：

墓主缺载姓氏，名质，字弘直。本系青州乐安人，先人随官巴庸而定居民复。祖父做过南齐巴州刺史，父亲曾任梁朝巴东、建平二郡太守，其家族成为当地的豪门大族。墓主质生于梁武帝中大通三年（531年），少年丧父，处世艰危。既逢朝代更迭，又遇蛮人反叛，但墓主质同祖、父一样，拥护朝廷，为国家效力，而拒绝参与地方叛乱。因此，周朝授予他大都督称号，被信州总管龙门公王长述选任为仪同府仪同，并领乡团五百守卫三峡，协助其招讨夷獠。大象二年（580年）又被授予龙山县开国公爵位。隋文帝开皇九年（589年）参加杨素元帅平陈的巴蜑水军，破敌守峡军有功，被授予开府仪司三司称号，并增食邑四百户粟，帛五千段。开皇十八年（598年）七月二十日病逝于家，享年六十七岁，开皇二十年（600年）十二月四日启葬于信州豆苍山南。

---

① 三巴，指巴、巴东、巴西三郡，相当于今嘉陵江和綦江流域以东的重庆地区。

墓志提供的这个历史人物的身世，使我们对南北朝至隋朝三峡地区的社会历史有更深入细致的了解，其中两点尤其值得注意：

第一，三峡地区的基本居民，虽然是属于廪君种系的蛮族，但是很早以来就有汉族人在此定居。汉人入蛮的，除了史书所载的逃避赋役的民众和军政角逐失意的官人外，就是本墓志所提供的这种随官迁居的人。前两种入蛮汉人，容易与蛮族反叛势力结合，成为朝廷和地方政府的对立面，成为三峡地区社会动乱的因素；后一种入蛮汉人，则常常是"积世为公"，成为维护朝廷统治和三峡地区社会的稳定因素。这种人还是三峡地区居民中素质较高的。他们对于改善和提高当地居民文化程度，促进民族融合，推动当地社会进步，也有积极意义。

第二，墓志使我们了解到住在蛮族地区的汉人在国家政治生活中的地位。在古代阶级社会里，存在民族压迫、民族歧视，统治者普遍都有华夷之别的传统观念和对少数民族的防范心理，这是众所周知的。可是，居住在少数民族地区的汉人是不是也会受到影响呢？墓志为我们提供了可贵的材料。墓主质的家族是累世居于蛮区的汉人，在对付蛮人"反叛"时统治者不会忘记利用他们，甚至特殊情况下可以如墓主祖父那样，被授予专门为镇压蛮人而设置的巴州刺史，而一般情况下，墓主质却很难担任有实际职务和职权的执事官，不能与中原地区汉人以平等资格参与国家的政治生活。因此，通过墓志，我们看到了古代阶级社会的民族歧视从种族观念延伸到地域观念的实例。

原载《西南师范大学学报（人文社会科学版）》2002年第2期

《新唐书·食货志》辨误二则

《新唐书》是在刘昫《旧唐书》基础上撰写的,列传出自宋祁之手,本纪、表和志则由欧阳修主笔。①

欧阳修和宋祁都是当时的大手笔,他们在书中发挥的义理又甚适合统治者的口味,故《新唐书》一出,朝野崇奉,以致《旧唐书》逐渐湮没无闻。可是,新书撰成三十年后,就有吴缜《新唐书纠谬》问世,举其讹误二十目四百余条。乾嘉史学大师赵翼、钱大昕、王鸣盛对《新唐书》也多有考论。近人罗振常著《新唐书斠议》,考订其史实、文字之缺失。至于《新唐书·食货志》的讹误,有清人卢文弨在《钟山札记》中专列"新唐书食货志之误"一篇,校勘其讹误。当今校释《新唐书·食货志》的力作,应推谭英华先生的《两唐书食货志校读记》(四川大学出版社,1988年),该书以新志为重点,7卷中占5卷篇幅,并载有一篇见解卓越的代序论文。潘镛先生的《旧唐书食货志笺证》(三秦出版社,1989年),对新志也多有涉及。《新唐书》及其《食货志》虽经前贤戮力厘正,仍有不少问题尚须解决。本文仅举《食货志》中有关田制的二条记载,略加辨析。

其一:《新唐书》的《食货志》载:

> 田多可以足其人者为宽乡,少者为狭乡。狭乡授田,减宽乡之半。②

---

① 《新唐书》本题名《唐书》,今存南宋刊本及明南北国子监刻《二十一史》本、汲古阁刻《十七史》本,都无"新"字,清武英殿刻本始题名《新唐书》。然而,《新唐书》之称则很早,书成后不久,吴缜作纠谬即称之为"新唐书",题其所著名曰《新唐书纠谬》。《郡斋读书志》《直斋书录解题》《宋史·艺文志》也都称之为《新唐书》。《旧唐书》原名也叫《唐书》,《郡斋读书志》《直斋书录解题》《宋史·艺文志》以及南宋绍兴刊本均题《唐书》。宋《新唐书》出来以后,为了区别之便,遂有"旧唐书"之称。明嘉靖刻本则题名《旧唐书》。

② 《新唐书》卷51《食货志一》,第1342页。

宽狭乡是按人口配给一定土地而产生的概念，北魏实行均田制以来就已存在。至唐代，把宽狭乡作为授给土地的一项重要原则，正式写入国家土地政策，在民人受田、官人永业田、工商业者受田、易田倍授法、乐迁制、附户、惩治占田过限律以及义仓征收等方面，都有关于宽狭乡的具体规定。①上引《新唐书·食货志》文，是关于宽狭乡的界定和民人受田的一项原则。如仅从此文来看，对唐朝的均田制很可能产生这样两点不正确的理解：第一，把宽乡、狭乡的"乡"仅仅理解为行政区划的乡，即唐代乡里制的乡。第二，以为狭乡所授永业田和口分田均减宽乡之半。为什么这样理解不正确？使人产生错误理解的原因何在？下面分别作些说明。

首先，关于宽狭乡的界定问题。

请看下列三条相应的记载：

①《唐六典》的《户部郎中员外郎》载：
凡州县界内所部，受田悉足者为宽乡，不足者为狭乡。②
②《通典》的《食货·田制下》载：
其州县县界内所有部，受田悉足者为宽乡，不足者为狭乡。③
③《白孔六帖》的《给授田》载：
诸州县界，受田悉足者足（按：此字显系衍文）为宽乡，不足为狭乡。④

此外，《旧唐书·职官二》和《册府元龟·邦计部·田制》所载与《唐六典》相同。上三书都是唐人所撰，其资料的可信度当然在《新唐书》之上。

把这三条记载和《新唐书·食货志》之文对照一下，便可清楚地看见，《新唐书》是省略了头一句话。这句话是否可以省略，省略了会产生什么影响，这就涉及宽狭乡概念的内涵问题。

北魏太和九年（485年）均田令中，宽乡称为"土广民稀之处"或"地足之处"，狭乡称为"地狭之处"。⑤如果有人以为这是由于北魏实行邻、里、党

---

① 何汝泉：《唐代的"宽乡"与"狭乡"》，《西南师范大学学报（哲学社会科学版）》，1994年第1期，第104—105页。
② （唐）玄宗撰，李林甫注，〔日〕广池千九郎训点，内田智雄补订：《大唐六典》卷3《户部郎中员外郎》，第66页。
③ （唐）杜佑撰：《通典》卷2《食货二·田制下》，第16页。
④ （唐）白居易原撰，（宋）孔传续撰：《白孔六帖》卷80《给授田》，《景印文渊阁四库全书》，台北：商务印书馆，1986影印本，第892册，第328页。
⑤ 《魏书》卷110《食货志》，北京：中华书局，1974年，第2853—2854页。

· 408 ·

三长制，不设乡，那么，北齐也实行邻、闾、党制，不设乡，可是在文宣帝天保八年（557年）"议徙冀定瀛无田之人，谓之乐迁于幽州宽乡以处之"①。隋朝基本上是实行保、闾、族制，虽曾一度按苏威之议建乡（五百家），但开皇十年（590年）即明令废止。可是，开皇十二年（592年），"时，天下户口岁增，京辅（按：谓关内）及三河（按：谓河东、河南、河北）地少而人众，衣食不给。议者咸欲徙就宽乡。……帝乃发使四出，均天下之田。其狭乡每丁至二十亩，老小又少焉"②。从这些记载可以看出，北齐以幽州为宽乡，隋谓京辅三河等地少人众、均田不足之地为狭乡。可见宽狭乡从北魏以来就不专指某一种区划单位，而是一个空间较泛的概念。

唐代实行乡里制，乡为县以下的区划单位。但是，唐代的乡，其乡官除贞观九年（635年）至贞观十五年（641年）间设置乡长之外，仅有专司教化的耆老或父老③，不设治理政务的乡官。其户口、土地、赋役、治安等行政事务，是由该乡的里正执行。④唐代设乡，能不能因此说唐典籍中的宽乡、狭乡都是指乡里制的乡呢？不一定。唐高宗初年一份判文云：

奉判，雍州申称地狭，少地者三万三千户，全无地者五千五百人。每经申请，无地可给。即欲迁就宽乡，百姓情又不愿。……⑤

唐玄宗开元年间，宇文融奏请以宽乡浮户营种公田，云：

且请从宽乡有剩田州作法。窃计有剩田者，[不]减三四十州。取其剩田，通融支给。……其狭乡无剩地客多者，虽此法未该，准式许移窄就宽，不必要须留住。若宽乡安置得所，人皆悦慕，则三两年后，皆可改图，弃地尽作公田。狭乡总移宽处，仓储既益，水旱无忧矣。⑥

这两段引文中的宽乡、狭乡，都是就州而言的，显然不是指乡里制的乡。

---

① （唐）杜佑撰：《通典》卷2《食货二·田制下》，第15页。
② 《隋书》卷24《食货志》，第682页；《通典》卷2《食货二·田制下》和《资治通鉴》卷178，略同。
③ 何汝泉：《通典唐乡官耆老考释》，《西南师范大学学报（哲学社会科学版）》1993年学术丛刊《古籍整理与研究》，第35—42页。
④ 唐长孺：《唐西州诸乡户口帐试释》，唐长孺主编：《敦煌吐鲁番文书初探》，武汉：武汉大学出版社，1983年，第166页。
⑤ 〔日〕池田温编著：《中国古代籍帐研究》，龚泽铣译，北京：中华书局，1984年，附《录文114 唐[七世纪后半？]判集》，第318页。
⑥ （唐）杜佑撰：《通典》卷7《食货七·历代盛衰户口》，第41页；方括号内"不"字，为引者据上下文文义所加。《唐会要》卷85《逃户》载此文，作开元十八年（730年）裴耀卿上疏，今从《通典》。

由此可见，《唐六典》《通典》《白孔六帖》以及《旧唐书》《册府元龟》的宽狭乡界定中，把"州"作为一种地域范围提出来，是完全必要的，符合唐人宽狭乡观念的实际状况。

宽狭乡除了指州外，还指县。《通典》的界定强调"县界内"，可能就是常以县作宽狭乡地域范围的反映。这从敦煌吐鲁番文书的手实、户籍中也可得到一些证明。现在能见到的天宝以前西州的手实、户籍，载应受、已受田情况较清楚的有 29 户。[①]各户已受田虽普遍不足，但应受田额却是按狭乡标准计算的。这 29 户中，明确其县乡的有 9 户，都是柳中县，其中 8 户属高宁乡，1 户属承礼乡；其他 20 户，很难说就没有属于柳中县别乡的。由此看出，这个县的乡都是狭乡，没有宽狭乡的区别。同时，沙州敦煌县的手实、户籍计有 67 户，其中载应受、已受田情况较清楚的有 43 户[②]，他们的应受田大体是按宽乡标准计算的。敦煌县本有 12 乡，同属沙州二县之一的寿昌县，时建时省，省县为乡时属敦煌县，则为 13 乡。上述 43 户中，有 17 户分别属于龙勒乡、平康乡和效谷乡，其余 26 户不详乡属。敦煌县的乡多，各乡之间的人口土地不可能没有差异，可是各乡民户计算应受田的标准都一样。说明这里的宽乡是以县来衡量的，不存在各乡之间有计算标准的不同，即各乡无宽狭之别。

当然不能说宽狭乡的"乡"绝对没有指乡里制的乡。前面说过，宽狭乡又是一个空间较泛的概念，当称某县所辖之地为宽乡或狭乡时，或以乡里制的乡名其地，这样两种"乡"便重合了，即某乡为宽乡或狭乡。但是，不能反过来说，宽狭乡的"乡"都是指乡里制的乡。

我们考察了宽狭乡的地域概念之后，再来看《新唐书·食货志》和《唐六典》《通典》《白孔六帖》等关于宽狭乡界定的是非，便一目了然。《新唐书·食货志》省略第一句话是不对的，因为那样就失掉了界定宽狭乡的地域范围，正是它省略了州县是宽狭乡的地域前提，所以往往会使人错误地认为，宽狭乡的"乡"指的都是乡里制的乡。

其次，关于宽狭乡民人授田问题。

唐代均田制的授田分为永业田和口分田两部分。这不仅在诸史籍所载的

[①] 杨际平：《均田制新探》，附表（一）：唐代西州均田户应、已受田情况，厦门：厦门大学出版社，1991 年，第 228—230 页。

[②] 杨际平：《均田制新探》，附表（二）：唐天宝以前敦煌受田情况简表，厦门：厦门大学出版社，1991 年，第 231—234 页。

田令中有明文规定，而且敦煌吐鲁番手实、户籍文书中也有确凿证明。《新唐书·食货志》所说"狭乡授田，减宽乡之半"，无疑会使人错误地以为，狭乡无论永业、口分都是减宽乡之半。但是，我们只要查对一下其他相应的资料，便可不辨自明。

《通典》的《食货·田制下》载开元二十五年（737年）田令有：

> 应给（按：指丁中男所给永业、口分田和老男、笃疾、废疾、寡妻妾所给口分田等），宽乡并依所定数，若狭乡，所受者减宽乡口分之半。①

《册府元龟·邦计部·田制》和《山堂群书考索》前集卷65所载皆与《通典》略同。说明《新唐书·食货志》缺少"口分"二字。唐代西州遗留下来有贞观至开元时期的手实、户籍，只要我们把民户应受田和该户受田口进行核算，便可证明这里是狭乡，口分田都是减半授给，而永业田并不减半。这就证明，《通典》等书的记载是正确的，而《新唐书》之文有误。这到底是欧阳修有意省略，还是刊刻错误，已难以断定。

另外，《新唐书》的《食货一》所载唐田制，文末有：

> 凡田，乡有余以给比乡，县有余以给比县，州有余以给近州。②

这段话，从文字上看，是唐三次均田令中找不到的③；从内容上看，说的是有关受田调剂，但和田令的相应部分差异甚大。

唐代田令上的调剂受田，称为隔越或遥受。通观田令，有一条原则的规定，即"诸口分田，务从近便，不得隔越"④。这里虽然只提出口分田，但由于永业田数量较少，而且可以传之于子孙，无疑更应遵循这条原则，没有提

---

① （唐）杜佑撰：《通典》卷2《食货二·田制下》，第15页。
② 《新唐书》卷51《食货志一》，第1342页。
③ 唐代所颁均田令，一般认为有三次（参阅谭英华：《两唐书食货志校读记》，成都：四川大学出版社，1988年，第11页）：一是《唐会要·租税上》所载武德七年（624年）三月二十九日始定令。《旧唐书·食货志》载武德七年令不言月日和《资治通鉴》卷190载武德七年四月庚子朔令，与《唐会要》所载皆属同一次令，即尚书左仆射裴寂、右仆射萧瑀、大理卿崔善为等奉诏撰定，武德七年同12卷律、14卷式一起奏上的31卷令中的田令（见《新唐书》卷58《艺文志》，第1494页），只是著录时间稍有差异而已。二是《唐六典》卷3《户部郎中员外郎》和《旧唐书》卷43《职官志》所载田令。这是开元六年（718年）玄宗敕吏部侍郎兼侍中宋璟等"删定律令格式"，至七年（719年）三月奏上的（《旧唐书》卷50《刑法志》，第2150页）。三是《通典》卷2《食货·田制下》、《白孔六帖》卷80《给授田》、《册府元龟》卷495《邦计部·田制》和《山堂群书考索》前集卷65等所载均系开元二十五年（737年）田令。这可能就是开元二十二年（734年）户部尚书李林甫受诏修改的律令格式中的田令。《新唐书·食货志》所载田令不著年月，应是从诸令中摘取的，但这段文字，任何一次田令中都不曾看见。
④ （唐）杜佑撰：《通典》卷2《食货二·田制下》，第16页。

及,实属不言而喻,所以"务从近便,不得隔越"应是适用于永业和口分受田的总原则。在此前提下,民人受田只有三种情况允许隔越遥受:一是"诸狭乡田不足者,听于宽乡遥受"①。二是"若因州县改易,隶入他境,及犬牙相接者,听依旧受"②。三是"其城居之人,本县无田者,听隔县受"③。由此看来,《新唐书·食货志》那段话,对受田调剂的主要内容没有反映出来,只是和特许遥受的第一种情况意思有点相近,但明显不符合原意。因为,若按《新唐书》的行文,一切宽乡即有余田的县州,都要把余田拿出来供邻境之人分配。这个意思不仅在田令中找不到,而且和"不得隔越"的原则格格不入。事实上,一个宽乡的余田并不是一定要拿给别人分配,只有邻近县州是土地不足的狭乡,以及或因州县改易,犬牙相接,或者那里城居之人无田可受,才需要拿出来供邻境分配。《新唐书》显然是把受田调剂的主动者与被动者颠倒了。这作为政策法令的行文,是不能允许的。

后 论

欧阳修是唐宋八大文学家之一,文章写得好,有许多脍炙人口的妙笔,是历代公认的文豪。可是,在史学家行列中,他却没有那样夺目的光辉。究其原因,恐怕与文学、史学毕竟不能混一有点关系。文学与史学的关系密切,李大钊先生把文史哲比作三姊妹④,是再恰当不过了。可是,文学与史学毕竟有所不同,不能混而为一。文学尚华、尚奇,甚至"语不惊人死不休"。而史学尚实、尚直,"实录""直书",则是为历代史学家所遵循的崇高准则。如果用文学笔法来作史学文章,那就往往会出现华美有余、朴实不足的毛病。欧阳修执著追求文辞简要,《新唐书》标榜"其事则增于前,其文则省于旧"⑤,所以,许多问题往往出在这里。上述《食货志》的两条错误就是如此。

均田制规定,按人口授给一定数量的土地,那么,土地是否足够授给其人,需有一定的地域范围才能衡量。所以,《唐六典》《通典》《白孔六帖》所载宽狭乡的界说,都有"凡州县界内所部"这类话作为前提。欧阳修为了"文省",把这句标志地域范围的话砍掉,这当然就损害了田令的原意,不符合历

---

① (唐)杜佑撰:《通典》卷2《食货二·田制下》,第16页。
② (唐)杜佑撰:《通典》卷2《食货二·田制下》,第16页。
③ (唐)杜佑撰:《通典》卷2《食货二·田制下》,第16页。
④ 李守常:《史学要论》,北京师范大学史学研究所,据商务印书馆1924年版校印,1980年,第32页。
⑤ (宋)曾公亮:《进唐书表》,载《新唐书》附录,北京:中华书局,1975年,第6472页。

史的本来面目。后来读《新唐书·食货志》的人，如果对宽狭乡概念缺乏全面考察，但又不得不考虑其地域范围的情况下，就会对宽狭乡的"乡"产生不合实际的理解。这种现象确实发生过。

《新唐书·食货志》关于受田调剂的行文，对田令本来的总原则和诸特例来说，文辞是省了，美了，但是却面目全非，使人无法了解受田调剂的实在内容。这显然是不可取的。

史学论著也应该讲求文采，但必须尊重历史事实，以不损伤原意为前提。因文舛实，是不会得到认可的。

原载《传统文化与古籍整理研究》，西南师范大学出版社，1994年

《资治通鉴》中华书局标点本第 15 册正文识误

最近，我们使用《资治通鉴》中华书局标点本（1956 年第 1 版）第 15 册（卷 214 至卷 225，纪唐玄宗开元二十二年至代宗大历十四年）做注释工作时，在前人胡三省、章钰、岑仲勉等人校勘的基础上，又识别出正文中的一些错误。归纳起来，有：时地之误，人名之误，人物官衔之误，录用敕文之误，遗漏致误，沿袭陈误以及标点之误，共七类 18 条。兹略述于后。

一、时地之误

（1）卷 214，开元二十五年（737 年）正月。

初置玄学博士，每岁依明经举。（第 6826 页）

建立崇玄学，招收生员，诵读《老子》等道家经典，学成举送礼部，按明经例参加科试，这就是唐代作为科举制组成部分的道举。道举是道教崇尚达登峰造极的玄宗时期出现的，大约到五代后唐时消失，有近两个世纪的历史。唐玄宗是在哪一年开始设置崇玄学？现将各书有关记载列表如下：

书名、篇名	时间	内容	备注
《资治通鉴》卷 214	开元二十五年（737 年）正月	初置玄学博士，每岁依明经举	
《新唐书》卷 48《百官志·崇玄署注》	开元二十五年（737 年）	置崇玄学于玄元皇帝庙	
《通典》卷 15《选举三·历代制下》	开元二十九年（741 年）	始于京师置崇玄馆，诸州置道学，生员有差，谓之道举。举送课试与明经同。（注：京都各百人，诸州无常员）	
《唐会要》卷 64	开元二十九年（741 年）正月初三	于元元皇帝庙置崇元博士一员，令学生习道德经、庄子、文子、列子，待习业成后，每年随贡举人例送至省，准明经例考试	又载卷 77《崇元生附道举》条

《资治通鉴》中华书局标点本第 15 册正文识误

续表

书名、篇名	时间	内容	备注
《旧唐书》卷9《玄宗本纪》	开元二十九年（741年）春正月丁丑	制两京诸州各置玄元皇帝庙并崇玄学，置生徒，令习老子、庄子、列子、文子，每年准明经例考试	
《新唐书》卷5《玄宗本纪》	开元二十九年（741年）正月丁酉	立玄元皇帝庙	
《新唐书》卷44《选举志上》	开元二十九年（741年）	始置崇玄学，习老子、庄子、文子、列子，亦曰道举。其生京都各百人，诸州无常员。官秩荫第同国子，举送课试如明经	
《册府元龟》卷53《帝王部·尚黄老》	开元十年（727年）正月己丑	诏两京及诸州各置玄元皇帝庙一所，并置崇玄学，其僧徒令习道德经及庄、列、文子等，每年准明经例举送	
《册府元龟》卷53《帝王部·尚黄老》	开元二十九年（741年）正月	诏全文。其中有：两京及诸州各置玄元皇帝庙一所……并置崇玄学，于当州县学士数内均融量置。令习道德经及庄子、文子、列子。待业成后，每年随贡举人例送至省。置助教一人……	
《全唐文》卷三十一		《命两京诸路各置元元皇帝庙诏》，其文与《册府元龟》同	

从以上记载看，时间最早是《册府元龟》的开元十年（722年）。但从其内容看，与开元二十九年（741年）诏文相同，而其他书此年均无类似记载，并且此时唐玄宗并未热衷道教，于情理也不甚符合。故这条记载不可信，可能是错简致误。

《资治通鉴》载于开元二十五年（737年），显然是根据《新唐书·百官志》的宗正寺崇玄署注文。至今仍有不少人援用这个记载。[①]然而，《新唐书》这个开元二十五年的记载，找不到任何根据和旁证，并且为本书的其他两条记载所否定。因为从诏书全文表明，立玄元皇帝庙与置崇玄学是同时的，既然本纪载立庙在开元二十九年，《选举志》也说是开元二十九年，而置崇玄学怎么会在开元二十五年呢？所以，开元二十五年的记载也不可信。

徐松《登科记考》[②]采取开元二十九年的记载。他的主要根据是《旧唐书·玄宗纪》、《唐会要》和《册府元龟》。这当然是对的。但他没有提到《通典》这个更有权威性的资料。《通典》的记载本身无疑已是最具有可靠性的，何况还有其他诸书作为佐证呢！所以，应以开元二十九年正月为准。

（2）卷214，开元二十四年（736年）三月。

故连州司马武攸望之子温眘，坐交通权贵，杖死。（第6817页）

[①] 袁英光：《唐明皇传》，天津：天津人民出版社，1987年，第261页。
[②] （清）徐松撰，赵守俨点校：《登科记考》卷8，北京：中华书局，1984年，第294—296页。

据《旧唐书·外戚传》，武攸望为武则天从父兄子，天授元年（690年）由尚乘直长封为会稽郡王。中宗复位时，降封为邺国公（《新唐书·外戚传》作叶国公）。后官至太常卿（新传作太府卿）。韦后诛，贬官。可是，武攸望终于何官？从《资治通鉴》所载结衔看，是"连州司马"。但《旧唐书·外戚传》明确记载"左迁春州司马而死"。《新唐书·外戚传》亦说"贬死春州"（省"司马"二字）。唐代有两个连州，一是今四川筠连县，一是今广东连县（今连州市），而春州则是今广东阳春县（今阳春市）。无论哪一个连州，都和春州相距甚远，毫无相似之处。所以，《资治通鉴》载武攸望终官"连州司马"显然是"春州司马"之误。

（3）卷219，至德元载（756载）十月。

又陷景城，太守李暐赴湛水死。（第7005页）

至德时景城郡治所清池，在今河北沧州市东。而历史上名湛水的有两条：一条在今河南济源县（今济源市）西南，流入黄河的湛水；另一条是源出今河南宝丰县东南，东流，在襄城县境入北汝河的湛水。这两条水都在河南，与河北的景城郡相距辽远。景城郡治被史思明军攻陷，太守李暐绝不可能跑到河南湛水投河自杀。故《资治通鉴》所言"湛水"肯定有误。而《旧唐书·史思明传》载"暐投河而死"，较为符合实际。至于李暐投的是什么河，已不可详考。

二、人名之误

卷217，天宝十四载（755年）十二月。

颍王璬为剑南节度使，蜀郡长史崔圆为之副。（第6940页）

这里，先将诸书有关记载节录如下：

《旧唐书》卷9《玄宗纪》：

天宝十四载十二月辛丑，以颍王璬为剑南节度使，以蜀郡长史崔圆副之。王不出阁。

十五载六月己亥（玄宗）次扶风郡。庚子，以司勋郎中、剑南节度留后崔圆为蜀郡长史、剑南节度副大使。以颍王璬为剑南节度大使。壬寅。次散关，颍王先行。

《旧唐书》卷170《玄宗诸子·颍王璬传》：

> 安禄山反，除蜀郡大都督、剑南节度大使，杨国忠为之副。……玄宗至马嵬，（魏）方进被杀，乃令璬先赴本郡，以蜀郡长史崔圆为副。

《新唐书》卷82《十一宗诸子·颍王璬传》：

> 安禄山反，诏领剑南节度大使，以杨国忠为之副。帝西出……璬先即镇，更以蜀郡长史崔圆为副。

《旧唐书》卷180《崔圆传》：

> 宰臣杨国忠遥制剑南节度使，引圆佐理，乃奏授尚书郎，兼蜀郡大都督府左司马，知节度留后。天宝末，玄宗幸蜀郡，特迁蜀郡大都督府长史、剑南节度。

《全唐文》卷318，李华：《唐赠太子少师崔公（景晊）神道碑》：

> 嗣子圆……寻拜蜀郡长史兼御史中丞，加节度使。时安禄山起幽朔，连陷潼关，赍表腰金，恳迎元宗……除中书侍郎，益州长史、节度等如故。

从以上资料看，《资治通鉴》显然是根据旧纪天宝十四载（755年）的记载。但是结合旧纪天宝十五载（756年）的记载看，便使人产生疑问：既然崔圆天宝十五载六月才以留后为长史，怎么会天宝十四载就以长史为节度副使呢？说明旧纪的这个记载本身就有问题。

从《颍王传》来看，安禄山反（天宝十四载）时，任命为剑南节度大使，杨国忠为副使；玄宗幸蜀途中，杨国忠被杀，使颍王先行时（天宝十五载，即至德元载），才以崔圆为副。

再从《崔圆传》看，先是杨国忠任蜀郡长史、剑南节度副使时，崔圆为留后。杨国忠被杀，节度大使颍王先行去蜀时（天宝十五载），才被任命为蜀郡长史、节度副使。

由此可知，旧纪天宝十五载的记载是对的，而天宝十四载则是把杨国忠误载为崔圆。《资治通鉴》却用其误而弃其正。

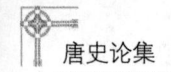

三、人物官衔之误

（1）卷214，开元二十七年（739年）十一月。

> 剑南节度使张宥……悉以军政委团练副使章仇兼琼。（第6840页）

据我们考查，这时章仇兼琼的本官是益州司马，兼官是防御副使，而非团练副使。现从两个方面予以说明。

首先，团练使设置时间没有那样早。

团练使、副使的设置时间，虽然胡三省说过："据《旧·志》上元后置团练使。余考唐制，凡有团结兵之地，则置团练使。此时蜀有黎、雅、邛、翼、茂五州镇防团结兵，故置团练副使。安史乱后，诸州皆置团练使矣。"（见《资治通鉴》注）认为在安史之乱前，有团结兵时便设置了团练使。这只是一种推测，缺乏根据。

团结兵初置的时间，地点已不可详考，但武则天统治时，为了防御突厥，在山东、河北、河南等地区已建有"武骑团兵"[①]。开元时关内道的京兆府、同州、华州、蒲州都各有数千团结兵。陇右道的秦、成、岷、渭、河、兰六州和剑南道的黎、雅、邛、翼、茂五州都有性质相同的团结兵。[②]这些团结兵由谁统领呢？《唐六典》在秦、成等六州"高丽羌兵"（以高丽人、羌人组建的团结兵）后注说：

> 皆令当州上佐（别驾、长史、司马为上佐）一人专知统押。

在黎、雅等五州团结兵后注载：

> 并令刺史自押领，若须防遏，即以上佐及武官充。[③]

可见，团结兵先是由当州刺史或上佐、武官统领，没有"团练使"的设置。至少开元时仍旧如此。

团练使设置时间，应是在安史之乱发生以后。《通典》的《职官·州郡上·都督》载：

[①]（宋）王溥撰：《唐会要》卷78《诸使杂录上》，第1438页。
[②]（唐）李隆基撰，李林甫注，〔日〕广池千九郎训点，内田智雄补订：《大唐六典》卷5《尚书兵部·兵部郎中员外郎》，第120页。
[③]（唐）李隆基撰，李林甫注，〔日〕广池千九郎训点，内田智雄补订：《大唐六典》卷5《尚书兵部》，第120页。

《资治通鉴》中华书局标点本第 15 册正文识误

> 自至德以来，天下多难，诸道皆聚兵，增节度使为二十余道。其非节度使者，谓之防御使。……上元末，省都统，后又改防御使为都团练使。皆主兵事而无旌节，僚属亦减，有副使一人，掌贰使事。①

《旧唐书》的《职官志》：

> 至德后，中原置节度使。又大郡要害之地，置防御使，以治军事，刺史兼之，不赐旌节。上元后，改防御使为团练守捉使，又与团练兼置防御使。②

《新唐书》的《百官志》：

> 及安禄山反，诸郡当贼冲者，皆置防御守捉使。乾元元年，置团练守捉使、都团练守捉使，大者领州十余，小者二三。代宗即位，废防御使，唯山南西道如故。元载秉政，思结人心，刺史皆得兼团练守捉使。杨绾为相，罢团练守捉使，唯澧、朗、峡、兴、凤如故。建中后，行营亦置节度使、防御使、都团练使。③

以上三书把团练使的原委都说清楚了。团练使始置的具体时间，虽然记载有所不同，但是，有一点却是共同的，那就是都在安史之乱爆发以后。不仅有史籍记载为据，而且也合乎情理。反之，则《资治通鉴》所载开元二十七年（739 年）章仇兼琼的官衔为团练副使，是靠不住的。

其次，章仇兼琼开元二十七年在益州幕府时的兼职，不是团练副使，而是防御副使。

章仇兼琼，《旧唐书》《新唐书》无传。从韦述《赠东平郡太守章仇府君神道之碑》和一些散见记载可知，其人为任城（今山东济宁）人，以主客员外郎为益州司马，进为益州大都督府长史兼□御史中丞，持节剑南节度□使、营田副大使、本道兼山南西道采访处置使。④天宝后，因诸杨荐引，入为户部尚书兼御史大夫。⑤结衔为银青光禄大夫、户部尚书、兼殿中监、

---

① （唐）杜佑撰：《通典》卷 32《职官十四·州郡上·都督注》，第 186 页。
② 《旧唐书》卷 44《职官志三·防御团练使注》，第 1923 页。
③ 《新唐书》卷 49 下《百官志四下》，第 1316 页。
④ （清）董诰等编：《全唐文》卷 302 韦述：《赠东平郡太守章仇府君神道之碑》，第 3067—3068 页，《金石萃编》卷 88 同；事迹散见于《旧唐书》196《吐蕃传》、卷 19《南蛮传》，《新唐书》卷 42《地理志》等。
⑤ （宋）司马光编著，（元）胡三省音注：《资治通鉴》卷 215；《新唐书》卷 260《外戚·杨国忠传》同。

· 419 ·

内外闲厩等使。①《资治通鉴》所载章仇兼琼具"团练副使"衔，当是他在益州司马任时。既然此时尚无团练使的设置，那么，他兼任的军事职衔到底是什么呢？《旧唐书·吐蕃传》载：

> （益州长史、剑南节度使）王昱既败之后，诏以华州刺史张宥为益州长史、剑南防御使，主客员外郎章仇兼琼为益州司马、防御副使。宥既文吏，素无攻战之策，兼琼遂专其戎事。②

据此，章仇兼琼在张宥幕府任司马时，所兼军事使职乃是防御副使。防御使，武则天圣历元年（698年）已见③，开元时续有设置，应是不成问题的。

所以，《资治通鉴》所载章仇兼琼兼衔"团练副使"应是"防御副使"之误。

（2）卷218，至德元载（756年）七月。

> 以（房）琯为文部侍郎、同平章事。（第6982页）

唐玄宗逃奔西蜀，到达普安（今四川剑阁）时，宪部侍郎房琯赶来谒见。玄宗为了表彰他的忠心，立即为之晋升官位，授以同平章事为宰相。可是，房琯的本官是什么？《资治通鉴》载为"文部（即吏部）侍郎"。但是，《旧唐书·玄宗纪》作"即日拜吏部尚书、同中书门下平章事"。同书《房琯传》、《新唐书》的《玄宗纪》和《房琯传》，以及《册府元龟》的《帝王部·命相》皆同。因此可以证明，《资治通鉴》所载"侍郎"乃是"尚书"之误。

（3）卷221，上元元年（760年）十一月。

> （王）仲升使监军使、内左常侍邢延恩入奏。（第7097页）

王仲升被任命为申、光、寿、安、沔五州节度使，知淮南西道行营兵马。淮西节度副使刘展刚强自用，仲升厌恶而欲诛除之，派监军使邢延恩入奏请命。《资治通鉴》载邢延思具衔"内左常侍"，这当是内侍省宦官官名。但是，《唐六典》卷12载内侍省有内侍4人，内常侍6人，为该省的正副长官。《通典·职官·诸卿下》《旧唐书·职官志》皆同。《新唐书·百官志》载天宝十三载（754年）唐玄宗在内侍之上置内侍监2人。诸书所载内常侍都无左右之

---

① （清）董诰等编：《全唐文》卷302韦述：《赠东平郡太守章仇府君神道之碑》，第3068页。
② 《旧唐书》卷196上《吐蕃传上》，第5234页。
③ 《新唐书》卷49下《百官志四下·都督府注》，第1316页。

· 420 ·

分。故疑《资治通鉴》的"左"字为衍文。

（4）卷221，上元元年（760年）十二月。

> （刘）展遣其将傅子昂、宗犀攻宣州，宣歙节度使郑炅之弃城走。（第7100页）

这里载从宣州弃城而走的郑炅之具衔"宣歙节度使"。但是，据《新唐书·方镇表五》，乾元元年（758年）置宣歙饶观察使，治宣州。其任使者《新唐书·宗室世系表下》载为李行穆。乾元二年（759年）废观察使，宣、歙、饶三州复由浙江西道观察使领属。到上元二年（761年）浙江西道观察使徙治宣州。可见，上元元年时并不存在宣歙节度使。

又据《全唐文》卷502权德舆《金紫光禄大夫司农卿邵州长史李公（韶）墓志铭并序》云："宣州观察使郑炅之表为广德令。"这就表明，郑炅之在宣州时的官衔为观察使，与上述《方镇表》相合。

因此，《资治通鉴》所载"节度使"为"观察使"之误。

四、录用敕文之误

（1）卷216，天宝十一载（752年）二月。

> 乃更命非铅锡铸及穿穴者，皆听用之如故。（6909—6910页）

据《旧唐书·食货志》，天宝初，京城流通的钱币日加碎恶，一贯的重量甚至不超过三四斤。于是，天宝十一载二月下敕，由官府拿出好钱，换取恶钱。不久又宣敕：

> 除铁锡、铜沙、穿穴、古文，余并许依旧行用。

《新唐书·食货志》和《册府元龟·邦计部·钱币》所载皆同。而《资治通鉴》录用这道敕文，省略姑且不论，把"铁锡"改作"铅锡"，是没有道理的。

（2）卷220，乾元元年（758年）五月。

> 制停采访使，改黜陟使为观察使。（第7053页）

现在把早于《资治通鉴》的四种有关记载摘录如下：

《通典》的《职官·州郡上》：

至德之后，改采访使为观察[使]。①

《唐会要》的《采访处置使》：

乾元元年四（当为"五"之误）月十一日诏："其采访使置来日久，并诸道黜陟使便宜且停，待后当有处分。"原注："其年改为观察处置使。"②

《旧唐书》的《肃宗纪》：

乾元元年五月壬午诏："其诸道先置采访、黜陟二使宜停。"③

《新唐书》的《百官志》：

（开元）二十年曰采访处置使，分十五道；天宝末，又兼黜陟使；乾元元年，改曰观察处置使。④

从这些记载来看，第一，由于《新唐书》载明黜陟使是采访使的兼使，故《旧唐书》《唐会要》所载采访使与黜陟使一起停罢，是合乎逻辑而可信的，而《资治通鉴》载停的只提及采访使，是不符合原意的。第二，《通典》等四书都明载观察使是由采访使改置的，如果考虑到黜陟使是采访使的兼使，也可以说，是由采访使和黜陟使改置的，而《资治通鉴》只说是由黜陟使改置，似乎观察使的设置与采访使没有关系，这也与原意不相符合。

五、遗漏致误

（1）卷221，上元元年（760年）九月。

置南都于荆州。（第7096页）

这条记载本身并没有错。但是，联系前面的记载来看，就产生了问题。本书卷220至德二载（757年）十二月已载"以蜀郡为南京"。现在又载置南都，岂不是唐朝这时有两个南都吗？其实并非如此。问题出在哪里呢？据《旧唐书·肃宗纪》，上元元年九月，以荆州为南都的同时，有"其蜀郡先为南京，宜复为蜀郡"。这就是说，停止了蜀郡为南京之号。而《资治通鉴》只载以荆

---

① （唐）杜佑撰：《通典》卷32《职官十四·州郡上·州牧刺史》，第184页。
② （宋）王溥撰：《唐会要》卷78《采访处置使》，第1421页。
③ 《旧唐书》卷10《肃宗纪》，第252页。
④ 《新唐书》卷49下《百官志四下》，第1311页。

州为南都，遗漏了停蜀郡为南京，以致出现两个南都的错误。

（2）卷222，宝应元年（762年）建巳月（即四月）。

> 命苗晋卿摄冢宰。（第7123页）

按照《资治通鉴》这样记载，宰相苗晋卿似已承命摄冢宰，在皇帝服丧期间，执掌军国大政，"百官听于冢宰"[1]。但是，实际情况却不是如此。《旧唐书·苗晋卿传》载，唐玄宗崩，唐肃宗命苗晋卿摄冢宰，晋卿上表固辞。三天后，唐肃宗继崩。唐代宗又命苗晋卿摄冢宰，晋卿再上表辞。两次辞让都获得批准。所以，实际上苗晋卿并没有摄冢宰。《资治通鉴》只载"命苗晋卿摄冢宰"，而不载晋卿固辞且获准，以致给人造成苗晋卿已摄冢宰的错觉。

六、沿袭陈误

（1）卷214，开元二十六年（738年）十月。

> 润州刺史齐澣奏："自瓜步济江迂六十里。请自京口埭下直济江，穿伊娄河二十五里即达扬子县，立伊娄埭。"（第6836—6837页）

唐代润州（今江苏镇江市）与扬州（今江苏扬州市）是隔长江相对的两个大镇。当时，这里长江对岸之间的宽度是二十里（详见下面引文）。可是江中有一个大沙洲，形如瓜子，称为瓜洲。以致南岸京口与北岸扬子县之间的渡船，必须绕瓜洲沙尾，迂回六十里，给交通带来很大不便。齐澣开元二十五年（737年）调任润州刺史，第二年便在瓜洲上开凿了一条运河——伊娄河，以便直截渡江。《旧唐书·玄宗纪》载，开元二十六年"其冬……润州刺史齐澣开伊娄河于扬州南瓜洲浦"。证明确实凿成了这条运河。可是，伊娄河到底是多长？《资治通鉴》引齐澣奏称二十五里。其根据是《旧唐书·齐澣传》《唐会要·漕运》和《新唐书·地理志》。但是，这三个记载问题不少。现将这三条资料照录如下：

> 润州北界隔吴江，至瓜步沙尾，纡汇六十里，船绕瓜步，多为风涛之所漂损。澣乃移其漕路，于京口埭下直渡江二十里，又开伊娄河二十五里，即达扬子县。自是免漂损之灾，岁减脚钱数十万。又立伊娄埭，

---

[1] 《旧唐书》卷113《苗晋卿传》，第3351页。

官收其课,迄今利济焉。①

（开元）二十六年十一月五日,润州刺史齐澣奏:"常州北界隔吴江,至瓜步江为限。每船渡绕瓜步江沙尾,迂回六十里,多为风涛所损。臣请于京口埭下,直截渡江二十里,开伊娄河二十五里,即达扬子县。无风水灾,又减租脚钱,岁收利百亿。又立伊娄埭,皆官收其课。"迄今用之。②

开元二十二年,刺史齐澣以州北隔江,舟行绕瓜步,回远六十里,多风涛。乃于京口埭下直趋江二十里,开伊娄河二十五里,渡扬子,立埭,岁利百亿,舟不漂溺。③

对照这三条资料来看,《唐会要》的"常州"应是"当州"的字形讹误;《旧唐书》的"京口塘"应是"京口埭"的字形讹误;《新唐书》"二十二年"乃是"二十六年"之误。"岁减脚钱数十万"与"岁（收）利百亿",虽皆约计之数,但相差甚远。不过直渡距离20里,绕沙尾迂回60里,却是相同的。最令人难解的是,对岸距离才 20 里,为什么在沙洲上开的伊娄河就长达 25 里呢?胡三省曾察觉到这个问题,他说:"按旧书本纪,齐澣开伊娄河于扬州南瓜洲浦,则今之瓜洲运河是也。但扬子县今为真州治所,安能二十五里即达扬子县！若自瓜洲达扬子桥,则二十五里而近。今之扬子桥,或者唐之扬子县治所,桥以此得名也。"④然而他没有去怀疑"二十五里"的真实性,反而把它作为前提,再由此去进行推测,结果仍不得其解。值得庆幸的是,在《全唐文》中保存了较为原始的齐澣《请开伊娄河奏》,解开了这个难解的谜底。现把齐澣的奏书照录如下:

润州北界,隔江为限。每船绕瓜步江沙尾,迂回六十里,多为风涛所损。臣请于京口埭下,直截渡江二十里,开伊娄河一十五里,即达扬子县。无风水之灾,岁收利有亿。并立尹娄埭。自是免漂损之灾。⑤

原来,伊娄河的长度乃是 15 里！参考《旧唐书·韩滉传》载德宗贞元时,江淮转运使韩滉自润州"督运江南米至扬子,凡一十八里";《元和郡县图志》

---

① 《旧唐书》卷 190 中《文苑·齐澣传》,第 5038 页。
② （宋）王溥撰:《唐会要》卷 87《漕运》,第 1597 页。
③ 《新唐书》卷 41《地理志五·润州丹徒县》,第 1057 页。
④ （宋）司马光编著,（元）胡三省音注:《资治通鉴》卷 214,唐玄宗开元二十六年十月条胡三省注。
⑤ （清）董诰等编:《全唐文》卷 353 齐澣:《请开伊娄河奏》,第 3577 页。

丹徒县条载，"江今阔十八里"①。那么，伊娄河长15里的记载是可信的。

《资治通鉴》载齐澣奏言伊娄河长25里，显然是失于详考，沿袭了《唐会要》、《旧唐书》和《新唐书》的错误。

（2）卷220，至德二载（757年）九月。

  （李）贤卒死于黔中。（第7037页）

这是《资治通鉴》根据《旧唐书·承天皇帝倓传》引用李泌对肃宗的谈话。章怀太子李贤的死地，《旧唐书·高宗中宗诸子·章怀太子贤传》有明确的记载：永淳二年（683年）迁于巴州（今四川巴中县）；文明元年（684年）武则天令左金吾将军丘神勣，往巴中检校贤宅。神勣遂闭贤于别室，逼令自杀。《资治通鉴》卷230光宅元年（684年）所载，与旧传完全相同。

李泌说李贤死于黔中。唐代"黔中"曾是道名和郡名。作为道名，是开元时分江南道所置；作为郡名，是天宝元年（742年）黔州所改。其治所都在今四川彭水县。这里，在高宗和武则天时名黔州，设有都督府。如果李泌所说"黔中"是泛指黔州地区，也和巴州相距悬远。所以，无论如何，说李贤死于黔中是绝对不正确的。而《资治通鉴》沿用不改，也未在《通鉴考异》中加以说明。

七、标点之误

（1）卷214，开元二十六年（738年）正月。

  令天下州、县、里别置学。（第6832页）

按照这样标点，这道令文的意思应是：命令天下的州、县、里都分别设置学校。我们读到这段文字时，脑子里产生了一个疑问：唐代的州、县的学校不是早已存在吗，为什么这时又下令设置呢？一查，果然有误。《新唐书》的《选举志上》载：

  自高祖初入长安，开大丞相府，下令置生员，自京师至于州县皆有数。既即位……州、县、乡皆置学焉。②

---

① （唐）李吉甫撰，贺次君点校：《元和郡县图志》卷25《江南道一·润州·丹徒县》，第591页。
② 《新唐书》卷44《选举志上》，第1163页。

再查《唐会要》卷35《学校》所载开元二十六年（738年）正月十九日敕文，原来是：

> 其天下州县，每乡之内，各里置一学。仍择师资，令其教授。①

《册府元龟》卷639《贡举部·条制》所载相同。由此可见，此令是要各州县，在乡以下的里，各设置学校。所以，《资治通鉴》这段文字应标点为：令天下州县，里别置学。

（2）卷218，至德元载（756年）五月。

> 又焚左藏大盈库。（第6971页）

这样标点，使人可能理解为焚烧了左藏所辖的大盈库。如果这样，既没能全面了解这句话所包含的历史内容，又把左藏和大盈库的关系弄错了。其实，左藏和大盈库是两个没有领属关系的单位。据《旧唐书·职官志》，左藏是唐朝中央政府的太府寺下一个管理粮食布帛仓库的机关，叫左藏署，设有左藏令（从七品下）、丞（从八品下）等官吏。左藏署管辖的仓库有东库、西库和朝堂库，都是国库。有时又把这些仓库称左藏库。而大盈库又叫百宝大盈库，据宋白《续通典》说，乃是天子的内库，由宦官掌管，唐玄宗开元时开始设置。据陆贽说，同时设置的还有琼林库，都是天子的私库。王鉷为户口色役使时，饰巧求媚，每年向唐玄宗进奉钱和宝货，储入大盈库，供天子私人宴饮赏赐之用。肃宗时，第五琦作度支、盐铁使，为了避免豪强军将无节制地索取，把本应在太府国库中储藏的财货，尽贮于大盈库。到唐德宗建中元年（780年），在宰相杨炎主持下，才还归左藏，但每年仍要从中选择精好布帛三、五千匹，进入大盈库。明了这些情况之后，来看"又焚左藏大盈库"这句话，便可以知道是指焚烧了左藏仓库和大盈库。原文无连接词，则应用顿点分开，作"又焚左藏、大盈库"。

（3）卷218，至德元载八月。

> 先设太常雅乐坐部、立部，继以鼓吹、胡乐、教坊、府、县散乐，杂戏……（第6993页）

这是说唐玄宗开元天宝时宴会演奏乐舞的情况。这里的标点有两个问题，

---

① （宋）王溥撰：《唐会要》卷35《学校》，第633页。

一是"雅乐"后应加顿号而未加；二是"散乐杂戏"之间不应加而加了顿号。

"太常雅乐坐部、立部"句，"雅乐"后不加顿号，则意味着坐部、立部是雅乐的二部。其实雅乐和坐立二部是各不相属的。《新唐书·礼乐志》说："太常阅坐部，不可教者隶立部，又不可教者，乃习雅乐。"这说明演奏雅乐是等而下之的乐工，也说明坐部、立部不是隶属于雅乐的。因此有必要在《资治通鉴》正文的"雅乐"之后加顿点，使坐部、立部二词与之平列。

"府、县散乐，杂戏"句，在"散乐""杂戏"之间加顿号，无疑意味着散乐和杂戏是两种戏乐。然而，实际情况却非如此。《旧唐书·音乐志》说："散乐者，历代有之，非部伍之声，俳优歌舞杂奏。……如是杂变，总名百戏。"这是说，散乐就是民间艺人的歌舞杂奏。唐代有兽戏、马舞、戏车轮、缘干戏、幻术、踏摇娘、弄参军、打波逻犍、泼胡乞寒戏等，总称为百戏。所以，散乐就是杂戏。正如胡三省所注的："散乐者，杂戏也。"二者同指一类事物，并且早已存在二语并称的习惯。因此，"散乐杂戏"无须用顿号点开。

（4）卷221，乾元二年（759年）四月。

> 制："比缘军国务殷，或宣□敕处分。诸色取索及杖配囚徒，自今一切并停。如非正宣，并不得行。中外诸务，各归有司。英武军虞侯及六军、诸使、诸司等，比来或因论竞，悬自追摄，自今须一切经台、府。如所由处断不平，听具状奏闻。诸律令除十恶、杀人、奸、盗、造伪外，余烦冗一切删除。仍委中书门下与法官详定闻奏。"（第7074页）

这里的制文，据《全唐文》卷42，是从两道诏书节录来的。"比缘军国务殷……听具状奏闻"是来自《申明赏罚诏》；"诸律令除十恶……仍委中书门下与法官详定闻奏"是来自《删除律令诏》。因此有必要分别加引号，以免使人误认为是一道诏令。

以上数例说明，标点古籍也非易事。如果稍有一点查考不周，难免留下轻点妄断的弊病，就会贻误读者。

原载《西南师范大学学报（哲学社会科学版）》
1992年《古籍整理与研究》专刊，与李琼英合作

精心之作　贡献诸多
——评《〈全唐文〉职官丛考》

　　陈国灿、刘健明主编的《〈全唐文〉职官丛考》(武汉大学出版社，1997年，以下简称《丛考》)是一部新近面世的唐代文化遗产整理研究的可喜成果。此书虽是编制《全唐文人名、地名、官名索引》的副产品，但以其丰富的内容、鲜明的特点和精心的考证表明，它的价值并不在"索引"之下。

　　《丛考》以官制为核心展示其丰富的内容，大体可归纳为四个方面：第一是从《全唐文》检出许多职官名称，进行精心考察，对其出现时间、渊源演变、所司职掌做出详细明晰的论述。第二是对一些与职官名称、变称、代称相联系的唐代人物进行考察，并对一些人物官历的错讹、缺漏作了补正。第三是对由职官引发出来的一些历史问题做了探讨。第四是对《全唐文》在职官上存在的许多文字讹误做了订正。由此可见，《丛考》是一部既包括唐代职官制度、历史人物的研究，又包括《全唐文》校勘的著作。不过，都是围绕职官而进行的。

　　《丛考》是一部具有鲜明特点的精心之作，其特点可用新、详、备、准四个字来概括。新，是说该书涉及的唐代职官，多是《大唐六典》、《通典》、《新唐书·官志》、《唐会要》等唐代官制基本史料所不载和载之不详，而且为以往治唐史者所未注意或有误解的，而此书作者们从《全唐文》中发掘出来加以论述，使人耳目一新。详，是说该书论及的职官，多详其内涵和原委，尤其注意详述其源流和职掌，使读者常有一览无余之感。备，是说该书论述职官或人物，总是广泛搜罗有关资料，不仅阐明其本身的各个方面，而且往往对同类职官、相关职官作专门的或综合的论述。准，是说该书使用资料准确，其见解都有充分根据，可信度很高。在此，仅以该书论及的使职略明上述特点。使职，是唐代职官制度演变中出现的非本制职官。已故的陈仲安先生首先加以系统研究，近年逐渐引起学者的注意。《丛考》从题目上提出的使职约36个，内容涉及的远不止于此。仅以这36个专目立论的使职来说，有大税使、先锋使、莫徭使、征马使、潭漕使等十多个使职，不仅上述那几种官制基本史料中没有记载，就是此前的研究者亦所未及，完全是从《全唐文》中新发掘出来，并广罗资料加以论述的，这就丰富了唐代使职的研究。有群牧都使、团练使、观察支使、宣徽南北院使、馆驿使等十多个使职，或详述其设置原委，或详述其所司职掌，并且对兵马使、节度使、巡边使等作了专类研究或综合研究，大大推进了对这些使职的认识。有安抚诸蕃部落大使、检校浑部落使、陇右三使、游奕使、堡使等十多个使职，或详释其名称，或勘正记载之错误，或纠正前人研究之遗失，有助于使职研究的进一步开展。这些对使职的研究，不仅充分利用了《全唐文》的资料，广征唐史文献资料，还利用了敦煌吐鲁番资料和石刻资料，在前人研究的基础上，开拓了新的研究领域（如州以下使职），提出了许多新的见解。其他数量更大的非使职职官的研究情况也大体如此。

《丛考》的价值是多方面的。它以官制研究成果贡献于唐代政治制度史。它对《全唐文》许多错误的订正和许多疑难、变异官名的正确解释，扫除了不少阅读《全唐文》及其未收唐文的障碍，大大有益于唐代文化遗产的利用。它还以对一批历史人物的考释，而对唐史诸多领域都有补益。所以，《丛考》既是对《全唐文》这部重要文献的整理，又超出了一般文献整理的范围，而具有学术研究的性质，因而对唐史的诸多方面都有贡献。

《丛考》的成就说明，传统的考证方法仍然是有生命力的。只要像本书作者们那样，本着实事求是的精神，广泛搜罗材料，精心比量，仔细分析，就一定会有新的发现。

"辟（譬）如行远，必自迩；辟（譬）如登高，必自卑。"（《礼记·中庸》）《丛考》的作者们对《全唐文》的整理研究之所以能达到这样高远的境地，是因为他们所在的研究机构经过长期积累而具有了充实的条件，也是由于他们有一个经过几代师承而形成的具有优良传统的学术集体；当然也是作者们孜孜不倦辛勤耕耘的结果，期望他们有更多的精品贡献于当今这个非凡的时代。

原载《西南师范大学学报（哲学社会科学版）》1998年第6期

附录1　孔子是怎样一个人？

中国历史上有许多伟大的学者、思想家和社会活动家，孔子就是其中较早的一位。如何正确认识孔子，现在学术界还有不少争论，这里仅就个人的粗浅看法来谈谈。

一、怎样认识孔子？

评价一个历史人物，首先应该弄清楚他处的时代背景，这是历史唯物主义的一条基本原则。

孔子，春秋时期鲁国曲阜人。生于公元前551年（鲁襄公二十二年），死于公元前479年（鲁哀公十六年），时值春秋后期。春秋时期，生产发展速度加快，奴隶制开始向封建制过渡，阶级分化和阶级斗争异常剧烈，是一个社会大变动时期。这时，奴隶制已经是落后的、阻碍社会进步的、即将被消灭的社会制度；而封建制则是正在成长的、代表社会发展方向的、具有生命力的社会因素。孔子出生的鲁国，奴隶制崩溃较早，公元前594年（鲁宣公十五年）行"初税亩"，说明以井田制为骨干的奴隶主贵族土地国有制已经开始崩溃，拥有私田的、向封建主转化的奴隶主取得合法地位。在这个形势面前，总观孔子的活动和思想，可以说他一只足已经踏在时代的前头，另一只足还掉在时代的后面（郭沫若语），主要方面是顺乎时代前进的潮流，但也还有受时代和阶级的局限，表现出保守和落后的一面。

一个历史人物的活动和思想，是与他的身世，即所属社会集团（阶级）和社会经历有密切关系。毛泽东说："在阶级社会中，每一个人都在一定的阶级地位中生活，各种思想无不打上阶级的烙印。"[①]孔子的祖先是宋国贵族，

---

① 毛泽东：《实践论》，《毛泽东选集》第1卷，北京：人民出版社，1951年，第282页。

因为受到打击，逃居鲁国。孔子的父亲叔梁纥，做过邑大夫，在孔子三岁时便死了。孔子少年时候，生活贫贱，二十多岁时做过小官。《史记·孔子世家》说："孔子贫且贱，及长尝为季氏史（管理仓库的职务），料量平；尝为司职史（管理畜牧的职务），而畜蕃息。由是为司空。"此后，他一面讲学授徒，一面从事政治活动（做过鲁国的中都宰和司寇及带领学生周游齐、卫、陈、蔡、宋、楚等国）。晚年（六十七、六十八岁后）主要进行三代文化典籍的整理，删订诗、书、易、礼、乐、春秋。这些说明孔子是出身于奴隶主贵族阶级，属于没落的下层，本人是一个"士"。孔子虽然热衷于政治，但始终不得时，大多数时间只能在文化教育活动中度过。同时，孔子实际上是在下层社会中生活，因此，他对社会实际状况能够看得比较清楚，也能够触及时代的脉搏，承受新的社会因素的影响，反映进步的要求。

由于孔子是一个大半生都从事文化教育活动的历史人物，我们必须特别注意当时社会思想潮流对他的影响。春秋时期的社会思想动向，主要特点是对宗教性的天（有意识、人格化的天）的信仰产生了动摇和对人的重视，出现了基于对自然有初步的科学认识的朴素唯物宇宙观，和基于奴隶斗争的重民思想，这是奴隶制没落和奴隶社会地位开始变化的反映。孔子的思想，正是顺应了这个发展趋势。

二、孔子的哲学思想

孔子的哲学思想是不够系统完整的，但从他关于天、命和鬼神的言论中，可以看出他对自然宇宙和社会人生的一些哲学观点。

先说孔子对天的观点。天，本义是大，指日月星辰运行的最高处，带有神秘色彩。有了至上神的观念，最初称为"帝"；大约到殷周之际才称这个至上神为"天"，天便成了有意志的人格神，地上的王成为天的代理人、天的儿子，奴隶主阶级的绝对权力，被说成是天的意志的表现。春秋时期奴隶制开始崩溃，有意志的天也开始被怀疑；并且，随着生产斗争经验的积累，人们开始意识到天的自然属性。孔子对天的看法，便是这个趋势的继承和发展。下面从《论语》[①]中摘出孔子对天的言论试作分析：

（1）《阳货》："天何言哉？四时行焉，百物生焉，天何言哉！"
（2）《宪问》："不怨天，不尤人，下学而上达。知我者其在天乎！"
（3）《八佾》："获罪于天，无所祷也。"

[①] 《论语》，（清）阮元校刻：《十三经注疏十·论语注疏》，北京：中华书局，1980年影印本。

（4）《述而》："天生德于予，桓魋其如予何？"

（5）《先进》："噫！天丧予！天丧予！"

（6）《雍也》："予所否者，天厌之！天厌之！"

据子贡说，不大听得到孔子谈天道（《公冶长》："夫子之言性与天道，不可得而闻也。"），但毕竟还有以上几条。上面引文第四条，是孔子到宋，桓魋企图杀他，在逃跑时说来给学生们壮胆的话。第五条是孔子心爱的弟子颜渊死了，感叹之词。第六条是孔子见卫灵公夫人，其人淫秽，子路不悦，孔子发誓，表白自己没有做见不得人的坏事。从这三条谈话的实际情况和内容看来，都不足以真正代表孔子对天的观点。第一条，是孔子对子贡的谈话，可以表明孔子关于天的基本看法。这条的意思是说：天何尝说话？但是春夏秋冬四时，照常运行，世间百物，自行生长。可见孔子认为：四时百物的变化，原因在它们本身，天不能支配它们。这样的天，当然不是有意志的人格神，而是属于自然的天了。天既然不是有意识的人格神，也就用不着"怨天"（引文第二条），用不着祷天免罪（引文第三条），这是逻辑发展的必然结论。这种观点，带着明显的朴素唯物主义性质，是毋庸否认的。

其次说命。孔子说的命，主要是指天命，有些地方也指人的命运。《论语》[①]记载孔子谈命的话，最重要的有以下几条：

（1）《宪问》："道之将行也与，命也。道之将废也与，命也。"

（2）《尧曰》："不知命，无以为君子也。"

（3）《为政》："五十而知天命"。

（4）《季氏》："君子有三畏：畏天命，畏大人，畏圣人之言。"

这里所说的命都是天命。孔子的天命论与他自然天的观点是密切联系的、一致的。这里说的天命，显然是指自然的天数，自然的规律性，并不带有神秘色彩，有如暑往寒来四时更替、春生夏茂百物繁衍一样。孔子特别注重人事，他把这种自然的规律用来解释人事，解释社会现象，以为社会人事也是受同样规律支配，各有定数。因此孔子认为：不懂得天命，不能成为一个好的统治者（引文第二条）；要真正了解这个规律是不容易的，我五十岁才懂得（引文第三条）；子路执行我的主张能不能成功，自有定数的，你景伯不必为伯寮在季孙面前进子路的谗言而气愤（引文第一条）；聪明的统治者害怕之一，就是自然的定数（引文第四条），等等。可见孔子说的命，是客观存在的一种

---

① 《论语》，（清）阮元校刻：《十三经注疏十·论语注疏》，北京：中华书局，1980年影印本。

自然的必然性，已经不是殷周时候至上神的意志了。这种对天命的观点，也显著地带着朴素唯物主义性质。但是，孔子谈到人的命运时，其观点却带着宿命论色彩，是唯心的。

再说鬼神。孔子也不大谈鬼神（《述而》："子不语怪，力，乱，神。"），但他没有否定鬼神，还赞成祭祀。可是孔子认为：对鬼神只能精神上尊敬它，行动上却不要太接近它（《雍也》："敬鬼神而远之。"）；在现实中须要注重的是人事，不是鬼神之事（《先进》："未能事人，焉能事鬼？"）。祭祀，主要是报答祖宗父母的恩德，求得心理上的满足而已，倒不一定真要有鬼神存在（《八佾》："祭如在，祭神如神在。"）。即使是祭祀，也不要滥祭乱祭，如果不当祭的你也去祭，那是卑鄙的谄媚行为（《为政》："非其鬼而祭之，谄也。"）。由此可见，孔子从现实出发，对鬼神持怀疑态度，比起殷周迷信鬼神的传统有神论思想，至少是接近无鬼论的。

总之，孔子的哲学思想，就其主要方面说是唯物的，但也包含有唯心成分。

三、孔子的政治思想和伦理学说

孔子思想体系的核心，是作为政治理论和伦理道德学说的"仁"。孔子的"仁"，有一整套理论原则和行动条规。这一套东西都是提供给统治阶级的，他不惜奔波饶舌，希望他们接受和贯彻。

"仁"的含义是什么呢？一部《论语》，载孔子谈"仁"的地方约有一百多处，很广泛，因人而异，但综观其基本含义则是"爱人"（《颜渊》："樊迟问仁。"子曰："爱人。"），或说成"爱众"（《学而》："泛爱众，而亲仁。"）。其用意是把"仁"当作为政和为人的最高准则。

作为为政的"仁"，其主要精神就是"仁民"。"民"是指被统治阶级，劳动者，主要是奴隶。要把这些人治理好，就必须重视他们，不要轻视劳动群众，要把奴隶当人看待，就是要行"仁政"。在财政经济上，"博施于民而能济众"（《雍也》），薄赋敛，"因民之利而利之""节用而爱人，使民以时"；在政治法律上，不行猛虎似的"苛政""慎刑""不教而杀谓之虐，不戒视成为之暴"；在政治思想上，要重教化，"重德""道之以德"等。为政的步骤就是：庶—富—教。这样的"仁政"，其根本意义是可以巩固统治。这是孔子"仁政"的阶级实质。同时，民众如果能得如此"仁政"，在当时，显然不是奴隶地位的加强，而会朝解放思想道路上前进一大步。孔子这种客观上对劳动者有利的政治主张，是春秋末期劳动者在生产和阶级斗争中的巨大作用已经充分显露的客观反映。这是孔子政治思想进步性的所在，也说明孔子是顺乎时代前进潮流的。但是，孔子理想的政治制度，还不是封建制度，而是"祖述尧舜，宪章文武"，是"天下为公"的"大同"社会，是文武周公时代的社会秩序。这是把新内容硬塞进旧形式里面去。实现"仁政"，他又不赞成革命，而采取自上而下的改良。这就表现了孔子政治思想的落后性和阶级局限性。说明即使是孔子这样一个有远见的出身奴隶主阶级的思想家，进行政治设计时，也不得不考虑到他本阶级（奴隶主阶级）的现实利益。这也可以说明，孔子只意识到了奴隶制度已经不合时宜，必须加以改造，但是他还没有也不可能看出代替它的是封建制，他不可能自觉地为封建制度的实现而斗争。

作为为人准则的"仁"，就是指人的伦理道德。主要表现在个人修养和人与人的关系两个方面。

个人修身养性方面，孔子提出：要有刚毅木讷的作风，不要巧言令色，不要媚上傲下，所谓："刚毅木讷近仁""巧言令色鲜矣仁"；要以"仁"来约束自己，要推己及人，所谓："己所不欲，勿施于人"（《颜渊》），"无求生以害仁，有杀身以成仁"（《卫灵公》）。总的精神就是抑己利他思想。

人与人的关系方面，在宗族范围内要"亲亲"，其核心是"孝"，也注意"弟"，所谓："入则孝，出则弟"（《学而》），"其为人也孝弟。……孝弟也者，其为仁之本与"（《学而》）；在政治范围内要"敬上""爱下"，其核心是"忠"，也注意"恕"，所谓："夫子之道，忠恕而已矣。"（《里仁》）在这两个范围内都做到"仁"，则能"在邦无怨，在家无怨"（《颜渊》），就能够维系好"君君、臣臣、父父、子子"的关系，统治阶级内部就团结了。

孔子伦理道德学说的根本意义，在于从人伦道德上为正在向封建主转化的这些下层奴隶主争取合法地位。孔子的道德说教中贯穿着一个基本精神，那就是这些向封建主转化的下层奴隶主的政治地位和经济利益是最合乎道德的。这是孔子伦理道德学说的进步表现。

把为人的"仁"的理论原则制度化、条规化，就是孔子所讲的"礼"。一种是祭祀之礼，一种是对人之礼。应该说二者都是对人，不过一个是对死人，一个是对活人。在朝之礼是典章制度，在家之礼是良风善俗。"礼"的内容是"仁"，"人而不仁如礼何"。孔子讲的"礼"，看起来是奴隶制兴盛时的"周礼"，这时再来加以提倡，似乎是开倒车。但是，由于他把"仁"的精神灌注了进去，也就不再是倒退的，是利用旧形式填进新内容，以建立新秩序，维系人与人之间的新关系。

四、孔子的教育思想和在教育史上的地位

孔子一生成就和贡献最大的算是文化教育。他的教育实践和教育思想，表明他不愧为我国古代伟大的教育家。

孔子大约从三十岁开始从事教育活动，直到晚年，未尝中断。在这大半生中，"孔子以诗书礼乐教弟子，盖三千焉。身通六艺者七十二人……受业者众"（《史记·孔子世家》）。孔子教授的学生，对当时及以后的政治文化活动都有巨大的影响。可以说孔子为封建制度的建设，造就了第一批人才。《汉书·儒林传》说："仲尼既没，七十子之徒，散游诸侯，大者为师傅卿相，小者友教士大夫，或隐而不见。故子张居陈，澹台子羽居楚，子夏居河西，子贡终于齐。如田子方、段干木、吴起、禽滑厘之属，皆受业于子夏之伦，为王者师。"

孔子本着"有教无类"的原则，创私学，设帐授徒。把原本由奴隶主贵族垄断的教育，打开了一个缺口，奠定了中国封建教育的基本形式。以后，私学逐步向下发展，以致普遍推广到民间，对中国历史文化的继承和发展起着巨大作用。

孔子的教育思想，是建立在他人性论的基础上的。他说："性相近，习相远也。"（《阳货》）意思是说：人的先天资质是相近的，都有学习的可能性；差别是后天的，后天努力学习的程度不相同，获得的成就各异，因而产生差别。这是合乎实际的解释。他还认识到知识是经过学习得来的，说："我非生而知之者，好古，敏以求之者也。"学习一方面是学前人积累的知识，另一方面是实地观察客观现实，"多闻阙疑，多见阙殆"。主张多闻多见，反对冥想的唯心方法，"吾尝终日不食，终夜不寝，以思，无益，不如学也"。他也并不抹杀主观思维的作用，主张学要与思结合起来。从现存的言论中，虽然见不到孔子系统的认识论的材料，但从以上的一些观点里，可以窥视出一些关于认识过程（获得知识过程）的唯物因素。

孔子提出了教师应该有"学而不厌""诲人不倦"的态度，并且他自己就身体力行。因材施教和诱导启发是孔子的教学原则。因材施教就是从学生实际出发来教育不同情况的学生，如孔子讲仁就是因人而异。孔子很注意启发，他说："不愤不启，不悱不发。举一隅不以三隅反，则不复也。"(《述而》)他表扬颜回能"闻一知十"。

孔子对学生，强调要有老老实实的、实事求是的学习态度。所谓"知之为知之，不知为不知"；不懂的要"多闻"多问，要虚心学习，不耻下问；要做到"毋意（不任私意）、毋必（不武断）、毋固（不固执己见）、毋我（不自以为是）"。他强调学思结合（"学而不思则罔，思而不学则殆"），还强调知行结合，他说："君子耻其言而过其行（《宪问》)，听其言而观其行。"(《公冶长》)

以上这些，都是孔子教育思想的进步地方。但是孔子的教育目的是为统治阶级培养人才，"学而优则仕"，轻视体力劳动，这也表现了孔子教育思想的阶级实质。

此外，孔子删订六经（诗、书、易、礼、乐、春秋）作为教本。对古代典籍的整理，文化的保存，有着光辉的贡献。

孔子开创的儒学，以后经过历代学者的充实，成为中国封建文化的核心。他的学说影响了各个民族，在汉族与其他民族之间起着精神联系的作用。孔子及其儒学在东亚各国也有着广泛的影响，丰富和促进了这些国家文化的发展，孔子对古代世界文化也是有重大贡献的。

我们考察了孔子各个方面之后，就可以给孔子这样一个评论：孔子是我国古代奴隶社会末期的大思想家，是伟大的教育家。他的思想主要方面是进步的，但也有落后性和局限性。他的教育思想是我国宝贵的历史文化遗产，还有值得我们今天重新批判继承的东西。

原载《重庆日报》1962年7月24日，第3版

附录2　文翁治蜀考论

文翁是四川历史上一位重要人物，他对四川地区经济文化的发展，曾作出过光辉的贡献。可是，他的生平事迹，史籍记载简略，而且互有抵牾。本文主要是对文翁治蜀事迹进行一些考辨，仅在最后一节，略涉议论。

一

文翁是西汉蜀郡太守，但他并非蜀人。据《汉书》卷89《循吏传》记载，文翁是庐江舒人。西汉时，舒县为庐江郡治所，在今安徽省庐江县西南。可见，文翁是安徽人。

文翁叫什么名字呢？嘉靖时所修《四川总志》说："史佚名。"①

其实，文翁的名字，虽然《汉书·循吏传》没有记载，但并没有遗佚。

《太平寰宇记》载："文翁名党，字仲翁。"②

《庐江七贤传》载："文党字翁仲。"③

可见，文翁姓文名党。他的字，是"仲翁"，还是"翁仲"呢？笔者认为很可能是翁仲。因为，据说秦朝有一个人叫阮翁仲，身高一丈三尺，气质端勇，异于常人。年少时，不愿受人笞辱而发愤究学。后来，受秦始皇之命领兵出守临洮，声振匈奴。死后，秦王铸其铜像，立于咸阳宫的司马门外。④阮

---

①　（明）刘大谟、杨慎纂修：嘉靖《四川总志》卷4《成都府·名宦》，明嘉靖二十四年（1545年）刻本，第1页。
②　（宋）乐史撰，王文楚等点校：《太平寰宇记》卷126《淮南道四·庐州·人物》，《中国古代地理总志丛刊》，北京：中华书局，2007年，第2491页。
③　《庐江七贤传》，转引自（清）王先谦撰：《汉书补注·列传》卷59《循吏传注》，北京：中华书局影印本，1983年，第1527页。（清）张澍：《蜀典》卷4《文翁遗事》，《续修四库全书》，上海：上海古籍出版社，2002年，第735册，第164页，所引《庐江七贤传》同。
④　（明）廖用贤编撰：《增补尚友录》卷15《阮翁仲》，清光绪庚寅（1890年）扫叶山房校刊铜板本，第15卷之19页。（明）凌迪知撰，杜大中校：《万姓统谱》卷81《阮翁仲》，文政六年（日本仁孝天皇年号，1823年）〔日〕浪华冈田群玉堂河内屋茂兵卫刻本，卷81，第1页，所载相同。

· 437 ·

翁仲成为大家景仰的英雄。可能由于文翁慕阮翁仲之名而取字翁仲的。至于"文翁"这一称呼，无疑是人们对这位勤于职守的老人的尊称。

文翁的生卒年代缺乏具体记载，但从他做蜀郡太守的时间上，可以推知一个大概时间。

《汉书·循吏传》载：文翁"景帝末为蜀守"[1]。

《汉书·地理志》载："景武间，文翁为蜀守，教民读书、法令。"[2]

《华阳国志·蜀志》载："孝文帝末年，以庐江文翁为蜀守，穿湔江口。"[3]

这里，关于文翁做蜀郡太守的时间，前二条所谓"景帝末"和"景武间"，实际上是没有区别的。从《汉书》行文来看，紧接上述时间之后，是说文翁教民读书和法令，并选张叔等人到京师去受业。

因此，"景帝末"或"景武间"只是文翁以太守身份开始办学的时间，而不是开始做太守的时间。同样，后一条所谓"孝文帝末年"说的是文翁以蜀郡太守身份主持穿湔江口的时间，也不是他开始做太守的时间。如果可以这样理解的话，再联系《汉书·循吏传》"文翁终于蜀"的记载，就可以作这样一个大概的推测：既然在文帝末年文翁已经以蜀郡太守的身份主持兴修水利，那么他开始做蜀郡太守的时间，一定在这之前，至少是在文帝后元年间（前163—前157年）；既然景武间文翁才开始办学并选张叔等到京师受业，经过"数岁，蜀生皆成就还归"[4]，文翁便扩大学堂，又"数年"吏民争作学官子弟，那么文翁卒年不会早于武帝元光年间（前134—前129年）。这样，文翁做蜀郡太守的时间，大约是在文帝后元至武帝元光的三十来年间。

人们以"翁"相称，说明文翁死时已是老年。宋祁《府学文翁祠画像十赞》中赞文翁说："天挺耆俊，有德有文。"[5]古代以60岁为耆[6]，证明文翁死前年已过60多岁。如果文翁确系死于武帝元光年间，死时60多岁，那么文翁大约生于惠帝时。这样，文翁在世之年，正是西汉社会经济由恢复到发展的时期，也是西汉王朝逐渐强盛的时期。

文翁做蜀郡太守以前的情况怎样呢？有下列材料供我们了解：

---

[1] 《汉书》卷89《循吏传》，第3625页。
[2] 《汉书》卷28下《地理志下》，第1645页。
[3] 武汉水利电力学院、水利水电科学研究院《中国水利史稿》编写组：《中国水利史稿》（上册）认为：孝文帝系孝景帝之误。注此存疑。北京：水利电力出版社，1979年，第152页。
[4] 《汉书》卷89《循吏传》，第3625页。
[5] 《全宋文》第25册，上海：上海辞书出版社、合肥：安徽教育出版社，2006年，第19页。
[6] 《礼记·曲礼上》，（清）阮元校刻：《十三经注疏六·礼记正义》，北京：中华书局，1980年影印本，第1232页。

文翁……少好学，通《春秋》，以郡县吏察举。①

文党……未学之时，与人俱入丛木，谓侣人曰："吾欲远学，先试投吾斧高木上，斧当挂。"乃抑投之，斧果上挂。因之长安授经。②

文翁……以文学化蜀。③

从这些记载看出，文翁青少年时代积极向上，勤奋好学。他曾同伙伴们带着斧头进入丛林，大概是做些砍柴之类的劳动，但他并不满足于在家乡所获得的知识，立志要到更广阔的地方去学习。于是，他到了首都长安，学习经学，精通了《春秋》。可能是在学成以后，担任过郡县小吏，后来，通过贤良文学科的察举而做了蜀郡太守。

以上就是我们所能了解的文翁的生平。④

二

兴修水利是文翁在蜀首先着手进行的一项很有价值的工作。最早记载这件事的是《华阳国志》和《水经注》。

《华阳国志·蜀志》："孝文帝末年，以庐江文翁为蜀守，穿湔江口，溉灌繁田千七百顷。"

《水经注·江水》："江北则左对繁田，文翁又穿湔淢，溉灌繁田千七百顷。"

这两条材料记的显然是一回事，穿湔江口就是穿湔淢，也就是文翁主持穿淘湔江引水灌田的工程。从此工程能够灌田1700顷之多，便可以想到这项水利工程的规模是相当大的。

现在的问题是，文翁主持兴修的这项水利工程究竟在什么地方？《中国水利史稿》在提到文翁穿湔江口时，只说"这是都江堰北部灌区的扩建工程"⑤，

---

① 《汉书》卷89《循吏传》，第3625页。
② 《庐江七贤传》，转引自（清）王先谦：《汉书补注·列传》卷59《循吏传注》，第1527页。
③ （宋）乐史撰，王文楚等点校：《太平寰宇记》卷126《淮南道四·庐江·人物》，《中国古代地理总志丛刊》，北京：中华书局，2007年，第2491页。
④ （清）董诰等编：《全唐文》卷744卢求《成都记序》云："文翁明天文灾异，后以博士征至侍中、扬州刺史。"（第7702页）《蜀典》作者张澍曰："不知何所据。"（卷4《宦绩类》）按：《汉书·循吏传》言文翁终于蜀，则不会守蜀之后，还以博士征至侍中，为扬州刺史。《华阳国志·蜀志》载文翁遣张叔等18人东诣博士受经，还以教授之后，说："孝武帝皆征入叔为博士，叔明天文灾异，始作春秋章句，官至侍中、扬州刺史。"显然，卢求所说文翁明天文云云，是把张叔的事错记于文翁名下了。《蜀典》引《录异传》云："文翁庐江人，为儿童时，乃有神异，及长当起历下陂以作田，文翁尽日所伐柴薪以为陂塘。其夜，忽有数百头野猪，以鼻载土著柴中，比晓成塘。"事属荒诞，不足为据。《蜀典》所引殷芸《小说》的文字和《录异传》、《庐江七贤传》基本相同（《蜀典》，张澍撰，光绪二年四川尊经书院刻本）。
⑤ 武汉水利电力学院、水利水电科学研究所编写组：《中国水利史稿》（上册），北京：水利电力出版社，1979年，第152页。

没有具体讲工程的地点。童恩正在《古代的巴蜀》一书中，认为文翁穿湔江口，即凿开三石洞口，穿渠经蒲村入于今蒲阳河、青白江。①童恩正是沿用魏达议和唐光沛的看法。魏达议曾指出，汉文翁为蜀守时所穿的湔江口，即今蒲阳河。②唐光沛也认为，文翁所穿湔江口，即凿开三石洞口（今灌县城内的三泊洞河），穿渠经蒲村，入于今蒲阳河、青白江。③总之，他们都认定这项工程在今灌县。

笔者赞同魏达议对湔江的看法。古湔水本是发源于玉垒山的一条水量较小的自然河，从彭县关口出山称青白江。蒲阳河是由三石洞口引都江堰水而开凿的一条人工河，流经唐昌，到彭县和湔水相会（故又有称蒲阳河为湔江的），然后流经新繁、新都，和其他水会合，至赵镇后称为沱江。但是，笔者怀疑文翁所修水利工程是在灌县。如果说这项水利工程在今灌县，为什么不灌溉最先流经的今灌县东北地区即汉代的江原县境，而只说它灌溉间隔相当远的"繁田"呢？魏达议曾在《资料》载文中指出："'繁田'就是繁县的农田。繁县是汉晋时的县名，不是今天的新繁县。今天的新繁县是晋以后南迁了的县名。（据《三国志·蜀志》，三国时蜀已有新繁县名。——引者）……汉代时的繁县在今彭县关口的西南，成都的北偏西 95 里的地方。"（《中国史研究》载文删去了此段）这个解释，并没有完全消除笔者的疑问。诚然，今彭县的很大一部分，在汉代是属于繁县，可以包括在所灌溉的"繁田"之内。然而，现在的灌县，在汉代却并不属于繁县。民国二十一年（1932 年）修《灌县志》卷 1《舆地书》中说："秦惠王灭蜀置郡，汉因之，隶益州。蜀郡领县十五，郫、江原、绵虒皆跨今县地。《汉书·地理志》郫注云：禹贡江沱在西；江源注云：水首受江；绵虒注云：玉垒山湔水所出。以今地准之，诸水皆历县境。江以东，绵虒地为多，郫仅一隅，江以西则统属江原。"由此可见，在汉代，湔江（即蒲阳河）首先要流经江原县地区，再流到繁县所属的今彭县地区，然后再流到繁县所属的今新繁地区。如果文翁主持兴修的水利工程真的是三石洞口和蒲阳河，那么，江原县的农田一定会受灌溉之益。事实上，从三石洞引都江堰水的这条渠道，是灌溉了江原地区的，《宋史·河渠志》可以证明。《河渠志》说："都江口置大堰，疏北流为三：……东北曰三石洞，

---

① 童恩正：《古代的巴蜀》，成都：四川人民出版社，1979 年，第 159 页。
② 魏达议：《成都平原上的古代人工河流》，《资料》1975 年第 4 期，后经修改以《成都平原古代人工河流辨解》为题发表于《中国史研究》1979 年第 4 期（第 117—129 页），仍说现在的"蒲阳河就是西汉文翁领导四川人民所穿的湔江"。
③ 唐光沛：《都江堰的修建及其伟大成就》，《资料》1975 年第 4 期。

溉导江与彭之九陇、崇宁、濛阳，而达于汉之雒。"这里说的导江和崇宁，在汉代属于江原。可是，《华阳国志》和《水经注》都只说"溉灌繁田"，这是什么缘故呢？而且《华阳国志》的作者常璩就是江原人，难道他会把灌溉江原也漏记了吗？这完全是不可能的。再说，凿开三石洞口，修筑蒲阳河，这个水利工程，到底是什么时候，由什么人主持兴修的，也还值得认真研究。《蜀中名胜记》卷6《灌县》引《堤堰志》所述蜀守李冰修筑都江堰工程，其中列举了石渠、石洞等16个水口的名称及其横、纵、深的尺度，然后接着写道："岁以为度，过与不足其害立见。由汉以来数千百年，或因旧葺治，或因时疏筑，而功实原于秦守冰。"这里说的石洞水口，也就是三石洞口，因为石洞分为三个水口（将军桥、灌田、雒源）而得名。①从这段文字看来，《堤堰志》作者认为，包括三石洞水口在内的这些水利工程，最先是由李冰兴修的。从明代以前的资料中，未见到有认为三石洞是文翁所凿的说法。总之，认为文翁所穿湔江口，就是灌县的三石洞口和蒲阳河，有不少问题很难解决。

笔者认为，在考察文翁穿湔江口的地点这个问题上，不应该忽视顾祖禹的意见。顾祖禹在《读史方舆纪要》卷67《新繁县·湔澳口》条下说：湔澳口"在县西"，即在明代新繁县城的西边。这个看法是有一定道理的。杨守敬作《水经注疏》，在有关这条记载下，摒弃其他解释，只引用了顾祖禹《读史方舆纪要》的文字，并不是没有原因的，说明他倾向于顾祖禹的看法。但是，顾祖禹并没有对湔澳口的地点加以说明，也许在他看来这是不成其为问题的事情。而现在既然成了问题，就有补充说明的必要了。

《水经注》所谓江左对的"繁田"，无疑就是穿湔澳灌溉的"繁田"；而这个"江"是成都江，即由郫县流入新繁西南境的郫江，也为大家所公认。那么，从地望可知，郫江左对的，同时又是湔江所能灌溉的这个"繁田"，很可能就在新繁境内，至多不过包括临近新繁的彭县一带。民国三十三年（1944年）修《新繁县志》卷1《地理·水道》说："清白江（即湔江），在县西北十五里，源出灌县都江堰，穿三泊洞（即三石洞）东流至崇宁县北名渡船河，与沱水（即郫江）并流，至住春林，彭县之土溪河汇湔氏道水及王村河来会，东南流至火烧堰而入县境，又东十五里到王中渡入新都界。"这是湔江流经现在新繁县境的一段，共15里。在汉代，湔江流经繁县的段落当然不止于此，而要包括西边的彭县境的段落。文翁主持穿湔江口，大约就在湔江流经现在

---

① 《宋史》卷95《河渠志五》，北京：中华书局，1977年，第2375—2376页。

新繁和彭县这一段。直到近代,这里还有火烧堰等许多堤堰,可能就是文翁兴修工程的继承和发展。《新繁县志》还载有通澳桥,这也许和文翁穿湔澳有一定的历史渊源关系。

我们还可以从《华阳国志》"穿湔江口"和《水经注》"穿湔澳"的用语,推知一些这项水利工程的具体情况。所谓"穿",并不是只有凿洞才叫穿,《宋史·河渠志》说:"岁暮水落,筑隄壅水上流,春正月则役工浚治,谓之穿淘。"文翁穿湔江口,大概就是实行这种穿淘作业。吴省钦《新繁县通澳桥碑记》说:"穿澳以溉繁,犹作堋以沃蜀。"① 这就是说,文翁穿湔澳工程和李冰筑都江堰相似,是一种分流引水工程。在川西平原地区,用竹笼盛石,或分流,或截流,引水进入人工渠道以灌溉农田,这种简便易行的水利工程,随处可见。文翁穿淘湔江,修筑的堤堰,可能类似这种工程。澳,通汙。《国语·周语》有"陂塘汙庳",汙,指积水。因此,从"穿湔澳"的用语还可推知,这项水利工程不仅穿淘湔江,作堰引水,而且还可能包括排干湔江泛滥而形成的沼泽地,扩大耕地面积。

文翁守蜀时,是不是只在繁县一处进行过水利建设呢?可能不止这一处。《水经注·江水》还记载有这样一件事:"蜀有回复水,江神尝溺杀人。文翁为守,祠之,劝酒不尽,拔剑击之。遂不为害。"杨守敬注疏说:"此事未详所出。"这可能是口头流传下来的一个故事,和李冰斗江神的故事性质一样,是后人对他们治水事迹的神化。这个故事,反映了文翁还在蜀郡进行过消除水患的治水工作。

文翁组织蜀郡民众兴修水利,是李冰兴修都江堰的继续和发展。汉代四川的社会经济获得长足进步,文翁是有一定贡献的。

三

文翁守蜀的最大功绩是兴学。

文翁做蜀郡太守,先是注意兴修水利,发展经济,因而出现了"世平道治,民物阜康"② 的局面。接着,他"见蜀地僻陋,有蛮夷风"③,便考虑到兴办教育。

---

① 民国《新繁县志》卷1《地理·桥梁》,1947年铅印本,第34—35页。
② (晋)常璩撰,刘琳校注:《华阳国志校注》卷3《蜀志》,成都:巴蜀书社,1984年,第214页。
③ 《汉书》卷89《循吏传》,第3625页。

最初，文翁"教民读书、法令"。可能由于习惯势力的影响和仍旧采取"以吏为师"的做法，老百姓心怀畏惧。结果，学习的人"未能笃信道德，反以好文刺讥"[1]，没有收到预期效果。于是，文翁采取了另一种办法，"翁乃立法，选吏子弟就学；遣隽士张叔等十八人，东诣博士受七经，还以教授"[2]。这就是设立学校和培养教师。

关于文翁选送张叔等到京师国学培养的情况，《汉书·循吏传》作了比较详细的记载：选送对象是"郡县小吏"，条件是"开敏有材者"；对选拔出来人，他亲自进行谈话，提出要求，加以鼓励，然后送到京师国学的博士那里受业；对他们的学费问题，文翁也做了巧妙的安排，叫这些学生"买刀布蜀物，赍计吏，以遗博士"，即购买蜀地特产的刀和布，带到京师作为学费；这些蜀生学成归来后，除了做郡学教师外，文翁还任命他们担任重要官职。

由于有了教师，文翁便扩大学校，在成都市区内修起了学舍，增加学生名额，这样，各县的子弟也被招收入学。这些郡学子弟，免除徭役，好的补做郡县吏员，其次向外推荐。文翁还经常选一些郡学学生"使在便坐受事"，也就是让他们实习处理政事；还在巡行各县的时候，带一些学业和品行好的学生，让他们"传教令"，即做宣传工作。

办学几年以后，便产生了积极的效果和广泛的影响：第一，吏民中开始出现了以学为荣的风气，大家争做郡学子弟。富人有愿意出钱以求学的。以好文相讥的陋习有了根本改变。第二，蜀郡地区的文化水平有了提高，"蜀地学于京师者，比齐鲁焉"[3]，能够和文化素称发达的齐鲁地区比美。第三，蜀学的发展，带动了邻近的巴汉，因此"巴汉亦立文学"[4]，并且还进一步影响到全国。汉景帝在嘉奖文翁的同时，"令天下郡国皆立文学"[5]。到汉武帝时又下令："天下郡国皆立学校官。"[6]在我国历史上，郡设立学校，文翁是首创人。

文翁兴学过程中，亲自选拔的首批送京师受业的蜀生，所起作用是很大的。但是，《汉书》没有留下他们的全部名字，后来的零星记载又各说不一。因此，到底哪些人是文翁首批选送的，有加以辨别的必要。

---

[1]《汉书》卷28下《地理志下》，第1645页。
[2]（晋）常璩撰，刘琳校注：《华阳国志校注》卷3《蜀志》，第214页。
[3]《汉书》卷89《循吏传》，第3626页。
[4]（晋）常璩撰，刘琳校注：《华阳国志校注》卷3《蜀志》，第214页。
[5]（晋）常璩撰，刘琳校注：《华阳国志校注》卷3《蜀志》，第214页。
[6]《汉书》卷89《循吏传》，第3626页。

嘉靖二十年（1541年）修《四川总志》卷4《成都府·名宦》说："文翁……又择其美者十余人，遣之国学，从师讲论。如张宽之为循吏，相如、扬雄之擅长文章，何武之著忠义，皆其受学高第也。"从这段文字来看，好像张宽、司马相如、扬雄、何武都是文翁选送的人物。这是各种记载中列举人名最多的一种。可是《汉书·循吏传》和《华阳国志·蜀志》都只提到张叔（即张宽）一人的名字。《史记》和《汉书》的《司马相如传》，甚至只字未提相如和文翁的关系。那么，《四川总志》提到的人物，哪些确实是文翁选送培养过的呢？

张叔是文翁首批选送京师培养的人之一，没有问题。此人正史无传；《史记》卷103、《汉书》卷46的张叔（张欧字叔），是另外一个人。文翁选送培养过的张叔，据《华阳国志》和《太平寰宇记》，此人又叫张宽，字叔文，成都人。《华阳国志·蜀志》说：张叔被汉武帝征为博士，"明天文灾异，始作《春秋章句》，官至侍中、扬州刺史"。张叔既是一位学者，又是一位颇有善政的循吏。

扬雄、何武虽然不是文翁选送京师受业的蜀生，但他们都可能在文翁学堂读过书。

问题比较复杂的是司马相如，到底他是不是文翁选送京师受业的子弟呢？过去的看法多是肯定的，但笔者认为，司马相如不在文翁选送之列。

最早肯定司马相如系文翁选送的，是三国时蜀国广汉人秦宓。秦宓在写给王商的信中说："蜀本无学士，文翁遣相如东受七经，还教吏民，于是蜀学比于齐鲁。故《地理志》曰：'文翁倡其教，相如为之师。汉家得士，盛于其世。'"①很显然，他的根据是《汉书·地理志》。清人齐召南对此虽有疑惑，但他基本上赞成此说。齐召南写道："按《蜀志》秦宓曰：'文翁遣司马相如东受七经，还教吏民。'然则相如即文翁所拔以为蜀人师者。其语与《地理志》所云，由文翁倡其教，相如为之师者，正合。但此传及相如传，并无明文。"②可见齐召南也是用《汉书·地理志》的有关材料作证据。笔者仔细阅读了《汉书·地理志》有关的文字之后，感到很难据此做出上述判断。这段文字是这样的：

> 景武间，文翁为蜀守，教民读书、法令，未能笃信道德，反以好文刺讥，贵慕权势。及司马相如游宦京师、诸侯，以文辞显于世，乡党慕

---

① 《三国志》卷38《蜀书·秦宓传》，第973页。
② 齐召南语，转引自（清）王谦先：《汉书补注·列传》卷59，第1527页。

循其迹。后有王褒、严遵、扬雄之徒，文章冠天下。由文翁倡其教，相如为之师。故孔子曰：有教无类。①

从这段文字中，第一，完全看不出司马相如"游宦京师、诸侯"是文翁所遣送。而据《汉书·司马相如传》载：相如"以訾为郎，事孝景帝为武骑常侍，非其好也。会景帝不好辞赋。是时，梁孝王来朝，从游说之士齐人邹阳、淮阴枚乘、吴严忌夫子之徒。相如见而说之，因病免，客游梁，得与诸侯游士居数岁"。可见，相如是通过"訾选"而去京师做官的；游梁，与诸侯游士相处，也因邹阳、枚乘的关系。第二，"文翁倡其教，相如为之师"这句话，既不能理解为相如曾经"还教其民"，也不能作为相如系"文翁所拔以为蜀人师"的证据。联系这段文字的前后文来看，"相如为之师"的这个"师"字，并不是说相如曾经在文翁学堂任过教，做过教师，而是指蜀人"慕循其迹"，是指以学为荣的社会风气之形成，文章冠天下的王褒、严遵、扬雄等人的出现，都由于受了相如"以文辞显于世"的影响，都是师法相如的结果。如果说相如在文翁学堂任过教，做过教师，那为什么在梁孝王死后，相如回到成都，"家贫，无以自业"②，而不回到文翁学堂，却去投靠临邛令呢？《汉书·司马相如传》中没有一点迹象表明司马相如在文翁学堂任过教。

司马相如不在文翁选送之列，其原因并非如近人郑德坤所说，司马相如以文辞显世之事，皆在文翁治蜀之前。③只要仔细考察一下就可以发现，《汉书·地理志》所说的"司马相如游宦京师、诸侯，以文辞显于世"，讲的并不是一回事。前一句，是言相如以訾为郎，做景帝的武骑常侍以及客游梁地的事情；后一句，说的是相如受狗监杨得意推荐以后的事情。因为，相如在被武帝召见之前，虽然著《子虚赋》，博得一定的名声，但还不能叫作"显"。拿相如朋友王吉的话说，相如当时仍然处于"不遂而困"的时候。相如"以文辞显于世"，是在受武帝重用的时候。文翁治蜀是什么时间开始的呢？前面讲过，文帝末年文翁已经以太守身份发动和组织民众兴修水利，景帝末年已经在开办郡学。那么能够说，相如以文辞显于世，皆在文翁治蜀之前吗？实际上，文翁治蜀，早在相如以文辞显于世之前就开始了。当然，也不能因此否认，相如以文辞显于世，对文翁开创的郡学的发展，起过一定的推动作用。

令人不解的是，文翁在成都办学时，成都出现了一位赫赫有名的文豪司

---

① 《汉书》卷 28 下《地理志》，第 1645 页。
② 《汉书》卷 57 上《司马相如传上》，第 2530 页。
③ 郑德坤：《四川古代文化史》，成都：巴蜀书社，2004 年。

马相如,他们之间竟然没有发生一点关系。笔者认为有人硬要牵强附会地给他们拉上一点关系,就是由于对这个现象无法理解。其实,只要我们具体地分析一下文翁的办学方针和司马相如的实际情况,问题还是不难理解的。

文翁办学,目的是很明确的,就是要培养官吏;而司马相如对做官之类的事,则"非其好也"①。文翁选拔学生的对象,是郡县小吏;而司马相如却没有做过郡县吏。文翁选拔的标准,是"开敏有材者",他看重的材是经学和律令之材,是吏材;相如的才华可谓高矣,但在于辞赋,而当时皇帝不好辞赋,文翁自然也不会重视辞赋。所以,司马相如并不符合文翁培养人才的要求。文翁没有选拔相如去京师受业,相如也没有到文翁学堂去任教,恐怕这是最重要的原因。

四

文翁治蜀获得了巨大的成功。他继承和发展了李冰奠定的水利事业,穿湔江口,扩大灌溉面积1700多顷,还制服了其他水害。他倡办郡学,培养了大批重要人才,不仅改变了巴蜀地区文化落后的状态,而且带动了全国文化教育的发展。经过文翁的经营,素称西僻的巴蜀,成为全国经济文化比较发达的地区,成为汉王朝赖以控制西南的根据地。

为什么文翁治蜀能够成功呢?

第一,历史唯物主义认为,在人类历史的发展过程中,每当社会产生一种需要,提出一项任务时,总会出现倡办这项事情、满足社会要求的杰出人物,并且没有什么力量能够阻止其最后的成功。反过来说,一个人倡办的事情之所以能够获得成功,必定是符合社会的客观要求。文翁治蜀正是这样。班固在《汉书》中有一段文字,多少描绘了这种情形。班固写道:

> 汉兴之初,反秦之敝,与民休息。凡事简易,禁网疏阔,而相国萧曹,以宽厚清静为天下帅,民作画一之歌。孝惠垂拱,高后女主,不出房闼,而天下晏然,民务稼穑,衣食滋殖。至于文景,遂移风易俗。是时,循吏如河南守吴公、蜀守文翁之属,皆谨身帅先,居以廉平,不至于严,而民从化。②

从这里可以看出,文景之世,出现致力于"移风易俗"的文翁之类循吏,

---

① 《汉书》卷57上《司马相如传上》,第2529页。
② 《汉书》卷89《循吏传》,第3623页。

并不是偶然的。在班固看来，这是汉初以来，针对亡秦的弊端而采取"宽厚清静"政策的结果。从历史唯物主义观点来看，则是适应封建生产方式发展要求而产生的，是封建地主阶级尚有生气的表现。

但是，并不是全国每个郡县都存在循吏。蜀郡出现文翁，又有它自己的历史必然性，班固又写道：

> 巴、蜀、广汉本南夷，秦并以为郡，土地肥美，有江水沃野，山林竹木疏食果实之饶。……民食稻鱼，亡凶年忧，俗不愁苦，而轻易淫泆，柔弱褊阸。景武间，文翁为蜀守，教民读书、法令。①

我们透过班固描述的现象，可以认识到，巴蜀本来是比中原落后的所谓蛮夷之地，自从秦惠王遣司马错伐蜀，蜀地并入统一政权以后，封建生产关系得到发展，优厚的自然条件因而能够充分发挥作用，加之李冰兴修水利，社会经济便迅速发展起来。经济的发展，要求文化有相应的提高。因此，在继续发展社会经济的同时，发展文化教育，提高社会道德水平，淳厚民风，便成为在巴蜀掌握社会政治权力的郡守县令的一项迫切任务。很显然，文翁治蜀的成功，正是适应了蜀地社会历史提出的要求。如果文翁的行事和这个客观要求背道而驰，那能有什么成功可言呢？

第二，文翁个人的条件，对治蜀成功具有重要意义。历史的任务和要求是客观存在的，但并不是蜀地的郡守县令都能出色完成。文翁之所以能为完成这个历史使命做出良好的开端，成为四川历史上一位杰出人物，又有他个人具备的条件。《汉书·循吏传》载：

> 文翁……少好学，通《春秋》，以郡县吏察举。景帝末，为蜀郡守，仁爱好教化。见蜀地僻陋有蛮夷风，文翁欲诱进之。②

这里说到文翁治蜀成功的其中两个主观条件：一是好学。不能设想，一个不好学的官吏，会热心于兴学。文翁不仅从小好学，而且学有专长，精通《春秋》。《春秋》是一部历史书，主要关于政治历史。精通《春秋》，对他理解自己的使命，无疑是有重要帮助的。二是有爱护百姓之心，很重视用教育手段而不是只用棍棒使百姓服从其统治。这就是说，他的政治思想比较进步。所谓仁爱、好教化，是儒家政治思想的特征。这种思想，在当时，和流行的

---

① 《汉书》卷28下《地理志下》，第1645页。
② 《汉书》卷89《循吏传》，第3625页。

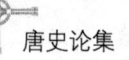

道家、法家思想比较起来，不失为一种积极而不甚暴虐的统治思想，无疑是具有进步性的。

文翁治蜀成功还有一个主观条件，那就是他有比较好的工作方法，特别表现在办学方面。《汉书·循吏传》比较详细地记载了文翁办学的做法：

> 文翁……乃选郡县小吏开敏有材者张叔等十余人，亲自饬厉，遣诣京师，受业博士，或学律令。减省少府用度，买刀布蜀物，赍计吏，以遗博士。数岁蜀生皆成就还归，文翁以为右职，用次察举，官有至郡守刺史者。又修起学官于成都市中，招下县子弟以为学官弟子，为除更徭，高者补郡县吏，次为孝弟力田。常选学官童子，使在便坐受事。每出行县，益从学官诸生明经饬行者与俱，使传教令，出入闺阁。县邑吏民见而荣之。数年，争欲为学官弟子，富人至出钱以求之。由是大化。①

这里，体现出文翁在工作中，善于抓住关键环节，善于利用有利条件，善于运用各种手段来达到既定目的。比如他一开始就着重培养师资，确实抓住了办教育的关键环节。培养师资，他能充分利用京师国学这个有利条件；学费困难，他能利用蜀地特产（刀和布）这个有利条件；为了调动学生的积极性，他采用了授美官右职、免除徭役的手段；为了培养合用的人才，他采取了让学生实习吏事的办法；为了提高学生在吏民中的威望，吸引更多子弟入学，他巡行诸县时，把学业、品行好的学生带在身边，让他们宣传教令，等等。这些方法，都收到了积极的效果，因此，文翁学堂愈办愈兴旺。

第三，文翁治蜀成功，还有一个因素必须考虑到，那就是前人奠定的良好基础。文翁兴修水利，是在李冰的基础上进行的，这点人们一看便可以明了。文翁兴学，又何尝不是在前人准备的条件下进行的呢——如果没有司马错伐蜀，没有李冰主持进行的水利建设，没有汉初以来广大劳动人民恢复和发展生产，甚至连兴学的要求也不可能提上日程，那就更不用说什么成功了。

展示文翁治蜀这页历史，很自然地要使人们想到巴蜀和全国的关系，文翁治蜀成功，巴蜀的经济文化得到进一步发展，这绝不是一件孤立的事情，它是在汉代统一的封建国家得到巩固和发展，全国保持了几十年安定局面下发生的。如果没有这个全国形势和条件，本来相当落后而又处于四塞之地的巴蜀，即使有人出来倡办一些事情，做起来也是十分困难的。文翁办学的过程中，依靠京师国学以解决第一代师资的问题；文翁学堂得到进一步发展，

---

① 《汉书》卷89《循吏传》，第3625—3626页。

也是和蜀地学官子弟在全国获得了声誉和地位有密切关系，和中央政府对文翁的嘉奖，并且在全国推广其办学经验分不开。再说，就连文翁本人，也是中央政府从外地调派来的。

五代时张丕立曾经说过两句著名的话："朝廷不用忧巴蜀，称霸何曾是蜀人。"[①]但被后来一些有狭隘情绪的人引为口实。实际上，这两句话有很大的片面性。历史上，在巴蜀割据称霸的人，固然有不少是外地人，如两汉之际在成都自立为天子的公孙述，是茂陵（陕西兴平）人；东汉末年割据益州的刘焉、刘璋父子，是竟陵（湖北潜江）人；晋宗室司马勋据蜀反叛，自号成都王；南梁武陵王萧纪在益州自立为帝：他们都不是巴蜀人。此外，前蜀王建是许州（河南许昌市）舞阳人，后蜀孟知祥是邢州（河北邢台）龙岗人等。但是，不能说在巴蜀割据称霸的没有巴蜀人，比如东晋时自称成都王的谯纵，就是南充人；建立成汉政权的李雄，史称巴西宕渠（四川渠县东北）人。其实，割据问题，与割据者的籍贯并没有什么必然联系，其根源在于封建的自然经济。当然，像巴蜀这样的四塞之地，在古代生产力水平低下、交通不发达的情况下，容易为有野心的封建统治者选作割据地。但绝不是只有外地人才知道这一点。

研究巴蜀和全国其他地区的关系，毋庸讳言历史上一些外地人和本地剥削阶级结合起来搞封建割据，荼毒巴蜀人民的事实。无论谁搞封建割据，残害人民，都应当受到历史的鞭挞。同时，也应该而且必须看到，不少外地人和本地人一起，为开发巴蜀、建设巴蜀、提高巴蜀地区的经济文化水平而做出的贡献。文翁就是其中一员。庐江文翁做蜀郡太守，为巴蜀地区的经济文化的发展，做了许多好事。文翁把自己一生的精力和才智全部贡献在蜀守任上，史称："文翁终于蜀，吏民为立祠堂，岁时祭祀不绝。"[②]表明老百姓也是肯定他、纪念他的。再说，文翁在蜀郡做的好事，也不仅仅是对巴蜀一个地区的贡献。从郡学在全国推广的事实可以说明，这也是文翁对全国的贡献，对中华民族的贡献。纵观我国古代历史，巴蜀和全国其他各个地区一样，都是本地人和外地人共同开发的，都是中国人民的辛勤劳绩，因此，每一寸土地都是我们统一国家不容分割的一部分。

原载《西南师范学院学报（哲学社会科学版）》1980年第4期

---

① （清）黄廷桂、宪德修、张晋生等纂：雍正《四川通志》卷46《艺文八·诗话》，乾隆元年（1736年）刻本，第46卷之10页。
② 《汉书》卷89《循吏传》，第3627页。

附录3　略谈"以经决狱"

在我国法制史上，有一个颇为奇特的现象，那就是"以经决狱"。所谓"以经决狱"，就是用记载儒家圣人言论的经籍，作为法官判案的准则。这个现象开始于汉代，倡行人就是那位建议"罢黜百家，独尊儒术"的董仲舒。

董仲舒（前179—前104年）是春秋公羊学派大师。做过地方行政长官，有治民办案的经验。据东汉末年的应劭说，董仲舒老病退休在家，朝廷仍多次派遣职掌刑狱的廷尉张汤去向他请教。董仲舒于是著《春秋决狱》一书，详细记载以经义判决刑狱的二百三十二件案例，"动以经对，言之详矣"[1]。《汉书·艺文志》还载："公羊董仲舒《治狱》十六篇。"董仲舒所著"以经决狱"的书早已失传，只有少数几个案例，还散见于其他书中。有个案例是这样的：某甲无子，收养了一个弃儿（乙）。此儿长大成人后，犯了杀人罪。养父把他藏起来，拒不报官。对此，董仲舒判决说："《春秋》之义，父为子隐。甲宜匿乙，而不当坐。"[2]这就是以孔子《春秋》中"为亲者讳"的微言大义，和《论语》说过的"父为子隐"的话作准则，判定这个藏匿杀人犯的养父无罪。董仲舒"以经决狱"的情形，大致如此。

任何法律都是反映统治阶级意志、由国家制定的。个人言论，即使是代表统治阶级意志的，没有经过立法程序，也不能成为法律。所以，"以经决狱"，把儒家圣人的言论直接作为据以断案的法律，不仅背离了法的特定要求，而且必然干扰国家法律的实施。

"以经决狱"和"独尊儒术"在汉武帝统治年间同时出现，不能说是一种

---

[1] 《后汉书》卷48《应奉附劭传》，第1612页。
[2] （清）马国翰辑：《玉函山房辑佚书·春秋类·春秋决事》，扬州：江苏广陵古籍刻印社影印本，1990年，第246页。

偶然的巧合。以法家思想治国的秦王朝迅速灭亡后，新的统治者们经过一番经验教训的总结，于是，儒家思想在汉朝逐渐抬头，至汉武帝接受董仲舒的建议，儒家思想开始成为封建统治阶级治国的主要指导思想。与此同时，通晓儒家经典的学者，通过各种渠道，越来越多地进入各级国家政权，成为治民之官。法律是为统治阶级利益服务的必不可少的工具，所以，进入政权机关的儒生，在行政实践上不能不从事司法活动，不能不行使司法权力。这样，尽管有汉初颁布的《九章律》，而这些官员们在治理刑狱时，不免会本能地使出他们熟悉而尊崇的东西，于是，儒家经义被当作法理，圣人言论被援引为准则，经书所载事例被推尊为典范，一切取自圣裁。据史书记载，汉武帝时担任廷尉的，多是专门攻读过《尚书》《春秋》的博士弟子。儒生倪宽做廷尉，"以古法义决疑狱"，成为一名以经义断案颇有名气的法官。①那时，"以经决狱"并不是个别人的偶尔举措，而是一种风尚，董仲舒不过是风尚者之尤罢了。由于"以经决狱"是伴随"独尊儒术"而发生的，所以，它必然伴随儒学长期显荣而流弊后世。下面举些常见的例子。

晋朝主簿熊远，在奏疏中陈述决事不得任情以破成法时，强调"诸立议者当引律令经传""当合经传"。②反映出这时仍把经传和律令同等地被引以为决事的根据。北魏太武帝太平真君六年（445年），"以有司断法不平，诏诸疑狱皆付中书，依古经义论决之"③。可见经义决狱流弊之广，连少数民族统治的朝代也在所难免。以承继儒家道统自居的韩愈，在这个问题上没有忽略，别出心裁。韩愈在元和六年（811年）上疏议论一个为父报仇的杀人案件时，认为：依据《周官》《公羊》之义，父被错杀，儿子可以复仇。可是，他立即申明，这条原则只可适用于百姓之间，至于官吏错枉杀人，则绝不允许复仇。他并且把"经律无失"提到治狱之"宜"的原则高度。④唐朝还有一个典型例子：长庆二年（822年），刑部员外郎孙革在奏报一个子为救父而击人致死案子的处理意见时说，若依法律，当以常律处死。可是，根据《王制》称五刑之理，必原父子之亲，《春秋》之义，原心定罪，那就应该减轻儿子的刑罚。结果如孙革所言，经皇帝裁定，罪犯被减去死刑。⑤在这里，经义已凌驾于法

---

① 《汉书》卷58《倪宽传》，第2629页。
② 《晋书》卷30《刑法志》，第939页。
③ 《魏书》卷111《刑罚志》，第2875页。
④ 《旧唐书》卷50《刑法志》，第2154页。
⑤ 《旧唐书》卷50《刑法志》，第2155页。

律之上了。宋朝大儒朱熹也没有忘记鼓吹"以经决狱"。朱熹把以"经术义理"决狱归结为用"三纲五常"(三纲:君为臣纲、父为子纲、夫为妻纲;五常:仁、义、礼、智、信)作为听讼断狱的原则,说:"凡听五刑之讼,必原父子之亲,立君臣之义以权之""凡有讼狱,必先论其尊卑上下,长幼亲疏之分,而后听其曲直之辞。凡以下犯上,以卑凌尊者,虽直不右(即佑,照顾),其不直者罪加凡人之坐。"①明朝的邱濬在议论一个谋杀丈夫的案件时认为,分辨纷争狱论,"非礼不决"。不仅如此,邱濬还主张礼乐是刑政之本,制定法律要"应经合义",说:"应经合义者,则百世定律之至言要道也。"②并且认为司法官吏,如不精通经学,明了义理,备具道德,便不可以任此职。

"以经决狱"最恶劣的一个影响,莫过于以言代法。汉朝董仲舒之流的"以经决狱",实际上就是把儒家圣人的言论当作法律,开以言代法的先河。后来的效仿者,则推而广之,以天子的话当法律,以长官的话当法律,甚至以顶头上司的话当法律。这种风气蔓延开来,那些审理案件的法官,不免要挖空心思探求上面的意图,看上峰的脸色。如隋文帝时,大理寺卿杨远、刘子通等人,希旨治狱,大得皇帝的欢心,于是命他们专门办理皇帝过问的重大案件。这些法官则完全看杨坚的脸色行事,"候帝所不快,则按以重抵。无殊罪而死者,不可胜言"。杨远为了巴结当时权势显赫的杨素,把囚犯名单送给杨素过目,判刑"皆随素所为轻重"③。贞观时期的法制,被不少人视为封建时代的典范,而宰相魏徵却曾指出,当时有些治狱的法官,不去研究案件应该用什么法律判处才恰当,而是"上求人主微旨以为制",这种人还被叫作忠臣。④说明那时以言代法情况仍然相当严重。

既然圣人、天子、长官、上司的话都可作为法律,那么,国家的法律被束之高阁,有法不依,便是自然而然的事了。所以,有法不依成为中国封建社会的通病。如果从李悝的《法经》算起,直到《大清律》,中国封建法律之多,恐怕也可用汗牛充栋来形容。然而,了解中国封建法制情况的

---

① (宋)朱熹:《戊申延和奏劄》,《全宋文》,上海:上海辞书出版社、合肥:安徽教育出版社,2006年,第423册,第83—84页。
② (明)丘濬:《大学衍义补》卷103《慎刑宪·定律令之制下》,《景印文渊阁四库全书》,台北:商务印书馆,1986年影印本,第19册,第713—203页。
③ (唐)杜佑撰:《通典》卷170《刑八·峻酷》,第903页。
④ (清)董诰等编:《全唐文》卷140魏徵:《理狱听谏疏》,第1424页。

人，谁也不会由于制定了那么多法律就认为它是法制多强的时代，重要原因就在于那时严重存在有法不依的弊端。这个弊端，也可以说是"以经决狱"的流毒。

原载《重庆社会科学》1995年第3期

附录4　东汉永平二年养老礼述评

东汉永平二年（59年）十月壬子（初五），明帝（刘庄，东汉第二位皇帝，58—75年在位）举行了养老礼。①这是中华民族养老史上具有重要意义的事件。为了弘扬尊老养老传统，特此记述评说之。

一、第一次国家养老大典

记载先秦社会历史的典籍，有许多养老礼仪的述说。②为什么说东汉永平二年养老礼才是第一次国家养老大典呢？

中华民族有悠久的尊老养老传统。《礼记》③的《王制》篇云："凡养老，有虞氏④以燕礼，夏后氏以飨礼，殷人以食礼，周人修而兼用之"⑤；又云："有虞氏养国老于上庠，养庶老于下庠。夏后氏养国老于东序，养庶老于西序。殷人养国老于左学，养庶老于右学。周人养国老于东胶，养庶老于虞庠。"⑥其《乡饮酒义》篇还说："民知尊长养老而后能入孝弟；民入孝弟，出尊长养老，而后成教；成教而后国可安也。"仅此可知，先秦时期已有相承相继的尊长养老的社会习俗，并且在认识上已能把尊长养老与孝悌联系起来，知道尊长养老对教化成功、对国家安定的意义。可是，《周礼》《礼记》诸书含有儒家理

---

①　永平二年养老礼月份，刘昭以司马彪所撰补的《后汉书·礼仪志》载于永平二年三月，杜佑《通典》卷67《礼典·嘉礼·养老》亦载于三月。但据范晔《后汉书·明帝纪》，三月乃行大射礼，而养老礼在十月壬子举行（第102页）。明帝《养老诏》云："间暮春吉辰，初行大射；今月元日复践辟雍。尊事三老，兄事五更。"证明养老礼确在十月。《资治通鉴》卷44所载时间与《明帝纪》同。

②　先秦典籍载有养老礼仪的如《礼记》的《王制》《祭义》《文王世子》《乡饮酒义》等；《周礼·地官》的《大司徒》《司门》；《孟子·告子下》；《管子·入国》，等等。

③　《礼记》，即《小戴记》或称《小戴礼记》，秦汉以前各种礼仪论著的选集。

④　有虞氏，古部落首领舜。相传尧禅让帝位于舜，都蒲板（今山西永济市）。

⑤　燕礼、飨礼、食礼，大率指宴饮礼仪。

⑥　国老、庶老，据《礼记·王制》孔颖达疏，国老指卿大夫之致仕者，庶老指庶民老者和为国捐躯者之父祖。庠、序、学、东胶、虞庠都是学校名称。

· 454 ·

想成分，已是学界共识，其所载三王养老诸资料，从历史学角度看，不少缺乏时、地、人基本要素，很难构成完整意义的历史事实。

西汉时，国家养老有所开展，除奠基于社会经济的长足进步，还得益于统治者对养老认识的提高。汉文帝在一道诏书中说：天子对老人"布帛酒肉之赐"，可以"使天下子孙孝养其亲"。①汉武帝即位伊始，便在诏书中指出：用践行"先耆艾②，奉年高"的古道来"扶世导民"，是以德治国的最好选择。③所以，西汉国家养老频频见于史册。据《册府元龟》卷55《帝王部》的《养老》专篇所载，从汉文帝前元年（前179年）至西汉最后一位皇帝平帝（刘衎，1—5年在位）元始元年（1年）这180年间，国家养老举措"赐天下高年""赐天下三老"等共28次。其养老缘起计有：嘉祥呈现（如凤凰集、甘露降、神爵集）8次，大赦6次，祭祀（如登封泰山、祠后土、郊泰畤）3次，即位、行幸各1次，年老致仕1次，地方官养老有阙、天下人孝心有阙各1次，未明缘由6次。这些养老采取的方式一律都是给赐，计有：赐米粟酒肉，赐布帛絮，赐钱，赐免除徭役，赐保留三分之一故禄，其中最多的是赐帛（25次）。文帝还曾明令"长吏阅视""都吏循行"，检查养老给赐的实施。可是，西汉并没有见到如儒家礼书所说的养老礼仪的实施。

东汉光武帝（刘秀）在位30多年（25—57年）间，有11次对"高年、鳏寡孤独、笃癃贫不能自存者"赐粟的记载。④虽然在建武中元元年（56年）建成明堂、灵台、辟雍三座礼堂，但是还未能举行任何典礼，两个月后便去世了。

总观西汉以来，尽管儒家独显尊荣，有儒学礼仪典籍在世，然而儒家推崇的养老礼仪，并未提上历朝天子的日程，只是出于各种具体原因而对一些高年老人施行给赐，并且有一些给赐其实并不具有儒家所谓养老色彩。

永平二年（59年）的养老礼，所以堪称第一次国家养老大典，不仅是

---

① 汉文帝元年（前179年）三月诏，见《汉书》卷4《文帝纪》，第113页，《册府元龟》卷55《帝王部·养老》同。
② 耆艾，古称六十岁为耆，五十岁为艾，见《礼记·曲礼上》，（清）阮元校刻：《十三经注疏六·礼记正义》，第1232页。或泛指老年之人。
③ 汉武帝建元元年（前140年）四月诏，见《汉书》卷6《武帝纪》，第156页，《册府元龟》卷55《帝王部·养老》同。
④ 据《后汉书》卷1《光武帝纪》，建武六年（公元30年）正月因水旱蝗灾给谷（第47页），二十九年（53年）二月因日食给粟人五斛（第80页），三十年（54年）五月因大水赐粟人五斛（第81页），三十一年（55年）五月因大水赐粟人六斛（第81页）。

西汉以来前所未有，而且与儒家典籍所载先秦养老礼也有所不同。与作为乡饮酒礼内容之一的养老礼不同的是，永平二年养老礼是国家元首皇帝举行的，是国家典礼，而前者却是由地方官员举行；与作为视学礼仪之后进行养老礼不同的是，永平二年养老礼是单独举行的，不是附属在其他礼仪之后，并且，这次养老礼，不但把儒家设想的养老礼仪具体实施，而且还有所创新，被载入礼书①，成为后世养老礼仪的典范。所以，《后汉书·明帝纪》把这次典礼称之为"初行养老礼"，是恰如其分的。这也表明，史家也承认它是第一次国家养老大典。

二、隆重的养老礼仪

永平二年养老礼仪十分隆重。兹据《后汉书·礼仪志》和《通典·礼典·嘉礼·养老》所载仪式，叙述如下：

行礼前一天，即十月初四，由司徒（宰相之一）提供一个任过三公（东汉三公为太尉、司徒、司空，均为宰相）大臣的名单，由天子选定德行、年龄具高的一人为三老，其次一人为五更②，作为养老对象的代表。当时确定的三老是李躬，五更是桓荣。李躬，《汉书》《后汉书》无传，其身世不详。桓荣，据《后汉书》卷67《桓荣传》，本齐桓公后裔，精通《尚书》。光武帝时任太子少傅，拜太常卿。明帝即位，尊以师礼，甚见亲重，故选作五更。可见堪当三老五更的并非一般老臣。

三老五更穿着特定服装：服都纻大袍，单衣皁缘领袖，中衣，戴进贤冠。三老扶玉杖，五更不杖。斋戒于太学讲堂。

当日（初五），天子先到辟雍礼殿东厢之御坐，然后派遣使者迎接三老五更。迎车，是用蒲草包轮的软轮安车。

三老五更到达，天子迎于门屏，相互行礼。

天子自东阶（主阶）导引，三老自宾阶上。至阶，天子行作揖礼。三老升殿，面东入座。三公为之陈设几案，九卿为之安放木履。

天子亲自卷起衣袖宰割牲肉，送酱菜，向三老进食。送盛水爵请三老漱口。三老进食时，派有人在前后祝嘱，以防三老哽噎。

---

① （西晋）司马彪《续汉书》之《礼仪志》（后为南梁刘昭补作范晔《后汉书》之《礼仪志》）和杜佑《通典·礼典》均以永平二年礼仪作为后汉一代养老礼仪载入。

② 三老五更，郑玄注《礼记》曰："皆老人更知三德五事者也。"《后汉书·礼仪志》李贤注引宋均曰："三老，老人知天地人事者。……五更，老人知五行更代之事者。"（第3108页）

五更升殿，面南入座。由三公进供。其礼仪与天子进供三老相同。堂上堂下有歌舞全程伴随。

《资治通鉴》还载有："礼毕，引桓荣及弟子升堂，上自为下说，诸儒执经问难于前。冠带缙绅之人，环桥门而观听者，盖亿万计。"[①]

明帝向天下发布养老诏书。这应是养老典礼的重要构成部分。

三、宣示养老真谛的诏书

明帝举行养老典礼的同时，也发布了一道诏书，向天下臣民宣示他举行养老礼的真实意义。诏书载《后汉书·明帝纪》，《册府元龟·帝王部·养老》录其全文，个别字有异。诏书共 201 字，按其内容可分为四段，现逐段录文解读之。

一段：

> 光武皇帝建三朝之礼，而未及临飨。眇眇小子，属当圣业。间暮春吉辰，初行大射。今月元日，复践辟雍。尊事三老，兄事五更。[②]

这段表达三个意思：一是举行这次养老礼的原因。其原因有两个方面：一方面是前任天子建武皇帝（东汉开国皇帝刘秀，25—57 年在位，建武为其年号），虽能建立明堂、灵台、辟雍三座礼堂，但没有举行养老礼。换言之，就是前朝养老礼有阙。另一方面是自己有需要。自己以微眇之身，刚承当皇帝圣业，需要建立威信，巩固地位。二是这次养老礼具有独特性质。三月举行过大射礼，现在的养老礼是在十月特地举行的，不是附属在大射礼之后，当然更不是附属在其他礼仪（如视学礼）之后的。三是养老礼的主旨。养老礼是要以三老五更作为养老对象的代表，对他们表示父兄般的尊敬和供奉。

二段：

> 安车软轮，供绥执授。侯王设酱，公卿馔珍。朕亲袒割，执爵而酳[③]。祝哽在前，祝噎在后。升歌《鹿鸣》，下管《新宫》。八佾具仪，万舞于庭。朕固德薄，何以克当。《易》陈负乘，《诗》刺彼己。永念慙疚，无忘厥心。

---

① （宋）司马光编著，（元）胡三省音注：《资治通鉴》卷 44，东汉明帝永平二年十月壬子条。《后汉书》卷 37《桓荣传》载："每大射养老礼毕，帝辄引荣及弟子升堂，执经自为下说。"（第 1253 页）《资治通鉴》所述本此，而"缙绅之人"云云，不详所本。

② 《后汉书》卷 2《明帝纪》，第 102 页。

③ 酳，《册府元龟》卷 55《养老》，第 611 页作"漱"，系避宋太祖赵匡胤庙讳而改字。

这段，先是列举养老礼一些具有特别意义的仪节：迎三老五更用蒲草裹轮的安稳车，天子亲自将车把授与车夫；供养三老五更的酱菜珍馐由侯王公卿设备，天子亲自卷袖宰割牲肉，亲自给三老五更送水杯漱口；还派人在三老五更前后祝咐以免饮食哽噎；行礼全程有歌舞相伴，堂上歌《鹿鸣》①，堂下唱《新宫》②，八佾舞列齐备，众人舞于公庭。这些，并非仪节的全部，而是其中最能表示对三老五更至诚尊敬的亮点。接下来是明帝表达他为什么要举行这样隆重的礼仪。在这里，他比上段所说"眇眇小子，属当圣业"更加直白地敞开自己的心扉：本来德行微薄的我，用什么样的作为，才可以达到胜任圣业呢？《易经》说过，小人乘君子之器，盗必思而夺之；《诗经》也曾提醒，别人之子，不配穿自己儿子的服装。我要永远记住自己的弱点，不敢忘记尊老敬老之心。其言下之意：我将以此增进德行，承当重任。这位而立之年初登大位的皇帝，其如临深渊、如履薄冰的忧患意识，已不是头一次这样表现。他在即位诏书中，就曾经说过："予末小子，承奉圣业，夙夜震畏，不敢荒宁""朕承大运，继体守文，不知稼穑之艰难，惧有废失圣恩遗戒。"③这与养老诏如出一辙。

三段：

> 三老李躬，年耆学明；五更桓荣，授朕《尚书》。诗曰：无德不报，无言不酬。其赐荣④爵关内侯⑤，食邑五千户。三老五更，皆以二千石禄，养终厥身。

这段是对三老五更的封赐。赐（李躬）、桓荣关内侯爵位，食五千户租税，终身享受二千石俸禄的待遇。这里，明帝特别以桓荣来说事。桓荣曾是他做太子时的老师，给他讲授过《尚书》。因此，借《诗经·大雅》的话说，对我有德，一定要报答，为我说好话，一定要酬谢，以此作为他对大臣的企求和承诺，并希望更多臣子对他有德，为他说好话进良言，他会像对待桓荣一样，是一定要报答和酬谢的。

---

① 《鹿鸣》，《诗经·小雅》之篇名，(清)阮元校刻：《十三经注疏三·毛诗正义》，北京：中华书局，1980年，第405—406页。
② 《诗经·小雅》之逸篇。
③ 《后汉书》卷2《明帝纪》，第95—96页。
④ (宋)司马光：《通鉴考异》曰："帝纪载诏文，上言李躬而下独封荣，似脱'躬'字。"见《资治通鉴》卷44，东汉明帝永平二年十月条注。
⑤ 关内侯，秦汉爵。商鞅定军功爵二十等，关内侯为第十九级。关内侯，有侯爵无封邑，寄食于京畿关中地区，故称。

四段：

> 其天下三老，酒人一石，肉四十斤。有司具存耆耋[①]，恤幼孤，惠鳏寡，称朕意焉。

这是推广养老的举措。如果把供养封赐三老五更视为养国老，那么这里说的便是养庶老。可分两个层次：对全国乡、县以至郡所设职掌教化的三老，赐给酒肉；对广大庶民百姓中年高体弱缺乏依靠的老人，责令各级地方官员进行存问、抚恤、施惠，使天下老人受益。

通过对这道诏书的解读，我们对永平二年（59年）养老礼有更多、更深入的认识，归结起来有以下三点：

第一，永平二年养老礼，确实有别于儒家典籍所说的那种附属于视学礼、巡守礼、乡饮酒礼之后的养老礼，而是一次由国家元首特地举行的养老礼。这在中华民族养老史上确属第一次。

第二，永平二年养老礼，全面践行了儒家的养老理想。既有隆重的仪节，又有实在的内容。不仅表现出对作为养老对象代表的三老五更至诚的尊崇敬重，丰厚给赐，并且推而广之，督促地方官府养老，使天下三老、天下老人，尤其是老无依靠的老人，普遍得到实惠。

第三，永平二年养老礼和其他历史事件一样，都不免带有时代性。明帝举行这次盛况空前的养老礼，必然会带上他初登皇帝大位时的心态和企求。这就是在养老诏书中表现出来的，对自己刚得到的地位和承担的事业，心怀忧惧，急切希望通过这次典礼，提升自己的德望，获得人心，特别是获得国老和庶老的拥戴和支持。

四、余音回响

永平二年养老礼，在中华民族养老史上留下过历历回响。

时过六年，明帝于永平八年（65年）十月丙子（初四）又亲临辟雍再次举行养三老五更之礼。他的儿子刘炟即位为章帝（76—88年在位）后，于建初二年（77年，即位第二年）冬，以故司空伏恭为三老，侍中骑都尉周泽为五更，举行养老礼。这两次养老礼无疑是永平二年养老礼的再现。

东汉王朝从永平二年（59年）至灵帝（刘宏，168—189年在位）光和元

[①] 耆，《礼记·曲礼上》："六十曰耆。"（清）阮元校刻：《十三经注疏六·礼记正义》，第1232页；耋，《左传·僖公九年》杜预注："七十曰耋。"《春秋左传集解第五·僖公上杜预注》，上海：上海人民出版社，1977年，第269页。

年（178年，东汉最后一次养老礼）的120年间，有记载的国家养老举措27次，其频率高出西汉许多。其养老缘起，由原来的大赦、行幸等例行给赐，扩大到立太子、立皇后、加元服、改元、中秋、巡行等礼节，都要对天下三老、民间高年老人进行给赐。其所赐物除西汉原有的米肉酒、布帛絮、钱之外，新增加赐爵、赐几杖、赐糜粥等。赐爵是永平二年礼首次实行的，其后给天下三老赐爵达15次。①御赐几杖，是权力和荣誉的象征，持杖者可作为维权的凭据。这些应是永平二年养老礼的扩展。

儒家礼书所载养老礼仪有"既歌而语"，即所谓"乞言"仪节。但未见具体历史事实。明帝永平二年养老礼，有引五更桓荣及其弟子升堂讲经，天子自为下说，群儒问难于前的场面。也许这是"乞言"的一种表示。此后，东汉几次养老礼记载不详，至曹魏才有较为具体的记载。曹魏高贵乡公（曹髦，254—260年在位）甘露三年（258年）八月举行养老礼，以关内侯王祥为三老，关内侯郑小同为五更。据载："帝乞言于（王）祥。祥对曰：昔者明王礼乐既备，化之以忠诚；忠诚之发，形于言行。夫大人者，言行动乎天地。天且弗违，况于人乎！"②这可以说是永平二年讲经问难、天子下说的进一步展现。在古代养老礼历史进程中，最能完美体现儒家礼书所谓"乞言"礼节的，应数北魏孝文帝举行的一次养老礼。孝文帝太和十六年（492年）八月，以前司徒山阳郡公尉元为三老，前鸿胪卿新太伯游明根为五更，举行养老礼。养三老五更于明堂，养国老庶老于阶下，然后进行了一场精彩的"乞言"仪式。三老尉元言曰："自天地分判，五行施用，人之所崇，莫重于孝顺。然五孝六顺，天地之所先。愿陛下重之，以化四方。臣既年衰，不究远趣，心耳所及，敢不尽诚。"孝文帝曰："孝顺之道，天地之经。今承三老明言，铭之于怀。"五更游明根言曰："夫至孝通灵，至顺感幽。孝顺之道，无所不格。愿陛下念之，以济黎庶。臣年志朽弊，识见昧然，在心之虑，不敢不尽。"孝文帝曰："五更助三老，以言至范，敷教德音。当克己复礼，以遵所授。"③一幅老更真诚进言、天子谦恭听纳的情景，跃然纸上。这也可以说是永平二年礼仪的历史回响。

原载《晚韵》，西南师范大学出版社，2013年

---

① 据《册府元龟》卷55《帝王部·养老》统计。
② （宋）王钦若等编：《册府元龟》卷55《帝王部·养老》，第613页。
③ （宋）王钦若等编：《册府元龟》卷55《帝王部·养老》，第613—614页。

附录5 陈亮的变通思想

陈亮（1143—1194年）是南宋著名的进步思想家。他的哲学思想、政治思想、军事思想和经济思想都是丰富多彩的。陈亮的政治思想中有两个重要内容，一是事功思想，一是变通思想。本文仅就变通思想谈点不成熟的看法。

一

陈亮的变通思想有一个逐步形成的过程。

陈亮出生前一年，即1142年，宋金缔结了"绍兴和约"。此后，宋金之间的矛盾虽然依旧存在，但是南宋统治者却视而不见，听而不闻，以为万事大吉了，便很快地恢复了文恬武嬉的故态。陈亮的少年时代就是在这种政治气氛中度过的。1161年，陈亮正在勤奋求学的时候，金国统治者完颜亮撕毁和约，向宋大举进攻。这次金军南下，打破了南宋统治者太平苟安的幻梦，也激发了陈亮对国家大事的深切关注。于是，陈亮"慨然有经略四方之志"[1]，并著《酌古论》四卷二十一篇，初次吐露了自己的政治抱负。这时陈亮还只是从书本上、从历史人物身上吸取知识，并且侧重在军事方面。他在《酌古论序》中说："吾鄙人也，剑楯之事，非其所习；铅槧之业，又非所长；独好伯王大略，兵机利害，颇若有得于心者。故能于前史间窃窥英雄之所未及，与夫既已及之而前人未能别白者，乃从而论著之。使得失较然，可以观，可以法，可以戒，大则兴王，小则临敌，皆可以酌乎此也。"[2]

1163—1165年间陈亮客居临安参知政事周葵家中。朝廷官吏来见周葵，

---

[1] （宋）陈亮著，邓广铭点校：《陈亮集》卷2《中兴论》，北京：中华书局，1987年，第30页。
[2] （宋）陈亮著，邓广铭点校：《陈亮集》卷5《酌古论序》，第50页。

陈亮都要被引去与之相见，"亮因得交一时豪俊，尽其议论"[①]。这时，他由于广泛接触政界人物，对南宋的政治情况有比较深入的了解，因而形成了他的"中兴之道"的政治主张。这套主张，比较集中地表现在他1169年所著的《中兴论》里。《中兴论》是陈亮首次向皇帝的上书，此文开宗明义就提出："臣闻治国有大体，谋敌有大略。立大体而后纲纪正，定大略而后机变行，此不易之道也。"[②]可见陈亮这时考虑的，不再像十年前那样热衷于以武事经略四方，而着眼在从政治上治理国家。这时，陈亮的政治主张集中在"中兴"二字上。他把"赤子嗷嗷无告，不可以不拯；国家凭陵之耻，不可以不雪；陵寝不可以不还；舆地不可以不复"[③]作为中兴之道的出发点。为了达到中兴之功，他向孝宗皇帝建议实行一系列政治措施，并要皇帝开诚、执要、励臣、正体，做一个理想的中兴之主。他还声称：如果采纳了这个中兴之策，"不出数月，纪纲自定""中兴之功可蹯足而须也"。[④]可是，一千八百余言的《中兴论》被送上朝廷，犹如石沉大海，没有得到任何一点反响。其原因，固然是孝宗北伐失败后，被朝廷中抗战派和投降派的交争互夺弄得一筹莫展，没有心思来理会这个落第士子的上书；也还在于陈亮这个中兴之策，实在没有太多新鲜的东西，大体都是历来主战派陈述过的意见。

  陈亮上《中兴论》失败后，回到家乡。此后十来年间，他一面教书讲学，一面潜心研究学术。凡历史掌故、儒家经典、江河淮汴、量度权衡、科举铨选、土地赋税等，无不在他探索之列。他结合自己的生活感受，考察了六十来个历史人物的政治经验而著为《三国纪年》。他按照自己的观点，辨析《书经》《诗经》《周礼》《春秋》《礼记》《论语》《孟子》等书，阐发其微言大义而著为《经书发题》。他结合林勋《本政书》而研究了汉朝和宋朝的土地制度，提出仿照井田法以改革土地制度、发展自耕农的主张。这十年是陈亮政治思想的升华时期。他从现实的政治需要出发，结合历史、现状和自己的体验，对抗金治国的大计进行了深入的理论研究，因而他的政治思想由中兴之道发展成为变通之道。主要表现在他1178年三次上孝宗皇帝书和《戊申再上孝宗皇帝书》里。

  在这四封上书里，陈亮旗帜鲜明地批判了理学家和当权大臣们的政治主张，指出他们的所谓正论实际上"不足以明天下之大义"，他们的所谓奇论也

[①]《宋史》卷436《儒林六·陈亮传》，第12929页。
[②]（宋）陈亮著，邓广铭点校：《陈亮集》卷2《中兴五论序》，第21页。
[③]（宋）陈亮著，邓广铭点校：《陈亮集》卷2《中兴论》，第22页。
[④]（宋）陈亮著，邓广铭点校：《陈亮集》卷2《中兴论》，第23页。

"无取于办天下之计"①。我们把陈亮在这里批判别人的话和他在《中兴论》中的主张对照一下，就不难发现，这里批判的东西，不少就是他自己曾经提倡过的。这不能看成是他自相矛盾，而是他的认识前进了。他已经发现自己以前的主张，不少和理学家、权臣们的论调没有多大差别，这里既批判别人，也是自我批判，抛弃陈旧的东西，向更高的境界前进。在《上孝宗皇帝第二书》中，他把自己的主张明确地归结为"变通之道"。这表明陈亮的政治思想已经上升到哲理的高度，因此也可以说，变通之道是陈亮的政治哲学。

以上说明，陈亮的变通思想是从"经略四方之志"、中兴之道发展而成的，也就是从朦胧的政治抱负到提出一般的政治主张，再上升到政治哲学的。这个形成过程是和客观政治形势的发展、自身的政治实践活动和理论研究密切联系的。

二

陈亮使用的"变通"一词，源出《周易·系辞下》："变通者，趣时者也。"这里的变通，是随时代的变化而变化的意思。而陈亮笔下的变通，有着更为丰富、深刻的内容。

陈亮认为：变通是"应事物之变而通天地之心"②。在他看来，一个事物发展的"势"是有穷期的，"其势已穷而将变"③。此事物的势到了穷尽的时候，就会变化为彼事物。但是，各事物都有一个内在的、共同的东西——道，或者叫作天地之心，那是无始无穷的。因此，他认为：势穷而变，并不是胡乱地变，而是"通天下之变"④，也就是循道而变。这就是他说的"变而通之"。这是一种相当精萃的发展观点。但是，当陈亮运用这个变通观点来论述社会问题时，既显示它有一定的敏锐性，又暴露出它的局限性。

陈亮曾运用变通观点来说明周公之道。他指出：周公制作的礼，是集百圣的大成，备具人道，可以通天下之变而不会穷尽的。可是，周朝维持八百年以后，势穷了、衰落了，"诸侯既已擅立，周之王徒拥其虚器"。但是，"当是之时，周虽自绝于天，有能变通周公之制而行之，天下不必周，而周公之术盖未始穷也"⑤。这就是说，周王朝虽然不行了，而周公制定的那套制度，

---

① （宋）陈亮著，邓广铭点校：《陈亮集》卷1《上孝宗皇帝第二书》，第9页。
② （宋）陈亮著，邓广铭点校：《陈亮集》卷9《扬雄度越诸子》，第100页。
③ （宋）陈亮著，邓广铭点校：《陈亮集》卷10《语孟发题·孟子》，第109页。
④ （宋）陈亮著，邓广铭点校：《陈亮集》卷10《六经发题·周礼》，第104页。
⑤ （宋）陈亮著，邓广铭点校：《陈亮集》卷10《六经发题·周礼》，第105页。

要是变而通之，仍然可以继续下去。在这里，他敢于提出"天下不必周"的可贵观点，然而却要坚持周公的统治术，反映了变通观点的改良性质。

陈亮运用变通观点来分析宋朝的政治，构筑了他的改良主张的理论基础。他指出：宋太祖平定四方，制定了"经画天下之大略"。一是约束地方官吏的权力，把兵财权柄"束之于上"。那样实行的结果，"兵皆天子之兵，财皆天子之财，官皆天子之官，民皆天子之民。纲纪总摄，法令明备。郡县不得以一事自专也"[1]。达到了政权、财权和军权的高度集中，矫正了唐末五代藩镇自相雄长、君弱臣强、统治频繁更换的祸患。二是实行"以儒立国""以儒道治天下，以格律守天下"。[2]那样实行的结果，形成"士以尺度而取，官以资格而进""举天下皆由于规矩准绳之中"。[3]陈亮肯定宋太祖"经画天下之大略"的积极作用，认为它奠定了宋朝统治的基础。同时，陈亮指出"国家维持之具，至今日而穷"[4]。意思是说，宋朝的统治制度到现在势穷了、失效了。这有两方面的原因：第一，立国之初制定的那套统治制度，本身存在弊病。高度集权的弊病，是"文为之太密，事权之太分，郡县太轻于下而委琐不足恃，兵财太关于上而重迟不易举"[5]。这是说，法律过于苛刻，官吏不敢放开手足工作；官吏的职权分得过细而办事受牵制；郡县缺乏兵财权力，地方上要办点小事也没有凭借，办起来也不容易成功。陈亮把金人占据中原，归咎于这套高度集权的制度，说："夷狄之所以卒胜中国者，其积有渐也。立国之初，其势固必至此。"[6]依靠儒道治天下、法律守天下的弊病，是使士人"不得少舒其志""小小放手，便为文法所绳"，因此，"度外之士往往多不能自容"[7]，具有非常才智的人，不能发挥其作用。第二，国家统治制度势穷失效更重要的原因还在于后世。"后世不原其意，束之不已，故郡县空虚而本末俱弱。"[8]这是说，后世的当权者没有很好体会宋太祖"大略"的本意，无限地"束之于上"，使政权、兵权、财权愈来愈集中。陈亮不但举出庆历新政、熙宁新法为例，而且指出当朝孝宗皇帝也是"不免籍天下之兵以为强，括郡县之利以

---

[1] （宋）陈亮著，邓广铭点校：《陈亮集》卷1《上孝宗皇帝第一书》，第5页。
[2] （宋）陈亮著，邓广铭点校：《陈亮集》卷1《戊申再上孝宗皇帝书》，第20页。
[3] （宋）陈亮著，邓广铭点校：《陈亮集》卷1《上孝宗皇帝第一书》，第5页。
[4] （宋）陈亮著，邓广铭点校：《陈亮集》卷1《上孝宗皇帝第三书》，第13页。
[5] （宋）陈亮著，邓广铭点校：《陈亮集》卷1《上孝宗皇帝第一书》，第6页。
[6] （宋）陈亮著，邓广铭点校：《陈亮集》卷1《上孝宗皇帝第一书》，第5页。
[7] （宋）陈亮著，邓广铭点校：《陈亮集》卷29《书·与吴益恭安抚》，第388—389页。
[8] （宋）陈亮著，邓广铭点校：《陈亮集》卷1《上孝宗皇帝第三书》，第13—14页。

为富；加惠百姓，而富人无五年之积；不重征税，而大商无巨万之藏。国势日以困竭"①。"束之不已"的结果，造成了郡县空虚，富人大商无积藏，国家力量也随之而衰弱。后世的儒学，也由于地位"独优"，而出现了"众贤角立，互相是非。家家各称孔孟，人人自为稷契。立党相攻，以求其说之胜"②。理学兴起以后，问题更为严重，"为士者耻言文章、行义，而曰'尽心知性'；居官者耻言政事、书判，而曰'学道爱人'。相蒙相欺以尽废天下之实，则亦终于百事不理而已"③。那些"低头拱手以谈性命"的儒士们，在"君父之仇"面前，犹如"风痹不知痛痒之人"④。可是，孝宗皇帝仍然坚持"以绳墨取人，以文法莅事。圣断裁制中外，而大臣充位；胥吏坐行条令，而百司逃责"，致使"人才日以阘茸"。⑤总之，陈亮认为：宋太祖立国的那些制度，由于本身存在缺陷和后世执行中的错误，迫切需要加以改革，否则，"虽一旦得精兵数十万，得财数万万计，而恢复之期愈远；就使虏人尽举河南之地以还我，亦恐不能守耳"⑥。更为严重的是，"维持之具既穷，臣恐祖宗之积累亦不足恃也"⑦，宋朝的统治也很难继续维持下去。

那么，应该怎样进行改革呢？陈亮认为："艺祖皇帝经画天下之大指，犹可恃以长久，苟推原其意而变通之，则恢复不足为矣。"⑧"苟推原其意而行之，可开社稷数百年之基，而况于复故物乎！"⑨这就是说，宋太祖立国的"大指"即主要精神还是可用的，关键在于推究其本意而加以变通。只要遵循变通之道，不仅可以收复中原，而且还能为今后数百年的统治打下基础。这说明，陈亮的改革主张，并不是要求从根本上改变宋朝的统治制度，他的变通思想，只是一种改良性质的政治哲学。

陈亮的改革主张，主要内容就是他的"变通三策"，即复仇雪耻、国家规模和教养人才三条政见。对于复仇雪耻，他提出了绝和、迁都和经营荆襄三点具体意见。对于国家规模，他针对政权、兵权、财权过分集中的弊病，提出君主应该"操其要于上，而分其详于下。凡一政事，一委任，必使三省审

---

① （宋）陈亮著，邓广铭点校：《陈亮集》卷1《上孝宗皇帝第一书》，第6页。
② （宋）陈亮著，邓广铭点校：《陈亮集》卷24《送王仲德序》，第570页。
③ （宋）陈亮著，邓广铭点校：《陈亮集》卷24《送吴允成运干序》，第271页。
④ （宋）陈亮著，邓广铭点校：《陈亮集》卷1《上孝宗皇帝第一书》，第9页。
⑤ （宋）陈亮著，邓广铭点校：《陈亮集》卷1《上孝宗皇帝第一书》，第7页。
⑥ （宋）陈亮著，邓广铭点校：《陈亮集》卷1《上孝宗皇帝第三书》，第14页。
⑦ （宋）陈亮著，邓广铭点校：《陈亮集》卷1《上孝宗皇帝第一书》，第7页。
⑧ （宋）陈亮著，邓广铭点校：《陈亮集》卷1《上孝宗皇帝第三书》，第13页。
⑨ （宋）陈亮著，邓广铭点校：《陈亮集》卷1《上孝宗皇帝第一书》，第7页。

议取旨,不降御批,不出特旨,一切用祖宗上下相维之法"[①];指出君主对臣下应该"疑则勿用,用则勿疑。与其位,勿夺其职;任其事,勿间其言。大臣必使之当大责,迩臣必使之与密议"[②];主张"宽郡县而重守令"[③],使郡县地方官吏掌握一定的行政和兵财权力,以便发挥地方政权的作用。对于教养人才,他针对天下的士人"烂熟萎靡"的弊病,主张对教育、用人、选举等制度进行改革,使士人能够"成其才而充其气"[④],使朝廷能"任贤使能""尽收天下之人材,长短大小,各见诸用"[⑤]。从"变通三策"来看,也说明陈亮的变通思想是改良性质的。

三

陈亮的变通思想,贯穿着抗金、收复中原的爱国主义精神。这在当时宋金之间的民族矛盾仍然相当尖锐,汉族处于受掠夺受压迫的情况下,是有积极意义的,不过这是当时具有民族气节的进步思想家所共有的。主张权力下移和思想开放,反对过分专制和集权,则是陈亮和宋代其他思想家显著不同的地方,是他变通思想的主要特点。

为什么陈亮会产生这样的思想呢?这是由陈亮所处的社会条件和阶级地位决定的。

在宋代,中国封建社会已经进入后期阶段。商品经济有了一定的发展,阶级斗争发展到一个新的阶段,特别是民族斗争十分复杂和尖锐。宋朝那种"圣断裁制中外,而大臣充位"的政治制度,造成了许多政治失策和军事失败。这既不适应社会经济的发展,也不符合地主阶级的统治利益。随着商品交换范围的扩大,城市经济日益向中小城镇扩展,阶级矛盾进一步加深,各地农民起义频繁发生。这样,宋朝那种"郡县不得以一事自专",一切取于"圣断"的政治制度,既不适应地方经济的发展,也不符合维护地主阶级利益的需要。陈亮以他敏锐的眼光看到了这种情况,因此,提出改革政治体制的主张。

陈亮之所以能够敏锐地察觉当时的社会政治问题而提出改革主张,又是和他生活在浙东地区,处于地主阶级下层的地位分不开的。当时的浙东地区,商品经济最发达,又是唐朝以来多次爆发农民起义的地区,在宋金战争中又

---

① (宋)陈亮著,邓广铭点校:《陈亮集》卷2《中兴论·论执要之道》,第27页。
② (宋)陈亮著,邓广铭点校:《陈亮集》卷2《中兴论·论开诚之道》,第26页。
③ (宋)陈亮著,邓广铭点校:《陈亮集》卷1《上孝宗皇帝第一书》,第5页。
④ (宋)陈亮著,邓广铭点校:《陈亮集》卷27《上徐彦才大谏》,第312页。
⑤ (宋)陈亮著,邓广铭点校:《陈亮集》卷11《廷对》,第117页。

曾经一度遭受金军蹂躏。这个地区的地主阶级，特别是地主阶级下层，和商品经济的联系比较多，有的地主自己也兼营工商业。如陈亮的一个朋友唐仲友，就既做官，又开丝织作坊，并且设店铺出售丝织品。但是，地主阶级下层在政治斗争中，特别是遭受女真贵族掠夺的时候，凭借权力和地位而自卫的能力，比地主阶级的中上层要小些，所受损失必然要大些，因此，他们对改革政治以保障自身利益的要求就必然要强烈些。地主阶级下层虽然处于不当权的地位，可是他们和地方郡县官吏有较密切的联系。当农民阶级起来造反的时候，他们首当其冲，郡县自然成为他们救火的近水；在地主阶级内部争夺剥削权益的斗争中，地主阶级下层受中上层侵凌时，也不免存公断的希望于郡县。因此，他们有增强郡县权力的强烈要求。陈亮是浙东地主阶级下层的一个代表人物，加上他有变通思想——当时尚属锐利的认识武器，因而，由他反映出这些政治要求，提出这些政治主张，是完全可以理解的。

原载《浙江学刊》1984年第1期

附录6 陈亮的经济思想

陈亮（1143—1194 年）字同甫，婺州永康（今浙江永康市）人，是南宋著名的进步思想家。

在陈亮留下的著作《陈亮集》（三十卷，邓广铭点校，中华书局，1987 年）中，主要是谈政治、军事和哲学问题，很少有专讲经济的文章。但是，经济是政治、军事的基础，一个具有朴素唯物主义思想的人，在纵横驰骋于政治、军事问题的时候，也就不能不涉及经济问题。陈亮正是这样。他对于经济思想史的一些概念和范畴，如财富、欲望、土地、商业和财政等，除了个别问题有专篇论文论述外，多数散见在其他论述中间。尽管如此，经济思想仍然是构成陈亮思想体系不可分离的一部分。虽然，由于当时迫切的军事、政治形势，使他在不太长的有生岁月里，对这些经济问题没有深入阐发，可是，在我国经济思想史上，其经济思想仍然是不可忽视的遗产，有加以发掘的必要。

现就个人所见，对陈亮的经济思想，试作一个粗浅的论述。

一、财富观

陈亮的财富观，和其他一些有产阶级经济思想家一样，是自己经济思想的出发点。

陈亮所说的"资""财"或"富"，仍旧兼有财物的使用价值和自然属性的内涵。他把农业和手工业劳动创造的谷、粟、桑、丝、枲（麻）一类的产品看作财富，也把自然生长的禽、兽、鱼、鳖、草、木等只具有使用属性的物品，作为可以乐生、可以乐国的财利而列入财富范围。[①]这种认识没有超出

[①] （宋）陈亮著，邓广铭点校：《陈亮集》卷 1《上孝宗皇帝第一书》，北京：中华书局，1987 年，第 7 页。

自然经济状况下的直观水平。

财富是怎样产生的呢？陈亮没有作过概括的、本质的论述，但在他写得好几篇墓志铭和祭文中，谈到墓主和祭主如何起家致富时，涉及了这个问题。在这些文章中有以下论点：

（林潜、林思聪）自田间间积勤服业以起其家。①

（陈通、陈隆）始自奋田间间……至其孙讳援，遂大其家。②

（王道甫母太宜人）少从其夫艰勤以起家。③

善致富者则曰："人弃我取，人取我与"，其抑扬阖辟盖加一等矣。然犹较尺短寸长于其冲也，孰能运智力于不争之地，使范蠡计然之策一切在下风乎！……（孙天诚）勤取啬出以尽其土。大较二十年间，富比他人。④

（金元卿）其为家也，以俭勤自将，铢积寸累，运用有成。⑤

（何坚才）善为家，积资至巨万。乡之长者皆自以为才智莫能及。⑥

（吕师愈）不遗余力，经理其家，至有田近数千亩，遂甲于永康。夫人节啬于内，课女工甚悉，以辅成吕君之志。⑦

从这些论述看来，陈亮是把从事农业生产劳动、经营商业、课取被奴役的工人、吝啬开支和过人的才智统统看成生财致富的途径。实际上，其中只有农业生产劳动才产生财富，但财富也并不都是农业劳动的产物。不等价交换是分享别人的财富，课取工人是掠取别人创造的财富，这都是获得财富的手段。才智高低和获财手段的巧拙有关系。但是，手段本身并不产生财富。吝啬开支可以积累个人财富，但并没有增加社会财富，更不能产生财富。这些不同的概念，在陈亮思想里，还是混杂不清的。然而，他能肯定农业劳动创造财富，完全抛开了旧的"富贵在天"的财富宿命论，在当时还是难能可贵的。他把经营商业和谋取女工作为致富途径，反映了当时工商业已有相当的发展。但是，在他看来，"较尺短寸长于其冲"不如"运智力于不争之地"。又反映了他的思想还带着浓厚的自然经济意识的色彩。

对财富和人生的关系，陈亮认为"财者人之命"的话语，"真切而近人

---

① （宋）陈亮著，邓广铭点校：《陈亮集》卷35《林公材墓志铭》，第461页。
② （宋）陈亮著，邓广铭点校：《陈亮集》卷35《先祖府君墓志铭》，第458页。
③ （宋）陈亮著，邓广铭点校：《陈亮集》卷33《祭王道甫母太宜人文》，第441页。
④ （宋）陈亮著，邓广铭点校：《陈亮集》卷35《孙天诚墓碣铭》，第469页。
⑤ （宋）陈亮著，邓广铭点校：《陈亮集》卷36《金元卿墓志铭》，第480页。
⑥ （宋）陈亮著，邓广铭点校：《陈亮集》卷38《何夫人杜氏墓志铭》，第499页。
⑦ （宋）陈亮著，邓广铭点校：《陈亮集》卷38《吕夫人夏氏墓志铭》，第503—504页。

情"①。"谓人生其何为,倘不贵而即富。"②还说:"富、寿、好德、康宁、考终,此所谓五福,而权势荣华不与焉。"③在他看来,财富是攸关人的生命的东西;人生目的就是贵和富,富为最后归宿,为人生第一幸福。从获取物质生活资料是人类的基本活动的观点来看,陈亮的认识并不是和客观实际完全背离的,只不过他追求的富,是占有劳动人民创造的物质财富;他所谓的幸福,是建筑在劳动人民的辛苦之上而已。

在财富和伦理的关系上,陈亮继承了先秦管仲的观点,摒弃了儒家的传统看法。他把物质财富看成是伦理的基础,认为:"民是用宁,礼义是用兴。"④他并不以为应该用伦理来限制个人获得财富,并不把二者看成绝对排斥的东西。在他看来,"为仁不富"这句话,对有些人并不适用,因为他们既仁又富。他对这种人是很赞赏的。⑤他指出:"义不主财"这句世俗常言,被一些人反其道而行之,作为致富的格言。"虽见鄙于清论,见绳于公法,而人乐其生得以自资,终不为之变也。"⑥他虽然以"富而好礼"勉励别人,但对那些所谓不义致富的现象,并不十分谴责。这在一定程度上,反映了下层地主和商人要求打破限制而发展经济的愿望。

在财富的分配问题上,陈亮认为:"高卑大小,则各有分也;可否难易,则各有力也。"⑦就是说,一个人所得财富的好坏多少是有定分的。因为他并不明确劳动创造财富的真理,所以这里说的"分",绝不是按劳动分配的份额。从他整个思想来看,所谓"各有分",是不会超出传统的等级名分的意思。实际上,就是要被剥削阶级放弃打破封建的分配制度的要求。和传统观念有所不同的是,陈亮同时提出了"各有辨"的思想。他的意思是说,财富并不是可以唾手而得的,本领大,才智优异,手段高明,就容易到手,相反就有困难,甚至该得也得不到。但是,不能误解为这是陈亮主张像资本主义那样,自由竞争,各显神通。他说的"各有辨",一定是不脱离"各有分"的前提。所以,他强调不能"徇其侈心而忘其分,不度其力,无财而欲以为悦,不得而欲以为悦,使天下冒冒焉惟美好之是趋,惟争夺之是务,以至于丧其身而

---

① (宋)陈亮著,邓广铭点校:《陈亮集》卷24《赠楼应元序》,第272页。
② (宋)陈亮著,邓广铭点校:《陈亮集》卷31《祭胡彦功墓文》,第424页。
③ (宋)陈亮著,邓广铭点校:《陈亮集》卷32《祭王天若父母文》,第436页。
④ (宋)陈亮著,邓广铭点校:《陈亮集》卷24《送丘秀州宗卿序》,第262页。
⑤ (宋)陈亮著,邓广铭点校:《陈亮集》卷36《喻夏卿墓志铭》,第482页。
⑥ (宋)陈亮著,邓广铭点校:《陈亮集》卷36《喻夏卿墓志铭》,第482页。
⑦ (宋)陈亮著,邓广铭点校:《陈亮集》卷4《问答下》,第44页。

不悔"①。而要"使天下之人皆知人有常分，事有常程。安平之效，岁计有余；撼动之力，移时难恃。则郡县可以无条令而治，家道虽传之百世可也"②。就是说，要是忘记了分，天下的秩序就要混乱，个人就有丧生的危险；如果天下的人都安于分，对国对家好处都是无穷的。可是，社会的现实并不以陈亮的愿望为转移，比如北宋时王小波、李顺提出要"均贫富"，钟相、杨幺又号召"均贫富，等贵贱"。这是他不理解、也不愿去理解的。所以发出了"而世常不足以知之（不知有常分），何哉！"③的慨叹。

从陈亮在财富分配问题上的观点表明，虽然他有在剥削财物的再分配中，为下层地主和大商人利益辩护的意思，但重点却在于防止农民阶级起来打破封建财产关系，要农民安于被剥削的地位。

二、人欲论

马克思主义正确阐明了欲望的社会意义，认为它是决定于社会生产而又反作用于社会生产的一种社会需要。马克思把社会需要看作是"生产的观念上的内在动机"，是"生产的前提"，并且说"没有需要，就没有生产"。④

陈亮的人欲论是和当时理学大师朱熹的观点相对立的。

陈亮说的人欲，是指人对"声色货利"的欲望。具有精神、生理、经济和政治的内涵，其核心则是对财物的需求，所以，有时他又称为利欲。实际上，是指个人对社会生产品的欲望。

人欲是怎么产生的呢？陈亮认为："夫喜怒哀乐爱恶，所以受形于天地而被色而生者也。六者得其正则为道，失其正则为欲。"⑤就是说，作为人欲表征的喜怒哀乐爱恶，其产生：一是"受形于天地"，即必须具有先天生就的耳、目、鼻、口、四肢等生理的感受器官。一是"被色"，即必须受外界事物的刺激，也就是要有客观物质条件。因此，他说："耳之于声也，目之于色也，鼻之于臭也，口之于味也，四肢之于安佚也，性也，有命焉。"⑥这里说的性，就是耳、目、鼻、口、四肢的生理功能；命，就是具有声色臭味

---

① （宋）陈亮著，邓广铭点校：《陈亮集》卷4《问答下》，第44页。
② （宋）陈亮著，邓广铭点校：《陈亮集》卷35《金元卿墓志铭》，第480—481页。
③ （宋）陈亮著，邓广铭点校：《陈亮集》卷36《金元卿墓志铭》，第481页。
④ 马克思：《〈政治经济学批判〉导言》，中共中央马克思恩格斯列宁斯大林著作编译局编：《马克思恩格斯选集》第2卷，北京：人民出版社，1995年，第9—10页。
⑤ （宋）陈亮著，邓广铭点校：《陈亮集》卷9《勉强行道大有功》，第101页。
⑥ （宋）陈亮著，邓广铭点校：《陈亮集》卷4《问答下》，第42页。

和能代替四肢劳作的器具等事物的客观性质。人有好听音乐的欲望,是由于人有耳,世上有音乐存在;人有爱看美丽颜色的欲望,是由于人有目,世上有颜色美丽的东西存在;人有喜闻香气的欲望,是由于人有鼻,世上有发香的物体存在;人有嗜食美味的欲望,是由于人有口,世上有味美的食品存在;人有图安佚的欲望,是由于人有劳作的四肢,世上有代劳的器具存在。由此,陈亮引出一条带有规律性的结论:"出于性,则人之所同欲也;委于命,则必有制之者而不可违也。"[1]就是说,从生理感受器官来看,人的欲望是相同的;从外界事物的客观性来看,欲望又有不可违背的限制。陈亮离开了人在社会生产中的地位,离开了阶级性,只从生理器官来论证人有"同欲",显然是不正确的。他看到了人的欲望要受客观制约,但不明确制约人欲的是社会物质资料的生产及其发展水平。虽然陈亮没有科学地解释人欲的产生,但是和朱熹把人欲说成是不合天理、阻碍天理呈现的一种人心,是不相同的。这里,显然有唯物与唯心的区别。

陈亮从他认定的人欲具有"同欲"和"有制"这两种特性出发,展开了他对人欲的社会意义的论述。

陈亮认为:"寒暑不能无代谢,弦望不能无亏盈。人生不能无欲,有欲不能不争。"[2]人有欲望,要满足欲望就有争斗。这像四时的寒暑代谢,月亮的弦望亏盈一样,具有客观必然性质。因此,他又说:"余观世人之奔驰于耳目口腹之欲,而颠倒于是非得丧、利害荣辱之涂,大之为天下,浅至为锱铢,率若蚁斗于穴中,生死而不自觉。"[3]这就是说,世人都是在为满足自己欲望而争斗着。如果,能够把人理解为由于在一定社会经济结构中所处地位不同而划分为不同集团,一个集团占有另一个集团劳动的人,而又把自己置身于被占有集团一边,那么就可以引出这样的结论:劳动人民为争取满足起码的物质欲望而进行的反剥削、反压迫斗争是正义的。由于阶级和时代的局限,陈亮没有也不可能作出这样的结论。但是,陈亮和朱熹宣扬"存天理,灭人欲"不同,他提出"人心之危,不可一息而不操也"[4]。就是说,从人都有欲望、都在为利欲而争斗的事实,他感到人的利欲之心是很

---

[1] (宋)陈亮著,邓广铭点校:《陈亮集》卷4《问答下》,第42页。
[2] (宋)陈亮著,邓广铭点校:《陈亮集》卷33《祭李从仲母夫人文》,第445页。
[3] (宋)陈亮著,邓广铭点校:《陈亮集》卷25《重建紫霄观记》,第280页。
[4] (宋)陈亮著,邓广铭点校:《陈亮集》卷9《勉强行道大有功》,第100页。

危险的，是不可任意玩忽的东西，一刻也不应该放松控制。那么，怎样控制呢？"苟在我有自安之分，则人无不尽之情。"①和财富分配问题一样，他提出了"分"。认为要明确自己的"分"，才会感到欲望的满足。因此，要按照"分"来控制欲望。怎样按照"分"来控制呢？就是要使"喜怒哀乐爱恶得其正""审喜怒哀乐爱恶之端"。②分开来说："为人上者，知声色货利之易溺，而一日万几之可畏，强勉于其所当行。"③这就是说，帝王要"不自纵其欲"④。说具体一点，就是"无湎于酒，无湎于色；色能荒人之心，酒能败人之德"，"勿侮老成之人，勿贵无益之物；勿妄费生灵之财，勿妄兴土木之役"。⑤要把"好货之心"，控制在"民无冻馁"的限度内，则"好货必不至于陷，而非道之害也"⑥。实际上，就是要求帝王节制对劳动力和劳动产品的无益消耗，至少要让社会生产能够维持简单再生产的水平。如此而已！官吏士人们，则不应该对天子计较利欲。"盖计较利害，非心之所宜有。其极可以至于忘亲后君。"⑦至于老百姓，那就更加"不得自徇其欲也，一切惟君长之为听"⑧。可见，对于如何按照"分"来控制欲望，陈亮是想得很周到的。然而，归根到底他都是为天子着想，为整个封建统治阶级的利益着想。

三、解决土地问题的设想

自从唐代均田制崩溃以后，土地转易速度加快，封建政府再也没有采取过干预土地兼并的有效措施。北宋统治者"不立田制"，认为"富室连我阡陌，为国守财尔"⑨。并且鼓励官僚地主"择便好田宅市之，为子孙立永远不可动之业"⑩。因此，官僚、豪绅、富商竞相兼并土地，形成"富者弥望之田，贫

---

① （宋）陈亮著，邓广铭点校：《陈亮集》卷33《祭李从仲母夫人文》，第445页。
② （宋）陈亮著，邓广铭点校：《陈亮集》卷9《勉强行道大有功》，第101页。
③ （宋）陈亮著，邓广铭点校：《陈亮集》卷9《勉强行道大有功》，第101页。
④ （宋）陈亮著，邓广铭点校：《陈亮集》卷9《勉强行道大有功》，第102页。
⑤ （宋）陈亮著，邓广铭点校：《陈亮集》卷10《上光宗皇帝鉴成箴》，第110页。
⑥ （宋）陈亮著，邓广铭点校：《陈亮集》卷9《勉强行道大有功》，第102页。
⑦ （宋）陈亮著，邓广铭点校：《陈亮集》卷9《勉强行道大有功》，第102页。
⑧ （宋）陈亮著，邓广铭点校：《陈亮集》卷4《问答下》，第42页。
⑨ （宋）王明清撰：《挥麈录·余话》卷1《祖宗兵制名枢廷备检》，《四部丛刊续编》，上海：上海书店影印，1984年影印本，第55册，第23页。
⑩ （明）陈邦瞻撰：《宋史纪事本末》卷2《收兵权》，上海：商务印书馆，1935年，第7页。

者无卓锥之地；有力者无田可种，有田者无力可耕"①。宋政权南渡后，政府大量扩充官田，大官僚地主（包括高级将领）凭借权势大肆掠夺土地；富商大贾更是"持筹权衡，斗筲间，累千金之得，以求田问舍"②，把经营工商业赚得的钱用来购买土地。这样，土地问题比北宋更为严重。土地是封建经济的核心，按土地征收的赋税，是南宋财政收入的主要依靠。土地兼并的发展，至少带来了这样两个严重后果：第一，土地高度集中在各类地主手里，自耕农必然减少，加以官僚地主千方百计逃避赋税，封建国家的田赋收入相对减少。南宋政府为了弥缝庞大开支，就巧立税目，无孔不入地进行搜刮。这样，势必形成经济上的恶性循环。第二，土地兼并使大量丧失土地的农民，除了变成佃农之外，一部分被抛到社会上，成为脱离生产的游民，严重地威胁着封建统治。这些情况，不能不引起陈亮的注意。

陈亮对农民与土地的关系有一定认识。他说："农之于田，朝斯夕斯，舍是奚安。"③这里包含两层意思：土地是农民朝夕与共，不能分离的；土地是农民安身立命之所，不可缺少的。前者属于劳动者与生产资料的关系问题。马克思曾经指出："不论生产的社会形态如何，劳动者与生产资料始终是生产的因素。但是，二者在彼此分离的情况下只在可能性上是生产因素。为了要有所生产，它们必须互相结合。"④陈亮当然没有也不可能像马克思那样，对农民与土地的关系有本质的认识，但他从社会现实中直接地感觉到这个问题的重要性。后者可以认为是属于劳动力的再生产问题，就是说，农民必须从土地上获得维系劳动力再生产的生活资料。陈亮对这点的认识，当然也只能是直观的。尽管如此，陈亮这个言论表明，南宋时土地兼并发展，使一部分农民被迫离开土地而带来严重后果，在他意识中是有所反映的。

既然土地对农民是如此重要，而天下的土地又多为豪民和官府所占据，那么，怎样解决农民的土地问题，必然提到思想日程上来。陈亮的确考虑和研究了这个问题。

---

① （宋）李焘撰，（清）黄以周等辑补：《续资治通鉴长编》卷 27，宋太宗雍熙三年七月甲午李觉上言，上海：上海古籍出版社，1986 年，第 238 页。
② （宋）李新：《跨鳌集》卷 20《上王提刑书》，《景印文渊阁四库全书》，台北：商务印书馆，1986 年影印本，第 63 册，1124—563 页。
③ （宋）陈亮著，邓广铭点校：《陈亮集》卷 10《耘斋铭》，第 111 页。
④ 马克思：《资本论》第 2 卷，中共中央马克思恩格斯列宁斯大林著作编译局编：《马克思恩格斯文集》第 6 卷，北京：人民出版社，2009 年，第 44 页。

是否可以采取行政手段，把豪民占有的土地夺还农民呢？陈亮不赞成这样做。淳熙四年（1177年），郎景明曾指着一座山告诉陈亮：这座为官府所有的山，是附近贫民靠以资给衣食的场所。曾经有人"夺而私之"。郡太守"取以还之民"，至今山上还有铭记太守功德的石碑。陈亮听了大发感慨说："今天下之田已为豪民所私矣，虽在官者（指官田）亦不以与无告之民，岂期有在官之山又以与民而忍夺之乎！"①看来，陈亮对在官之田不给哀哀无告之民，有不满的意思，但他并不赞成夺豪民已占之田与民。这点还可以从他对东晋王导的看法得到旁证。陈亮希望当朝统治者吸取东晋的历史经验。他肯定王导辅佐元帝使"江左之势遂强"的一系列措施，其中一条是："族望之盛者，民之豪强者，与夫户口之能自隐匿者，又皆得自舒于其下。"②让望族、豪民、隐匿户口者能够"自舒于其下"，当然是不应该夺豪民之田的。

陈亮对解决农民土地问题的主张到底是什么呢？建炎三年（1129年）广州教授林勋向高宗进献了一部他著的《本政书》③。陈亮在刊刻此书时，写了一篇《书林勋〈本政书〉后》的文章，对林勋解决土地问题的建议，提出了修正意见，表达了他对土地问题的主张。

林勋的《本政书》是针对"今农贫而多失职，兵骄而不可用，是以饥民窜卒，类为盗贼"④提出来的。就是说，是为了解决农民没有土地的问题，和军队的素质问题。归根结底是为了缓和阶级矛盾，巩固封建统治的问题。这点，陈亮大概是有同感的。

林勋的办法是"使民一夫占田五十亩，其有羡田之家，毋得市田。其无田与游惰末作者，皆驱之为隶农，以耕田之羡者，而杂纽钱谷，以为十一之税"⑤。然后，按井编制户口，以定税赋。其基本精神，正如陈亮概括的："使隶农耕良农之田，纳租视其俗之故。"⑥很显然，这是一个企图把无田农民、工商业者完全变为隶农（佃农）的方案。这个方案，虽然能够使丧失土地的农民，重新和土地相结合，但要把工商业者完全变为佃农，是不符合当时商品经济日益发展的趋势的。陈亮肯定林勋"思虑周密"，治学态度严谨。但对

---

① （宋）陈亮著，邓广铭点校：《陈亮集》卷35《郎秀才墓志铭》，第466页。
② （宋）陈亮著，邓广铭点校：《陈亮集》卷9《谢安比王导》，第95页。
③ （宋）林勋：《本政书》，已佚。在《宋史》卷422《林勋传》、卷173《食货志上》和《建炎以来系年要录》卷26里，能见到一些内容。
④ 《宋史》卷422《林勋传》，北京：中华书局，1977年，第12605页。
⑤ 《宋史》卷422《林勋传》，第12605页。
⑥ （宋）陈亮著，邓广铭点校：《陈亮集》卷23《书林勋〈本政书〉后》，第255页。

林勋的土地方案提出了三点批评：第一，陈亮认为"使隶农耕良农之田，纳租视其俗之故，经赋出于良农，而隶农出军赋，疑非隶农所利"①。这是说，林勋的基本做法对隶农不利。第二，陈亮认为"使他人得以告地之可辟者而受其赏焉，有趋利起争之渐，疑非王政所当出者"②。大概林勋有奖励垦辟的主张，陈亮怕引起新的矛盾而不赞成这个做法。第三，陈亮认为"勋欲举天下而用一律以齐之，无乃非圣人宽洪广大之意乎！疑亦非民之所甚便也"③。这是说，林勋没有根据不同情况而采取不同的做法，千篇一律，缺乏宽洪广大的精神。从一、三这两点来看，陈亮是不赞成把无田农民，特别是把工商业者都变成隶农的。这就基本上否定了林勋的意见。

陈亮针对林勋方案的问题，研究了古代和汉朝的土地制度，结合宋朝的情况，提出了自己关于解决土地问题的设想。

陈亮主张把除了山林、川泽、邑居、道路以外的土地，以三分计算，"定其一以为经数，起贡、起役、起兵、简教之法，悉如勋所定"④。所谓经，就是井田法。这是说，以三分之一的土地，仿照井田法，分配给农户耕种，而赋税、徭役、兵役和士兵教习的制度，则按林勋的办法实行。其余三分之二的土地，分作三种情况处理：（1）"为余夫间田"。这里所谓余夫，是指上述仿照井田法，一家一人受田之外，该家尚有劳动能力的老小，按常数的四分之一受田。就是说，这三分之二的土地中，有一部分准备作为余夫的受田。（2）作"士、工、贾所受田"。除了农户受田，陈亮还主张对未能做官的知识人士和从事手工业、商业的人，都要受田。（3）"凡朝廷郡县之官，皆使有田"，大概是职田之类。陈亮还提出设立官吏来职掌其事。并说他的办法是"立政以公而示天下以广，则民不骇而政易行"⑤。陈亮曾说："世固有同好此书（指《本政书》），同疏此事，同施此策，而其实不同者。"⑥他自己正是如此。首先，在土地问题上，他和林勋的主张确是"其实不同"。最根本的区别在于，林勋企图全部实行租佃制，而陈亮则着重发展自耕农；其次是林勋企图把工商业者都变为佃农，而陈亮则仅仅使工商业者兼有一定数量的土地；另外，陈亮还主张士也要受田，官吏也应有田。这就是他批评林勋的办法缺乏"宽洪广

---

① （宋）陈亮著，邓广铭点校：《陈亮集》卷23《书林勋〈本政书〉后》，第255页。
② （宋）陈亮著，邓广铭点校：《陈亮集》卷23《书林勋〈本政书〉后》，第255页。
③ （宋）陈亮著，邓广铭点校：《陈亮集》卷23《书林勋〈本政书〉后》，第255页。
④ （宋）陈亮著，邓广铭点校：《陈亮集》卷23《书林勋〈本政书〉后》，第255页。
⑤ （宋）陈亮著，邓广铭点校：《陈亮集》卷23《书林勋〈本政书〉后》，第256页。
⑥ （宋）陈亮著，邓广铭点校：《陈亮集》卷27《与吕伯恭正字》，第320—321页。

大之意"，说自己的主张是"立政以公而示天下以广"的含义所在。

从社会经济的发展趋势来看，陈亮发展自耕农的主张，是比较适合商品经济发展要求的。但是，他的主张也只是一个大概的设想，在当时的条件下，没有也不可能付诸实行。

四、重商倾向

北宋以来，在农业发展的基础上，手工业有很大的发展。从事商品生产的民营手工业，行业增多，规模扩大，技术进步，为商业繁荣提供了条件。大城市增多，城市人口增长，农村集市普遍活跃，货币需要量增加，交子（纸币）的出现，以及对外贸易的发达，这些都表明商品经济有了显著的发展。

商品经济发展固然是重商思想产生的基础，但并不是当时的思想家都能认识到商业的重要性。比如北宋的李觏，就仍然坚持传统的抑末主张。只有那些广泛接触社会实际，察知时代脉搏，勇于冲破陈旧观念的人，才可能放弃对商业的偏见。陈亮就是这种人当中的一个。

多少世纪以来，在一般士人的眼光中，营商是一种低贱的职业。可是，陈亮在坎坷的道路上几经碰壁，面临今后去向问题的时候，曾经写信告诉友人："亮本欲从科举冒一官，既不可得；方欲放开营生（经营商业），又恐他时收拾不上；方欲出耕于空旷之野，又恐无退后一着；方欲俛首书册以终余年，又自度不能为三日新妇矣；方欲盃酒叫呼，以自别于士君子之外，又自觉老丑不应拍"[1]，"亮为士、为农、为商，皆踏地未稳"[2]。可见，在仕途不通的情况下，他曾考虑过以经营商业为生。在陈亮眼里，营商至少不是羞与人道的事业。能不能说这只是陈亮一时的愤激语言呢？自然，陈亮一生并未放弃谋取一个官职，以施展振国济时的夙愿，但营商打算不能单纯看作非由衷之言。因为，从他涉及社会职业划分和农商关系的看法上，说明他确有营商的思想基础。

陈亮曾经指出："古者官民一家也，农商一事也。上下相恤，有无相通，民病则求之官，国病则资诸民。商藉农而立，农赖商而行。求以相补，而非求以相病，则良法美意，何尝一日不行于天下哉！……后世官与民不复相知，农与商不复相资以为用，求以自利，而不恤其相病。故官常以民为难治，民

---

[1]（宋）陈亮著，邓广铭点校：《陈亮集》卷 27《与吕伯恭正字·又书》，第 321 页。
[2]（宋）陈亮著，邓广铭点校：《陈亮集》卷 29《与石天民》，第 396 页。

常以官为厉己;农商盱盱相视,以虞其龙断而已。"①在他看来,"官民农商,各安其所而乐其生",不但古代如此,现在也应该这样。把社会人群作官民上下的划分,是一种政治观念;而把官民前提下的民,分作农商两类,则是从社会职业上考虑的,属于经济观念。陈亮把商和农并立,认为"农商一事",显然是确认了商业的重要地位。更有意义的是,他已察知农商不可分离,认为"商藉农而立,农赖商而行",农商应该"求以相补,而非求以相病",应该"相资以为用"。如果,不是商业已经成为国民经济的重要组成部门,农业与市场有较多的联系,商品经济有较广泛的发展,这种思想是不可能出现的。这也说明,陈亮对社会经济有相当深入的观察,对商业的重要性有比较充分的认识。

如果上面说的,只是陈亮借古代历史,从国民经济各部门及其相互关系的论述中,反映出他的重商倾向的话,那么,从下面关于当代财政经济的看法上,不仅可以再次看到他的重商倾向,甚至有代表商人呼声之嫌。

陈亮非常赞赏宋朝祖宗在集中财权的同时,采取"于文法之内未尝折困天下之富商巨室"②的补助办法。他批评王安石"青苗之政,惟恐富民之不困也;均输之法,惟恐商贾之不折也"③。他又提醒当朝孝宗皇帝:"加惠百姓,而富人无五年之积;不重征税,而大商无巨万之藏:国势日以困竭。"④很明显,在他看来,国家不应该在法律上困抑和损害富商大贾;国势要富强,就必须让富人大商尽量积蓄财物。用这样坦率的语言、鲜明的态度来谈论富商大贾,在当时确是不可多见的。

陈亮对高利贷的态度,也可以间接地反映出他对商业的态度。陈亮家乡有一座普明寺,其僧"藉丐施以活"。陈亮出了一个主意,叫他们积资购田。僧如靖按照他的办法,购进了二十亩。如靖死后,僧允禧继续经营。允禧"从富人乞谷三百石,贷之下户,量取其息,以为其徒目前之供"⑤。陈亮在记述此事的文章中,谈到了他对寺僧发放高利贷的看法。他说:"夫乞谷于富人,而取息于下户,以供山林之枯槁者,则三者各得其称,是真有先王井邑之遗意。"⑥什么是先王之遗意呢?"昔者先王居民之制,固使之交相养,而非欲

---

① (宋)陈亮著,邓广铭点校:《陈亮集》卷12《四弊》,第140页。
② (宋)陈亮著,邓广铭点校:《陈亮集》卷1《上孝宗皇帝第一书》,第5页。
③ (宋)陈亮著,邓广铭点校:《陈亮集》卷1《上孝宗皇帝第一书》,第6页。
④ (宋)陈亮著,邓广铭点校:《陈亮集》卷1《上孝宗皇帝第一书》,第6页。
⑤ (宋)陈亮著,邓广铭点校:《陈亮集》卷25《普明寺置田记》,第278页、《普明寺长生谷记》,第280页。
⑥ (宋)陈亮著,邓广铭点校:《陈亮集》卷25《普明寺长生谷记》,第280页。

其截然而各立也。井邑之间，有无相通，缓急相救。"①可见，陈亮把捐谷作为高利贷资本的富人、受高利贷剥削的下户和食息的僧侣，叫作"三者各得其称"；把这种剥削和被剥削关系美化为"有无相通，缓急相救"的所谓"交相养"的关系。

陈亮把商业看作是与农业密切联系的、构成国民经济的一个重要组成部门，认为商人积蓄财产是国家富强的要素，法律不应该折困商人，是商品经济显著发展的反映。商品经济的发展，是封建社会后期社会经济发展的趋势，是社会进步的表现。因此，陈亮的重商思想和封建社会前期的重商思想不同，无疑是有积极意义的。但是，我们不应该忽略，南宋时期自然经济仍旧占据统治地位，商品经济虽然有了显著的发展，但它毕竟还是封建经济的一个补充部分。与此相应，当时并不存在一个有独立经济政治利益的商人集团，而商人、地主、官僚常常是三位一体的。所以，不能把陈亮看成是商人利益的代表。从他把富商巨室相提并论，可以说明，他不过是反映了地主阶级下层，特别是浙东这个工商业比较发达地区的和商品经济有较多联系的地主阶级下层的愿望和要求而已。

五、财政思想

为了拯救南宋"国势日以困竭"的局面，使国家富强起来，以便有力量抗金、收复中原，陈亮在财政方面提出了改革财务行政的主张。

陈亮尖锐地批判了当时理学家和权臣们宣扬的富强之道。他指出：一提起富强，他们就说什么"节用爱人""广招募，括隐漏"，把圣人的话搬出来装饰自己。其实这是"不足以明天下之大义""无取于办天下之大计"的常理常法，根本不能解决实际问题。②

陈亮精心地研究了使国家富强的大计。他不是从陈腐观念出发，而是根据宋朝财政的历史，寻找造成国弱民贫的原因，从而提出使国家富强起来的关键举措。

陈亮指出：艺祖皇帝（宋太祖赵匡胤）鉴于五代时财权"倒持于下"的祸害，统一政权以后，采取"束之于上"的方针，把财务行政权力收归中央的漕司，"自管库微职，必命于朝廷"，使"财皆天子之财"，做到了财权高度

---

① （宋）陈亮著，邓广铭点校：《陈亮集》卷25《普明寺长生谷记》，第279页。
② （宋）陈亮著，邓广铭点校：《陈亮集》卷1《上孝宗皇帝第二书》，第10—11页。

集中。陈亮肯定这个措施,认为它奠定了宋朝二百年太平的基础。[1]同时又指出了这个措施也造成郡县财权太轻的弊病。据他说,宋朝祖宗知道这个弊病,采取了补助办法。陈亮认为,宋朝财力困竭的问题出在后世,"后世不原其意,束之不已,故郡县空虚而本末俱弱"[2]。就是说,后来的当权者不体会开始制定政策的本意,使财权愈来愈集中。他着重举出王安石和当朝孝宗皇帝为例,说王安石"括郡县之利尽入于朝廷,别行为封桩以为富"[3];说孝宗也是"括郡县之利以为富"[4]。因此,造成了郡县空虚,国家的经济力量也随之衰竭了。所以,他强调指出:"今不变其势而求恢复,虽一旦得精兵数十万,得财数万万计,而恢复之期愈远。就使虏人尽举河南之地以还我,亦恐不能守耳。"[5]在他看来,富强的关键,不在兵财的多少,而在于改变兵财权力过分集中、郡县太轻的势态。

陈亮根据他对宋代财政历史的考察,提出了改革财政的主张。他的主张是:"宽郡县而重守令",与以州赋而纵其自用。[6]就是要加强郡县的财政权力,征收的赋税由郡县支配,使郡县手中掌握一定的物资。很显然,这是属于财务行政方针和制度的改革问题。

宋朝国家经济困难、财政危机严重,是客观事实。造成这种情况的原因是统治腐朽,开支庞大,入不敷出,关键并不在于财务行政问题。陈亮并没有看准这一点。但是,北宋以来,财务行政方面,集中与分散、中央与地方的矛盾确是存在的。虽然算不上财政问题的关键,但也不失为一个问题。由于陈亮能够摆脱陈腐的财政观念,善于作历史的分析,因此,就这个问题的本身来看,他的论述是相当精湛的。

陈亮对财务行政改革重要性的论述,有三点是值得注意的:第一,郡县的财权太轻,则"委琐不足恃""重迟不易举"。[7]就是说,如果地方政权的财政权力太小了,要举办一些本地需要的小型事业,就没有凭借,办起来也迟缓而不容易成功。第二,郡县手中缺乏物资,又有必要的支销,这就免不了要向下征派,因此,租税加耗、义仓支移、和籴、脚力钱等附加税目就去掉

---

[1] (宋)陈亮著,邓广铭点校:《陈亮集》卷1《上孝宗皇帝第一书》,第5页。
[2] (宋)陈亮著,邓广铭点校:《陈亮集》卷1《上孝宗皇帝第三书》,第13—14页。
[3] (宋)陈亮著,邓广铭点校:《陈亮集》卷1《上孝宗皇帝第一书》,第6页。
[4] (宋)陈亮著,邓广铭点校:《陈亮集》卷1《上孝宗皇帝第一书》,第6页。
[5] (宋)陈亮著,邓广铭点校:《陈亮集》卷1《上孝宗皇帝第三书》,第14页。
[6] (宋)陈亮著,邓广铭点校:《陈亮集》卷1《上孝宗皇帝第一书》,第5页。
[7] (宋)陈亮著,邓广铭点校:《陈亮集》卷1《上孝宗皇帝第一书》,第6页。

不了，官民农商四者之弊，就会一天比一天更严重。①郡县手中缺乏物资，为了应付上面的"无名难办之费"，必然要"巧以取之民"；民有怨言，在上的官吏又"常不自任其责"，委罪于郡县，使郡县官吏处境十分难堪。②第三，"郡县之利括之殆尽，能者无所用其力。" 郡县官吏没有必要的权力和物资，本领再大也无法施展，国家的力量势必削弱，一旦惨遭"剥床及肤"的民众起来造反，"其忧岂不在民乎？"③如果郡县在财政上有活动余地，给老百姓表示一点抚恤的意思，用不着只靠法律就可以保持统治的安定，这岂不是很好吗！④

对于加强郡县财务行政权力问题，陈亮确实是考虑得相当周详的。他改革财政的主张，虽然从抗金、收复中原着眼，但落脚却在加强对农民的统治，这是由他的阶级本质所决定的。

从以上陈亮经济思想的基本内容看来，陈亮在我国古代经济思想发展史上的贡献，主要是初步论证了商业的地位和作用，反映了商品经济发展的一些要求，他从国民经济的组成部门上肯定了商业的地位，从农商关系上论证了商业的作用。这个观点，虽然没有进一步展开，但是，在重农抑商思想仍占支配地位的时候，能够把商业的地位和作用提到如此明确的程度，确实是难能可贵的。陈亮的财富观念中，把经营商业看作生财致富的一个途径；在财富分配上，提出"各有辨"的思想；在人欲论上，论证了人欲存在的客观必然性，认为人都是在为满足"大之为天下，浅至为锱铢"的欲望而斗争；在土地问题上，主张发展自耕农；以及反对用法律来折困富商，主张让大商人积蓄财物，赞美高利贷，要求郡县掌握一定的财权和物资，等等，在当时，这些都具有直接或间接地反映商品经济发展要求的性质。

陈亮之所以能够在经济思想方面有一定贡献，第一是由于当时商品经济有了显著发展，商业已显示了它在社会经济生活中的重要性。第二是由于陈亮处在地主阶级下层，生活在当时工商业最发达的浙东地区。他的朋友中，就有如唐仲友那样商人、地主、官僚三位一体的人物。这就使陈亮和社会经济，特别是商品交换的接触比较多，耳濡目染，无疑会对他的思想打上深刻的烙印。第三是朴素唯物主义的认识论和善于对土地制度、商业、财政等事物作历史的分析，这是陈亮能够接近社会经济的实际，察知时代的脉搏，摒

---

① （宋）陈亮著，邓广铭点校：《陈亮集》卷12《四弊》，第140—141页。
② （宋）陈亮著，邓广铭点校：《陈亮集》卷24《送徐子才赴富阳序》，第265页。
③ （宋）陈亮著，邓广铭点校：《陈亮集》卷25《义乌县减酒额记》，第277页。
④ （宋）陈亮著，邓广铭点校：《陈亮集》卷11《四弊》，第141页。

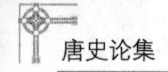

弃传统观念，从而对社会经济领域的新事物做出迅速反映的主观条件。

但是，陈亮对财富范围的认识仍然停留在财物的使用价值和自然的使用属性上，认为经营商业不如经营土地稳妥，说明他的经济思想还带着浓厚的自然经济色彩。陈亮在财富分配问题上强调"各有分"，对不知常分的现象困惑不解；在人欲论上强调"自安之分"，认为劳动人民"不得自徇其欲，一切惟君长之命为听"，以及不赞成夺豪民之田等观点，说明他的经济思想的实质在于维护剥削阶级的利益，这是陈亮经济思想的时代局限性和阶级局限性的表现。

原载《西南师范学院学报（哲学社会科学版）》1978年第2期

附录7　读王十朋两论《马纲状》书后

最近，从西南大学历史地理研究所蓝勇教授主编，杨光华教授、马强教授副主编的《稀见重庆地方文献汇点》（重庆大学出版社，2013年）所载正德《夔州府志》卷12《文》，读到南宋王十朋写的《夔州论马纲状》和《再论马纲状》，引起一些联想和思索，现在略书于后。

一、文字点校问题

当我从《夔州府志》（以下简称《府志》）上阅读两论《马纲状》时，对其文字产生了一些疑惑。于是，从图书馆借来《梅溪集》重刊委员会编、王十朋纪念馆修订的《王十朋全集》（上海古籍出版社，2012年，以下简称《全集》）。笔者把两书所载两论《马纲状》对照起来读，发现一些值得注意的关于文字点校的问题。

《府志》的文章是该研究所学子根据宁波天一阁藏明正德（1506—1521年）所纂刻本影印本点校的。《全集》的文章，据该书《重刊说明》，是以明正统本（明正统五年刘谦、何横据其祖本宋绍熙本校刻的《梅溪先生文集》）为底本，以清雍正本（雍正六年唐传鉎据正统本重编的《宋王文忠公文集》）和《四库全书》本（清乾隆时《四库全书》将正统本收入）为主要参校本，并有校记置于出校文字之下。笔者对读两书文章后，想说几点关于点校的问题。

第一，《府志》点校人对文章的解读，有几处略胜于《全集》，如：

《全集》："况今马纲之害，极重财力，必当大困"

《府志》："况今马纲之害极重，财力必当大困"

显然，《府志》断句是正确的。

《全集》："本州每年财赋之入，不满二十万，合起上供折估，经总制及官兵请给，皆在其内"

《府志》:"本州每年财富之入不满二十万,合起上供、折估、经总制及官兵请给,皆在其内"

《府志》把"上供、折估、经总制"用逗号点开是正确的。《全集》之误,恐系不详宋代税制所致。

第二,《全集》在改讹字、补夺字、去衍字方面胜过《府志》,见附表1。

附表1 《府志》和《全集》对照表

	府志	全集
一论	切见夔峡之间 每只打造八百余千 船易坏 虽曰令吴璘管办 鼓栗汗下 不胜为大幸	窃见夔峡之间 每只打造约费八百余千缗 马舩易坏(有校记) 虽曰令吴璘管办 股栗汗下 不胜大胜
再论	谓之往夏 马必蕃育	谓之住夏 马必蕃育(有校记)

第三,有一处,两书的不同断句都不正确。请看:

《全集》:"其舟船令王某疾速应副臣契勘马纲利害。(别起段)前知夔州张震及诸司论列已详……"

《府志》:"其舟船令王某疾速应副臣契勘。马纲利害,前知夔州张震及诸司论列已详……"

我认为,这段文字应该这样标点:

"其舟船,令王某疾速应副。臣契勘马纲利害,前知夔州张震及诸司论列已详……"

问题出在哪里?在"应副"和"契勘"这两个词上。这两个词是宋人文书中常使用的、带有时代性的词汇。前者是供应的意思,后者是考查、审核的意思。弄清这两个词的含意,便明白两书标点为什么不对,也就可以正确标点了。

上述可知,《府志》正确标点的原因,应与对宋代历史尤其是赋税制度史的了解有关系。而《全集》在文字校勘上的优势,则得益于使用了几种版本对校。两书都没有点对的,主要是因为对有时代性的词汇缺乏了解。这就提醒我们应该注意这样两点:第一,点校古籍、历史文献,并不是一件简单的技术活,必须具备相关的历史知识,了解当代的文风,知道当代人遣词造句的习惯和具有时代性的词汇等,才能把点校工作做得好一些。第二,点和校是两种既区别又联系的工作。点，断句，现在是用标点符号断句；校，文字校勘，常常是通过不同版本的比对辨别，解决文字的讹夺衍误。标点要借助于校勘。一段文句，如果文字有错讹，读不通，读不懂，会给断句带来困难，或造成误断。《府志》之所以对一些字没有校出来，恐怕与其缺乏对其他版本的参考有关系。不校而点，留下遗憾是难免的。

二、两论《马纲状》的写作背景、内容和意义

两论《马纲状》是王十朋在知夔州任上，写给孝宗皇帝的奏状。

南宋孝宗乾道元年（1165年）七月，王十朋由饶州（今江西鄱阳）调知夔州（今重庆市奉节县）。两个月前，四川宣抚使吴璘建议马纲水运。原来，朝廷例行从川秦收买的战马，在成都和汉中集中团纲，沿汉江谷地陆路运往都城临安。为了避免山路险阻，马匹损耗严重，吴璘建议，川蜀马纲改由嘉陵江、长江水路东运。孝宗欣然接受，立即命令夔州打造舟船。可是，当时夔路帅臣张震认为，这项工作用费浩大，当地出产不敷，绝难办到，不赞成其事。孝宗执意推行，把张震调离夔州，由王十朋接任。当年十一月，王十朋到达夔州之后，经过认真考察和思索，写出《夔州论马纲状》，陈述马纲水运不可行，请复行旧路。孝宗皇帝不但没有采纳，而且又"颁赐御札"，坚持推行，并责成王十朋率先以图成效。于是，王十朋又写《再论马纲状》，针对御札，再次申明自己的意见。

《夔州论马纲状》的内容，可分五段考察：

一段，自"准枢密院札子"至"其舟船令王某疾速应副"。简述川蜀马纲水运的由来和本州担负的任务。川蜀马纲水运是四川宣抚司的措置，前知夔州张震曾提出异议，而仍令本州尽快供应舟船。

二段，自"臣契勘马纲利害"至"不敢不以实闻"。总述马纲水运之害。马纲水运之害在财和力，二者都落到人民头上。此地土狭民贫，人民难勘其重负。

三段，自"今来茶马司及宣抚司所买马"至"则一路诸路之困又可知矣"。此段通过对马纲水运经夔州所需费用和人力的详细计算，说明本州财力和民力，实在难以承受。

四段，自"况水路正行瞿塘、滟预之险"至"非所以保护全蜀也"。此段以亲历亲见说明，千里夔峡，水路陆路都异常险恶，不宜马纲经过。否则，

· 485 ·

必有覆溺之患，还恐有控扼之险。

五段，自"臣所论利害"至"不胜大幸"。最后这段，托出奏状主旨，即请求皇帝降旨，"令马纲复行旧路，以安远人"。同时，敞开自己此举的心扉：如果坐视一路生灵之困而不奏闻，那是"上孤陛下任使之意，将负不忠之罪"。

《再论马纲状》可分为三段：

一段，自"臣伏蒙圣恩"至"不敢隐默"。此段主要是指出御札的四个要点，即强调马政的重要性，牵驾用兵便可以不扰民，行船多作番次，责成王十朋率先以图成效。其余那些话，可视为礼貌性语言。

二段，自"马纲改行水路"至"况欲多作番次耶"。此段首先针对御札所言牵驾易民为兵进行申辩。指出：（1）蜀江至险，恶滩很多，用不习水性、不善操舟的兵士牵挽舟船，必至触石破碎，人马俱毙无疑。（2）夔峡诸州厢禁军所存无几，若要用于牵驾，则以无几之卒伍，应无穷之马纲，其影响很大。不但耗费钱粮，妨废教阅，恐怕因此州郡空虚，发生意外。其次，针对御札多作番次之言，通过马纲经过夔府六州所用人力的计算，说明多作番次，夔府之兵已不够用，而那些兵少的州，一番尚且不足，多作番次更是不可能。

三段，由"臣愚以为不若且行旧路"至"不胜大幸"。再次提出马纲"且行旧路"，并建议在旧路中间，设置牧监以休养生息，这还可以作为边防警急之储备。还说，不是我不愿率先奉行，实在马纲水运利少害多，或至生事误国。最后，希望皇上把他的奏状交两府大臣商议，参酌施行。

从这两次奏状来看，王十朋是坚决反对马纲水运的。他的理由可归结为四点：（1）马纲水运势必科扰于民，重困民力。（2）马纲水运之费用，地方财力不能负担。（3）马纲水运所需牵挽人力甚多，民间艄工水手人数不足，易民为兵则不谙水性，不善操舟。（4）水路险恶，马性善惊，必有覆溺之患。这些都是合情合理，确实存在的。

王十朋两论《马纲状》有什么意义呢？

第一，对川蜀马纲水运的废罢，起了重要推动作用。《宋史·汪应辰传》云："有谓蜀中纲马驿程由梁、洋、金、房，山路峻险，宜浮江而下。诏吴璘措置。执政、大将皆主其说。（汪）应辰与王十朋力言其不便，遂得中止。"川蜀马纲水运在孝宗执意推行、四川宣抚使吴璘积极措置下，曾试发运过五十纲。然而在汪应辰、王十朋等人反对下，加之乾道三年（1167年）吴璘去世，接任的虞允文对此事并不热心，于是，这个利少害多的马纲水运事废罢。王十朋"力言其不便"的具体表现，便是两论《马纲状》。所以，这两道奏状，对马纲水运废罢，的确起了重要的推动作用。

第二，两论《马纲状》作为历史文献，具有可贵的史料价值。其一，南宋马纲水运，这是历史上曾经发生过的事件。这个事件，既有军事政治意义，又有川江航运的标志性意义。现在能见到的史料，《建炎以来朝野杂记》有《纲马水陆路》涉及和《宋会要辑稿》有零星片断记载以及上引《宋史·汪应辰传》的简短记载。除此之外，专门就这个事件进行论述，尤其对此事件为什么浅尝辄止，对其原因做过详细论述的文献资料，就只有两论《马纲状》。因此，后人要考察研究这段历史，它就成为必读的材料。其二，两论《马纲状》中，关于夔峡社会民情状况的记述，关于夔峡航运交通情况的记载，关于当地财政状况的记载，关于地方府州厢军情况的记载，是研究南宋政治经济军事历史，尤其是渝东三峡地方历史非常可贵的材料。其三，两论《马纲状》展现了历史上一个地方好官的优良思想品质。作为一个封建时代的地方官，上头是皇帝，下面是百姓。如何对待上下，是检验一个地方官思想品质的试金石。一般追求加官进爵、升官发财的地方官，必然眼睛向上，看皇帝的脸色行事，极尽阿谀奉迎之能事，毫不顾及下面百姓的死活。只有凭良心做官，有点"民贵君轻"基因的地方官，才会眼睛向下，把行事的出发点和落脚点放在百姓这边。王十朋就是这样的地方官，他的两论《马纲状》表明了这点。两论《马纲状》让我们清楚地看见，王十朋在川蜀马纲水运这个事件上，他绝不唯皇帝之命是从，一切都是以百姓为出发基点。他苦口婆心地说，马纲水运"利害之大者，莫过于财与力，二者皆出于民"，人民已贫苦异常，绝难承受其害。"夔之民力既困如此，若又从而役之，必有游离转徙之患。""财非天降地出，又必取之民，而夔之民贫如此，财何自而出耶？""若欲削平险阻，使马之行，非惟重困民力，又恐有害控扼之险。""臣所论利害，皆是目见。苟坐视一路生灵之困，不以奏闻，则上孤陛下任使之意，将负不忠之罪矣。"在他看来，对生灵百姓之困苦视而不见，不如实反映，那是犯罪，罪不容诛。这是一个地方官多么优良的品质！

三、王十朋与《宋史·循吏传》

王十朋（1112—1171 年）字龟龄，号梅溪，浙江温州乐清人，南宋著名诗人、政治家。绍兴二十七年（1157 年）高宗皇帝亲擢状元，时四十六岁。从这年开始，王十朋步入仕途，至孝宗乾道七年（1171 年）去世，仕途生涯共十四年。

有学者说，梅溪先生一生"贞守于纯臣循吏之间"（《王十朋全集·前言》）。所谓纯臣，大概是指他前七年在朝任校书郎、司封郎中、国子司业、起居舍人、起居郎、侍御史诸官职的表现；循吏，应是就他后七年历知饶州、夔州、湖州、泉州而言。在朝为官的王十朋，"纯臣"是否足以表达其作为，暂且不论。在这里，只想联系《宋史·循吏传》来考察一下，王十朋做七年地方官，是否堪称循吏；如果是循吏，又为什么没有进入《宋史·循吏传》的问题。

《宋史》卷 426《循吏传》，载陈靖等 12 人。其事迹可归纳为：重农事，兴水利；治刑狱，活平民；发仓储，救饥凶；以及抚平蛮夷，兴教化俗，为政廉俭。王十朋的表现怎样呢？《宋史·王十朋传》说："凡历四郡，布上恩，恤民隐。士之贤者诣门，以礼致之。朔望会诸生学宫，讲经询政。僚属间有不善，反复告戒，俾之自新。民输租，俾自概量，闻者相告，宿逋亦愿偿。讼至庭，温词晓以理义，多退听者。所至人绘而祠之。去之日，老稚攀留涕泣，越境以送，思之如父母。饶久旱，入境雨至；湖积霖，入境即霁。其至诚不独感人，而亦动天地鬼神。"仅由此看，王十朋比起《循吏传》那些人，一点也不逊色，甚至可以说有过之而无不及。可是《循吏传》仅载 12 人，像王十朋这样的地方好官，却不能入《循吏传》，这是什么原因呢？

《宋史·循吏传》的前言说："循吏载诸简策者十二人，作《循吏传》。"就是说，入传的 12 人是"载诸简策"的，即宋朝官方文书记载为循吏的。什么人能得此资格呢？前言说："宋法有可以得循吏者三：太祖之世，牧守令錄，躬自召见……；监司察郡守，郡守察县令，各以时上其殿最；又命朝臣专督治之，考课之方密矣。"结合入传 12 人的情况，可以把得以为循吏的三种途径归结为：一是皇帝召见或颁诏褒奖。二是上司推荐。三是朝臣认可。载入《循吏传》的 12 人中，有七人属第一条，一人属第二条，三人属第三条（其中一人兼第一条），有二人缺乏明确记载，可能有遗漏。由此可知，并不是有循吏事迹的官员都可入《循吏传》。如果无缘上述三条途径，便不能上当朝的循吏"简策"，后代修史，也就不能入选。宋朝三百年，地方官成百上千，难道仅有十二位循吏吗？前言亦承认"州县吏谨守法度以修其职业者，实多其人"，就是由于按宋朝法度，与三条无缘的人，再好也上不了循吏"简策"，也就入不了《循吏传》。王十朋堪比循吏而未入《循吏传》原因就在于此。如果我们再探讨一下，为什么王十朋与循吏"简策"无缘呢？恐怕就又要回到两论《马纲状》来找答案了。

两论《马纲状》表明，皇帝命令王十朋疾速供应马纲用的舟船，而他向皇帝详细算账，说造船雇工费用相当于本州全年的财赋收入，实在无力负担，因此断然拒绝；皇帝告诉他，牵船驾舟可用兵士，便不会扰民，而他却说，兵士不习水性，不善操舟，说不扰民，实际上不得不扰民；皇帝要他"身率以先，共图成效"，而他说，并不是我不率先奉行，实在是马纲水行利少害多，实行不得。像这样对待皇帝命令的地方官，即使其他方面做得很好，皇帝会表彰他吗？显然不可能。因此，王十朋无缘循吏之途第一条。马纲水运，"执政、大将皆主其说"，四川宣抚使吴璘积极推行，本来决定由夔州打造舟船，而王十朋却竭力反对，顶着不办，吴璘试运马纲的船，只好到潼川府的合州筹办。这样，王十朋把上司、朝臣都得罪了，他们还能推荐认可他为循吏吗？当然也是不可能的。因此，王十朋也无缘循吏之途的二、三条。难道不可以这样说，两论《马纲状》是王十朋入不了《循吏传》的根本原因吗？

王十朋写两论《马纲状》，尽管在当时得不到认可，但是，今天我们读起文章来，却油然而生十分的敬意。一个为了不损害老百姓利益、不困扰老百姓，且敢于对皇帝的命令说不、敢于和上司权贵较劲的地方好官的形象，跃然纸上。两论《马纲状》体现的行为，在《宋史·王十朋传》中，没有只言片语，无疑是编者的有意笔削。但是，今天我们看来，却是王十朋一生中的闪光点。历史是最公正的裁判，经得住它检验的东西，才可以说是真有价值的。

原载《晚晴牧歌》，西南师范大学出版社，2016年

附录8　怎样看待传统文化

根据一些同志的建议，现将笔者曾作过的《怎样看待传统文化》讲座内容整理出来，刊载于此。

一

当今，我国传统文化问题，是一个热门话题，受到广泛的重视。这已是一个无可争辩的事实。那么，为什么大家要重视传统文化问题呢？让我从"文化热"说起。

我国在20世纪初开始出现过一次"文化热"，那就是新文化运动。那次规模宏大的文化研究热潮，持续大约二十年时间。以后虽然还在延续，但在波澜壮阔、汹涌澎湃的抗日民族战争和国内人民解放战争的洪流中，它好像有点自甘寂寞，不再有多大的声息，文化问题的研究也沉寂下来。这一沉寂，十分出人意外，竟长达四十多年。直到历史跨入20世纪80年代，才再次兴起了文化研究新潮。这就是我们现在说的"文化热"。

20世纪80年代的"文化热"是怎样引发起来的呢？据我所知，大概是这样的：联合国教科文组织从50年代开始，组织编写一部部头很大的书《人类文化与科学发展史》（或译为《人类科学文化史》），内容涉及从西方到东方人类生活各个方面。1963年出版第一卷，1976年出齐，为第一版，共六卷十三大册，近七千页，图文并备，用英法两种文字出版。我国没有参加第一版的编辑工作，但曾组织过几十名专家座谈，进行评论，提出过我们的意见。

《人类文化与科学发展史》第一版出版后，第三世界国家以及日本、苏联等国纷纷提出意见，认为该书没有顾及东方国家和发展中国家的历史作用，有欧洲中心主义影响，要求重写一部真正符合人类发展实际情况的新书。欧洲中心主义，是文艺复兴时期出现的，是殖民扩张的产物，现在已是遭人唾弃的、很不光彩的东西。大家指责这个书有欧洲中心主义，这个批评是很重的。因此，教科文组织不得不接受意见，于 1980 年组织了一个新的编委会，我国和其他 26 个国家各出一名代表参加。我国代表就是庞朴。庞朴 1928 年生于江苏淮阴，1954 年于中国人民大学研究班毕业，曾任《中国社会科学》杂志副主编、《历史研究》主编，中国社会科学院研究员，有《文化的民族性与时代性》等好几部专著出版，是新中国培养出来的文化学专家。各国的编委在国内联系一批学者，参与全书的编写、审定工作。我国于 1980 年 5 月聘请十九位知名学者组成了《人类文化与科学发展史》中国编委会。就是这个编委会开展了一系列文化研究的学术活动，引发出一场"文化热"。

中国编委会于 1982 年与复旦大学《中国文化》研究集刊编委会在上海举行了"中国文化史研究学者座谈会"。该年 10 月《自然辩证法通讯》杂志社在成都召开"中国近代科学技术落后原因"讨论会。在此前后，上海复旦大学组织了文化研究机构，出版《中国文化》集刊，北京也出版了文化研究集刊，上海人民出版社等单位筹划出版一套大型的《中国文化史丛书》和《中国近代文化丛书》。庞朴也计划组织编写一整套中国文化丛书。西安和武汉重点研究汉唐文化和明清之际文化。四川和湖南、湖北开展区域性的巴蜀文化、楚文化研究。"文化热"就这样掀起来了。到 1984 年、1985 年更热一些。北京开办了国际性的中国文化讨论会，组织了一个中国文化书院，办讲习班，至 1986 年已办三期，每期都有来自全国各省市的人参加，有著名学者作讲演，影响颇大。同时，类似的讲习班、研讨会在武汉、杭州、上海等地相继举行。

这次"文化热"不仅搞社会科学、人文科学的人关心，也有很多搞自然科学的人关心，很多在校大学生、研究生都是热心参加者，青年同志们特别关注这件事。全国报刊发表了很多文化研究的文章，有的甚至开辟专栏，展开讨论。当时研究的问题大约有三个方面：一是文化学，即文化理论问题。二是中国文化的现状与历史。三是中外文化比较。总的说来，是从历史、现实、理论展开文化研究。

"文化热"已经持续十年，大致可分为两个阶段。首先是开始提出对"文化热"进行反思，可看作进入新阶段。对这些年的"文化热"作一番回顾，认真总结一下，当然是有必要的。总结经验教训，以利再战。通过反思能够提高我们的自觉性，我相信今后的文化研究会比前几年开展得更好些，成绩

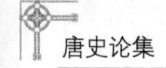

更大些。

在文化研究热潮中，怎样看待传统文化，可以说是一个中心问题，受到普遍关心和重视。这是为什么呢？在说明这个问题之前，让我简单地解释一下什么是传统文化，这也涉及文化结构问题。

传统文化，又称历史文化或文化遗产，是指发源于远古，经过历代的扬弃和充实，几千年遗留下来、流传下来的文化成果。这些文化成果，广义地说有物质文化成果、制度文化成果和精神文化成果三个层次；狭义地说，指精神文化成果，包括文学艺术、道德、政治法律思想、宗教、哲学、史学等具体形态的成果。大家关心的、研究的传统文化，主要是精神文化，如历代的文学艺术，传统的伦理思想以及在伦理思想指导下人的行为所体现的道德，传统的关于社会政治制度、政治生活、国家、阶级的政治思想，关于法的关系、规范、设施的法律思想，历代的宗教，传统的作为世界观理论体系的哲学以及记述历代社会经济政治文化的史学著作等。传统文化就是指这些历代遗留下来的成果。

这些传统文化为什么现在引起大家重视，受到普遍关心呢？笔者认为有以下几点原因：

第一，社会主义经济建设，四个现代化，经济体制改革的深入发展，社会主义民主和法制建设，政治体制改革的开展，随着这些经济政治的发展，必然会带来文化发展高潮。文化研究热潮的出现，大家关心文化问题，包括传统文化问题，其根本原因就在这里。前面说的引发"文化热"的情况，只是偶然因素，这里说的才是必然因素。不过必然性要通过偶然性表现出来，偶然因素也有为必然因素鸣锣开道的作用。但是要知道，如果没有联合国教科文组织重编《人类文化和科学发展史》，我国的"文化热"也是会出现的，只不过会由另一些事情引发罢了。正如毛泽东所说："随着经济建设的高潮的到来，不可避免地将要出现一个文化建设的高潮。"[①]这是社会发展规律的表现，不以人的意志为转移。

第二，要建设社会主义，建设具有中国特色的社会主义新文化，无可回避地要有一个如何对待民族传统文化的问题。因为，社会主义新文化绝不是在空中楼阁上建立，只能以传统文化为基地，在传统文化这个基地上建设，无论如何也离不开传统文化这块基地。"五四"时期有一个人叫钱玄同，他主

[①] 毛泽东：《中国人民站起来了》，《毛泽东选集》第5卷，北京：人民出版社，1977年，第6页。

张把中国传统文化全部彻底干净地铲除掉，实行全盘西化。用什么办法呢？他想出一条绝计：废除汉字，另学一种西方文字。为什么要用这个办法呢？他认为，汉字、汉文和传统文化紧密相连，认识汉字，一读汉文，就会受到传统文化的影响。汉字废除了，中国人都不懂汉文，传统文化再也无法起作用，就可以真正做到彻底铲除了。其实他也不懂得，不识汉字的中国人，也会从其他各种渠道接受传统文化的影响。可是七十年过去了，他的愿望一点也没有实现，甚至连他的这个办法，如果不是学历史的人偶尔翻到，今天十一亿中国人中有还谁知道呢！这叫作被历史合理地遗弃。但是，从他的办法中，却可以反映出这样一点，中国的汉语和传统文化密不可分。建设社会主义新文化必不可少地要学习和使用汉语。仅就这一点来说，也就必然要和传统文化发生关系。所以，把社会主义文化建设提上日程，必然面临一个如何对待传统文化的问题。

第三，当前，传统文化之所以受到人们特别的关心和重视，还因为前几年有一股否定传统文化的歪风，但全国大多数人则非常忧虑，特别是有点历史常识的人，都知道民族传统文化是民族自尊心、自信心所依托的基本阵地，民族传统文化被完全否定了，民族自尊心、自信心就会崩溃。一个民族，从其自尊心、自信心崩溃之日起，便是这个民族走向灭亡的开始。这绝不是危言耸听。所以，否定传统文化的歪风，引起大家的忧虑，大家为我们民族的前途忧心忡忡，不是没有道理的。这是近些年大家关心传统文化问题的一个现实的重要原因。

第四，大家关心文化研究，包括对传统文化的研究，还由于中华人民共和国成立后这方面的工作太薄弱了。个别人作过不完全统计，1919—1949年这三十年，国内出版的有关文化学和文化史的著作，大约有一百七十多种，而1949—1979年这三十年出版的只有一种（皆未包括各种具体形态的文化著作），即蔡尚思的《中国文化史要略》，而这本书主要是关于文化史书目和史料介绍。虽然，各种具体形态的文化史研究，如文学史、史学史、美术史等，有一些著作出版，但作为综合性文化史、文化理论著作，确是非常薄弱的。在大学教学中，20世纪五六十年代，乃至八十年代初期，很少有人开设文化学和文化史课程。在通史教学中，文化都是在一个阶段历史的末尾点缀一下，如果教学时间不够，就把文化部分略而不讲，或几句带过。这种状况，与我们民族传统文化本身的丰富内容比较起来，实在太不相称。这点，许多人早有感触。所以，研究文化问题一提出，就得到大家的赞同，就有人起而推波助澜，从而"文化热"很快地传播到整个中华大地。

二

上一讲我们说过，传统文化是指历代遗留下来的文化成果。那么，要正确看待传统文化，就必须对这些文化成果的来龙去脉有一个清楚的认识。这就是我们这一讲要说的传统文化的形成问题。只有把这个问题弄明白，才能对传统文化的本质和发展规律有所理解。

传统文化是怎样形成的呢？过去我们都根据毛泽东说的，"一定的文化是一定社会的政治和经济在观念形态上的反映"[1]，按照这个观点来认识。这对我们正确理解传统文化的本质，认识传统文化的根源，扫除唯心主义关于传统文化的奇谈怪论，起了指导作用。毛泽东这个论述的真理性，至今仍是毫无疑义的。

但是，我们在理解毛泽东的论述时，很少去思考政治和经济是怎样反映成为文化的。这个长期被忽视的问题，直到端正思想路线之后，才引起注意，才有人提出来进行探讨。

最近读到普列汉诺夫的有关论述，很受启发。普列汉诺夫在俄国传播马克思主义的功绩是列宁所肯定的，他的早期著作对马克思主义的解释，还是相当深刻准确的。普列汉诺夫对社会结构的各个层次以及层次之间的关系作过这样简明扼要的表述：

（1）生产力的状况。

（2）被生产力所制约的经济关系。

（3）在一定的经济"基础"上生长起来的社会政治制度。

（4）一部分由经济直接所决定的，一部分由生长在经济上的全部政治制度所决定的人的心理。

（5）反映这种心理特性的各种思想体系。[2]

从这个表述来看，社会的经济和政治反映为观念形态的文化，并不是一蹴而就那样简单。

按照普列汉诺夫所揭示的，经济基础、政治制度和思想文化之间，有一个中介层次，那就是人的心理。在社会生产中，人们由于生产力特定状况的

---

[1] 毛泽东：《新民主主义论》，《毛泽东选集》第2卷，北京：人民出版社，1952年，第666页。
[2] 《普列汉诺夫哲学著作选集》第3卷，北京：生活·读书·新知三联书店，1959年，第195页。

制约，而以一定的形式结合在一起，形成一定的生产关系，也就是经济关系。生产关系的总和构成经济基础。在一定经济基础上，生长出一定的社会政治制度。社会的经济和政治造成人们的心理。社会意识就是人们心理的反映、社会心理的升华。而文学艺术、道德、政治法律思想、宗教、哲学等文化形式则是社会意识的具体表现、社会意识的结晶。这就告诉人们，经济和政治是要通过社会心理这个中介才能形成观念形态的文化。

社会心理是人们在日常生产生活中形成和积累起来的，是对物质的经济关系和生存的社会条件的经验反映，其中交织着理性因素和感性因素，可是它主要是感性的东西，还不具备自觉的理性形式。社会心理只有经过思想家、艺术家，经过知识分子的复杂脑力劳动，才能形成系统化、理论化、形象化的社会意识形式。如马克思主义这个意识形式，它集中地反映了无产阶级在现代化大机器生产过程、日常生活和与资产阶级斗争中形成的阶级心理（如集体主义、大公无私、远大理想等）。但并不是无产阶级的心理会自发形成马克思主义，而是经过无产阶级思想家、导师马克思、恩格斯以及部分工人群众直接参与的复杂的艰巨的脑力劳动，并吸取人类一切优秀思想成果才形成的。

这就告诉我们，研究传统文化的形成，不能满足于知道它所反映的经济和政治，还要研究经济政治怎样通过社会心理反映成为文化，注意考察社会心理在文化形成过程中的作用。只有当我们弄清了社会心理与文化的关系，明了社会心理如何为各种文化形式提供动机、激情和素材，才能对文化千姿百态的表现有所理解，才不致于把各种文化形式所包含的丰富内容，简单地一律地归结为某种经济政治的产物。

认识历史文化的形成，注重研究各个历史时期的经济政治和社会心理的作用，固然必不可少，很重要的，但是还不够，还不能完全达到科学认识的要求。因为，这只说明了历史文化的"源"，只能阐明它的时代性、社会性、阶级性，只揭示了历史文化的一种属性，尽管这是一种十分重要的属性，是一种本质属性，然而历史文化并非只有这一种属性。历史事实告诉人们，不同历史时期的文化，它们之间总是有着客观的必然的联系。一个民族、一个国家的文化正是由于各自的独特联系而凝聚出民族传统、民族风格、民族特色。这就是历史文化的另一种重要属性——继承性和由继承性导出的民族性。这相对文化的"源"来说，可以算是"流"。只研究当时的经济政治和社会心理，还不能说明此时期的文化与彼时期的文化的联系，不能完全说明不同民族、国家的文化为什么各不相同，就是说，还不能揭示历史文化的继承性和民族性，没有揭示文化的"流"。

每个历史时期的各种文化形式，无论是它的内容还是形式，都有两个方面的来源。在内容上，一方面是反映现实社会的经济和政治，另一方面是接受过去的某些文化内容，二者结合在一起，以前者为主。在形式上，一方面继承过去文化的方式、方法和手段，另一方面又根据新的内容和条件加以改造、补充和发展，增添一些新形式。如唐诗，在内容上主要是反映唐代高度发达的封建经济和政治，反映当时丰富的社会生活，同时也不乏以前代历史文化为题材的吟唱，即便如此，它所反映的仍然是唐人的思想和感情。在形式上，唐诗既有古体诗，又有新创的近体诗，由古体为主演进为以近体为宗，而近体诗的声律、对偶形式也不是唐代突然出现的，是建安时曹植开其端，两晋南朝诗人继其绪，至唐代才总其成。历史文化这两方面的来源，也就是文化的"源"和"流"，是考察历史文化形成的两个基本着眼点，只有既注重"源"，又不忽视"流"，既把握其时代性，又弄清其继承性，才能对历史文化的形成有全面的了解。

历史文化的继承性，并不是简单的因袭，而是批判地继承。批判是手段，继承是目的。批判地继承，就是根据当代的认识水平，对前代文化进行分析、评论、判别，吸收其精华，摒去其糟粕。所以，批判地继承总是对前代文化内容有选择，有取有舍，决不是全盘照搬；即使是需要吸取的，也总是有所改造，有更有革，决不是原封不动。对前代文化形式的利用，或者是因为它反映的内容适合当代的需要，或者是它适合表现新时代社会生活的内容，也不是兼收并蓄。历史文化正是这样沿着批判继承的轨道前进，在批判继承中愈来愈进步，通过批判继承而逐步提高。

否定传统文化，主张彻底铲除历史文化的人，且不说有些显然是醉翁之意不在酒，只就一般认识方法来说，他们只看到传统文化的时代性，不承认继承性，或者是把时代性与继承性对立起来，以时代性否定继承性。在他们看来，历史文化是奴隶社会、封建社会的东西，早已过时了，现在已是20世纪八九十年代，老古董还有什么用？还要保存它，研究它，岂不是白费力气！岂止没有用，而且还是包袱，是拖累，应该干净、彻底、全部甩掉。按照这种逻辑，似乎应该再来一个"破四旧"。他们不知道，或不愿知道，正是这些历史文化遗产，根据本身的继承性，代代相传，直到今天，成为现代文化借以建立的土壤。要建设具有中国特色的社会主义新文化，非但离不开传统文化，而且还必须从中汲取养分。时代性与继承性相结合，是文化发展的客观规律，这对社会主义文化同样是适用的。否定传统文化的人，至少在认识上犯了片面性的毛病，不懂得文化的时代性与继承性的辩证关系。

考察传统文化的形成，还有一个与外来文化的关系问题。任何一个民族的传统文化，总是和外族文化发生过接触，进行过交流，总不免接受过外来文化。中华民族文化自秦汉形成之后，由于开通丝绸之路而接受过中亚西亚的文化，魏晋至隋唐融汇过印度的佛教文化，明朝开始接触西方资本主义文化。和周边民族文化的交流更是历代不衰。所以，中国的传统文化无疑融聚着外来文化。在自然经济占主要地位的时代，民族间、地区间文化交流受到限制。随着近代商品经济的高度发展，民族文化与外来文化的接触便日益广泛起来。于是，各民族内部差不多都发生过如何看待外来文化，如何处理民族文化与外来文化的关系问题。从历史上看，虽然出现过文化排外主义，或民族文化虚无主义，但是，一个民族的历史文化的形成，既不是一概拒绝外来文化，也不是抛弃自己的文化，全盘接受外来文化，而总是根据自己的需要，有选择地吸收外来文化，把外来文化融汇在民族文化之中，使外来文化民族化。如佛教文化传入中国后，便逐渐发生了为适应中国文化的种种变化。本来没有忠孝思想的佛教，在中国也讲起忠君孝亲来了。佛教的雕塑、绘画、建筑等艺术传入中国后，便不断增添着中国作风、中国气派，和中国固有艺术结合起来。不仅如此，佛教还仿照中国世俗、门阀世族封建主而建立起以寺院庄园经济为基础的传法宗派。禅宗的出现，标志着佛教已经完全中国化。当然，外来文化民族化要有个过程，开始难免生吞活剥，但必须有转化的意向，如果一味固守陈式，或者企图以外来文化代替民族文化，泯灭民族文化，那么，外来文化也只能昙花一现，迅速消逝，无法在这个民族中成活起来。历史上的外来文化民族化，由于是在自发状态下进行的，因此过程是相当漫长的。佛教自东汉传入中国，经过五六百年，到唐代武则天统治时期慧能建立禅宗，才完成民族化的过程。自从马克思主义问世以后，人们有了科学的文化理论，有了正确的对待外来文化的方针，把批判地吸收外来文化建立在自觉的基础上，无疑会大大缩短外来文化民族化的进程。如果在这种情况下，还要拒绝吸取外来文化或者重复"全盘外化"的错误，那无异乎拖着历史车轮向后倒退，事实上也是行不通的。

三

随着我国社会主义现代化的发展,有人就提出问题:传统文化还有什么作用?这就涉及传统文化与社会主义现代化的关系。提出这个问题并不是偶然的,因为社会主义现代化自然包括建立相应的社会主义新文化,那就不可避免地要和传统文化发生冲撞,就有必要对传统文化进行新的审视。可是有人却是另一种企图,他们本来对中国的传统文化知道甚少,一旦接触现代西方社会文化生活,便当成时髦,盲目崇尚,并进一步造出理论,说中国传统文化是现代化的"巨大包袱",不丢掉这个"包袱",就不可能现代化。这种观点,前些年曾经迷惑过不少幼稚的人。现在已经清楚,他们是想通过否定传统文化,来为"全盘西化"即资本主义现代化开通道路。这和我们要讨论的传统文化与社会主义现代化的关系,完全是不同的两码事。

传统文化必然要和社会主义现代化发生联系,这是毫无疑义的,提出上述问题的本身就是联系的表现。那么,传统文化怎样与社会主义现代化发生联系呢?如果能从理论与实践相结合上把这个问题弄清楚,不仅有助于更好地发挥传统文化的作用,而且能有力地回答否定传统文化观点的责难。

我觉得传统文化与社会主义现代化可以通过多种渠道发生联系,有些是显而易见的,有的理解起来要困难一点。我先从容易的说起。

1. 传统文化与社会主义现代化在教育这个领域发生着广泛的联系

大家知道,社会主义现代化需要我们一代又一代人来实现,这些人要通过教育来培养,而教育则离不开传统文化。比如各级各类学校教育的教材中,便包含着大量传统文化的内容,从幼儿园的孩子到大专院校的学生,无时不受到传统文化的熏陶。历代遗留下来的文化成果,我国特别丰富的历史文化遗址和遗物,就是很好的社会教育的教材;星罗棋布的博物馆和文物古迹,每天都在发挥它的教育职能。传统文化通过教育这个广阔的途径,给人以知识,启迪人们的智慧,培育人们的爱国主义思想情操。这些都是尽人皆知的。

2. 传统文化在民族文化发展长河中,与社会主义现代化发生联系

我国的社会主义现代化是物质文明建设和精神文明建设一起进行的,建设具有中国特色的社会主义文化是必不可少的重要内容。社会主义文化只不过是我们民族文化发展长河的一个新阶段。那么,社会主义文化从哪里开始建设呢?换句话说,社会主义文化以什么来作为自己的起点呢?正确回答就

是传统文化。研究传统文化的发展规律，总结传统文化的经验教训，作为建设社会主义新文化的指导和借鉴；利用传统文化作资料，借助传统文化的优良形式和内容，是社会主义新文化起步的必要条件。大家知道，毛泽东提出的作为我国发展科学文化指导方针的"百花齐放，百家争鸣"，便是从战国时期科学文化发展史中总结出来的。很多人都看过《丝路花雨》这部电影，大家都认为它的舞蹈非常优美动人。这在拍成电影之前，曾经作为舞剧出国演出，产生了巨大轰动效应。那些优美的舞姿是怎样创造出来的呢？1983年我曾在兰州看过舞蹈学校表演敦煌舞的基本动作。《丝路花雨》舞蹈就是在这些动作的基础上创造的。听她们老师介绍，这些动作是她们从莫高窟壁画上摹仿来的。过后我们去莫高窟参观，看见各种飞天的舞姿，确实感到兰州舞校小演员们的动作都可以从壁画上找到原型。我想这就是利用传统文化作资料来创造社会主义文化的一个新例子。

3. 传统文化与社会主义经济也有联系

1984年我参加中国唐史学会组织的唐宋运河考察后，写过一篇文章《谈我国历史资源的开发》（刊于《西南师范学院学报（哲学社会科学版）》1985年第2期），我提出过一个问题：我们中国素称地大物博，人口众多，历史悠久。在社会主义现代化建设中，大力开发土地、矿藏、水利、森林等自然资源，也注意开发人力资源，可是，悠久的历史为什么没有被看成是资源呢？我论证了这也是一种宝贵的资源，而且是我国最具优势的资源，并论证了开发历史资源的途径和方法。在这篇文章中，我从以下几个方面谈到了历史文物与经济建设的关系：第一，历史文物本身是一种具有经济价值的特殊物品。第二，某些古建筑技术和古器物制造技术，不仅可以在国内有关经济事业中应用，而且还可以作为我国拥有的专利对外出口，如我国古代园林建造技术等。第三，有些历史遗存，可以为基本建设提供可贵的历史资料，如地震资料、水文资料、气象资料，等等。第四，历史文物古迹，可以作为吸引游客的重要内容，开发具有中国特色的无烟工业——旅游事业，发展这个具有广阔前途的旅游经济。现在更加清楚了，传统文化与经济建设绝不是没有联系的，传统文化可以对社会主义经济的发展起一定作用。

4. 最后一点，传统文化与社会主义现代化的联系，有点不好理解，但是确实广泛存在，那就是传统文化作为形成民族文化传统的基本因素，通过现在我们民族的每个成员而对社会主义现代化发生深刻的影响

这里先要说明一下传统文化与文化传统的区别与联系。传统文化，前面

已经说过，是指历史上遗留下来的文化成果；文化传统和传统文化有所不同，它是从历史上流传下来的，潜藏在人们心理结构中，表现在当代人的思维方式、抒情方式、价值判断、社会生活和社会组织活动方式上，起着任何人无法摆脱其作用的共同的东西。这说起来很抽象，实际上是可以捉摸得住的，只要把不同文化传统的人作一比较，就可立即看出其区别来。有这样一个例子，两个穿着一样的女孩子，一个是美国人，一个是日本人，站在山坡上观赏风景。突然一阵狂风吹来，美国女孩子赶忙按着头上的帽子，而日本女孩子则紧紧压住裙子。这就是深藏在心理结构中的不同文化传统的表现。还有人讲过一个故事，是说一个咖啡店来了三位客人，一个是日本人，一个是英国人，一个是美国人。每个人都要了一杯咖啡。店员端来的咖啡，每杯里都有一只苍蝇。日本人一看，勃然大怒，手拍桌子，冲着店员说道："去把你们经理叫来，让我告诉他应该怎样经营咖啡店，怎样管理他的雇员！"英国人看见苍蝇后，一声不响，从口袋里掏出钱往桌上轻轻一放，便慢条斯理地走了。美国人呢，举起手来，把食指一勾叫来店员说："在我们美国呀，咖啡归咖啡放，苍蝇归苍蝇放，客人爱吃多少苍蝇由他自己加，不必劳烦你们事先放好。"这个故事也表现了不同文化传统的人，对同一件事的不同反应。不同民族的人，文化传统之所以不同，是因为形成文化传统的因素不同。什么是形成文化传统的因素呢？自然环境，如山川、土地、气候等无疑是一种因素，人种也应该是一个因素，而主要的因素则是传统文化，包括制度文化、物质文化在内的广义的传统文化。一个人生下来，就从父母先辈，从家庭，从周围环境，接受各种影响；在成长过程中，又接受从社会，从学校，从同学朋友那里来的影响。就这样耳濡目染、潜移默化地接受传统的思维方式、抒情方式、价值判断等影响，从而形成自己具有民族特点的心理结构，在自己的行为中潜意识地表现出来。

作为中华民族的一员，我们不可避免地带着中国的文化传统。什么是中国文化传统呢？说法颇有分歧。庞朴说是"人文主义"，有的赞同，有的反对。有人主张是："中庸之道"；有人认为是：讲求现实，注重人际关系，不太过问自然，缺乏理性；又有人说是重视伦理道德；还有人说是兼容并包的精神，等等。至今还没有一个为多数人所接受的共识。不管怎样，中国人有自己独特的文化传统，是毫无疑问的，只不过目前还没有对这个传统作出完全符合实际的为大家所认可的概括罢了。这个客观存在的中国文化传统，又必然要通过每个民族成员的思维方式、抒情方式、价值判断、社会生活方式、社会组织活动形式等行为，影响自己所涉足的社会主义现代化事业。

传统文化对社会主义现代化的影响，从质的规定性来看，有积极的，也有消极的。如宗教的历史文化，以它对社会生活的曲折反映和精湛的艺术形式给人以启迪和享受的同时，也以其唯心主义的内容向人们散发着精神毒素。世俗的历史文化，无疑都是历代人们劳动和智慧的结晶，它会给人更多的知识、智慧和艺术享受，但是同时也以鲜明的阶级内容，让人们承认压迫和剥削制度的合理性，使人甘心成为强权的奴仆。这就是说，要如实地把传统文化区分为精华和糟粕两个部分。这两部分都要对社会主义现代化施加影响，关键在于我们是否自觉地吸取和弘扬其精华，限制以至排除其糟粕，把传统文化引向社会主义现代化的康庄大道。

四

这一讲，我先从外国人怎样看待中国传统文化说起。总的说来，中国的传统文化在当今世界上又一次引起了世人瞩目。有人预测说，中国文化将使21世纪成为"中国的世纪"。据我所知，学汉文、研究儒学，在国外正在兴起新热潮。研究敦煌石室藏书和敦煌艺术的敦煌学，研究吐鲁番出土文书的吐鲁番学，已成为20世纪以来历久不衰的热门学问。中医学、藏学等，国外研究的人也日益增多。可以说，一个研究中国文化的浪潮已经初见身影。

国外研究中国传统文化的有两种人：一是西方人，一是侨居海外的各籍华人。

西方人，第一次世界大战后就开始憧憬中国传统文化。到第二次世界大战之后，发生了新的、更大的兴趣。战前，中国传统文化在他们的心中，不过是一个像朦胧诗一样的谜。二战以来，西方现代物质生活得到超乎人们意料的发展，但现代科学理论也使人们产生新迷惘：大机器生产使人的内心世界空虚，社会关系中赤裸裸的金钱交易，人与人之间的人情冷漠。有人说，现代的西方社会，创造了像人一样灵巧的机器，但也创造了像机器一样无情的人。这样，西方人重新认识到，中国传统文化里面所包含的关于对人的理解，讲求人的情谊，可以弥补他们内心的空虚、人情的冷漠。因此，他们希望能从中国伦理道德的丰富内容中去寻找有益的启示。于是，研究中国传统文化，成为当今西方一些人的风尚。当然不是所有西方人都是这样。有少数西方人，从猎奇的角度看待中国传统文化，希望中国永远保留古老的形象，以供他们玩味；也有些西方人，竭力向中国人特别是幼稚的青年人，散播否定中国传统文化、鼓吹西方文明的思想，使一些人崇洋媚外，成为他们进行"和平演变"的工具。

　　侨居海外的各籍华人，特别是其中的文化人，他们对中国传统文化怀着特别深厚的兴趣。这些祖国的游子，直接或间接地受着中华文化的哺育和熏陶，或多或少地依赖中华文化安身立命，他们寄籍于文化背景迥然不同的异国他乡，随时随地都萌发出对祖国文化的认同感。因此，中国传统文化声誉的高低，都关系着他们自己的社会声誉。所以，他们热爱和研究中国传统文化。

　　我们中国人对待自己的传统文化，当然不是以外国人，特别不应以西方人的看法为转移，不应以外国人的是非为是非，我们有自己的价值观，我们立足于自己的国土，凭借自己的民族责任感，走自己的路。当然，外国人对中国传统文化的看法，我们也应该了解，也可以作为我们的参考信息。

　　中国人对自己传统文化的看法，"五四"时期发生了巨大的变化。那时的先辈们，有两种截然对立的派别。一派主张彻底废除传统文化，"打倒孔家店"就是最有代表性的口号。另一方面他们主张全盘西化，用西方的资本主义文化来代替中国的传统文化。如钱玄同，是"五四"有名的健将，北京大学教授。他提出铲除中国传统文化的主张之一是废除汉字，他说如果汉字不废除，孔夫子就打不倒，孔夫子打不倒，中国就不能进步。为什么呢？因为三纲五常、儒家经典都是用汉字写的，一读中国的汉字书，就有孔子儒家发昏做梦的话，就会受到传统文化的麻醉。他提出，最好是改用法文，法文的文法最合理，如果不行就用世界语。又如胡适，大家都知道这个人的底细。他主张"全盘西化"，说"中国一切不如人"，就是不如西方洋人，不但科学技术不如人，道德不如人，音乐不如人，艺术不如人，甚至连身体也不如人，叫作"百事不如人"，结论就是要"全盘西化"。陈独秀也曾经说过，东西洋的思想"若水火之不相容，若南北之不相并"，有此无彼，有彼无此，只能用一个，扔掉另一个。他当然是要扔掉东方中国的传统文化，用西方洋人的文化。他甚至提出过，因为中国文化缺乏美的感情，缺少宗教感情，因而主张输入基督教，培养宗教感情，把耶稣那种崇高的伟大的人格和他的热烈的深厚的感情培养在我们的血液里。这些否定中国传统文化，宣扬全盘西化的言论，恐怕比前些年某些"精英"还有过之而无不及。

　　另一派叫作保存国粹派。他们十分赞美中国的传统文化，主张保存中国传统文化，并把它发扬光大，推向世界，成为世界文化。"五四"时期的国粹派最有代表性的要算梁启超、杜亚泉、梁漱溟和稍晚一点的钱穆。梁启超1917年到欧洲考察回来后，写了一本书叫《欧游心影录》，宣传发扬国粹。他要求每个人都应该有尊重爱护本国文化的诚意，主张用西方的方法来整理中国文化，然后把中国文化向外扩充，让它向全世界文化发生作用，让东方文化成为世界文化。杜亚泉是《东方杂志》主编，主张以中国传统文化为主体去采用西方文化，这样，融合贯通了西方文化的中国文化，就可以成为世界文化。梁漱溟认为，要从根本上来研究东方文明和西方文明，先懂得西方文明是什么，然后证明一定要用东方文明去统治世界。他归纳出世界有三种不同的文化，一是西方文化，那是一种向前看的文化。一是印度文化，那是一种向后看的文化。还有一种中国文化，是适中的，不向前看，也不向后看，是向旁边看，是调和。他打了一个比喻，屋子漏雨，西方人便爬到屋顶上去修补，或者重盖；印度人则认为一切皆空，苦思冥想一番，一切困难就不存在了，连世界也不存在了，当然屋子漏雨就不存在了；中国人则随遇而安，不去修补，也不重盖，而是用这样一种方式来看待屋子漏雨，认为雨水从屋子上漏下来，非常富于诗意，从而怡然自得，得到内心满足，获得乐趣。梁先生认为，这三种人生态度，按正常次序，西方人是第一阶段，中国人是第二阶段，印度人是第三阶段。现在（指1921年）人类应转入第二阶段，进入中国人的方式，要让中国人的怡然自得、自得其乐的生活态度对世界发生作用。钱穆认为，中国传统文化是青年时期的文化，西方文化是壮年时期的文化，印度文化是老年时期的文化。为什么呢？中国讲"孝"，孝是孩子还不能脱离父母时候的观念，"孝"一定是年轻的，所以是青年文化。西方讲"爱"，爱是成年以后的事，所以是壮年文化。印度讲"慈"，老年人以慈悲为怀，所以是老年文化。世界三大文化，恰恰反映三大时代。中国的青年文化最有前途。

现在，中国人并不是"百事不如人"：原子弹、氢弹、火箭、卫星，外国人搞得出来的，中国人也搞得成，并且不比外国人差；中国传统文化虽然对世界文化有贡献，但也没有变成主导世界的世界文化。中国文化按照本身的发展规律前进着。历史事实证明，那些不懂得文化发展规律的人们所发表的各种看法和主张，不管多么新奇，甚至一时博得许多人附和，受到许多赞许，但毕竟如过眼云烟，如一现的昙花，历史并不青睐某些人为它主观设计的轨道，而坚决走着自己的道路。

那么，怎样才是对待传统文化的正确态度呢？我们既反对否定传统文化、主张全盘西化的民族文化虚无主义,也不赞成保存国粹的民族文化保守主义。因为历史证明,这些都是行不通的、已被时代遗弃了的错误主张。正确的态度,应该是按照文化自身发展的客观规律去对待传统文化。简要地说,那就是批判、继承、创新。

批判,主要是区别传统文化的精华和糟粕;继承,是对精华的咀嚼、吸收;批判继承的目的在于创新。当今就是在中国传统文化的基础上,创造具有中国特色的社会主义新文化。这种新文化,无疑会对世界文化的发展和进步做出自己的贡献。

这种对待传统文化的科学态度,不仅适用于对待中国传统文化,对于西方的传统文化,包括欧美资本主义文化,也是完全适用的。

原载《重庆史学》1990年第2期,1991年第1、2期,1992年第2期

附录9　《四川古代交通路线史》序

在春暖花香的一个宁静的晚上，蓝勇同学把刚修改、缮写成的《四川古代交通路线史》书稿送到我家里，要我写一篇书序，我像一个久盼出世婴儿的年轻父亲，迫不及待地在灯光下翻阅着，兴奋的心情渐渐地转入沉思，渐渐地感到内疚、懊悔。我并不如他在"前言"中说的那样，"自始至终都对此书写作和考察给予了巨大的支持和关怀"。写书的打算，蓝勇同学和我多次谈过，我也表示过自己的看法，要说支持，也只能是精神上的，至于他对全书的设计、考察中遇到的困难、写作上碰到的棘手问题，全是他凭着可贵的精神、坚强的毅力、刻苦的钻研完成的。甚至对他进行的、在我想来是很艰难的只身考察，出于种种担心，我还曾经泼过一点冷水。我还深深感到，一位二十五岁刚读硕士研究生不久的青年人，面对如此复杂困难的课题，应该让他有充分的时间和精力去进行，而我作为导师，却没有及早地为他合理安排时间，只是从完成研究生课程考虑，一味地催促，甚至限定他要在四月上旬把这项工作做完。

尽管如此，我对蓝勇同学能完成这部书稿，高兴之情还是主要的、理所当然的。

高兴之一，是蓝勇同学进行的这项工作，对我们四川的社会主义事业具有不可否认的价值。我从来不认为，研究中国古代史与现实没有关系。今天的中国是古代中国的继续和发展。建设具有中国特色的社会主义，马克思主义与中国实际相结合，既要了解中国的现状，也要了解中国的历史，缺少哪一点都是不行的。一个地区，一项事业，无不如此。四川古称四塞之地，又号天府之国。天府的资源和物产，无论是古代、现代，都可以对全国做出巨大的贡献，可是必须有一个重要条件，就是要克服自然形成的"四塞"障碍。千百年来，勤劳智慧的四川人，为此做出过艰苦卓绝的斗争，一条条伸向四面八方的交通路线，就是这种斗争的结晶，也是四川人对祖国贡献的见证。

蓝勇同学把四川人的这项业绩，从浩如烟海的典籍中整理出来，毫无疑问，对于激发四川人继承祖先的光荣传统，鞭策四川人为祖国社会主义现代化做更大的贡献，一定会有不可估量的作用。至于历代四川人在交通路线的选择、道路构筑技术诸方面的经验教训，对进一步发展四川交通事业的意义，我相信当今有关的工作同志、技术专家们会做出公允的评价，他们绝不会不屑一顾。

高兴之二，是蓝勇同学这部书填补了四川史研究的一项空白。我国有编修地方志的优良传统，曾经形成制度，一定时期要重修地方志。因此，积累了丰富的地方史志资料，成为我国珍贵的历史文化遗产。中华人民共和国成立以后，特别是近几年来，党和政府十分重视地方志的编撰工作，把它作为社会主义文化建设的重要内容之一，各地都建立史志编修机构，聚集大批人力，从事这项具有深远意义的工作。我们四川也是如此。人所共知，四川史志的新修，必须建立在对四川历史和现状深入研究的基础上。对四川史的研究，柳定生、郑德坤、顾颉刚、蒙文通、徐中舒、冯汉骥、邓少琴、任乃强、蒲孝荣、冯汉镛、严耕望等老前辈以及童恩正、隗瀛涛、贾大泉、陈世松、胡昭曦等学者做过大量工作，都有不同的贡献，但是，至今还没有一部全面系统论述四川古代交通路线史的著作，这又正好是四川史不可缺少的重要组成部分。现在，蓝勇同学撰写出来了，尽管这部书还不免有这样那样的不足之处，可是，它填补了四川史研究的空白，这一点无论如何是值得庆幸的。

高兴之三，是蓝勇同学的可贵精神。为什么蓝勇同学要写这部书呢？它说自己是"按照'上帝'的旨意去做"的。这个"上帝"是谁呢？我觉得他在"前言"中的一段话做了回答："几千年的风烟云雨流逝了，却没有一本四川古代交通路线的专著，作为一个四川人，面对苍天，顾首那作古的父老兄妹，常因此愧疚万分。"很显然，这个"上帝"不是别人，就是四川的父老兄妹。是历史上千千万万的四川人征服自然障碍、取得光辉业绩的感召，是老一代四川的仁人志士对新四川的憧憬，是现在还处于边区艰难环境中的父老兄妹的要求，驱使着这个新一代的四川人，激励着这个四川人，激励着这个四川人哺育出来的青年，呼唤着这个年轻的史学工作者，使他从"一种爱好，一种个人的进取"发展到"一种义务，一种责任"，要把四川古代交通路线史写出来，为此，不顾"六年青春的岁月"，不惜"牺牲了同龄人许多应该享受的欢乐和幸福"，不怕艰难险阻而只身长途考察。这是一种极为可贵的精神，值得我学习，也值得广大青年同志学习。我希望蓝勇同学永远保持并且进一步发扬这种精神,为发展我国的史学,为建设我们社会主义的新四川,为实现我国社会主义现代化,做出更多更大的贡献。

为此书即将付梓的时候,写出这些感想,聊作书序吧。

原载《四川古代交通路线史》,西南师范大学出版社,1989年

附录10　何汝泉论著目录

（按时序排列）

《孔子是怎样一个人？》，《重庆日报》1962年7月24日第3版

《〈资治通鉴〉评述》，《语文》1964年第8期

《关于武则天的几个问题》，《历史研究》1978年第8期

《试论陈亮的经济思想》，《西南师范学院学报（哲学社会科学版）》1978年第2期

《谈谈让步政策的研究问题》

《西南师范学院学报（哲学社会科学版）》1979年第1期

中国人民大学书报资料社（中心）复印报刊资料（以下简称人大复印资料）K2《中国古代史》
　　　1979年第4期全文转载

《评价历史人物的禁区必须打破》

《重庆日报》1979年5月26日

《关于评价历史人物的几点意见》

1979年一次学术报告会上发言稿

《略论唐太宗统治时期的法律思想》

《西南师范学院学报（哲学社会科学版）》1980年第1期

　　人大复印资料D41《法律》1980年第4期全文转载

　　《新华文摘》1980年第4期摘载

《历史研究》编辑部编《唐太宗与贞观之治论集》（陕西人民出版社，1982年）全文收载

　　1984年获四川省政府哲学社会科学科研成果三等奖

　　1984年获重庆市政府哲学社会科学优秀科研成果三等奖

《按照马克思主义基本观点认识"动力"问题》（合作）

《西南师范学院学报（哲学社会科学版）》1980 年第 2 期

人大复印资料 B1《哲学研究》1980 年第 15 期全文转载

《新华文摘》1981 年第 2 期摘载

《文翁治蜀考论》

《西南师范学院学报（哲学社会科学版）》1980 年第 4 期

全文收入《南方民族史论集》，西南师范大学出版社，2005 年 2 月出版

《唐代转运使成为固定职官考》

《西南师范学院学报（哲学社会科学版）》1982 年第 1 期

人大复印资料 K2《中国古代史》1982 第 4 期全文转载

《唐代前期》《唐代后期》

重庆人民广播电台 1982 年 1 月 12 日首播

《"贞观之治"述论》

《史学通讯》1982 年第 1 期

《戴胄刚正执法》

《重庆日报》1982 年 3 月 27 日第 3 版

《唐代成都的经济地位试探》

《社会科学研究》（四川）1982 年第 6 期

人大复印资料 F7《经济史》1983 年第 2 期全文转载

《关于唐代转运使的治所问题》

《西南师范学院学报（哲学社会科学版）》1983 年第 4 期

《陈亮的变通思想》

《浙江学刊》1984 年第 1 期

《学习毛泽东关于中国古代农民战争的论述》

《重庆社会科学》1984 年第 1 期

《"扬一益二"的由来》

《成都文物》1984 年第 1 期

《谈我国历史资源的开发》

《西南师范学院学报（哲学社会科学版）》1985 年第 2 期

人大复印资料 K1《历史学》1985 年第 5 期全文转载

《新华文摘》1985 年第 6 期摘载

《学术文摘》1985 年第 6 期摘载

《中国史研究动态》1985 年第 7 期摘载

1986 年获四川省史学会优秀科研成果奖

《唐代转运使的设置与裴耀卿》

《西南师范学院学报（哲学社会科学版）》1986 年第 1 期

人大复印资料 K22《魏晋南北朝隋唐史》1986 年第 3 期全文转载

《关于唐代"乡"的两点商榷》

《中国史研究》1986 年第 4 期

《唐代河南漕路述论》，收入唐宋运河考察队编：《运河访古》，上海人民出版社，1986 年 10 月出版

《唐代使职的产生》

《西南师范大学学报（哲学社会科学版）》1987 年第 1 期

人大复印资料 K22《魏晋南北朝隋唐史》1987 年第 4 期全文转载

1988 年获重庆市政府社会科学优秀科研成果三等奖

《唐代转运使初探》

西南师范大学出版社 1987 年 11 月出版

《唐代度支使出现时间的探讨》

《西南师范大学学报（哲学社会科学版）》1988 年第 3 期

《唐代前期的地方监察制度》

《中国史研究》1989 年第 2 期

人大复印资料 K22《魏晋南北朝隋唐史》1989 年第 6 期全文转载

1990 年获校 1988—1989 年度哲学社会科学优秀科研成果优秀论文奖

1991 年获重庆市政府第三次社会科学优秀科研成果三等奖

《武则天时期的使职与唐代官制的变化》

收入《中国唐史学会论文集》，三秦出版社 1989 年 1 月出版

《唐代岷江、沱江、嘉陵江流域的水利开发》

收入《古代长江上游的经济开发》，西南师范大学出版社 1989 年 9 月出版

《〈古代长江上游的经济开发〉序》

载《古代长江上游的经济开发》，西南师范大学出版社 1989 年 9 月出版

《〈四川古代交通路线史〉序》

载《四川古代交通路线史》，西南师范大学出版社 1989 年 12 月出版

《韦庄与前蜀政权》（与钟大群合作）

《西南师范大学学报（哲学社会科学版）》1990年第2期

人大复印资料K22《魏晋南北朝隋唐史》1990年第11期全文转载

《传统文化为什么受到重视？》

《重庆史学》1990年第2期

《传统文化的形成问题》

《重庆史学》1991年第1期

《传统文化与社会主义现代化的关系问题》

《重庆史学》1991年第2期

《从历史认识看论史关系》

《西南师范大学学报（哲学社会科学版）》1991年第3期

人大复印资料K1《历史学》1991年第9期全文转载

《唐代度支职事由简变繁论略》

《魏晋南北朝隋唐史资料》第11期 唐长孺教授八十大寿纪念专辑武汉大学出版社 1991年7月出版

《怎样写毕业论文？》

《重庆史学》1991年第2期

《怎样对待传统文化？》

《重庆史学》1992年第2期

《〈资治通鉴〉中华书局标点本第15册正文识误》（合作）

《西南师范大学学报（哲学社会科学版）》1992年专刊《古籍整理与研究》

《〈通典〉唐乡官耆老考释》

《西南师范大学学报（哲学社会科学版）》1993年学术丛刊《古籍整理与研究》

《唐代度支、盐运二使关系试析》

收入《中国唐史学会论文集》，三秦出版社1993年4月出版

《郭沫若是我国最早用唯物史观研究历史人物的史学家》

《重庆史学》1993年第1期

《中外文化俯瞰》（合作主编并参撰）

西南师范大学出版社1993年6月出版

1994年获重庆市政府社会科学优秀科研成果三等奖

《儒佛道并存与发展》

收入《中外文化俯瞰》，西南师范大学出版社1993年6月出版

《郭沫若与历史人物翻案》

《社会科学研究》（四川）1993年第6期

《唐代的"宽乡"与"狭乡"》

《西南师范大学学报（哲学社会科学版）》1994年第1期

人大复印资料K21《中国古代史》（一）先秦至隋唐1994年第3期全文转载

《从会昌元年的〈中书门下奏〉看唐后期户部的使职差遣》

《中国社会经济史研究》1994年第2期

《略论郭沫若的历史人物评价标准》

《史学理论研究》1994年第3期

《〈新唐书·食货志〉辨误二则》

收入《传统文化与古籍整理研究》，西南师范大学出版社1994年12月出版。

《贞元四年以前户部钱考》

《西南师范大学学报（哲学社会科学版）》1995年第1期

人大复印资料K21《中国古代史》（一）秦至隋唐1995年第5期全文转载

《唐代户部使的产生》

《历史研究》1995年第3期

人大复印资料K21《中国古代史》（一）先秦至隋唐1995年第9期全文转载

《略谈"以经决狱"》

《重庆社会科学》1995年第3期

《中国历史大辞典·隋唐五代史卷》（参撰）

上海辞书出版社1995年5月出版

《汉唐财政职官体制的三次变革》

《西南师范大学学报（哲学社会科学版）》1997年第1期

人大复印资料F7《经济史》1997年第2期全文转载

《唐户部司职事由繁变简述略》

《唐史论丛》第7辑　陕西师范大学出版社1998年2月出版

《再论唐代度支使的产生》

《西南师范大学学报（哲学社会科学版）》1998年第4期

人大复印资料K22《魏晋南北朝隋唐史》1998年第5期全文转载

《精心之作　贡献诸多——评〈全唐文职官丛考〉》

《西南师范大学学报（哲学社会科学版）》1998年第6期

《〈资治通鉴〉新注》（参注、合作）

陕西人民出版社 1998 年 10 月出版

《中国近代史学方法述论》

《西南师范大学学报（哲学社会科学版）》1999 年第 5 期

《邓子琴史学成就述略》

《西南师范大学学报（人文社会科学版）》2000 年第 5 期

全文收入《南方民族史论集》，西南师范大学出版社 2005 年 2 月出版

《唐代户部别贮钱的设置》

《西南师范大学学报（人文社会科学版）》2001 年第 2 期

人大复印资料 K22《魏晋南北朝隋唐史》2001 年第 4 期全文转载

《千篇文章献盛世　首卷〈新论〉倡先河——纪念季平同志逝世 10 周年》（合作）

《西南师范大学学报（人文社会科学版）》2001 年第 3 期

《跋〈龙山公墓志〉》

《西南师范大学学报（人文社会科学版）》2002 年第 2 期

《唐地方运使述略》

《西南师范大学学报（人文社会科学版）》2003 年第 6 期

人大复印资料 K22《魏晋南北朝隋唐史》2004 年第 1 期全文转载

全文收入李久昌主编《崤函古道研究》，陕西出版集团三秦出版社 2000 年出版

《唐代户部别贮钱的来源》

《魏晋南北朝隋唐史资料》第 21 辑　唐长孺教授逝世 10 周年纪念专辑

武汉大学文科学报编辑部编辑出版　2004 年 12 月

《唐代户部别贮钱的用途》

《西南师范大学学报（人文社会科学版）》2005 年第 6 期

《高校中国古代史课培养学生科研能力刍议》

收入《高校中国古代史教学改革探研》，重庆出版社 2007 年 3 月出版

《唐代河南漕路续论》

《西南大学学报（社会科学版）》2010 年第 2 期

人大复印资料 K22《魏晋南北朝隋唐史》2010 年第 4 期全文转载

2011 年 12 月十一届重庆市期刊好作品评选获一等奖

《东汉永平二年养老礼述评》

收入《晚韵》，西南师范大学出版社 2013 年 11 月出版

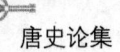

《唐财政三司使研究》

中华书局　2013年10月出版

《读王十朋两论〈马纲状〉书后》

收入《晚晴牧歌》，西南师范大学出版社2016年10月出版

后　记

　　这本《唐史论集》，是老伴钟大群督促我要完成的三部书稿之一。第一部《唐财政三司使研究》已在我们80岁生日那年，由中华书局出版。当时，她虽然已经被病魔缠身多年，身体不好，但是，当出版社赠书到达时，她高兴极了，拿着书反复翻阅的情景，至今犹历历在目。当下这本书稿的最后整理工作，是在她离世之后的三四个月时间里，我在强忍悲痛，寄托哀思，定要不负所望的心境下，不顾一切地完成的。此外还有一部书稿尚待完善。

　　在历史文化学院（民族学院）的支持下，书稿发到出版社，我以为大功告成。不料两个来月后，在我去珠海儿子处过冬的路上，接到北京科学出版社编辑穆俊博士的电话，告诉我已发来一个书稿修改的意见，要我参照修改。我说要三月回到重庆才能开始工作。穆博士体谅我的处景，并祝福我珠海之行健康快乐。

　　在珠海的两个多月，我仔细地阅读了出版社用电子邮件发来的对书稿齐清定的要求和修改意见，并在儿子劲耘的帮助下，做了一些修改的准备工作。小儿子文盛还送我一部笔记本电脑作为修改工具。他们都鼓励我做好书稿修改工作。

　　三月初返渝，开始书稿修改工作。除内容上有个别地方作过改动外，主要的、大量的工作，是对原来按习惯做的脚注及其相应的引文，按照出版要求和规范，进行核对、补充、修改。我先把脚注中需要查对的条目按引用书进行归类。头一遍梳理出来，《唐会要》最多，有303条，其次《通典》249条，《旧唐书》221条，《全唐文》90条，《册府元龟》80条，《资治通鉴》80条等，最少的一部书只有1条。后来又补查过两遍，捕获许多漏网之"鱼"。如第二遍查出《旧唐书》漏掉72条，《册府元龟》《全唐文》各漏掉10多条等。脚注共约一两千条，涉及二百多部书和三十多篇期刊论文。然后一部书

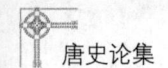

一部书、一条一条地依次进行核对。

  首先，我用自己有的书籍进行核对，工作还比较顺利。但是，有关二十四史的条目，便出现问题。我以前使用的是自有的乾隆武英殿石印本线装书，无法标注页码，只好改用学院资料室的中华书局标点本。这样，我把家里有的书用完以后，便利用历史文化学院资料室的书进行工作。几部所涉条目最多的书，和好多我自己没有的书，都在这里得到解决。有的书，如我20世纪70年代从图书馆借来用过的《龙川文集》，费了很大力气都找不到，只好改用20世纪90年代出版的《陈亮集》。还有相当多的书，学院资料室也没有，但是，资料室老师从全校图书联网上，帮我查到了许多书的藏书单位。于是，接下来我便跑历史语言文献研究所、文学院、政治与公共管理学院、历史地理研究所等单位的资料室，而去的比较多并且解决最难找书籍的地方，是学校图书馆。三个月来，我就是背着电脑往返于这些地方的。

  知道了查书的地方，并不见得就能顺利解决问题。比如查《太平寰宇记》，我以前用的是老图书馆教师参考室陈列出来的《四部丛刊》线装本，现在这套书作为珍藏品，一般不让翻阅，工作人员建议我去看台北影印的文渊阁四库全书本。我找出四库全书本，却有几条需要的资料该书缺载。几经折腾，最后在历史地理所找到中华书局2007年出版的《中国古代地理总志丛刊》本，才解决了这个难题。类似这种情况还有好多。有的书，学校图书联网上也查不到，最后是我在学校中心图书馆的历史文献阅览室，从20世纪八九十年代以来出版的各种类型的丛书中找到的。有几本书还是一位博士生帮我从电子版书中查出来的。在这近百天的时间里，我几乎把以前撰文使用过的书，重新翻查了一遍。

  现在，书稿修改基本完成。我之所以要把这个过程记述下来，不仅因为自己付出过艰辛，而且收获了颇多的愉悦。在这个过程中，科学出版社的编辑穆俊博士对修改工作做了许多切实的指导，历史文化学院的蔺焕萍老师，历史语言文献研究所的朱华忠老师，政治与公共管理学院的秦跃冲老师以及图书馆的张惠玲老师、熊渠邻老师等，对我寻找图书和查对资料，付出了不少辛苦，没有他们的热心帮助，我是很难做好这件工作的。我衷心感谢他们，也为结识这些新同仁而感到高兴。我作为一个85岁的老头子，这段时间的紧张工作之所以能够顺利进行，还多亏女儿钟瑛对我的照料。她几乎每周都要回来安排我的生活，还多次特地拉我到风景区去游玩，使我能够劳逸结合。在查找资料的过程中，当我走进阔别多年的资料室和图书馆时，崭新的建筑，高度现代化的设备,丰富的图书资料,令我十分震撼。这和我们当年上学时的情况相比,简直是天壤之别!这使我真切感受到学校的巨大发展,改革开放给学校带来的巨大变化。我为今天青年学子们能有这样美好的读书环境而无比高兴。

  衷心感谢帮助我的诸位同仁!

  祝愿我国的文化学术事业更加繁荣发展!

何汝泉

2018 年 5 月 30 日